헤겔의 종교현상학

헤겔의 종교현상학
— 신들의 논리

2024년 9월 30일 처음 펴냄

지은이   존 스튜어트
옮긴이   정진우
펴낸이   김영호
펴낸곳   도서출판 동연
등록   제1-1383호(1992. 6. 12)
주소   서울시 마포구 월드컵로 163-3
전화/팩스   (02)335-2630 / (02)335-2640
이메일   yh4321@gmail.com
인스타그램   instagram.com/dongyeon_press

Copyright ⓒ 도서출판 동연, 2024

ISBN 978-89-6447-998-8 94160
ISBN 978-89-6447-602-4 (연세종교철학문고)

연세종교철학문고 006

헤겔의
종교현상학

| 신 들 의 논 리 |

존 스튜어트 지음
정진우 옮김

동연

[…] 신들은 인간의 자화상이다.

_ 쉴러, "보편적 역사의 본성과 가치" 중에서

헤겔『종교철학』을 풀어낸
셋째 역서를 받아들고서

　제가 깊이 아끼는 제자 정진우 교수가 또 한 권의 대작을 번역하여 펴내었습니다. 600쪽에 달하는 두툼한 이번 역서 역시 앞서 펴낸 헤겔『종교철학』연구서들과 어깨를 나란히 하는 훌륭한 역작입니다. 이로써 난해하기 이를 데 없는 그리고 헤겔 연구의 유일한 공백으로 남았던『종교철학』에 한국의 연구자나 독자들이 체계적으로 다가갈 수 있는 길이 마련되었음을 무엇보다 기쁘게 생각합니다. 이번 역서의 취지에 걸맞게 역사적으로 살피자면, 정 교수는 재작년에 피터 하지슨의 연구서를『헤겔의 종교철학』이라는 제목으로 번역했고, 작년에는 존 스튜어트의 연구서를『헤겔의 종교철학 입문』이라는 제목으로 번역했습니다. 그런데 이번에 또 한 번『헤겔의 종교현상학 — 신들의 논리』라는 번역서를 내놓았으니, 저를 비롯한 독자들은 헤겔의『종교철학』연구를 위한 삼위일체적인 완성을 직접 목도하는 행운을 누리게 되었다 해도 과언이 아닐 것입니다.

　이번에 번역한 스튜어트의『헤겔의 종교현상학』은 둘째 역서에 대한 각론의 성격을 지니고 있습니다. 앞선『헤겔의 종교철학 입문』이 헤겔『종교철학』의 탄생 배경과 전개 과정에 대한 역사적 분석에 해당한다면, 이번 역서는 구체적인 세계 종교들의 분석에 본격적으로

착수한 매우 밀도 높은 연구서라 하겠습니다. 헤겔은 완성된 종교로서의 그리스도교는 하늘에서 기적처럼 떨어지거나 땅에서 마법처럼 솟아오른 것이 아니라 유구한 문명사에서 일어난 여러 종교의 갈등과 긴장, 공조와 습합의 과정을 거쳐 역사의 정점을 장식하게 되었다고 보고 그리스도교 이전의 세계 종교들을 그 과정에 참여한 역사적 일꾼들로 분석하고 있습니다. 말하자면 세계 종교들은 단순히 서로 다른 배경과 전통에서 태동한 고유하고 독자적인 문화유산일 뿐만 아니라 인류 문명사의 거대한 진화 과정에서도 제각기 역할을 다해 왔다는 것입니다. 세계의 모든 운행이 완성을 향한 발전 과정이라는 낙관주의적 역사관이 그의 모든 철학을 꿰뚫고 있는 핵심 원리라는 점을 감안하면, 스튜어트는 『종교철학』도 그 예외가 아님을, 아니 『종교철학』이야말로 그러한 역사관의 대명사임을 더욱 분명히 밝혀 주었다고 하겠습니다.

　　물론 종교의 발전사가 그리스도교에서 완성되었다는 그의 주장은 그리스도교중심주의라거나 유럽의 관점에서 비유럽의 종교를 오해하고 왜곡했다는 비판을 피하기 어려울 것입니다. 나아가 세계 종교들의 관계에 대한 그의 포괄주의적인 견해나 발전주의적인 논리도 여전한 논란거리입니다. 하지만 그렇다고 해서 세계 종교들의 고유성에 진지하게 주목한 그의 총체적인 관점과 종교 세계에 대한 그의 비판적인 문제의식까지 냉소적으로 손사래 칠 수는 없는 노릇입니다. 그역시 "목욕물을 버리려다 아이까지 함께 버려버리는 꼴"이 아닐 수 없겠지요. 두 세기 전 그의 분석은 오늘날 우리 시대가 씨름하고 있는 절박한 종교적-문화적 물음에도 여전히 다양한 통찰과 비판적 토대를 제공하고 있으니 말입니다.

하지만 철학 분야에서는 종교를 멀리해야만 제대로 된 철학을 할 수 있다는 편견으로 종교철학을 뒷전으로 내몰았고, 신학 분야에서는 "오직 성서로만"을 외치며 종교철학을 홀대하기 일쑤였습니다. 그 결과 철학은 점차 피폐하고 공허해져만 갔고, 신학은 피상과 독단의 길로 내몰리고 말았다는 것은 다소 과격한 표현이지만 부정할 수 없는 현실입니다. 사실 종교철학은 인류 정신 문화의 시원인 종교와 그 정점인 학문이 만나는 영역이니 그 자체로 가장 근본적인 인간학이며, 인간 자신에 대한 전인적 이해를 위한 핵심 토대입니다. 그런 점에서 그것을 근대적으로 집성한 헤겔의 『종교철학』을 되짚지 않을 수 없다면, 이 책을 비롯한 정 교수의 두 역서야말로 우리에게 더할 나위 없는 길잡이가 되어주리라 믿습니다. 독자들의 호기심과 독서의 즐거움을 위해 더한 감상은 아껴두고, 여러분께 곧장 일독을 권합니다.

정재현

전 연세대학교 종교철학 주임교수, 현 연세대학교 산학특임교수

땅속에 묻힌 보물을 발견하거든!

『마태복음』13장 44절에는 예수의 짤막한 하늘나라 비유가 등장한다. "하늘나라는 밭에 숨겨 놓은 보물과 같다. 어떤 사람이 그것을 발견하면 제자리에 숨겨 두고, 기뻐하며 집에 돌아가서는 가진 것을 다 팔아 그 밭을 산다." 이 비유는 무엇을 말하는가? 하늘나라를 발견한 자는 전폭적인 결단을 통해 모든 것을 걸고 그것을 쟁취해야 한다는 것이다. 정진우 교수가 헤겔의 『종교철학』과 관련한 셋째 번역서를 『헤겔의 종교현상학 ― 신들의 논리』라는 이름으로 내놓았다. 보화가 묻힌 밭을 찾아내어 우리에게 알린 것이다. 이 책이 왜 밭에 감춰진 보화인가? 두 가지 점에서 그러한데, 첫째는 헤겔 사상의 근원적 토대가 되는 종교철학을 깊고 넓게 안내하기 때문이고, 둘째는 그렇게 함으로써 헤겔의 철학에서 종교가 지니는 본래 자리를 명확하게 밝혀 주기 때문이다.

흔히 언급되듯 서양 문화는 그리스-로마의 합리적 정신인 철학의 논리와 유대-헤브라이즘의 종교적 양식인 신앙의 감성이 씨줄과 날줄처럼 한데 어울려 직조되었다. 따라서 서양 사유의 깊이와 넓이를 꿰뚫기 위해서는 언제나 그 속에 깃든 종교와 철학을 균형 있게 살펴야 한다. 하지만 놀랍게도 오늘날 철학 마당에서는 종교가 따돌림의 대상이 되고, 종교 동네에서는 철학이 판도라의 상자가 되고 말았다.

그리하여 한국 개신교계 현장에서 교인들은 반지성적인 '맹신'과 '광신' 사이를 오가는 주술의 상태에 머물러 있고, 철학을 다루는 학문의 전당에서 학자들은 전인적 체험의 깊이를 상실한 채 성마른 반쪽짜리 연구에 매몰되어 있다. 그러한 폐단으로 종교도 철학도 우리 삶의 진면목을 온전히 담아내지 못하고, 새 시대를 여는 사상의 도약도 점차 그 힘을 잃어가고 있다.

그러한 의미에서 헤겔의 『종교철학』 연구는 매우 소중한 현실적 가치를 지닌다. 헤겔은 근대의 사상을 종합하면서 동시에 현대의 길을 예비했을 뿐만 아니라 '역사'의 중요성을 철학의 전면에 부각시킨 장본인이기 때문이다. 그는 자기반성적인 사유가 어떻게 스스로를 성찰하며 완성해 가는지를 놀라운 통찰로 엮어냈다. 헤겔의 사유가 오늘날까지도 중요한 이유는 그가 말한 '정신'이 그 시대에 머물지 않고 지금도 계속 생장하고 있기 때문이다. 『종교철학』에서 그는 세계 종교들을 단일한 정신의 자기 전개 과정으로 꿰뚫고 있다. 그리하여 오랜 세월 각 민족과 지역에서 발흥하여 독자적으로 진화해 온 종교들을 자신의 역사적 공식에 따라 배열하고 있다.

헤겔은 종교철학을 강의하기 위해 무려 240여 권이나 되는 자료를 활용했고, 그 대부분을 기존의 종교 전통들, 즉 "유한한 종교" 부분에 활용했다. 독자들은 이 책을 통해 헤겔이 사용한 자료들에 대한 문헌학적 정보에서부터 다양한 민족이 서로 다른 신앙 체험으로 형성한 세계 종교들의 논리까지 여과 없이 성찰할 수 있다. 인류 사회에서 종교는 매우 오래된 현상이지만 종교를 연구하는 종교학의 역사는 근대 후기에 들어 처음 시작되었다. 종교학은 유럽인들이 낯선 동양의 종교 전통을 발견하게 되면서 그들과 자기 종교의 유사성과 차이를 비교하는 것으로부터 시작되었으니, 그것은 처음부터 비교종교학이었다. 하지만 어떤 관점과 기준으로 서로의 종교를 비교할 것인가를 발견하고 선택하는 것은 결코 쉬운 일이 아니다. 그러한 의미에서 개별 종교들을 분석하고, 그 결과들을 서로 비교하며, 그 비교에 따라 논리를 발견하는 헤겔의 철학 방법론은 그 자체로도 엄밀하고 성실한 학문의 태도가 무엇인지를 우리에게 가르쳐준다.

헤겔이 개별 종교를 분석하고 비교하는 기준은 '자유'다. 이 책의 저자 스튜어트도 반복해서 강조하듯이, 헤겔에게 있어서 종교들의 역사는 일명 '자유의식의 진보 과정'이다. 이에 따르면 세계의 보편적 종교는 반드시 자유를 의식하고, 모든 이의 자유에 공헌해야 한다. 그리스도교를 '완성된 종교'로 그려내려 했던 헤겔의 시도는 어쩔 수 없이 그리스도교를 태양으로, 다양한 세계 종교를 그 주변의 행성으로 설정할 수밖에 없었을 것이다. 하지만 헤겔의 말한 자유의 관점으로 종교를 다시 성찰한다면, 현실의 제도종교로서의 그리스도교 역시 자유를 완성해 가는 과정상의 종교일 뿐이다. 종교의 이념이 그 자체로 종교의 실재는 아니니 말이다. 더욱이 인간의 해방을 약속하는 종교가 인간의 억압을 자행했던 세계사적인 비극을 되짚어 살핀다면, 우리는 헤겔이 밝힌 종교의 이념 속에서 종교의 미래에 대한 다양한 전망도 발굴할 수도 있을 것이다.

헤겔이 말한 자유의 진보는 그리스도교가 오래전부터 말해 왔던 인간의 본성 그리고 책임과 연결된다. 그리스도교는 인간이 하나님의 형상으로 지어졌다고 말한다. 인간은 하나님의 형상을 지녔기에 하나님과 소통할 수 있고, 사유할 수 있고, 하나님처럼 창조하는 자유도 누릴 수 있다. 신에 대한 어떤 형상도 만들지 말라고 천명하는 유대-그리스도교 전통에서 인간이 하나님의 형상이라는 것은 매우 역설적인데, 이것은 하나님이 인간과 더불어 창조된 세상을 이끌어 가시고자 하기 때문이다. 동시에 모든 인간이 하나님의 형상이라는 선언은 권력자만이 가졌던 자유를 모두에게 나누는 민주와 자유의 정신을 상징한다. 그리스도교의 신-인 관계는 그래서 창조하는 자유 정신으로 이어진다. 헤겔이 파악한 '정신'도 바로 그것이다. 그리고 자유와 평등의 역설적인 조화, 즉 정의의 실현을 위한 현실적인 투쟁은 지금도 계속되고 있고 또 계속되어야 한다. 그리스도교의 이념과 헤겔의 철학은 그렇게 만나고 있다. 그러한 의미에서 헤겔의 『종교철학』은 오늘의 현실, 좁게는 우리의 종교 현실에도 찬란한 빛을 주는 등불이다.

이 책 덕분에 우리는 땅속에 묻혔던 보물을 보게 되었다. 우리는 곧장 그 보물을 캐내야 한다. 땅속에 묻혔던 보물은 언제나 그렇듯 진흙과 먼지로 뒤덮여 있게 마련이다. 그것을 씻어내고 털어내는 일은 오늘을 사는 우리의 과제일 것이다. 그러한 노고를 통해 종교와 철학은 더 정교하게 다듬어질 것이고, 서로의 대화 속에서 깊이와 넓이도 더해 갈 것이며, 이로써 보물의 가치와 그 기쁨도 더 커져 갈 것이다. 그 일에 앞장서준 정진우 교수에게 다시 한번 감사와 존경의 마음을 전한다.

한문덕
연세대학교 종교철학과 외래교수, 생명사랑교회 목사

『헤겔의 종교현상학 — 신들의 논리』는 존 B. 스튜어트(Jon B. Stewart)
의 2018년 저작 *Hegel's Interpretation of the Religions of the World:
The Logic of the Gods*(Oxford: Oxford University Press)를 번역한 것이다.
이 책은 헤겔의 『종교철학*Vorlesungen über die Philosophie der Religion*』 가운데
가장 난해하고 방대하며,[1] 동시에 가장 다채롭고 흥미로운, 그래서
『종교철학』의 심장부이자 진면목이라 해도 과분함이 없는 "제2부
유한한 종교*Die bestimmte Religion*"를 체계적으로 해명하는 연구서다.

『종교철학』 "제2부 유한한 종교"는 "제1부 종교의 개념"이 규정한
참다운 종교 개념의 자기 실현 과정을 역사적으로 기술한 일종의
'종교현상학'이다. 거기서 헤겔은 현대의 종교학자들조차 감히 엄두를
내지 못할 만한 세계 종교들에 관한 방대한 지식과 자신만의 사변적
통찰을 보여주고 있다. 특히 세계 종교들에 관한 형이상학적 개념을
차별화하면서 그 속에 숨겨진 신과 인간의 관계를 '개인(자유)의 진보
과정'으로 풀어가는 사변 논리(신들의 논리)는 그야말로 『종교철학』의
백미이자 압권이 아닐 수 없다. 하지만 세계 종교들에 관한 이해나
지식이 부족한 우리에게는 도리어 그 부분이 『종교철학』 연구를 가로
막은 커다란 장벽이 되어 왔다.[2] 이에 이 책의 저자 스튜어트는 그러한

---

1 1827년 『종교철학』을 기준으로 제1부는 85쪽, 제3부는 93쪽이지만, 제2부는 무려 199쪽에
 달하며, 네 강의(1821, 1824, 1827, 1831) 전체로는 제1부가 363쪽, 제3부는 270쪽이지만,
 제2부는 무려 642쪽에 달한다.

방대함과 난해함 속에 숨겨진 헤겔의 사변 논리를 말끔하게 체계화할 뿐만 아니라 현대의 문헌학과 종교학의 성과들까지 더하여 헤겔보다 헤겔을 더 잘 이해하는 해석을 선보이고 있다.

헤겔『종교철학』전반의 구조와 논리를 분석한 현대의 연구서로는 옥스퍼드대학출판사에서 출간한 세 저작이 세계적으로 권위를 인정받고 있다. 첫째는 하지슨(Peter C. Hodgson)의 2005년 저작 *Hegel & Christian Theology: A Reading of the Lecture on the Philosophy of Religion*이고, 둘째는 스튜어트의 2022년 저작 *An Introduction to Hegel's Lectures on the Philosophy of Religion: The Issue of Religious Content in the Enlightenment and Romanticism*이며, 셋째가 바로 이 책이다. 나는 첫째 저작을 2022년에『헤겔의 종교철학』(서울: 동연)이라는 제목으로, 둘째 저작을 2023년에『헤겔 종교철학 입문』(서울: 동연)이라는 제목으로 그리고 셋째 저작을 2024년『헤겔의 종교현상학 ― 신들의 논리』(서울: 동연)라는 제목으로 번역하여 내놓게 되었다.

세 저작은 모두 헤겔『종교철학』전반의 논리 구조와 핵심 내용을 체계적으로 해명하는 탁월한 연구서다. 하지만 첫째로 번역한『헤겔의 종교철학』은 그 원제인 "헤겔과 그리스도교 신학"(Hegel & Christian Theology)이 보여주듯이, 그리스도교의 핵심 교리에 대한 헤겔의 사변적 재해석을 담고 있는 "제3부 완성된 종교^{Die vollendete Religion}"를 중심

---

2 헤겔 철학이 역사적 인식의 중요성에 깊이 뿌리박고 있음에도『종교철학』에 관한 기존의 연구는 세계 종교들의 역사적 발전 과정을 분석하는 "제2부 유한한 종교"를 배제하고 "제1부 종교의 개념"과 "제3부 완성된 종교"만을 편향적으로 연구해 왔다. 하지만 제1부만 연구하면 종교의 개념과 실제적인 세계 종교들의 연관, 즉 이론적 차원의 추상적인 주장과 현실적 차원의 객관적인 근거의 연관을 이해할 수 없으며, 제3부만 연구하면 그리스도교가 왜 '완성된 종교'인가에 대한 논리적 근거, 즉 그리스도교가 세계 종교들의 모순을 극복하는 역사적인 증명 과정을 이해할 수 없다. 이와 관련해서는 이 책의 "서론: 헤겔『종교철학』의 역사적 차원"을 참고하라.

으로『종교철학』의 전체 논의를 재구성하고 있다. 둘째로 번역한『헤겔의 종교철학 입문』은 그 원작의 부제인 "계몽주의와 낭만주의에 있어서 종교적 내용의 문제"(The Issue of Religious Content in the Enlightenment and Romanticism)가 보여주듯이,『종교철학』이 탄생하게 된 사상적-논쟁적 배경을 담고 있는 "제1부 서론, 종교의 개념"(Einleitung, Die Begriff der Religion)을 중심으로『종교철학』의 문제의식과 전체 목적을 설명하고 있다. 그리고 셋째로 번역한『헤겔의 종교현상학 — 신들의 논리』는 그 원제인 "헤겔의 세계 종교 해석"(Hegel's Interpretation of the Religions of the World)이 보여주듯이, "제1부 종교의 개념"에서 "제3부 완성된 종교"에 이르는 광범위한 종교사를 다루고 있는 "제2부 유한한 종교Die bestimmte Religion"를 중심으로 제1부와 제3부를 매개하고 있다. 세 책 모두『종교철학』전반을 다루는 단행본이라는 점에서 어떤 책을 선택해도『종교철학』에 접근하는 데 무리는 없겠지만, 체계적이고 깊이 있는 연구를 원한다면『종교철학』의 내적 구조에 따라 제1부에 집중한『헤겔 종교철학 입문』(2023), 제2부에 집중한『헤겔의 종교현상학 — 신들의 논리』(2024), 제3부에 집중한『헤겔의 종교철학』(2022) 순서로 읽는 것이『종교철학』의 목적과 구조와 논리를 이해하는 데 도움이 될 것이다.

헤겔의『종교철학』은 그의 명성이 독일 전역을 지배하던 말년, 베를린대학에서 진행한 네 차례(1821, 1824, 1827, 1831년)의 종교철학 강의를 그의 사후에 편집 출간한 강의 저작이다.3 첫째 판본은 헤겔이

---

3 헤겔이 생전에 직접 출간한 저작은 다음 네 권이다.『정신현상학』(*Phänomenologie des Geistes*),『대논리학』(*Wissenschaft der Logik*),『철학백과』(*Enzyklopädie der philoso-*

세상을 떠난 직후인 1832년에 마라이네케(Phillip Marheineke)가 그 네 번의 강의록과 필기록을 모아 한 권으로 편집한 단행본이며, 둘째 판본은 그로부터 8년이 지난 1840년에 바우어(Bruno Bauer)가 마라이 네케의 판본에 새로 발견된 필기록을 더하여 수정 보완한 개정판이다. 셋째 판본은 첫째 판본이 출간된 지 거의 한 세기가 지나 라손(Georg Lasson)이 마라이네케와 바우어 판본에 제기된 편집상의 문제를 교정 하고자 새롭게 편집 출간한 두 권짜리 판본이다.4 하지만 이 세 판본은 헤겔이 진행한 네 차례의 강의 내용을 편집자가 자의적으로 취사선택 한 통합본이기 때문에 강의가 거듭될 때마다 미묘하게 달라지는 헤겔 사유의 진화 과정이나 다양하게 실험되는 체계 시도의 역동성을 제대 로 보여주지 못하는 한계가 있었다.

그러한 문제를 해결하기 위해 독일의 예쉬케(Walter Jeaschke)는 대략 30년 후 현존하는 강의록과 필기록을 모아 그 네 차례 강의 내용을 취사선택하지 않고 연도별로 복원하는 사업을 기획하고, 10 년간의 긴 과정을 거쳐 1982~1985년에 비로소 그 위대한 성과를 세상에 내놓았다. 그것이 현재 헤겔 학계가 공식적으로 인정하는 『종교철학*Vorlesungen über die Philosophie der Religion* 1, 2, 3』(Hamburg: Felix Meiner, 1982~1985) 판본이다. 네 차례 강의가 세 권으로 편집된 이유는 권수를

---

phischen Wissenschaften im Grundrisse), 『법철학』(*Naturrecht und Staatswissenschaft im Grundrisse. Grundlinien der Philosophie des Rechts*). 그 외에 '강의'를 뜻하는 독일어 'Vorlesungen'이 붙은 저작들, 『종교철학』(*Vorlesungen über die Philosophie der Religion*), 『미학』(*Vorlesungen über die Ästhetik*), 『역사철학』(*Vorlesungen über die Philosophie der Geschichte*), 『철학사』(*Vorlesungen über der Geschichte der Philosophie*)는 베를린 대학에서 진행한 강의 내용을 그의 사후에 편집 출간한 강의 저작이다.

4 이는 그가 편집한 『헤겔전집』(*Sämtliche Werke*) (1928-1941)의 16-17권에 실려 있다.

연도별이 아니라 주제별로 구성했기 때문이다. 헤겔은 강의를 진행하는 동안 세부 내용은 계속 수정해 나갔으나 세 부분의 전체 구성은 그대로 유지했다: "제1부 서론 및 종교의 개념", "제2부 유한한 종교", "제3부 완성된 종교." 예쉬케의 판본은 그 세 주요부를 기준으로 1, 2, 3권을 구성하고, 각 부분에 해당하는 내용을 연도순으로 한데 배치해 두었다. 이로 인해 그 어느 때보다 『종교철학』을 정교하게 연구할 수 있는 토대가 마련된 셈이다.5

　　그럼에도 헤겔의 『종교철학』에 관한 연구는 전 세계적으로 흔치 않다. 계몽주의의 정상에서 일어난 이성과 신앙의 분리와 그 둘의 적대적인 편견, 즉 종교를 '미련한 마법'쯤으로 여기는 철학의 편견이나 철학을 '교활한 이성'쯤으로 여기는 신학의 편견도 한몫했을 것이다. 또한 이성과 신앙이 뒤얽힌 종교철학의 난해함, 즉 철학에게는 너무 신학적이고, 신학에게는 너무 철학적이라는 난해함도 한몫했을 것이다. 게다가 철학과 종교가 위축된 시대에 철학을 위해 신학을 하거나 신학을 위해 철학을 하는 이들로 범위를 좁히면 그 공백은 더욱 커지게 마련이다. 심지어 헤겔의 철학에서 '종교' 관련 내용을 모조리 솎아내고 남은 부분만으로 그의 철학을 재구성하려는 일반적인 경향은 현대 철학계가 숨겨온 은밀한 영업 비밀이기도 하다.

---

5 헤겔의 네 차례 강의 가운데 사상적으로나 체계적으로 가장 완성된 판본은 1831년 『종교철학』으로 예상되지만 그 자료는 제2차 세계대전 당시 대부분 소실되어 내용이 매우 빈곤하다. 따라서 현재 보유된 최고의 판본은 1827년 『종교철학』이다. 그래서 예쉬케의 『종교철학』 연도별 복원 사업에 동참하고, 이후 그것을 영어로 번역 출간하여 미국 학계에 헤겔 『종교철학』 연구의 기틀을 마련한 『헤겔의 종교철학』의 저자 하지슨은 1827년 강의만을 따로 묶어 *Lectures on the Philosophy of Religion: The Lectures of 1827*(New York: Oxford University Press, 1988)을 출간하기도 했다. 네 차례의 강의가 갖는 내용 변화와 사유 흐름보다 헤겔 『종교철학』의 핵심 내용 자체에 관심을 가진 독자라면, 그 단행본을 읽는 것이 가장 유익할 것이다.

하지만 헤겔의 철학을 보다 근원적이고 포괄적으로 이해하고자 한다면, 더 이상 그의 철학과 종교를 분리시켜서는 안 될 것이다. '종교'는 『종교철학』의 핵심 주제일 뿐만 아니라 그의 모든 철학적 하위 주제들의 밑바탕이기도 하다. 베른과 프랑크푸르트 시기의 『청년 헤겔의 신학론집*Hegels theologische Jugendschriften*』에서부터 말년 베를린 시기의 『종교철학』에 이르기까지 그의 철학적 관심을 사로잡은 평생의 화두는 '종교'였다. 또한 종교는 한 민족이 지향하는 모든 이념의 총체다. 종교에는 특수 형이상학의 세 분과인 신-세계-인간에 대한 그 민족의 자기 개념이 반영되어 있다. 따라서 종교에 대한 철학적 탐구(종교철학)는 비단 특정한 종교나 신념을 옹호하는 참신한 가상이나 실용적 신화를 제작하는 한량한 작업이 아니다. 헤겔에 따르면, 모든 민족의 종교적 표상(경전, 신화, 예술 등)에는 그 민족의 정신이 상징적으로 반영되어 있고, 철학은 그러한 표상을 통해 개별적인 민족정신과 그것들을 포괄하는 세계정신의 본질을 파악한다. 그러한 의미에서 헤겔의 『종교철학』은 개별적인 종교들 자체뿐만 아니라 그것들의 역사적 발전 과정에 담긴 '정신'(Geist) 혹은 '이성'(logos)을 인식하는 철학의 핵심 분과 중 하나라 할 수 있다.

헤겔은 『종교철학』에서 당시 계몽주의와 낭만주의 종교 문화에서 상실된 종교의 내용(그리스도교의 핵심 교리들)을 복원하기 위해 다양한 세계 종교들의 역사를 탐구한다.[6] 종교의 내용이 곧 종교의 본질이라

---

6 헤겔 시대를 지배하던 계몽주의와 낭만주의의 종교 문화는 그의 사변철학이 탄생한 비판적 토양임과 동시에 그의 주요 저작들이 겨냥하는 핵심 표적이기도 하다. 당시 과학혁명에 도취된 계몽주의자들은 비판적 이성으로 검증되거나 반증될 수 없는 성서나 교리의 모든 내용을 불합리한 미신으로 폐기해 버렸다. 볼테르(Voltaire)나 라이마루스(Hermann Samuel Rei- ma-rus)와 같은 신학자들 그리고 레싱(Gotthold phraim Lessing)이나 흄(David Hume)과 같은

면, 종교의 본질은 곧 종교의 역사를 통해 계시되기 때문이다. 그의 모든 철학 방법론이 그러하듯이, 『종교철학』 역시 '종교'라는 개념의 자기 전개 과정을 역사적으로 서술하고 있다. 그러한 의미에서 『종교철학』은 다양한 세계 종교의 역사 안에서 종교에 깃든 이성(본질)을 사변적으로 통찰하고(추론), 그것을 학문적인 체계로 서술하는(검증) 객관적인 형이상학 방법론으로서의 '종교현상학'이다. 그 전체 논의는 크게 세 부분 "제1부 종교의 개념", "제2부 유한한 종교", "제3부 완성된 종교"로 구성되어 있다.

"제1부 종교의 개념"은 『종교철학』의 시작이자 끝이라 할 수 있는 참된 종교(신) 개념에 대한 규정으로부터 『종교철학』의 전체 구성 및 접근 방법을 설명하고 있다. 그것은 『정신현상학』 "서문Vorrede"에 나오는 "개념은 생명이다",[7] "실체는 주체다",[8] "진리는 전체다"[9]라는 명제들로 대표되는 개념의 존재론적 원리를 설명하는 대목이다. 개념

철학자들은 그러한 계몽주의의 관점에 찬탄하면서 과학과 양립할 수 있는 종교적 측면들을 설득하기에 급급했다. 그 결과 종교의 본질이라 할 핵심 교리들은 모조리 폐기되거나 한낱 조롱거리가 되고 말았다. 대안으로 등장한 것이 낭만주의 문화였지만 그 결과는 마찬가지였다. 낭만주의자들은 계몽주의로부터 종교를 수호하기 위해 그것을 과학(지성)과는 다른 영역으로 분리시켰다. 이를테면 루소(Jean Jacues Rousseau)는 종교와 신앙을 '양심과 순수한 마음'의 영역으로, 야코비(Friedrich Heinrich Jacobi)는 논증적 인식에 대비되는 '직접적 확신'의 영역으로, 슐라이어마허(Friedrich Daniel Ernst Schleiermacher)는 '직관과 직접적 감정'의 영역으로 이전시켰다. 하지만 그들의 시도 역시 종교의 객관적인 내용은 뒷전에 두고 신앙의 주관적인 형식만을 강조함으로써 결국 상대주의와 광신주의라는 '아이러니'(Ironie)를 초래하고 말았다. 헤겔의 『종교철학』은 바로 그러한 계몽주의와 낭만주의 종교 문화에서 상실된 종교의 객관적 내용, 즉 그리스도교에 깃든 진리와 이성을 발견하려는 목적에서 출발한다. 이와 관련해서는 존 스튜어트 지음/정진우 옮김, 『헤겔의 종교철학 입문』(서울: 동연, 2023), 1-3장을 참고하라.

7 G. W. F. Hegel, *Phänomenologie des Geistes* (Hamburg: Felix Meiner, 1952), 10.

8 Ibid., 20.

9 Ibid., 21.

은 쉼 없는 자기 실현의 운동이라는 점에서 유기체의 '생명' 구조와 동일하고, 그러한 구조는 자신의 내적인 목적의 실현이라는 점에서 개념이 '주체'인 운동이며, 그러한 운동은 전체적인 과정을 통해서만 파악된다는 점에서 진리는 '전체'인 것이다. 이에 따르면 『종교철학』에서 다루는 다양한 세계 종교들은 결국 하나의 종교 개념이 자신을 점진적으로 계시하는 과정에 등장하는 다양한 단계들 혹은 계기들로 파악된다.[10] 그러한 운동은 실체의 내적 목적(본질)이 실현되는 과정이라는 점에서 시초(시작)와 목적(끝)이 동일한 '원환'의 형태를 띠고 있는데, 그 핵심은 존재론적으로 최초의 것이 인식론적으로 최후의 것이라는 존재와 인식의 절대적인 통일의 원리에 있다.[11]

다음으로 "제2부 유한한 종교"는 그러한 종교 개념의 자기 전개 과정을 변증법적인 역사 발전 과정으로 서술한다. 헤겔은 그 전체 과정을 자연의 물질적 대상을 신으로 여기는 '자연종교'에서 자기의식적인 주체를 신으로 여기는 '정신종교'로의 이행 과정으로 분석한다.

---

10 현대의 '종교신학'(Theology of Religions)은 그러한 관점을 '포괄주의'(Inclusivism)라고 부른다. 다양한 종교들 가운데 하나를 유일한 진리로 간주하고 나머지를 거짓으로 매도하는 폭력적 관점이 배타주의(Exclusivism)라고 하고, 다양한 종교들 모두가 나름의 타당성을 갖는 것으로 상호 존중하자는 평화적 관점이 다원주의(Pluralism)라면, 포괄주의는 배타주의와 다원주의, 일원론과 다원론, 유일성과 다양성을 동시에 아우르는 변증법적 시도다. 이러한 점은 헤겔에 대한 세간의 서툰 비판들을 무색케 한다. 헤겔이 말하는 본질은 그들의 생각처럼 특수성을 배제하는 '배타적 동일성'(폐쇄적 체계)이 아니라 특수성까지 아우르는 '포괄적 동일성'(개방적 체계)이다. 만일 그렇지 않다면 헤겔 철학에서 특수와 보편을 매개하는 변증법적 사유의 운동은 필요치 않다. 그의 철학 방법을 '변증법'으로 규정하면서 그의 사유체계를 '배타적 동일성'이라고 비판하는 것은 명백한 자기모순이다.

11 헤겔은 개념의 원환 운동을 '즉자존재-대자존재-즉자대자존재', '보편성-특수성-개별성', '추상적 보편-구체-구체적 보편', '가능성-필연성-현실성' 등 다양한 도식으로 설명한다. 이는 아직 자신을 객관화하지 않은 추상적인 개념의 상태, 추상적인 개념이 자신을 구체적인 현실로 객관화하는 과정, 그러한 객관화의 과정이 완수된 상태를 나타내는 다양한 표현들이다.

그의 도식에 따르면, 세계 종교들은 크게 ① 자연종교, ② 정신종교, ③ 완성된 종교(절대적 종교, 계시된 종교)라는 세 범주로 구분된다. 그중 자연종교와 (유한한) 정신종교는 "제2부 유한한 종교"에서 다뤄지고, 완전한 정신종교(그리스도교)는 "제3부 완성된 종교"에서 다뤄진다.

첫째 범주인 '자연종교'는 자연 대상을 신으로 여기는 단계다. 자연 종교에서 신은 사물이나 실체이지 자기의식적인 존재가 아니다. 자연 종교의 최초 형태는 '마법사'(무당)나 '부적'을 신격화하는 마법 종교다.[12] 하지만 마법 종교는 물질 세계만을 전부로 여길 뿐 그것을 포괄하는 '보편자' 개념을 결여하고 있다는 점에서 엄밀한 의미의 종교는 아니다. 다음으로는 동양 종교의 세 형태인 ① 중국 종교,[13] ② 힌두교, ③ 불교-라마교가 다뤄진다.[14] 이 단계는 '하늘', '신성한 동물', '붓다와 라마'[15]와 같은 자연 대상을 그 자체로 신격화한다는 점에서 전형적인

---

12 1821년 강의에는 "마법 종교" 부분이 없고, 1831년 강의는 대부분 유실되었기 때문에 마법 종교와 관련한 논의는 1824년, 1827년 강의에서만 확인된다.

13 1821년 『종교철학』에는 "중국 종교" 부분이 없다. 1824년 『종교철학』에서 처음 그 부분이 마련되긴 했지만 그 논의는 주나라의 국가종교만을 다루면서 그것을 중국 종교 일반으로 간주하는 피상적인 수준에 머물러 있다. 1827년 『종교철학』에서야 중국 종교는 방대한 자료들에 근거하여 풍부하게 논의되지만 1831년 『종교철학』에서는 그 논의가 더 발전하지 못하고 도리어 축소되어 있다.

14 헤겔이 분석한 세계 종교들의 발전 과정에서 불교는 순서가 확정되지 못하고 1831년 마지막 『종교철학』에서까지 계속 조정되고 있다. 1824년과 1827년 『종교철학』에서는 불교-라마교가 힌두교보다 먼저 다뤄진다. 이 책의 저자 스튜어트도 그 배열을 따르고 있다. 그것이 라손(Georg Lasson) 판본의 순서다. 하지만 1831년 마지막 『종교철학』에서는 힌두교가 불교와 라마교보다 먼저 다뤄진다. 마라이네케(Pillip Marheineke) 판본은 그 순서를 따랐다. 1832년에 출간된 초판에서는 불교가 힌두교보다 먼저 다뤄지고 있지만, 1840년에 출간된 재판에서는 힌두교가 불교보다 먼저 다뤄지고 있다.

15 현대의 관점에서 볼 때, 헤겔의 불교 이해는 매우 부정확하다. 그가 말하는 불교는 일반적인 불교가 아니라 '라마'라고 불리는 승려나 교사에 초점을 둔 특수한 불교 형태(라마교)에 불과하다. 그는 불교와 라마교를 동격화하면서, 유일한 차이가 있다면 불교도는 죽은 '붓다'를 신으로 숭배하고, 라마교도는 산 '라마'를 '붓다'로 숭배한다고 말한다. 하지만 그것은 당시의 잘못

자연종교에 속한다. 그리고 마지막으로는 과도기 종교의 세 형태인 ① 페르시아 종교, ② 시리아 종교,16 ③ 이집트 종교가 다뤄진다. 이 단계의 신은 자연 대상과 자기의식의 중간 형태를 취하고는 있지만 아직 자연 의존성을 완전히 초탈하지 못했다는 점에서 공히 자연 대상을 신격화하는 '의식'(Bewußtsein)의 단계에 해당한다.

둘째 범주인 '정신종교'는 자기의식적인 존재를 신으로 여기는 단계다. 정신종교에서는 ① 유대교(숭고함의 종교), ② 그리스 종교(아름다움의 종교), ③ 로마 종교(효용의 종교)가 다뤄진다. 먼저 유대교의 신은 세상을 창조한 자연 만물의 절대적인 주인이다. 이는 자연이 정신을 지배하는 자연종교에서 정신이 자연을 지배하는 정신종교로의 전환을 상징한다. 하지만 유대교의 신은 세속과 분리된 초월적 존재로서 인간과 절대적으로 분리(소외)되어 있다. 다음으로 그리스 종교는 예술을 통해 개별적인 정신을 표현하기는 하지만 그것은 대리석과 같은 자연 재료에 의존하고 있다는 점에서 아직 순수하고 완전한 정신은 아니다. 마지막으로 로마 종교는 (그리스 종교처럼) 역사적인 영웅뿐만 아니라 살아 있는 황제도 신격화하고 있다. 살아 있는 개인을 신격화한다는 점에서 로마 종교는 그리스도교의 성육신 개념을 선취했다고도 볼 수 있지만 그는 세속적인 권력에 매몰되어 있으며, 오로지 그만

된 정보를 그대로 따른 것이다. 엄밀히 말해 불교에는 신이 없다. 그래서 무신론이다. 불교에서는 '무'(無) 혹은 '공'(空)이 절대적인 원리다. 헤겔을 비롯한 당시의 유럽인들은 산스크리트어, 팔리어, 티베트어로 기록된 불교 경전을 제대로 해독할 수 없었기 때문에 경전에 대한 깊은 분석보다 교리나 수행에 관한 일반적인 논의 수준에 머물러 있었다. 헤겔의 불교 이해가 가진 문제와 관련해서는 이 책의 "제4장 불교와 라마교 자기-내 존재의 종교" 도입부 논의를 참고하라.
16 시리아 종교는 1831년 강의에서만 "고통의 종교"로 간략히 다뤄졌다. 하지만 1831년 강의 자료는 대부분 소실되었고, 기존의 연구 성과도 없어 이 책에서는 시리아 종교를 따로 다루지 않는다.

이 신성을 갖는다는 점에서 만인을 신의 형상으로 간주하는 그리스도교의 진리에는 아직 이르지 못한 단계다. 이 세 종교는 자연 대상이 아니라 또 다른 자기의식을 신으로 여긴다는 점에서 공히 '자기의식'(Selbstbewußtsein)의 단계에 해당한다.

"제3부 완성된 종교Die vollendete Religion"는 그러한 정신종교의 완성된 형태인 그리스도교를 분석한다. 그리스도교의 신은 초월적이고 보편적인 사유라는 유대교의 신과 감각적으로 지각 가능한 특수한 개별자라는 그리스 종교의 신 개념을 동시에 포괄하고 있다. 따라서 헤겔은 그리스도교를 유대교(보편성: Allgemeinheit)와 그리스 종교(특수성: Besonderheit)를 변증법적으로 종합한 최고의 종교 형태(개별성: Einzelheit)로 규정한다. 그리스도교의 신은 추상적인 보편자로서의 성부(聖父)가 그리스도라는 구체적인 현존재(聖子)를 통해 자신의 본질을 계시하고(신의 자기부정), 그리스도의 죽음(부정의 부정)과 부활(죽음의 죽음)을 통해 구체적인 보편자(聖靈)로 복귀하는 원환의 운동이다. 달리 말해 그리스도교의 신(정신)은 '성부', '성자', '성령' 중 한 위격이 아니라 그 세 계기의 전체적인 운동을 의미한다. 이것이 셋이면서 동시에 하나라를 비수학적 진리, 그래서 오성의 합리성으로는 감당할 수 없는 신비로운 역설로서의 '삼위일체'(Dreieinigkeit)에 관한 사변적 진리다. 삼위일체의 운동을 추동하는 '육화'(肉化)와 '성화'(聖化)의 변증법은 인간이 신의 정신을 공유하고 있다는 진리를 일깨움으로써 신(보편자)과 인간(개별자)의 완전한 화해와 이를 통한 완전한 자유의 이념을 선포한다. 그러한 의미에서 헤겔은 그리스도교를 '계시 종교'(Die geoffenbarte Religion), '절대 종교'(Die Absolute Religion), '완성된 종교'(Die vollendete Religion), '자유의 종교'(Die Religion der Freiheit) 등 다양한 이름으로 규정한다.

제2부 유한한 종교			제3부 완성된 종교
제1단계 자연종교	제2단계 과도기의 종교	제3단계 정신종교	제4단계 절대종교
① 마법 종교 주술 종교(무당) 주물 종교(부적) ② 중국 종교 도량의 종교 주나라의 국교 유교, 도교 ③ 힌두교 상상의 종교 브라만 비슈누 시바 ④ 불교-라마교 자기 내 종교 붓다와 라마	① 페르시아 종교 빛의 종교 오르무즈드(빛과 선) 아리만(어둠과 악) ② 시리아 종교 고통의 종교 ③ 이집트 종교 신비의 종교 오시리스와 세트 아메샤 스펜타 프라바시 야자타	① 유대교 숭고함의 종교 여호와 혹은 야훼 ② 그리스 종교 아름다움의 종교 영웅들(예술 작품) 신탁 운명 ③ 로마 종교 효용의 종교 황제의 종교	그리스도교 계시 종교 삼위일체의 신

여기까지가 『종교철학』의 대략적인 논리 구조와 핵심 내용이다. 하지만 비단 『종교철학』만이 종교의 문제를 다루는 것은 아니다. 앞서 언급했듯이 『정신현상학』 이전의 초기 저술들에서부터[17] 말년의 베를린 시기의 『역사철학Vorlesungen über die Philosophie der Geschichte』, 『미학Vorlesungen über die Ästhetik』, 『법철학Grundlinien der Philosophie des Rechts』에 이르기까지 비록 분야는 다르지만 그의 모든 철학은 종교라는 보편적

---

[17] 헤겔의 초기 저술인 "그리스도교의 실정성(Die Positivität der christlichen Religion" (1795-1796)이나 『믿음과 지식』(Glauben und Wissen) (1802-1803)은 당시를 지배하던 실정 종교의 부활, 주관 종교의 난립, 세속주의의 확산에 대한 비판에 몰두하고 있다. 그가 『정신현상학』에서 '정신'(Geist)의 존재론과 '현상학'(Phänomenologie)이라는 인식론을 마련한 이유도, 더 크게는 그가 자신만의 철학 체계를 기획하고 구축한 이유도 바로 그러한 신과 인간의 지성적 단절을 매개하는 '화해'의 철학을 내놓기 위해서였다.

토양 위에 세워진 다양한 사상의 건축물들이다.[18] 그러한 의미에서 그의 전체 철학 체계는 하나의 거대한 종교철학 체계라 해도 과언이 아니다. 또한 그의 철학을 지배하는 '정신'(Geist)의 원리도 그리스도교 의 '삼위일체론'에 근원을 두고 있다. 신이 곧 '정신'이라면, '정신'의 본질은 '자기의식'(Selbstbewußtsein)이다. 그것은 단순한 가정이 아니 라 그리스도교의 신 개념을 통해 얻은 사변적 진리다. 정신은 자신을 세계로 객관화하고, 객관화된 세계 속에서 자신을 인식한다는 원리가 바로 그것이다.[19] 인간은 그러한 신의 '정신'을 부여받은 특권적 존재 로서 신 인식에 참여한다. "하나님은 영(Geist)이시니 예배하는 자가 영(Geist)과 진리로 예배할지니라."[20] 인간은 그리스도를 매개하여

---

18 『역사철학』은 신의 섭리가 이 땅에 실현되는 과정을 역사적으로 서술한 일종의 테오-드라마 다. 그는 역사 속에서 신의 섭리(Logos)를 발견하고 역사의 모든 순간을 신의 영광으로 돌리 는 것이야말로 최고의 신앙이라고 하면서, 자신의 『역사철학』을 철학적 '신정론'이라고 고백 한다. 이와 관련해서는 『역사철학』 "서론, A. 세계사의 일반적 개념"(Die Behandrungsarten der Geschichte) 부분을 참고하라. 또한 『미학』은 신을 표현하는 세 영역 중 하나라는 점에 서 그 역시 '종교적 이념'을 밑바탕에 깔고 있다. 그러한 의미에서 『종교철학』과 『미학』과 『역 사철학』은 서로가 서로를 보완하는 역할을 하기도 한다. 나아가 『법철학』도 종교적인 이념과 구체적인 현실 제도의 화해를 추구한다는 점에서 일종의 '신국론'이라 할 수 있다. 이와 관련해 서는 『법철학』 §270 및 『철학백과』 §453을 참고하라.

19 정신(자기의식)의 세 단계인 즉자(직접적 통일)-대자(분열)-즉자대자(매개된 통일)의 과정은 순수한 이념으로서의 신이 자신을 구체적인 세계로 방출하고, 그 세계 속에서 자신을 구체적 으로 인식하는 삼위일체의 원리를 따른 것이다. 이는 맹목적인 믿음에서 원죄의 과정을 거쳐 성찰적인 믿음으로 나아가는 '창조-타락-구원'의 논리이기도 하다. 나아가 그의 전체 철학 체계 를 구성하는 논리학, 자연철학, 정신철학 역시 그리스도교의 삼위일체 구조에 근거하고 있다. 보다 세부적으로 그가 인륜적 공동체의 전제로 삼고 있는 '상호주관성'의 원리도 그리스도교 의 성령 공동체, 즉 모두가 자유롭고 평등하게 존재하는 사랑의 원리를 철학적으로 개념화한 것이며, 상호주관성의 형성 과정에 나타나는 '주인과 노예의 변증법'이나 '아름다운 영혼의 변 증법'도 그러한 그리스도교의 사랑이 현실화되는 과정과 논리를 철학적으로 재구성한 것이다.

20 요한복음 4:21. 헤겔은 '영'(Geist)으로 계시되는 신을 이해하기 위해서는 인식하는 자 또한 '영'(Geist)이어야 한다고 말한다. 영만이 영을 인식할 수 있다는 것은 신과 인간의 존재론적 연속성을 나타내는 또 다른 표현이다.

신과의 정신적 통일을 이룬다. "신은 인간을 통해 자신을 인식한다는 점에서 인간의 신 인식은 신의 자기인식이다."[21]

뿐만 아니라 현대는 헤겔이 『종교철학』을 비롯한 대부분의 저작에서 끈질기게 비판했던 '계몽주의'와 '낭만주의' 종교 문화가 보편적인 진리로 자리 잡은 시대다. 오늘날 진화론 대 창조론 논쟁이나 '새로운 무신론'[22] 운동 등이 계몽주의의 화신이라면, 자연이나 우주를 신으로 여기는 '신 없는 신비주의'의 형태나 주류와는 다른 새로운 종교를 추구하는 다양한 '밀교'의 형태들은 낭만주의의 화신이라 할 수 있다. 따라서 헤겔의 『종교철학』은 우리 시대의 종교 문화를 이해하거나 비판하는 데도 유익한 통찰을 줄 수 있다. 또한 현대의 사유가 '정신의 사변적 인식'이라는 헤겔의 철학적 이념에 대한 반동이라는 점을 고려하면,[23] 근대성을 고수하든 현대성을 지향하든, 그 분기점인 헤겔을 딛지 않고서는 한 걸음도 떼기 힘든 것이 사실이다. 철학사 연구에서 헤겔은 실로 비켜 갈 수 없는 걸림돌이다.

나아가 오늘날에는 헤겔의 『종교철학』을 '종교다원주의'(Religious pluralism)나 '비교신학'(Comparative Theology)의 논리로 재해석하려는 역설적인 시도들도 부흥하고 있다. 먼저 『헤겔의 종교철학』의 저자

---

21 Ludwig Feuerbach, *Das Wesen des Christentums* (Stuttgart: Reclam, 1971), 343.

22 새로운 무신론은 모든 종교적 형태에 적대적이고 공격적인 태도를 취한다는 점에서 과학을 통해 모든 종교적 믿음을 폐기하고자 했던 계몽주의자들과 맥을 같이한다. 그러한 현대의 종교 비판가로는 도킨스(Richard Dawkins), 데넷(Daniel Dennett), 해리스(Sam Harris), 히친스(Christopher Hitchens) 등을 꼽을 수 있다. 종교가 현대 사회에 주는 위험성을 고발한 이들의 견해와 관련해서는 대표적으로 도킨스, *The God Delusion* (London: Bantam, 2006); 해리스, *The End of Faith: Religion, Terror, and the Future of Reason* (New York and London: W. W. Norton, 2004)을 참고하라.

23 큰 틀에서 현대의 사유는 '정신'에 대한 반동으로 '물질'(자연주의-유물론)을, '사변'에 대한 반동으로 '관찰'(실증주의)을, '인식'에 대한 반동으로 '삶'(실존주의)을 화두로 삼고 있다.

하지슨은 헤겔이 보여준 세계 종교들의 발전 과정을 '종교다원주의' 모델로 재해석한다. 그의 목적론적 과정을 굳이 단일한 완성 모델을 따르는 단일한 위계 과정으로만 이해할 필요는 없다고 주장한다. 현대적 관점에서 헤겔의 포괄주의 모델을 다원주의 모델로, 궁극성의 양상을 분산의 양상으로, 폐쇄적 체계를 개방적 체계로 읽어내려는 시도가 바로 그것이다. 또한 이 책의 저자 스튜어트는 그것을 종교다원주의뿐만 아니라 비교신학으로까지 재해석하고자 한다. 다양한 세계 종교들이 결국 하나의 종교 개념이 전개된 다양한 계기들이라면, 모든 종교에는 하나의 유사성과 연관성이 존재할 것이며, 그것이 종교 간 대화와 존중과 배움의 토대가 될 수 있다는 것이다.

하지만 문화의 다원성이 강조되는 현대적 관점에서 보면, 상향적 목적론에 근거한 헤겔 철학은 '유럽 혹은 게르만중심주의'나 '그리스도교중심주의'라는 혐의로부터 결코 자유로울 수 없다. 심지어 현대의 금기를 위반하는 '인종차별주의자'라는 비판도 흔히 뒤따른다. 하지만 우리가 헤겔에게 참으로 배워야 할 것은 두 세기 전에 그가 말했던 '진리 내용'이 아니라 그가 보여준 '철학 방법'일 것이다. 그는 두 번의 세계대전과 대량 학살도 경험하지 못했고, 경제대공황이나 냉전의 역사, 세계화나 핵전쟁의 위협, 기후 위기와 인공지능의 등장도 경험하지 못했다. 그의 사상 역시 '진리'가 아니라 '관점'일 뿐이다. 따라서 우리는 그의 철학 방법을 통해 우리의 시대와 역사를 늘 새롭게 사유해야 한다. 헤겔의 체계를 '매듭'(긍정변증법)으로 이해할 것인가, '연속'(부정변증법)으로 이해할 것인가를 양자택일하는 것마저도 부적합하다. 엄밀히 말해 헤겔의 체계는 '매듭들의 연속'으로 수용되어야 한다. 그가 말하는 '역사의 종말' 혹은 '역사의 완성'이란 어디까지나

체계의 논리일 뿐 현실의 논리는 아니니 말이다.

　최근 들어 『종교철학』과 관련한 단편적인 주제를 다루는 논문이 간혹 발표되긴 하지만 『종교철학』 자체를 집중 조명한 해설서나 연구서는 전 세계적으로 찾아보기 어렵다. 현재로서는 하지슨의 『헤겔의 종교철학』과 스튜어트의 『헤겔의 종교철학 입문』 그리고 이 책 『헤겔의 종교현상학 — 신들의 논리』가 전부다. 물론 『종교철학』에 관심이 없어서 연구서가 희박한 것인지, 연구서가 희박해서 『종교철학』에 관심을 갖지 못한 것인지 알 수 없지만 두 이유가 뒤얽혀 『종교철학』에 대한 무관심을 정당화해 온 것은 사실이다. 하지만 한국 헤겔 연구의 역사를 되돌아볼 때, 이제는 그의 철학의 본래 색을 들여다보고, 그 안에서 현대적 사유를 위한 새롭고 다양한 해석을 견인할 때도 되었다. 나는 이 책이 그런 연구의 풍토와 대화의 장을 마련하는 데 도움이 되기를 그리고 헤겔의 『종교철학』에 관심을 가진 후배 연구자들에게도 유익하게 활용되기를 바란다.

2024년 여름,

부산대학교 철학과에서

옮긴이 정진우

차 례

Aesthetics	*Hegel''s Aesthetics. Lectures on Fine Art*, vols 1-2, trans. by T. M. Knox, Oxford: Clarendon Press, 1975, 1998.
AR	*Vorlesungen über die Philosophie der Religion*, Dritter Teil, *Die absolute Religion*, ed. by Georg Lasson, Hamburg Felix Meiner, 1974 [1929] (second half of vol. 2 of *Vorlesungen über die Philosophie der Religion*, vols 1-2, ed. by Georg Lasson, Hamburg: Felix Meiner 1974), vol. 14 in Hegel, *Sämtliche Werke*, ed. by Georg Lasson, Leipzig: Felix Meiner, 1920.
Briefe	*Briefe von und an Hegel*, vols 1-4, ed. by Johannes Hoffmeister (vols 4.1 and 4.2, ed. by Friedhelm Nicolin), 3rd ed., Hamburg: Meiner, 1961-1981.
Difference	*The Difference Between Fichte's and Schelling's System of Philosophy*, ed. and trans. by H. S. Harris and Walter Cerf, New York: State University of New York Press, 1977.
Dokumente	*Dokumente zu Hegels Entwicklung*, ed. by Johannes Hoffmeister, Stuttgart: Frommann, 1936.
EL	*The Encyclopaedia Logic. Part One of the Encyclopaedia of the Philosophical Sciences*, trans. by T. F. Gerats, W. A. Suchting, H. S. Harris, Indianapolis: Hackett, 1991.
Episode	*On the Episode of the Mahabharata Known by the Name Bhagavad-Gita* by Wilhelm von Humboldt, trans. by Herbert Herring, New Delhi: Indian Council of Philosophical Research, 1995.
ETW	*Early Theological Writings*, trans. by T. M. Knox, Fragments trans. by Richard Kroner, Chicago: University of Chicago Press, 1948. Philadelphia: University of Pennsylvania Press, 1975.
GRW	*Die griechische und die römische Welt*, ed. by Georg Lasson, Leipzig: Felix Meiner, 1923 (vol. 3 of *Vorlesungen über die Philosophie der Weltgeschichte*, vols 1-5, ed. by Georg Lasson, Leipzig: Felix Meiner, 1920-1923).

Hegel's Library	*Verzeichniß der von dem Professor Herrn Dr. Hegel und dem Dr. Herrn Seebeck, hinterlassenen Bücher-Sammlungen,* Berlin: C. F. Muller, 1832. (쪽 번호 대신 단락 번호 사용) (재판 은 "Hegels Bibliothek. Der Versteigerungskatalog von 1832," ed. by Helmut Schneider in *Jahrbuch für Hegelforschung,* vols 12-14, 2010, 70-145에 실려 있다.)
Hist. of Phil	*Lectures on the History of Philosophy,* vols 1-3, trans. by E. S. Haldane, London K. Paul, Trench, Trubner, 1892-1896, Lincoln and London: University of Nebraska Press, 1995.
Jub.	*Sämtliche Werke. Jubiläumsausgabe,* vols 1-20, ed. by Hermann Glockner, Stuttgart: Friedrich Frommann Verlag, 1928-1941.
Letters	*Hegel: The Letters,* trans. by Clark Butler and Christiane Seiler, Bloomington: Indiana University Press, 1984.
LHP	*Lectures on the History of Philosophy: The Lectures of 1825-1826,* vols 1-3, ed. by Robert F. Brown, trans. by Robert F. Brown and J. M Stewart, with the assistance of H. S. Harris, Berkeley et al.: University of California Press and Oxford: Oxford University Press, 1990-2009.
LPR	*Lectures on the Philosophy of Religion,* vols 1-3, ed. by Peter C. Hodgson, trans. by Robert F. Brown, P. C. Hodgson, and J. M. Stewart with the assistance of H.S. Harris, Berkeley et al.: University of California Press, 1984-1987.
LPWH	*Lectures on the Philosophy of World History,* vols 1-3, ed. and trans. by Robert F. Brown and Peter C. Hodgson, with the assistance of William G. Geuss, Oxford: Clarendon Press, 2011.
LPWHI	*Lectures on the Philosophy of World History, Introduction,* trans. by H. B. Nisbet, with an introduction by Duncan Forbes, Cambridge et al: Cambridge University Press, 1975.
MW	*Miscellaneous Writings of G. W. F. Hegel,* ed. by Jon Stewart, Evanston: Northwestern University Press, 2002.
NR	*Vorlesungen über die Philosophie der Religion,* Zweiter Teil, Die Bestimmte Religion, Erstes Kapitel, *Die Naturreligion,* ed. by Georg Lasson, Hamburg: Felix Meiner, 1974 [1927] (second half of vol 1 of *Vorlesungen über die Philosophie*

	der Religion, vols 1-2, ed. by Georg Lasson, Hamburg: Felix Meiner, 1974), vol. 13.1 in *Sämtliche Werke*, ed. by Georg Lasson, Leipzig: Felix Meiner, 1920.
OW	*Die orientalische Welt*, ed. by Georg Lasson, Leipzig: Felix Meiner, 1923 (vol. 2 of *Vorlesungen über die Philosophie der Weltgeschichte*, vols 1-4, ed. by Georg Lasson, Leipzig: Felix Meiner, 1920-1923).
Phil. of Hist	*The Philosophy of History*, trans. by J. Sibree, New York: Willey Book Co., 1944.
Phil. of Mind	*Hegel's Philosophy of Mind*, trans. by William Wallace and A. V. Miller, Oxford: Clarendon Press, 1971.
Phil. of Religion	*Lectures on the Philosophy of Religion*, vols 1-3, trans. by E. B. Speirs and J. Burdon Sanderson, London: Routledge and Kegan Paul, New York: The Humanities Press, 1962, 1968, 1972.
PhS	*Hegel's Phenomenology of Spirit*, trans. by A. V. Miller, Oxford: Clarendon Press, 1977.
PR	*Elements of the Philosophy of Right*, trans. by H.B. Nisbet, ed. by Allen Wood, Cambridge and New York: Cambridge University Press, 1991.
RGI	*Vorlesungen über die Philosophie der Religion*, Zweiter Teil, *Die Bestimmte Religion*, Zweites Kapitel, *Die Religionen der geistigen Individualität*, ed. by Georg Lasson, Hamburg Felix Meiner, 1974[1929] (first half of vol. 2 of *Vorlesungen über die Philosophie der Religion*, vols 1-2, ed. by Georg Lasson, Hamburg: Felix Meiner, 1974), vol. 13.2 in Hegel, *Sämtliche Werke*, ed. by Georg Lasson, Leipzig: Felix Meiner, 1920.
SL	*Hegel's Science of Logic*, trans. by A.V. Miller, London: GeorgeAllen and Unwin, 1989.
TE	*Three Essays*, 1793-1795, ed. and trans. by Peter Fuss and John Dobbins, Notre Dame, IN: University of Notre Dame Press, 1984.
TJ	*Hegels theologische Jugendschriften*, ed. by Herman Nohl, Tubingen: Verlag von J. C. B. Mohr, 1907.

VG   *Die Vernunft in der Geschichte*, ed. by Georg Lasson, 3rd augmented edition, Leipzig: Felix Meiner, 1930 (vol. 1 of V*orlesungen über die Philosophie der Weltgeschichte*, vols 1-4, ed. by Georg Lasson, Leipzig: Felix Meiner, 1920-1923).

VGH   *Die Vernunft in der Geschichte*, ed. by Johannes Hoffmeister, 5th augmented edition, Leipzig: Felix Meiner, 1955 (vol. 1 of *Vorlesungen über die Philosophie der Weltgeschichte*, vols 1-4, ed. by Georg Lasson and Johannes Hoffmeister, Hamburg: Felix Meiner, 1955).

VGP   *Vorlesungen über die Geschichte der Philosophie*, vols 1-4, ed. by Pierre Garniron and Walter Jaeschke, Hamburg: Felix Meiner, 1986-1996. (이 저작은 Hegel, *Vorlesungen. Ausgewählte Nachschriften und Manuskripte*, vols 1-17, Hamburg: Meiner, 1983-2008의 6-9권에 실려 있다.)

VPR   *Vorlesungen über die Philosophie der Religion*, Parts 1-3, ed. by Walter Jaeschke, Hamburg: Felix Meiner, 1983-1985, 1993-1995. (이 저작은 Hegel, *Vorlesungen. Ausgewählte Nachschriften und Manuskripte*, vols 1-17, Hamburg: Meiner, 1983-2008의 3-5권에 실려 있다. Part 1, *Einleitung. Der Begriff der Religion* = vol. 3. Part 2, *Die Bestimmte Religion. a: Text* = vol. 4a. Part 2, *Die Bestimmte Religion. b: Anhang* = vol. 4b. Part 3, *Die vollendete Religion* = vol. 5.)

VPWG   *Vorlesungen über die Philosophie der Weltgeschichte*: Berlin, 1822-1823, ed. by Karl Heinz Ilting, Karl Brehmer, and Hoo Nam Seelmann, Hamburg: Felix Meiner, 1996. (이 저작은 Hegel, *Vorlesungen. Ausgewählte Nachschriften und Manuskripte*, vols 1-17, Hamburg: Meiner, 1983-2008의 12권에 실려 있다.)

| 서론 |

헤겔 『종교철학』의
역사적 차원

근대 철학에 친숙한 사람이라면 누구나 알고 있듯이, 헤겔이 철학사에 공헌한 가장 위대한 업적 중 하나는 객관적인 진리 인식을 위해서는 역사에 대한 이해가 필수적이라는 점을 처음 일깨웠다는 것이다. 그러한 의미에서 그의 『역사철학*Vorlesungen über die Philosophie der Geschichte*』 "서론*Einleitung*"은 자신의 전체 사상을 대변하는 최고의 명문으로 꼽힌다. 탈-역사적 사유에 고착되어 있던 기존의 철학자들과 달리 그는 역사에 대한 풍부한 인식을 바탕으로 형이상학, 인식론, 미학, 사회-정치철학과 같은 다양한 영역의 핵심 주제들을 혁신적으로 사유해 나갔다. 우리는 개념을 추상적으로만 사유해서는 안 되고, 그것이 실재 세계에 실현된 구체적인 제도들과 함께 사유해야 한다는 것이 그의 철학적 지론이었다. 그의 역사적 탐구 방식은 바로 그러한 시도의 일환이다.

헤겔의 사상이 역사 인식의 중요성에 깊이 뿌리박고 있음에도 불구하고, 그의 『종교철학*Vorlesungen über die Philosophie der Religion*』에 관한 기존의 연구는 그러한 역사적 차원을 대체로 무시해 왔다. 『종교철학』에 관한 대부분의 연구는 그가 "제2부 유한한 종교*die bestimmte Religion*"에서 수행한 세계 종교들에 관한 역사적 분석은 거의 다루지 않고, "제1부 종교의 개념*Der Begriff der Religion*"과 "제3부 절대종교 혹은 완성종교*Die absolute Religion oder Die vollendete Religion*"에만 관심을 집중해 왔다. 그것이

『종교철학』과 관련한 이차 문헌들의 주된 두 경향이다.

그중 첫째 경향은 헤겔이 '종교의 본성'과 '종교가 철학 및 다른 인식 형태들과 맺는 관계'를 포괄적으로 논의하는 "제1부 종교의 개념"에만 주목하는 것이다. 거기서 헤겔은 종교에 관한 사변철학적인 관점을 설명하면서 『종교철학』의 전체 구성과 접근 방법 그리고 신에 대한 올바른 개념을 규정하고 있다. 종교에 관한 그의 설명 가운데 제1부에만 관심을 기울이는 그런 방식은 『역사철학』 연구의 일반적인 경향이기도 하다. 『역사철학』의 독자들도 주로 그 저작의 "서론"만 읽는다. 거기서 헤겔은 역사 서술의 다양한 방식을 구분하고, 역사에 대한 철학적 혹은 사변적 인식을 위한 자신만의 방법론을 설명하고 있다. 독자들은 대개 그 부분의 원론적인 논의에만 집중하고, 정작 『역사철학』의 전체 몸통을 이루고 있는 그의 실제적인 역사 분석 자체는 등한시한다. 『종교철학』의 독자들도 대개 제1부의 예비 논의에만 근시안적으로 집중하고, 정작 제2부의 세계 종교들에 관한 그의 핵심적인 분석 자체는 등한시한다. 하지만 그러한 독해로는 제1부의 '종교의 개념'과 제2부의 '실제적인 세계 종교들'의 연관과 접점, 즉 이론적 차원의 추상적인 주장과 현실적 차원의 객관적인 근거의 필연적인 연관을 이해할 수 없다.

둘째 경향은 헤겔이 '절대종교'(Die absolute Religion) 혹은 '완성종교'(Die vollendete Religion)로 규정한 그리스도교의 사변적 특성을 분석하는 제3부에만 주목하는 것이다. 그러한 경향의 밑바탕에는 헤겔이 그리스도교 종교철학자라는 직관, 즉 자신만의 고유한 논리와 방법으로 그리스도교를 옹호한 철학자라는 직관이 깔려 있다. 그들은 『종교철학』의 나머지 부분은 그 목적을 위한 예비 과정에 불과하므로 제2부의 지난한 과정을 힘겹게 탐독할 필요 없이 곧장 그리스도교에 관한 분석으로 넘어가도 무방하다고 주장한다. 다시 말해 헤겔의 그리스도교 옹호론은 제3부만으로도 충분히 이해 가능하며, 세계 종교들에 관한 제2부의 방대한 분석은 부차적인 과정에 불과하다는 것이 그들의 변론이다.

그 두 경향은 세계 종교들을 해석하는 "제2부 유한한 종교"는 생략되어도 크게 문제될 것이 없다고 본다. 하지만 헤겔의 전체적인 방법론이 자신의 역사 이해에 근거하고 있다는 기본적인 통찰을 고려하면, 그가 구성한 전체 논의에서 "제2부 유한한 종교"의 중요성은 결코 간과될 수 없다. 첫째 경향의 옹호자들은 제1부에서 논의된 종교 이해와 탐구 방법이 어떻게 적용되는지 실제적인 역사 분석 과정을 통해 확인하고 싶을 것이며, 둘째 경향의 옹호자들은 제3부에서 논의된 그리스도교 옹호론의 타당성을 검증하기 위해 역사적으로 선행하는 세계 종교들에 관한 그의 평가를 확인하고 싶을 것이다. 이렇듯 세계 종교들에 관한 그의 분석을 탐구해야 할 명백하고 직접적인 이유가 있음에도 불구하고, 그간 "제2부 유한한 종교"에 대한 연구의 필요성과 중요성은 쉽게 외면되어 왔다.

제1부의 방법론적 논의와 제3부의 그리스도교 옹호론을 매개하는 "제2부 유한한 종교"의 역사적 자료를 외면한 데는 또 다른 이유도 있다. 첫째로 그 자료의 내용은 매우 세부적이고, 오늘날의 전문 학자들조차 감히 엄두 내지 못할 만한 세계 종교들에 관한 광범위한 지식을 필요로 한다. 대부분의 주석가는 그리스도교나 그리스 종교에 관한 그의 분석은 그나마 납득할 만하지만, 동양 종교들에 관한 분석은 근거도 불충분하고 평가도 부정확하다고 비판한다. 그래서 그들은

불확실한 물길을 힘겹게 건너기보다 그것을 피해 가는 손쉬운 길을 택한다. 하지만 그러한 전략은 『종교철학』의 몸통을 이루는 방대한 자료들을 일거에 폐기해 버리는 불행한 결과를 초래하게 된다.

둘째로 헤겔이 세계 종교들(특히 비서구권 종교들)을 분석할 때 활용한 자료들은 오늘날의 관점에서 볼 때, 지극히 시대착오적이라는 통념이 있다. 불교, 힌두교, 조로아스터교, 이집트 종교 등에 관한 그의 분석은 당시의 부정확한 자료들에 근거하고 있어 미심쩍은 대목이 한둘이 아니다. 당시 유럽은 이제 막 동양의 문화와 언어에 관심을 가질 때였고, 인도, 페르시아, 이집트에 관한 학문 분과들도 이제 막 생겨나던 때였다. 헤겔은 자신이 수집한 모든 자료, 이를테면 예수회 선교사들의 중국 관련 저작들, 영국 식민지 개척자들의 인도 관련 저작들, 미지의 세계를 탐험한 유럽인들의 다양한 여행기 등을 진지하게 연구했지만, 당시 자료들의 시대적 한계로 인해 비서구권 문화에 대한 고도로 왜곡된 시각을 피할 수는 없었다.

그러한 한계도 난해하고 방대한 자료를 내팽개치는 손쉬운 핑곗거리가 되곤 했다. 하지만 헤겔이 활용한 자료들의 내용이 부정확하고 왜곡되었다고 비판하는 사람들은 그가 실제로 어떤 자료를 활용했는지는 언급하지 않고, 그저 추상적인 비판의 관행만을 답습하고 있다. 그 자료의 출처나 내용에 관한 학문적 관심은 근래에 들어서야 시작되었다. 대부분의 비판은 비서구권 문화에 대한 18~19세기 초의 자료들이 현재의 관점에서는 전혀 일리가 없다는 단순한 전제에 근거하고 있다. 하지만 자세히 살펴보면 그 자료들도 현재의 관점과 크게 다르지 않다는 것을 쉽게 확인할 수 있다.[1] 물론 오류나 부정확한 내용이 없지는 않지만, 그렇다고 헤겔이 그러한 왜곡된 견해만을 수용했다고 말할 수는 없다. 그것은 사례별로 판단될 문제이지 전적으로 거부될 문제는 아니다. 따라서 책임 있는 판단을 내리려면, 그가 활용한 자료들에 대한 엄밀한 재검토가 필요하다.

셋째로 방금 언급한 것과 직결된 또 다른 중요한 견해가 있다. 최근에는 헤겔의 입장을 유럽중심주의나 자민족중심주의 혹은 노골적인 인종차별주의라고 비판하는 이차 문헌들이 범람하고 있다.[2] 그들의 일반적인 논리는 당시 대부분의 유럽인처럼 그 역시 그리스도교 외의 타종교들에 그릇된 편견이나 부정적 성향을 가지고 있었으므로 비서구권 종교에 대한 그의 분석은 애초에 진지하게 받아들일

---

1 이와 관련해서는 Roger-Pol Droit, *The Cult of Nothingness: The Philosophers and the Buddha*, trans. by David Streight and Pamela Vohnson (Chapel Hill and London: The University of North Carolina Press, 2003), 58을 참고하라. "헤겔은 동양학의 발전에 많은 관심을 기울였다. 그는 동양학과 관련한 당시의 최신 학술서들을 통해 페르시아, 인도, 중국의 문헌들을 알게 되었다. 『미학』, 『종교철학』, 『역사철학』을 막론하고 동양에 관한 그의 강의는 일차 문헌에 근거하고 있다. 어떤 철학자들은 자신의 체계를 정당화하기 위해 자신이 활용한 자료들을 심각하게 왜곡하기도 했지만, 헤겔은 그 자료를 놀라울 정도로 정확히 활용하고 있다."

2 그러한 문헌들은 헤겔 사상의 취약한 측면들을 무시하거나 외면해 왔던 전통적인 연구 방식에 새롭고도 중요한 기여를 했다고 볼 수 있다. 이와 관련해서는 대표적으로 다음을 참고하라. Teshale Tibebu, *Hegel and the Third World: The Making of Eurocentrism in World History* (Syracuse: Syracuse University Press, 2011). Robert Bernasconi, "Hegel at the Court of the Ashanti," in Hegel, *after Derrida*, ed. by Stuart Barnett (New York: Routledge, 1998), 41-63. Robert Bernasconi, "With What Must the Philosophy of World History Begin? On the Racial Basis of Eurocentrism," *Nineteenth-Century Contexts*, vol. 22 (2000): 171-201. Robert Bernasconi, "The Return of Africa: Hegel and the Question of the Racial Identity of the Egyptians," in *Identity and Difference: Studies in Hegel's Logic, Philosophy of Spirit and Politics*, ed. by Philip Grier (Albany, State University of New York Press, 2007), 201-216. Babacar Camara, "The Falsity of Hegel's Theses on Africa," *Journal of Black Studies*, vol. 36, no. 1 (2005): 82-96. Michael H. Hoffheimer, "Hegel, Race, Genocide," *Southern Journal of Philosophy*, vol. 39 (2001): 35-62. Michael H. Hoffheimer, "Race and Law in Hegel's Philosophy of Religion," in *Race and Racism in Modern Philosophy*, ed. by Andrew Valls (Ithaca and London: Cornell University Press, 2005), 194-216.

필요가 없다는 것이다. 그나마 동정적인 비판가들은 그것은 그의 잘못이 아니라 그가 활용한 자료의 결함이라고 항변하기도 한다. 하지만 대부분의 비판가는 헤겔도 당시 유럽 학자들이 가졌던 비서구권 문화에 대한 편견을 공유하고 있었다는 점에서 그의 분석을 의미 있게 받아들이기 어렵다고, 즉 그의 역사적 설명은 특별한 유익함도 없고 종교 현상을 이해하는 데도 별다른 도움이 되지 않으므로 차라리 무시해 버리는 편이 낫다고 생각한다.

누구나 그렇듯이 헤겔도 자신만의 편견을 가지고 있었고, 오늘날의 문화적 관점에서 볼 때, 자민족중심적이고 인종차별적인 견해를 표방한 것도 공공연한 사실이다. 하지만 그렇다고 해서 세계 종교들에 관한 그의 모든 논의가 무익한 것은 아니다. 그의 논의 중 일부가 인종차별적이라고 해서 전체가 다 그런 것은 아니다. 물론 그러한 배타적인 요소들은 당연히 걸러내고 비판해야겠지만 그러한 작업은 『종교철학』 전체를 거부하지 않고도 얼마든지 수행될 수 있다. 게다가 그런 점을 비판하는 견해들도 따져보면, 헤겔의 평등 이론이나 개인의 가치에 관한 이론을 암묵적으로 전제하고 있다. 달리 말해 그를 민족적-인종적 차별주의자로 낙인찍어 추방하려는 사람들조차 개인의 주관적인 자유나 대체 불가능한 가치를 강조했던 헤겔의 견해에 근거하고 있다. 여기서 역설적인 것은 인간의 본질에 관한 그의 논의에 동조하거나 근거하지 않고서는 심지어 그를 비판할 수도 없다는 사실이다.

넷째 이유는 헤겔의 목적론과 관련이 있다. 『종교철학』에 관한 대부분의 연구는 대체로 세계 종교들의 역사가 내적인 필연성에 따라 전개된다는 헤겔의 핵심 주장을 간과하는 경향이 있다. 세계 종교들의 발전 과정이 그리스도교에서 완성된다는 그의 그리스도교중심주의 역시 앞선 인종차별주의나 자민족중심주의만큼이나 오늘날의 정서에 거북함을 주기는 마찬가지다. 그나마 동정적인 주석가들은 그러한 주장을 억지스럽게 옹호하기보다 차라리 신중하게 무시하는 길을 택하기도 했다. 그것도 『종교철학』의 역사적 차원이 등한시된 또 다른 이유다.

하지만 세계 종교들의 목적론적 운동을 외면하는 그러한 접근법으로는 헤겔이 종교의 역사적인 발전 과정을 통해 밝히고자 했던 전체 핵심을 파악할 수 없다. 달리 말해 그런 접근법으로는 개별 종교들에 대한 그의 분석은 물론 그리스도교에 관한 분석마저도 제대로 이해할 수 없다. 헤겔의 목적론적 계열은 최종 목적(그리스도교)에 선행하는 모든 종교 형태가 오류투성이라거나 무의미하다는 것을 의미하지 않는다.3 실로 그는 세계 종교들을 연구하는 데 엄청난 시간과 노력을 들였다. 그리스도교를 제외한 세계 종교들을 폄훼한다는 흔한 오해와 달리 도리어 그는 학생들에게 그런 편견을 가져서는 안 된다고 진지하게 당부했다.

---

3 나는 그 점에서 가세트(Jose Ortega y Gasset)의 견해에 동의한다. 이와 관련해서는 Luanne Buchanan and Michael H. Hoffheimer, "Hegel and America by Jose Ortega y Gasset," *Clio*, vol. 25, no. 1 (1995), 71을 참고하라. "헤겔의 역사철학은 과거의 모든 것을 본질적인 야만으로 간주하는 통속적인 진보주의의 오류에서 벗어나 모든 시대와 모든 인간 단계를 정당화하려는 야심을 품고 있다. […] 헤겔은 […] 역사적인 것이 이성의 유출이라는 것, 즉 과거도 좋은 의미를 갖는다는 것, […] 보편적인 역사는 어리석은 행위들의 연속이 아니라는 것을 증명하고자 한다. […] 그는 역사의 장구한 전개 과정에서 실재적이고 구조적이고 이성적인 내용을 갖춘 진지한 일들이 일어났음을 증명하고자 한다. 그러한 목적을 위해 그는 다양하고 심지어 모순적이기도 한 모든 시대에도 실은 이성이 깃들어 있음을 보여주고자 한다."

세계 종교들을 탐구하다 보면, 각 민족이 신의 본질과 그들이 따라야 할 의무나 행동양식을 표상하는 데 얼마나 놀랍고 기묘한 상상을 펼쳤는지 알 수 있다. […] 그러한 종교적 표상과 관습을 미신이나 오류나 기만으로 치부하는 것은 사태를 피상적으로만 바라보는 태도에 불과하다.[4]

그는 종교철학 강의의 도입부에서 학생들에게 세계 종교들을 진지하게 받아들이고 신중하게 탐구하기를 권고한다. "다양한 세계 종교를 그저 무의미하고 비합리적이라고 말하기는 쉽지만, 그러한 종교들의 필연성과 진리, 그것이 이성과 맺는 연관을 인식하는 것은 쉽지 않다. 그 연관을 파악하는 것은 그것들을 그저 무의미하다고 선언하는 것보다 훨씬 어려운 일이다."[5] 종교는 인간 정신의 산물이다. 따라서 거기에는 탐구하는 주체가 파악할 수 있는 이성적인 내용이 담겨 있게 마련이다. 언뜻 보기에 아무리 불합리해 보이는 종교적 믿음과 실천이라 하더라도 거기에는 나름의 이성(logos)이 깃들어 있

---

4 Hegel, *LPR*, vol. 1, 198; *VPR*, Part 1, 107. 또한 Hegel, *Aesthetics*, vol. 1, 310f.; *Jub.*, vol. 12, 417도 참고하라. 헤겔은 일찍이 『청년 헤겔의 신학론집』에서도 이교를 폄하하는 이들을 비판한 바 있다(*TE*, p. 38; *TJ*, 10): "이교도들의 표상 방식을 부조리하다고 여기면서 자신의 통찰력과 이해력에 기뻐하는 이들은 자신이 그 어떤 위인들보다도 똑똑하다고 확신한다. 하지만 그런 이들은 종교의 본질을 이해하지 못한다. 여호와나 주피터나 브라만을 경배하는 사람들도 참된 그리스도교인과 마찬가지로 어린아이와 같은 태도로 신에게 감사를 표하거나 제물을 바친다."

5 *LPR*, vol. 2, 570; *VPR*, Part 2, 467. 또한 Hegel, *LPR*, vol. 1, 198; *VPR*, Part 1, 107도 참고하라. "보다 필요한 것은 그것이 의미하는 것, 그것의 긍정적이고 참된 의미, 그것이 진리와 맺는 연관, 즉 그것에 깃든 이성을 이해하는 것이다. 그러한 종교들에 불을 비춘 것이 인간이라는 점에서 거기에는 반드시 이성이 담겨 있게 마련이다. 달리 말해 모든 우연적인 것들에는 반드시 보다 상위의 필연성이 담겨 있게 마련이다." *Phil. of Hist.*, 195f.; *Jub.*, vol. 11, 261: "아무리 그릇된 종교라 할지라도 그리고 아무리 형편없는 종교라 할지라도, 거기에는 반드시 진리가 담겨 있게 마련이다. 모든 종교는 신의 현존과 신과의 관계를 내포하고 있다. 역사철학은 가장 불완전한 형태들 속에서도 정신적인 요소를 찾아내야 한다."

다. 종교의 발전단계가 목적론의 계열을 따른다고 해서 최종 목적에 선행하는 모든 종교가 비합리적인 것은 결코 아니다. 이렇듯 비유럽 종교들에 대한 연구의 필요성을 강조한 그의 강의는 당시로서는 매우 진보적인 제안이었다.

세계 종교들에 관한 그의 광범위한 역사적 분석은 독자들을 당혹게 한다. 헤겔의 그리스도교 옹호론을 탐구하고 싶어도 수백 쪽에 달하는 지난한 내용을 경유해야 하기 때문이다. 그래서 그들은 그 부분을 생략하고도 그것을 내부의 영업 비밀로 숨기곤 한다. 하지만 그러한 회피 전략은 새로운 오해만을 불러일으킨다. 왜냐하면 헤겔은 자기주장의 실제 근거를 제시하기 위해『종교철학』의 대부분을 역사적 분석으로 채워놓았기 때문이다. 따라서 그의 견해가 옳든 그르든, 편견이 있든 없든, 자료가 좋든 나쁘든, 그러한 역사적 분석이 종교의 본질, 궁극적으로 그리스도교의 본질을 이해하기 위한 필수 과정이라는 점은 결코 부인할 수 없다.

정리하면,『종교철학』의 역사적 차원이 지금껏 무시된 이유는 그런 거북함과 당혹감을 피하기 위한 기만적인 전략, 즉 그 부분은 전체 기획과 무관하다거나 더 이상 옹호하기 힘든 내용이라는 식의 제작된 신념 때문이었다. 지금껏 출간된 그 어떤『종교철학』관련서도 헤겔이 심혈을 기울여 발전시킨 '종교의 역사적 차원'을 제대로 다룬 적이 없다. 그것이 헤겔의 논증 전략과 궁극 목적을 구성하는 핵심 뼈대임에도 지금껏 완전히 방치돼 왔던 것이다.

현재까지 "제2부 유한한 종교"와 관련한 단행본은 단 세 편뿐이다. ① 슐린(Ernst Schulin)의 1958년 저작『헤겔과 랑케의 세계사적 동양 이해*weltgeschichtliche Erfassung des Orients bei Hegel und Ranke*』,6 ② 로이체(Reinhard

Leuze)의 1975년 저작 『헤겔이 바라본 세계 종교들*Die außerchristlichen Religionen bei Hegel*』,7 ③ 훌린(Michel Hulin)의 1979년 저작 『헤겔과 동양 *Hegel et l'orient*』이 그것이다.8 이들 중 슐린과 로이체는 철학 박사였다. ① 슐린의 저작은 제목에서도 알 수 있듯이 헤겔과 독일의 역사가 랑케(Leopold von Ranke: 1795~1886)의 동양 이해를 비교 연구한 것이다. 그 저작은 세계 종교들에 관한 헤겔의 분석을 풍부하게 다루고는 있지만 논의의 초점은 종교철학이 아니라 역사철학이다. 구체적으로 그 저작은 17~18세기에 증폭된 동양에 대한 관심이 19세기 유럽인들의 역사적 사유 방식에 어떤 영향을 주었는지를 집중적으로 분석하고 있다. 슐린은 논의 범위를 동양 종교로 한정하여 헤겔의 논의 가운데 중국, 인도, 페르시아, 페니키아, 이스라엘, 이집트만 다루고, 그리스 종교나 로마 종교를 비롯한 이후의 종교들은 논외로 두었다. 따라서 그 저작만으로는 동양 종교에서 유럽 종교로 이어지는 헤겔 논의의 연속성을 포괄적으로 이해하기 어렵다. 달리 말해 그의 저작은 동양 종교를 세계 종교들의 역사적 맥락과는 별개로 다룬다는 한계가 있다.

반대로 ② 로이체의 접근법은 현대의 관점이나 방법과 매우 유사하다. 첫째로 그의 저작은 『종교철학』을 중심에 두고, 세계 종교들에 관한 헤겔의 다양한 설명을 재구성하고 있다. 둘째로 그 저작은 (슐린의

---

6 Ernst Schulin, *Die weltgeschichtliche Erfassung des Orients bei Hegel und Ranke* (Gottingen: Vandenhoeck und Ruprecht, 1958).

7 Reinhard Leuze, "Die außerchristlichen Religionen bei Hegel" (Gottingen: Vandenhoeck und Rupprecht, 1975), *Theologie und Geistesgeschichte des Neunzehnten Jahrhunderts*, vol. 14.

8 Michel Hulin, *Hegel et l'orient, suivi de la traduction annotée d'un essai de Hegel sur la Bhagavad-Gita* (Paris: J. Vrin, 1979).

경우처럼) 논의 범위를 동양 종교로만 한정하지 않고 그리스 종교와 로마 종교로까지 확장하고 있다. 특히 그는 세계 종교들에 관한 헤겔의 논의를 『종교철학』뿐만 아니라 그의 전 저작을 통합적으로 활용했다는 점에서 문헌학적으로 탁월한 가치가 있다. 또한 그는 강의가 진행될 때마다(1821, 1824, 1827, 1831년) 세계 종교들에 관한 헤겔의 해석과 평가가 어떻게 달라지는지도 상세히 분석하고 있다. 하지만 아쉽게도 그 논의 역시 로마 종교에서 끝나기 때문에 그 과정을 통해 헤겔이 밝히고자 했던 핵심 주장, 즉 앞선 종교 형태들과 그리스도교 옹호론의 연관을 명확히 해명하지 못하는 한계가 있다.

다음으로 ③ 홀린의 저작 『헤겔과 동양』은 헤겔의 『역사철학』과 『종교철학』을 엮어 다양한 동양 문화와 동양 종교에 관한 헤겔의 분석을 재구성하고 있다. 하지만 그 저작은 다른 종교들에 비해 인도 종교에 너무 많은 비중을 둔 나머지 전체적인 논의 구성이 불균형할 뿐만 아니라9 페르시아 종교, 이집트 종교, 이스라엘 종교(유대교)에 관한 헤겔의 분석을 너무 피상적으로 다룬다는 한계가 있다.

그 세 단행본 외에 『헤겔의 역사적 종교철학Hegel's Philosophy of the Historical Religions』이라는 논문집도 출간되었는데, 그것이야말로 이 책이 모범으로 삼는 선구적인 저작이라 할 수 있다.10 라부샤뉴(Bart Labuschagne)와 슬루트웨그(Timo Slootweg)가 편집한 그 저작은 마법 종교, 중국 종교, 힌두교, 불교, 조로아스터교, 이집트 종교, 그리스

---

9 홀린은 그 저작에 훔볼트(Wilhelm von Humboldt)의 『바가바드-기타』(*Bhagavad-Gita*) 관련 저작에 대한 헤겔의 서평을 프랑스어로 번역하여 싣기도 했다. 이 역시 인도와 힌두교에 대한 그의 깊은 관심을 대변한다.

10 *Hegel's Philosophy of the Historical Religions*, ed. by Bart Labuschagne and Timo Slootweg (Leiden and Boston: Brill, 2012).

종교, 유대교, 로마 종교뿐만 아니라 그리스도교, 이슬람교, 개신교에 관한 헤겔의 분석과 관련한 여러 학자의 논문을 차례로 싣고 있다. 그 저작은 비유럽 종교들을 독립적으로 다루는 것이 아니라 그리스도교에 이르는 전체 발전 과정의 맥락에서 정확히 설명하고 있다. 하지만 그 저작은 한 저자가 한 종교만을 다루는 논문집의 형식이기 때문에 각 저자는 자신이 다루는 종교와 다른 종교의 연관을 이해할 수 없었고, 그로 인해 한 종교조차 제대로 이해할 수 없었다는 역설적인 어려움을 토로하고 있다. 헤겔의 체계에서 한 종교는 다른 종교와 복합적으로 연관되어 있기 때문에 한 종교를 탐구하려면 다른 종교도 함께 탐구해야 한다는 것을 그들은 절감했던 것이다. 그것이 다양한 논문들을 단절적으로 엮어놓은 그 논문집의 유일한 한계다. 거기에는 다양한 논문들을 관통하는 단일한 문제의식이나 사유 노선이 존재하지 않는다. 그럼에도 불구하고 그 저작은 "제2부 유한한 종교"에 대한 학문적 관심을 촉발한 탁월한 저작이자 지금껏 출간된 저작 중 가장 포괄적이고 유익하다는 평가를 받고 있다.

이상의 연구서들과 마찬가지로 이 책도 세계 종교들에 관한 헤겔의 설명을 개괄하고, 그의 관점에 따라 개별 종교들의 의미를 해석할 것이며, 그가 당시에 활용한 자료들을 오늘날의 아시아 연구, 근동 연구, 고전학의 방식으로 다소 깊이 분석할 것이다. 그러한 구체적인 맥락에서 헤겔의 논의를 되살펴면, 그의 전반적인 견해와 주장도 훨씬 명확하게 이해될 수 있다.

슐린, 로이체, 홀린은 헤겔의 자료를 대담하게 재구성하기는 했지만 그의 다양한 논의를 이해하는 데 필수적인 "제2부 유한한 종교"는 껍데기만 훑는 수준에 그쳤다. 세계 종교들에 대한 그의 평가를 이해하지 않고서는 그의 그리스도교 옹호론도 제대로 이해할 수 없다. 헤겔 논의의 핵심은 세계 종교들의 발전 과정은 인간 정신의 발전 과정과 그 궤를 함께한다는 것이다. 그 과정은 모순적이거나 비합리적인 견해들이 역사적으로 지양되어 가는 과정이기도 하다. 헤겔에 따르면, 그리스도교 이전의 모든 세계 종교들은 유한한 신 개념에 머물러 있으며, 그리스도교만이 그 모든 유한성을 극복한 완성된 신 개념을 실현하고 있다. 하지만 그것을 이해하기 위해서라도 앞선 신 개념들이 왜 유한하고 불완전한지를 이해해야 한다. 앞서도 언급했듯이 그리스도교에 대한 그의 분석만으로는 그의 그리스도교 옹호론조차 제대로 이해할 수 없다. 우리는 인류의 종교와 문화의 발전 과정이라는 전체적인 맥락 속에서 각각의 사태를 총체적으로 인식해야 한다.

헤겔이 『역사철학』에서 인간 자유의 발전 과정을 추적한다는 사실은 이미 잘 알려져 있지만 『종교철학』도 그 문제를 다룬다는 사실은 아직 잘 알려져 있지 않다. 인간은 자유의 개념을 발전시켜 나감과 동시에 그러한 특성을 반영하고 있는 신 개념도 함께 발전시켜 나간다. 따라서 종교 일반에 관한 그의 설명과 세계 종교들의 역사적 발전 과정에 관한 그의 설명은 따로 분리될 수 없다. 그것이 이 책의 구성과 분석을 이끄는 주된 관점이다.

요약하면, 이 책은 다음의 주장들을 담고 있다. 첫째로 헤겔의 역사적 종교 이해는 종교 일반에 대한 그의 이해, 보다 구체적으로 그리스도교에 대한 그의 이해를 설명하는 핵심 원리다. 그리스도교 이전의 종교 형태들을 분석하는 "제2부 유한한 종교", 즉 그리스도교에 선행하는 세계 종교들에 관한 분석은 그리스도교와 무관한 독립적인 점들이 아니라 그리스도교의 진리 해명에 결정적인 역할을 하는 하나의 선분이다. 세계 종교들에 관한 그의 설명을 제대로 이해하지 않고서는 그의 그리스도교 옹호론도 제대로 이해할 수 없다.

둘째로『미학』이나『역사철학』과 같은 헤겔 체계의 다른 부분들 역시 그의 종교 개념과 밀접하게 연관되어 있다. 헤겔 사상의 체계적 본성을 고려하면, 그의 다른 저작과 강의는『종교철학』에서 논의되는 구체적인 종교적 진술들을 풍부하게 보완해 준다. 그의『미학 *Vorlesungen über die Ästhetik*』,『역사철학*Vorlesungen über die Philosophie der Geschichte*』,『철학사*Vorlesungen über die Geschichte der Philosophie*』는 세계 종교들에 관한 그의 견해를 통찰케 하는 수많은 접점을 가지고 있다. 그런 강의 저작들 외에도 그가 직접 출간한 저작들에서도 우리는『종교철학』분석을 위한 유익한 관점을 얻을 수 있다. 이른바『청년 헤겔의 신학론집*Hegels theologische Jugendschriften*』과 그의 다양한 서평들도 그의 종교 이해에 유익한 통찰을 준다. 그 저작들도 헤겔의 전반적인 종교론을 이해하는데 없어서는 안 될 소중한 자료들이다. 헤겔의 핵심 주장 중 하나는 각 민족의 신 개념은 그 민족의 정치, 예술, 철학과 같은 정신의 또 다른 측면들과도 필연적으로 연관되어 있다는 것이다. 따라서 그의『종교철학』을 이해하기 위해서는 명시적으로 종교를 다루는 저작들 외에도 종교 관련 주제를 다루는 그의『역사철학』,『미학』,『철학사』,『정신현상학』등도 함께 검토할 필요가 있다.

셋째로 각 민족의 신 개념은 그 민족의 개인 개념과도 밀접하게 연관되어 있다. 각 문화에서 "신이란 무엇인가?"에 관한 물음은 "인간이란 무엇인가?"라는 물음과 일맥상통한다. 만일 신이 특정한 자연대상이나 폭군과 같은 존재로 파악되면, 인간 개념도 그에 따라 규정되게 마련이다. 개인의 자기 개념에는 신 개념이 반영되어 있고, 신 개념에는 개인의 자기 개념이 반영되어 있기 때문이다.

넷째로 헤겔이 『역사철학』에서 밝힌 인간 자유의 역사적 발전 과정은 비록 맥락과 형태는 다르지만 『종교철학』에서도 그대로 반복되고 있다. 앞서 언급했듯이 한 민족의 인간 개념은 그들의 신 개념에 따라 규정되기 때문에 그들의 신 개념을 이해하면, 그 민족의 자기 개념이나 그 민족의 세계사적 지위도 함께 이해할 수 있다. 그러한 의미에서 신 개념의 발전 과정과 인간 자유의 실현 과정은 그 궤를 같이한다. 사람들이 자연에서 해방되면, 그들의 신 개념도 달라진다. 따라서 신 개념의 발전 과정에 대한 그의 관점을 이해하면, 인간 자유에 관한 그의 관점도 더불어 이해할 수 있다. 그러한 의미에서 『역사철학』과 『종교철학』은 서로가 서로를 되비추는 이중의 거울이라 할 수 있다.

다섯째로 동양에 관한 독일 철학자들의 관심이라고 하면 흔히 쇼펜하우어(Arthur Schopenhauer)의 불교 수용이나 니체(Friedrich Nietzsche)의 차라투스트라(Zarathustra) 혹은 조로아스터(Zoroaster)의 전유를 맨 처음 떠올리게 마련이지만, 사실 그들에 앞서 결정적인 역할을 한 인물은 헤겔이다. 그는 근동이나 극동의 문화와 종교를 최초로 탐구한 독일 사상가 중 한 명이다. 그러한 관심의 시초는 헤르더(Johann Gottfried Herder)였고, 헤겔, 프리드리히 슐레겔(Friedrich von Schlegel), 셸링(Friedrich Wilhelm Joseph von Schelling)이 그 뒤를 이었다. 헤겔은 그리스도교에서 완성되는 역사적인 거대 담론 속에서 다양한 세계 종교들을 분석해 나갔다. 그럼에도 불구하고 헤겔이 독일어권 세계의 초기 동양 연구에 기여한 역할은 아직 제대로 평가된 바 없다.

마지막으로 비유럽 종교들에 관한 헤겔의 분석은 오늘날의 학문계에서도 뜨거운 논쟁거리로 남아 있다. 따라서 헤겔이 우리 시대의 종교 논의에 주는 의미를 평가하려면, 먼저 그의 논의를 진지하고 냉철하게 연구할 필요가 있다. 물론 헤겔이 안고 있는 문제나 그 시대의 편견도 외면해서는 안 될 것이다. 비판받아 마땅한 대목은 과감히 비판해야 한다. 오늘날 우리에게 친숙한 다문화주의 대 유럽중심주의의 문제는 헤겔 시대에 이미 시작되었다. 그러한 대립 구도에서 그의 사상을 되짚어 보는 것도 중요한 일이다. 헤겔이 당대의 지식인들과 벌였던 다양한 논쟁들은 오늘날까지도 그 명맥을 이어가고 있다. 이렇듯 세계 종교들에 관한 헤겔의 논의는 그저 해묵은 과거의 역사적 문제가 아니라 현재의 학계를 주도하는 핵심 문제들과도 밀접하게 연관되어 있다.

| 1장 |

헤겔의
방법론

헤겔은 『정신현상학*Phänomenologie des Geistes*』의 "IV. A. 지배와 예속 Herrschaft und Knechtschaft" 부분의 '인정 이론'으로 잘 알려져 있다.[1] 그 대목의 핵심은 우리가 자기의식적인 인간으로 살아가려면 반드시 타인의 인정을 받아야 한다는 것이다. 타인의 관점으로 자신을 본다는 것은 정신적인 삶을 위한 필요조건이다. 자기의식이란 바로 그러한 능력을 의미한다. 서로가 타인을 인정하고, 타인에게 인정받음으로써 우리는 자신이 어떤 존재인지를 인식하게 된다.

인정의 변증법은 개인들의 자유를 위한 이론일 뿐만 아니라 사회-정치철학의 토대를 정초하는 이론이기도 하다. 개인들의 사회적 관계 혹은 사회적 상호작용은 철저히 '인정'에 근거하고 있다. 헤겔은 형이상학을 정신의 기본 범주들을 통한 대상 규정으로 이해한다. 그의 설명에 따르면, 모든 사물은 대립의 변증법, 즉 자신과 대립하는 다른 사물과의 부정적인 관계를 통해 규정된다. 그 원리는 단순한 사물들의 관계뿐만 아니라 인간들의 관계, 즉 인정의 변증법에도 그대로 적용된다. 개인은 자신과 대립하는 타인들과의 관계를 통해 규정되고,[2] 사회

---

1 Hegel, *PhS*, 111-119; *Jub.* vol. 2, 148-158. *Phil. of Mind*, §§ 430-435; *Jub.* vol. 10, 280-289.

2 이와 관련해서는 Hegel, *LPR*, vol. 2, 674; *VPR*, Part 2, 566을 참고하라. "한 사람이 다른 사람과 관계 맺는 방식이 그의 본질 자체를 이룬다. 우리는 한 대상이 다른 대상과 맺는 관계를 통해 그 대상의 본질을 인식할 수 있다."

집단이나 사회제도도 자신과 대립하는 다른 집단이나 다른 제도와의 관계를 통해 규정된다. 헤겔이 『종교철학』에서 추적하는 다양한 신 개념도 마찬가지다. 타인의 인정을 받는 자기의식적인 단계의 인간만이 신을 자기의식적인 존재로 사유할 수 있다.

"IV. A. 지배와 예속"에 관한 분석은 주인이 노예를 지배하고 통제하는 단계에서 시작된다. 노예는 주인에 대한 공포 속에서 자신의 욕구를 직접적으로 추구하지 못하도록 통제된다. 헤겔의 용어로 표현하면, 주인은 노예를 '부정한다'. 그러한 관계가 확립되고 나면 노예는 노동과 규율을 통해 주인의 부정을 내면화함으로써 자신의 욕구를 스스로 통제하게 된다. 이제 노예는 자신을 '부정한다'. 헤겔에 따르면, 정신적인 행위를 통해 자연적인 욕구를 통제하는 것이야말로 자기의식적인 존재의 핵심적인 특성이다. 동물은 단지 자신의 욕구와 충동에 따라 직접적으로 행동하지만, 인간은 그것을 스스로 통제함으로써 자연적인 존재를 넘어 정신적인 존재로 고양된다.

그러한 대립의 변증법은 헤겔의 신 이해에도 중요한 역할을 한다. 순수한 사유로서의 추상적인 신은 자신의 대립을 창조한다. 다양한 신 개념도 사유의 창조물이므로 그와 동일한 원리를 따른다. 신 개념의 첫째 단계는 순수한 보편성이다. 그것은 아직 무규정적이다. 순수한 보편성은 타자와의 관계를 배제하고 오로지 자신 안에만 머물러 있는 즉자적인(an sich) 신이다. 그 단계의 신은 사유의 대상이긴 하지만 아직 자기의식적인 주체는 아니다. 즉, 그것은 이신론에서와 같은 추상적인 신 개념일 뿐 특정한 종교의 구체적인 신은 아니다.

신이 주체가 되려면 또 다른 자기의식적인 주체와 만나야 한다. 그것이 신 개념의 둘째 단계인 특수성, 즉 타자와 관계하는 대타적인(für ein Anderes) 신이다. 신자들은 그 단계의 신을 세상 속에 구체적으로 존재하는 실체로 간주한다. 신은 신자들의 자기의식을 반영하고 있다는 점에서 그 신은 첫째 단계의 단순한 사유의 대상이 아니라 자기의식적인 주체다. "신은 인간을 통해 자신을 인식하고, 인간도 신을 통해 자신을 인식한다. 신은 정신(靈)을 통해 자신을 인식하고, 정신(靈)도 신을 통해 자신을 인식한다. 그것이 참된 종교의 개념이다."[3] 헤겔에 따르면, 신과 인간은 서로가 서로를 규정한다. 신과 인간이 각기 자신의 본질을 전개하기 위해서는 반드시 서로의 타자가 필요하다. 그러한 의미에서 인간의 자기 개념이 발달하면 그들의 신 개념도 달라지게 마련이다.

자기의식은 오직 또 다른 자기의식에 대해서만 자기의식일 수 있다. 마찬가지로 정신(靈)은 오로지 정신(靈)을 부여받은 또 다른 존재에 대해서만 정신(靈)일 수 있다. 신 개념은 인간의 자기 개념과 본질적으로 연관되어 있다. 따라서 그 둘의 관계는 필수적이다. 헤겔에게 있어서 신은 본질적으로 타자(인간)와 연관되어 있다. 거기서 중요한 것이 그의 '정신'(Geist) 개념이다.[4] 신이 정신이라는 것은 신이 자기의식적인 존재라는 뜻이다. 신과 인간은 정신을 공유하고 있다. 그러므로 인간은 신을 통해 자신을 인식할 수 있다.

헤겔의 '정신' 개념은 단번에 명확히 파악되지 않는 매우 다양한 의미를 갖고 있다. 첫째로 그는 정신과 자연을 근본적으로 구분한다. 자연은 단지 외적으로 주어진 것이지만 정신은 인간의 정신과 그것의

---

3 Hegel, *LPR*, vol. 1, 465; *VPR*, Part 1, 354.
4 Hegel, *LPR*, vol. 1, 178; *VPR*, Part 1, 86f.

산물, 즉 모든 형태의 인간 문화를 포괄하는 방대한 영역을 뜻한다. 이는 종교도 인간 정신의 산물이라는 점에서 예술, 철학과 같은 또 다른 정신 현상들과도 밀접하게 연관되어 있음을 뜻한다. 전문적으로 세분화된 오늘날의 세계는 예술, 종교, 철학을 각각 별개의 영역으로 간주하지만, 그러한 사유 방식은 최근의 경향에 불과하다. 고대에는 그것들 사이에 명확한 경계가 없었다. 그래서 당시의 문화를 보여주는 다양한 고대 문헌들에서는 문학, 역사, 종교, 법률과 같은 다양한 영역들이 지금과는 달리 명확한 구분 없이 한데 뒤얽혀 있다. '정신'은 그런 모든 영역을 포괄하며, 동시에 그것들을 상호 연관된 것으로 이해한다. 그래서 헤겔은 세계 종교들을 설명할 때 예술, 역사, 심지어 철학까지 함께 논의하곤 한다.

둘째로 정신은 개별적인 인간 정신과 대비되는 집단적인 인간 정신을 의미하기도 한다. 헤겔이 『철학백과*Enzyklopädie der philosophischen Wissenschaften*』에서 '주관정신'(Der subjektive Geist)과 '객관정신'(Die objektive Geist)을 구분한 것도 그 이유에서다. 우리는 심리학처럼 개인을 그 자체로 이해할 수도 있지만, 사회학, 윤리학, 법학, 정치학처럼 개인을 타인과의 관계나 상호작용의 맥락에서 이해할 수도 있다. 예컨대 역사를 연구할 때 우리는 특정한 개인이 아니라 집단으로서의 국가나 민족에 관심을 둔다. 그때의 정신은 집단적인 인간 정신, 즉 민족정신을 의미한다.

마지막으로 그리스도교 전통에서 정신 개념은 매우 특별한 의미를 갖는다. 삼위일체의 셋째 위격은 성스러운(거룩한) 정신(Holy Spirit)인데, 우리는 그것을 줄여 '성령'(聖靈)이라 부른다. 성령은 그리스도교 공동체에 내주하는 그리스도의 정신을 의미한다. 성령은 신앙을 촉진

하거나 회심을 도모하는 역할을 한다. 헤겔은 '정신' 개념을 이렇듯 다양한 의미로 자유롭게 사용하고 있지만 중요한 것은 그것이 그리스 도교의 핵심 교리와 연관되어 있다는 점이다.

1. 종교와 역사

헤겔의 체계 내에서 종교는 "정신"(Der Geist)의 단계에 속한다. 다양한 신 개념은 한 민족의 집단적인 정신의 산물이지 특정한 개인이 창안한 특수한 산물이 아니다. 다양한 종교는 민족이나 국가의 차원에서 등장한다. 특정한 민족은 자신만의 특수한 신을 가지고 있다. 그러한 의미에서 종교에 관한 그의 설명 방식은 역사에 관한 설명 방식과도 그대로 일치한다. 다양한 신 개념의 역사를 추적하려면 우리는 그것을 특정한 민족과의 연관 속에서 탐구해야 한다. 그러한 역사적 차원에도 인정의 변증법이 작용하고 있다. 그 점을 가장 명확히 밝히는 저작은 단연 『역사철학*Vorlesungen über die Philosophie de Geschichte*』이다. 그는 『역사철학』의 논의를 "신이란 무엇인가?"라는 근본 물음으로 시작한다. '인정의 변증법'은 흔히 두 개인 사이에 이루어지는 역동적인 관계로 이해되곤 한다. 하지만 신과 관련한 논의에서는 그 관계가 개인의 차원이 아니라 민족의 차원에서 다뤄진다. 왜냐하면 모든 민족은 자신만의 고유한 종교와 신 개념을 보유하고 있기 때문이다. 그렇듯 헤겔은 신을 민족정신의 표상으로 이해한다. 그는 이렇게 설명한다.

종교는 특정한 민족의 진리를 규정하는 영역이다. 종교적 규정에는 그 민족의 본성이 고스란히 담겨 있다. 종교는 모든 술어를 반영하는 거울처럼, 모든 세부 사항을 포괄하는 영혼처럼 그 민족의 본성을 특징적으로 규정하고 있다. 그러한 의미에서 한 민족의 신 개념은 그 민족의 특성을 반영하는 보편적인 토대라 할 수 있다.[5]

이 대목은 특정한 종교나 신 개념이 특정한 민족의 본성, 구체적인 문화, 역사적인 발전단계와 불가분의 관계에 있음을 분명히 밝히고 있다. 한 민족의 신 개념에는 그 민족의 가치, 문화, 자기 개념이 반영되어 있다. 달리 말해 거기에는 그 민족이 지고하게 여기는 가치가 담겨 있다. 이어서 그는 이렇게 말한다.

한 민족의 정신은 유한하고 특수한 정신이며, […] 나아가 그것은 그 민족의 역사적 발전단계에 따라 변하기도 한다. 따라서 한 민족의 정신은 국가의식의 토대와 실체를 이루기도 한다. 왜냐하면 자기의식적인 정신이 자신을 관조하기 위해서는 스스로를 다양한 객관정신의 영역들로 외화해야 하기 때문이다. […] 그러한 외화를 통해서야 비로소 개별적인 형태의 신이 종교적으로 숭배되고 향유될 수 있다.[6]

특정한 민족의 다양한 문화에는 그 민족의 본성이 반영되어 있다.

---

5 Hegel, *Phil. of Hist.*, 50; *Jub.*, vol. 11, 84f. 또한 *VG.*, 105도 참고하라. "종교는 최고 존재에 관한 그 민족의 의식이다. 그것은 보편적인 본질에 대한 인식이다. 한 민족은 신을 표현할 뿐만 아니라 신과 그 민족의 관계 혹은 그 민족 자체를 표현하기도 한다. 그러한 의미에서 종교는 한 민족의 본성을 반영하는 개념이다. 자연을 신으로 섬기는 민족은 자유로울 수 없다. 자연을 넘어 정신을 신으로 섬기는 민족만이 정신이 될 수도 있고 자유로워질 수도 있다."
6 Hegel, *Phil. of Hist.*, 53; *Jub.*, vol. 11, 87f.

따라서 문화의 한 영역인 신 개념에도 당연히 그 민족의 본성이 담겨 있게 마련이다. 한 민족의 다양한 문화유산은 그 민족의 본성이 객관적인 형태로 외화된 것이며, 신 개념도 그러한 문화유산 중 하나다.

헤겔에게 있어서 모든 신은 자신을 숭배하는 신자들의 신이다. 그리스인들을 접어두고 제우스(Zeus)를 논할 수 없으며, 이집트인을 접어두고 아누비스(Anubis)를 논할 수 없다. 모든 민족은 자신의 본성에 부합하는 신 개념이나 예배 형식에 따라 신을 각기 다르게 인식한다. 인정의 변증법에서 주인이 노예의 본성과 역할을 반영하듯이, 모든 신들은 자신을 숭배하는 민족의 본성을 반영하고 있다. 헤겔에게 있어서 신과 인간은 매우 밀접하게, 아니 필연적으로 연관되어 있다. 노예 없는 주인이 있을 수 없듯이, 주인 없는 노예도 있을 수 없다. 특정한 민족은 자신의 본성에 따른 신 개념과 자신의 문화에 따른 예배 형식을 갖고 있다.

모든 신들은 자신을 숭배하는 그 민족의 본성을 반영하고 있다. 농경사회는 태양, 비, 파종, 수확, 다산 등 농업과 관련한 요소들을 신으로 여기게 마련이다. 그래서 그들은 신들이 야외에 거주한다고 생각하고, 야외 제단에서 예배드리는 것을 일반적인 관행으로 삼는다. 하지만 도시사회는 그런 신 개념을 무가치하게 여길 것이다. 그들은 화려한 별장과 웅장한 궁전에 사는 재력가나 권력가를 신으로 여기므로 야외에 거주하는 신을 이해하지 못한다. 대신 그들은 신을 위한 웅장한 궁전이나 사원을 짓는다. 그것이 정신의 신들이 거주하기에 적합한 장소이기 때문이다. 신 개념은 한 민족의 문화나 역사의 발전단계에 따라 계속해서 변화한다. 인간이 지대하게 생각하는 가치가 신이라면, 그 신은 결코 영원불변하는 존재일 수 없다.

헤겔이 구체적인 종교들에 관한 역사적 탐구를 중시한 이유도 바로 이 때문이다. 그는 역사상의 다양한 종교들을 연구함으로써 다양한 민족들이 제각기 신을 어떻게 인식하고 특징지었는지 그리고 자신을 어떻게 사유했는지를 보여주고자 했다. 왜냐하면 한 민족이 사유한 신의 본성이 그 민족의 본성이기 때문이다. 모든 신 개념에는 그 민족의 자기 개념이 반영되어 있다. 신 개념의 역사적 변화는 실로 다양한 민족이 규정한 자기 개념의 역사적 변화이기도 하다. 따라서 신 개념을 이해하려면 무엇보다 신 개념의 역사적 발전 과정을 추적해야 한다. 헤겔에 따르면, 역사란 시간의 흐름에 따라 발전하는 개별 민족과 개별 문화의 계열이다. 물론 그러한 전체 계열을 무시하고 개별 민족만을 연구해도 중국인, 페르시아인, 이집트인, 그리스인과 같은 특정한 민족들에 관한 다양한 정보를 얻을 수 있다. 하지만 헤겔은 각각의 민족을 개별적이고 단절적으로 파악하기보다 그 모두를 유기적으로 포괄하는 총체적인 발전 과정 속에서 파악하는 것이야말로 진정한 역사철학적 방법이라고 가르친다. 그렇듯 개별적인 문화와 전체적인 발전 과정을 매개하면, 특정한 민족의 발전 과정뿐만 아니라 인류의 발전 과정까지도 총체적으로 이해할 수 있다. 종교를 탐구할 때도 특수한 종교만을 구체적으로 파악할 수도 있고, 그것을 종교의 발전 과정에 등장하는 계기나 요소로 파악할 수도 있다. 인류가 역사적으로 발전해 온 것과 마찬가지로 세계 종교들도 서로 다른 문화적-역사적 변화에 따라 다양하게 발전해 왔다. 따라서 종교 일반을 이해하기 위해서도 그리고 오늘날의 종교를 이해하기 위해서도 우리는 종교의 발전 과정을 역사적으로 탐구하고, 그러한 발전 과정과 현재의 종교적 사유가 맺는 연관을 총체적으로 탐구해야 한다.

헤겔은 『역사철학』에서 인간의 역사는 세계의 다양한 민족들이 구성하는 자유를 향한 투쟁의 역사라고 말한 바 있다. 여기서 중요한 것은 그가 말하는 '자유'가 무엇인가 하는 것이다. 그에 따르면, 역사의 초기 단계에서 개인은 전통적인 가치나 관습에 종속되어 있었다. 당시는 개인의 이익이나 욕망을 중요하게 인식하지 않았으므로 모든 개인은 전통적인 관습의 지배 아래 살아갔다. 그들은 자신의 가족, 계급, 씨족, 부족 등과 같은 집단의 기대에 순응해야 했다. 예컨대 결혼 상대자나 직업의 선택과 같은 삶의 중요한 문제를 결정하는 것은 자신이 아니라 그가 속한 집단이었다. 그러한 상황에서 개인의 욕망이나 이익은 아무런 가치나 정당성도 인정받을 수 없었고, 따라서 개인은 스스로 결정을 내리거나 자기 능력을 개발할 필요도 없었다. '주관적 자유'의 원리가 발달하지 않으면 개인은 자신의 가치와 중요성을 인식할 수 없다. 개별성과 주관성의 영역은 그렇듯 역사적으로 발전하고, 단계적으로 인식되는 것이다.

헤겔이 『역사철학』에서 보여준 주관적 자유의 발전 과정은 『종교철학』에서 보여주는 세계 종교들의 발전 과정과도 그대로 일치한다. 한 민족의 문화나 자기 개념은 그들이 인식하는 자유 개념에 따라 변화한다. 신 개념 역시 한 민족의 문화나 자기 개념의 산물이라는 점에서 그것은 자유 개념과도 필연적으로 연관되어 있다. 정리하면, 신 개념은 역사적으로 존재했던 특정한 민족들의 자유 혹은 자기 개념의 발전 과정과 더불어 발전해 왔다.

헤겔은 그러한 관점으로 신 개념의 발전 과정을 재구성한다. 그는 가장 원시적인 신 개념이 자기 시대의 신 개념에 이르는 발전 과정을 면밀히 추적하면서, 그것을 최초의 신 개념이 점차 정교해지는 역사적 발전 과정으로 해석한다. 그러한 자유의 진보 과정은 신 개념의 발전 과정에도 그대로 반영되어 있다.

> 인간이 신을 규정하는 원리는 인간이 내적으로 자신을 규정하거나 자신
> 의 정신을 규정하는 원리이기도 하다. 자연적이고 부자유한 인간은 상대
> 적으로 열등한 자연적인 것을 신으로 여긴다. 반면에 자유롭고 정신적인
> 인간, 즉 신을 현실적으로 인식하는 인간은 순수한 신 개념 혹은 정신적
> 인 것을 신으로 여긴다.[7]

여기서 그는 세계 종교들의 역사에 나타나는 다양한 신 개념의 발전 과정은 자유의 실현 과정과 그 궤를 함께한다는 점을 분명히 밝히고 있다. 그에 따르면, 그러한 발전 과정은 개인의 진정한 가치에 대한 인식을 바탕으로 완전한 주관적 자유의 원리를 실현한 그리스도교에서 완성된다.

자유를 향한 역사의 발전 과정은 자기의식의 발전 과정이기도 하다. 상호 인정을 통해 이뤄지는 만인의 평등이라는 최고 단계는 개인과 사회의 점진적인 발전 과정을 통해 완성된다. 신과 인간의 상호 인정도 마찬가지다. 종교의 발전 과정은 신이 인간의 자유와 주관성을 반영하고 있다는 것을 인식하는, 즉 자유로운 인간이 자유로운 신 개념을 인식하는 그리스도교에서 완성된다.

이에 따르면 자기의식적인 신이 등장하기 위해서는 먼저 인간이 자기의식적인 존재가 되어야 한다. 초기 종교에서 인간은 대체로

---

7 Hegel, *LPR*, vol. 2, 515; *VPR*, Part 2, 413.

자신을 자연적인 존재로 인식한다. 그들은 자연을 능가하는 정신적 원리를 갖고 있지 않으므로 신의 영역에도 그 이상을 정립할 수 없다. 정신의 한 측면으로서의 신 개념은 인간 정신의 다른 측면들과도 밀접하게 연관되어 있다. 신 개념은 그러한 측면들(윤리, 국가, 예술 등의 개념)과 더불어 발전하고, 그러한 측면들도 신 개념과 더불어 발전한다. 헤겔의 체계에서는 개별적인 부분들이 그렇듯 서로 연관되어 있다. 다양한 정신의 요소들도 마찬가지다. 따라서 특정한 신을 이해하는 것은 특정한 민족의 관습과 제도를 비롯한 모든 문화를 이해하는 것이기도 하다. 종교의 발전 과정은 역사의 발전 과정, 특히 인간 자유의 발전 과정과 밀접하게 연관되어 있다. 인간이 진정한 자유의 단계에 이르지 못하면, 완전하고 만족스런 신 개념도 가질 수 없다.

지배와 예속(Herrschaft und Knechtschaft)의 변증법이 전하는 교훈은 누군가가 자유롭기 위해서는 타인의 자유도 인정해야 한다는 것이다. 개인이 자유로울 때만 사랑, 존경, 우정, 충성과 같은 미덕도 의미를 가질 수 있다. 만일 그것이 무자비한 폭군의 강제에 따른 것이라면, 그것은 미덕일 수 없다. 만일 누군가에게 사랑받거나 존경받고 싶다면 먼저 그들에게 자발적으로 사랑하고 존경할 수 있는 자유를 부여해야 한다. 이처럼 자신의 자유는 타인의 자유에 의존하고 있다. 따라서 인간답게 살아가려면 우리는 먼저 타인의 자유를 인정해야 한다. 보다 넓은 차원에서 자유는 자유로운 주체들과 더불어 살아가는 삶을 의미하기도 한다. "진정으로 자유로운 사람만이 외부 세계나 타인들 그리고 자연물에게도 자유를 허용할 수 있다. 자신이 자유롭지 않으면, 타인들도 자유로울 수 없다."[8] 따라서 내면성과 주관성을 가진 신을 사유하려면 먼저 인간이 내면성과 주관성을 갖추어야 한다.

그렇지 않으면 인간은 그러한 특성을 객관화할 수도 없고, 신에게 부여할 수도 없다.

　진정한 철학적 태도는 다양한 세계 종교를 역사적인 발전 과정으로 이해하는 것이다. 각각의 종교를 그것이 속한 고유한 시공간(세계)의 맥락에서 이해해야만 그것들에 담긴 이성과 합리성을 파악할 수 있다. 그것은 저절로 발견되는 것이 아니라 인간 정신의 근본 구조를 통해 인식되는 것이며, 그 핵심은 인간의 주관성과 자유 개념의 점진적인 발전 과정에 있다. 그러한 역사적인 요소야말로 종교가 이성적이라는 헤겔의 논리를 이해하는 결정적인 열쇠다. "종교의 역사적 발전 과정은 인간의 이성, 즉 다양한 자유의 단계에 속한 인간들의 심정에 내재하는 종교적 원리들의 계시 과정이다."9 인간 문화의 다른 모든 측면과 마찬가지로 종교에도 (비록 겉으로는 서로 대립하는 것처럼 보일지라도) 심오한 이성이 담겨 있다. 그것을 파악하는 최고의 방법은 세계 종교들의 역사를 재구성하는 것, 즉 각각의 믿음 체계를 역사적으로 배열하는 것이다. 그래야만 각 종교의 고유한 이성과 합리성도 명확하게 입증될 수 있다.

2. 『종교철학』의 구성

　헤겔은 『종교철학』에서 종교의 본성이나 종교와 역사의 관계에

---

8 Hegel, *LPR*, vol. 2, 539; *VPR*, Part 2, 437.
9 Hegel, *Phil. of Hist.*, 335; *Jub.*, vol. 11, 429

따라 세계 종교들을 논리적으로 배열하고 있다. 그러한 그의 형이상학 혹은 사변적 방법론을 이해하려면 먼저 그가 말하는 개념(Begriff)의 본성을 이해해야 한다. 관념론자인 그는 세계 혹은 실재가 개념의 논리에 따라 구성되어 있다고 생각한다.[10] 개념은 단일한 상태에 정적으로 머물러 있지 않고 세 계기의 본성을 역동적으로 전개한다. "개념 자체는 ① 아직 아무런 규정도 갖지 않은 **보편성**(Allgemeinheit)의 계기, ② 보편성을 보존하고 있는 **특수성**(Besonderheit)의 계기, ③ 보편성과 특수성의 규정들을 통합적으로 보존하고 있는 **개별성**(Einzelheit)의 계기로 이루어져 있다."[11] 언뜻 보기에는 매우 추상적인 것 같지만, 사실 이는 누구나 이해할 수 있는 간단한 내용이다. 우리가 세계를 이해하는 두 인식 기능은 사유와 감각적 지각이다. 사유는 보편자, 즉 진리, 아름다움, 신실함과 같은 추상적인 개념을 파악하는 능력이다. 그리고 감각적 지각은 무한히 다양한 특수자의 세계를 파악하는 능력이다. 모든 지각과 표상은 절대적으로 특수한 것이다. 우리는 특수자를 감각적으로 지각하고 그것을 보편적인 관념들과 비교함으로써 특수한 것을 보편적인 방식으로 파악하는 '개별성'(Einzelheit)의 단계, 즉 특수한 명제가 참이라거나 특수한 사람이 신실하다 등의 판단을 내린다. 인간의 정신은 보편성과 특수성을 매개한 그러한 개별적 판단을 끊임없이 내리며 살아간다.

그러한 개념의 운동이 모든 학문의 근본 구조다. 학문은 구체적인

---

10 Hegel, *EL*, § 160, 보론; *Jub.*, vol. 8, 353: "개념은 일반적으로 절대적 관념론의 관점이며, 철학은 개념을 통한 포괄적 인식을 추구한다. 다른 형태의 의식은 모든 것을 직접적이고 독립적인 것으로 인식하지만 개념은 그것을 이념의 계기들로 인식한다."

11 Hegel, *EL*, § 163; *Jub.*, vol. 8, 358.

경험 현상(특수성)을 탐구하고, 과학 법칙이나 이론들(보편성)로 그러한 현상을 설명한다. 그 둘 사이의 일치 여부가 학문 영역의 가부와 성패를 결정한다. 뿐만 아니라 특수성에 대한 이해가 깊어지면 보편성(이론과 법칙)도 끊임없이 수정된다. 사유와 감각적 지각을 통해 이루어지는 그러한 역동적인 운동으로서의 개념이 세계의 진리이자 인간 정신의 운동 방식이다. 따라서 사변철학은 특수한 측면들에 대한 개별적인 이해보다 그러한 역동적인 운동 전체를 파악하고자 한다.

종교에 관한 사변적 인식을 추구하는 『종교철학』역시 그런 개념의 논리 구조를 따른다. 종교도 다른 학문 분야와 다를 바 없으므로 동일한 탐구 방식이 예외 없이 적용되어야 한다.[12] 종교도 보편성과 특수성 그리고 그 둘의 통일인 개별성이라는 개념의 세 계기에 따라 분석된다. 『종교철학』은 맨 먼저 개별적인 종교에 대한 구체적인 언급 없이 종교의 보편적인 측면, 즉 종교의 개념이나 신 개념을 탐구한다. 이는 모든 종교를 신이라는 단일한 보편 개념으로 다루는 단계다. 여기서 마련된 추상적인 신 개념은 마치 진리, 아름다움, 정의와 같은 개념처럼 구체적인 사례에 적용되는 하나의 기준이 된다.[13] 신 개념은 진리에 대한 주장을 담고 있다. 그것을 탐구하는 것이 "제1부 종교의 개념"이다.

"제2부 유한한 종교"는 특수한 종교, 즉 역사적으로 존재했던 구체적이고 실제적인 종교들을 분석한다. 여기서는 각기 고유한 역사를

---

12 Hegel, *LPR*, vol. 1, 141; *VPR*, Part 1, 55. *LPR*, vol. 1, 174; *VPR*, Part 1, 83.

13 Hegel, *PhS*, 415; *Jub.*, vol. 2, 524: "단지 종교의 개념만이 정립되어 있다. 여기서 본질은 모든 진리를 의식하고, 그러한 진리 안에서 모든 실재를 의식하는 자기의식이다. 그러한 자기의식은 자신을 대상으로 삼는 의식이다."

가진 다양한 민족들을 개별적으로 다루기보다 전체적인 역사적 발전 과정에서 포괄적으로 논의한다. 그는 이렇게 말한다.

그것은 아직 자신의 규정을 두루 거쳐나가지 않은 제한적인 단계라는 점에서 유한한 종교이며, 그 단계에 해당하는 것이 곧 역사적 종교 혹은 특수한 종교다. 나는 종교 개념의 발전 과정에 등장하는 특수한 계기들을 차례로 살핌으로써 그러한 계기들로 구성된 하나의 단일한 질서, 즉 종교의 역사를 밝힐 것이다.[14]

우리는 종교의 역사를 두 관점으로 탐구할 수 있다.[15] 첫째 관점은 종교의 역사에서 특수하게 규정된 다양한 종교들, 즉 자신만의 고유한 신 개념을 보유한 개별 종교들을 탐구하는 것이며, 둘째 관점은 그러한 모든 개별 종교로 이루어진 전체로서의 종교를 탐구하는 것이다. 이 관점에서 보면 신 개념은 오직 하나이며, 다양한 세계 종교들은 그 개념의 역사적인 전개 과정에 등장하는 다양한 계기들에 해당한다.[16] 헤겔의 역사관은 이 가운데 둘째 관점을 취한다. 역사학은 역사상에 등장한 특정한 민족이나 국가를 개별적으로 탐구하지만, 헤겔의

---

14 Hegel, *LPR*, vol. 1, 183; *VPR*, Part 1, 91.

15 Hegel, *PhS*, 413f.; *Jub.*, vol. 2, 522: "보편적인 계기들의 운동이 종교 일반의 발생 기원이다. 하지만 그러한 각각의 속성들은 전반적으로 규정될 뿐만 아니라 즉자대자적으로, 자기 내부의 총체성을 단계적으로 실현하는 것으로도 규정된다는 점에서 그것은 단순히 종교 일반의 발생 기원만을 보여주는 것은 아니다. 개별적인 측면들로 구성된 전체 과정은 종교 자체의 구체적인 형태들도 포함하고 있다."

16 Hegel, *PhS*, 417; *Jub.*, vol. 2, 526: "앞으로 보게 될 일련의 다양한 종교들은 단일한 종교가 전개하는 다양한 측면들로 보이기도 하고 서로 구별되는 각각의 실제적인 종교들로 보이기도 한다."

사변적인 역사철학은 그러한 개별 민족들 전체를 관통하는 자유 개념의 발전 과정을 탐구한다.

셋째이자 마지막은 보편성과 특수성이 통일된 개별성의 단계다. 보편성과 특수성은 제3의 요소, 즉 보편적인 종교 개념에 완전히 부합하는 특수한 종교인 그리스도교(개별성)에서 통일된다. 헤겔의 관점에 따르면, 그리스도교야말로 보편적인 종교 개념을 완전히 실현한 절대적 종교이자 완성된 종교다. 그래서『종교철학』제3부의 제목도 "절대종교 혹은 완성종교Die absolute Religion oder Die vollendete Religion"로 표기되어 있다. 그는 세계 종교들의 역사적 발전단계에서 볼 때 인간에게 가장 풍부하고 적합한 자유 개념을 부여한 종교는 그리스도교뿐이라고 주장한다.

그러한 사변적인 종교 연구 방법론은『종교철학』"제2부 유한한 종교"의 중요성을 다시 한번 일깨워 준다. 그 부분은 셋째이자 마지막 단계인 "제3부 절대종교 혹은 완성종교"의 진리를 증명하는 필수적인 단계다. 그 부분이 생략되면 우리는 추상적인 종교 개념에서 한 치도 나아갈 수 없다. 종교 개념을 완전히 이해하고 평가하기 위해서는 그것의 역사적인 계기들을 반드시 검토해야 한다. 삼단논법의 소전제(특수성)에 해당하는 "제2부 유한한 종교"는 그러한 의미에서 결론(개별성)을 도출하는 필수적이고도 본질적인 부분이다. 삼단논법의 결론에 해당하는 그리스도교의 진리와 타당성은 "제2부 유한한 종교"를 통해서만 입증될 수 있다. "제2부 유한한 종교"는 "제1부 종교의 개념"이 "제3부 절대종교 혹은 완성종교"로 발전하는 과정에 등장하는 미완의 종교 형태들을 다룬다. 세계 종교들의 발전 과정에 등장하는 각 단계는 앞선 단계의 모순과 한계를 지양한 보다 높은 단계라 할 수 있다.

모든 종교는 하나의 종교 개념이 특정한 형태로 드러난 것이다. 그러한 의미에서 그 모든 과정은 단일한 발전 체계나 유기적인 통일체라 할 수 있다. 그런 관점을 취해야만 우리는 아누비스(Anubis), 제우스(Zeus), 아프로디테(Aphrodite)와 같은 개별적인 신들 대신 그 모두를 포괄하는 보편적인 신 개념을 파악할 수 있다.

3. "유한한 종교"의 구성

헤겔은 베를린대학에서 『종교철학』을 총 네 번 강의했다(1821, 1824, 1827, 1831년). 강의가 진행될 때마다 세부적인 내용들은 계속해서 수정되었지만, 앞서 언급한 『종교철학』의 기본 구조, 즉 "제1부 종교의 개념"(보편성), "제2부 유한한 종교"(특수성), "제3부 완성된 종교"(개별성)라는 삼분의 도식은 한결같이 유지되고 있다. 세계 종교들은 크게 ① 자연종교, ② 정신종교, ③ 완성된 종교 혹은 그리스도교라는 세 단계로 분류되는데,[17] 그중 자연종교와 정신종교는 "제2부 유한한 종교"에서 다뤄지고, 그 안에서 일련의 개별 종교들이 순차적으로 분석되고 있다. 그러한 개별 종교들은 자신만의 고유한 신 개념에 따라 제각기 달리 규정된다. 헤겔이 그 과정을 통해 밝히는 종교 개념의 발전 과정은 가장 투박한 신 개념이 가장 정교한 신 개념으로 발전하는 일종의 진보적인 운동의 형태를 띤다.

첫째 범주인 **자연종교**는 자연대상 혹은 자연과 관련한 대상을 신으

---

17 Hegel, *LPR*, vol. 2, 93-98; *VPR*, Part 2, 1-4. *LPR*, vol. 2, 233-238; *VPR*, Part 2, 139-144. *LPR*, vol. 2, 513-521; *VPR*, Part 2, 411-419.

로 여기는 단계다. 자연종교에서 신적인 존재는 사물이나 실체이지 자기의식적인 존재가 아니다.[18] 자연종교의 최초 형태는 마법 종교다. 하지만 (앞으로 살펴보겠지만) 엄밀한 의미에서 마법 종교는 종교가 아니다. 다음으로는 **동양 종교**의 세 형태인 ① 중국 종교(Chinese Religion), ② 힌두교(Hinduism), ③ 불교-라마교(Buddhism-Lamaism: 헤겔은 이 두 종교를 한 범주로 묶고 있다)가 다뤄지고, 마지막으로는 **과도기적 종교**의 세 형태인 ① 조로아스터교(Zoroastrianism), ② 시리아 종교(Syrian Religion), ③ 이집트 종교(Egyptian Religion)가 다뤄지고 있다.[19] 그러한 기본 구조는 『정신현상학』의 "VII. 종교Die Religion" 장에서 이미 설명된 바 있다. 거기서 조로아스터교는 '광원체'(Das Lichtwesen), 힌두교는 '식물과 동물'(Die Pflanze und das Tier), 이집트 종교는 '장인'(Der Werkmeister)의 종교로 규정되어 있다. 이 단계의 신자들은 자연대상과 관계한다는 점에서 '의식'(Bewußtsein)의 단계에 해당한다.[20] 헤겔은 강의가 거듭될 때마다 이 종교들의 순서를 부분적으로 수정하기도 했는데, 그러한 수정 사항이나 수정 이유는 차차 설명하기로 한다.

둘째 범주인 **정신종교**(정신적인 개체성 혹은 자유로운 주관성의 종교)는 자기의식적인 존재를 신으로 여기는 단계다.[21] 정신종교에서는

---

18 헤겔은 『정신현상학』에서 이렇게 설명한다. "첫째 단계의 정신적 실재는 [⋯] 직접적인 종교라 할 수 있는 자연종교다. 자연종교에서 정신은 자신을 자연적이고 직접적인 형태의 대상으로 인식한다"(PbS, 416; Jub., vol. 2, 525).

19 Hegel, *Phil. of Religion*, vol. 1, 265; *Jub.*, vol. 15, 275. 헤겔은 시리아 종교를 1831년 『종교철학』에서만 "고통의 종교"로 다루고 있다. 하지만 이와 관련해서는 아직 연구된 바가 없으므로 이 책에서는 시리아 종교를 다루지 않는다는 점을 유념하라. 이와 관련해서는 Hegel, *Phil. of Religion*, vol. 2, 82-85; *Jub.*, vol. 15, 434-437. *LPR*, vol. 2, 743; *VPR*, Part 2, 629; 그리고 *LPR*, vol. 2, 454-455n의 편집자 주석을 참고하라.

20 이와 관련해서는 Hegel, *LPR*, vol. 3, 173; *VPR*, Part 3, 108을 참고하라. "맨 처음 등장하는 것은 종교를 오로지 의식의 관점에서만 바라보는 자연종교다."

① 유대교(Judaism: 숭고함의 종교), ② 그리스의 다신교(Greek Polytheism: 아름다움의 종교), ③ 로마의 다신교(Roman Polytheism: 효용의 종교)가 다뤄지고 있다. 『정신현상학』의 "VII. 종교" 장은 이 중 그리스 종교만을 다루고 있다. 유대교나 로마 종교는 그 저작의 여기저기서 산발적으로 다뤄지고 있을 뿐 독립적인 범주가 따로 마련돼 있지는 않다. 이 단계의 신자들은 자연대상이나 사물이 아니라 또 다른 자기의식을 신으로 간주한다는 점에서 '자기의식'(Selbstbewußtsein)의 단계에 해당한다.[22] 헤겔은 강의가 진행될 때마다 이 종교들의 순서도 부분적으로 수정했는데, 특히 유대교의 역사적 배열과 관련해서는 다양한 사유 실험을 시도한 바 있다. "제2부 유한한 종교"는 로마 종교에서 마무리된다.

다음은 그리스도교를 다루는 "제3부 절대종교 혹은 완성종교"다. 그리스도교는 유한한 종교들과 분리된 독립된 범주로 다뤄지고 있다. "제3부 절대종교 혹은 완성종교"는 앞선 "제1부 종교의 개념"과 "제2부 유한한 종교"를 통합하는 부분이다. 참다운 종교에 관한 추상적 개념은 그리스도교라는 구체적인 역사적 종교에서 완성된다. "제2부 유한한 종교"에 속한 종교들은 그러한 완성에 이르지 못한 나름의 결격사유를 가지고 있다. 그리스도교에서 비로소 주관적 자유가 완전히 실현되었다는 점에서 헤겔은 그것을 "자유의 종교"라고 부르기도 한다.[23] 정리하면, 그리스도교 이전의 모든 종교는 인간의 자유를

---

21 헤겔은 『정신현상학』에서 이렇게 설명한다. "하지만 필연적으로 등장하는 둘째 단계의 정신적 실재(정신종교)는 자연적인 존재를 능가하는 자아의 형태 속에서 자신을 인식한다"(*PhS*, 416; *Jub.*, vol. 2, 525).

22 이와 관련해서는 *LPR*, vol. 3, 173; *VPR*, Part 3, 108을 참고하라. "둘째 형태는 정신종교이지만 아직은 유한한 정신종교, 유한한 자기의식의 종교에 불과하다."

23 Ibid.: "셋째 형태는 [⋯] 정신의 객관성과 자기 소유의 자유가 나란히 공존하는 자유의 종교, 즉

완전히 실현하지 못한 종교들, 그러한 의미에서 유한한 종교들이다.

이상이 헤겔이 설명한 종교사에 관한 간략한 도식이다. 하지만 이것만으로 세계 종교들의 역사를 일차원적인 단선적 발전 과정으로 단정해서는 안 된다. 종교적 사유의 발전 과정은 간단히 맺고 끊을 수 없는 복합적인 형태를 띠고 있다. 종교적 신념 체계는 오랜 시기를 거쳐 점진적으로 형성된 것일 뿐만 아니라 다른 종교적 신념 체계와 중첩되는 부분도 많기 때문이다. 또한 세계 종교들에 관한 그의 분석을 해당 종교의 전반적인 특성으로 성급히 환원해서도 안 된다. 제3장에서도 논하겠지만, 헤겔은 예컨대 중국 종교라는 개별 종교를 다룰 때도 도교(Taoism), 유교(Confucianism), 주나라의 국교(the State Religion of the Zhou Dynasty) 등 다양한 전통의 차이를 지적하고,24 불교와 힌두교를 다룰 때도 그 안에서 다양한 믿음과 관습의 형태를 구분하고 있기 때문이다. 따라서 앞선 간략한 도식을 일반적인 구조 이상으로 모든 개별 종교에 무차별적으로 적용할 수는 없다. 그것은 특정한 역사적 종교들에 관한 설명이 아니라 종교적 사유에 관한 일반적인 표상일 뿐이다.

이러한 이유에도 불구하고 "제2부 유한한 종교"의 중요성은 아직 제대로 평가받지 못했다. 이 책은 헤겔이 "제2부 유한한 종교"에서 다룬 다양한 종교 형태들에 관한 분석이 그의 그리스도교 옹호론을

자기의식의 종교다. 이것이 자기의식에 대한 규정이다. 자기의식에 대한 참된 규정은 자유다."

24 루이스(Thomas A. Lewis)는 이 점을 매우 잘 지적하고 있다. 이와 관련해서는 그의 논문 "Hegel's Determinate Religion Today: Foreign yet Not So Far Away," in *Religion und Religionen im Deutschen Idealismus*. Schleiermacher-Hegel-Schelling, ed. by Friedrich Hermanni, Burkhard Nonnenmacher, and Friedrike Schick (Tubingen: Mohr Siebeck, 2015), 211-231을 참고하라.

이해하는 필수 과정이라는 점을 입증하고자 한다. 그의 견해에 따르면, 그리스도교는 인간의 정신과 신 개념의 동반적인 발전이 견인한 오랜 역사적 과정의 산물이다. 따라서 그러한 발전 과정을 이해하지 않고서는 그리스도교의 고유한 본질도 제대로 이해할 수 없다.

다양한 종교가 존재한다는 사실은 오늘날 종교상대주의를 옹호하는 논거가 되기도 한다. 서로 모순되는 종교적 신념들이 공존하는 종교 영역에서 유일하고 궁극적인 진리란 있을 수 없다. 바꿔 말하면 모든 종교는 다 거짓이다. 하지만 헤겔은 완전히 다르게 생각한다. 그는 다양한 종교를 역사적인 발전 과정의 자연스러운 결과로 본다. 세계의 다양한 민족들이 저마다의 예술, 철학, 정치제도를 가지고 있듯이, 그들은 저마다의 신 개념과 종교적 관습도 가지고 있다. 하지만 그렇다고 해서 종교의 진리와 가치가 훼손되는 것은 아니다. 정신과 문화의 모든 산물은 자신만의 고유한 역사적 맥락 안에서 저마다의 진리와 타당성을 갖기 때문이다. 따라서 오늘날까지도 보존되고 있는 그들의 특정한 신념과 관습의 진리를 올바로 평가하기 위해서는 그러한 역사적 발전 과정을 반드시 이해해야 한다.

그래서 헤겔은 역사적으로 등장한 다양한 신 개념을 추적한다. 그는 다각적인 기준으로 세계 종교들의 순서를 배열한다. 그중 가장 명확한 첫째 기준은 발전사적 관점이다. 다른 문화 영역과 마찬가지로 신 개념 역시 가장 투박한 단계에서 가장 정교한 단계로 발전해 나간다. 헤겔에 따르면, 인간의 역사는 인간이 자연으로부터 해방되어 가는 과정이다. 인간은 최초에 자연대상으로 둘러싸인 세계에서 자연적인 존재로 살아가지만, 시간이 흐르면서 자연에 대한 근원적인 의존 상태에서 벗어나 진정으로 자유로운 영역(정신)을 새롭게 창조해 나간다. 달리 말해 인간은 직접적인 욕구와 충동에 지배되는 순수한 자연적 상태에서 정신적 단계로 고양되어 간다. 종교의 발전 과정 역시 그와 동일한 노선을 따른다. 자연에 매몰되어 살아가는 인간은 자연대상을 신으로 여기게 마련이다. 하지만 자연에서 해방된 인간은 자연을 능가하는 정신을 자신의 본질로 인식하고, 그러한 정신 개념을 신으로 인식하는 단계로 나아간다.

또 다른 핵심 기준은 인식(혹은 인식의 결여로 인한 소외)이다. 자연 영역에 매몰되어 그 이상을 사유하지 못하는 인간은 자연대상을 신으로 여긴다. 하지만 인간은 잠재적으로 정신, 즉 자연보다 우월한 자기의식적인 존재다. 최초의 인간은 자연신들로부터 소외되어 있다. 자연신들은 인간의 이익이나 행복에 무관심한 무자비하고, 폭력적이고, 예측 불가한 존재다. 그들은 인간과 근원적으로 분리된 절대적인 타자다. 하지만 문화의 발전을 통해 자연에서 해방된 인간은 자신을 자연보다 우월한 존재(정신)로 의식한다. 인간이 자기의식적인 존재로 거듭나기 위해서는 자유롭고 평등한 타자로부터 인정을 받아야 한다. 하지만 자연대상은 그런 인정을 받을 만한 가치가 없다. 그래서 이제 신은 인간의 모습으로 나타난다. 시간이 흐르면서 인간은 신을 정신으로, 즉 그리스 종교나 로마 종교처럼 인간적인 특성과 관심을 가진 존재로 인식하기 시작한다. 하지만 그러한 신 개념조차 완전히 정신적 인 것은 아니기 때문에 인간은 그 신들로부터도 여전히 소외감을 느낀다. 신과 인간의 완전한 통일과 화해는 그리스도교에서 이루어진다. 신과 인간이 한 몸으로 존재하는 '그리스도'가 바로 그러한 통일을 상징한다. 그리스도를 통해 다양한 세계 종교들의 기나긴 소외의 역사는 종결된다. 인간은 그리스도를 통해 자신 안의 신적인 본성(신성의 불씨)을 인식한다. 그러한 인식을 통해 신과 인간의 분리와 소외가 극복되고 완전한 자유가 실현된다. 그것이 자연에서 정신으로 그리고 소외에서 화해로 나아가는 목적론적 운동이다.

세계 종교들의 순서를 배열하는 가장 중요한 기준은 자유, 보다 구체적으로 말하면 개인 개념의 발전이다. 자연에서 해방된 인간은 자신을 특별한 진리와 가치를 지닌 존재로 인식하게 된다. 헤겔에 따르면, 고대 문화는 개인의 권리와 가치를 인정하지 않는 억압적인 형태를 띠고 있다. 그러한 억압적인 관습의 지배야말로 고대 문화의 결정적인 특징이다. 거기서 만물은 자연적인 방식으로 존재한다. 인간도 예외는 아니다. 개인의 주관적인 견해는 중요하지 않다. 물론 로마법의 등장으로 개인도 시민권을 부여받긴 했지만 그 단계 역시 완전한 자유의 개념과는 거리가 멀다. 왜냐하면 노예와 같은 많은 사람들은 시민권에서 여전히 배제되어 있었고, 초법적 존재인 로마 황제는 시민권을 자의적으로 침해할 수 있었기 때문이다. 개인 개념이 완전히 실현된 그리스도교에서야 비로소 노예와 이방인을 비롯한 모든 개인이 그 자체로 신적인 가치를 갖는다는 인식이 생겨나게 되었다. 그리스도교에 따르면, 모든 인간은 신의 형상으로 창조되었으며, 자신의 내면에 신성을 보유하고 있다. 주관적 자유의 발전 과정은 그러한 원리가 반영된 신 개념의 발전 과정을 통해서도 추적될 수 있다. 자신의 자유를 위해서는 타인의 자유도 인정해야 한다. 초기 종교의 신들은 인간의 행복과 이익에 무관심한 억압적인 존재로 표현되어 있다. 그리스도교에 이르러서야 비로소 인간의 자유를 인정하고 모든 인간을 사랑하는 자유로운 신 개념이 등장한다.

4. 19세기, 동양학의 부흥

18세기 후반에서 19세기 초반 유럽은 다양한 비유럽 문화와 종교를 처음으로 접하고 그것을 깊이 이해하게 되면서 문화적-종교적 사유의 일대 변혁을 겪게 되었다. 그 시기는 동양학에 대한 관심이 폭증하던 때였다.[25] 나폴레옹의 이집트 원정(1798~1801)은 이집트학 (Egyptology)이라는 새로운 학문 분야를 탄생시켰고, 로제타석(The Rosetta Stone)의 발견은 이집트 상형문자 해독의 열쇠를 제공했다. 유럽 중부에서 발칸반도에 걸쳐있는 오스만제국을 알게 된 유럽인들은 이슬람교의 중요성을 처음으로 깨닫게 되었고, 이는 18~19세기 이슬람 연구를 촉발시킨 결정적인 계기가 되었다. 같은 시기에 영국의 식민지 행정가들은 인도의 문화와 종교를 탐구하기 시작했고, 영국과 독일의 학자들은 산스크리트어 경전들을 유럽 언어로 번역하기 시작했다. 그 시기에 고대 페르시아어와 페르시아 종교도 연구자들의 관심을 끌기 시작했다. 하스칼라(השכלה) 운동이라 불리는 유대 계몽주의의 확산은 그리스도교인과 유대교인 사이에 새로운 대화 가능성을 열어 세우기도 했다. 중국학은 그 모든 연구보다 훨씬 앞서 시작된

---

25 이와 관련해서는 다음을 참고하라. Suzanne L. Marchand, *German Orientalism in the Age of Empire: Religion, Race, and Scholarship* (Cambridge: Cambridge University Press, 2010). Urs App, *The Birth of Orientalism* (Philadelphia and Oxford: University of Pennsylvania Press, 2010). Michael S. Dodson, *Orientalism, Empire and National Culture: India, 1770-1880* (Basingstoke and New York: Palgrave Macmillan, 2007). Douglas T. McGetchin, *Indology, Indomania, and Orientalism: Ancient India's Rebirth in Modern Germany* (Madison, NJ: Farleigh Dickinson University Press, 2009). Raymond Schwab, *The Oriental Renaissance: Europe's Rediscovery of India and the East, 1680-1880*, trans. by Gene Patterson-Black and Victor Reinking (New York: Columbia University Press, 1984).

동양학 분야였다. 유럽인들은 예수회 선교사들의 활동을 통해 16~17세기에 처음으로 고대 중국의 불교와 도교를 접하게 되었고, 계몽주의자들은 그것을 두고 다양한 격론을 벌이기도 했다.

그러한 학문적 관심은 대중의 관심을 등에 업고 사회의 다양한 측면으로 광범위하게 확산되었다. 17세기의 유럽인들은 중국의 도자기, 비단, 가구, 그림을 수입하고, 중국의 찻집과 탑을 모방하는 등 이국적인 중국 문화에 완전히 매료되었다. 18세기 후반에는 인도학의 발전과 더불어 인도 문화도 중국 문화 못지않은 인기를 누렸으며, 영국과 독일에서는 인도 열풍이 일기도 했다. 이집트 원정을 위한 나폴레옹의 의식적인 선전 노력은 고대 유물을 약탈하는 데 혈안이 된 유럽 전역에 이집트 열풍을 불러일으켰다. 동양에서 수입된 새로운 양식과 성상은 헤겔 시대 이전부터 이미 유럽인들의 마음을 사로잡았다. 그러한 영향은 건축, 음악, 회화, 연극 등 다양한 문화 영역에 폭넓게 반영되어 있다.[26] 유럽의 회화는 스핑크스나 연꽃을 새로운 소재로 삼기 시작했다. 필립스(Thomas Phillips)의 1814년 명작 〈바이런 경의 초상화Portrait of Lord Byron〉에 그려진 젊은 시인 바이런은 이국적

---

26 이와 관련해서는 대표적으로 다음을 참고하라. Lynne Thornton, *Les Orientalistes: Peintres voyageurs, 1828-1908*, trans. by Jean de la Hogue (Paris: ACR Edition Internationale, 1983). John M. MacKenzie, *Orientalism: History, Theory and the Arts* (Manchester and New York: Manchester University Press, 1995). Jean Alazard, *L'Orient et la peinture française aux XIXe siècle* (Paris: Librarie Plon, 1930). Mildred Archer and Ronald Lightbown, *India Observed: India as Viewed by British Artists 1760-1860* (London: Victoria and Albert Museum, 1982). Roger Bezombes, *L'Exotisme dans l'Art et la Pensée* (Paris et al.: Elsevier, 1953). Philippe Jullian, *The Orientalists: European Painters of Eastern Scenes*, trans. by Helga and Dinah Harrison (Oxford: Phaidon, 1977). Patrick Conner, *Oriental Architecture in the West* (London: Thames and Hudson, 1979). James Thompson, *The East: Imagined, Experienced, Remembered: Orientalist Nineteenth-Century Painting* (Dublin: National Gallery of Ireland, 1988).

이고 독특한 동양풍의 의상을 입고 있다. 유럽 언어로 번역된 『천일야화*A Thousand and One Night*』 초판이 출간되면서 동양학은 문학의 영역에도 큰 영향을 미쳤다.27 그 외에도 동양학의 영향을 받은 유명한 저작으로는 몽테스키외(Montesquieu)의 『페르시아인의 편지*Persian Letter*』(1721), 볼테르(Voltaire)의 『자딕: 운명의 책*Zadig, The Book of Fate*』(1747), 존슨(Samuel Johnson)의 『라셀라스*History of Rasselas, Prince of Abyssinia*』(1759), 횔덜린(Hölderlin)의 『휘페리온*Hyperion*』(1797~1799), 노발리스(Novalis)의 『밤의 찬가*Hymns to the Night*』(1800), 윌렌슐레게르(Oehlenschläger)의 『알라딘*Aladdin*』(1805), 콜리지(Coleridge)의 『쿠빌라이 칸*Kubla Khan*』(1816), 바이런(Byron)의 『아비도스의 신부*The Bride of Abydos*』(1813)와 『이교도*The Giaour*』(1813), 『해적*The Corsair*』(1813), 『라라*Lara*』(1814), 『코린트의 포위*The Siege of Corinth*』(1816), 셸리(Shelley)의 『고독한 영혼*Alastor, The Spirit of Solitude*』(1816), 키츠(Keats)의 『앤디미온*Endymion*』(1818), 괴테(Goethe)의 『서동시집*West-Eastern Divan*』(1819) 등을 꼽을 수 있다.28

동양학의 발전은 계몽주의의 종교비판으로 흔들렸던 그리스도교 신앙을 또 한 번 위협했다. 다른 종교 전통의 중요성을 인식하게 된 사람들은 그리스도교만이 유일하고 절대적인 진리라는 주장을 의심하기 시작했다. 당시의 저명한 철학자, 신학자, 작가들은 동양학이 전하는 새롭고 풍부한 정보에 큰 영향을 받았다. 라이프니츠(Gottfried

---

27 *Les mille et une nuits, contes arabes traduits en français*, vols 1-12, trans. by Antoine Galland (Paris: la Veuve Claude Barbin, 1704-1717). 이 가운데 1-7권은 파리에 있는 la Veuve Claude Barbin 출판사에서 출간되었고, 나머지 8-12권은 다른 출판사에서 출간되었다.

28 이 논쟁과 관련해서는 John Drew, *India and the Romantic Imagination* (Oxford et al.: Oxford University Press, 1987)을 참고하라.

Wilhelm Leibniz), 쇼펜하우어(Arthur Schopenhauer), 니체(Friedrich Wilhelm Nietzsche)와 같은 철학자들은 동양 종교의 요소들과 자신의 사유를 접목시키고자 했고, 헤르더(Johann Gottfried Herder)와 프리드리히 슐레겔(Friedrich von Schlegel)은 동양의 전통까지 포괄하는 역사적-문화적 발전 이론을 창안하고자 했으며, 볼테르(Francois Marie Arouet de Voltaire), 몽테스키외(Baron Montesquieu), 괴테(Johann Wolfgang von Goethe)와 같은 작가들은 동양의 관점으로 유럽의 신념, 관습, 가치를 문화적으로 비판하기도 했다.

동양학은 그리스도교의 절대적 지위에 관한 인식에 커다란 반향을 일으켰다. 유럽인들은 구약이 인류 최초의 종교를 대표하는 가장 유서 깊은 경전이라는 가정을 의심 없이 믿어 왔다. 하지만 『베다*Vedas*』, 『도덕경道德經』, 『주역周易』 등이 유럽에 전해지면서 그 믿음은 흔들리기 시작했다. 중국에 파송된 예수회 선교사들에게 중국 종교의 오랜 역사성은 자신들의 믿음을 위협하는 골칫거리였다. 그것을 해결하는 유일한 방법은 고대 중국 종교가 최초의 일신교이긴 하지만 아시아 전역으로 확장되는 과정에서 인도 문화와 만나 다신교로 변질되었다고 주장하는 것이었다. 그들은 고대 힌두교를 중국 일신교의 변질된 형태로 보았다.29 그럼에도 불구하고 중국 종교가 유대교나 그리스도교와 같은 또 다른 일신교의 선구적 형태였다는 사실만큼은 긍정적으로 평가될 수 있었다. 그래서 당시의 학자들은 『도덕경』과 『주역』에서 일신교의 흔적을 발굴하기 시작했다. 그러한 논리는 선교사들에게 매우 유용했다. 중국 종교의 역사성에 맞서 그리스도교를

---

29 Urs App, *The Birth of Orientalism*, 45ff.

옹호할 필요 없이 한때 존재했다 변질돼 버린 그들의 옛 교리만을 복원하면 되었기 때문이다. 하지만 그 과정에서 중국 종교는 혼란스럽고 미신적이라는 편견에 물들고 말았다.[30]

그 논쟁의 반대 진영에서는 구약만이 신의 계시를 증명하는 최초의 경전이라는 배타적인 주장을 타협 없이 고수했다. 그러한 계시의 특성을 강조해야만 다른 일신교와의 대결 구도에서 유대-그리스도교 전통을 안전하게 수호할 수 있었기 때문이다. 그러한 논쟁은 동양학의 부흥이 전통적인 서양 종교를 얼마나 위협했는지를 간접적으로 증명한다. 볼테르(Francois Marie Arouet de Voltaire)나 디드로(Denis Diderot)와 같은 계몽주의 사상가들은 동양학의 유입을 당시의 교회와 성직자의 권위를 뒤흔든 결정적인 사건으로 보았다.[31] 그들은 서양과는 근본적으로 다른 동양 종교를 전통적인 믿음에 대한 비판의 무기로 삼았다.[32] 다른 종교도 그리스도교와 같은 신 개념을 보유하고 있음을 깨달은 유럽인들은 그리스도교만의 탁월함과 우월성을 증명하기 위해 보다 일반적이고 추상적인 신 개념을 구상하기 시작했다. 그것은 인격적인 특성을 배제한 새로운 신 개념을 창안하고자 했던 이신론자들의 시도와 매우 흡사하다.

흔히 동양학의 부흥이 독일 낭만주의를 탄생시켰다고들 하지만 사실 독일 낭만주의가 동양학의 부흥에 일조한 면도 없지 않다. 독일 낭만주의자들이 동양 문화의 발견,[33] 특히 인도학의 발전에 지대한

---

30 이와 관련해서는 Ibid., 28ff.를 참고하라.

31 Ibid., 37f.

32 이와 관련해서는 Robert Irwin, *For Lust of Knowing: The Orientalists and Their Enemies* (Harmondsworth: Penguin, 2007), 116-117을 참고하라.

공헌을 한 것도 그 점을 뒷받침한다.[34] 낭만주의자들은 근대 계몽주의의 기치였던 이성과 지성에 맞서 그동안 외면되었던 직관, 느낌, 감정을 내세웠으며, 무미건조한 유럽 문화와 대비되는 동양 종교의 이국적인 성격에도 크게 매료되었다. 고대 인도 문화에 대한 그들의 관심은 새롭게 발견된 고대 경전에 대한 단순한 학문적 호기심을 넘어 당시의 유럽 문화를 쇄신하는 결정적인 계기가 되었다. 루소는 당시의 18세기 유럽 사회를 부패하고 위선적인 퇴폐 문화로 규정하면서, 만인이 자신의 선한 본성에 따라 온전한 삶을 영위하던 근원적인 자연상태를 상정하기도 했다. 그렇듯 낭만주의자들은 고대 인도 문화에서 그러한 자연상태, 즉 인간의 선한 본성이 탐욕, 아첨, 이기, 위선으로 타락하기 이전의 진정하고 본래적인 이상을 발견했다. 또한 당시에 발견된 유럽 언어와 산스크리트어의 연관성 그리고 힌두교와 고대 그리스-로마 종교의 연관성은 근대 유럽 문화와 고대 인도 문화의 연속성에 대한 통찰뿐만 아니라 고대 인도 문화의 복원 가능성에 대한 전망을

---

33 이와 관련해서는 다음을 참고하라. Todd Kontje, *German Orientalisms* (Ann Arbor, MI: University of Michigan Press, 2004). *Der Deutschen Morgenland. Bilder des Orients in der deutschen Literatur und Kultur von 1770 bis 1850*, ed. by Charis Goer and Michael Hofmann (Munich: Wilhelm Fink, 2008). Sabine Mangold, Eine "weltbü-rger-liche Wissenschaft" *Die deutsche Orientalistik im 19. Jahrhundert* (Munich: Franz Steiner Verlag, 2004). Norbert Nebes, "Orientalistik im Aufbruch. Die Wissenschaft vom Vorderen Orient in Jena zur Goethezeit," in *Goethes Morgenlandfahrten. West-östliche Begegnungen*, ed. by Jochen Golz (Frankfurt am Main and Leipzig: Insel, 1999), 66-96.

34 슈왑(Schwab)은 그 상황을 이렇게 설명한다. "영국이 인도 연구의 본거지였다면, 독일은 인도 르네상스의 본거지였다. 그러한 르네상스는 예나, 바이마르, 하이델베르크에서 시작되어 본, 베를린, 튀빙겐으로 퍼져나갔다. 1790년대 독일에서 일어난 동양학 열풍은 실로 속사포의 폭격과도 같았다." 이와 관련해서는 Raymond Schwab, *The Oriental Renaissance: Europe's Rediscovery of India and the East, 1680-1880*, 53을 참고하라.

낳기도 했다. 그들은 고대 인도 문화를 당시 유럽 문화의 정신적 쇄신을 위한 대안 모델로 생각했다. 그 역시 고대 인도에 대한 19세기 유럽인들의 뜨거운 관심을 입증한다. 반면 고대 중국 문화에 대한 연구는 그보다 훨씬 이른 16세기부터 시작되었지만 그 결실은 상대적으로 미미했다. 중국 문화와 유럽 문화 사이에는 별다른 연관성이 없었기 때문이다. 그래서 중국 문화나 종교에 관한 그들의 관심은 단순한 학문적 호기심을 벗어나지 못했다.

당시 독일어권 세계에서 인도 연구가 급부상한 데는 정치적 요인도 한몫했다.[35] 19세기 초는 나폴레옹 전쟁으로 프랑스가 독일의 연방 국가들을 강제 점령하던 시기였다. 게다가 당시 독일 국가들은 정치적으로 그리고 언어적으로 사분오열된 지극한 혼란기를 겪고 있었다. 그러한 상황은 자연스럽게 독일의 정체성에 대한 물음을 불러일으켰다. 프랑스인들이 그리스-로마의 역사적 상징성을 자신의 지배 수단으로 활용했다면, 독일인들은 산스크리트어와 독일어의 연관성을 자신의 정체성 확립의 수단으로 활용했다. 고대 인도가 독일 문화와 독일어의 뿌리라는 생각은 독일 민족주의를 부흥시키는 효과적인 수단이 되었다. 이를 통해 독일인들은 자신들과 프랑스인들의 차별성을 부각시킬 수도 있었고, 자신들이 그들보다 유서 깊은 문화를 가진 탁월한 민족이라는 자긍심을 가질 수도 있었다.[36] 인도

---

35 이와 관련해서는 다음을 참고하라. Nicholas A. Germana, *The Orient of Europe: The Mythical Image of India and Competing Images of German National Identity* (Newcastle upon Tyne: Cambridge Scholars Publishing, 2009), 2-3. A. Leslie Willson, *A Mythical Image: The Ideal of India in German Romanticism* (Durham: Duke University Press, 1964), 132-137.

36 동양학에 대한 독일 낭만주의자들의 관심은 그들이 추구하던 민족주의 프로그램의 자연스러

문화는 독일인들에게 그러한 정치적-문화적 의미를 주었기 때문에 다른 동양 문화보다 훨씬 폭넓게 수용되었다.

'동양학'이라는 용어에는 심각한 정치적 의미가 담겨 있기 때문에 그 속뜻을 한 번쯤 되짚어 볼 필요가 있다. 사이드(Edward W. Said)는 자신의 유명한 저작 『오리엔탈리즘Orientalism』37에서 동양학의 학문적 가치중립성에 처음으로 의문을 제기했다. 동양학의 밑바탕에는 인도, 북아프리카, 극동 지방과 같은 지리적 영역을 정치적-정신적으로 지배하려던 제국주의의 열망이 깔려 있다는 것이다. 달리 말해 동양학은 가치중립적인 학문이 아니라 유럽의 식민주의를 위해 '타자'에 대한 열등한 표상을 생산한 정치적 조작에 불과하며, 그래서 동양은 퇴폐적이고, 몰-정신적이고, 무기력한 존재로 묘사될 수밖에 없었다는 것이다. 어윈(Robert Irwin)과 같은 학자들은 동양학에 대한 사이드의 부정적인 견해를 정면으로 반박했다. 동양학이 식민주의의 이데올로기적 도구로 악용된 것은 사실이지만, 원래는 외국 문화를 이해하고 배우려는 순수한 학문적 호기심에서 시작되었다는 것이다.38 이처럼 사이드의 견해를 비판하는 사람들도 없지 않지만, 동양학에 대한 그의 비판적인 시각의 파장과 가치는 결코 무시될 수 없다.

운 일환이었다. 그 프로그램에는 독일의 고유한 민족정신을 담고 있는 독일의 민요, 민담, 동화를 비롯한 다양한 문화적 전통을 복원하려는 시도도 포함되어 있었다.

37 Edward W. Said, *Orientalism* (New York: Vintage, 1978, 제2판: Harmondsworth: Penguin, 2003).

38 이와 관련해서는 대표적으로 다음을 참고하라. Robert Irwin, *For Lust of Knowing: The Orientalists and Their Enemies. Other critics of Said include Daniel Martin Varisco, Reading Orientalism: Said and the Unsaid* (Seattle and London: University of Washington Press, 2007). Ibn Warraq, *Defending the West: A Critique of Edward Said's Orientalism* (Amherst, NY: Prometheus Books, 2007).

동양학에 대한 헤겔의 견해는 차차 다루기로 하고, 여기서는 그의 전반적인 입장만을 간략히 밝히기로 한다. 그는 사이드의 저작을 둘러싼 논쟁의 양극단을 배회하는 듯하다. 그래서 모호하다. 사이드가 비판했던 것처럼, 그 역시 동양 문화를 저급하게 평가한다. 그의 그런 인종차별적이고 유럽중심적인 경향은 오늘날까지도 이차 문헌들의 주된 표적이 되고 있을 뿐만 아니라 『종교철학』의 전체 기획마저도 불신케 만든 결정적인 요소가 되고 있다. 반면 어윈이 옹호했던 것처럼, 그는 동양학의 부흥을 가치 있게 평가하기도 한다. 그는 종교 개념을 분석하려면 그리스도교만이 아니라 이전의 세계 종교들도 함께 탐구해야 한다고, 즉 그리스도교의 진리를 증명하기 위해서는 세계 종교들과의 연관을 이해해야 한다고 주장했다. 그래서 그는 그리스도교 옹호자였음에도 불구하고 다양한 종교와 문화도 진지하게 수용하고, 그것을 폄훼하는 비판가들에 맞서 그 필요성과 가치를 호소하기도 했다.[39] 그는 초기 단편들에서부터 이미 '동양의 정신'을

---

39 이와 관련해서는 다음을 참고하라. Ernst Schulin, *Die weltgeschichtliche Erfassung des Orients bei Hegel und Ranke* (Gottingen: Vandenhoeck und Ruprecht, 1958). Reinhard Leuze, *Die außerchristlichen Religionen bei Hegel* (Gottingen: Vandenhoeck & Rupprecht, 1975). *Theologie und Geistesgeschichte des Neunzehnten Jahrhunderts*, vol. 14. Michel Hulin, *Hegel et l'orient, suivi de la traduction annotée d'un essai de Hegel sur la Bhagavad-Gita* (Paris: J. Vrin, 1979). Frederick G. Whelan, "Hegel and the Orient," in his *Enlightenment Political Thought and Non-Western Societies: Sultans and Savages* (New York: Routledge, 2009), 130-163. Kurt F. Leidecker, "Hegel and the Orientals," in *New Studies in Hegel's Philosophy*, ed. by Warren E. Steinkraus (New York et al.: Holt, Rinehart and Winston, 1971), 156-166. Hans Joachim Schoeps, "Die ausserchristlichen Religion bei Hegel," *Zeitschrift für Religionsund Geistesgeschichte*, vol. 7, no. 1 (1955): 1-33. Gustav Mensching, "Typologie außerchristlicher Religion bei Hegel," *Zeitschrift für Missionskunde und Religionswissenschaft*, vol. 46 (1931): 329-340. *Hegel's Philosophy of the Historical Religions*, ed. by Bart Labuschagne and Timo Slootweg (Leiden and Boston: Brill, 2012).

논하고 있으며,[40] 고대 페르시아와 이집트 문화의 일면을 극찬하기도 했다. 로젠크란츠(Karl Rosenkranz)는 헤겔의 다양한 강의들, 특히 『역사철학』과 관련하여 이렇게 말한다. "헤겔은 동양 문화에 대한 깊은 관심을 갖고 그것을 연구하는 데 엄청난 열정과 끈기를 쏟았다."[41] 그의 방대한 연구 성과들을 살펴보면 그의 관심이 과거의 역사적 차원에만 머물지 않았다는 것을 확인할 수 있다. 그가 다룬 핵심 주제나 문제의식은 오늘날의 종교 논의에도 중요한 화두가 되고 있다.

5. 크로이처의 『상징과 신화』

독일 낭만주의의 부흥과 관련하여 반드시 주목해야 할 인물 중 한 명은 크로이처(Georg Friedrich Creuzer: 1771~1858)[42]다. 그는 1810~1812년에 (이후 뜨거운 논쟁을 불러일으킨) 획기적인 저작 『고대 민족의 상징과 신화: 고대 그리스 민족을 중심으로 Symbolik und Mythologie der alten Völker, besonders der Griechen』(이하 『상징과 신화』)[43]를 총 네 권으로 출간했다.

---

40 Hegel, "Fragments of Historical Studies," *MW*, 90-94; *Dokumente*, 257-261.

41 Karl Rosenkranz, *Georg Wilhelm Friedrich Hegel's Leben* (Berlin: Duncker und Humblot, 1844), 378.

42 크로이처와 그의 신화학과 관련해서는 다음을 참고하라. Rene Gerard, *L'Orient et la pensée romantique allemande* (Nancy: Georges Thomas, 1963), 173-181. Conrad Bursian, *Geschichte der classischen Philologie in Deutschland von den Anfängen bis zur Gegenwart*, vols 1-2 (Munich and Leipzig: R. Oldenbourg, 1883), vol. 1, 562-587.

43 Friedrich Creuzer, *Symbolik und Mythologie der alten Völker, besonders der Griechen*, vols 1-4 (Leipzig and Darmstadt: Karl Wilhelm Leske, 1810-1812).

1819~1821년에 출간된 제2판(증보판)에는 내용 관련 삽화들까지 부록으로 실려 있다.44 헤겔은 그 두 판본을 모두 알고 있었다.45 크로이처의 제자 모네(Franz Joseph Mone: 1796~1871)는 그 증보판에 두 권의 내용을 더하여 총 여섯 권으로 된 제3판을 출간했는데,46 그것은 1836~1843년에 출간된 크로이처 전집에 실려 있다.47

크로이처는 1790년대에 예나대학에서 공부하면서 법학자인 사비니(Friedrich Carl von Savigny: 1779~1861), 빌헬름 형제(The brothers Wilhelm), 그림(Jacob Grimm: 1785~1863)을 알게 되었다. 그는 예나대학에서 박사 학위를 받은 후 마르부르크대학에서 교수직을 시작했고, 이후 1804년에는 하이델베르크대학의 문헌학 및 고대사 교수가 되었

---

44 Friedrich Creuzer, *Symbolik und Mythologie der alten Völker, besonders der Griechen*, vols 1-4, 2nd fully revised edition (Leipzig and Darmstadt: Heyer und Leske, 1819-1821). *Abbildungen zu Friedrich Creuzers Symbolik und Mythologie der alten Völker. Auf sechzig Tafeln* (Leipzig and Darmstadt: Heyer und Leske, 1819).

45 1819년 10월 30일에 크로이처에게 보낸 서신에서 헤겔은 『상징과 신화』 증보판(제2판)을 보내준 데 고마움을 표하고 있다. 이와 관련해서는 Hegel, *Letters*, 449-451; *Briefe*, vol. 2, *letter* 359, 217-220. *Hegel's Library*, 684-688을 참고하라. 헤겔은 크로이처의 *Abriss der Römischen Antiquitäten* (Leipzig and Darmstadt: Karl Wilhelm Leske, 1824), *Hegel's Library*, 683도 소장하고 있었다.

46 *Symbolik und Mythologie der alten Völker, besonders der Griechen.* von Friedrich Creuzer, fortgesetzt von Dr. Franz Joseph Mone, Funfter Theil, Geschichte des nordischen Heidenthums, and Sechster Theil, *Geschichte des nordischen Heidenthums* (Leipzig and Darmstadt: Heyer und Leske, 1822-1823). 모네가 더한 두 권의 저작은 다양한 민족의 이주 과정에서 힌두교의 신화가 북유럽으로 전파된 경위와 그것이 북유럽의 신화로 발전한 과정을 설명하고 있다.

47 Friedrich Creuzer, *Symbolik und Mythologie der alten Völker, besonders der Griechen*, 3rd improved edition, vols 1-4 (Leipzig: Carl Wilhelm Leske, 1836-1843). The four volumes of this work constitute Part 1 of *Friedrich Creuzer's Deutsche Schriften*, Parts 1-5, neue und verbesserte (Leipzig and Darmstadt: Karl Wilhelm Leske, 1836-1858).

다. 거기서 그는 하이델베르크 낭만주의를 대표하는 괴레스(Johann Joseph von Görres: 1776~1848), 브렌타노(Clemens Brentano: 1778~1842), 아르님(Achim von Arnim: 1781~1831), 프리드리히 형제(the Brothers Friedrich: 1772~1829), 슐레겔(August von Schlegel: 1767~1845)을 만났다. 크로이처는 고전학자였지만 그들과의 만남으로 인도 신화를 비롯한 다양한 동양 종교에도 깊은 관심을 갖게 되었다. 그것이 『상징과 신화』를 탄생시킨 영감의 시작이었다.

크로이처의 종교 연구 방식은 헤겔의 『종교철학』 방법론을 선취하고 있다. 그는 세계 종교들의 역사 속에서 초기의 투박한 종교가 후기의 섬세한 종교로 발전하는 하나의 일반법칙을 발견했다. 그는 자신이 고안한 비교신화학의 방법으로 그리스 신화의 다양한 측면들이 고대 이집트, 페르시아, 인도와 같은 동양 종교에서 유래했음을 증명하고자 했다. 그러한 시도는 전통주의자들이 오랫동안 찬양했던 그리스 문화의 탁월함과 독창성을 훼손하는 것처럼 보였기 때문에 신고전주의(Neoclassicism)와 필헬레니즘(Pilhellenism)이 지배하던 당시 독일에서 큰 논란을 불러일으켰다. 동양 종교의 지위를 격상시킨 크로이처의 견해는 상대적으로 서구 문화의 고유함과 우수성을 격하시킨 것처럼 보였기 때문이다.

그중에도 가장 도발적인 주장은 유대교와 그리스도교가 고대 인도 종교에서 유래했다는 것이었다. 크로이처는 힌두교가 표면적으로는 다신교를 표방하고 있지만 브라만(Brāhma)이 만물을 창조했다는 점에서 실질적으로는 일신교이며, 그러한 브라만이 유대교의 유일신 여호와(Jehovah), 즉 야훼(Yahweh)의 원형(原形)이라고 주장하는가 하면, 힌두교의 삼주신(三主神)인 창조의 신 브라만(Brahmā), 파괴의 신

비슈누(Vishnu), 보존의 신 시바(Shiva)가 그리스도교 삼위일체 교리의 원형이라고 주장하기도 했다. 물론 논란의 여지가 있지만, 그것이 힌두교가 이후 모든 신화와 종교의 원천이라는 그의 주장을 뒷받침하는 핵심 근거다.

헤겔이 베를린대학에서 강의할 당시 크로이처의 주장은 다양한 격론을 불러일으켰다.[48] 비판가들은 크로이처의 견해를 일거에 기각하면서 그를 몰지각한 광신주의자로 매도했고, 고전학자들은 고전 문헌학자인 그가 자기 학문의 토양과 뿌리를 배반한 데 분노하여 그를 고전학의 대역죄인으로 내몰았다. 대표적인 비판가로는 문헌학자인 헤르만(Gottfried Herrmann: 1772~1848),[49] 헬레니즘학자이자 그리스 신화 연구의 선구자인 뮐러(Karl Otfried Müller: 1797~1840),[50] 고전

---

48 이와 관련해서는 다음을 참고하라. Suzanne L. Marchand, "Orientalism and Classicism in the Wake of the Creuzer Streit," in her *German Orientalism in the Age of Empire*, 66-71. Partha Mitter, "Creuzer and Hegel," in his *Much Maligned Monsters: History of European Reactions of Indian Art* (Oxford: Clarendon Press, 1977), 202-220. McGetchin, *Indology, Indomania, and Orientalism*, 96-101. Germana, *The Orient of Europe*, 159-166 및 이 자료들 전체를 개괄하고 있는 Ernst Howald, *Der Kampf um Creuzers Symbolik* (Tubingen: J. C. B. Mohr, 1926).

49 Gottfried Hermann and Friedrich Creuzer, *Briefe über Homer und Hesiodus vorzüglich über die Theogonie. (Mit besonderer Hinsicht auf des Ersteren Dissertatio de Mythologia Graecorum antiquissima und auf des Letzteren Symbolik und Mythologie der Griechen)* (Heidelberg: August Oswald's Universitat-Buchhandlung, 1818), *Hegel's Library*, 790. 이와 관련해서는 Hermann's *Ueber das Wesen und Behandlung der Mythologie. Ein Brief an Herrn Hofrath Creuzer* (Leipzig: Gerhard Fleischer d. Jüng, 1819)도 참고하라.

50 Karl Otfried Muller, *Prolegomena zu einer wissenschaftlichen Mythologie*, Gottingen: Vandenhoeck und Ruprecht 1825. (영어 번역판: *Introduction to a Scientific System of Mythology*, trans. by John Leitch, London: Longman, Brown, Green and Longmans 1844.) 이와 관련해서는 Josine H. Blok, "Quests for a Scientific Mythology: F. Creuzer and K.O. Muller on History and Myth," *History and Theory*, vol. 33, no. 4 (1994) (Theme Issue 33: Proof and Persuasion in History): 26-52를 참고하라.

학자인 로베크(Christian Lobeck:1781~1860)[51] 등을 들 수 있다.

하지만 가장 혹독한 비판자는 단연 포스(Johann Heinrich Voss: 1751~1826)였다. 그는 저명한 고전학자이자 계몽주의의 대표적인 옹호자였다.[52] 그는 호메로스의 저작을 독일어로 번역한 학문적 공로로 이후 하이델베르크대학의 교수가 되었다. 포스는 크로이처를 중심으로 한 하이델베르크 학파를 지속적으로 공격했다.[53] 그 시발점은 1821년 『예나 종합문학지Jenaische Allgemeine Literatur-Zeitung』에 실린 "크로이처의 상징에 대한 비평Bewertung der Creuzerischen Symbolik"[54]이라는 논문이었다. 이에 크로이처는 『보시아나Vossiana』[55]라는 소책자로 응수했다. 이를 시작으로 그 둘의 논쟁은 수년간 이어졌다.[56] 1824년에 크로이

---

51 Chr[istianus] August[us] Lobeck, *Aglaophamus sive De theologiae mysticae Graecorum causis libri tres*, vols 1-2 (Konigsberg: Borntraeger, 1829) (*Hegel's Library*, 695-696).

52 이와 관련해서는 다음을 참고하라. Wilhelm Herbst, *Johann Heinrich Voss*, vols 1-2 (Leipzig: B.G. Teubner, 1872-1876). Hartmut Froschle, *Der Spätaufklärer Johann Heinrich Voß als Kritiker der deutschen Romantik* (Stuttgart: Akademischer Verlag Hans-Dieter Heinz, 1985).

53 이와 관련해서는 다음을 참고하라. Jon Vanden Heuvel, *A German Life in the Age of Revolution: Joseph Görres, 1778-1848* (Washington DC: Catholic University of America Press, 2001), 144ff. Germana, *The Orient of Europe*, 153ff.

54 V. [Johann Heinrich Voss], "Leipzig u. Darmstadt, b. Heyer u. Leske: *Symbolik und Mythologie der alten Völker, besonders der Griechen*, von Dr. Friedrich Creuzer, Professor der alten Literatur zu Heidelberg. Zweyte vollig umgearbeitete Ausgabe. Erster Theil. Mit einem Hefte von Abbildungen und mit eingedruckten Holzschnitten. 1819. XXIV u. 799 S. Zweyter Theil. 1820.VI u. 1006 S. Dritter Theil. VI u. 579 S. 8," *Jenaische Allgemeine Literatur-Zeitung*, 18. Jahrgang, vol. 2, no. 81, columns (May 1821): 161-168; no. 82, columns: 169-176; no. 83, columns: 177-184; no. 84, columns: 185-192; no. 85, columns: 193-200; no. 86, columns: 201-208; no. 87, columns: 209-216.

55 Friedrich Creuzer, *Vossiana mit Anmerkungen* ([서지정보 없음], 1821).

56 이와 관련해서는 Froschle, *Der Spätaufklärer Johann Heinrich Voß als Kritiker der deutschen Romantik*, 112-139를 참고하라.

처와 하이네(Christian Gottlob Heyne: 1729~1812)에 응수하고자 출간한 포스의 저작『반-상징Antisymbolik』은 그들에 대한 가장 포괄적이고 종합적인 비판서라 할 수 있다.57 1826년에 포스가 세상을 떠난 후 그의 아들 아브라함 포스(Abraham Voss)는『반-상징』제2권을 출간하여 크로이처에 대한 비판을 이어갔다.58 헤겔은 그들의 논쟁을 목도하면서, 크로이처에게 동조의 뜻을 담은 서신을 전하기도 했다.59

포스는 하이델베르크대학의 감수성이 풍부한 학생들이 청년 낭만주의자들에게 악영향을 받지는 않을까 깊이 우려했다. 그는 프랑스의 강제 점령에 맞서 독일의 민족주의를 부흥시키고자 중세 시대, 천주교, 민담과 민요 등에 관심을 집중했던 그들의 시도를 경멸했다. 고전학자이자 호메로스 전문가였던 그는 고대 그리스 문화의 탁월함이 고대 인도 문화에서 유래했다는 주장, 이를테면 디오니시우스(Dionysius)가 시바(Shiva) 신에서 유래했다는 주장에 격분했다. 고대 그리스 문화가 모든 독일 문화의 근원이라고 확신했던 그는 인도 문화와 독일 문화의 연관성을 주장하는 그들의 견해를 전혀 받아들일 수 없었다. 그는 크로이처와 괴레스를 서양 문화의 고유한 가치를 훼손하고, 그것을 동양의 야만주의로 대체하려는 한편의 음모론자로 매도하면서, 힌두교 신화의 관능성에 주목하는 그들의 태도를 당시 인도 문화에 매료된 독일인의 도덕적 부패와 타락을 보여주는 결정적인 단면이라고 그리고 크로이처의 접근법은 진정한 학문이 아니라

57 Johann Heinrich Voss, *Antisymbolik* (Stuttgart: Metzler, 1824).

58 Johann Heinrich Voss, *Antisymbolik*, vol. 2 (Stuttgart: Metzler, 1826).

59 이와 관련해서는 다음을 참고하라. Hegel, *Letters*, 467; *Briefe*, vol. 2, *letter* 389, 267. *Letters*, 502; *Briefe*, vol. 3, *letter* 472, 44. *Letters*, 701; *Briefe*, vol. 2, *letter* 393, 276. Aesthetics, vol. 1, 473; *Jub.*, vol. 13, 62.

단순한 사견에 불과하다고 비판했다. 고대 신화에 대한 크로이처의
상징적 해석은 특정한 역사적 사실이나 자료나 근거한 것이 아니었기
때문이다. 간단히 말해 크로이처의 『상징과 신화』는 사실이나 자료에
근거한 역사적 신화학이 아니라 그의 창조적 상상력이 빚어낸 허구적
이야기에 불과하다는 것이다.

그들의 논쟁은 당시 독일 사회를 뒤흔든 문화적 갈등의 신호탄이
되었다. 동양학자들에 맞서 계몽주의적 이성을 옹호했던 고전학자와
그런 그들을 비판하면서 감정과 느낌으로 도피했던 낭만주의자의
대립이 그것이다. 그러한 대립을 보여주는 현대 저작으로는 그리스의
고전 문화가 부분적으로 아프리카에서 유래했다고 주장하는 베르날
(Martin Bernal)의 문제작 『검은 아테네인*Black Athena*』60과 서양의 표준화
된 교육의 탁월성을 주장하는 블룸(Allan Bloom)의 『미국인의 마음
닫기*The Closing of the American Mind*』61 등을 꼽을 수 있다.

크로이처의 저작은 독일보다 프랑스에서 더 가치 있게 수용되었
다. 헤겔의 동료 쿠쟁(Victor Cousin: 1792~1867)의 제자였던 프랑스의
그리스 연구가 기뇨트(Joseph-Daniel Guigniaut: 1794~1876)는 크로이처

---

60 Martin Bernal, *Black Athena: The Afroasiatic Roots of Classical Civilization*, vol. 1,
The Fabrication of Ancient Greece 1785-1985 (New Brunswick, NJ: Rutgers University
Press, 1987). *Black Athena: Afroasiatic Roots of Classical Civilization*, vol. 2, *The
Archaeological and Documentary Evidence* (New Brunswick, NJ: Rutgers University
Press, 1991). *Black Athena: The Afroasiatic Roots of Classical Civilization*, vol. 3, *The
Linguistic Evidence* (New Brunswick, NJ: Rutgers University Press, 2006).

61 Allan Bloom, *The Closing of the American Mind* (New York: Simon and Schuster,
1987). 이와 관련해서는 다음도 참고하라. E. D. Hirsch, Jr., *Cultural Literacy: What
Every American Needs to Know* (New York: Vintage Books, 1988). Dinesh D'Souza,
Illiberal Education: The Politics of Race and Sex on Campus (New York: Vintage,
1992).

의 『상징과 신화』를 프랑스어로 번역하여 『고대 종교의 상징과 신화
Religions de l'antiquité considérées principalement dans leurs formes symboliques et mythologiques 』62
라는 제목으로 출간했다. 1825년부터 여러 권으로 출간된 그 저작은
원작에 대한 단순한 번역을 넘어 크로이처의 견해를 독창적으로 각색
하고 발전시켰다는 점에서 큰 가치가 있다. 크로이처는 회고록에서
자신의 저작을 일종의 '신화학-고고학 백과사전'63으로까지 발전시
켜 준 기뇨트에게 감사의 뜻을 전하기도 했다. 헤겔은 쿠쟁의 제안으
로 기뇨트가 보내준 그 저작의 제1권을 받고서 이러한 찬사로 회답했
다. "당신의 노고로 크로이처의 저작은 완전히 새 책으로 거듭났습니
다."64 […] "당신은 자신의 학식과 사상을 더하여 원작을 훨씬 풍성하
게 발전시켰습니다. 저는 종교에 관한 한 당신의 저작보다 더 명쾌하
고 다채로운 저작을 본 적이 없습니다."65 그는 훔볼트(Wilhelm von
Humboldt)의 『바가바드기타*Bhagavad-Gita*』 관련 논문에 대한 서평에서
도 기뇨트의 저작을 여러 번 언급하고 있다.66

  헤겔과 크로이처는 개인적으로 친한 사이였다. 두 사람은 1808년
에 첫 서신을 교환했고, 그때 크로이처는 헤겔에게 새로 창간된 「하이

---

62 Friedrich Creuzer, *Religions de l'antiquité, considérées principalement dans leurs
    formes symboliques et mythologiques*, tomes I-IV (in 10 parts), trans. by J. D. Guigniaut
    (Paris: Treuttel et Wurtz, Libraires, 1825-1851), Starting with tome III, Part I (in
    1838) the work was published by Cabinet de lecture allemande de Kossbuhl. 이와
    관련해서는 *Hegel's Library*, 668-669를 참고하라.

63 이와 관련해서는 *Creuzer's Paralipomena der Lebensskizzen eines alten Professors*,
    Part 5, vol. 3, of *Friedrich Creuzer's Deutsche Schriften*, 13을 참고하라.

64 이와 관련해서는 Hegel, *Letters*, 637; *Briefe*, vol. 3, *letter* 508, 109를 참고하라.

65 Ibid.

66 Hegel, *Episode*, 119; *Jub.*, vol. 20, 115. *Episode*, 133; *Jub.*, vol. 20, 122. *Episode*, 141;
    Jub., vol. 20, 126.

델베르크 문학연감*Heidelberger Jahrbücher der Literatur* 」67에 투고해 주기를 당부하기도 했다. 헤겔이 베를린대학의 교수가 되기 직전 하이델베르크대학의 교수로 재직할 무렵(1816~1818), 그는 크로이처를 동료 교수로 처음 만났다.68 로젠크란츠는 『헤겔의 생애*Georg Wilhelm Friedrich Hegel's Leben* 』에서 하이델베르크 시기에 헤겔은 크로이처의 든든한 지원군이었다고 전한다.69 헤겔이 프로이센으로 이주한 후 두 사람이 주고받은 수많은 서신이 그 증거다.70 헤겔은 강의 중에도 크로이처를 자신의 친구라고 밝혔고, 당시 치열했던 논쟁에서도 공개적으로 그의 편을 들었다.

헤겔은 『법철학』에서도 크로이처의 저작을 언급하면서, 궁지에 몰린 그의 견해를 지지하고 있다. "이와 관련해서는 내가 매우 존경하는 친구 크로이처가 『상징과 신화』 제4권에서 보여준 고대인들의

---

67 Hegel, *Letters* (쪽수 정보 없음); *Briefe*, vol. 1, *letter* 123. *Letters*, 93-94; *Briefe*, vol. 1, *letter* 124.

68 헤겔과 크로이처의 관계와 관련해서는 다음을 참고하라. Martin Donougho, "Hegel and Creuzer: or, Did Hegel Believe in Myth?" in *New Perspectives on Hegel's Philosophy of Religion*, ed. by David Kolb (Albany: State University of New York Press, 1992), 59-80. Johannes Hoffmeister, "Hegel und Creuzer," *Deutsche Vierteljahrsschrift für Literaturwissenschaft und Geistesgeschichte*, vol. 8 (1930): 260-282. Hans-Georg Gadamer, "Hegel und die Heidelberger Romantik," in *Hegels Dialektik. Fünf hermeneutische Studien* (Tubingen: J. C. B. Mohr, 1971), 71-81. Otto Poggeler, "Hegel und Heidelberg," *Hegel-Studien*, vol. 6 (1971): 65-133; Mitter, *Much Maligned Monsters*, 202-220.

69 Rosenkranz, *Georg Wilhelm Friedrich Hegel's Leben*, 300.

70 Hegel, *Letters*, 368; *Briefe*, vol. 3, *letter* 359. *Letters*, 368; *Briefe*, vol. 2, *letter* 389. *Letters* (쪽수 정보 없음); *Briefe*, vol. 3, *letter* 399. *Letters*, 369; *Briefe*, vol. 3, *letter* 400. *Letters* (쪽수 정보 없음); *Briefe*, vol. 3, *letter* 403. *Letters* (쪽수 정보 없음); *Briefe*, vol. 3, *letter* 408. *Letters* (쪽수 정보 없음); *Briefe*, vol. 3, *letter* 416. *Letters* (쪽수 정보 없음); *Briefe*, vol. 3, *letter* 428. *Letters* (쪽수 정보 없음); *Briefe*, vol. 3, *letter* 429. *Letters*, 369f.; *Briefe*, vol. 4.1, *letter* 450a. *Letters*, 371; *Briefe*, vol. 3, *letter* 493.

농업축제, 성상, 성지에 관한 박식하고 독창적인 설명보다 훌륭한 설명을 본 적이 없다."[71] 헤겔은 크로이처의 업적이나 전문성에는 극찬을 아끼지 않았지만 그리스 신화가 동양의 신화에 빚지고 있다는 그의 주장에는 즉답을 피했다. 1821년 5월 말에 크로이처에게 보낸 서신에서 헤겔은 그의 『상징과 신화』를 또다시 극찬하면서, 다음 학기 '미학' 강의에 그 저작을 활용할 것이라는 계획을 전하기도 했다.[72]

1823년에 크로이처에게 보낸 또 다른 서신에서 헤겔은 그의 『상징과 신화』에서 큰 영감을 얻었다는 고마움을 공개적으로 전하기도 했다. "작년에 진행한 '역사철학' 강의와 올해 새로 시작한 '미학' 강의는 당신의 『상징과 신화』와 여러모로 연관되어 있어 그 자료와 내용을 적극적으로 활용했습니다."[73] 헤겔은 『역사철학』의 "제2부 그리스세계Die griechische Welt"에서 종교적 기원의 문제를 다룰 때도 크로이처의 저작을 언급하고 있다.[74] 종교는 한 문화에서 다음 문화로 이어지며 발전한다고 생각한 헤겔은 『상징과 신화』의 역사적 측면에 큰 매력을 느꼈다. 그렇게 사유하면 그리스-로마 문화 중 일부가 동양 문화에 뿌리를 두고 있다는 주장도 전혀 문젯거리가 되지 않았기 때문이다.

헤겔은 『종교철학』에서 그리스 신들을 다룰 때, 크로이처와 같은 상징적 해석을 시도하고 있다. 거기서 그는 신비 의식과 같은 그리스 종교의 특정한 측면이 동양에서 유래했다는 점을 인정하면서도 그

---

71 Hegel, *PR*, § 203; *Jub.*, vol. 7, 281.

72 이와 관련해서는 Hegel, *Letters*, 466; *Briefe*, vol. 2, *letter* 389, 266을 참고하라.

73 Hegel, *Letters*, 370; *Briefe*, vol. 4.1, *letter* 450a, 47.

74 Hegel, *Phil. of Hist.*, 237; *Jub.*, vol. 11, 312-313. 헤겔은 『미학』에서도 이와 동일한 논의를 펼치면서 크로이처를 언급하고 있다. 이와 관련해서는 다음을 참고하라. *Jub.*, vol. 13, 62f. *Aesthetics*, vol. 1, 477f.

둘 사이의 결정적인 차이를 지적한다. 동양의 신들은 직접적인 현상을 초월한 상징적인 신(자연력의 상징)이지만, 그리스의 신들은 직접적이고 감각적인 신(자연력 자체)이라는 것, 즉 아테나(Athena)가 아테네라는 도시와 아테네인들의 정신 자체인 것처럼 헬리오스(Helios)도 태양의 상징이 아니라 태양 자체라는 것이다.75 스스로도 고백하듯이, 그러한 해석은 크로이처의 『상징과 신화』에서 직접적으로 영감 받은 것이다.76

헤겔은 『미학』에서도 『상징과 신화』을 광범위하게 활용하고 있다.77 그는 동양 예술을 '상징적 예술 형식'으로 규정하고, 그 하위부에서 페르시아, 인도, 이집트의 예술을 다룬다. 예술 형식에 있어서 동양의 상징적 예술 형식과 그리스-로마의 고전적 예술 형식이 서로 대비되긴 하지만, 사실 전자가 후자의 선구적 형태라고 그는 말한다. 그는 『미학』에서 신화에 대한 올바른 접근법을 설명하는 대목에서도 크로이처를 언급하고 있다.

> 그러한 관점에서 신화는 상징적으로 해석되어야 한다. 여기서 말하는
> '상징적으로'란 신화가 아무리 기괴하고, 익살스럽고, 해괴하고, 공상
> 과 변덕이 뒤섞여 있다 하더라도 그것은 정신의 산물로서 나름의 일반적
> 의미, 즉 신의 본성에 관한 일반적 사유나 철학 이론을 반영하고 있다는

---

75 Hegel, *LPR*, vol. 2, 644-645; *VPR*, Part 2, 536-537. *Phil. of Hist.*, 245; *Jub.*, vol. 11, 321.

76 Hegel, *LPR*, vol. 2, 493; *VPR*, Part 2, 392: "그리스 신들의 역사적 기원과 근본적 의미에 관한 많은 연구 성과가 있다. 그중 가장 대표적인 것이 크로이처의 연구다."

77 Hegel, *Aesthetics*, vol. 1, 310f.; *Jub.*, vol. 12, 417f. *Aesthetics*, vol. 1, 403; *Jub.*, vol. 12, 534. *Aesthetics*, vol. 1, 452; *Jub.*, vol. 13, 36. *Aesthetics*, vol. 1, 473; *Jub.*, vol. 13, 62. *Aesthetics*, vol. 1, 477; *Jub.*, vol. 13, 68. *Aesthetics*, vol. 2, 640; *Jub.*, vol. 13, 278. *Aesthetics*, vol. 2, 642-643; *Jub.*, vol. 13, 681f. *Aesthetics*, vol. 2, 780; *Jub.*, vol. 13, 451.

것이다. 그러한 맥락에서 최근 크로이처는『상징과 신화』에서 고대인들의 신화적 관념들을 그저 외적으로나 산문적으로 분석하는 일상적인 방식에서 벗어나 그것들 안에 담긴 이성적인 의미를 발견하고자 했다.[78]

얼핏 보면 이는 크로이처의 방법을 설명하는 것 같지만 실은 헤겔 자신의 방법을 설명하는 것이다.

크로이처는 신화나 전설이 인간 정신에 기원을 두고 있다는 가정에서 출발한다. 인간 정신은 신의 관념을 자의적으로 산출할 수 있다. 하지만 종교에 관심을 갖게 되면, 인간 정신은 이제 이성이 그것의 형상을 발명하는 더 높은 단계로 이행하게 된다. 물론 최초의 종교에서는 아직 이성이 자기 내면의 핵심을 제대로 펼치지는 못했지만 말이다. 그러한 가정은 절대적인 진리다. 종교의 기원은 자신의 진리를 추구하고, 그러한 진리를 감지하며, 그러한 내용을 추상적으로든 구체적으로든 우리에게 전해주는 정신이다. 하지만 그러한 형상을 발명하기 위해서는 먼저 그 형상의 이성적인 요소를 인식해야 한다.[79]

여기서 헤겔은 크로이처와 마찬가지로 동양의 예술과 종교에 대한 연구의 필요성을 주장하고 있다. 그는 동양의 문헌들을 폄하하는 비판자들에 맞서 전적으로 크로이처의 편을 든다. 헤겔은『철학사 *Vorlesungen über die Geschichte der Philosophie*』"서론"에서 철학과 종교의 관계를

---

78 Hegel, *Aesthetics*, vol. 1, 310; *Jub.*, vol. 12, 417.
79 Hegel, *Aesthetics*, vol. 1, 310f.; *Jub.*, vol. 12, 417.

논하는 대목에서도 크로이처를 언급하며 종교와 신화를 탐구하는 올바른 접근법을 설명한다. 그에 따르면, 신화에도 이성적인 요소가 들어 있다. 주어진 신화를 있는 그대로 믿었던 고대인들은 그것을 인식하지 못했지만, 그렇다고 거기에 이성적인 요소가 없는 것은 아니다. 신화에 대한 학문적 방법이란 신화 속에 담긴 이성을 파악하는 것이다. 다음에는 거꾸로 크로이처에 대한 비판자들의 견해에 따라 그는 이렇게 말한다.

> 신-플라톤주의도 신화를 그런 방식으로 다룬다. 내 친구 크로이처의 최근 저작 『상징과 신화』의 전반적인 내용도 그런 방식을 취하고 있다. 사람들은 대개 그런 방식을 거부하거나 심지어 비난하기도 한다. 신화는 오로지 역사적으로만 탐구되어야 하며, 신화에서 고대인들이 생각지도 않은 것을 해석하거나 그러한 해석을 신화에 접목시켜서는 안 된다는 것이다. 어떤 면에서 그 지적은 매우 정확하다. 왜냐하면 크로이처의 방법은 신-플라톤주의를 창설한 알렉산드리아학파의 방법과 매우 유사하기 때문이다.[80]

크로이처는 실로 신-플라톤주의에 심취해 있었고, 그들 중 플로티누스(Plotinus)와 프로클로스(Proclus)에 관한 저작을 출간하기도 했다. 헤겔은 그 점을 여러 곳에서 언급하고 있다.[81] 고대 신화를 오늘날의 방식으로 이해하는 것은 시대착오적이다. 그러한 의미에서 크로이처

---

80 Hegel, *Hist. of Phil.*, vol. 1, 82; *Jub.*, vol. 17, 114f.
81 Hegel, *Hist. of Phil.*, vol. 2, 81; *Jub.*, vol. 18, 259. *Hist. of Phil.*, vol. 2, 406; *Jub.*, vol. 19, 39. *Hist. of Phil.*, vol. 2, 434; *Jub.*, vol. 19, 73.

의 접근법은 흔한 비판처럼 자신이 고안한 외적인 설명 방식을 고대 신화에 억지로 끼워 맞춘 비역사적인 방식이기도 하다. 하지만 헤겔은 그러한 비판에 맞서 다시 크로이처를 옹호한다.

물론 고대인들은 그러한 이론을 알지도 가지고 있지도 않았지만, 그렇다고 그러한 내용이 존재하지 않았다고 주장하는 것은 부당하다. 한 민족의 종교나 신화가 비록 사유하는 이성의 산물이 아니라 하더라도 그 역시 이성의 산물이다. 제아무리 단순하고, 심지어 어리석게 보이는 종교나 신화라 할지라도 거기에는 진정한 예술 작품이나 사상들 그리고 진리에 대한 보편적인 규정들을 담겨 있다. 왜냐하면 이성이 종교나 신화의 근원이기 때문이다.[82]

비록 신화가 감각적인 표상의 방식을 취하고는 있지만 그 역시 인간 정신의 산물이다. 따라서 거기에는 보다 심오한 진리가 담겨 있다. 특정한 신화의 탄생 배경에는 수많은 우연적 상황이 존재하므로 신화를 이해하려면 먼저 그러한 역사적 상황부터 이해해야 한다. 하지만 그렇다고 해서 신화가 자의와 우연의 산물만은 아니다. 그 배후에는 엄연히 이성이 작용하고 있다.

크로이처는 헤겔의 종교 이해나 접근 방식에 지대한 영향을 주었다. 특히 동양 종교의 위대함을 제대로 평가하게 된 것은 순전히 그의 덕분이다. 물론 그로 인해 당시 치열한 논쟁의 표적이 되기는 했지만 말이다. 헤겔은 낭만주의에 대한 비판가로 알려져 있지만, 동양 종교

---

82 Hegel, *Hist. of Phil.*, vol. 1, 82; *Jub.*, vol. 17, 115.

의 심오한 의미를 이해하고자 했던 그들의 시도는 적극적으로 옹호했다. 헤겔과 낭만주의자들은 공히 동양 종교에 깊은 관심을 가졌지만 그 목적은 완전히 달랐다. 예를 들어 낭만주의자들이 힌두교에 매료된 이유는 그것의 감각적인 측면이 당시의 이성 중심적인 서양의 사유 방식에 획기적인 대안을 제공하리라 믿었기 때문이었다. 하지만 헤겔과 크로이처는 도리어 그러한 감각적인 측면 배후에 숨겨진 이성적인 차원을 발견하는 데 관심을 기울였다. 그들은 고전학자들처럼 동양 종교를 서양 종교와 비교하지도 않았고, 낭만주의자들처럼 동양 종교를 그리스도교의 논쟁적인 대안으로 삼지도 않았다. 대신 그들은 세계 종교들 사이의 연관을 추적함으로써 동양 종교에서 출발하여 고대 그리스 종교와 로마 종교를 거쳐 그리스도교에서 완성되는 하나의 유기적인 발전 과정을 발견하고자 했다. 동양 종교를 비롯한 모든 종교에는 이성적인 요소, 즉 로고스(logos)가 담겨 있다. 그런 점에서 헤겔은 당시의 다른 학자들과는 달리 그리스 문화(종교)의 일부가 이집트에서 유래했고,[83] 이집트 문화(종교)의 일부가 에티오피아에서 유래했다는 주장도 거리낌 없이 수용했고,[84] 당시 동양학 분야의 다양한 연구 성과들도 적극적으로 활용했다.[85]

---

[83] 이와 관련해서는 대표적으로 *Phil. of Hist.*, 212f.; *Jub.*, vol. 11, 282를 참고하라.

[84] 이와 관련해서는 대표적으로 *Phil. of Hist.*, 201; *Jub.*, vol. 11, 267을 참고하라. "이는 이집트 문화가 에티오피아, (최근의 가설에 따르면) 특히 성직자들이 살았던 메로에 섬(island Meroe) 의 문화에서 유래했다는 추측에 근거한 것이다."

[85] 이와 관련해서는 대표적으로 *Phil. of Hist.*, 58n; *Jub.*, vol. 11, 94n, f.를 참고하라. "우리는 동양의 문헌에 나타난 소중한 사유의 흔적들이나 고대 아시아의 문화, 신화, 종교, 역사 등에 관한 오늘날의 소중한 연구 성과들에 감사해야 한다. [⋯] 중국 문헌 분야에서는 아벨-레뮈사 (Jean-Pierre Abel-Rémusat)와 마틴(M. Saint Martin)이 가장 탁월한 연구자들이며, 그들의 성과를 바탕으로 몽골과 티베트까지 연구해 보고자 했다."

| 2장 |

직접적 종교
: 마법의 종교

마법의 종교

헤겔은 '자연종교'와 '직접적 종교'의 연관을 설명하는 것으로 이 부분의 논의를 시작한다. 계몽주의 시대에 '자연종교'(Naturreligion)라는 용어는 "인간이 이성을 통해, 즉 이성이라는 자연의 빛을 통해 인식 가능한 것"[1]을 의미했고, 그래서 그것은 계시를 통해 신을 인식하는 '계시종교'와 반대되는 개념으로 이해되었다. 달리 말해 자연종교의 핵심이 인간의 이성 능력을 통한 능동적인 신 인식이라면, 계시종교의 핵심은 이성과는 별개로 외부에서 주어지는 수동적인 신 인식이다. 하지만 그런 전통적인 의미와 달리, 일상에서 '자연'이라는 말은 인간의 이성 능력보다는 감각적인 지각의 대상이나 자연에서 직접적으로 주어진 것을 의미한다. 그래서 헤겔은 그 두 의미의 애매함을 피하고자 '자연종교'라는 용어 대신 '직접적 종교'(Die unmittelbare Relion)라는 용어를 채택했다. 그가 말하는 '직접적 종교'는 감각적인 지각이나 자연과의 직접적인 관계에 의존하는 가장 초보적인 종교 형태,[2] 즉 신을 사유할 만한 이성 능력을 아직 갖추지 못한 초기 단계의 인간의식에 나타나는 종교 형태를 가리킨다.

헤겔은 그 단계의 종교를 '마법' 혹은 '주술'이라 부른다. 이 주제를 가장 명료하게 다루는 저작은 단연 『종교철학』이지만[3] 『역사철학』도

---

1 Hegel, *LPR*, vol. 2, 517; *VPR*, Part 2, 415.

2 Hegel, *LPR*, vol. 2, 536f.; *VPR*, Part 2, 434: "그러한 상황의 인간은 직접적인 욕망, 힘, 행동, 즉 직접적인 의지에 따라 행동하는 상태에 머물러 있다."

3 Hegel, *LPR*, vol. 2, 272-299; *VPR*, Part 2, 176-203. *LPR*, vol. 2, 535-547; *VPR*, Part 2, 433-445. *LPR*, vol. 2, 724-725; *VPR*, Part 2, 613-614. 이와 관련해서는 다음도 참고하라. *Phil. of Religion*, vol. 1, 270-316; *Jub.*, vol. 15, 279-324. *NR*, 77-105.

아프리카를 다루는 짧은 대목에서 '마법 종교'(Der Religion der Zauberei)를 다루고 있다.4 헤겔에 따르면, 마법은 가장 미숙하고 직접적인 형태의 종교적 사유, 종교라는 이름을 붙이기에도 부족한 단계의 의식이다. 그는 에스키모, 북아메리카의 인디언 부족, 몽골과 아프리카의 원주민들이 마법 종교의 단계에 속한다고 분석한다. 이는 그의 인종차별적이고 유럽중심적인 경향에 적대감을 가진 수많은 현대 주석가들의 먹잇감이 된 악명 높은 대목이다. 비유럽 민족들에 대한 그의 어조는 실로 경멸적이기까지 하다.5

헤겔은 마법 종교에 관한 사유를 계속 발전시켜 나가지는 않았다. 첫째 강의인 1821년 『종교철학』에는 "마법 종교" 부분이 아예 없고, 둘째 강의인 1824년 『종교철학』에서 처음으로 종교의 첫 단계로 규정되면서 활발히 논의되고 있다. 하지만 1827년 『종교철학』에서는 마법 종교 부분이 유지되고는 있지만 1824년 『종교철학』보다 그 내용이 도리어 축소되어 있다. 마지막으로 1831년 『종교철학』은 세계대전 당시 대부분 소실되고 단편적인 내용(슈트라우스의 발췌문)만 남아 있어 이와 관련된 확인이 어렵다. 이런 점들을 고려하면 마법 종교에 관한 논의는 1824년과 1827년 『종교철학』이 전부라 할 수 있다.

---

4 Hegel, *LPWH*, vol. 1, 196-197; *VPWG*, vol. 1, 98-101. *LPWHI*, 173-190; *VG*, 203-224. *Phil. of Hist.*, 91-99; *Jub.*, vol. 11, 135-145.

5 이와 관련해서는 대표적으로 다음을 참고하라. Teshale Tibebu, *Hegel and the Third World: The Making of Eurocentrism in World History* (Syracuse: Syracuse University Press, 2011), 171-229. Robert Bernasconi, "Hegel at the Court of the Ashanti," in *Hegel after Derrida*, ed. by Stuart Barnett (New York: Routledge, 1998), 41-63. Robert Bernasconi, "With What Must the Philosophy of World History Begin? On the Racial Basis of Eurocentrism," *Nineteenth-Century Contexts*, vol. 22 (2000): 171-201. Ronald Kuykendal, "Hegel and Africa: An Evaluation of the Treatment of Africa in the Philosophy of History," *Journal of Black Studies*, vol. 23, no. 4 (1993): 571-581.

1. 헤겔이 활용한 자료들

헤겔은 마법 종교와 관련한 사상과 관습을 연구하기 위해 매우 다양한 자료를 활용했다.6 에스키모의 마법 종교와 관련해서는 로스 (John Ross: 1777~1856)와 패리(William Edward Parry: 1790~1855)의 "영국 원정대 강의"를 참고했다.7 헤겔은 로스가 진두지휘한 1818년 북극 항해의 기록 저작인 『발견 항해*A Voyage of Discovery*』8의 긴 구절을 직접 인용하기도 하는데, 그때 그 저작의 출처를 패리의 1824년 저작 『대서 양에서 태평양까지의 북서항로 발견을 위한 항해 일지*Journal of a Voyage for the Discovery of a North-West Passage from the Atlantic to the Pacific*』와 혼동하고 있다. 이는 그가 패리의 저작도 알고 있었다는 뜻이기는 하지만 그 저작을 직접 인용하거나 언급한 적은 없다.9

---

6 헤겔이 활용한 자료의 출처와 관련해서는 일반적으로 *LPR*, vol 2, 793-806에 실린 "참고문헌" 을 참고하라. 또한 '마법 종교'와 관련한 자료의 출처와 관련해서는 그 저작의 "편집자 서문"의 4-5, 33-35, 58-59를 참고하라.

7 Hegel, *LPR*, vol. 2, 273f.; *VPR*, Part 2, 178. *LPR*, vol. 2, 541; *VPR*, Part 2, 439. *Phil. of Religion*, vol. 1, 294; *Jub.*, vol. 15, 302. *EL*, § 71의 각주; *Jub.*, vol. 8, 178의 각주.

8 John Ross, *A Voyage of Discovery, Made under the Orders of the Admiralty, in His Majesty's Ships Isabella and Alexander, for the Purpose of Exploring Baffin's Bay, and Enquiring into the Probability of a North-West Passage*, vols 1-2 (London: Longman, Hurst, Rees, Orme, and Brown, 2nd ed., 1819). *LPR*, vol. 2, 273의 각주 110은 그 저작의 제1권 168-169, 175-178, 179-180의 내용을 다루고 있다. 그 자료는 같은 해에 출간된 단행본 초판 John Ross, *A Voyage of Discovery, Made under the Orders of the Admiralty, in His Majesty's Ships Isabella and Alexander, for the Purpose of Exploring Baffin's Bay, and Enquiring into the Probability of a North-West Passage* (London: John Murray, 1819), 123-124, 127-129, 130-131에도 실려 있다. 헤겔은 그 단행본(128f)에서 이 내용을 발췌했다. 이와 관련해서는 다음을 참고하라. Hegel, *Berliner Schriften 1818-1831*, ed. by Johannes Hoffmeister (Hamburg: Felix Meiner, 1956), 710. "에스키모와 관련한 내용 의 출처는 *A Voyage of Discovery* by J. Ross (London, 1819), S. 128f.다."

9 William Edward Parry, *Journal of a Second Voyage for the Discovery of a North-West*

헤겔은 아프리카 부족들을 논하는 대목에서 이렇게 말한다. "아프리카 부족에 관한 정보는 과거 선교사들이 남긴 보고서가 전부다. 최근의 자료는 거의 없다. 하지만 선교사들은 아프리카 부족에 대한 경멸적인 편견을 가지고 있었기 때문에 그들의 보고를 있는 그대로 받아들여서는 안 될 것이다."10 헤겔은 1654년에서 1667년까지 그리고 다시 1673년에서 1677년까지 포르투갈 앙골라에 거주했던 카푸친 작은 선교회(Ordo Fratrum Minorum Capuccinorum) 소속 선교사인 몬테쿠콜리(Giovanni Antonio Cavazzi da Montecuccolo: 1621~1678)의 저작 『에티오피아 서부 저지대에 위치한 콩고, 마탐바, 앙골라 삼국에 관한 역사적 설명Istorica descrizione de' tre regni Congo, Matamba, et Angola situati nell'Etiopia inferiore occidentale』11도 직접 언급하고 있다. 그 저작은 독일어와 프랑스어로 번역 출간되기도 했다. 헤겔은 『종교철학』에서 1694년에 출간

Passage from the Atlantic to the Pacific; Performed in the Years 1821-1822-1823, in His Majesty's Ships Fury and Hecla (London: John Murray, 1824), LPR(LPR, vol. 2, 273)에 실린 각주 109, 110에는 "Parry's Journal of a Voyage for the Discovery of a North-West Passage from the Atlantic to the Pacific; Performed in the Years 1819-20, in His Majesty's Ships Hecla and Griper, 2nd ed. (London: John Murray, 1821)"로 표기되어 있다. 하지만 거기에는 헤겔이 언급한 에스키모 주술사에 관한 내용이 없다. 그것은 패리의 1824년 저작에만 있는 내용이다. 헤겔은 패리의 Journals of the First, Second and Third Voyages for the Discovery of a North-West Passage from the Atlantic to the Pacific, vols 1-5 (London: John Murray, 1828)의 사본도 가지고 있었다. Parry, Narrative of an Attempt to Reach the North Pole, in Boats Fitted for the Purpose, and Attached to His Majesty's Ship Hecla in the Year MDCCCXXVII, under the Command of Captain William Edward Parry (London: John Murray, 1828). 하지만 그 저작은 헤겔이 1824년 『종교철학』에서 그 내용을 다룬 이후인 1828년에서야 정식 출간되었다. 이와 관련해서는 LPR, vol. 2, 273; VPR, Part 2, 178을 참고하라.

10 Hegel, LPR, vol. 2, 276; VPR, Part 2, 180.

11 Giovanni Antonio Cavazzi, Istorica descrizione de' tre regni Congo, Matamba, et Angola situati nell'Etiopia inferiore occidentale (Bologna: Giacomo Monti, 1687).

된 그 저작의 독일어 번역판을 길게 인용하고 있는데,[12] 그 서지 정보는 헤겔이 표기한 것인지, 『종교철학』의 첫째 편집자인 마라이네케(Phillip Marheineke)가 표기한 것인지 확실치 않다.[13] 헤겔은 자신의 서신에서 영국의 탐험가 터케이(James Kingston Tuckey: 1776~1816)의 저작 『자이르강 탐험기*Narrative of an Expedition to Explore the River Zaire*』[14]를 언급하기도 한다. 터케이는 1816년 콩고강 탐험대를 진두지휘한 인물이다. 하지만 그는 같은 해 10월에 세상을 떠났고, 그 저작은 그의 사후인 1818년에 출간되었다. 당시 유럽인들은 그 저작을 통해 처음으로 아프리카에 관심을 갖게 되었다. 그 저작에는 그의 원정대원이었던 식물학자 스미스(Christen Smith)의 관찰 일지를 비롯하여 원정 기간에 방문했던 지역의 언어들, 생물학, 동물학, 지질학 등을 기록한 다른 학자들의 일지도 함께 실려 있다. 그 저작은 헤겔의 마법 종교 이해에 결정적인 영향을 주었는데, 거기에는 아프리카 부족들의 종교적 믿음과 관습을 기록한 영국인들의 보고서도 산발적으로 실려 있다.

헤겔은 보우디치(Thomas Edward Bowdich: 1791~1824)의 1819년 저작 『케이프 코스트 캐슬에서 아샨티로 떠난 선교여행*Mission from Cape Coast Castle to Ashantee*』[15]의 구절도 간단히 언급하고 있다. 보우디치는

---

12 Hegel, *LPR*, vol. 2, 294f.; *VPR*, Part 2, 198f. *LPR*, vol. 2, 544; *VPR*, Part 2, 441f. *LPWHI*, 180; *VGH*, 221f. Giovanni Antonio Cavazzi, *Historische Beschreibung der in dem untern Occidentalischen Mohrenland ligenden drey Königreichen, Congo, Matamba, und Angola* (Munich: Jaecklin, 1694).

13 이와 관련해서는 *LPR*, vol. 2, 276-277에 실린 각주 118을 참고하라.

14 J. K. Tuckey, *Narrative of an Expedition to Explore the River Zaire, Usually Called the Congo in South Africa*, in 1816 (London: John Murray, 1818). 이와 관련해서는 다음을 참고하라. *Letters*, 496; *Briefe*, vol. 3, *letter* 473, 45. 베르나스코니(Bernasconi)는 이 저작이 헤겔의 아프리카 이해에 결정적인 역할을 했다고 전한다. 이와 관련해서는 그의 논문 "Hegel at the Court of the Ashanti," 44를 참고하라.

삼촌이 주지사로 있던 영국의 골드코스트라는 지역의 아프리카 상인 회사에 근무했다. 1817년에 그는 아샨티제국(Ashanti Empire)의 수도인 쿠마시(Coomassie)의 대사로 임명되었다. 아샨티제국은 오늘날 가나(Ghana) 지역에 해당하는 넓은 영토를 점령한 서부 아프리카 국가였다. 보우디치는 이듬해 영국으로 돌아와서 자신의 원정 경험을 기록한 『케이프 코스트 캐슬에서 아샨티로 떠난 선교여행』이라는 저작을 출간했다. 헤겔은 거기에 실린 아샨티족의 인신공양에 관한 설명도 언급하는데, 그 내용은 "허치슨 씨의 일기[Mr. Hutchison's Diary]"(이 제목은 당시 쿠마시에 거주하던 영국인 허치슨[William Hutchison]의 저작 제목을 그대로 가져온 것이다)라는 장에 나온다.[16] 헤겔은 아프리카의 일부 부족들이 죽은 자의 유골을 숭배한다는 내용도 언급하는데, 그것도 그 책의 같은 대목을 참고한 것이다.[17]

---

15 T. Edward Bowdich, *Mission from Cape Coast Castle to Ashantee, with a Statistical Account of that Kingdom and Geographical Notices of other Parts of the Interior of Africa* (London: John Murray, 1819). 이와 관련해서는 *LPR*, vol. 2, 545에 실린 각주 87을 참고하라. 헤겔이 보우디치의 저작을 비롯하여 아프리카의 문화와 종교를 연구하는 데 활용한 자료와 관련해서는 베르나스코니(Bernasconi)의 논문 "Hegel at the Court of the Ashanti," 41-63을 참고하라.

16 이와 관련해서는 *LPR*, vol. 2, 545; *VPR*, Part 2, 443을 참고하라. "30년 전, 한 영국 대사가 대원들과 함께 아샨티제국의 수도를 방문했을 때, 그곳의 왕은 인신공양의 명령을 내렸다고 한다. 그 비밀을 전해 들은 영국은 긴급히 금지명령을 내렸으나 그들은 들은 체도 하지 않고 17일 동안이나 밤마다 잔혹한 학살을 이어갔다." 이 대목은 보우디치의 저작 『케이프 코스트 캐슬에서 아샨티로 떠난 선교』(*Mission from Cape Coast Castle to Ashantee*), 419-421을 참고한 것이다. 이와 관련해서는 *Phil. of Hist.*, 98; *Jub.*, vol. 11, 143도 참고하라. "왕은 마치 전쟁의 서곡처럼 서서히 광란을 일으키며, 자신의 수도를 공격하라고 명령했다. 그리고 허치슨에게도 그 소식을 전했다. '그리스도교인이여, 우리 일에 관여하지 말고 당신의 가족이나 돌보도록 하시오. 이제 곧 북소리가 울리면 죽음의 사자가 칼을 뽑아 아샨티인들의 목을 치게 될 것이오. 당신도 겁먹지 말고 오려면 오시오.' 북이 울리자 끔찍한 대학살이 시작되었다. 광분한 흑인들을 저지하던 사람들은 모두 난도질을 당했다." 이와 관련해서는 *LPWHI*, 188; *VGH*, 232도 참고하라.

헤겔은 스코틀랜드 여행자 브루스(James Bruce: 1730~1794)가 1790년에 출간한 다섯 권짜리 여행기 『나일강의 근원을 찾아서*Travels to Discover the Source of the Nile*』18도 언급한다. 그 저작의 독일어 번역판은 1791년에 출간되었는데,19 헤겔이 브루스의 원작을 활용했는지, 독일어 번역판을 활용했는지는 확실치 않다. 브루스는 1763년에 알제리(Algeria)로 가서 그곳의 영국대사관에도 근무했던 매우 다채로운 이력의 소유자다. 이후에 그는 북아프리카와 근동 지역을 광범위하게 여행했다. 그는 1768년부터 에티오피아에 2년 정도 머물다 1770년에는 나일강의 근원을 찾기 위한 원정을 떠나기도 했다. 이후 1774년에는 스코틀랜드로 돌아와 자신의 원정을 믿지 않는 사람들에게 자신의 경험을 들려주고자 『나일강의 근원을 찾아서』라는 여행기를 출간했다. 그 저작은 헤겔 시대의 지리학 분야에도 크게 기여했다. 헤겔은 그 저작을 산발적으로 언급하는데, 그 맥락은 주로 이슬람교는 생명체

---

17 Hegel, *LPR*, vol. 2, 293f.; *VPR*, Part 2, 197. 이와 관련해서는 다음도 참고하라. *Phil. of Hist.*, 97f.; *Jub.*, vol. 11, 143. *LPWHI*, 220; *VGH*, 271. Bowdich, *Mission from Cape Coast Castle to Ashantee*, 419-420.

18 James Bruce, *Travels to Discover the Source of the Nile in the Years 1768, 1769, 1770, 1771, 1772 and 1773*, vols 1-5 (London: G. G. J. and J. Robinson, 1790). 그 저작의 제5권은 『나일강의 근원을 발견하기 위한 여행에서 수집한 이집트, 아라비아, 아비시니아, 누비아의 자연사 표본들』(*Select Specimens of Natural History Collected in Travels to Discover the Source of the Nile, in Egypt, Arabia, Abyssinia, and Nubia*)이라는 제목의 부록이다.

19 James Bruce, *Reisen zur Entdeckung der Quellen des Nils in den Jahren 1768, 1769, 1770, 1771, 1772 und 1773*, vols 1-5, trans. by Johann Jacob Volkmann, with a Foreword and notes by Johann Friedrich Blumenbach (Leipzig: in der Weidmannschen Buchhandlung, 1790-1791). 이와 관련해서는 James Bruce, *Kurze Beschreibung von Abyssinien und seinen heutigen Bewohnern. Ein historischgeographischer Auszug aus James Bruces Reise nach den Nilquellen* (Leipzig: in der C. Weigel und Schneiderischen Kunst- und Buchhandlung, 1792)도 참고하라.

의 형상화를 철저히 금한다는 내용과 관련한 대목에서다.[20] 마법 종교 와 관련해서는 그 저작을 직접 활용하지 않지만, 아프리카 부족을 논하는 대목에서는 그것을 매우 풍부하게 활용하고 있다.

『역사철학』에서 다호미왕국(Kingdom of Dahomy)을 논할 때, 헤겔 은 댈즐(Archibald Dalzel: 1740~1811)의 저작『다호미 왕국의 역사*The History of Dahomy, An Inland Kingdom of Africa*』[21]를 언급하기도 한다.[22] 스코틀랜 드의 외과 의사였던 댈즐은 아프리카 상인무역위원회의 요청으로 1763년에 아프리카로 파견되었다. 하지만 그는 아프리카에 도착하 자마자 노예 상인이 되었고, 돌아와서는 1792년에서 1798년까지 그리고 다시 1800년에서 1802년까지 당시 영국 식민지였던 골드코 스트의 주지사를 지냈다. 그는 1793년에 그의 대표 저작인『다호미 왕국의 역사』를 출간했다. 다호미(Dahomy) 혹은 다호메이(Dahomey) 는 오늘날 베닌(Benin)공화국에 해당하는 영토를 점령한 아프리카의 강력한 왕국이자 노예 무역의 중심지였다. 댈즐의 저작은 노예 제도를 옹호한다는 점에서 불편한 면이 없지 않지만 그럼에도 아프리카와

---

20 Hegel, *LPR*, vol. 1, 237; *VPR*, Part 1, 146. *Aesthetics*, vol. 1, 42, *Jub.*, vol. 12, 72: "브루 스는 아비시니아를 여행할 당시 투르크인에게 물고기 그림을 보여준 적이 있다. 깜짝 놀란 투 르크인은 이렇게 말했다. '만일 이 물고기가 마지막 날에 일어나서 당신에게 대적하여 이르기 를 당신은 나에게 몸은 주었지만 산 영혼은 주지 않았다'라고 말한다면, 당신은 어떻게 대답하 시겠습니까?" 이 구절은 다음을 참고한 것이다. Bruce, *Travels to Discover the Source of the Nile*, vol. 4, Book 8, Chapter 13, 616-617. Bruce, *Reisen zur Entdeckung der Quellen des Nils*, vol. 4, Book 8, Chapter 13, 619-620. 이와 관련해서는 *LPWHI*, 187; *VGH*, 230. *VG*, 220f.도 참고하라.

21 Archibald Dalzel, *The History of Dahomy, An Inland Kingdom of Africa* (London: T. Spilsbury and Son, 1793). 헤겔이 그 저작을 활용했다는 주장과 관련해서는 Robert Bernasconi, "Hegel at the Court of the Ashanti," 44f.를 참고하라.

22 Hegel, *LPWHI*, 187; *VGH*, 230.

관련해서는 오늘날까지도 가장 영향력 있는 저작으로 꼽히고 있다. 그 저작은 아프리카인들의 삶이나 문화에 대한 부정적인 평가들을 쏟아내고 있을 뿐만 아니라 유럽인들이 아프리카 노예를 사들인 것은 인신공양의 제물로 바쳐질 뻔했던 그들에게 호의를 베푼 것이라고 말하기도 한다. 잘 알려져 있듯이 헤겔은 노예 제도를 줄곧 비판해 왔지만 맬즐의 저작에 담긴 그릇된 정보나 과도한 주장에 동조했을 가능성도 없지는 않다. 헤겔이 그 저작에 얼마나 영향을 받았는지는 아무도 모를 일이다.

마지막으로 헤겔은 아프리카 부족들의 종교를 다루면서 『헤로도 토스*Herodotus*』를 언급하고 있지만 그 저작에서 어떤 내용을 얼마나 활용했는지는 확실치 않다.[23] 아프리카와 관련한 연구 성과들이 넘쳐 나는 오늘날의 관점에서는 그가 왜 군이 『헤로도토스』라는 고대 역사 서까지 거론하는지 이해되지 않지만 당시로서는 그것이 전혀 이상한 일이 아니었다. 실제로 그는 『헤로도토스』에서 그리스인, 페르시아 인, 이집트인과 같은 고대 민족에 관한 정보를 널리 구하고 있다. 마법 종교의 믿음과 관습을 분석하기 위해 그는 이렇듯 다양하고 방대한 자료들을 활용했다.

---

23 Hegel, *LPR*, vol. 2, 275; *VPR*, Part 2, 179; *LPR*, vol. 2, 542; *VPR*, Part 2, 439. 이와 관련 해서는 다음도 참고하라. *LPWHI*, 179; *VG*, 210: "아프리카인들은 인간과 자연이 대립하는 최초의 형태를 보여준다. 그들은 인간과 자연의 대립에서 인간이 자연을 지배하는 지위에 있 다고 생각했다. 헤로도토스가 처음 증언했듯이, 그것이 아프리카인의 기본 정신이다. 아프리 카의 모든 남자는 마법사라는 헤로도토스의 설명은 아프리카 종교의 핵심 원리를 정확히 파악 한 것이다." 이와 관련해서는 다음도 참고하라. *LPWHI*, 179; *VGH*, 220; Herodotus, *The Histories*, trans. by Aubrey de Selincourt (Harmondsworth: Penguin, 1954), Book II, Chapter 33, 142.

2. 직접적 마법

헤겔은 마법 종교를 "자연을 능가하는 정신적인 힘"24으로 특징짓는다. 마법 종교는 개별적인 인간 정신이 외부의 자연 세계보다 우월하다는 인식을 보여준다. 하지만 그럼에도 불구하고 마법 종교에는 아직 신 개념이 존재하지 않는다. "그러한 정신에는 아직 정신의 참다운 모습이라 할 보편적인 형태가 존재하지 않는다. 마법 종교는 정신이 자연보다 우월하고, 자연을 지배하는 힘을 가지고 있다고 인식하고는 있지만 그것은 단지 개별적이고 우연적인 자기의식에 불과하다."25 헤겔에 따르면, 그러한 인간 발달의 초기 단계에는 인간이 그 자체로 무한하거나 고귀한 정신적 존재라는 개념이 아직 존재하지 않는다. 그 단계의 인간들은 자연에 매몰되어 살아갈 뿐 그 이상을 상상하지 못했다. 그들은 그저 단순한 육체적 존재에 불과했다. 그들에게는 정신 개념이 없었으므로 신의 존재도 사유될 수 없었다. 그들은 단지 직접적인 감각적 존재로 살아갈 뿐이었다.

그들은 아직 자유의 개념을 획득하지 못하고 다만 자연에 매몰되어 살아간다. "오로지 자유로운 사람만이 외부 세계, 타인, 자연대상을 자유롭게 대할 수 있다. 자유롭지 않은 사람에게는 다른 사람들도 자유롭지 않다."26 『정신현상학』 "IV. A. 지배와 예속Herschaft und Knechtschaft" 부분이 보여주듯이, 인간은 자유로운 타인들의 관점으로 자신을 인식

---

24 Hegel, *LPR*, vol. 2, 272; *VPR*, Part 2, 177. 같은 곳에서 그는 "그러한 독특한 자기의식은 자연 지배력을 가지고 있다"라고도 말한다.

25 Hegel, *LPR*, vol. 2, 538; *VPR*, Part 2, 436.

26 Hegel, *LPR*, vol. 2, 539; *VPR*, Part 2, 437.

할 수 있을 때만 진정으로 자유로울 수 있다. 하지만 마법 종교 단계에서는 아직 그런 일이 일어나지 않는다.[27] 그들은 자연대상과만 부정적으로 관계할 뿐 타인과는 관계하지 않는다. 그들은 오로지 자연만을 타자로 인식한다. 이는 『정신형상학』의 "지배와 예속" 이전의 단계에 해당한다. 그 단계의 사람들은 자연을 지배하는 마법사 혹은 주술가의 힘을 평범한 사람들은 갖지 못한 특별한 능력으로 인식한다. 그들은 모두가 그런 자연 지배력을 갖고 있다고는 생각지 않는다. 그것은 주술을 통해 자연을 지배하는 특별한 개인의 전유물이다. 바로 그들이 무당의 기원이다. 무당은 자연을 통제하기 위해 단식을 하기도 하고, 기괴한 춤을 추기도 하고, 술에 취한 듯이 탈자적인 상태에 빠져들기도 한다. 그 모든 것은 그를 일상에서 분리시켜 자연을 지배하는 단계로 고양시키는 행위들이다. 무당은 그러한 독특한 능력과 지식을 가지고 있다는 점에서 그 공동체의 다른 성원들과 구별되는 특별한 개인이다. 그들의 지식은 아무에게나 발설하지 않는 일종의 영업 비밀로서 은밀하게 대물림된다.

헤겔은 그 대목에서 마법과 기도를 구별한다.[28] 고귀한 존재인 신에게 세상을 유리하게 변화시켜 달라고 간청하는 것이 기도라면, 마법은 그러한 소망을 누군가에게 구걸하지 않는다. 마법사는 그러한 변화를 자연에게 직접 명령한다. 기도의 개념은 그러한 마법보다 훨씬 뒤늦게 생겨난 것이다.

마법은 자연 지배를 위해 어떠한 매개체나 대리인도 구하지 않는

---

27 Hegel, *LPR*, vol. 2, 540; *VPR*, Part 2, 437.
28 Hegel, *LPR*, vol. 2, 540; *VPR*, Part 2, 438.

다. 마법은 자연에게 직접 명령한다. 마법을 통한 자연 지배는 어떤 도구를 사용하여 자연을 가공하는 방식이 아니다. 마법사들은 지진, 뇌우, 가뭄, 홍수, 사나운 짐승, 무서운 적들과 같은 자연의 파괴력으로부터 개인이나 집단을 보호하기 위해 마법을 사용한다.[29] 마법 종교는 자연을 신으로 여기지 않기 때문에 자연에 호소하거나 간청하지도 않는다.

헤겔은 그러한 사례로 에스키모 부족의 마법사 '안게콕'(angekok)에 관한 보고서를 인용한다. 안게콕은 다음과 같은 능력을 가지고 있다.

> 그들은 폭풍우를 일으키거나 진정시키고, 고래를 불러들이거나 내쫓는 등의 능력을 가지고 있다. [···] 그들은 선대의 안게콕에게 그 기술을 배운다. 바람을 일으키고 고래를 유인할 수 있다고 주장하는 안게콕 중 한 명이 많은 사람들 앞에서 마법을 행했다. 그는 반복적인 말과 몸짓으로 마법을 행하는데, 그 말은 별다른 의미 없는 괴상한 소리들이었다. 그것은 매개자 역할을 하는 어떤 존재에게 하는 말이 아니라 자연대상에게 자신의 능력을 직접 전하는 것이었다. 그는 다른 어떤 존재의 도움도 구하지 않았다.[30]

---

29 Hegel, *LPR*, vol. 2, 541; *VPR*, Part 2, 439.

30 Hegel, *LPR*, vol. 2, 274; *VPR*, Part 2, 178. 이와 관련해서는 다음도 참고하라. *LPR*, vol. 2, 542; *VPR*, Part 2, 439. 헤겔이 활용한 자료는 John Ross, *A Voyage of Discovery, Made under the Orders of the Admiralty, in His Majesty's Ships Isabella and Alexander, for the Purpose of Exploring Baffin's Bay, and Enquiring into the Probability of a North-West Passage* (London: John Murray, 1819), 128이다. "통역사를 통해 에르빅 (Ervick)에게 질문했더니, 그는 남부 그린란드어로 마법사 혹은 주술사를 뜻하는 '안게콕'이라는 단어를 말했다. 안게콕은 폭풍우를 일으키거나 잦아들게 하고, 물개를 쫓거나 유인하는

헤겔은 아프리카 부족의 마법사에 대해서도 이와 유사하게 설명한다.

허리케인이 닥쳐 마법사의 주술이 필요했을 때, 선교사의 격렬한 만류에도 불구하고 아프리카 부족은 마법 제의를 행했다. 마법사는 동물의 가죽과 새들로 장식된 특별하고 환상적인 옷을 입은 채 많은 이들의 호위를 받으며 등장했다. 그는 하늘과 구름을 살폈다. 그리고는 몇 가닥의 장식 띠를 입에 물고 야만적인 말을 중얼거리거나 무시무시한 괴성을 질러대고는 물고 있던 띠들을 하늘로 내뱉었다. 먹구름이 점점 가까워지자 그는 팔을 휘저으며 폭풍우를 다른 곳으로 내쫓는 마법을 행했다. 그래도 먹구름이 걷히지 않자 그는 하늘을 향해 화살을 쏘고 공중에 칼을 휘두르며 더 다가오면 가만두지 않겠다고 위협했다.[31]

아프리카의 마법사는 정령이나 신들의 도움에도 의존하지 않고, 부적과 같은 주물(呪物)도 사용하지 않는다. 마법은 신의 도움 없이도 인간이 자연에 직접적인 힘을 행사할 수 있다는 믿음 아래 수행된다.

주술적인 힘을 가지고 있다고 했다. […] 에르빅의 조카인 18세의 젊은이 오투니아(Otooniah)가 어린 안게콕이라는 것을 알게 된 나(로스 선장)는 통역사를 통해 그런 기술을 어떻게 배웠는지 물었다. 그는 선대의 안게콕에게 배웠다고 대답했다. 그러한 주술은 주로 주문과 몸짓으로 행해지는데, 그 주문은 별다른 의미 없이 그저 바람이나 바다에게 하는 말이라고 했다. 또한 그런 주문은 누군가에게 배운 것이 아니며, 자신은 선한 정신과 악한 정신이 무엇인지도 모른다고 했다." 이와 관련해서는 John Ross, *A Voyage of Discovery, Made under the Orders of the Admiralty, in His Majesty's Ships Isabella and Alexander, for the Purpose of Exploring Baffin's Bay, and Enquiring into the Probability of a North-West Passage*, vols 1-2, 2nd ed. (London: Longman, Hurst, Rees, Orme, and Brown, 1819), vol. 1, 176f.도 참고하라.

31 Hegel, *LPR*, vol. 2, 277; *VPR*, Part 2, 181.

헤겔은 그 대목에서 패리(William Edward Parry)선장의 설명을 언급한다.[32]

마법 종교는 직접적으로 지각 가능한 자연적 요소를 초월한 그어떤 존재도 알지 못한다. 신, 악마, 내세 등에 대한 믿음은 직접적인 감각적 대상을 넘어서는 추상적인 사유 능력을 필요로 하기 때문이다. 패리는 이렇게 말한다. "에스키모들은 정신 혹은 보다 고귀한 존재, 그들을 초월해 있는 더 높은 존재, 경험적인 현존 일반에 대립하는 본질적인 실체 혹은 영혼 불멸이나 정신의 영원한 본성, 유일무이한 정신의 즉자대자적인 존재에 대한 어떠한 표상도 갖고 있지 않다."[33] 영국 탐험가들의 통역관 역할을 하던 에스키모 중 한 명에게 그런 것들을 물었을 때, 그는 직접적인 경험 영역을 초월한 것들에 대해서

---

32 William Edward Parry, *Journal of a Second Voyage for the Discovery of a North-West Passage from the Atlantic to the Pacific; Performed in the Years 1821-22-23, in His Majesty's Ships Fury and Hecla* (London: John Murray, 1824). 이와 관련해서는 그 저작의 454를 참고하라. "저녁에 우리는 투누넥(Toonoonek) 노인의 천막을 방문했다. 안게콕인 그는 자신의 기술을 자랑하기 좋아했다. 그는 겉옷 소매에서 팔을 꺼내어 가슴 위에 포갠채 앉아 있었는데, 자세히 보니 손가락으로 자신이 걸치고 있는 가죽옷을 두드리고 있었다. 구경꾼들은 그 소리를 안게콕의 영혼(Tornga)의 소리로 여기며, 그에게 많은 질문을 했다. 노인이 가죽을 두드리는 소리로 그 질문에 대답하면, 선대의 안게콕이 그 소리의 의미를 해석해 주었다." 이와 관련해서는 그 저작의 165, 174, 384, 455도 참고하라.

33 Hegel, *LPR*, vol. 2, 274; *VPR*, Part 2, 178. 이와 관련해서는 John Ross, *A Voyage of Discovery*, 127f. 2nd ed., vol. 1, 175f.를 참고하라. 제2판은 약간 수정되었다. "우리는 선상에 모인 에스키모 중 가장 연장자인 에르빅(Ervick)에게 종교에 관한 몇 가지 질문을 하기로 했다. 나는 통역관에게 그가 최고 존재에 대해 아는 것이 있는지 물어달라고 했다. 통역관이 온갖 표현을 동원하여 최고 존재를 설명해도 에르빅은 그것이 무엇인지 전혀 이해하지 못했다. 그는 자신의 과거나 미래에 대해서도 아는 것이 없었고, 다만 자신이 죽으면 땅에 묻힐 것이라고만 말했다. 그가 자비로운 최고 존재를 모른다는 것을 확인하고, 나는 통역관을 통해 악령을 믿는지도 물었으나 그는 그것도 무엇인지 몰랐다." 이와 관련해서는 Parry, *Journal of a Second Voyage for the Discovery of a North-West Passage from the Atlantic to the Pacific*, 551도 참고하라. "에스키모들은 최고 존재라는 개념 자체를 모르는 것 같았다. 그들은 종교라는 이름으로 위엄을 누리는 최고 존재에 대한 어떠한 개념도 갖고 있지 않았다."

는 아는 것이 없다고 대답했다. "모든 곳에 편재하고, 모든 것을 산출한 비가시적인 창조자가 존재한다고 말하자 그는 매우 놀라며, 그가 어디에 사는지 묻고는 겁을 먹고 도망치려 했다. 사람이 죽으면 어디로 가는지 물었더니 그는 땅에 묻힌다고만 대답했다."[34]

그러한 저급한 단계에도 불구하고 그들 역시 정신을 "자연을 능가하는 힘"으로 인식하고 있다.[35] 아프리카의 일부 부족이나 아메리카의 원주민 부족에는 불치병에 걸린 사람이나 노인을 죽이는 관행이 있는데, 헤겔은 그것이야말로 정신이 자연보다 우월하다는 인식을 보여주는 단적인 사례라고 지적한다. 그러한 관행은 "인간은 자연에 의해 죽임을 당하는 무력한 존재가 아니라 스스로 죽음을 선택하는 명예로운 존재"[36]라는 것을 상징한다.

헤겔이 보기에 그러한 마법 종교는 아직 종교라고 부르기에도 미흡한 단계에 불과하다. 왜냐하면 종교란 무릇 특정한 신 개념을 가진 믿음 체계인데, 마법 종교는 아직 그런 신 개념을 갖고 있지 않기 때문이다. 『철학백과*Enzyklopädie der philosophischen Wissenschaft*』에서 헤겔은 이렇게 말한다. "로스와 패리 선장과 같은 탐험가들이 최근에 다시 에스키모 부족들을 찾았을 때도 그들은 여전히 종교를 가지고 있지 않았고, 헤로도토스가 '경이로운 일꾼들'이라 불렀던 아프리카

---

34 Hegel, *LPR*, vol. 2, 274; *VPR*, Part 2, 178f. 이와 관련해서는 John Ross, *A Voyage of Discovery*, 128f.; 2nd ed., vol. 1, 177을 참고하라. "바다와 육지 그리고 거기에 존재하는 만물을 창조한 전능하고, 편재하며, 비가시적인 존재가 있다는 말을 듣고서 에르빅은 매우 놀라 그가 어디 사는지 계속해서 물었다. 그는 모든 곳에 편재한다고 말하자 그는 잔뜩 겁을 먹고 달아나려 했다."

35 Hegel, *LPR*, vol. 2, 273; *VPR*, Part 2, 177.

36 Ibid. 이와 관련해서는 다음도 참고하라. *LPR*, vol. 2, 277f.; *VPR*, Part 2, 182.

마법사들에게서도 종교의 흔적은 발견되지 않았으며",37 "어린이나 에스키모 등은 신에 대해 아무것도 모른다고, 즉 자연에 매몰되어 사는 사람에게는 신에 대한 인식이 존재하지 않는다고 전한다."38 마법 종교의 단계에는 아직 신이나 보편자 개념이 존재하지 않는다. 그 단계의 인간은 우연적인 개별자들에 불과하며, 자연력도 보편성을 결여한 특수자에 불과하다.39 그들의 의식은 직접적으로 지각되는 것 이상을 인식하지 못하는 감각적 단계에 속한다. 헤겔은 마법 종교의 한계를 이렇게 설명한다.

> 종교에는 본질적으로 객관성의 계기가 포함되어 있다. 객관성의 계기는 단일한 경험적 의식을 가진 개인에게 정신적인 힘을 갖는다. 그 힘은 경험적인 자기의식과는 대립하는 본질적으로 보편적이고 독립적이고 외타적인 것이다. 그러한 객관성이야말로 종교의 본질적인 전제 조건이다. 신에 대한 표상이 아무리 부적절할지라도 거기에는 그러한 경험적 자기의식에 대립하는 타자, 즉 일반적인 타자가 원시적인 형태로나마 포함되어 있게 마련이다.40

---

37 Hegel, *EL*, § 71, note; *Jub.*, vol. 8, 178의 각주. 이와 관련해서는 다음도 참고하라. *LPR*, vol. 2, 724; *VPR*, Part 2, 614. "에스키모들에게서 종교라고 할 만한 것은 고작해야 마법사를 뜻하는 '안게콕'이 전부다. 그들은 주문을 외우고 춤을 추면서 고래를 부르거나 폭풍을 일으키는 등의 능력을 가지고 있다. 몽골을 비롯한 다른 지역에도 이와 유사한 무당들이 있다. 그들은 최면술을 가진 사람들이다. 그들은 마약에 취한 상태에서 높은 곳에서 뛰어내려 쓰러진 상태에서 알아듣지 못할 거친 말들을 마구 쏟아낸다."

38 Hegel, *Hist. of Phil.*, vol. 3, 420; *Jub.*, vol. 19, 549.

39 Hegel, *LPR*, vol. 2, 538; *VPR*, Part 2, 436.

40 Hegel, *LPR*, vol. 2, 278f.; *VPR*, Part 2, 182.

마법사의 주술에는 개별자의 자기의식만 작용할 뿐 아직 보편자가 존재하지 않는다. 달리 말해 주술에는 개별자의 작용보다 더 큰 능력에 대한 인식이 없다. 개별자로서의 마법사나 주술가가 마법 종교의 유일한 원리다. 마법 종교에는 직접적인 욕구와 충동에 지배되는 단일한 개인을 능가하는 더 상위의 원리가 존재하지 않는다. 따라서 헤겔은 마법 종교를 감각적인 대상을 통제하는 인간(마법사)이 최고의 존재로 간주되는 단계로 규정한다.

하지만 마법 종교는 다음 단계로 이행한다. 우리는 마법사를 두 관점으로 볼 수 있다. 첫째는 정상적인 능력을 가진 평범한 사람으로 보는 관점이며, 둘째는 자연을 통제하는 특별한 재능을 가진 주술가로 보는 관점이다. 그중 종교라고 부를법한 것은 둘째 관점이다. 종교의 형태를 갖추기 위해서는 보편자를 객관화하고, 그것을 독립적인 실체로 인식하는 과정이 필요하다.

3. 간접적 마법

둘째 단계에서는 진정한 종교로 거듭나기 위한 새 요소가 도입된다. 첫째 단계에서 마법사는 더 높은 요소를 인식하지 못한 채 자연에게 자신의 능력을 직접 행사하려 했다면, 둘째 단계에서 마법사는 부적과 같은 객관적인 수단을 사용한다. 그것은 자신의 능력을 넘어서는 어떤 객관적인 힘을 인정한다는 의미다. "이 단계 역시도 아직은 마법 종교에 속한다. 이 단계는 독립적이고 본질적인 객관성에 대한 인식이 시작되고는 있지만 아직은 은폐되어 있다. 엄밀히 말해 그것은 보편적인 힘에 대한 의식이 비로소 싹튼 단계에 불과하다."[41] 인간이 자연을 직접 통제하기보다 간접적으로 통제하는 수단을 갖고 있다는 생각이 바로 그것이다. 헤겔은 그것을 객관화의 과정으로 설명한다.

　앞서 언급했듯이 다양한 신 개념의 발전 과정은 인간의 자기 개념의 발전 과정이기도 하다. 인간은 자기 개념을 신으로 투사하는데, 그러한 자기 개념은 점진적으로 발전하기 때문이다. 헤겔이 『역사철학』에서 추적하는 인간 정신의 발전 과정이 곧 인간 자유의 발전 과정인 것처럼, 『종교철학』에서도 인간 정신의 발전 과정은 곧 그것이 투사된 신 개념의 발전 과정이기도 하다. 헤겔은 이렇게 설명한다. "경험적인 정신성, 즉 단순한 자연적 의지로서의 정신성은 […] 종교에서 자신의 본질을 인식해야 한다. 그것은 자신의 기본적인 특성이 자연에 의존하고 있는 것이 아니라 종교에서 정신이 그 자체로 **자유롭다는 것**을 인식하는 것이다."[42] 인간은 자연적인 본성의 지배를 극복할 수 있는 정신의 힘을 지니고 있다. 인간은 자신의 자유의지에 따라 단식이나 철야 기도를 하면서 자연적인 본성의 요구를 거부할 수 있다. 그것은 인간의 정신성이 자연성보다 우월하다는 것을 입증하는 상징적인 행위들이다.

　여기에도 인정의 변증법이 적용된다. 신은 인간을 반영하고 있다. 그런 점에서 인간이 자신보다 열등한 존재를 숭배한다는 것은 부조리하다. 인간의 신 개념은 인간의 자기 개념과 더불어 발전한다. 원초적인 조건에서 살아가는 개인은 원초적인 신 개념만을 갖는다. 하지만

---

41 Hegel, *LPR*, vol. 2, 281; *VPR*, Part 2, 185.
42 Hegel, *LPR*, vol. 2, 280; *VPR*, Part 2, 184.

인류와 문명이 발전하면 인간은 더 이상 자연대상을 신으로 여기지 않는다. 인간의 정신이 더 높은 단계에 도달해야만 정신을 신으로 인식하는 종교가 등장한다. 『종교철학』에서는 지배와 예속이라는 인정의 관계가 특정한 부분이 아니라 신 개념의 발전 과정 전반의 절대적인 핵심 요소로 작용한다. 문화의 발전단계에 따른 인간의 자기 개념의 변화는 신 개념에 그대로 반영되어 있다. 헤겔은 이렇게 설명한다. "정신은 자연현상들을 통해 규정될 수 없다."[43] 왜냐하면 그것은 정신을 자연대상으로 환원하는 것이기 때문이다. 인정의 변증 법에 따르면, 자신의 자유를 인정받기 위해서는 타자를 자유로운 자기의식적인 주체로 인정해야만 한다. 여기서 핵심은 마법 종교 단계의 인간은 자연에 대한 의존성을 거부하고, 그것을 지배하고자 한다는 것이다. 그러한 인간의 자연 지배는 다양한 형태를 띠는데, 그중 하나가 자연을 통제하거나 인간의 의지에 굴복시키는 마법을 수행하는 것이다.

직접적 마법의 단계에서 막강한 힘을 가진 것은 개인이다. 따라서 자연을 명령하는 데 핵심적인 역할을 하는 것도 개별적인 마법사다. 하지만 다음 단계인 간접적 마법의 단계에서는 처음으로 개인의 외부에 존재하는 보편적인 힘에 대한 인식이 생겨난다.[44] 그것이 가장 원시적이고 근원적인 신 개념이다.

객관화의 과정을 좀 더 자세히 살펴보면, 우리는 두 가지 본질적인 관계

---

43 Ibid.

44 Hegel, *LPR*, vol. 2, 281; *VPR*, Part 2, 185.

를 발견할 수 있다. 한편으로 자기의식은 여전히 자연 지배력을 가지고 있다. 다른 한편으로 자기의식은 객관화된 대상을 단순한 자연현상으로 여기지 않고 어떤 본질을 담고 있는 독립적인 대상으로 인식하고 그것을 숭배의 대상으로 삼는다.[45]

사람들은 구체적인 물리적 사물로 객관화된 마법사의 힘을 신적인 것으로 숭배한다. 그것이 외적이고 독립적인 신 개념의 최초 단계다. 여기서 우리는 헤겔의 관념론자다운 면모를 접하게 된다. 신 개념은 외부에서 주어지는 것이 아니라 의식 자체에서 생겨나는 것이다. 구체적으로 말해서 인간은 자신이 본질적인 것으로 인식하는 의식의 요소를 외부 세계로 투사하거나 객관화한다. 그것이 신 개념의 시작이다. 이후에 등장하는 모든 신 개념도 인간의 의식(정신)과 필연적으로 연관되어 있다. 이는 포이어바흐(Ludwig Feuerbach)의 '투사 이론'을 연상케 한다. 인간이 자신의 욕망과 소망을 외부 세계로 투사해 놓고서 그러한 사실을 망각하고, 그것을 마치 자신과는 독립적이고 객관적으로 존재하는 신으로 인식하는 '소외'(Entfremdung)의 현상이 바로 그것이다.

간접적 마법은 개인과 자연을 매개하는 중간 요소를 상정한다는 점에서 앞선 직접적 마법보다 좀 더 발전된 형태라 할 수 있다. 마법의 배후에 놓인 근본적인 믿음, 즉 인간이 자연을 통제할 수 있다는 믿음

---

45 Ibid. 이와 관련해서는 *Phil. of Hist.*, 94; *Jub.*, vol. 11, 138도 참고하라. "그 종교의 둘째 요소는 그러한 초자연적인 힘에 외적인 형태를 부여하는 것, 즉 표상을 통해 그러한 숨겨진 힘을 현상 세계로 객관화하는 것이다." 이러한 객관화의 원리를 가장 명료하게 설명하는 것은 1824 년 『종교철학』이다. 이와 관련해서는 *LPR*, vol. 2, 278ff.; *VPR*, Part 2, 182ff.를 참고하라.

은 지속되지만 이제는 그러한 통제가 이전처럼 직접적으로 수행되지 않고 특정한 대상을 매개하여 수행된다. "이 역시 마법 종교의 단계에 해당한다. 하지만 여기서는 본질적인 것이 객관적으로 존재한다는 의식이 생겨나기 시작한다."[46] 그러한 원초적인 객관화의 단계에서는 신도 가장 원초적인 형태로 정립되게 마련이다. 이 단계에서 특별한 힘을 가진 대상은 '부적'이다. 부적은 일개 사물에 불과하지만 사람들은 그 안에 신적인 힘이 깃들어 있어서 그것으로 자연을 지배하거나 통제할 수 있다고 믿는다.

정신적인 힘을 가진 대상과의 그러한 관계가 자기의식으로 나아가는 첫 단계다. 이제 개인은 그 대상을 통해 정신적인 것을 감각적으로 지각할 수도 있고, 그 속에서 자신을 부분적으로 인식할 수도 있다. 헤겔은 인정의 변증법과 유사한 방식으로 그 원리를 설명한다.

> 자기의식은 더 이상 무매개적인 상태의 내적인 자기만족에 머물지 않는다. 이제 자기의식은 본질적으로 타자와의 만남 속에서, 타자의 매개를 거쳐, 타자로의 이행을 통한 자기만족을 추구한다. 자유로운 숭배 행위 속에서 인간 의식은 자기 자신과 관계한다. 하지만 인간 의식은 자신의 대상, 즉 의식 자체와는 구별되는 보편적인 힘을 가진 본질적 대상과 매개되어 있다. 그러한 매개를 통해 자신의 특수성을 지양할 때, 인간 의식은 자신의 본질 속에서 자기만족에 이르거나 자기 자신을 인식할 수 있다. 이를 위해서는 먼저 의식이 자기부정을 통해 그러한 매개를 마련해야 한다.[47]

---

46 Hegel, *LPR*, vol. 2, 281; *VPR*, Part 2, 185.

자기의식은 타자의 관점으로 자신을 볼 때 비로소 생겨난다. 그러한 자기의식을 통해서만 인간은 자연과의 직접적인 관계에서 벗어날 수 있다. 이제 개인은 자신이 외부의 다른 대상(타자)을 통해 규정된다는 사실을 알고 있다. 개인은 더 이상 그 자체로 존재하지 않는다. 그의 존재는 타자와 '매개'되어야 한다. 이 단계의 개인은 다른 대상과 관계 맺는다는 점에서 자신 안에만 머물던 이전 단계보다 좀 더 발전된 형태라 할 수 있다.

4. 객관화된 형태들

마법 종교의 첫째 단계인 직접적 마법에서 인간은 자연을 직접적으로 혹은 무매개적으로 변화시킬 수 있다고 생각했지만, 둘째 단계인 간접적 마법에서는 자연을 간접적으로 혹은 다른 것을 매개하여 변화시키고자 한다. 하지만 그러한 매개가 존재하려면 먼저 인간 내부의 어떤 것을 외부 세계에 정립하는 객관화의 운동이 필요하다. 그러한 운동을 통해 직접적 마법의 단계에서는 단지 개인이나 민족의 내면에만 존재하던 초자연적인 힘이 객관적인 형태를 띠고 외적으로 존재하게 된다.[48] 헤겔은 그러한 객관화의 운동을 통해 정립된 매개물을 신 개념의 원초적 형태로 보고, 그것을 다음 네 단계로 구분한다.

객관화의 운동은 종교의 발전단계와 자기의식의 발전단계 사이의

---

47 Hegel, *LPR*, vol. 2, 281f.; *VPR*, Part 2, 185f.

48 Hegel, *LPR*, vol. 2, 282; *VPR*, Part 2, 186. "하지만 처음에는 그러한 매개가 자신과 무관한 외적인 작용처럼 보인다."

연관을 보여준다. 최초의 종교 단계는 자기의식에 대한 인식 없이 그저 개인의 자기만족에 필요한 외부 대상만을 중요하게 인식한다. 그러한 의미에서 헤겔은 그것을 '욕구'의 단계로 규정한다. 그것은 인간이 자신을 둘러싼 자연대상과 직접적으로 관계 맺는 단계를 의미한다. 이는 두 자기의식 사이에 이루어지는 상호주관적인 인정 관계 이전의 단계다. 이 단계에서는 아직 타인의 인정을 통한 자기의식적인 만족에 대한 인식이 없다.

(1) 객관화의 첫째 형태는 '부적'으로 사용되는 생명력 없는 대상이다. 이 단계의 개인은 자연을 직접적으로 통제하지 않고, 자신의 소망을 이뤄주는 매개 수단으로 '부적'을 사용한다. 부적은 인간과 자연 사이에 존재하는 '제3의 힘'[49]으로 여겨진다. 부적의 사용은 미지의 힘을 통해 자연의 변화를 기대하는 행위다. 그것은 자연 만물이 인과관계를 맺고 있다는 인식에서 출발한다. 한 사물은 다른 사물들과 복합적인 인과관계를 맺고 있는데, 부적이 그 관계를 변화시킬 수 있다는 믿음이 그것이다. 그러한 맥락에서 부적은 개인이나 가족이나 민족이 상상할 수 있는 모든 경우에 사용되었다. 헤겔에 따르면, 부적은 집을 짓거나 농사를 짓는 경우 외에도 "인간관계, 사랑, 증오, 평화, 전쟁, 여행"[50] 등 인간사의 모든 경우에 자유롭게 사용되었다.

특수한 수단과 바라는 결과 사이의 연관을 이해할 수 없을 때, 사람들은 그것을 '마법'이라고 부른다. 그 둘 사이의 정확한 인과관계

---

49 Hegel, *LPR*, vol. 2, 282; *VPR*, Part 2, 186.
50 Hegel, *LPR*, vol. 2, 285; *VPR*, Part 2, 189.

를 모르면, 모든 것이 결정적인 원인처럼 보이게 되고, 그로 인해 다양한 미신들이 생겨나게 된다. 모든 결과에는 어떤 원인이 있다는 것은 알지만 그것이 무엇인지 정확히 알지 못하면, 그 결과와 연관된 모든 것에 특별한 중요성을 부여하게 마련이다. 무엇이 결정적인 원인인지 모르면 모든 것이 잠재적인 원인일 수 있기 때문이다. 다양한 부적은 그러한 불확실한 연관에 근거한 우연하고 자의적인 추측에 불과하다. 따라서 사람들은 부적이 모든 소망을 이뤄줄 것이라 믿다가도 자신이 원하는 결과가 나오지 않으면 언제든지 그것을 폐기해 버릴 수 있다.

(2) 객관화의 둘째 형태는 해, 달, 별, 바다, 강과 같이 거대한 자연대상을 부적으로 삼는 것이다.[51] 만사가 순조로울 때 인간은 그런 대상에 관심을 갖지도, 두려워하지도 않을 것이다. 하지만 그런 실체들이 지진, 홍수, 일식, 월식처럼 인간 삶에 심각한 피해를 준다는 것을 반복해서 경험하게 되면, 이후에는 그런 일이 생길 때마다 습관적으로 그러한 실체를 원인으로 추론하게 된다. 따라서 인간의 생명에 유익하도록 자연을 통제하려면, 생사 결정권을 쥐고 있는 그러한 실체들에게 간청해야 했다. 그것이 객관화의 둘째 단계다. 첫째 단계의 부적은 개인이 자유자재로 활용할 수 있는 자연대상이지만, 둘째 단계의 자연적 실체는 개인이 통제하거나 활용할 수 없는 거대하고 막강한 대상이다. 따라서 인간은 그러한 대상에 감히 명령할 엄두를 내지 못하고 공손하게 엎드려 간청할 수밖에 없었던 것이다.

---

51 Hegel, *LPR*, vol. 2, 286-288; *VPR*, Part 2, 190-192.

따라서 그러한 부적은 언제나 간청의 수단으로 사용되었다. 그 단계의 인간은 그 대상에게 자신의 소망을 이뤄달라고 빈다. 그러한 행위에도 인정의 변증법이 성립한다. 첫째 단계는 개인이 대상에 의존하는 상태다.[52] 스스로 해결할 수 있는 문제라면 다른 대상에게 그것을 대신 해결해 달라고 간청할 필요가 없다. 간청이란 자기 소망의 실현 가능성을 다른 대상에 전가하고, 그 대상의 힘을 통해 자신의 소망을 이루는 방식이다. 그러한 의미에서 "간청은 또한 동시에 그 대상에 자신의 힘을 행사하는 것"[53]이기도 하다. 따라서 간청하는 개인과 간청을 받는 부적 사이에는 상호호혜적인 인정 관계가 성립한다. 강이나 달과 같은 자연대상에 소원을 빌 때, 인간은 그것이 소원을 이뤄주는 정신 혹은 정령을 담지하고 있다고 믿는다. 단순한 자연의 힘이 아니라 그러한 정신의 힘을 부적으로 삼는 것이 바로 다음 단계다.

(3) 객관화의 셋째 형태는 살아있는 생명체를 부적으로 삼는 것이다.[54] 이 단계에도 인정 이론의 기본 논리가 반영되어 있지만, 둘째 단계보다 좀 더 발전된 형태를 띠고 있다. "생명, 즉 유기체의 생명이나 활력은 태양이나 강과 같은 단순한 자연대상보다 더 상위의 원리라 할 수 있다. 나무와 같은 식물도 생명을 갖고 있기는 하지만 그것은 동물에게서 더 분명하게 드러난다."[55] 식물보다는 동물이 인간의 정신에 더 가깝기 때문에 인간은 식물보다 동물을 더 인정한다. "동물은

---

52 Hegel, *LPR*, vol. 2, 287; *VPR*, Part 2, 191.

53 Ibid.

54 Hegel, *LPR*, vol. 2, 288-291; *VPR*, Part 2, 192-195. *LPR*, vol. 2, 288; *VPR*, Part 2, 192.

55 Hegel, *LPR*, vol. 2, 288; *VPR*, Part 2, 192.

살아있는 유기체라는 점에서 독립적인 주관성에 해당한다. 유기체의 생명은 정신적인 것과 가장 가까운 방식의 존재 형태다."[56]

별, 산, 강과 같은 자연대상보다 동물이 인간의 생명과 더 유사하다. 그러한 의미에서 동물에 대한 숭배는 생명력이 없는 자연에 대한 숭배보다는 발전된 형태지만 인간의 정신에 대한 숭배보다는 저속한 형태다. 헤겔에 따르면, 동물을 숭배하는 민족은 아직 진정한 자기 개념에 도달하지 못한 상태다. 동물에 대한 숭배는 "정신적인 존재로서의 인간이 아직 자신의 진정한 본성을 파악하지 못한 단계의 종교나. 인간 생명의 본질은 자유로운 독립성이다."[57]

앞선 세 단계는 모두 물신 숭배나 우상 숭배에 해당한다. 그것은 "객관적이고 독립적인 힘을 상정하고자 하는 인간의 기본 욕구에서 비롯한 것이다."[58] 부적은 우리가 필요할 때 도움을 청하기 위한 주물이다. 그것은 완전히 자의적인 사물이다.[59] 그것은 개인이 가진 단순한 물건일 수도 있고, 특정한 개인이 숭배하는 주물일 수도 있고, 가족이나 민족 전체가 믿는 성상일 수도 있다. 사람들은 흔히 특정한 동물과 자신의 본성을 연관시킨다. 헤겔은 그러한 주물 분석과 관련하여 터케이의 저작 『자이르강 탐험기』*Narrative of an Expedition to Explore the River Zaire*를 활용했는데, 거기에는 이런 내용이 있다.

---

56 Hegel, *LPR*, vol. 2, 288; *VPR*, Part 2, 192f.

57 Hegel, *LPR*, vol. 2, 289; *VPR*, Part 2, 193f.

58 Hegel, *LPR*, vol. 2, 290; *VPR*, Part 2, 194.

59 Hegel, *LPR*, vol. 2, 290; *VPR*, Part 2, 195. 이와 관련해서는 다음도 참고하라. *LPR*, vol. 2, 725; *VPR*, Part 2, 614. *Phil. of Hist.*, 94; *Jub.*, vol. 11, 138. *LPWHI*, 180; *VGH*, 222.

모든 사람은 자신만의 주물을 가지고 있다. 그러한 주물 중 일부는 자신에게 닥칠 수 있는 모든 악을 막아주는 수많은 수호신들이다. 주물(fetische)을 뜻하는 포르투칼어 'feitiço'는 부적, 요술, 마법 등의 의미를 가지고 있다. 놀랍게도 서부 해안의 흑인 부족들은 대체로 그런 주물들을 사용했다. 그들은 네 발 달린 동물의 뿔, 발굽, 털, 이빨, 뼈라든가 새의 깃털, 부리, 발톱, 두개골, 뼈라든가 뱀의 머리나 가죽이라든가 물고기의 비늘과 지느러미 그리고 오래된 철 조각, 구리 조각, 나무 조각, 식물이 씨앗, 때로는 그것들 전부나 혼합물과 같은 거의 모든 자연물을 주물로 사용했다. […] 그들은 그러한 주물들이 천둥이나 번개, 악어, 하마, 뱀, 사자, 호랑이 등의 공격으로부터 자신을 지켜줄 것이라고 믿었다.[60]

그러한 주물들이 자신의 소망을 이뤄주지 않으면 사람들은 이전의 주물을 새로운 주물로 대체한다.[61] 주물과 그것의 효능 사이의 인과관계는 불확실하기 때문에 어떤 주물을 사용한다는 것은 사실 그것의 효능을 시험하는 것에 불과하다. 한때 주물이라 믿었던 것이 그런 실용적인 시험을 통과하지 못하면 그것은 더 이상 주물이 될 수 없다.

---

60 J. K. Tuckey, *Narrative of an Expedition to Explore the River Zaire, Usually Called the Congo in South Africa, in 1816*, 375f. 이와 관련해서는 *Letters*, 496; *Briefe*, vol. 3, *letter 473*, 45도 참고하라. 이 기록은 스미스(Christen Smith)의 일지가 실린 문서의 한 부분에서 가져온 것이다. 그 저작은 여러 곳에서 아프리카의 노예 제도를 설명하고 있는데, 헤겔은 『종교철학』에서 그 내용을 매우 비판적으로 다루고 있다. 이와 관련해서는 다음을 참고하라. Hegel, *Phil. of Religion*, vol. 1, 315; *Jub.*, vol. 15, 322f.

61 이와 관련해서는 다음을 참고하라. *Phil. of Mind*, § 393, 보론; *Jub.*, vol. 10, 73. "그들은 그러한 주물을 계속 고수하지 않는다. 그것은 덧없는 생각이다. 그들은 자신이 간청할 대상을 제단에 올려두고 주물로 섬기다가도 그것이 도움을 주지 않으면 언제 그랬냐는 듯이 바로 폐기해 버린다."

(4) 객관화의 최고 단계인 넷째 형태는 인간 생명체를 부적으로 삼는 것이다. 마법사나 주술가가 바로 그런 이들이다.[62] 그들은 평범한 세인과 달리 공동체 내에서 특별한 지위를 누리는 탁월한 개인이다.[63] 그들이 탁월한 개인으로 숭배되는 이유는 그들이 소유한 특별한 능력 때문이다. 사람들은 그들이 인간과 자연의 생사 결정권을 쥐고 있다고 믿고 그들에게 정치적인 권력을 부여하기도 했다.

그것이 객관화의 최고 형태인 이유는 자연대상이나 동물보다 자기의식적인 인간을 더 높은 존재로 인식하기 때문이다. 이는 세계 종교들의 발전 과정이 자연종교에서 정신종교의 이행 과정이라는 헤겔의 분석을 암시하는 대목이다.[64] 하지만 마법 종교의 개인 개념은 아직 원초적인 수준에 불과하다. 진정으로 자유롭고 이성적인 개별 주체가 등장하려면 오랜 종교적 발전 과정이 필요하다.

5. 사후의 삶에 관한 초기 종교의 관점들

한 민족이 개인을 보는 관점에 따라 영혼불멸 개념도 달라진다. 중요한 것은 그 민족이 인간의 본질적인 요소를 무엇으로 보는가이다.

---

62 Hegel, *LPR*, vol. 2, 291-293; *VPR*, Part 2, 195-197.

63 Hegel, *LPR*, vol. 2, 291; *VPR*, Part 2, 195.

64 Hegel, *LPR*, vol. 2, 293; *VPR*, Part 2, 197. "이 단계에서 숭배의 대상은 자기의식이다. 인간 안에 정신이 현존한다는 규정, 인간의 자기의식이야말로 정신의 현존이라는 규정, 그것이 다양한 종교들의 발전 과정을 추적하여 얻은 결론이다. 이는 가장 원시적인 종교에서 그리스도 교에 이르는 모든 종교의 공통된 특징이다. 다만 그 규정이 다양한 형태로 고양되고 변형되어 나타나는 것뿐이다."

왜냐하면 그것이 곧 불멸의 요소로 정립되기 때문이다. 달리 말해 인간이 죽으면 비본질적인 요소는 소멸하고 본질적인 요소만 존속한다는 믿음이 불멸의 원리를 이룬다.[65] 하지만 마법 종교 단계에서는 아직 인간의 정신을 본질적인 요소로 간주하는 영혼불멸 개념이 등장하지 않는다.

헤겔은 마법 종교 단계의 다양한 불멸 개념을 분석한다.[66] 모든 마법 종교는 공통적으로 인간이 육체적으로 죽더라도 계속해서 현세적으로 존재한다는 관념을 가지고 있다. 그래서 "대부분의 고대 민족은 죽은 자의 무덤 앞에 계속해서 음식을 차려주는 관습을 가지고 있다."[67] 헤겔은 아프리카의 한 부족을 그 사례로 든다.[68] 그들은 죽은 자도 산 자처럼 허기와 갈증을 느끼기 때문에 그들에게 음식과 물을 차려줘야 한다고 말한다. 그들은 인간이 죽어도 영혼의 세계가 아니라 감각의 세계에 존속한다고 믿는다. 그러한 믿음은 영혼불멸 개념에 반하는 것이다. 헤겔은 이렇게 설명한다.

그들은 인간이 죽으면 경험적이고 외적인 존재 방식에서는 탈피하지만 그럼에도 자신의 우연한 본성은 계속 유지한다고 생각한다. 이 단계의 객관화는 피상적이고 형식적인 수준에 불과하다. 아직 본질적인 객관화는 이루어지지 않았다. 그들은 죽은 자도 우연적인(육체적인) 본성에 따

---

65 Hegel, *LPR*, vol. 2, 293; *VPR*, Part 2, 197.
66 Hegel, *Phil. of Hist.*, 94f.; *Jub.*, vol. 11, 139. 이와 관련해서는 *LPWHI*, 181; *VGH*, 223도 참고하라.
67 Hegel, *LPR*, vol. 2, 294; *VPR*, Part 2, 198.
68 Ibid.

라 존속한다고 생각한다. 죽은 자가 그런 식으로 존속한다는 생각은 한 낱 피상적인 불멸 개념에 불과하다.[69]

그들은 죽은 자도 산 자처럼 경험적인 세계에서 물리적인 신체를 가지고 존속한다고 믿는다. 그들도 죽은 자를 정신으로 여기기는 하지만 그 정신은 음식이나 물을 필요로 하는 물리적인 정신이지 아직 순수한 정신이 아니다.

헤겔에 따르면, 죽은 자에 대한 한 민족의 개념에는 인간 삶에 대한 그 민족의 개념이 반영되어 있다. 그는 콩고 부족의 한 마법사가 죽은 자의 영혼을 달래는 제의를 소개한 카바치(Giovanni Antonio Cavazzi)의 보고를 전한다. 콩고 부족은 유족들이 죽은 자에게 음식이나 물을 제대로 차려주지 않으면 죽은 자가 분노하여 그들에게 보복한다고 믿는다. 제의가 진행되면 죽은 자의 영혼이 '싱힐리'(singhili)라 불리는 마법사의 몸을 빌려 유족들을 저주하거나 위협한다는 것이다.[70] 그러한 제의는 그 부족의 인간 개념을 명확히 보여준다. 그들은 죽은 자의 영혼을 사랑을 베푸는 자비로운 존재가 아니라 중상을 꾀하는 악의적인 존재로 본다. 사후 세계는 고귀하고 숭고한 상태가 아니라 한낱 복수의 기회에 불과하다. 이는 오늘날과는 매우 이질적인 인간 개념이다. 그들은 아직 발달된 개인 개념을 갖고 있지 않았기 때문에 영혼불멸 개념도 존재하지 않았다. 헤겔은 이렇게 설명한다.

---

69 Hegel, *LPR*, vol. 2, 296; *VPR*, Part 2, 200.

70 Hegel, *LPR*, vol. 2, 295; *VPR*, Part 2, 199. 이와 관련해서는 Cavazzi, *Historische Beschreibung der in dem untern Occidentalischen Mohrenland ligenden drey Königreichen, Congo, Matamba, und Angola*, 261f.를 참고하라.

영혼불멸 개념은 신 개념과 밀접한 연관이 있다. 인간 본성에 대한 이해 수준이 높아질수록, 정신이 자신의 영원한 힘을 더 깊이 이해할수록 신의 개념, 정신의 개념, 인간 개인의 개념도 그만큼 더 고양된다.[71]

헤겔 비판가들은 그의『종교철학』이 영혼불멸 이론을 다루지 않는다고 오랫동안 비판해 왔다. 하지만 이 대목은 그에게 있어 영혼불멸 문제가 얼마나 중요했는지를 명확히 보여준다. 이뿐만 아니라 세계 종교들의 발전 과정에 대한 그의 분석에서도 영혼불멸 개념은 핵심적인 역할을 하고 있다. 마법 종교 단계는 인간을 육체적인 존재로만 이해했기 때문에 불멸 개념도 육체적인 수준에 머물러 있었던 것이다.

헤겔은 마법 종교 단계의 궁핍한 인간 개념의 또 다른 사례로 아프리카에 만연한 노예 제도를 든다. 아프리카의 노예 제도는 인간의 생명과 존엄에 대한 그들의 낮은 인식을 반영하고 있다.[72] 그런 점에서 아프리카인들의 불멸 개념도 마법 종교의 수준에 머물러 있다는 것이 그의 진단이다. 참다운 영혼불멸 개념은 "인간이 즉자대자적으로 자유로운 내적 상태에 도달해야만 생겨날 수 있다."[73] 여기서 우리는 인간 자유의 발전 과정과 종교 개념의 발전 과정이 서로 병행한다는 점을 재차 확인할 수 있다.[74]

---

71 Hegel, *LPR*, vol. 2, 297; *VPR*, Part 2, 201.

72 Ibid. *LPWHI*, 183; *VGH*, 225.

73 Hegel, *LPR*, vol. 2, 297; *VPR*, Part 2, 202.

74 Hegel, *LPWH*, vol. 1, 197; *VPWG*, vol. 1, 100. "이성적인 국가에는 노예 제도가 없다. 노예 제도는 아직 이성적인 단계에 이르지 국가에만 존재한다."

6. 중국 종교로의 이행

감각과 욕구의 대상인 특수자에 매몰되어 있는 마법 종교는 아직 보편자의 개념을 갖고 있지 않다. 종교 발전의 초기 단계에서 자기의 식의 최고 형태는 '마법'이다. 의식의 최고 원리가 현세적인 형태로 주어져야만 신 혹은 신성 개념이 생겨날 수 있다. 이제 신은 무당이나 마법사의 특별한 능력이나 기술이 아니라 개인 외부의 객관적인 대상으로 등장한다. 헤겔은 독립적인 생명체나 현존하는 실체의 형태로 객관화된 그러한 대상을 '보편적 정신'75이라 부르고, 그것의 등장을 진정한 종교의 시작으로 간주한다. 이제는 마법의 능력을 가진 개인의 단계에서 보편자나 신이 출현하는 단계로 나아간다. 그러한 이행은 객관화의 과정을 통해 이루어진다. 마법사의 능력은 외적인 대상인 주물로 이행했고, 그러한 주물은 또다시 독립적인 실체, 즉 신으로 이행하게 된다.

헤겔은 실재적인 종교의 형태를 갖추지 못한 에스키모들의 마법 종교를 가장 원시적인 종교적 의식으로 평가한다. 그들에게는 어떠한 신 개념도 없다. 종교의 내용과 관련하여 이는 무척 흥미로운 대목이다. 왜냐하면 계몽주의 시대의 종교적 사유 역시 전통적인 신 개념을 최소화하고, 그것을 아무런 내용 없는 추상적인 신 개념으로 대체하고자 했기 때문이다. 계몽주의자들이 최고의 신 개념으로 내세운 것을 헤겔은 도리어 최악의 종교적 의식으로 규정한다. 그가 보기에 공허하고 추상적인 신 개념에 만족하는 계몽주의자들의 사유는 마치 경험적

---

75 Hegel, *LPR*, vol. 2, 273; *VPR*, Part 2, 177.

인 주변 세계에만 매몰된 채 어떠한 신 개념이나 내세 개념도 갖지 못한 에스키모들의 사유만큼이나 절망적인 것이었다.

| 3장 |

중국 종교
: 도량의 종교

도량의 종교

헤겔은『종교철학』에서 고대의 중국 종교를 종교다운 종교의 최초 형태로 보고 그것을 종교 발전의 첫 단계에 배열하고 있다.[1] 그것은 『역사철학』과『철학사』에서 중국 역사와 중국 철학을 다루는 순서와도 일치한다.[2] 그 두 저작도 중국을 본격적인 논의에 앞선 예비 단계에서 다루고 있다.『역사철학』은 중국을 역사 발전의 본 대열에 들지 못한 침체된 단계로 규정하고 있으며,『철학사』도 고대의 중국 철학을 진정한 철학으로 간주하지 않고 이후의 그리스 철학을 철학사의 공식적인 출발점으로 규정하고 있다. 중국 역사나 중국 철학에 비해 중국 종교에 대한 평가가 그나마 후한 것은 사실이지만 큰 틀에서 보면 그 역시 부정적이긴 마찬가지다. 헤겔이 분석한 종교의 발전단계에서 중국 종교는 마법 종교라는 예비 단계 바로 다음에 배열되어 있다. 그러한 역사적 순서에 따르면, 중국 종교는 세계 종교들 가운데 가장 초보적인 형태라 할 수 있다.

강의가 거듭될 때마다 중국 종교에 대한 그의 평가도 조금씩 달라지고 있다. 1821년『종교철학』에는 "중국 종교" 부분이 아예 없었다. 1824년『종교철학』에서 처음 그 부분이 마련되긴 했지만 그 논의는 피상적인 수준에 머물러 있었다. 거기서 그는 중국 종교 가운데 주나라의 국교만을 다루면서 그것을 중국 종교 전체로 간주하는 성급함을

---

1 Hegel, *LPR*, vol. 2, 299-303; *VPR*, Part 2, 203-207. *LPR*, vol. 2, 547-562; *VPR*, Part 2, 445-458. *LPR*, vol. 2, 729-731; *VPR*, Part 2, 618-619. *NR*, 105-119. *Phil. of Religion*, vol. 1, 315-349; *Jub.*, vol. 15, 342-354.

2 Hegel, *Phil. of Hist.*, 116-138; *Jub.*, vol. 11, 163-191. *LPWH*, vol. 1, 211-250; *VPWG*, vol. 1, 121-164. *OW*, 275-342. *Hist. of Phil.*, vol. 1, 119-125; *Jub.*, vol. 17, 154-160.

보이고 있다.3 1827년『종교철학』에서야 그는 중국 종교와 관련한 방대한 자료들에 근거한 풍부한 설명을 내놓고 있다.4 하지만 1831년 『종교철학』에서는 그 논의가 더 발전하지 못하고 도리어 축소되어 있다.5 헤겔이 세상을 떠난 직후인 1832년에『종교철학』을 맨 처음 편집 출간한 마라이네케가 "중국 종교" 부분을 아예 생략한 것도 1831 년『종교철학』의 그런 경향 때문이었을 것이다. 그의 판본에는 중국 종교 대신 마법 종교가 종교사의 출발점으로 설정되어 있다. 1840년 에 출간된 그의 둘째 판본에서야 "중국 종교" 부분이 정식으로 따로 마련되었다.6

헤겔은 중국 종교를 분석하면서 그것이 중국의 어떤 종교인지를 구체적으로 지목하지 않아 해석상의 어려움이 있다. 그는『종교철학』 에서 도교(道敎)7와 유교(儒敎)8를 언급하기도 하지만 집중적으로 분석 하는 것은 기원전 1045~256년까지 고대 중국을 지배했던 주나라의 국교다.9 주(周)나라는 상(商)나라를 멸망시킨 후 다양한 종교개혁을

3 Hegel, *LPR*, vol. 2, 299-303; *VPR*, Part 2, 203-207.

4 Hegel, *LPR*, vol. 2, 547-562; *VPR*, Part 2, 445-458.

5 Hegel, *LPR*, vol. 2, 729-731; *VPR*, Part 2, 618-619.

6 Hegel, "Vorlesungen über die Philosophie der Religion," I-II, ed. by Philipp Marheineke, vols 11-12 [2nd ed., 1840], in *Georg Wilhelm Friedrich Hegel's Werke. Vollständige Ausgabe*, vols 1-18, ed. by Ludwig Boumann, Friedrich Forster, Eduard Gans, Karl Hegel, Leopold von Henning, Heinrich Gustav Hotho, Philipp Marheineke, Karl Ludwig Michelet, Karl Rosenkranz, Johannes Schulze (Berlin: Verlag von Duncker und Humblot, 1832-1845), vol. 11, 326-338. (*Phil. of Religion*, vol. 1, 315-349; *Jub.*, vol. 15, 342-354.)

7 Hegel, *LPR*, vol. 2, 556ff.; *VPR*, Part 2, 454ff. *Phil. of Hist.*, 136; *Jub.*, vol. 11, 188. *Hist. of Phil.*, vol. 1, 124f.; *Jub.*, vol. 17, 159f.

8 Hegel, *LPR*, vol. 2, 558; *VPR*, Part 2, 455. *Phil. of Hist.*, 136; *Jub.*, vol. 11, 188. *Hist. of Phil.*, vol. 1, 120-121; *Jub.*, vol. 17, 155-156.

단행했다. 그들은 자연 혹은 우주의 보편적인 힘을 대표하는 '하늘'(天)이라는 비인격적인 신 개념을 도입했다. 주나라는 자신의 왕조에 특권을 부여하기 위해 하늘이 황제에게 세상의 통치권을 부여했다는 믿음을 세웠다. 그들에게 황제는 '하늘의 아들'이었다. 헤겔은 북경에 파송된 예수회 선교사들이 출간한 방대한 저작 『중국인의 역사, 학문, 관습, 관례 등에 관한 회고록*Mémoires concernant l'histoire, les sciences, les moeurs, les usages, etc. des Chinois*』의 제15권에 실려 있는 프랑스 선교사 아미옷(Jean Joseph Marie Amiot: 1718~1793)의 논문 "도교에 관하여*Sur La Secte des Tao-sée*"를 바탕으로 하늘과 황제의 특별한 관계를 상세히 설명한다.[10]

헤겔은 『종교철학』에서 주나라의 국교를 다루면서 도교와 유교를 거기서 유래한 아류들로 한데 묶어 다루지만, 『철학사』에서는 그 둘을 각각 독자적인 사조로 엄격히 구분하고 있다.[11] 도교의 창시자인 노자(老子)와 유교의 창시자인 공자(孔子)가 둘 다 중국 고전철학의 태동기였던 기원전 6세기의 주나라 출신이었다는 점은 주목할 만한 대목이다. 그래서 헤겔은 그 시대의 중국 정신이 탄생시킨 다양한 종교 운동을 '중국 종교'로 통칭했는지도 모른다. 다른 종교들을 분석할 때는 한 번에 한 종교나 한 신념 체계만을 다루면서, 중국의 국가종

---

9 Hegel, *LPR*, vol. 2, 299, 각주 172.

10 Jean Joseph Marie Amiot, "Extrait d'une lettre de M. Amiot, Missionnaire, ecrite de Peking, le 16 Octobre 1787. Sur La Secte des Tao-see," in *Mémoires concernant l'histoire, les sciences, les moeurs, les usages, etc. des Chinois*, vols 1-16 (Paris: Nyon l'aine et fils, 1776-1814), vol. 15, 208-259. 이와 관련해서는 다음을 참고하라. Hegel, *LPR*, vol. 2, 300-303; *VPR*, Part 2, 204-207. *LPR*, vol. 2, 552-555; *VPR*, Part 2, 448-453. *Hist. of Phil.*, vol. 1, 121; *Jub.*, vol. 17, 156. *Hist. of Phil.*, vol. 1, 124; *Jub.*, vol. 17, 159. *Hist. of Phil.*, vol. 1, 125; *Jub.*, vol. 17, 159.

11 Hegel, *Hist. of Phil.*, vol. 1, 119-125; *Jub.*, vol. 17, 154-160.

교와 도교와 유교를 "중국 종교"라는 한 범주에 포괄하고 있다는 것은 참으로 이례적이다. 어쨌든 그가 강조하는 것은 당시의 중국인들은 개인에 대한 발달된 개념을 가지고 있지 않았다는 점에서 그 세 종교 모두 차별 없이 자연종교에 속한다는 것이다. 헤겔의 강의 저작 편집 자들은 그가 중국에 깊은 관심을 가졌었다고 전한다. 『역사철학』의 편집자인 간스(Eduard Gans: 1797~1839)는 "편집자 서문"에서 헤겔이 역사철학을 강의할 때, 첫 부분인 중국 역사를 너무 오래 강의한 탓에 편집 과정에서 그 부분을 대폭 삭제할 수밖에 없었던 안타까움을 토로하고 있다.[12] 라손(Georg Lasson)은 간스가 삭제한 내용 중 일부를 복원한 새 판본을 내놓았다.[13] 그러한 사실은 중국에 대한 그의 평가는 차치하고서라도 그가 중국의 역사와 문화 전반에 얼마나 깊은 관심을 가졌었는지를 분명히 보여준다.

1. 헤겔 시대의 중국학

헤겔 시대 수 세기 전에도 유럽인들은 중국을 알고 있었다. 13세기

---

12 *Vorlesungen über die Philosophie der Geschichte*, ed. by Eduard Gans, vol. 9 [1837], in *Hegel's Werke*, XVII: "첫 번째 역사철학 강의에서 헤겔은 전체 강의의 1/3 정도를 서문과 중국 관련 논의에 할애했는데, 그 부분의 논의는 실로 지루할 만큼 장황하다. 이후의 강의들에 서는 그 논의가 상대적으로 줄어들었지만 그럼에도 편집자는 다른 부분의 논의와 비중을 맞추 기 위해 중국 관련 논의를 줄일 수밖에 없었다." 이와 관련해서는 다음을 참고하라. Michael Hoffheimer, *Eduard Gans and the Hegelian Philosophy of Law* (Dordrecht et al.: Kluwer Academic Publishers, 1995), 97-106; Robert Bernasconi, "With What Must the Philosophy of World History Begin? On the Racial Basis of Eurocentrism," *Nineteenth-Century Contexts*, vol. 22 (2000), 173.

13 Hegel, *OW,* 275-342.

에 이뤄진 폴로(Marco Polo)의 중국 기행으로 그들은 광활한 영토와 엄청난 인구를 거느린 중국 대륙에 처음으로 관심을 갖게 되었지만 정작 그의 『동방견문록*The Travels of Marco Polo*』은 기껏해야 허황된 공상 소설 정도로 여겼다. 포르투갈이 마카오에 무역센터를 건립한 13세 기부터 유럽과 중국의 무역은 본격적으로 시작되었다. 인도에서 활동 하던 이탈리아 예수회 선교사 루기에리(Michele Ruggieri: 1543~1607)와 리치(Matteo Ricci: 1552~1610)는 각각 1578년과 1582년에 처음 중국으 로 파송되었다.[14] 그들은 중국어를 배우고, 중국 이름도 가졌으며, 중국의 의상과 관습도 기꺼이 받아들였다. 처음에 그들은 자오칭(肇 庆)에 머물렀지만 중국 본토를 여행하면서 베이징(北京)으로 이주했 다. 예수회가 점차 중국 정치 당국의 호감을 얻게 되면서 리치는 말년 에 중국 황제의 고문으로 임명되기도 했다. 하지만 외국인 선교사들에 대한 일부 중국인들의 의심과 불만으로 난관을 맞게 된 그들은 자신들 이 중국에 온 이유나 목적을 숨긴 채 은밀하게 활동해야 했다. 그들은 도리어 중국 문화를 배우고, 중국 황제를 섬기면서 그의 현인 통치를 본받으러 온 것처럼 행동했다. 그리고 그들에게 이질적인 그리스도교 를 공격적으로 전파하기보다 중국 종교와 중국 철학을 먼저 습득한

---

14 이와 관련해서는 다음을 참고하라. Stephen Neill, *A History of Christian Missions* (Harmo-ndsworth: Penguin, 1979), 162-166. John D. Young, *Confucianism and Christianity: The First Encounter* (Hong Kong: Hong Kong University Press, 1983), 25-29. 중국에 서의 예수회 선교회 활동과 관련해서는 다음을 참고하라. George H. Dunne, S. J., *Genera-tion of Giants: The Story of the Jesuits in China in the Last Decades of the Ming Dynasty* (Notre Dame: University of Notre Dame Press, 1962). Arnold H. Rowbotham, *Missionary and Mandarin: The Jesuits at the Court of China* (Berkeley and Los Angeles: University of California Press, 1942). Kenneth Scott Latourette, *A History of Christian Missions in China* (London: Society for Promoting Christian Knowledge, 1929).

후에 그것과 그리스도교의 유사성을 밝히는 우회적인 전략을 취했으나 그 또한 로마의 보수적인 종교 세력과 마찰을 빚을 수밖에 없었다.[15]

중국으로 파송된 선교사들의 궁극적 목적은 중국인들을 그리스도교로 개종시키는 것이었지만, 전략적으로 그들의 문화를 배우기 시작했고, 그것이 다양한 저작들로 출간되면서 도리어 중국을 유럽에 전파하는 역설적인 결과를 낳았다. 예수회는 중국의 역사와 문화에 깊은 관심을 갖고 중국의 주요 경전들을 유럽어로 번역하는 작업에 몰두하면서 17세기 전후 중국 문화의 전파에 일조했다. 『주역周易』, 『시경詩經』, 『십익十翼』을 비롯한 중국의 종교, 역사, 문학 관련 고전들은 유럽의 독자들을 매료시켰을 뿐만 아니라[16] 유럽의 철학에도 상당한 영향을 미쳤다.[17] 볼테르(Francois Marie Arouet de Voltaire)는 중국 종교를 거울삼아 당시 유럽의 종교 관습을 비판하기도 했고,[18] 라이프

---

15 이와 관련해서는 David E. Mungello, *Curious Land: Jesuit Accommodation and the Origins of Sinology* (Honolulu: University of Hawaii Press, 1989)를 참고하라.

16 헤겔은 그 저작들을 잘 알고 있었으며, 여러 강의에서 그것들을 언급하고 있다. 이와 관련해서는 다음을 참고하라. *Phil. of Hist.*, 116-117; *Jub.*, vol. 11, 164-165. *Phil. of Hist.*, 126; *Jub.*, vol. 11, 177. *Phil. of Hist.*, 133; *Jub.*, vol. 11, 185. *Phil. of Hist.*, 136; *Jub.*, vol. 11, 188. *Phil. of Hist.*, 137; *Jub.*, vol. 11, 189.

17 이와 관련해서는 다음을 참고하라. Colin MacKerras, *Western Images of China* (Hong Kong, et al.: Oxford University Press, 1989), 37-42. Virgile Pinot, *La Chine et la formation de l''esprit philosophique en France (1640-1740)* (Paris: Librairie Orientaliste Paul Geuthner, 1932).

18 이와 관련해서는 Voltaire, *La Philosophie de l''historie* (Geneva: Aux depends de l'auteur, 1765), 126-136(영어 번역판 *The Philosophy of History* [London: Thomas North, 1829], 106-114)을 참고하라. 또한 그의 *Abregé de l'histoire universelle, depuis Charlemagne, jusques à Charlequint*, vols 1-2 (London: Jean Nourse, 1753), vol. 1, 1-25(영어 번역판 *An Essay on Universal History, the Manners, and Spirit of Nations from the Reign of Charlemaign to the Age of Lewis XIV*, trans. by Mr. Nugent, vols 1-4, 2nd ed. [London: J. Nourse, 1759], vol. 1, 10-30)도 참고하라.

니츠(Gottfried Wilhelm von Leibniz)는 『주역』을 연구하면서 중국의 언어와 작법에 빠져들기도 했다.[19] 중국에 대한 그러한 지성적 관심은 대중적 관심으로도 이어졌다. 17~18세기는 그야말로 중국 열풍의 시대였고,[20] 그 일등 공신은 중국 문화를 서양에 전파했던 바로 그 선교사들이었다.

시간이 지나면서 중국 열풍도 서서히 잦아들었다. 18세기 말 매카트니(George Macartney: 1737~1806)는 최초의 주중 영국 사절로 북경에 파견되어 1792년에는 황제를 직접 만나기도 했지만 영국과 중국의 우호적인 외교 관계를 성사시키지는 못했다. 하지만 그 사건을 계기로 두 나라의 관계나 중국에 대한 유럽의 관심은 새로운 국면을 맞이했다. 18세기 예수회 선교사들이 주도한 중국 열풍 당시 유럽인들은 낯설고 이국적인 중국 문화에 깊이 매료되었다. 하지만 19세기 이후 중국제국이 급격히 몰락하면서 중국에 대한 예수회 선교사들의 보고도 점차 부정적인 색채를 띠게 되었다.[21] 더욱이 헤겔 시대의 유럽인들, 특히 영국인들은 자신들의 식민주의적 이해관계를 위해 중국을

---

19 이와 관련해서는 다음에 나타난 헤겔의 언급을 참고하라. *Phil. of Hist.*, 135; *Jub.*, vol. 11, 187. *Phil. of Mind*, § 459, 215; *Jub.*, vol. 10, 348. 중국에 관한 라이프니츠의 관심과 관련해서는 다음을 참고하라. Franklin Perkins, *Leibniz and China: A Commerce of Light* (Cambridge: Cambridge University Press, 2004), David E. Mungello, *Leibniz and Confucianism: The Search for Accord* (Honolulu: University Press of Hawaii, 1977); Rita Widmaier, *Die Rolle der chinesischen Schrift in Leibniz'Zeichentheorie* (Wiesbaden: Franz Steiner, 1983) (*Studia Leibnitiana Supplementa*, vol. 24).

20 이와 관련해서는 다음을 참고하라. Adolf Reichwein, *China and Europe: Intellectual and Artistic Contacts in the Eighteenth Century* (London: Routledge & Kegan Paul, 1925); William W. Appleton, *A Cycle of Cathay: The Chinese Vogue in England during the Seventeenth and Eighteenth Centuries* (New York: Columbia University Press, 1951).

21 이와 관련해서는 MacKerras, *Western Images of China*, 43-65를 참고하라.

더 부정적으로 평가하기 시작했고, 그로 인해 중국은 유럽이 닮아야 할 모범이 아니라 전제적이고 후진적인 관습을 고수하는 경멸의 대상이 되고 말았다. 헤겔도 그 점을 지적하고 있다.22 그가 활용한 자료는 스톤턴(George Leonard Staunton: 1737~1801)이 집필한 세 권짜리 저작 『1797년에 대영 제왕의 명령으로 중국 황제의 사절로 파견된 대사관의 기록*An Account of an Embassy from the King of Great Britain to the Emperor of China from 1797*』이었다.23 거기에는 중국을 긍정적으로 평가한 예수회 선교사들의 초기 보고들도 함께 실려 있다.

헤겔 시대에 중국학의 선두 국가는 프랑스였다. 당시 프로이센과 독일 연방 국가들에서는 중국학보다 인도학이 더 각광받고 있었다.24 독일어권 대학에서 산스크리트어 교수를 처음 선발한 것은 1818년이 었지만 중국어 교수는 그보다 70년이나 지난 1887년에서야 처음 선발했다. 산스크리트어와 독일어의 연관에 관심을 가졌던 독일학자들은 중국어와 독일어는 아무런 연관도 없고, 그들의 상형문자는 언어의 발전 과정에서도 가장 원초적인 단계에 속하기 때문에 전혀

---

22 *Hegel, Phil. of Hist.*, 122; *Jub.*, vol. 11, 170. *Phil. of Hist.*, 133; *Jub.*, vol. 11, 184. *Phil. of Hist.*, 191; *Jub.*, vol. 11, 256. *OW*, 291, 303, 328, 448. *Phil. of Mind*, § 459, 215; *Jub.*, vol. 10, 348.

23 George Staunton, *An Account of an Embassy from the King of Great Britain to the Emperor of China*, vols 1-3 (London: G. Nicol, 1797). 이 저작은 독일어 번역판으로도 출간되었다. 헤겔이 둘 중 어떤 판본을 활용했는지는 확실치 않다. *Reise der englischen Gesandtschaft an den Kaiser von China, in den Jahren 1792 und 1793*, vols 1-2, trans. by Johann Christian Huttner (Zürich: Heinrich Geßner, 1798-1799). 이와 관련해서는 *Phil. of Mind*, § 459, 215; *Jub.*, vol. 10, 348을 참고하라.

24 이와 관련해서는 Douglas T. McGetchin, *Indology, Indomania, and Orientalism: Ancient India's Rebirth in Modern Germany* (Madison, NJ: Farleigh Dickinson University Press, 2009), 91-92를 참고하라.

연구할 가치가 없다고 생각했기 때문이다.

헤겔은 중국 종교 관련 자료들을 대개 프랑스어나 라틴어 번역판으로 읽었지만 그 자료의 양은 여타의 비서구권 종교 관련 자료들보다 월등히 많았다.[25] 인도학과 이집트학은 헤겔 시대에 처음 등장했지만 중국학은 예수회 선교사들의 활약으로 이미 17세기부터 깊이 연구되고 있었다. 덕분에 헤겔은 중국과 관련한 최신 자료들을 손쉽게 구할 수 있었고, 그래서 여타의 비서구권 종교들보다 더 깊이 연구할 수 있었다.

헤겔은 다양한 자료들을 활용했다. 그는 1750년에 슈바베(Johann Joachim Schwabe: 1714~1784)가 여러 권으로 출간한 『해상 및 육로 여행의 일반적인 역사*Allgemeine Historie der Reisen zu Wasser und zu Lande oder Sammlung aller Reisebeschreibungen*』(그중 6~7권은 중국에 헌정되었다)와 같은 여행기를 주로 읽었다. 그 저작은 두 총서로 번역되기도 했다. 하나는 1745~1747년에 미드(Braddock Mead: 1685~1757)가 '그린'(John Green)이라는 가명으로 편집 출간한 4권짜리 번역서 『항해 및 여행에 관한 새 모음집*A New General Collection of Voyages and Travels*』(1745~1747)이고, 다른 하나는 프레보스트(Antoine François Prévost: 1697~1763)가 1746~1791년에 걸쳐 편집 출간한 20권짜리 번역서 『항해의 일반적인 역사*Histoire générale des voyages*』다.[26] 그러한 여행기로는 하니쉬(Wilhelm Harnish: 1787~1864)

---

25 헤겔이 활용한 문헌과 관련해서는 『종교철학』의 "편집자 서론"을 참고하라. *LPR*, vol. 2, 5, 15-17, 36, 59-60, 76.

26 Allgemeine *Historie der Reisen zu Wasser und zu Lande; oder Sammlung aller Reisebeschreibungen*, vols 1-21 (Leipzig: Heinrich Merkus, 1747-1774). 이 저작은 *A New General Collection of Voyages and Travels*, vols 1-4, ed. by John Green (London: Thomas Astley, 1745-17470의 번역서다. *Histoire générale des voyages*, vols

가 1821~1832년에 출간한 16권짜리 총서『최근의 가장 중요한 육로 및 해상 여행*Die wichtigsten neueren Land- und Seereisen*』도 빼놓을 수 없다.27 헤겔은 1777~1785년에 출간되어 당시 교과서처럼 활용되었던 프랑스 예수회 선교사 마이야(Joseph-Anne-Marie de Moriac de Mailla: 1669~1748)의 13권짜리 저작『중국의 일반적인 역사*Histoire générale de la Chine*』도 활용했고,28 (앞서 언급했던) 북경에 파송된 예수회 선교사들의 저작『중국인의 역사, 학문, 관습, 관례 등에 관한 회고록*Mémoires concernant l'histoire, les sciences, les moeurs, les usages, etc. des Chinois*』도 활용했다.29 그러한 여행기 외에도 그는 아미옷이 쓴 "유적을 통해 본 고대 중국*L'Antiquité des Chinois, prouvée par les monumens*"이라는 긴 논문도 언급하고 있다.30 아미옷은 고대 중국의 유적들을 상세히 분석하는데, 그가 말하는 '유적'은 단순한 물질적인 유물이 아니라『주역易經』과 같은 문화적인 유산을 의미한다. 헤겔은 (아미옷으로 추정되는) 익명의 저자가 쓴 "존경하는 예수회 신부

1-15, ed. by Antoine-Francois Prevost (Paris: Didot, 1746-1759). 이와 관련해서는 다음을 참고하라. *LPR*, vol. 2, 307, 각주 190; *VPR*, Part 2b, 710, 각주 211, 47-49.

27 Wilhelm Harnisch, *Die wichtigsten neueren Land- und Seereisen*, vols 1-16 (Leipzig: Gerhard Fleischer, 1821-1832). 이와 관련해서는 다음을 참고하라. *LPR*, vol. 2, 307, 각주 190; *VPR*, Part 2b, 710, 각주 211, 47-49. *VPR*, Part 2b, 721, 각주 245. 869-877. *VPR*, Part 2b, 766, 각주 474, 421-435. *VPR*, Part 2b, 803, 각주 622, 408-409.

28 Joseph-Anne-Marie de Moyriac de Mailla, *Histoire générale de la Chine ou Annales de cet Empire; traduites du Tong-Kien-Kang-Mou*, vols 1-13 (Paris: D. Pierres and Clousier, 1777-1785).

29 *Mémoires concernant l'histoire, les sciences, les moeurs, les usages, etc. des Chinois*, vols 1-16 (Paris: Nyon l'aine et fils, 1776-1814).

30 [Jean Joseph Marie Amiot], "L'Antiquite des Chinois, prouvee par les monumens," in *Mémoires concernant l'histoire, les sciences, les moeurs, les usages, etc. des Chinois*, vol. 2, 5-364. 이와 관련해서는 다음을 참고하라. Hegel, *Hist. of Phil.*, vol. 1, 121; *Jub.*, vol. 17, 156.

le révérend pere**** de la Compagnie de Jesus"라는 논문을 언급하기도 한다. 그 논문은 중국어 및 중국어 작법 체계를 상세히 설명하고,[31] 그것을 당시에는 아직 해독되지 못한 이집트의 상형문자와 비교 분석하고 있다.

노자나 도교 사상과 관련한 정보는 그 분야의 전문가인 프랑스의 중국학자 아벨-레뮈사(Jean-Pierre Abel-Rémusat: 1788~1832)의 저작에서 구했다. 독학으로 중국을 연구했던 아벨-레뮈사는 1814년에 프랑스의 국립학술교육기관인 콜레주 드 프랑스(Collège de France)의 첫 중국어 교수가 되었다. 그는 최초의 중국어 문법 교재를 제작하였고, 1822년에는 아시아학회(Société Asiatique)를 창설하여 미래의 중국학 발전을 위한 초석을 놓았다.[32] 헤겔은 1827년의 파리 여행 도중 그를 사적으로 그를 만나기도 했고,[33] 『철학사』에서는 그의 저작 『노자 사상에 관한 회고록*Mémoire sur la vie et les opinions de Lao-Tseu*』을 직접 언급하기도 했다.[34] 그 저작은 노자의 『도덕경道德經』을 설명하면서, 플라톤(Plato)이나 피타고라스(Pythagoras)와 같은 고대 그리스 철학자들이

31 [anonymous], "Lettre sur les characteres chinois," in *Mémoires concernant l'histoire, les sciences, les moeurs, les usages, etc. des Chinois*, vol. 1, 275-323. 이와 관련해서는 다음을 참고하라. Hegel, *Hist. of Phil.*, vol. 1, 125; *Jub.*, vol. 17, 160.

32 이와 관련해서는 Raymond Schwab, *The Oriental Renaissance: Europe's Rediscovery of India and the East, 1680-1880*, trans. by Gene Patterson-Black and Victor Reinking (New York: Columbia University Press, 1984), 65를 참고하라.

33 Hegel, *Letters*, 655; *Briefe*, vol. 3, letter 562, 189.

34 Jean-Pierre Abel-Remusat, *Mémoire sur la vie et les opinions de Lao-Tseu* (Paris: L'Imprimerie Royale, 1823)(*Hist. of Phil.*, vol. 1, 124; *Jub.*, vol. 17, 159.) 이와 관련해서는 다음도 참고하라. Julius Heinrich Klaproth, [review of] "Mémoire sur l'origine la propagation de la doctrine du Tao fondée par Lao Tseu," in *Nouveau Journal Asiatique*, Tome 7 (1831): 465-493 (*Hegel's Library*, 791). 이 저작은 『노자가 창시한 도교의 기원과 전파에 관한 회고록 *Méoire sur l'origine la propagation de la doctrine du Tao fondée par Lao Tseu*』 (Paris: Dondey-Dupre, 1831)에 대한 서평이다.

공유하던 교리의 근원이 도가사상이라는 근거를 제시하고 있다. 헤겔은 1824년에 비엔나를 방문했을 때, 노자 저작의 필사본과 번역본을 직접 보았다고 전한다.35

공자와 관련한 정보는 침례교 선교사이자 동양학자인 마쉬먼(Joshua Marshman: 1768~1837)의 저작에서 구했다. 마쉬먼은 1809년에 『공자의 저작들*The Works of Confucius*』을 출간했다.36 그 저작은 공자의 생애와 저술에 대한 설명을 시작으로 『논어論語』의 번역을 선보이고 있다. 또한 헤겔은 유럽의 독자들에게 공자의 생애와 사상을 처음으로 소개한 1687년 저작 『중국 철학자 공자*Confucius Sinarum Philosophus*』를 활용하기도 했다.37 그 저작은 중국 조교들의 도움을 받으며 오랜 기간에 걸쳐 제작된 예수회 선교단의 공동 저작으로 그 표지에는 쿠플레(Philippe Couplet: 1623~1693), 인토르체타(Prospero Intorcetta: 1626~1696), 루즈몽(François de Rougemont: 1624~1676), 헤르트리히(Christian Wolfgang Herdtrich: 1625~1684)라는 네 선교사의 이름이 적혀 있다. 그 저작은 유교와 그리스도교의 통합을 시도했다는 점에서 "중국에 파송된 예수회 선교사들의 최고 업적 중 하나"38로 평가받기도 했다. 거기에는

---

35 Hegel, *Hist. of Phil.*, vol. 1, 124; *Jub.*, vol. 17, 159. "우리는 그의 주요 저작을 보유하고 있다. 나는 비엔나에 있는 그 저작의 번역본을 직접 본 적이 있다." 여기서 헤겔이 말하는 '그 저작'은 『도덕경』을 가리킨다. 헤겔은 비엔나에 머물면서 수많은 예술 작품과 고대 유물을 관람했는데, 그중 어디에 『도덕경』 필사본이 있었는지는 확실치 않다.

36 Joshua Marshman, *The Works of Confucius; Containing the Original Text, with a Translation*, vol. 1 (Serampore: Printed at the Mission Press, 1809). 이와 관련해서는 다음을 참고하라. Hegel, *OW*, 315. *LPR*, vol. 2, 730n; *VPR*, Part 2, 619n.

37 Prospero Intorcetta, Christian Herdtrich, Francois Rougemont, *Philippe Couplet, Confucius Sinarum Philosophus, sive scientia sinensis latine exposita* (Paris: Daniel Horthemels, 1687). 이 저작에 관한 설명으로는 Mungello, *Curious Land*, 247-299를 참고하라.

긴 "서론" 외에도 유교의 사서 중『논어論語』,『대학大學』,『중용中庸』의
라틴어 번역이 실려 있다. 헤겔은『철학사』에서39 라이프니츠를 비롯
한 유럽의 주요 지식인들 대부분이 그 저작을 읽었다고 전한다.40

헤겔은 중국 상고시대의 정치를 기록한『서경書經』도 1770년에
출간된 프랑스어 번역판으로 읽었다.41 헤겔 시대에는『서경』을 공자
의 저작으로 생각했으나 후대의 학자들은 그 점을 되묻기도 했다.
그 저작은 왕을 비롯한 여러 정치 지도자의 연설로 구성되어 있는데,
헤겔은 그중 주나라 관련 자료에 큰 관심을 가졌다. 그가 활용한 자료는
프랑스 예수회 선교사 고빌(Antoine Gaubil: 1689~1759)의 프랑스어 번
역판『고대 중국의 경전 "서경"Le Chou-king, un des livres sacrés des Chinois』이었다.

헤겔은 1784~1791년에 출간된 헤르더의 저작『인류의 역사철학
에 대한 이념Ideen zur Philosophie der Geschichte der Menschheit』의 "고대 중국" 부분
도 읽었다.42 헤르더는 동양 문화를 선구적으로 수용했던 독일의 철학
자다.43 그는 중국인들이 주관적 자유의 개념을 결여하고 있다는 헤겔

38 Mungello, *Curious Land*, 247.

39 Hegel, *Hist. of Phil.*, vol. 1, 121; *Jub.*, vol. 17, 156.

40 Ibid., 287-292.

41 *Le Chou-king, un des livres sacrés des Chinois, Qui renferme les Fondements de leur ancienne Historie, les Principes de leur Gouvernement & de leur Morale: Overage recueilli par Confucius*, trans. by Antoine Gaubil, revised by Joseph de Guignes (Paris: N.M. Tilliard, 1770).

42 Johann Gottfried Herder, *Ideen zur Philosophie der Geschichte der Menschheit*, vols 1-4 (Riga and Leipzig: Johann Friedrich Hartknoch, 1784-1791)(영어 번역판: *Outlines of a Philosophy of the History of Man*, vols 1-2, trans. by T. Churchill, 2nd ed. [London: J. Johnson, 1803]). 헤르더와 관련해서는 다음을 참고하라. Nicholas A. Germana, *The Orient of Europe: The Mythical Image of India and Competing Images of German National Identity* (Newcastle upon Tyne: Cambridge Scholars Publishing, 2009), 41-50.

의 비판을 선취하고 있다. 헤르더는 어린아이가 어른을 존경하듯이 모든 사람이 부모와 황제를 존경해야 한다는 중국의 순종적인 효(孝) 사상에서 그 근거를 발견했다.44 헤르더는 헤겔과 마찬가지로 중국을 변화와 혁신을 거부하는 침체된 국가로 묘사하고 있다.45 중국인은 자신의 관습과 전통에 대한 우월감과 자부심에 도취되어 어떤 것도 배우지 않고 한결같은 보존만을 바라는 "방부 처리된 미라"와 같다는 것이다.46 고대 인도 문화에 대한 그의 찬사에 비하면 중국에 대한 그의 평가는 가혹하고도 경멸적인 수준이다.

헤겔은 『철학사』에서 중국 역사를 논의할 때, 빈디슈만(Karl Joseph Hieronymus Windischmann: 1775~1839)의 저작 『세계사의 진보 속에서의 철학: 동양철학의 기초*Die Philosophie im Fortgang der Weltgeschichte, that is, Die Grundlagen der Philosophie im Morgenland*』 제1권을 언급하기도 한다.47 빈디슈

---

43 이와 관련해서는 다음을 참고하라. Rene Gerard, "Herder et l'orient," in his *L'Orient et la pensée romantique allemande* (Nancy: Georges Thomas, 1963), 63-67. Todd Kontje, *German Orientalisms* (Ann Arbor, MI: University of Michigan Press, 2004), 64-83. Leo Kreutzer, "Johann Gottfried Herders 'Geschichtspantheismus' als Denkmodell für einen anderen Orientalismus," in *Der Deutschen Morgenland. Bilder des Orients in der deutschen Literatur und Kultur von 1770 bis 1850*, ed. by Charis Goer and Michael Hofmann (Munich: Wilhelm Fink, 2008), 57-65.

44 Herder, *Ideen zur Philosophie der Geschichte der Menschheit*, vol. 3, 14. *Outlines of a Philosophy of the History of Man*, vol. 2, 11. "다 큰 어른에게 어린아이와 같은 순종을 강요하는 것은 자연이 그에게 부여한 의무, 즉 행위의 모든 자유를 박탈하는 것이다."

45 Herder, *Ideen zur Philosophie der Geschichte der Menschheit*, vol. 3, 16; *Outlines of a Philosophy of the History of Man*, vol. 2, 13.

46 Herder, *Ideen zur Philosophie der Geschichte der Menschheit*, vol. 3, 17; *Outlines of a Philosophy of the History of Man*, vol. 2, 14.

47 Carl Joseph Hieronymus Windischmann, *Die Philosophie im Fortgang der Weltgeschichte*, Erster Teil, *Die Grundlagen der Philosophie im Morgenland* (Erste Abtheilung, Bonn: Adolph Marcus, 1827)(이와 관련해서는 *Hist. of Phil.*, vol. 1, 123; *Jub.*, vol. 17, 158을 참고하라). 이 저작은 미완으로 남아 있다.

만은 독일 본(Bonn)대학의 철학 및 의학 교수였으며, 1809년에는 헤겔의 『정신현상학』을 극찬하는 서평을 쓴 인물이기도 하다.[48] 헤겔은 빈디슈만과 몇 차례 서신을 교환하기는 했지만[49] 직접 만난 것은 1822년에 네덜란드와 벨기에를 여행하던 중 그를 만나러 본대학에 들렀을 때가 처음이었다. 빈디슈만의 저작은 헤겔의 『역사철학』에 지대한 영향을 받았지만 헤겔처럼 세계사를 그리스도교 신정론으로까지 발전시키지는 못했다. 하지만 그 저작에는 주나라의 국교와 중국 종교 일반에 관한 매우 풍부한 정보가 담겨 있다. 이처럼 헤겔은 다양한 분야의 중국 문화 관련 자료들을 풍부하게 활용했다.

2. 하늘(天)

헤겔에 따르면, 주나라의 국교는 기본적으로 '하늘'(天)이라 불리는 절대적이고 보편적인 힘을 신 개념으로 삼고 있다. 마법 종교와 대조적으로 이제 인간은 자연 세계 일반을 뜻하는 '하늘'의 권능과

---

48 Carl Joseph Hieronymus Windischmann, "Bamberg u. Wurzburg, b. Gobhardt: G. W. Fr. Hegel, D. und Prof. der Philos. zu Jena (nunmehr Rectors in Nurnberg), *System der Wissenschaft*. I Theil. Die Phänomenologie des Geistes. 1807. XCI u. 765 S. gr. 8. (3 Thlr. 8 Gr.)," *Jenaische Allgemeine Literatur-Zeitung*, nos. 31-34 (1809): columns 241-272.

49 Hegel, *Briefe*, vol. 1, *letter* 155, 306-309. *Letters*, 560-561; *Briefe*, vol. 1, *letter* 158, 313-315. *Briefe*, vol. 1, *letter* 159, 315-316. *Briefe*, vol. 1, *letter* 163, 323-324. *Briefe*, vol. 3, *letter* 453, 16-17. *Letters*, 562-563; *Briefe*, vol. 3, *letter* 459, 25-27. *Briefe*, vol. 3, *letter* 465, 33-35. *Briefe*, vol. 3, *letter* 467, 36-37. *Letters*, 564-565; *Briefe*, vol. 3, *letter* 470, 39-42. *Briefe*, vol. 3, *letter* 475, 46-48. *Briefe*, vol. 3, *letter* 500, 98-99. *Briefe*, vol. 3, *letter* 605, 265-267.

자신을 분리시킨다.50 주나라의 국교에서 '하늘'은 비인격적이고 추상적인 신, 즉 자연 세계 일반의 이념을 나타낸다. 앞서 언급한 아미옷의 논문 "유적을 통해 본 고대 중국"은 이렇게 설명한다. "하늘(天)은 물리적이고 가시적인 하늘을 의미한다."51 그러한 의미에서 아미옷은 세계와 궁창을 창조한 유대 그리스도교의 신 개념과 중국의 '하늘' 개념을 명확히 구분하고 있다. '하늘'은 자기의식적인 요소를 전혀 갖지 못한 물리적인 자연력의 집합체다. 그것은 지진이나 비와 같은 특정한 물리적 힘이 아니라 그러한 모든 자연력을 포괄하는 보편적인 힘을 의미한다. 헤겔이 활용한 또 다른 자료인 예수회 선교사 그로시에 (Jesuit Jean-Baptiste Alexandre Grosier: 1743~1823)가 1785~1787년에 출간한 저작 『중국에 관한 일반적인 설명Description générale de la Chine』에도 그와 유사한 설명이 나온다. 중국인들은 "만물의 창조자이자 보존자인 최고 존재에 대한 관념을 가지고 있다. 그들은 그것을 '하늘'이라 불렀다. […] 그 통치권자는 […] 만물의 원리이자 만인의 아버지다. 무한한 힘을 가진 하늘은 불변하는 존재이자 독립적인 존재다."52 헤겔은 이렇게 설명한다. "하늘은 무제한적인 추상적 보편자다. 그것은 물리적이고 도덕적인 관계 전반을 포괄하는 무제한적인 전체다."53

---

50 이와 관련해서는 다음을 참고하라. *LPR*, vol. 2, 548f.; *VPR*, Part 2, 446f. *LPWH*, vol. 1, 244; *VPWG*, vol. 1, 158.

51 [Jean Joseph Marie Amiot], "L'Antiquite des Chinois, prouvee par les monumens," in *Mémoires concernant l'histoire, les sciences, les moeurs, les usages, etc. des Chinois*, vol. 2, 33.

52 Jean-Baptiste Alexandre Grosier, *Description générale de la Chine, ou Tableau de l'état actuel de cet empire*, vols 1-2 (Paris: Moutard, 1785-1787), vol. 1, 543. 이와 관련해서는 다음을 참고하라. *LPWH*, vol. 1, 212-213 각주; *VPWG*, vol. 1, 538-540, 각주 121, 122. *OW*, 283.

그러한 의미에서 '하늘'은 '순수 존재'로 시작하는 『대논리학*Wissenschaft der Logik*』의 형이상학과도 다른 것이다. '하늘'은 자연력뿐만 아니라 도덕 및 사회의 근본 원리까지도 모두 포괄하는 개념이다. 중국 종교는 인간 세계도 자연 세계의 일부로 간주한다. 두 세계는 서로 밀접하게 연관되어 있어서 한쪽의 사건은 필연적으로 다른 쪽의 사건을 유발하게 마련이다. 그러한 의미에서 '하늘' 개념은 이교들이 말하는 순수한 자연력도 아니고, 그리스도교가 말하는 초월적인 천국도 아니다.

헤겔은 중국에 파송된 예수회 선교사들이 '하늘'(天)을 '신'(神)으로 해석하고, 그들의 추상적인 신 개념을 그리스도교의 신과 결부시키려 했던, 그래서 예수회의 공분을 사기도 했던 그들의 선교 전략을 언급하기도 한다.[54] 하지만 앞서 언급했듯이 중국 종교의 '하늘'은 자연 일반을 의미하는 추상적인 신 개념에 불과하기 때문에 그리스도교의 자기의식적인 신 개념과 그렇게 등치될 수 없다. 헤겔은 이렇게 말한다.

> 중국인들이 말하는 '하늘'은 단순한 자연을 의미한다. 하지만 예수회 선교사들은 그리스도교의 신마저도 그들의 개념에 따라 '하늘'로 여기곤 했다. 보다 못한 다른 성직자들은 그들을 교황에게 고발했고, 이에 교황은 추기경을 중국으로 파송했지만 그는 중국에서 숨을 거두고 말았다. 뒤이어 파송된 주교는 그리스도교는 '하늘'(天) 대신 '하느님'(天主)이라는 용어를 사용해야 한다는 법률을 제정했다.[55]

---

53 Hegel, *LPR*, vol. 2, 549; *VPR*, Part 2, 446. *LPWH*, vol. 1, 247; *VPWG*, vol. 1, 162.

54 Hegel, *Hist. of Phil.*, vol. 1, 122; *Jub.*, vol. 17, 158. "중국인들에게 하늘은 지고의 존재다. 그래서 선교사들은 그리스도교의 신도 '하늘'이라고 불러야 할지 말지를 두고 서로 갈라져 논쟁을 벌였다."

55 Hegel, *Phil. of Hist.*, 132; *Jub.*, vol. 11, 183. 이와 관련해서는 *LPWH*, vol. 1, 244; *VPWG*,

예수회 선교사들의 그러한 선교 전략은 이후 성사 논쟁으로까지 번진 파장의 진원지였다.[56] 중국인들의 '하늘' 개념은 물리적인 자연과 연관된 지상의 원리다. 그러한 의미에서 '하늘' 개념은 그리스도교가 전통적으로 말하는 초월적인 영역인 '천국' 개념과는 아무런 상관이 없다.

중국인이 말하는 '하늘'(天)은 세상을 초월한 곳에 존재하는 어떤 독립적인 영역이 아니다. 그들의 '하늘'은 천사나 죽은 자의 거주지도 아니고, 그리스 신화의 올림포스(Olympus)처럼 지상의 삶과 분리된 신들의 거주지도 아니다. 그들에게는 지상의 삶이 전부이고, 황제가 모든 권력의 주인이었다.[57]

따라서 중국인이 말하는 세속적인 '하늘'(天) 개념을 그리스도교가 전통적으로 말하는 초월적인 '천국'(天國) 개념과 등치시키는 것은 언어적 유사성에 근거한 부당한 해석에 불과하다.

3. 황제

앞서 언급했듯이 주나라가 종교개혁을 단행한 것은 새로 즉위한

---

vol. 1, 158도 참고하라.

56 이와 관련해서는 다음을 참고하라. Rowbotham, *Missionary and Mandarin: The Jesuits at the Court of China*, 119-175. Latourette, *A History of Christian Missions in China*, 131-155.

57 Hegel, *LPR*, vol. 2, 550n; *VPR*, Part 2, 447n.

158 | 헤겔의 종교현상학

왕의 권력을 공고히 하기 위해서였다. 주나라에서는 왕의 역할이 매우 중요했기 때문에 왕은 권력의 찬탈자가 아니라 합법적 통치자라는 인식의 논리가 필요했다. 주나라는 왕의 권력과 특권을 마치 서양의 왕권신수설처럼 '천명'(天命)으로 선포했다. 왕은 '하늘'(天) 신으로부터 통치권을 부여받은 특권적인 존재라는 의미에서 사람들은 그를 하늘의 아들, 즉 '천자'(天子)라고 불렀다.58 '하늘'은 '천자'에게 정의롭게 행동하고, 공정하게 통치하기를 명령했다. 그것이 천자가 신의 은혜를 누릴 수 있는 유일한 길이었다. 하지만 그것은 매우 시대착오적인 발상이다. 여러 왕에 걸쳐 통치되던 주나라의 오랜 역사는 기원전 256년 난왕(赧王)을 끝으로 진(秦)나라에 함락되었고,59 이후 기원전 221년에는 진나라가 중국 전체를 통일시켰다. 진나라의 건국공신이자 이후 통일 중국의 역사를 출범시킨 초대 황제가 바로 진시황(秦始皇)이다.

헤겔의 분석에 따르면, 중국 황제는 마법 종교 단계의 주술사 역할을 하기도 했다. 중국을 지배한 무속과 주술의 오랜 전통은 이후 도교를 비롯한 중국 철학과 중국 종교의 형성에도 지대한 영향을 미쳤다.60 황제는 주술사처럼 자연력에 직접 개입하는 특별한 능력을 가지고 있었다. 뭇 세인들과 달리 그는 하늘 신과의 특별한 관계 속에서 인간사와 자연사를 모두 관장했다.61 그는 백성과 하늘의 매개자로서,

---

58 Endymion Wilkinson, *Chinese History: A Manual* (Cambridge, MA and London: Harvard University Asia Center and Harvard University Press, 2000), 108.

59 주나라 시대에는 중국의 통치자들을 왕(王)이라 불렀는데, 이는 '임금'이나 '국왕' 혹은 문자 그대로 '위대한 사람'을 뜻한다. Wilkinson, *Chinese History: A Manual,* 108.

60 Eva Wong, *The Shambhala Guide to Taoism* (Boston and London: Shambhala, 1997), 11-19.

때로는 아무런 매개 없이 직접 소통하기도 하고, 때로는 통치 제도를 매개하여 간접적으로 소통하기도 한다.[62]

하늘 신의 특권을 부여받은 황제는 중국 종교에서 매우 중요한 역할을 했다. 하늘 신에게 직접 간청할 수 있는 것은 황제뿐, 뭇 세인들은 그를 통해 간청할 수밖에 없었다. 황제만이 간청의 특권을 누렸다. "권력의 화신이자 만인의 통치자인 황제만이 하늘에 다가갈 수 있었을 뿐, 뭇 세인들은 감히 그런 특권을 누릴 수 없었다. 황제는 네 절기마다 하늘에 제물을 바쳤다. 추수할 때면 하늘에 감사를 드렸고, 씨를 뿌릴 때면 풍년을 기원하기도 했다."[63] 황제는 다양한 종교의식의 대제사장이었다.[64]

그렇듯 황제는 종교와 밀접하게 연관되어 있었기 때문에 그가 통치하던 정부와 행정도 종교적 관습과 무관하지 않았다. "세상의 법을 운영하는 것은 하늘의 아들, 즉 황제만의 고유한 특권이다. 그는 전체이자 만유의 척도다."[65] 이 구절은 황제의 역할을 설명하는 아미옷의 논문을 인용한 것이다.[66] 헤겔은 이어서 이렇게 말한다. "황제만이

---

61 Hegel, *LPR*, vol. 2, 549; *VPR*, Part 2, 446.

62 Hegel, *Phil. of Hist.*, 131; *Jub.*, vol. 11, 182: "가부장적인 전제주의 아래에서 살아가는 중국인들에게는 최고 존재와의 연결과 매개가 전혀 필요치 않다. 도덕이나 예법 그리고 황제의 명령과 통치가 모든 매개의 구체화된 형태이므로 그것을 교육하는 것만으로도 충분하다."

63 Hegel, *Phil. of Hist.*, 132; *Jub.*, vol. 11, 183. *LPWH*, vol. 1, 246; *VPWG*, vol. 1, 160.

64 Hegel, *LPR*, vol. 2, 549f.; *VPR*, Part 2, 446f. 이와 관련해서는 *LPWH*, vol. 1, 246; *VPWG*, vol. 1, 160도 참고하라.

65 Hegel, *LPR*, vol. 2, 551n; *VPR*, Part 2, 449n.

66 이와 관련해서는 [Amiot], "Extrait d'une lettre de M. Amiot, Missionnaire, ecrite de Peking, le 16 Octobre 1787. Sur La Secte des Tao-see," in *Mémoires concernant l'histoire, les sciences, les moeurs, les usages, etc. des Chinois*, vols 1-16 (Paris: Nyon l'aine et fils, 1776-1814), vol. 15, 215를 참고하라.

법을 존경한다. 대신 백성들은 그 법을 집행하는 황제를 존경한다."[67]
실제로 주나라는 국교를 창설하고, 황제를 정부와 종교의 수장으로
세웠다.[68] 헤겔은 이 대목에서 주나라의 국교를 개인적인 수행을 강조
하는 불교–라마교와 비교해 설명하기도 한다.

아미옷은 자신의 논문 "유적을 통해 본 고대 중국"에서 황제와

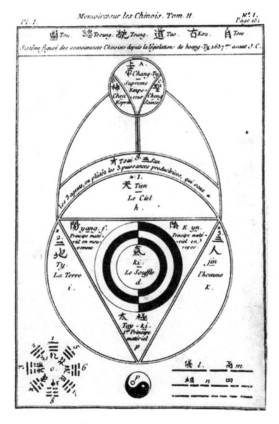

[그림 3.1] Jean Joseph Marie Amiot

---

67 Hegel, *LPR*, vol. 2, 551n; *VPR*, Part 2, 449n.
68 Hegel, *Phil. of Hist.*, 131; *Jub.*, vol. 11, 182.

하늘의 관계를 설명한다.69 그의 도식에서 황제는 계층 구조의 최상단에 위치한다. 황제는 귀신(神)과 정령(靈)의 도움을 받으며 자신의 역할을 수행한다. 천(天), 지(地), 인(人)으로 구성된 세 층위에서 세속적인 영역(地)과 탈세속적인 영역(天)을 통제하는 것은 황제(人)다. 아미웃은 그러한 세 층위를 그리스도교의 삼위일체 교리와 비교해 설명하기도 한다. 이와 관련해서는 앞의 [그림 3.1]을 참고하라.70

4. 도량의 체계

에쉬케(Walter Jeaschcke)가 편집 출간한 1824년 『종교철학』에서 중국 종교의 제목은 "고대의 중국 종교"로 표기되어 있다.71 거기서는 주나라의 국교만이 다뤄지고 있으니 그 제목이 적합할 수도 있다. 하지만 1827년 『종교철학』의 중국 종교 부분에는 도교에 관한 분석이 더해져 제목도 "중국의 국교와 도교"로 표기되어 있다.72 이후 1831년 『종교철학』에는 제목이 다시 "중국 종교: 도량의 종교"로 변경되어 있다.73 마라이네케가 1840년에 편집 출간한 『종교철학』 개정판은 그 여러 제목 가운데 1831년 『종교철학』의 제목을 채택했다.74

---

69 [Amiot], "L'Antiquite des Chinois, prouvee par les monumens," in *Mémoires concernant l'histoire, les sciences, les moeurs, les usages, etc. des Chinois*, vol. 2, 151. 이와 관련해서는 *Phil. of Hist.*, vol. 1, 121; *Jub.*, vol. 17, 156을 참고하라.

70 [Amiot], "L'Antiquite des Chinois, prouvee par les monumens," in *Mémoires concernant l'histoire, les sciences, les moeurs, les usages, etc. des Chinois*, vol. 2, 22ff., 26.

71 Hegel, *LPR*, vol. 2, 299; *VPR*, Part 2, 203.

72 Hegel, *LPR*, vol. 2, 547; *VPR*, Part 2, 445.

73 Hegel, *LPR*, vol. 2, 729; *VPR*, Part 2, 618.

하지만 그 제목은 헤겔이 중국 종교 전반을 "도량의 종교"(Die Religion des Maßes)로 공식화했다는 그릇된 인상을 줄 수도 있다. 그것은 도교의 핵심인 '괘'(卦)라는 복잡한 선분 체계를 가리킬 뿐, 중국 종교 전반을 포괄하는 명칭은 아니다. 헤겔은 『종교철학』뿐만 아니라 『철학사』,[75] 『역사철학』,[76] 『철학백과』[77]에서도 '도량의 종교'라는 명칭의 의미를 설명하고 있다.

헤겔은 『주역周易』에 나오는 괘를 분석한다. 고대 경전인 『주역』은 오랜 시대에 걸쳐 여러 저자에 의해 쓰인 것으로 추정되는데, 그 저자들과 관련한 학문적 논쟁은 아직도 끝나지 않았다. 전하는 바에 따르면, 그 저작의 제1부는 전설적인 인물 복희(伏羲)가 썼다. 그는 세 선으로 구성된 8괘를 만든 사람이다. 이후 주나라 문왕(文王: BC. 1152~1056)은 거기에 여섯 선으로 이뤄진 6괘를 도입하여 64괘로 구성된 괘의 체계를 완성했다. 셋째 저자는 문왕의 아들 무왕(武王)이다. 그는 64괘에 대한 368개의 분석을 담은 『효사爻辭』를 썼다고 전한다. 『주역』의 마지막 부분은 공자가 썼다고 전해지는 『십익十翼』이라는 주역 해설서다. 『주역』은 본래 점서(占筮)로 고안되었으나 이후에는 중국 문화 전반을 대변하는 일종의 지침서 역할을 하게 되었다. 헤겔은 『주역』이 탄생한 신화적 기원을 이렇게 설명한다.

---

74 Hegel, *Vorlesungen über die Philosophie der Religion*, I-II, ed. by Philipp Marheineke, vols 11-12 [2nd ed., 1840], in *Hegel's Werke*, vol. 11, 326(*Phil. of Religion*, vol. 1, 315; *Jub.*, vol. 15, 342).

75 Hegel, *Hist. of Phil.*, vol. 1, 121-123; *Jub.*, vol. 17, 156-158.

76 Hegel, *Phil. of Hist.*, 133; *Jub.*, vol. 11, 185. *LPWH*, vol. 1, 218; *VPWG*, vol. 1, 126f.

77 Hegel, *Phil. of Mind*, § 459, 217; *Jub.*, vol. 10, 350.

『주역』은 세계의 근본 원리를 담고 있다. [⋯] 중국인의 지혜를 담고 있는 『주역』의 저자는 고대 중국 전설에 등장하는 제왕 '복희'(伏羲)다. 그에 관한 내용은 매우 신화적이고 환상적이다. 그 전설의 요점은 그가 호 (胡)강에서 날아오르는 용마(龍馬)의 등에서 특이한 선분들이 그려진 도판을 보았다는 것이다.[78]

헤겔이 활용한 자료는 아미옷의 논문 "유적을 통해 본 고대 중국"이다. 거기서 아미옷은 이렇게 설명한다. "복희(伏羲)는 호(胡)강에서 솟아오르는 용마(龍馬)의 등에 그려진 도판을 보고 괘를 풀이해 나갔다. 원초적인 괘의 배열, 시대마다 달라지는 괘의 조합, 그 조합에 대한 설명을 담은 그의 저작이 오늘날 우리가 알고 있는 『주역周易』이다."[79]

헤겔은 두 기본 요소에 대한 설명으로 복잡한 도량의 체계를 설명해 나간다.[80] 도교는 헤겔의 변증법처럼 대립하는 원리들로 구성된 체계다. 그는 이렇게 설명한다.

추상적인 보편성으로서의 도량은 존재와 비존재, 일(一)과 다(多)라는 매우 단순한 범주들이다. 그러한 보편적 범주들은 선분으로 된 중국어로 표기되어 있다. 기본 형태는 선이다. 단선(一)은 하나 혹은 긍정을 의미

---

78 Hegel, *Hist. of Phil.*, vol. 1, 121; *Jub.*, vol. 17, 156.

79 [Amiot], "L'Antiquite des Chinois, prouvee par les monumens," in *Mémoires concernant l'histoire, les sciences, les moeurs, les usages, etc. des Chinois*, vol. 2, 54. 이와 관련해서는 같은 책, 153도 참고하라.

80 Hegel, *LPR*, vol. 2, 550n; *VPR*, Part 2, 447-448n: "도량과 관련하여, 도(道)라고 불리는 범주적인 규정들이 정해져 있다. 도의 법칙들은 범주적인 규정들 혹은 형태들이다. 추상적으로 보이는 그 규정들은 인간 정신을 특징짓는 의지와 이성의 법칙들이다."

하고, 파선(--)은 둘 혹은 부정을 의미한다.[81]

그러한 원초적인 두 괘로부터 다양한 원리를 상징하는 수많은 괘가 생겨난다.

두 기호의 조합으로 근원적인 범주적 규정들보다 훨씬 구체적인 의미를 담고 있는 다양한 기호들이 생겨나는데, 그것들은 세계의 사방과 중심을 상징한다. 세계의 사방에는 네 개의 산이 있고, 중앙에는 한 개의 산이 있다. 그리고 토(土), 화(火), 수(水), 목(木), 금(金)이라는 라는 다섯 요소가 있으며, 그것들은 각기 다른 기본색으로 표기되어 있다.[82]

헤겔은 『철학사』에서 좀 더 구체적으로 이렇게 설명한다.

우선 그 두 기본 기호의 조합으로 ☰(태양 太陽), ☱(소양 小陽), ☲(소음 少陰), ☷(태음 太陰)이라는 네 형태가 생겨난다. 그 네 형태는 완전한 물질과 불완전한 물질을 의미한다. 두 가지 양은 완전한 물질이다. 태양은 젊음과 강함의 범주에 속하고, 소양은 동일한 성분이지만 늙음과 약함의 범주에 속한다. 음이 근본이 되는 소음과 태음은 불완전한 성분이며, 이는 다시 젊음과 늙음, 강함과 약함이라는 두 범주로 나뉜다.[83]

---

81 Hegel, *LPR*, vol. 2, 551n; *VPR*, Part 2, 448n. 이와 관련해서는 다음을 참고하라. *Phil. of Hist.*, 133; *Jub.*, vol. 11, 185. *Hist. of Phil.*, vol. 1, 122; *Jub.*, vol. 17, 157.

82 Hegel, *LPR*, vol. 2, 551n; *VPR*, Part 2, 448n. 이와 관련해서는 Windischmann, *Die Philosophie im Fortgang der Weltgeschichte*, Erster Theil, *Die Grundlagen der Philosophie im Morgenland*, 126f.를 참고하라.

83 Hegel, *Hist. of Phil.*, vol. 1, 122; *Jub.*, vol. 17, 157.

두 줄로 이뤄진 그 기호들은 다시 세 선으로 이뤄진 체계로 발전했다.

나아가 세 선으로 조합된 괘라고 불리는 8개의 형태 ≡, ≡≡, ≡≡, ≡≡, ≡≡, ≡≡, ≡≡, ≡≡이 생겨난다. 간단히 해석하자면, 태양과 양으로 결합된 첫째 괘는 하늘 또는 모든 곳에 퍼져 있는 에테르를 의미한다. […] 둘째 괘는 순수한 물, 셋째 괘는 순수한 불, 넷째 괘는 천둥, 다섯째 괘는 바람, 여섯째 괘는 일반적인 물, 일곱째 괘는 산, 여덟째 괘는 땅을 의미한다.[84]

이처럼 헤겔은 괘의 중요한 형태들과 그 의미를 큰 틀에서 설명한다. 앞서 언급했듯이 헤겔이 괘의 분석과 관련하여 활용한 자료 중 하나는 예수회 선교사들이 공동 집필한 1687년 저작『중국의 철학자 공자*Confucius Sinarum Philosophus*』다.『주역』의 내용을 전하는 그 저작은 도입부에서 64괘를 포괄적으로 설명하고 있다. 이와 관련해서는 [그림 3.2]를 참고하라.[85]

헤겔은『철학사』에서 이렇게 말한다.

"더 나아가 네 선이 조합된 64괘가 생겨났다. 중국인들은 그것을 한자의 기원으로 생각했다. 왜냐하면 모든 한자는 64괘의 모양에 직선이나 다양한 사선을 덧붙여 제작된 것이기 때문이다."[86]

---

84 Hegel, *Hist. of Phil.*, vol. 1, 122f.; *Jub.*, vol. 17, 157f.

85 Prospero Intorcetta, Christian Herdtrich, Francois Rougemont, Philippe Couplet, *Confucius Sinarum Philosophus, sive scientia sinensis latine exposita* (Paris: Daniel Horthemels, 1687), xliv. For an account of this influential work, see Mungello, *Curious Land*, 247-299.

86 Hegel, *Hist. of Phil.*, vol. 1, 123; *Jub.*, vol. 17, 157.

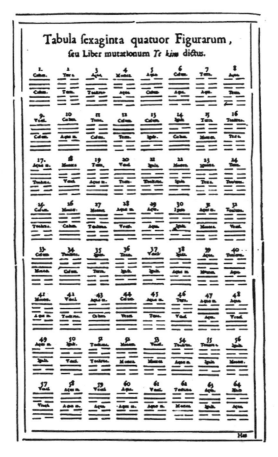

[그림 3.2] Prospero Intorcetta, Christian Herdtrich, Francois Rougemont, Philippe Couplet, *Confucius Sinarum Philosophus, sive scientia sinensis latine exposita* (Paris: Daniel Horthemels 1687), xliv.

64괘의 모든 선은 완벽한 균형과 대칭을 이루고 있다. 이로부터 우주를 구성하는 모든 개별 요소가 서로 완벽한 조화를 이루고 있다는 사상이 탄생하게 되었다.

헤겔이 괘의 체계를 이해하는 데 결정적인 역할을 한 저작은 빈디슈만의『세계사의 진보 속에서의 철학: 동양철학의 기초』였다.[87] 괘의 체계와 관련한 헤겔의 거의 모든 분석은 그 저작을 활용한 것이다. 그는 괘의 체계와 사변철학은 아무 상관이 없다고 비판하는 대목에서 그 저작을 직접 언급하기도 한다.[88] 빈디슈만은 괘의 체계를 긍정적으로 평가했지만, 헤겔은 그것을 부정적으로 평가했다.

헤겔은 아미옷의 논문 "유적을 통해 본 고대 중국"의 내용도 활용했다. 아미옷도 헤겔처럼 단선과 파선에 대한 설명으로 괘의 체계를 분석하기 시작한다.[89] [그림 3.1]의 오른쪽 하단 모서리에 표시된 l과 m 아래의 선이 바로 그것이다. 그리고 n의 아래에는 그 단선과 파선을 서로 평행하게 배치한 다양한 조합들이 표기되어 있다. 그런 다음 아미옷은 그러한 선 체계가 8괘로 발전하는 과정을 상세히 설명한다.

세 선으로 이루어진 8괘는 첫째 도식 [그림 3.1]의 왼쪽 하단에 표기된 'O'에서처럼 서로 배열되어 있는데, 그것들은 세계의 중심을 기점으로 완전한 것과 불완전한 것이 대립하는 형상을 하고 있다. 짝수는 홀수와 대립하고, 하늘은 땅과 대립하고, 산은 산의 물과 대립하고, 불은 물과

---

87 Windischmann, *Die Philosophie im Fortgang der Weltgeschichte, Erster Theil, Die Grundlagen der Philosophie im Morgenland*, 145ff. 이와 관련해서는 *Hist. of Phil.*, vol. 1, 123; Jub., vol. 17, 158을 참고하라.

88 *Hegel, Hist. of Phil.*, vol. 1, [123] 이 번역판에는 "거기에는 일말의 개념도 없다"라는 구절이 생략되어 있다. *Jub.*, vol. 17, 158.

89 [Amiot], "L'Antiquite des Chinois, prouvee par les monumens," in *Mémoires concernant l'histoire, les sciences, les moeurs, les usages, etc. des Chinois*, vol. 2, 17. 이와 관련해서는 Hegel, *Hist. of Phil.*, vol. 1, 121; Jub., vol. 17, 156을 참고하라.

대립하고, 천둥은 바람과 대립한다. 또한 짝수로 된 네 괘는 홀수로 된 네 괘와 동일한 양으로 구성되어 있다. 이것이 최초의 괘 배열이다. 중국의 철학자들은 그것을 만유를 생성하는 불변의 자연질서라고 불렀다.[90]

아미웃은 독자들의 편의를 위해 8괘를 도식화했다. [그림 3.1]의 왼쪽 하단에 'O'를 중심으로 한 원형 도식이 바로 그것이다. 그러한 8괘가 더 발전한 것이 [그림 3.3]에 나오는 64괘의 체계다.

역사적 관점에서 보면 중국인들이 조화와 균형을 왜 그렇게 중시했는지 짐작할 수 있다. 여러 왕국, 부족, 씨족 간의 끊임없는 전쟁과 권력 다툼에 휘말렸던 고대 중국은 그 모든 갈등을 통합하는 강력한 중앙집권적 권력 체계의 확립을 갈망했다. 평화를 회복하는 유일한 길은 황제가 즉위하여 모든 전쟁 세력을 통일하는 것뿐이었고, 따라서 그것을 위협하는 모든 것은 반동과 전복의 세력으로 척결될 수밖에 없었다. 수 세기를 이어온 전쟁과 갈등의 역사는 필연적으로 조화로운 세계에 대한 종교 개념을 낳을 수밖에 없었던 것이다.

그러한 중국의 역사적 배경은 중국인들이 그러한 추상적인 구조를 사유할 수밖에 없었던 이유나 그것이 그들의 삶, 즉 도덕 및 인간관계를 지배할 수밖에 없었던 이유를 밝혀준다. 인간도 세계의 일부이기 때문에 인간의 사유나 행위는 세계의 구조에 영향을 받을 수밖에 없다는 것이 그것이다. 헤겔은 이렇게 설명한다.

---

90 [Amiot], "L'Antiquite des Chinois, prouvee par les monumens," in *Mémoires con-cernant l'histoire, les sciences, les moeurs, les usages, etc. des Chinois*, vol. 2, 17f. 이와 관련해서는 같은 책의 151-155에 나오는 아미웃의 설명도 참고하라.

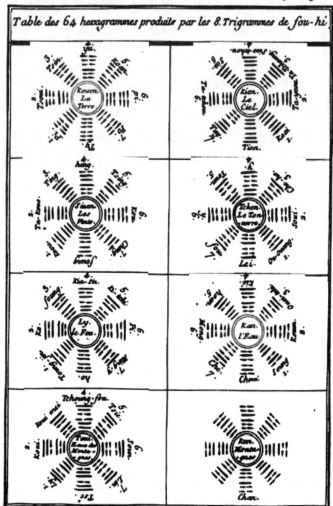

[그림 3.3] [Jean Joseph Marie Amiot], "L'Antiquite des Chinois, prouvee par les monumens," in *Mémoires concernant l'histoire, les sciences, les moeurs, les usages, etc. des Chinois*, vols 1-16 (Paris: Nyon l'aine et fils, 1776-1814), vol. 2, 189.

인간이 자신의 의무를 준수하면, 제국뿐만 아니라 자연 만물이 조화로운 상태에 이르게 된다. 달리 말해 제국과 충실한 개인 모두가 번영하는 것이다. 인간의 행위와 자연적인 환란 사이에는 도덕적 연관이 존재한다. 제국에 홍수, 지진, 화재, 가뭄과 같은 환란이 일어나면, 그것은 전적으로 인간이 이성의 법칙을 준수하지 않았거나 제국이 도량의 규정들을 제대로 준수하지 못했기 때문이다. 그러한 불손으로 인해 보편적인 도량이 훼손되고, 그로 인해 자연적인 환란이 일어나는 것이다.[91]

중국인들은 자연 세계와 인간 세계가 어우러진 우주적 조화라는 관념을 가지고 있었다. 인간 세계의 균형이 깨지면 자연 세계의 균형도 깨진다. 여기서 우리는 또다시 중국 종교와 마법 종교 간의 연관을 발견할 수 있다. 헤겔은 주나라의 국교가 가진 마법의 요소를 지적한다.
　황제와 신하들의 주된 임무는 우주의 균형을 유지하는 것이다. 백성들의 번영을 바란다면 황제는 반드시 선하게 행동해야 한다.[92] 황제가 도덕적으로 타락하거나 자신의 임무를 소홀히 하면 백성들에게 환란이 일어나기 때문이다. "홍수나 전염병이 온 나라를 쑥대밭으로 만들었을 때, 그것을 해결할 수 있는 자는 오로지 황제뿐이었다. 그럴 때마다 황제와 신하들은 자신이 불행의 원인이라고, 즉 자신들이 법을 제대로 따르지 않아 환란이 일어났다고 자성했다."[93] 우주의 전체적인 조화나 질서를 위해서는 무엇보다 그들이 양심적이고 도덕

---

91 Hegel, *LPR*, vol. 2, 551n; *VPR*, Part 2, 448-449n.

92 Hegel, *Phil. of Hist.*, 132; *Jub.*, vol. 11, 183f. 이와 관련해서는 *LPWH*, vol. 1, 245; *VPWG*, vol. 1, 159도 참고하라.

93 Hegel, *LPR*, vol. 2, 551-552n; *VPR*, Part 2, 449n.

적으로 살아야 했다. "제국과 개인의 번영은 그들의 의무 준수에 달려 있다."94 이 대목에서 헤겔은 그로시에의 저작 『중국에 관한 일반적인 설명Description générale de la Chine』을 활용하여, 환란이 닥쳤을 때 황제가 하늘의 노여움을 푸는 마법의 방식을 설명하고 있다.95

환란의 상황을 수습할 수 있는 유일한 방법은 황제와 신하들이 자신의 잘못을 고백하고 속죄하는 것이다. "황제는 의무를 다하지 않은 신하들을 질책하고 참회하기를 명령했으며, 올바로 행동하지 못한 자신도 참회의 묵상에 전념했다."96 황제는 그렇듯 우주의 질서 나 조화와도 밀접하게 연관되어 있었다.

5. 정령들

황제는 산 자뿐만 아니라 죽은 자도 신하로 임명했다. 죽은 자의 정령들은 특정한 자연력을 담당하는 신하로 고용되었다. 한 정령은 비를 담당하는 신하였고, 또 한 정령은 불을 다스리는 신하였다. 헤겔 은 이렇게 설명한다.

중국 종교의 둘째 측면은 하늘과의 일반적인 관계가 황제의 인격과 연관 되어 있다는 것이다. 또한 황제는 개인이나 집단의 특수한 행복을 관장 하는 특별한 능력도 가지고 있었다. 황제는 그것을 담당하는 각각의 정

---

94 Hegel, *LPR*, vol. 2, 552n; *VPR*, Part 2, 449n.

95 Grosier, *Description générale de la Chine*, vol. 1, 544-545.

96 Hegel, *LPR*, vol. 2, 552n; *VPR*, Part 2, 449n.

령을 신하로 두었다. 황제는 하늘의 일반적인 힘만을 숭배하고, 자연계
의 수많은 정령들은 황제의 법을 숭배했다. 그렇듯 황제는 하늘뿐만 아
니라 지상의 입법자이기도 했다.[97]

세상의 균형과 질서를 유지하기 위해 죽은 자도 산 자들과 함께
일한다. 죽은 자에게 제사를 지내는 것은 조상 숭배의 관행과도 밀접
하게 연관되어 있다.[98] 가족 구성원은 죽어서도 남은 가족들과 함께
일상을 살고, 자신이 하던 일도 계속한다고 중국인들은 믿는다.[99]
그러한 정령들은 황제가 일일이 관리할 수 없는 특정한 법률이나
관습들, 이를테면 오행(土,火,水,木,金), 비, 전염병 같은 자연력을 통제
하고 관리하는 역할을 한다.[100]

정령은 죽은 조상으로 여겨지기도 하지만 때로는 무서운 귀신으
로 여겨지기도 한다. "사람들은 정령들의 형상을 세우고, 그것을 숭배
하기도 했다. 하지만 그것은 어떠한 정신도 표현하지 않는 조야한
형상들에 불과하여 예술의 지위를 얻지는 못한다. 그러한 형상들은
무섭고, 두렵고, 끔찍한 모습을 하고 있을 뿐이다."[101] 수많은 정령과

---

97 Hegel, *Phil. of Hist.*, 132; *Jub.*, vol. 11, 184. 이와 관련해서는 *LPWH*, vol. 1, 247; *VPWG*,
vol. 1, 161도 참고하라.

98 아미옷은 조상 숭배와 신 숭배를 엄격히 구분하고 있다. 이와 관련해서는 [Amiot], "L'Antiquite
des Chinoise, prouvee par les monumens," in *Mémoires concernant l'histoire, les
sciences, les moeurs, les usages, etc. des Chinois*, vol. 2, 34를 참고하라.

99 Hegel, *LPR*, vol. 2, 552n; *VPR*, Part 2, 450n.

100 Hegel, *LPR*, vol. 2, 303; *VPR*, Part 2, 207. *LPR*, vol. 2, 555; *VPR*, Part 2, 452f. [Jean
Joseph Marie Amiot], "Extrait d'une lettre de M. Amiot, Missionnaire, ecrite de
Peking, le 16 Octobre 1787. Sur La Secte des Tao-see," in *Mémoires concernant
l'histoire, les sciences, les moeurs, les usages, etc. des Chinois*, vol. 15, 241.

101 Hegel, *Phil. of Hist.*, 132f.; *Jub.*, vol. 11, 184. 번역을 약간 수정하였다.

하위의 신들은 그 제국의 행정을 담당하는 인간과 다를 바 없다. 정령도 인간처럼 선한 일을 하면 승진을 하기도 하고, 악한 일을 하면 처벌을 받거나 경질되기도 한다. 새로 즉위한 황제는 마치 장관을 임명하듯이 다양한 영역을 책임질 새 정령들을 임명해야 한다. 새 황제가 즉위했다는 것은 옛 정령이 불손하여 지난 정권이 몰락했다는 뜻이므로 그들을 경질하고 새 정령을 임명한다는 것은 쇄신을 다짐하는 일종의 상징적 행위였다. "어떤 지역에 흉작, 화재, 홍수와 같은 환란이 발생하면, 황제는 그 영역을 담당하는 정령을 경질하고, 그의 형상을 철거하는가 하면, 그 자리에 새 정령을 임명하기도 했다. 이처럼 중국의 정치 체계는 자연 지배권을 가진 황제를 중심으로 하는 군주제의 형태를 띠고 있었다."102 새로 즉위한 황제가 이전 황제의 무덤을 모독하는 관습은 그러한 황제의 자연 지배권을 보여주는 상징적인 행위다. 새 황제가 즉위하면 과거의 모든 정령은 경질을 당했다. 그것은 마법 종교 가운데 주물 숭배의 논리, 즉 숭배하던 주물이 소원을 이뤄주지 않으면 곧장 다른 주물로 대체하는 것과 같은 논리다.

헤겔은 아미옷의 논문 "유적을 통해 본 고대 중국"에 나오는 왕권 교체의 이야기, 즉 주(周)나라가 상(商)나라를 물리치고 왕권을 쟁취한 이야기를 들려준다.103 새로 즉위한 황제가 내린 첫째 명령 중 하나는 옛 정령들을 경질하는 것이었다. 왜냐하면 옛 왕조가 비참하게 몰락한 이유는 그 정령들이 자신의 임무에 충실하지 못했다는 뜻이기 때문이

---

102 Hegel, *LPR*, vol. 2, 303; *VPR*, Part 2, 207.

103 Hegel, *LPR*, vol. 2, 552-555; *VPR*, Part 2, 449-452. [Amiot], "Extrait d'une lettre de M. Amiot, Missionnaire, ecrite de Peking, le 16 Octobre 1787. Sur La Secte des Tao-see," in *Mémoires concernant l'histoire, les sciences, les moeurs, les usages, etc. des Chinois*, vol. 15, 228-241.

다. 황제는 총리를 시켜 옛 정령들 앞에서 파면을 알리는 문서를 읽게 했다. "정령(특히 최근에 죽은 자의 정령)은 자신의 임무를 소홀히 하여 제국을 몰락시켰으니, 어떠한 처벌도 마땅히 받아야 한다."104 옛 정령들이 파면된 이유는 그들의 태만과 불손 때문이다. 제국을 다스리는 임무는 이제 새 정령에게 위임된다. 하지만 놀라운 것은 황제는 파면된 옛 정령들의 유족들을 생각해 그들을 그 자리에 다시 임명했다는 것이다. 즉, 그러한 파면의 관행은 쇄신과 조화와 평안을 기원하는 일종의 상징적인 종교적 관행이었던 것이다.

중국인들은 죽은 조상을 숭배하는 제사를 지낸다. 그러한 의미에서 그들도 영혼불멸 개념을 가졌었다고 생각할 수 있다. 하지만 헤겔은 그러한 견해를 비판한다.

중국인들은 죽은 조상에게 존경을 표하거나 자신의 모든 업적을 조상의 공덕으로 돌린다. 그것은 자신보다 조상을 높이는 행위다. 하지만 그것은 영혼불멸에 대한 믿음이라기보다 죽은 자의 불멸에 대한 믿음일 뿐이다.105

---

104 Hegel, *LPR*, vol. 2, 554; *VPR*, Part 2, 451f. 이와 관련해서는 [Amiot], "Extrait d'une let-tre de M. Amiot, Missionnaire," in *Mémoires concernant l'histoire, les sciences, les moeurs, les usages, etc. des Chinois*, vol. 15, 235f.를 참고하라. "당신은 사후에 청족의 계급에 오를 자격이 있었지만 새로운 보상을 받을 만한 일도 하지 않았고, 심지어 주어진 임무조차 성실하게 수행하지 않았으니 어떠한 처벌을 받아도 마땅하다. 당신의 그러한 태만과 불손이 지난 왕조의 백성들을 괴롭힌 악의 원인 중 하나다. [...] 새 왕조는 그러한 임무를 더 이상 당신에게 맡기지 않을 것이다. 하늘은 당신을 파면했고, 더 유능한 정령에게 그 임무를 위임했다. 당신은 파면되었으니 이제 원하는 곳으로 떠나라."

105 Hegel, *LPWH*, vol. 1, 361; *VPWG*, vol. 1, 301.

헤겔에 따르면, 고대 중국인들은 발달된 개인 개념을 가지고 있지 않았기 때문에 영혼불멸 개념도 가질 수 없었다. 그는 이렇게 설명한다.

> 황제가 덕망 있는 사람의 조상을 더 높은 지위에 앉히는 것을 보고, 그것을 영혼불멸에 대한 믿음의 증거라고 생각하는 사람들도 있다. 하지만 영혼불멸은 내면의 영혼이 그 자체로 무한하다는 것을 의미한다. 세속적인 명예가 더 이상 주어지지 않거나, 그것에 더 이상 연연하지 않는 개인의 내면적인 영역, 즉 세속성이 완전히 소멸된 상태야말로 참다운 의미의 영혼불멸이나. 하지만 황제가 드높여 존경하는 것은 영혼이 아니다. 그것은 중국인들에게는 절대적으로 자유로운 내면의 영혼이 존재하지 않았다는 것을 의미한다. 세속적으로 더 높은 지위에 오른다는 것은 영혼불멸 개념과 아무런 상관이 없다. 진정한 영혼은 세속적인 명예를 초월한 곳에 존재하기 때문이다. 영혼이 계속해서 세속적인 명예를 누린다는 것이야말로 우리가 말하는 영혼불멸 개념과의 결정적인 차이다.[106]

중국인들이 죽은 자에게도 세속적인 명예를 부여했던 것은 죽은 자의 정령도 세속적인 영역에 참여한다고 믿었기 때문이다. 하지만 그것은 세속적인 영역을 초월한 절대적이고 무한한 개인 개념, 즉 영혼불멸 개념과는 아무런 상관이 없다. 진정한 영혼불멸의 존재는 그런 세속적인 명예에 굴복하지 않는다. 그들의 불멸 개념은 기껏해야 세속적인 지속의 차원에 불과하다. 정령들이 여전히 세속적인 명예와 결부되어 있다는 점에서 그것은 참다운 영혼불멸과는 거리가 멀다.

---

106 Hegel, *LPWH*, vol. 1, 361; *VPWG*, vol. 1, 301f.

6. 주관적 자유의 결핍과 미신

헤겔에 따르면, 중국 종교는 인간의 본질에 대한 구체적인 개념을 갖지 못한 원초적인 종교 형태에 불과하다. 그것은 고대 중국인들이 주관적 자유를 인식하지 못했다는 한계를 단적으로 보여준다. 그들은 정신(자기의식)으로서의 신 개념이 아니라 다만 자연 세계 전체를 상징하는 추상적인 신 개념에 머물러 있을 따름이었다. 그리스도교에서 신은 성부(聖父), 성자(聖子), 성령(聖靈)의 삼위일체다. 그것은 자기의식의 신이요 성자를 통해 구체적으로 계시된 신이다. 개별적인 신자들은 성자를 통해 자기 내면의 신적인 요소를 인식하게 되면서 신과의 화해를 이룬다. 그리스도교의 신 개념은 근대적 개인들의 자기 개념을 반영하고 있다. 하지만 고대 중국인들은 신과 인간의 관계를 다만 이렇게 생각한다.

> 보다 상위의 보편적인 것은 단지 추상적인 토대일 뿐이다. 중국인들은 보편적인 것을 완전히 내면화하지 못한 채 거기에 구속되어 있을 뿐이다. 그들은 자기 내에 존재하지 않는다. 자유와 이성이 등장하고, 스스로가 자유롭다는 의식을 갖게 되고, 그것이 이성을 통해 구체화되어야만 그러한 자기 내적 토대가 마련될 수 있다.[107]

이 단계의 개인은 자신을 다른 자기의식과 마주한 자기의식적인 실체가 아니라 그저 하나의 사물로 인식한다. 인정의 변증법이 성립하

---

107 Hegel, *LPR*, vol. 2, 560; *VPR*, Part 2, 457.

려면 두 자기의식 간의 상호작용이 필요한데, 그들에게는 아직 그런 조건이 마련되어 있지 않다. 보편적 실체로서의 '하늘'은 개인들의 인정을 받기만 할 뿐 그들을 인정하지는 않는다. 주관적 자유의 개념을 갖지 못한 중국인들에게는 자신을 반성하거나 선택할 수 있는 내면적인 삶도 결여되어 있다.

그들은 외부 세계에 전적으로 의존하며 살아간다. 외부 세계의 명령에 맹목적으로 복종하고 순응하는 것이 삶의 유일한 목적이다. 그들에게는 자신의 의지와 의무를 자율적으로 선택하거나 결정할 권리가 없다. 그들은 외부의 자연 세계를 신으로 여기며 그것에 전적으로 의존하며 살아간다.[108] 개인의 목표, 꿈, 관심, 소망 등은 존재하지 않는다. 그들은 자신의 의지가 아니라 하늘이라는 외적인 힘의 명령, 즉 우주의 질서, 균형, 조화를 유지하는 데 필요한 덕목들을 준수하며 살아간다. 그러한 삶에서는 개인의 주관성이 필요치 않으며, 따라서 그러한 개념 자체도 존재하지 않는다. 개인의 삶의 목적은 오로지 자연의 보편적인 질서와 균형에 순응하는 것이다. 개인의 고유성이나 특수성은 중요하지 않다. 개인은 그저 외적인 자연 세계의 명령에 무조건 순응해야 한다.

헤겔은 도덕과 법이 통합된 중국의 국가 운영 방식에서도 주관적 자유의 결핍을 발견한다. 그는 중국 사회의 특징 중 하나를 "도덕이 법이 되고, 감정적인 가치가 공적인 권력이 되고, 내적인 규정이 법의 명령으로 객관화되는 것"[109]이라고 주장한다. 중국인은 도덕이나 관

---

108 Hegel, *LPR*, vol. 2, 560f.; *VPR*, Part 2, 457.
109 Hegel, *LPWH*, vol. 1, 233; *VPWG*, vol. 1, 144.

습에 해당하는 모든 것을 법제화했다. 도덕적으로 올바른 것을 언제나 법으로 규정했던 것이다. 헤겔에 따르면, 도덕과 법의 구별이 사라지면 내면적인 것(도덕)이 외면적인 것(법)으로 전락하고 만다. 법이야말로 보편적으로 적용 가능한 것이기 때문이다. 이는 결국 도덕의 본거지인 내면성의 영역을 제거하는 결과로 이어진다. 개인의 모든 행위가 법으로 명령되면, 개인의 동의와 명령의 근거라 할 내면적인 양심은 전혀 필요치 않다. 국가와 같은 외적인 영역과 상반되는 주관적인 내면과 자유는 완전히 배제되는 것이다.[110] 그러한 상황은 자연스럽게 개인의 결정, 창의성, 내면성 등으로 대표되는 주관성의 형성을 억압하게 마련이다. 중국이 서양과 같은 학문이나 예술 혹은 또 다른 문화적 측면들을 발전시키지 못한 이유도 그러한 개인의 주관적 자유가 보장되지 않았기 때문이다.[111] 주관성과 내면성에 대한 존중이 자유의 전제 조건이다.

헤겔은 중국의 다양한 제도에서 그러한 주관적 자유의 결핍을 발견한다. 가장 눈에 띄는 것은 중국의 노예 제도다. 그것은 주관적 자유와 양립할 수 없는 개인 개념의 철저한 부정에 근거하고 있다.[112] 또 하나는 죄의식과 처벌의 개념이다. 중국에서는 누군가 죄를 지으면 가족 전체가 함께 벌을 받는다. 아버지의 죄로 어린아이들까지 함께 사형당하는 끔찍한 일도 비일비재했다. 특정한 사람의 법적 책임을 일가친척에게까지 전가하는 그러한 연좌제(緣坐制) 역시 개인의 권리

---

110 Hegel, *LPWH*, vol. 1, 234; *VPWG*, vol. 1, 145f.

111 Hegel, *LPWH*, vol. 1, 234; *VPWG*, vol. 1, 145.

112 Hegel, *LPWH*, vol. 1, 235; *VPWG*, vol. 1, 146f. 이와 관련해서는 다음도 참고하라.
   LPWH, vol. 1, 225; *VPWG*, vol. 1, 134. *LPWH*, vol. 1, 229f.; *VPWG*, vol. 1, 139.

를 인정하지 않는 그들의 인간 개념을 보여주는 단적인 사례다. 중국에서는 가족이라는 이유만으로 무고한 개인들이 다른 사람의 죄에 연루되거나 희생되기도 한다.[113] 고대 중국의 정부와 법체계가 개별성과 주관성을 인정하지 않은 것은 백성들을 이성적인 사유 능력이 없는 어린아이나 미성년자로 취급했기 때문이다.[114]

외적인 것에 의존하는 삶의 형태는 '미신'의 형태를 띨 수밖에 없다. 황제가 선포하는 특정한 법률이나 의무는 일반적이고 형식적인 규정이기 때문에 구체적인 상황에서 개인은 거기에 담긴 신의 요구와 뜻이 무엇인지 스스로 이해하고 해석해야 한다. 하지만 중국에서는 개별적인 의지의 가치나 존엄을 전혀 인정하지 않기 때문에 사소하고 하찮은 행위조차 스스로 결정할 수 없었다. 그들은 세상만사를 오로지 자연의 명령에 따라 결정했던 것이다. 헤겔은 이렇게 설명한다. "중국인들은 자신의 이성이나 양심을 신뢰하지 않고 오로지 외적인 명령에 따라서만 살아간다. 그 결과가 외적인 것에 대한 무조건적인 의존성이다. 그것은 우연적인 것에 모든 것을 내맡기는 미신 중의 미신이 아닐 수 없다."[115]

그들은 정령들의 자의적인 행동에 의존해서 살아야 했기 때문에 매 순간 불안할 수밖에 없었다.[116] 중국인들은 자신의 그릇된 행동으로 인해 우주의 조화나 균형이 깨지는 것을 매우 두려워했다. 크고 중요한 행동뿐만 아니라 작고 사소한 행동조차 환란의 원인이 될

---

113 Hegel, *LPWH*, vol. 1, 235; *VPWG*, vol. 1, 147.

114 Hegel, *LPWH*, vol. 1, 237; *VPWG*, vol. 1, 149.

115 Hegel, *LPR*, vol. 2, 561; *VPR*, Part 2, 457f.

116 Hegel, *LPR*, vol. 2, 561; *VPR*, Part 2, 458.

수 있다는 믿음은 그들을 더욱 두렵게 했다. 일상의 작은 행동들조차 우주와 사회의 안녕을 해칠 수 있다는 믿음으로 인해 그들은 매사에 신중과 주의를 기울일 수밖에 없었다. 그래서 생겨난 것이 일상적인 행동과 관련한 갖가지 미신들이다. 헤겔은 그 사례를 이렇게 열거한다.

> 그래서 점집들이 등장하기 시작했다. 모든 우발적 상황에 대한 사람들의 불안감이 그 원인이다. 모든 지역에는 예언을 맹신하는 사람들로 넘쳐난다. 중국인들은 자신의 거주지라든가 조상의 묫자리와 같은 미신적인 일들에 평생을 매달렸다. 집을 지을 때도 근처에 다른 집들이 있으면, 그집들과 관련한 온갖 제의를 치렀다.117

그러한 미신들은 수많은 정령과 연관되어 있다. 헤겔은 승려나 성직자가 정령들과 소통하는 점쟁이나 퇴마사 역할을 했다고 말한다.118

중국 종교에는 인간 개념이 존재하지 않았으므로 참다운 의미의 종교라고도 부르기 어렵다.

> 중국 종교는 아직 참다운 의미에서의 종교 단계에 이르지 못했다. 왜냐하면 참된 믿음이란 개인이 은거하는 곳에서만, 달리 말해 외부의 강제력으로부터 독립적으로 존재할 수 있는 곳에서만 가능하기 때문이다. 하지만 중국에서 개인은 그러한 독립적인 삶을 누리지 못했다. 그들의 삶

---

117 Hegel, *LPR*, vol. 2, 561f.; *VPR*, Part 2, 458. 이와 관련해서는 다음도 참고하라. *Phil. of Hist.*, 133; *Jub.*, vol. 11, 185. *LPWH*, vol. 1, 249; *VPWG*, vol. 1, 163.

118 Hegel, *Phil. of Hist.*, 133; *Jub.*, vol. 11, 184f.

은 종교뿐만 아니라 모든 자연대상에 의존적이었다. 그러한 자연대상 가운데 가장 고귀한 것은 하늘이었다.[119]

헤겔은 종교를 개인의 내적인 삶과 연관된 것으로 본다. 하지만 중국 종교는 아직 그러한 내면성을 갖추지 못한 단계다. 중국인들은 개인의 내면성과 주관성을 인식하지 못했기 때문에 그들의 신 개념 역시 추상적이고 공허할 수밖에 없었다. 헤겔이 볼 때 그들의 인간 개념은 원초적인 수준에 머물러 있었다. 오로지 황제만이 개인의 가치와 존엄을 누렸고, 그만이 하늘에 제물을 바치거나 종교의식에 참여할 권리를 누렸다. 그는 국가의 어버이였고, 그 외의 모든 백성은 아무런 의미도 없는, 감히 신을 언급할 수조차 없는 무가치한 존재들이었다. 그들은 어른답게 자신의 의지에 따라 살지 못하고, 다만 어린아이와 같은 순종적인 상태에 머물러 있었다. 그들은 생사 결정권을 쥔 황제에게 절대적으로 의존해 살아갔을 뿐 스스로는 아무것도 할 수 없다는 극단적인 무력감에 빠져 있었다. 황제는 세계의 질서와 조화를 유지하는 막중한 책임을 지니고 있었지만, 사적인 개인들은 일상적인 삶의 영역에서조차 아무런 결정권을 갖지 못했다. 더욱이 그들은 우주의 복잡한 인과관계를 전혀 이해할 수 없었기 때문에 그러한 무력감은 더욱 극심해졌다. 어른답게 살아가는 황제는 무질서한 세계를 조화롭게 재건할 계획을 세우거나 자신이 설립한 제도들을 마음대로 변경할 수 있었지만, 어린아이처럼 살아가는 백성들은 사소한 일상사조차 이성적으로 사유하거나 계획할 수 없었다. 개인은

---

119 Hegel, *Phil. of Hist.*, 131f.; *Jub.*, vol. 11, 183.

자신의 행동이 초래할 사방의 위험에 완전히 졸여 있었다. 그들은 중요한 문제를 결정할 때마다 정령들에게 정성껏 제사를 지내지 않으면 나중에 불길한 일이 일어난다는 사사로운 믿음에 사로잡혀 있었다. 세상의 인과관계를 이해하지 못하면 이렇듯 모든 것이 결정적인 원인으로 보이는 두려움에 빠져들게 마련이다. 그래서 중국인들은 매사에 불길한 일이 일어나지 않도록 주의할 수밖에 없었다. 그들에게는 인간 주체라는 개념이 없었기 때문이다.

| 4장 |

불교와 라마교
: 자기-내-존재의 종교

자기-내-존재의 종교

다음으로 헤겔은 불교(Buddhismus)와 그 변종인 티베트 불교를 한데 다룬다. 티베트 불교는 '라마승'(Lama)을 신으로 숭배하기 때문에 '라마교'(Lamaismus)라고 불리기도 한다. 라마교는 『종교철학』뿐만 아니라[1] 『역사철학』에서도 비슷하게 논의되고 있다.[2] 그는 『철학사』의 "동양 철학" 부분에서 유교와 도교만 다루고 이상하게도 불교는 다루지 않는다.[3] 『대논리학』에서는 "무"(無)의 범주를 다루는 부분에서 불교가 간략히 다뤄지고 있다.[4] 그는 불교의 일반적인 특징을 '무에 대한 숭배'로 규정한다. 그것은 당시 모든 유럽 학자가 공유하던 일반적인 견해이기도 하다.[5]

헤겔이 분석한 세계 종교들의 발전 과정에서 불교의 배열은 확정되지 못하고, 1831년 마지막 『종교철학』에서까지 계속 조정되고 있다.[6] 1824년과 1827년 『종교철학』에서는 불교와 라마교가 힌두교보

1 Hegel, *LPR*, vol. 2, 303-316; *VPR*, Part 2, 207-218. *LPR*, vol. 2, 562-579; *VPR*, Part 2, 458-475. *LPR*, vol. 2, 735-736; *VPR*, Part 2, 623. *NR*, 119-137. *Phil. of Religion*, vol. 2, 48-65; *Jub.*, vol. 15, 400-417.

2 Hegel, *Phil. of Hist.*, 167-172; *Jub.*, vol. 11, 227-233. *LPWH*, vol. 1, 295-303; *VPWG*, vol. 1, 223-233. *OW*, 411-413.

3 Hegel, *Hist. of Phil.*, vol. 1, 119-125; *Jub.*, vol. 17, 154-160.

4 이와 관련해서는 Hegel, *SL*, 83; *Jub.*, vol. 4, 90을 참고하라. "알다시피, 동양의 체계, 특히 불교에서는 무(無), 즉 공(空)이 절대적인 원리다." 이와 관련해서는 *EL*, § 87; *Jub.*, vol. 8, 207도 참고하라.

5 이와 관련해서는 다음을 참고하라. Roger-Pol Droit, *The Cult of Nothingness: The Philosophers and the Buddha*, trans. by David Streight and Pamela Vohnson (Chapel Hill and London: The University of North Carolina Press, 2003). Urs App, *The Cult of Emptiness: The Western Discovery of Buddhist Thought and the Invention of Oriental Philosophy* (Rorschach and Kyoto: University Media, 2012).

다 먼저 다뤄진다. 이 책의 구성도 그 배열을 따랐다.7 그것이 라손 (Georg Lasson)이 편집한 『종교철학』 판본의 순서다.8 하지만 1831년 마지막 『종교철학』에서는 힌두교가 불교와 라마교보다 먼저 다뤄진 다.9 마라이네케(Pillip Marheineke)가 편집한 『종교철학』 판본은 그 순서를 따랐다. 1832년에 출간된 그의 초판에서는 불교가 힌두교보 다 먼저 다뤄지고 있지만, 1840년에 출간된 재판에서는 힌두교가 불교보다 먼저 다뤄지고 있다.

헤겔은 불교의 역사적-지리적 배경에 관한 설명으로 본격적인 논의를 시작한다. 그는 종종 불교를 '불(佛)의 종교'라고 부르는데, 여기서 '불'은 중국어로 '붓다'(佛陀)를 가리킨다. 당시 문헌에는 붓다를 지칭하는 표준화된 방식이 없었기 때문에 문맥과 자료에 따라 다양하게 표기되어 있다. 중국어 표기인 '불'(佛) 외에도 일본어 표기인 '석가' (釋迦: しゃか)도 널리 사용되었고, 헤겔은 그것을 '고타마'(喬答摩)로 표기하기도 했다.10 그는 불교의 지리적 특성을 이렇게 설명한다.

> 우리는 역사적 측면에서 중국의 '불교'(佛教)를 규정했다. 불교는 중국
> 인, 몽골인, 티베트인, 버마인, 실론인의 종교다. 단 중국에서는 불(佛)을
> 붓다(佛陀)라고 부른다. 그러나 두 용어의 의미는 동일하다. 우리가 라마

---

6 이와 관련해서는 Paul Cruysberghs, "Hinduism: A Religion of Fantasy," in *Hegel's Philosophy of the Historical Religions*, ed. by Bart Labuschagne and Timo Slootweg (Leiden and Boston: Brill, 2012), 31-50을 참고하라.

7 Hegel, *LPR*, vol. 2, 303-316; *VPR*, Part 2, 207-218. *LPR*, vol. 2, 562-579; *VPR*, Part 2, 458-475. 이와 관련해서는 *Phil. of Mind*, § 393, Addition, 43f.; *Jub.*, vol. 10, 74f.를 참고하라.

8 Hegel, *NR*, 119-137.

9 Hegel, *LPR*, vol. 2, 735-736; *VPR*, Part 2, 623.

10 대표적으로 *LPR*, vol. 2, 563; *VPR*, Part 2, 460을 참고하라.

교로 알고 있는 것이 바로 그것이다.[11]

헤겔은 불교를 중국 종교 다음에 배열하고, 그 발생사적 배경을 이렇게 설명한다.

불교는 중국에서 유래한 종교로 역사적으로 볼 때, 권력이 지배하던 황제의 종교보다 뒤늦게 생겨난 종교다. 프랑스 선교사들은 중국 당(唐)나라의 제11대 황제인 헌종(憲宗)이 수많은 사원을 해산시키고, 승려들을 세상으로 돌려보낸 법령을 소개하고 있다. 그가 그러한 법령을 선포한 이유는 사원의 승려들이 땅을 경작하지도, 세금을 내지도 않았기 때문이다. 그 법령은 이렇게 시작한다. "우리의 삼대 제국에서 불교라는 종교는 금시초문이다. 그 종교는 한(漢)나라(BC 202~AD 25)에 들어서야 처음 등장한 것이다."[12]

헤겔은 붓다가 인도에 현존한 역사적 인물임은 알고 있었지만,[13] 참고 자료에 나오는 붓다의 생애와 관련한 내용은 일절 다루지 않는다. 그가 불교를 다루는 방식에는 또 다른 문제가 있다. 그는 역사상의 모든 종교를 이를테면 이집트인, 페르시아인, 유대인, 그리스인, 로마인과 같은 개별 민족의 관점에서 다루고 있다. 뿐만 아니라 그의 『역사철학』도 세계사를 개별 민족들의 부흥과 몰락을 중심으로 구성하고

---

11 Hegel, *LPR*, vol. 2, 307; *VPR*, Part 2, 211. 이와 관련해서는 *Phil. of Hist.*, 168; *Jub.*, vol. 11, 228도 참고하라.

12 Hegel, *LPR*, vol. 2, 311; *VPR*, Part 2, 214.

13 Hegel, *LPR*, vol. 2, 563; *VPR*, Part 2, 460.

있다. 그는 그러한 『역사철학』의 원리를 『종교철학』에도 그대로 적용하여 하나의 특정한 종교를 하나의 특정한 민족에 귀속시킨다. 각 종교에는 개별 민족의 정신이 반영되어 있는 것처럼 말이다. 하지만 불교는 방대한 지리적 권역을 차지할 뿐만 아니라 개별 민족의 종교도 아니기 때문에 그러한 접근법에 들어맞지 않는다.

또한 불교에 관한 그의 분석은 매우 소략할 뿐만 아니라 힌두교에 관한 분석과도 여러모로 중첩되고 있다. 실제로 그는 1831년 『종교철학』에서 "불교는 힌두교와 매우 유사하다"[14]는 말로 그 분석을 시작한다. 그가 활용한 자료 중 일부도 불교와 힌두교의 유사성에 주목하여 그 둘의 차이를 엄밀하게 규정하지 않는다.[15] 『종교철학』은 불교를 중국 종교나 힌두교와 등치시키고 있지만, 『역사철학』은 불교를 "인도"[16]라는 더 큰 주제 범주 아래 매우 소략하게 다루고 있다. 『역사철학』에서는 중국이나 인도와 같은 국가나 민족 단위가 중요한 역할을 하는데, 앞서 언급했듯이 불교는 그런 단순한 권역을 초월한 초국가적 종교이기 때문에 논의의 구조상 더 깊이 다룰 수 없었을 것이다.

불교의 그러한 초국가적 측면은 그의 지리적 분석에도 문제를 일으킨다.[17] 헤겔은 역사나 세계 종교들의 운동을 동양에서 서양으로

---

14 Hegel, *LPR*, vol. 2, 735; *VPR*, Part 2, 623.

15 이와 관련해서는 Mark Lussier, *Romantic Dharma: The Emergence of Buddhism into Nineteenth-Century Europe* (New York: Palgrave Macmillan, 2011), 2를 참고하라. "그러한 강렬한 대치 국면 이전에 최고로 교양 있고, 박식하고, 여행을 많이 한 유럽인들에게조차 힌두교의 경전에서 불교는 여전히 해소되지 않는 불협화음이었다. 불교의 분석적 구조, 명상적 실천, 윤리적 전제를 그것의 근원지인 인도와 차별적으로 규정하는 것은 참으로 어려운 문제였다."

16 Hegel, *Phil. of Hist.*, 167-172; *Jub.*, vol. 11, 227-233. *LPWH*, vol. 1, 295-303; *VPWG*, vol. 1, 223-233. *OW*, 411-413.

의 운동으로 추적한다. 이를 위해서는 중국, 인도, 페르시아, 이집트로 이어지는 순서가 그러한 도식에 말끔하게 들어맞는다. 하지만 불교는 중국, 몽골, 티베트, 미얀마 등 지리적 권역을 초월한 종교이기 때문에 그러한 도식과 기획으로는 말끔히 해소되지 않는 측면이 있다. 그가 세계 종교들의 발전 과정에서 불교의 위치를 규정하는 데 어려움을 겪은 이유도 이 때문이었을 것이다.

마지막으로 헤겔 시대의 학자들은 다양하게 분류되는 불교의 복잡다단한 계열을 제대로 인식하지 못했다. 헤겔이 집중해서 분석하는 불교는 엄밀한 의미에서 티베트 불교, 즉 '라마교'다. 그는 라마교를 불교와 등치시키고 있지만, 라마교는 실로 불교의 한 종파일 뿐이다.18

1. 헤겔이 활용한 자료들

불교에 대한 유럽인들의 관심은 당시 중국과 인도의 문화나 종교에 대한 관심에서 자연스럽게 파생된 것이었다. 헤겔 시대에는 불교에 대한 학문적 연구 수준이 매우 낮았기 때문에 그 자료들을 깊이 연구했음에도 그의 불교 이해는 오늘날의 이해와 상충할 뿐만 아니라 불교의

---

17 이와 관련해서는 Urs App, "The Tibet of the Philosophers: Kant, Hegel, and Schopenhauer," in *Images of Tibet in the 19th and 20th Centuries*, vols 1-2, ed. by Monica Esposito (Paris: Ecole francaise d'Extreme-Orient, 2008), 39를 참고하라.

18 이와 관련해서는 Henk Oosterling, "Avoiding Nihilism by Affirming Nothing: Hegel on Buddhism," in *Hegel's Philosophy of the Historical Religions*, ed. by Labuschagne and Slootweg, 58을 참고하라.

역사나 수행에 관한 그의 분석은 심지어 불완전하거나 부정확하기도 하다. 불교 경전은 당시 유럽인들이 막 배우기 시작한 산스크리트어, 팔리어, 티베트어로 기록되어 있어서 그는 그것을 직접 읽을 수 없었다. 그의 불교 논의가 경전에 대한 깊은 분석보다 교리나 수행에 관한 일반적인 논의에 그친 것도 그리고 불교에 대한 정통적인 이해를 벗어난 것도 바로 그런 언어적 한계 때문이었다. 불교 연구 혹은 불교학은 그의 말년에야 비로소 인도학과 분리된 하나의 독립 분과로 설립되었고, 그의 사후에야 비로소 학문적인 전성기를 구가했으니,19 그가 힌두교에 비해 불교에 무지했던 것도 그러한 시대적 한계에 따른 불가피한 결과라 할 수 있다. 당시의 모든 학자, 특히 대부분의 철학자는 이제 막 불교에 관심을 갖기 시작한 수준에 불과했다.20

슈바베(Johann Joachim Schwabe: 1714~1784)가 1750년에 출간한 『해상 및 육로 여행의 일반적인 역사』*Allgemeine Historie der Reisen zu Wasser und*

---

19 헤겔이 활용한 자료와 관련해서는 "Editorial Introduction" in *LPR*, vol. 2, 6, 15-17, 36-38, 60-61, 77-78을 참고하라.

20 이와 관련해서는 다음을 참고하라. Roger-Pol Droit, *The Cult of Nothingness: The Philosophers and the Buddha*. Urs App, *The Cult of Emptiness: The Western Discovery of Buddhist Thought and the Invention of Oriental Philosophy*. Lussier, *Romantic Dharma: The Emergence of Buddhism into Nineteenth-Century Europe*. Philip C. Almond, *The British Discovery of Buddhism* (Cambridge et al.: Cambridge University Press, 1988). Stephen Batchelor, *The Awakening of the West: The Encounter of Buddhism and Western Culture: 543 BCE-1992* (London: Harper Collins, 1994). Richard King, *Orientalism and Religion: Postcolonial Theory, India, and "The Mystic East,"* (Florence, KY: Routledge, 1999). Raymond Schwab, *The Oriental Renaissance: Europe's Rediscovery of India and the East, 1680-1880*, trans. by Gene Patterson-Black and Victor Reinking (New York: Columbia University Press, 1984). Urs App, *The Birth of Orientalism* (Philadelphia: University of Pennsy-lvania Press, 2010), 188-253. J. W. de Jong, *A Brief History of Buddhist Studies in Europe and America* (Tokyo, Delhi: Sri Satguru Publication, 1987), 5-23.

zu Lande; oder Sammlung aller Reisebeschreibungen』제6권은 "중국 종교"를 다루고 있는데, 불교는 거기서 매우 상세히 논의되고 있다.[21] 슈바베의 불교 논의는 붓다의 생애와 관련한 전설로 시작된다. 붓다는 불교 수행자들로부터 깨달음을 얻은 후 자신을 신으로 여겼다고 전한다.[22] 이후 그 종교는 아시아의 여러 지역으로 급속히 확산되었다. 연로한 붓다는 사물의 참된 본질을 개념 언어 대신 상징과 은유로만 가르쳤으며, 그 교리의 궁극적인 진리는 "공(空) 혹은 무(無)"[23]라고 그 저작은 전한다. 이후의 설명에서도 계속 반복되는 그 일화는 불교를 '허무주의'나 '무에 대한 숭배'로 규정하는 중요한 근거가 되었다. 또한 그 저작은 붓다가 제자들에게 자신이 원숭이, 용, 흰 코끼리 등 다양한 형태로 무려 8천 번이나 환생했다고 설법한 내용도 함께 전한다.[24] 헤겔은 '윤회론'(輪廻論)을 설명할 때, 그 저작을 직접 활용하기도 했다.[25] 불교가 가르치는 신성함의 극치는 욕망을 절멸하고 사유와 행위를 멈추는 것이다.[26] 그것이 헤겔이 분석한 불교의 핵심이다. 하지만 불교에 대한 슈바베의 평가는 매우 가혹하다. 그는 불교를 마음이 허약하고 남의 말에 쉽게 현혹되는 사람들이나 좋아할 법한 미신으로 칠갑된

---

21 *Allgemeine Historie der Reisen zu Wasser und zu Lande; oder Sammlung aller Reisebeschreibungen*, vols 1-21 (Leipzig: Heinrich Merkus, 1747-1774), vol. 6, 358-382. 이와 관련해서는 *LPR*, vol. 2, 307, note 190; *VPR*, Part 2b, 710, Anmerkung 211, 47-49를 참고하라.

22 *Allgemeine Historie der Reisen zu Wasser und zu Lande*, vol. 6, 359.

23 Ibid., 360.

24 Ibid. 이와 관련해서는 Ibid., 371도 참고하라.

25 Hegel, *LPR*, vol. 2, 313f.; *VPR*, Part 2, 216f. *Allgemeine Historie der Reisen zu Wasser und zu Lande*, vol. 6, 362.

26 *Allgemeine Historie der Reisen zu Wasser und zu Lande*, vol. 6, 368f.

"신 없는 교리"27에 불과하다고 말한다.

드 기네(Joseph de Guignes: 1721~1800)는 프랑스의 동양학자로 파리 왕립도서관에서 동양어 번역자로 활동한 인물이다. 그는 1756~ 1758년에『흉노, 튀르키예, 무굴 및 서부 타타르의 일반적인 역사 *Histoire générale des Huns, des Turcs, des Mogols, et des autres Tartares occidentaux*』를 출간했다.28 그 저작은 주로 정치사를 다루지만, 불교와 관련해서는 슈바베가 다룬 내용을 훨씬 깊이 설명하고 있다.29 드 기네는 윤회 교리와 붓다가 인간이나 동물의 모습으로 수천 번 윤회했다는 믿음 그리고 진정한 교리는 '무(無) 외의 다른 것이 아니라는 붓다의 가르침 등을 자세히 소개한다. 그것은 슈바베가『해상 및 육로 여행의 일반적인 역사』에서 설명한 "공(空) 혹은 무(無)"30의 교리와 같은 내용이다. 드 기네는 특별한 제목 없이 그저 "불교 책"31이라 불리던 문서를『42장 (章)의 경전*Sutra of the Forty-Two Chapters*』이라는 제목으로 번역 출간하기도 했다.32 그것이 서양어로 번역된 최초의 불교 경전이다. 그는 라마승, 특히 달라이 라마(Dalai Lama)와33 불교가 중국에 전파된 경위도34 자세히 설명하고 있다.

앞서 언급한 예수회 수도원장 그로시에(Jean-Baptiste Alexandre

---

27 Ibid., 359.

28 Joseph de Guignes, *Histoire générale des Huns, des Turcs, des Mogols, et des autres Tartares occidentaux*, vols 1-4 (Paris: Desaint & Saillant, 1756-1758).

29 Ibid., vol. 1, Part 2, 223-239.

30 Ibid., vol. 1, Part 2, 224, 226.

31 Ibid., vol. 1, Part 2, 227.

32 Ibid., vol. 1, Part 2, 227-233.

33 Ibid., vol. 1, Part 2, 234-235.

34 Ibid., vol. 1, Part 2, 235ff.

Grosier)는 1785~1787년에 두 권짜리 저작『중국에 관한 일반적인 설명*Description générale de la Chine*』을 출간했는데, 그것은 당시 불교학자들의 교과서로 정평이 났을 정도였다.35 "불교"36 부분은 그 저작의 제1권 "중국 종교에 관하여"37의 하위부에 실려 있다. 그로시에는 중국 후한(後漢)의 제2대 황제인 유장(劉莊)의 통치기에 중국에 불교가 전파된 전설적인 이야기를 소개한다. 그는 붓다를 인간의 모습을 한 신으로 묘사하면서 영혼의 윤회를 강조하기도 하고, 슈바베나드 기네처럼 진리를 '무(無)'라고 주장한 붓다의 일화를 소개하면서38 불교를 "무신론의 종교"39로 특징짓기도 한다. 불교를 설명하는 그의 어조는 매우 부정적이다. 불교도의 믿음을 설명하는 대목에서 그는 '터무니없는', '황당한', '미신적인', '기괴한', '엽기적인' 등과 같은 경멸적인 어휘들을 남발하고 있다.

헤르더는『인류의 역사철학에 대한 이념*Ideen zur Philosophie der Geschichte der Menschheit*』의 "티베트"라는 짧은 주제부에서 불교를 다루는데, 그의 설명은 이후 헤겔의 설명과 거의 일치한다.40 헤르더는 티베트를 불교

---

35 Jean-Baptiste Alexandre Grosier, *Description générale de la Chine, ou Tableau de l'état actuel de cet empire*, vols 1-2 (Paris: Moutard, 1785-1787). 이와 관련해서는 *LPWH*, vol. 1, 212-213 note; *VPWG*, vol. 1, 538-540, note 121, 22 및 *OW*, 283을 참고하라.

36 Ibid., vol. 1, 579-582.

37 Grosier, *Description générale de la Chine, ou Tableau de l'état actuel de cet empire*, vol. 1, 541-618.

38 Ibid., vol. 1, 581-582.

39 Ibid., vol. 1, 583.

40 Johann Gottfried Herder, *Ideen zur Philosophie der Geschichte der Menschheit*, vols 1-4 (Riga and Leipzig: Johann Friedrich Hartknoch, 1784-1791), vol. 3, 27-34(영어 번역판: *Outlines of a Philosophy of the History of Man*, vols 1-2, trans. by T. Churchill,

의 땅으로 명명하면서 윤회론을 강조하기도 하고,[41] 라마를 영겁회귀하는 신의 화신으로 설명하기도 한다.[42] 그런 점을 보면 그도 헤겔과 마찬가지로 불교와 라마교를 동일시한 것 같다. 헤르더는 불교의 교리나 불교도의 생활 방식은 "사유가 부재하는 한갓된 미신이나 완전한 무의미로의 도피"[43]를 조장한다고 비판한다. 간단히 말해 헤르더와 헤겔은 둘 다 불교를 '무'(無)를 숭배하는 종교로 보고 있다. 헤르더는 자아와 의지의 소멸을 목적으로 하는 불교의 명상은 결국 정신적이고 육체적인 무기력과 나태함을 초래할 수밖에 없다고 지적하는데, 그 내목은 슈바베의 『해상 및 육로 여행의 일반적인 역사』의 설명을 그대로 따른 것이다.

판첸 라마(Panchen Lama)였던 롭상 팔덴 예셰(Lobsang Palden Yeshe: 1738~1780)는 1780년 북경에서 사망했다. 타실훈포 수도원(Tashilhunpo Monastery)에 머물렀던 판첸 라마는 달라이 라마(Dalai Lama)와 더불어 티베트의 정신적 지주로 일컬어지는 중요한 라마다. 그가 사망한 후 그의 형제는 영국의 인도 총독 헤이스팅스(Warren Hastings: 1732~1818)에게 새로운 화신이 발견되었다는 서신을 보냈는데, 그가 곧 당시 티베트의 7대 판첸 라마인 팔덴 텐파이 니마(Palden Tenpai Nyima: 1782~1853)다. 영국의 특사로 캘커타에서 티베트로 파견된 동인도회

2nd ed. [London: J. Johnson, 1803], vol. 2, 22-29).

41 이와 관련해서는 Herder, *Ideen zur Philosophie der Geschichte der Menschheit*, vol. 3, 27, 32, 33(*Outlines of a Philosophy of the History of Man*, vol. 2, 23, 27, 28)을 참고하라.

42 Herder, *Ideen zur Philosophie der Geschichte der Menschheit*, vol. 3, 28(*Outlines of a Philosophy of the History of Man*, vol. 2, 23).

43 이와 관련해서는 Herder, *Ideen zur Philosophie der Geschichte der Menschheit*, vol. 3, 28(*Outlines of a Philosophy of the History of Man*, vol. 2, 23)을 참고하라.

사의 장교 터너 중위(Lieutenant Samuel Turner: 1759~1802)는 1783년 12월 초, 테르필링의 타실훈포 수도원에 있던 어린 판첸 라마를 알현했다. 그리고 이후 1798년에 그 사건을 상세히 보고하는 두 편의 논문을 『아시아연구*Asiatick Researches*』에 게재했고,[44] 1800년에는 자신의 여행과 알현의 내용을 대거 확장하여 『티베트의 테슈 라마 궁정 대사관의 기록*An Account of an Embassy to the Court of the Teshoo Lama in Tibet*』을 출간하기도 했는데, 거기에는 부탄과 티베트 일부 지역을 여행한 그의 다양한 경험도 함께 실려 있다.[45] 그 저작은 다양한 유럽어로 번역되어 당시 큰 인기를 누렸다. 헤겔도 강의에서 그 저작을 자주 언급했는데,[46] 특히 터너가 판첸 라마를 동정적으로 묘사한 내용을 자세히 설명하고 있다.

헤겔은 당시 인도에 살고 있던 스코틀랜드 의사 뷰캐넌(Francis Buchanan: 1762~1829)의 저작도 잘 알고 있었다. 뷰캐넌은 지리학, 동물학, 식물학 분야의 다양한 저작을 출간했다. 그는 영국의 동인도회사

---

44 Samuel Turner, "Extract of a Letter from Mr. Samuel Turner to the Honourable Governor General, dated Patna, 2d March, 1784" together with "Copy of an Account Given by Mr. Turner, of his Interview with Teshoo Lama at the Monastery of Terpaling, enclosed in Mr. Turner's Letter to the Honourable Governor General, dated Patna, 2d March, 1784" in *Asiatick Researches; or, Transactions of the Society Instituted in Bengal for Inquiring into the History and Antiquities, the Arts, Sciences, and Literature, of Asia*, vol. 1 (Calcutta and London: Vernor and Hood, 1798), 197-205. "An Account of a Journey to Tibet," in Ibid., vol. 1, 207-220.

45 Samuel Turner, *An Account of an Embassy to the Court of the Teshoo Lama in Tibet; Containing a Narrative for a Journey through Bootan, and Part of Tibet* (London: W. Bulmer and Co., 1800).

46 Hegel, *LPR*, vol. 2, 315; *VPR*, Part 2, 218. *LPR*, vol. 2, 578; *VPR*, Part 2, 474. *LPR*, vol. 2, 735; *VPR*, Part 2, 623. *NR*, 131-132. *Phil. of Hist.*, 170; *Jub.*, vol. 11, 230f. *LPWH*, vol. 1, 299-300; *VPWG*, vol. 1, 228-229.

에 속한 영토를 주기적으로 조사하는 업무를 수행한 인물이다. 그의 주요 저작으로는 1807년에 출간된 『마드라스에서 마이소르, 카나라, 말라바르에 이르는 여행기*A Journey from Madras through the Countries of Mysore, Canara and Malabar*』와 『네팔 왕국 이야기*An Account of the Kingdom of Nepal*』(1819) 를 꼽을 수 있다.[47] 현재의 주제와 관련한 가장 중요한 저술은 1799년 에 「아시아 연구*Asiatick Researches*」에 게재한 "버마의 종교와 문학에 관하여*On the Religion and Literature of the Burmas*"라는 논문이다.[48] 거기서 뷰캐넌은 불교의 기원과 교리를 힌두교와의 연관 속에서 추적한다. 그는 붓다, 즉 "고타마"의 다양한 인간적 면모들을 설명한다.[49] 그는 중국에 불교 가 전파된 경위에 대한 그로시에의 설명에 비판적인 의문을 제기했 다.[50] 뷰캐넌에 따르면, 붓다는 신이 아니라 깨달음을 통해 "신성을 얻은" 사람이었다.[51]

---

47 Francis Buchanan, *A Journey from Madras through the Countries of Mysore, Canara and Malabar*, vols 1-3 (London: T. Cadell & W. Davies and Black, Parry & Kingsbury, 1807); *An Account of the Kingdom of Nepal* (Edinburgh: Archibald Constable and Company et al., 1819).

48 Francis Buchanan, "On the Religion and Literature of the Burmas," in *Asiatick Researches; or Transactions of the Society Instituted in Bengal for Enquiring into the History and Antiquities, the Arts, Sciences, and Literature, of Asia* (London: J. Sewell et al., 1801[1799 in the Calcutta edition]), vol. 6, 163-308.

49 이와 관련해서는 붓다를 가리키는 다양한 명칭에 관한 그의 설명을 참고하라. Ibid., 259-264.

50 Ibid., 261ff.

51 Ibid., 265.

2. 개념: 무(無)에 대한 숭배

앞서 언급했듯이 헤겔은 개별 종교에 대한 논의를 그 종교의 특정한 신 개념을 중심으로 전개한다. 하지만 불교에는 신 개념이 없기 때문에 대신 불교의 형이상학적인 근본 원리를 분석하는 것으로 그 부분을 대신한다. 그는 이렇게 설명한다.

> 불교의 원리는 '무'(無)다. '무'가 만유의 시작이자 끝이다. 모든 인간은 '무'에서 와서 '무'로 되돌아간다. 존재하는 모든 것은 형태와 특성에 따라 달리 존재한다. […] 하지만 사람이나 사물이 아무리 다양할지라도 그것이 생겨나고, 존재하고, 지속하고, 돌아가는 원리는 단일하다. 그것은 아무런 규정도 없는 단순하고 순수한 '무'다.[52]

이 대목은 헤겔을 비롯한 다양한 학자들이 불교를 왜 '무'(無)의 종교나 '허무주의'의 종교로 규정했는지를 명확히 밝혀준다. 유대-그리스도교 전통은 신을 무로부터 세상을 창조하는 존재(자기부정), 만물에 진리와 의미를 부여하는 존재로 묘사한다(자기긍정). 신은 우주가 긍정적인 목적을 가지고 그것을 향해 나아가도록 보장한다. 이와 대조적으로 불교에는 '무'(無)라는 근본 원리는 있지만 그것이 신성이나 긍정적인 목적을 갖고 있지는 않다. 그러한 견해에 따르면, 불교에

---

52 Hegel, *LPR*, vol. 2, 312; *VPR*, Part 2, 214f. 이와 관련해서는 *Phil. of Hist.*, 168; *Jub.*, vol. 11, 228f.도 참고하라. "그러한 부정적인 형태로의 고양은 정신을 무한자에 집중하는 것이자 신학적인 조건 아래에서 맨 처음 등장하는 것이다. 무(無)가 만물의 원리라는 것, 즉 만물은 무에서 생겨나고, 무로 돌아간다는 것이 불교의 근본 교리다." 이와 관련해서는 *LPR*, vol. 2, 565; *VPR*, Part 2, 461도 참고하라.

는 자기의식적인 존재가 생각하는 더 심오한 진리나 의미 없는 것처럼 보인다.

혹자는 헤겔이 처음으로 불교를 '무(無)에 대한 숭배'로 규정했다고 주장하지만,[53] 사실 그것은 그가 활용한 자료들에서도 이미 반복되고 있던 진부한 내용이다. 예를 들어 슈바베의 저작 『해상 및 육로 여행의 일반적인 역사』도 죽음에 임박한 붓다가 제자들에게 자신의 교리를 전한 일화를 통해 그 점을 설명하고 있다. 그 저작은 붓다의 말을 직접 인용한다. "만물은 무에서 생겨나서 무로 되돌아간다. 우리의 모든 희망은 거기서 끝난다."[54] 그로시에도 같은 맥락에서 그 구절을 그대로 인용하고 있다.[55] 드 기네도 붓다가 주장한 궁극적인 원리를 동일하게 설명한다. "공(空)과 무(無), 모든 것은 거기서 생겨나서 거기로 되돌아간다."[56] 그것은 불교의 창시자인 붓다가 도덕적 타락을 탄식하는 대목에 나오는 구절이다.

헤겔 시대에는 붓다가 자신을 신으로 여겼다는 통념이 만연했지만, 엄밀히 말해 불교에는 신이 없다. 그래서 무신론이다. 불교에서는 '무'가 절대적인 원리다. 그래서 헤겔은 그것을 "신(神), 즉 무(無)"로 이해했다. 외적인 세계는 다양하고 다채로운 특수자들로 이루어져 있지만, 그것은 실재가 아니라 어리석은 사람들의 관심과 욕구를

---

53 이와 관련해서는 Droit, *The Cult of Nothingness: The Philosophers and the Buddha*, 90-103.

54 *Allgemeine Historie der Reisen zu Wasser und zu Lande*, vol. 6, 360.

55 Grosier, *Description générale de la Chine*, vol. 1, 582. "c'est du néant que tout est sorti; c'est au néant que tout doit retourner; & c'est lá qu'aboutissent toutes nos espérances."

56 De Guignes, *Histoire générale des Huns, des Turcs, des Mogols, et des autres Tartares occidentaux*, vol. 1, Part 2, 224.

사로잡는 가상에 불과하다. 불교의 궁극 원리는 도리어 그러한 구체성과 특수성이 사라진 순수하고 공허한 무다. 헤겔은 이렇게 설명한다. "궁극적인 것 혹은 최고의 실재는 무, 즉 비-존재다. […] 그것은 절대적인 토대, 무규정적인 것, 모든 특수성이 부정된 존재다. 따라서 무만이 진정한 독립성을 가질 뿐 모든 특수자는 단순한 가상에 불과하다."57 보편성과 특수성에 관한 헤겔의 사변적인 이해도 이와 동일하다. '무'의 개념만이 보편적인 것이고, 감각적인 세계는 특수한 것, 즉 가상에 불과하다.

'무'는 우주의 형이상학적 진리이고, 모든 희망은 궁극적으로 무에서 끝난다. 그러한 진리와 화해하는 올바른 태도는 모든 희망과 욕망을 절멸하는 것이다. 헤겔은 불교를 '자기-내-종교'라고 부른다. 왜냐하면 불교는 신자들에게 오로지 자기 내면에만 집중하면서 헛된 욕망을 일으키는 모든 것을 차단하라고 가르치기 때문이다. 불교의 목적은 외부 세계에 대한 모든 정념과 관심을 절멸하여 변화무쌍한 세상의 고통 속에서도 흔들림 없이 살아가는 것이다. 헤겔은 이렇게 설명한다. "여기서 의식은 평화로운 자기-내-존재로 규정된다. 어떠한 희생도 수반하지 않는 무한한 단념을 통해 자신의 야만성을 완화하고, 헛된 욕망을 초월하는 것이다."58 그러한 개념에 따르면, 인간은 외부 세계에 대한 관심을 끊고 오로지 신과만 소통할 때, 달리 말해 일상의 정념에서 벗어나 우주의 보편적인 무와 하나 될 때, 비로소 진정으로 자유로운 해탈의 단계에 이를 수 있다. 헤겔에 따르면, 불교는 자기

---

57 Hegel, *LPR*, vol. 2, 565; *VPR*, Part 2, 461.
58 Hegel, *LPR*, vol. 2, 309; *VPR*, Part 2, 212.

내면에 집중하는 고요한 명상의 종교다.

인간이 도달할 수 있는 최고의 상태는 더 이상 세속적인 욕망이나 물질 세계의 가상에 흔들리거나 의존하지 않는 단계다. 헤겔은 그러한 단계에 이르는 원리를 이렇게 설명한다.

> 우리는 모든 규정이 사라지고, 덕이나 지성도 존재하지 않는 그리고 모든 운동이 소멸된 무의 영원한 평온으로 빠져들어야 한다. [⋯] 축복의 상태에 이르기 위해서는 끊임없는 내면의 마음 챙김을 통해 아무 것도 원하시 않고, 아무것도 행하지 않도록 애써야 한다.[59]

헤겔은 불교의 윤리적 측면을 설명할 때 자신이 활용한 자료들을 그대로 인용한다. 다음 구절은 그로시에의 저작을 인용한 것이다.

> 불교의 보편적 원리는 매우 순수하고, 어떠한 변화도 없으며, 매우 미묘하고, 단순하다. 그는 아무것도 하지 않는다. 그에게는 미덕도, 힘도, 지성도 없다. 그 본질은 어떠한 행동도 하지 않고, 어떠한 지성도, 어떠한 욕망도 추구하지 않는다. 행복해지기 위해서는 지속적인 명상을 통해 그 원리에 닿도록 모든 것을 극복해야 한다. 아무것도 하지 않고, 아무것도 원하지 않고, 아무것도 느끼지 않고, 아무것도 욕망하지 않아야 한다.[60]

---

59 Hegel, *LPR*, vol. 2, 565f.; *VPR*, Part 2, 462.

60 Grosier, *Description générale de la Chine*, vol. 1, 583f. 드 기녜는 불교도를 고도로 추상적인 초월적 최고 존재를 숭배하는 사람들로 묘사한다. "항상 최고 존재를 묵상하는 데만 몰두하며, 무에서 만물을 생성시킨 비물질적인 존재와 하나가 되기 위해 자신을 절멸하고자 한다. 그것이 곧 '공'(空)과 '무'(無)의 의미다." De Guignes, *Histoire générale des Huns, de Turcs, des Mogols, et des autres Tartares occidentaux*, vol. 1, Part 2, 226.

헤겔은 이어서 이렇게 말한다.

완전한 평정심 혹은 무념의 상태에 이르면, 미덕과 악덕, 보상과 형벌,
속죄, 영혼불멸, 예배 등은 더 이상 문젯거리가 되지 않는다. 그 모든 것은
이미 다 사라졌다. 신과 평온하게 합일함으로써 인간은 스스로 신이 된
다. […] 그러한 완전함의 단계에 이르면, 인간의 영혼은 욕망과 두려움
에 대한 번뇌에서 벗어난다. 왜냐하면 그들은 이미 불교에서 말하는 신
이 되었기 때문이다.[61]

이 대목은 그로시에의 저작을 그대로 인용한 것이다. 그 내용은
다음과 같다.

완전한 무념의 상태에 이르면, 미덕과 악덕, 보상과 형벌, 속죄, 영혼불멸
등은 더 이상 문젯거리가 되지 않는다. 존재에서 벗어나 무와 하나 됨으
로써 인간은 스스로 신이 된다. […] 그러한 완전함의 단계에 이르면, 인
간은 고통, 미래, 환생에 대한 번뇌에서 벗어난다. 왜냐하면 그들은 이미
불교에서 말하는 신이 되었기 때문이다.[62]

이렇듯 헤겔은 자신이 활용한 자료들의 내용을 거의 옮겨 쓰다시
피 했다. 따라서 그만이 불교를 '무'(無)의 교리로 규정했다는 주장은
부당하다.[63]

---

61 Hegel, *LPR*, vol. 2, 312f.; *VPR*, Part 2, 215. 이와 관련해서는 *LPR*, vol. 2, 565; *VPR*, Part
2, 462도 참고하라.

62 Grosier, *Description générale de la Chine*, vol. 1, 584.

신 자체는 하나지만, 그것은 다양한 모습으로 나타날 수 있다. 그래서 불교도들은 수련과 명상을 통해 스스로 신이 되고자 했다. 불교에는 그러한 지고의 상태에 이르고자 하는 불교도들을 위한 승려 제와 수도원이 있었다. "평온함과 안식이 그 공동체의 핵심적인 이념 이다. 그래서 수많은 수도원과 거대한 사제단이 설립되었다. 그들은 세속적인 관심과 근심을 등지고, 영원한 지복을 향한 명상에만 몰두한 다."[64] 헤겔이 활용한 자료들은 불교를 대체로 부조리하고 자기 파괴 적인 종교로 묘사한다. 불교도들은 생계를 유지하거나 시민사회의 기능에 필요한 일상사들은 등한시한 채 오로지 개인적인 명상과 고행 에만 몰두한다는 것이다. 앞서도 언급했듯이 승려들은 땅을 경작하지 도 않았고, 세금을 내지도 않았다. 그래서 중국의 황제는 그 많던 수도원들을 모조리 해산시켜 버렸던 것이다.[65]

헤겔은 불교가 권장하는 삶의 방식을 부정적으로 평가한다. 그것 은 주관적인 자유의 발전 가능성을 완전히 차단하기 때문이다. 욕망, 관심, 소망을 절멸시키면 인격의 도야도 불필요하다. 불교는 개별성 을 중요하게 생각지 않는다. 그것은 절멸해야 할 대상이다. 그래서 헤겔은 이렇게 말한다. 불교에는 "자유의 요소가 결핍되어 있다."[66] 그에 따르면, 모든 인간은 자신만의 욕망, 관심, 소망을 가지고 살아간 다. 주관적인 자유를 행사한다는 것은 그런 것들을 보편성에 부합하는

---

63 이 점은 앞서도 언급한 바 있다. 이와 관련해서는 App, "The Tibet of the Philosophers: Kant, Hegel, and Schopenhauer," 28f.를 참고하라.

64 Hegel, *LPR*, vol. 2, 312f.; *VPR*, Part 2, 215. 이와 관련해서는 *LPR*, vol. 2, 565; *VPR*, Part 2, 462도 참고하라.

65 Hegel, *LPR*, vol. 2, 311; *VPR*, Part 2, 214.

66 Hegel, *Phil. of Hist.*, 168; *Jub.*, vol. 11, 228.

이성적인 방식으로 추구하는 것이다. 만일 그런 것들이 사라지면 인간을 특별하고 자유로운 존재로 만들어주는 이성적인 요소도 함께 사라진다. 헤겔에 따르면, 진정한 목적은 욕망을 제거하는 것이 아니라 그것을 인간적인 삶에 부합하는 고차적인 방식으로 변화시키는 것이다. 욕망이 무조건 나쁜 것은 아니다. 욕망은 우리를 인간답게 만드는 요소이기도 하다. 인간은 교육을 통해 본능 대신 정신적인 방식으로 욕망을 실현하는 법을 배운다. 주관적인 자유란 자신의 욕망이나 개별성을 억압하거나 통제하는 것이 아니라 자신을 보편적인 개별성으로 도야시키는 것이다. 자유로운 행위는 언제나 인간의 욕망과 관련되어 있다. 따라서 욕망을 절멸하는 것만이 능사가 아니다. 욕망을 절멸하면 인간의 주관성도 인식될 수 없기 때문이다.

3. 라마승

앞서 언급한 바와 같이 헤겔은 불교를 라마교와 동일시한다. 그가 말하는 불교는 일반적인 불교가 아니라 '라마'라고 불리는 승려나 교사에 초점을 맞춘 티베트의 독특한 불교 형태에 해당한다. 티베트인들은 수많은 붓다 혹은 보살이 존재한다고 믿는다. 라마는 순수하고 금욕적인 삶을 통해 열반의 상태에 도달한 개인을 뜻한다. 그들은 자신들처럼 열반에 이르려는 다른 사람들을 위해 세상의 선생으로 살아간다. 헤겔은 이렇게 말한다. "최고의 라마승이 여럿 있는데, 그중 다음 세 라마, 티베트 불교의 달라이 라마, 티베트 남부의 라마, 러시아 몽골이나 시베리아에서 신으로 숭배하는 또 다른 라마가 특히 유명하다."[67] 라마승과 관련한 헤겔의 설명은 앞서 언급한 터너의 저작 『티베트의 테슈 라마 궁정 대사관의 기록*An Account of an Embassy to the Court of the Teshoo Lama in Tibet*』의 내용을 그대로 따르고 있다.

티베트 불교에서는 달라이 라마가 최고의 라마승이다. 다른 라마들처럼 그 역시 선대 라마의 환생으로 여겨진다. 헤겔은 불교의 핵심적인 특징 중 하나를 붓다나 라마와 같은 인간 숭배에서 찾는다. "신은 '무', 즉 일반적인 본질이다. [···] 그러한 본질적인 신은 그럼에도 불구하고 붓다나 달라이 라마와 같은 구체적이고 직접적인 인간을 통해 인식된다."[68]

헤겔은 불교와 라마교의 관계를 설명한 후, 그 둘을 함께 다루는 이유를 밝힌다. 그는 "불교와 라마교의 미묘한 차이"를 인정하면서도 그것은 "단지 피상적인 차이일 뿐"이라고 주장한다.[69] 물론 라마교도 불교처럼 "정신의 실재적인 형태를 특수한 자기의식, 즉 실제로 살아 있는 인간"이라고 설명한다.[70] 하지만 두 종교의 결정적인 차이는 불교도가 죽은 붓다를 신으로 숭배한다면, 라마교도는 산 라마를 붓다로 숭배한다는 점이다.[71] 붓다는 자신이 "팔천 번이나 인간의 모습으로 환생했다"고 말했다.[72] 그러나 이는 잘못된 정보를 그대로

---

67 Hegel, *LPR*, vol. 2, 307; *VPR*, Part 2, 211. 이와 관련해서는 다음도 참고하라. *LPR*, vol. 2, 315; *VPR*, Part 2, 217. *LPR*, vol. 2, 576; *VPR*, Part 2, 472. *LPR*, vol. 2, 735; *VPR*, Part 2, 623.

68 Hegel, *LPR*, vol. 2, 570; *VPR*, Part 2, 466f.

69 Hegel, *LPR*, vol. 2, 307; *VPR*, Part 2, 211. 이와 관련해서는 *LPR*, vol. 2, 577; *VPR*, Part 2, 473도 참고하라.

70 Hegel, *LPR*, vol. 2, 307; *VPR*, Part 2, 211.

71 이와 관련해서는 *Phil. of Hist.*, 170; *Jub.*, vol. 11, 231; *LPR*, vol. 2, 563; *VPR*, Part 2, 460. *LPR*, vol. 2, 736; *VPR*, Part 2, 623을 참고하라.

따른 것이다. 불교도들은 붓다 자체를 살아 있거나 죽은 신으로 숭배하지 않지만 당시의 자료들은 모두 붓다를 신으로 묘사하고 있다.

앞서도 언급했듯이 불교의 목적은 붓다를 닮아가는 것, 즉 모든 욕망을 버리고 세상 속에서도 흔들림 없이 살아가는 것이다. 달라이 라마는 그 단계에 이른 신적인 존재다. 터너의 비판적 견해에 영향받은 헤겔은 그러한 불교의 신 개념을 비판하면서도 달라이 라마는 매우 긍정적으로 평가하고 있다.73

라마교도 그리스도교처럼 인간을 신으로 숭배했다는 점에서 그랬을 수도 있다. 하지만 그는 곧장 라마교의 신 개념과 그리스도교의 성육신 개념을 구별한다.

그리스도교에서 인간을 신으로 숭배하는 것은 이와 전혀 다른 것이다. 고통 받고, 죽고, 부활하고, 승천한 예수 그리스도는 신의 본질을 구현하고 있기 때문이다. 그것은 감각적이고 직접적으로 현존하는 인간이 아니라 얼굴에 정신의 형상(聖靈)을 담고 있는 인간이다.74

헤겔에 따르면, 그리스도교의 핵심은 그리스도의 죽음과 더불어 성자가 성부로 복귀한다는 데 있다. 그 단계에서 특수자인 성자는 더 이상 주인공이 아니다. 성자는 변증법적 발전 과정의 마지막 단계가 아니라는 점에서 감각적이고 직접적인 인간 그리스도에 집착하는 것은 그리스도교에 대한 오해에 불과하다. 그리스도교는 육체적으로

---

72 Hegel, *LPR*, vol. 2, 577; *VPR*, Part 2, 473.

73 Hegel, *LPR*, vol. 2, 576-579; *VPR*, Part 2, 472-474.

74 Hegel, *LPR*, vol. 2, 570n; *VPR*, Part 2, 467n.

실존하는 특정한 개인이 아니라 그를 통해 드러난 구체적인 정신, 즉 성령을 신으로 숭배하지만 라마교는 단지 그러한 개인을 신으로 숭배한다는 것이다. 성령은 보편자로 복귀한 특수자, 즉 보편자와 특수자의 사변적 통일을 의미한다. 따라서 불교와 라마교의 신 개념은 그러한 심오한 진리와는 거리가 멀다.

그들의 신 개념은 그리스도교의 신 개념과 달리 아무런 내용이 없다. 자기-내-존재의 종교에서 "영원한 존재는 아직 아무런 내용이 없다. […] 아직 어떠한 내적인 규정도 없다."75 헤겔은 라마의 승계를 그 근거로 든다. "죽음을 통해서도 실체의 본질은 소멸되지 않는다."76 중요한 것은 라마의 구체적인 개별성이 인정되지 않는다는 사실이다. 말하자면 라마는 단지 다른 사람의 환생일 뿐 자신만의 고유한 인격성이나 개별성을 갖고 있지 않다.

4. 불멸과 윤회

헤겔은 불교의 '불멸'(不滅) 개념도 다루고 있다. 불교에서 말하는 최고의 단계는 '열반'(涅槃)에 이르는 것이다. 헤겔은 열반의 단계를 인간이 신이 된 경지라고 설명한다.

외적인 것이 아니라 자신을 극복하기 위해서는 자신의 존재 내부에서 그

---

75 Hegel, *LPR*, vol. 2, 310; *VPR*, Part 2, 213.
76 Ibid.

러한 부정적인 방식만을 행해야 한다. 불교도들은 인간 존재의 최고 목적
이라 할 순수한 통일의 상태를 '열반'(涅槃)이라 부른다. 노화, 질병, 죽음
과 같은 고통의 굴레에서 벗어나야만 열반에 이를 수 있다. 열반은 인간이
신과 통일된 단계이며, 그 단계에 이른 인간 자체가 신, 즉 붓다.[77]

열반의 단계로 고양된 인간은 더 이상 우연한 세계 속에서 고통받
지 않는다. 그러한 의미에서 열반의 상태는 곧 불멸의 상태다. 여기서
헤겔은 앞서 언급한 뷰캐넌의 논문 "버마의 종교와 문학에 관하여"를
활용한 듯하다.[78] 하지만 헤겔은 열반의 단계를 더 자세히 설명한다.

불교는 인간이 도달해야 할 최고 단계를 자기 내면에 집중하는 명상을
통해 불멸의 상태에 이르는 것이라고 말하지만 정신의 영속이나 불멸까
지 말하지는 않는다. 불교는 인간들이 추상화 과정을 통해 불멸에 이를
수 있고 또 그래야 한다고만 말한다. 불멸의 진정한 의미는 사유 속에 진정
한 자유가 있다는 것이다. 우리는 사유 속에서만 독립적으로 존재할 수
있다. 그 어떤 것도 우리의 자유를 침해할 수 없다. 사유 속에서 우리는 오
로지 자신과만 관계한다. 그 어떤 외적인 것도 우리를 구속할 수 없다.[79]

---

77 Hegel, *LPR*, vol. 2, 566f.; *VPR*, Part 2, 463f. 이와 관련해서는 다음도 참고하라. *LPR*, vol.
2, 314; *VPR*, Part 2, 217. *LPR*, vol. 2, 736; *VPR*, Part 2, 623.

78 Buchanan, "On the Religion and Literature of the Burmas." 뷰캐넌은 다음과 같은 설명
을 인용하고 있다. "버마의 문학은 이렇게 말한다. 사람이건 동물이건 모든 생물은 죽는다.
[…] 영혼도 육체와 함께 죽는다. 그러한 소멸 이후에 동일한 물질에서 또 다른 존재가 생겨난
다. 전생의 선한 행위나 악한 행위에 따라 사람이 되기도 하고, 동물이 되기도 하고, 정령이
되기도 한다. 모든 존재는 변화, 고통, 죽음, 질병, 노화가 사라진 가장 완전한 상태인 열반에
이르기 위한 행동을 할 때까지 그러한 여러 세계를 계속해서 윤회한다."

79 Hegel, *LPR*, vol. 2, 568f.; *VPR*, Part 2, 465.

외부 세계에 대한 절대적인 무관심의 상태에 이르면, 죽음조차도 그를 파멸시킬 수 없다. 헤겔은 개인의 사유나 내면에 집중하는 불교의 관점에 매력을 느꼈을는지 모른다. 하지만 그는 불교와 자신의 주관적 자유 개념을 엄격히 구분한다. 불교에서 말하는 사유는 명상을 수행하는 일종의 정신적 훈련을 의미한다. 하지만 그것은 헤겔의 사유 개념, 즉 자신의 행위를 이성적으로 결정하는 능력과는 아무런 상관이 없다. 불교가 강조하는 내면성은 주관적 자유의 필요조건인 개별성을 증진시키기는커녕 그것을 절멸하는 데 집중한다.

나음으로 헤겔은 불교의 '윤회'(輪廻) 개념을 분석한다. 육체를 가진 존재는 죽을 수밖에 없다. 하지만 세상의 어떠한 변화에도 흔들리지 않는 열반에 이른 개인도 죽는다는 것은 일견 모순처럼 보인다. 그래서 등장한 것이 곧 '윤회' 사상이다.[80] 윤회의 핵심 요소는 정신이다. 다양한 육화의 형태들은 단지 우연적인 것에 불과하다. 정신은 실재 세계에 존재하는 구체적인 형태를 필요로 하지 않는다. 정신은 그런 것들과 독립적으로 존재하는 추상적인 것이다. 힘겨운 명상을 수행하는 목적은 자신의 세속적인 현존을 부정하는 것이다. 그래야만 인간의 내면이 무수한 감각적 형태들로부터 해방될 수 있기 때문이다.

헤겔에 따르면, 불교는 앞선 중국 종교와 마찬가지로 한낱 미신에 불과하다.[81] 그는 정신이 다양한 형태로 윤회한다는 것을 미신의 요소로 본 것 같다. '다양한 형태'라는 말속에는 한 형태가 다른 형태보다 우월하다는 생각, 말이나 벌레보다 인간으로 윤회하는 것이 더 우월하

---

80 Hegel, *LPR*, vol. 2, 309f.; *VPR*, Part 2, 212f.
81 Hegel, *LPR*, vol. 2, 313n; *VPR*, Part 2, 216n.

다는 생각이 전제되어 있다. 하지만 현실적으로는 인간이 아닌 형태로 윤회할 가능성이 훨씬 크다. 따라서 인간의 정신은 모든 생명체, 심지어 가장 하찮은 생명체로도 윤회할 수 있다는 사상이 생겨났고, 뒤이어 아무리 작고 사소한 생명체라도 결코 살생해서는 안 된다는 사상도 생겨났다. 헤겔은 이렇게 설명한다.

> 불교의 핵심 교리는 윤회, 즉 영혼의 환생에 관한 교리다. 이는 붓다를 숭배하는 곳에서는 어김없이 숭배되는 수많은 우상과 형상의 근원이다. 불교에서 윤회한 신은 모든 종류의 개체에 내주할 수 있고, 인간의 영혼도 모든 동물의 몸에 내주할 수 있다. 그래서 불교에서는 짐승, 새, 곤충, 파충류 등 가장 저급한 생명체들조차도 사원에 모셔져 숭배되었다.[82]

불교가 '자연종교'에 속하는 이유도 이 때문이다. 힌두교나 이집트 종교와 마찬가지로 불교도 신이 동물이나 다양한 자연대상으로 존재한다고 믿는다.

헤겔은 그러한 믿음이 윤회사상 자체라든가 더 저급한 형태로의 윤회를 막아주는 사제들의 역할을 탄생시켰다고 말한다.

> 여기서 또다시 마법이 등장한다. 사제들의 매개가 그것이다. 그들은 초감각적인 영역에 거주하면서도 동시에 인간이 사유한 존재의 위계를 지배하는 힘을 가지고 있다. 그러한 종교적 표상에도 힘과 마법의 측면이 들어 있다. 따라서 불교도들은 극도로 미신적이다. 그들은 인간이 고양

---

82 Hegel, *LPR*, vol. 2, 311f.; *VPR*, Part 2, 214.

이, 뱀, 노새 등 모든 가능한 형태로 변화한다고 주장한다.[83]

사제들의 중보기도는 종교적인 제의나 관습과 연관되어 있다. 헤겔은 그 모든 것을 미신으로 본다. 그는 슈바베의 저작 『해상 및 육로 여행의 일반적인 역사*Allgemeine Historie der Reisen zu Wasser und zu Lande oder Sammlung aller Reisebeschreibungen*』에 실린 다음의 일화를 소개한다.

> 한 선교사는 임종 직전의 한 남자와 나눈 이야기를 들려주었다. 한때 선교사에게 그리스도교를 전해 들은 그 남자는 선교사를 불러 불교의 수도사, 즉 내세의 일들을 알고 있는 현자 중 한 명이 자신에게 한 말을 불평하듯 전했다. "당신은 황제를 섬기던 사람이었으니 죽은 후에도 계속 그 일을 하게 될 것이다. 당신의 영혼은 황제가 타는 말들 중 하나로 옮겨 가서 발길질을 하거나, 울부짖거나, 물어뜯거나, 넘어지거나, 적은 음식에도 불평하지 않으면서 당신의 임무를 충성스럽게 수행할 것이다."[84]

헤겔이 이 대목을 도입한 것은 불교의 믿음 체계 전반의 부조리를 폭로하고 사제들의 부패를 고발하기 위해서였다.

불교에 대한 그의 전반적인 평가는 고대 중국 종교에 비해서는

---

83 Hegel, *LPR*, vol. 2, 313; *VPR*, Part 2, 216.

84 Hegel, *LPR*, vol. 2, 313f.; *VPR*, Part 2, 216f. *Allgemeine Historie der Reisen zu Wasser und zu Lande*, vol. 6, 362. "어느 날 수도사는 자신에게 세례를 받기로 했던 칠십 세의 병자가 불러 급히 달려갔다. 그는 황제가 내려준 푼돈으로 겨우 살고 있는 것 같았다. 불교의 승려들은 그에게 황제에 대한 감사의 마음으로 내세에도 그를 섬기게 될 것이며, 궁정에서 지방으로 편지를 운반하는 우편 마차를 끄는 말이 될 것이니, 넘어지거나 발로 차거나 뛰거나 다른 사람에게 해를 끼쳐서는 안 된다고 경고하면서, 빨리 달리고 적게 먹으며 인내심을 가져야 한다고 당부했다."

관대해졌지만 그래봐야 오십보백보다. 중국 종교와 불교는 둘 다 신을 무차별적인 보편성으로 본다는 점에서는 같다. 다만 불교는 명상이나 엄격한 금욕을 통해 신과 소통할 수 있다는 믿음을 좀 더 발전시켰을 뿐이다. 중국 종교에서는 오직 황제만이 신과 실제적인 관계를 맺었지만, 불교에서는 모든 구도자에게 그 길이 열려 있다. 또한 중국 종교의 신은 순수한 보편성에 머물러 있지만, 불교의 신은 자연의 구체적인 물리적 존재로 나타난다. 하지만 불교는 그 이상의 정신적 원리를 파악하지 못한 채 물리적인 자연대상 자체에만 집중한다는 점에서 종교의 전체적인 발전 과정에서 볼 때는 아직 갈 길이 멀다.

| 5장 |

힌두교
: 상상의 종교

상상의 종교

헤겔은 다음으로 힌두교를 다룬다. 그는 힌두교를 "상상의 종교"(Die Religion der Phantasie)라고 부른다.[1] 그는 『역사철학』[2]과 『정신현상학』[3]에서도 힌두교를 간략히 다루고 있고, 『미학』에서도 힌두교를 여러 차례 언급하고 있으며,[4] 『철학백과』 제2판에서도 힌두교를 간략히 다루고 있다.[5] 특히 중요한 자료는 훔볼트(Wilhelm von Humboldt)의 『바가바드기타*Bhagavad-Gita*』 관련 논문에 대한 그의 긴 서평이다.[6] 헤겔은 독일어권 세계에서 인도 열풍이 최고조에 달했을 때 힌두교를 연구했다. 그는 그 분야의 최신 저작들을 꼼꼼히 검토했으며,[7] 프로이

---

1 Hegel, *LPR*, vol. 2, 316-352; *VPR*, Part 2, 219-254. *LPR*, vol. 2, 579-609; *VPR*, Part 2, 475-504. *LPR*, vol. 2, 731-735; *VPR*, Part 2, 619-622. *NR*, 137-185. *Phil. of Religion*, vol. 2, 1-47; *Jub.*, vol. 15, 355-400.

2 *Hegel, Phil. of Hist.*, 139-167; *Jub.*, vol. 11, 191-226. *LPWH*, vol. 1, 251-303, 특히 273-281; *VPWG*, vol. 1, 164-233, 특히 192-204. *OW*, 343-410.

3 Hegel, *PhS*, 420-421; *Jub.*, vol. 2, 530-531.

4 헤겔은 『미학』에서 "인도" 부분을 따로 마련하지는 않았지만 인도의 예술과 문화의 다양한 측면들을 산발적으로 언급하고 있다.

5 Hegel, *Phil. of Mind*, § 573; *Jub.*, vol. 10, 458-474.

6 Hegel, "Über die unter dem Namen Bhagavad-Gita bekannte Episode des Mahabharata. Von Wilhelm von Humboldt. Berlin, 1826," *Jahrbücher für wissenschaftliche Kritik*, Erster Artikel (January 1827), nos. 7-8, 51-63; Zweiter Artikel (October 1827), nos. 181-188, 1441-1492(영어 번역판: *On the Episode of the Mahabharata Known by the Name Bhagavad-Gita by Wilhelm von Humboldt*, trans. by Herbert Herring [New Delhi: Indian Council of Philosophical Research, 1995]). *Jub.*, vol. 20, 57-131. 이 문헌들은 Aakash Singh Rathore and Rimina Mohapatra, *Hegel's India: A Reinterpretation, with Texts* (New Delhi: Oxford University Press, 2017)에 모두 실려 있다.

7 이와 관련해서는 Ignatius Viyagappa, *G. W. F. Hegel's Concept of Indian Philosophy* (Rome: Gregorian University Press, 1980), 60을 참고하라. "그는 당시 인도에서 구할 수 있었던 최고의 저작들을 읽었으며, 세계사뿐만 아니라 자신의 체계 맥락에서도 인도와 힌두교의 중요성을 밝히고 싶어 했다."

센과 독일 국가에서 산스크리트어 문헌을 연구하는 저명한 학자들 대부분도 개인적으로 알고 있었다. 헤겔의 힌두교 분석은 매우 난해해 보이기도 한다. 그리고 그가 활용한 이차 문헌도 놀라울 정도로 많다.[8]

인도에 대한 유럽인들의 관심이 고조된 것은 18세기 말경이며, 헤겔이 『종교철학』을 강의하던 1820년대는 독일과 프로이센의 대학들에서 인도학 및 산스크리트어 연구가 새로운 학문 분야로 막 도입되던 때였다.[9] 힌두교에 대한 헤겔의 비판 중 일부는 독일 낭만주의 전반에 대한 그의 지속적인 비판과도 맞닿아 있다. 하지만 낭만주의자들만 인도에 관심을 가진 것은 아니었다. 헤겔뿐만 아니라 당시 독일 지성계를 주도하던 대부분의 학자들도 고대 인도의 철학, 종교, 문학, 예술에 매료되어 있었다. 당시의 그런 학문적 분위기 속에서 헤겔도 인도와 힌두교를 가볍게만 다룰 수는 없었을 것이다.

1. 인도학의 탄생

인도 문화 연구를 처음 주도한 것은 식민지 이해관계를 가진 영국 학자들이었지만, 시간이 흐르면서 독일학자들이 더 많은 관심을 갖기 시작했다.[10] 영국 식민지 행정관들이나 동인도회사의 공무원들은

---

8 이와 관련해서는 이 책의 마지막에 실린 "참고문헌"과 Rathore and Mohapatra, *Hegel's India: A Reinterpretation, with Texts*, 284-286에 실린 "참고문헌"을 확인하라.

9 이와 관련해서는 Douglas T. McGetchin, "The Study of Sanskrit in German Universities, 1818-1914," in *Indology, Indomania, and Orientalism: Ancient India's Rebirth in Modern Germany* (Madison, NJ: Farleigh Dickinson University Press, 2009), 76-101을 참고하라.

식민 지배를 받는 사람들의 전통과 관습을 배울 필요가 있다고 생각해 시간이 날 때마다 인도의 문학과 종교를 연구했다.[11] 그러한 노력의 성과 중 하나가 윌킨스(Charles Wilkins: 1749~1836), 존스(William Jones: 1746~1794), 콜브루크(Henry Thomas Colebrooke: 1765~1837)의 주도하에 1784년에 설립된 '벵골 아시아학회'가 발행한 「아시아연구*Asiatick Researches*」라는 학술지다.[12] 언어, 역사, 종교, 철학, 예술을 망라한 다양한 분야의 주제를 다루었던 그 학술지는 유럽 독자들에게 인도 문화의 다양성과 풍부함을 처음으로 전한 매우 중요한 간행물이었다. 그 학술지가 대중적인 인기를 얻으면서 그 초판 중 일부는 프랑스어와 독일어로 번역되기도 했다. 헤겔도 다양한 맥락에서 그 논문들을 언급하는 것을 보면 그 학술지의 애독자였던 것 같다.[13] 그렇듯 「아시

---

10 이와 관련해서는 다음을 참고하라. McGetchin, *Indology, Indomania, and Orientalism*, 31-40. Raymond Schwab, *The Oriental Renaissance: Europe's Rediscovery of India and the East, 1680-1880*, trans. by Gene Patterson-Black and Victor Reinking (New York: Columbia University Press, 1984), 53. Christine Maillard, "'Indomaine' um 1800: aesthetische, religiose und ideologische Aspekte," in *Der Deutschen Morgenland. Bilder des Orients in der deutschen Literatur und Kultur von 1770 bis 1850*, ed. by Charis Goer and Michael Hofmann (Munich: Wilhelm Fink, 2008), 67-83.

11 이와 관련해서는 Michael S. Dodson, *Orientalism, Empire and National Culture: India, 1770-1880* (Basingstoke and New York: Palgrave Macmillan, 2007), 18ff.를 참고하라.

12 *Asiatick Researches: or, Transactions of the Society Instituted in Bengal, for Inquiring into the History and Antiquities, the Arts, Sciences and Literature of Asia*, vols 1-20 (Calcutta: Manuel Cantopher, 1788-1839). 이와 관련해서는 다음을 참고하라. Robert Irwin, *For Lust of Knowing: The Orientalists and Their Enemies* (Harmondsw- orth: Penguin, 2007), 124. Viyagappa, *G. W. F. Hegel's Concept of Indian Philosophy*, 32ff., 39ff. Schwab, *The Oriental Renaissance*, 51ff.

13 이와 관련해서는 대표적으로 다음을 참고하라. J. Bentley, "On the Hindu Systems of Astronomy, and Their Connection with History in Ancient and Modern Time," *Asiatic Researches*, vol. 8 (Calcutta, 1805), 193-244(*LPWH*, vol. 1, 289; *VPWG*, vol. 1, 215). Francis Wilford, "An Essay on the Sacred Isles in the West, with Other

아연구」는 인도학의 탄생에 큰 기여를 했다.

벵골의 대법관이었던 존스는 힌두교의 율법과 사상을 배우기 위해 인도의 법과 역사에 관한 몇 권의 저작을 번역하기도 했는데, 그중 가장 잘 대표적인 번역서가 『마누법전मनयुमरति』이다.14 존스는 1784년 아시아학회에서 "그리스, 이탈리아, 인도의 신들에 관하여"라는 논문을 발표했다.15 거기서 그는 그리스 종교와 로마 종교의 공통된 근원이 고대 인도의 힌두교라는 파격적인 주장을 펼쳤다. 그리스와 로마의 신들은 오래전 인도의 신들과 유사한 형태들이라는 것, 달리 말해 그리스인들과 로마인들은 그들의 신과 종교를 대부분 인도로부터 전수받았다는 것이다.16 뿐만 아니라 그는 1786년에도 아시아학회에서 산스크리트어, 그리스어, 라틴어의 언어적 유사성을 밝히는 파격적인 강의를 하기도 했다.17 종교와 언어에 관한 그의 논문과 강의는

Essays Connected with that Work" *Asiatic Researches*, vol. 8 (Calcutta, 1805), 245-368; vol. 9 (Calcutta, 1807), 32-243(*LPR*, vol. 2, 337; *VPR*, Part 2, 239. *Phil. of Hist.*, 155; *Jub.*, vol. 11, 212. *Phil. of Hist.*, 164; *Jub.*, vol. 11, 223).

14 *Institutes of Hindu Law; or The Ordinances of Menu, According to the Gloss of Cullúca, Comprising the Indian System of Duties Religious and Civil*, trans. by William Jones (Calcuta: Printed by the Order of Government, 1794). 이와 관련해서는 다음을 참고하라. Dodson, *Orientalism, Empire and National Culture: India, 1770-1880*, 24ff. Irwin, *For Lust of Knowing*, 122-126. Michael J. Franklin, *Orientalist Jones: Sir William Jones, Poet, Lawyer, and Linguist, 1746-1794* (Oxford et al.: Oxford University Press, 2011).

15 William Jones, "On the Gods of Greece, Italy, and India," *Asiatick Researches: or, Transactions of the Society Instituted in Bengal, for Inquiring into the History and Antiquities, the Arts, Sciences and Literature of Asia*, vol. 1 (1788): 221-275.

16 William Jones, "The Third Anniversary Discourse, Delivered 2 February 1786," *Asiatick Researches: or, Transactions of the Society Instituted in Bengal, for Inquiring into the History and Antiquities, the Arts, Sciences and Literature of Asia*, vol. 1 (1788), 424.

17 Ibid., 415-431. 이와 관련해서는 422f.를 참고하라.

이후의 저자들에게 다양한 영감의 원천이 되었고, 이후 수십 년간 유럽인들이 인도학을 수용하는 데도 결정적인 사건이 되었다. 또한 존스는 1789년에 4~5세기에 가장 유명했던 산스크리트어 시인 칼리다사(Kalidasa)의 극작 『사쿤탈라*Sacontalá, or The Fatal Ring; An Indian Drama by Cálidás*』의 영어 번역판을 최초로 출간하기도 했다.[18] 그 번역서는 독일어로도 번역되어 유럽 사회에 큰 영향을 미쳤다. 헤겔도 존스에게 경의를 표하며 그의 번역서를 직접 언급하기도 했다.[19]

콜브루크는 흔히 존스의 후계자로 불린다.[20] 그는 1798년에 존스가 마무리 짓지 못한 네 권짜리 영어 번역서 『힌두교 율법서*A Digest of Hindu Law, on Contracts and Successions with a Commentary by Jagannát'ha Tercapanchánana*』를 완간하기도 했고,[21] 1805년에는 『산스크리트어 문법서*A Grammar of the Sanskrit Language*』를 출간하기도 했으며,[22] 힌두교의 종교적 관습을 다루는 "힌두교의 경전 베다*On the Vedas or Sacred Writings of the Hindus*"라는 논문을 발표하기도 했다.[23] 그는 1806년에서 1815년까지 무려 10년간

---

18 *Sacontalá, or The Fatal Ring; An Indian Drama by Cálidás*, trans. by William Jones (Calcutta: Joseph Cooper, 1789).

19 이와 관련해서는 *Phil. of Hist.*, 159; *Jub.*, vol. 11, 217; *Episode*, 3f.; *Jub.*, vol. 20, 57f.를 참고하라.

20 이와 관련해서는 *Colebrooke's biography*; Dodson, *Orientalism, Empire and National Culture: India, 1770-1880*, 37ff.를 참고하라.

21 *A Digest of Hindu Law, on Contracts and Successions with a Commentary by Jagannát'ha Tercapanchánana*, vols 1-4, trans. by H. T. Colebrooke (Calcutta: Printed at the Honorable Company's Press, 1797-1798). 이 번역서는 1801년에 세 권짜리 판본으로 재출간되었다. London: "Reprinted for J. Debrett, Piccadilly, by Wilson and Co. Oriental Press, Wild Court."

22 H. T. Colebrooke, *A Grammar of the Sanskrit Language* (Calcutta: Printed at the Honorable Company's Press, 1805). 이 책은 전체의 제1권으로 기획되었지만, 그 이상은 출간되지 않았다.

아시아학회장을 역임했고, 1823년에는 영국 및 아일랜드 왕립 아시아 학회를 창립했으며, 1827년에는 그 학회의 학술지 창간을 돕기도 했는데, 헤겔도 그 학술지의 정기 구독자였다고 한다.24

아시아학회의 또 다른 창립 회원은 윌킨스였다. 원래 인쇄업 교육을 받았던 그는 동인도회사에서 일하기 위해 1770년 벵골로 가서 처음으로 산스크리트어를 배우기 시작했으나 머지않아 숙달했다고 한다. 그는 자신이 배운 인쇄 기술을 활용하여 페르시아어와 벵골어의 인쇄용 서체를 최초로 제작하기도 했고, 1785년에는 대표 업적이라 할 『바가바드기타*Bhagavad-Gita*』 영어 번역판을 출간하기도 했다.25 헤겔도 그 번역판을 잘 알고 있었다고 전한다.26 또한 「아시아연구」 제1권에 실린 그의 논문도 인도의 제명학(題銘學) 분야 개척에 중추적인 역할을 했다.27 그는 1786년에 영국으로 돌아와 1800년에는 동인

---

23 H. T. Colebrooke, "On the Vedas, or Sacred Writings of the Hindus," in *Asiatick Researches:or, Transactions of the Society Instituted in Bengal, for Enquiring into the History and Antiquities, the Arts, Sciences and Literature of Asia*, vol. 8 (1805): 369-476.

24 Hegel, *Episode*, 27, *Jub.*, vol. 20, 69. *Hist. of Phil.*, vol. 1, 127; *Jub.*, vol. 17, 163: 헤겔은 이 부분의 각주에서 콜브루크의 논문 "On the Philosophy of the Hindus, Part I"을 언급하고 있다. *Transactions of the Royal Asiatic Society of Great Britain and Ireland*, vol. 1, Part 1 (London: Parbury, Allen, & Co., 1827), 19-43. 이와 관련해서는 *Phil. of Mind*, § 573, 307; *Jub.*, vol. 10, 465도 참고하라.

25 *The Bhagvat-Geeta, or Dialogues of Kreeshna and Arjoon; in Eighteen Lectures; with Notes. Translated from the Original, in the Sanskreet, or Ancient Language of the Brahmans*, by Charles Wilkins, Senior Merchant in the service of the Honorable The East India Company, on their Bengal Establishment (London: C. Nourse, 1785). 이와 관련해서는 Dodson, *Orientalism, Empire and National Culture: India, 1770-1880*, 22를 참고하라.

26 이와 관련해서는 다음을 참고하라. *Episode*, 9; *Jub.*, vol. 20, 60. *Episode*, 11; *Jub.*, vol. 20, 61.

27 Charles Wilkins, "An Inscription on a Pillar near Buddal," *Asiatick Researches: or,*

도회사의 인도 관련 문헌들을 관리하는 사서로 일했다.

　그리스도교 복음주의 진영과 자유주의 공리주의 진영의 노골적인 비판으로 인도 문화에 대한 영국인들의 애호와 관심은 점차 식어갔다.[28] 초기의 식민지 관료들은 현지 주민들의 적대감을 완화하기 위해 선교사들의 인도 유입을 차단했고, 이에 분노한 영국의 보수적인 종교 관계자들은 연합 전선을 구축하여 1813년 공의회에서 선교금지령을 폐지한 후 본격적인 선교 운동에 나섰다. 인도에 도착한 선교사들은 고대 인도의 회화나 부조나 조각상에 나타난 힌두교도들의 성적인 타락상을 노골적으로 비판하기 시작했다. 자유주의 공리주의 진영의 대표적인 비판가로는 밀(James Mill: 1773~1836)을 꼽을 수 있다. 그는 1817년에 출간된 자신의 세 권짜리 저작 『영국령 인도의 역사 History of British India』에서 인도 종교를 한낱 저급한 미신으로, 인도 정치를 무자비한 독재의 역사로 묘사했다.[29] 헤겔도 『종교철학』에서 그 저작을 언급하고 있다.[30] 당시의 공리주의자들은 인도에 민주주의 제도를

Transactions of the Society Instituted in Bengal, for Inquiring into the History and Antiquities, the Arts, Sciences and Literature of Asia, vol. 1 (1788): 131-141. "A Letter from Charles Wilkins, Esq. to the Secretary," Ibid., 279-283. "A Translation of a Sanskrit Inscription, copied from a Stone at Booddha-Gaya," Ibid., 284-287.

28 이와 관련해서는 다음을 참고하라. McGetchin, Indology, Indomania, and Orientalism, 33ff. Dodson, Orientalism, Empire and National Culture: India, 1770-1880, 62ff, 78ff.

29 JamesMill, History of British India, vols 1-3 (London: Baldwin, Cradock and Joy, 1817). 제2판은 1820년에 출간되었고, 6권짜리 제3판은 1826년에 출간되었다. 10권짜리 제4판과 제5판은 각각 헤겔 사후인 1848년과 1858년에 출간되었다. 이와 관련해서는 다음을 참고하라. Ernst Schulin, "Indien" in his Die weltgeschichtliche Erfassung des Orients bei Hegel und Ranke (Gottingen: Vandenhoeck und Ruprecht, 1958), 80f. Dodson, Orientalism, Empire and National Culture: India, 1770-1880, 63ff. Viyagappa, G. W. F. Hegel's Concept of Indian Philosophy, 38. LPR, vol. 2, 329; VPR, Part 2, 231f.

확립하고, 철도와 같은 근대 기술에 기초한 제반 시설을 구축해야
하며, 근대 세계와의 긴밀한 소통을 도모하기 위해 영어를 가르쳐야
한다는 급진적인 개혁안을 내놓았다. 그들은 그것이 인도인들을 무지
와 어둠에서 구제하는 해방구라고 생각했다. 처음에 유럽인들은 인도
문화를 탁월하고 우월하다 확신하고 열광했지만, 그러한 평가는 불과
한 세대도 지나지 않아 완전히 뒤집혔다. 인도 문화는 계속해서 관심
가질 만한 가치가 없으며, 식민지 관료들은 이기적이고 타락한 기회주
의자들이라는 믿음이 커지면서 영국에서 일었던 인도학의 열풍도
점차 식어갔다.

동양에 많은 식민지를 보유하고 있던 프랑스는 아시아 연구 분야
에서 영국과 각축을 벌였다.31 1787년에 파라우드(Joseph-Pascal Parraud:
1752~1832)는 윌킨스의 『바가바드기타』 영어 번역판을 프랑스어로
번역하여 출간했다.32 프랑스의 동양학자인 안쿼틸-뒤페론(Abraham
Hyacinthe Anquetil-Duperron: 1731~1805)은 인도에서 수년 동안 거주한
후에 원어인 산스크리트어 판본이 아닌 페르시아어 판본의 『우파니
샤드*Upanishads*』를 라틴어로 번역하여 출간했다.33 드 셰지(Antoine-

---

30 Hegel, *LPR*, vol. 2, 329; *VPR*, Part 2, 232.

31 이와 관련해서는 다음을 참고하라. McGetchin, *Indology, Indomania, and Orientalism*,
    41-54. Schwab, *The Oriental Renaissance*, 64-67.

32 Abbe Parraud, *Le Bhaguat-Geeta, ou Dialogues de Kreeshna et d'Arjoon; Contenant
    un Précis de la Religion et de la Morale des Indiens, Traduit du Sanscrit, la Langue
    sacrée des Brahmes, en Anglais, Par M. Charles Wilkins; Et de l'Anglais en Français,
    par M. Parraud, de l'Académie des Arcades de Rome* (London and Paris: Buisson,
    1787).

33 Anquetil-Duperron, *Oupnek'hat (id est Secretum tegendum): opus ipsa in India
    rarissimum, continens antiquam et arcanam seu theologicam et philosophicam,
    doctrinam è quatuor sacris Indorum libris, Rak beid, Djedjr beid, Sam beid, Athrban*

Léonard de Chézy: 1773~1832)는 독학하여 1815년에 유럽 최초로 콜레주 드 프랑스의 산스크리트어 교수로 임용되었고, 1822년에는 프랑스에 아시아학회(Société Asiatique)를 창설하기도 했다.34 같은 해 그 학회에서 발간하기 시작한「아시아연구」는 오늘날까지도 그 명맥을 이어가고 있다. 프랑스 국립도서관에는 다양한 산스크리트어 경전과 문헌이 소장되어 있었는데, 그것을 관리하던 사서는 문헌학자이자 동양학자인 랑글레스(Louis Mathieu Langlès: 1763~1824)였다. 헤겔이 1827년 파리 여행에서 들렀던 '문헌도서관'도 바로 그곳이다.35 그러한 이유로 파리는 산스크리트어를 연구하는 유럽 학자들의 성지가 되었다.

초창기만 하더라도 독일어권 학자들은 영국과 프랑스로부터 인도 관련 자료들을 구했지만, 헤겔이『종교철학』을 강의하던 1820년대에는 그들이 인도학 분야의 중심적인 입지를 차지하게 되었다. 당시에 인도학은 독일 문화 지형의 한 지류를 형성하기 시작했다.36 영국을

---

beid, excerptam, ad verbum, è Persico idiomate, Samscreticis vocabulis intermixto, in Latinum conversum; Dissertationibus et Annotationibus, difficiliora explanatibus, illustratum, vols 1-2 (Argentorati [Strasbourg]: Typis et impensis Fratrum Levrault, 1801-1802)(Note that the title Oupnek'hat is a corruption of the word Upanishad). 이와 관련해서는 LPR, vol. 2, 330; VPR, Part 2, 232를 참고하라.

34 이와 관련해서는 Irwin, For Lust of Knowing, 146 및 Schwab, The Oriental Renaissance, 82f.를 참고하라.

35 Hegel, Letters, 655; Briefe, vol. 3, letter 562, 189. "나는 몇 명의 학자들도 만났고, 유럽에서 가장 풍부한 장서를 보유한 문헌도서관도 방문했다."

36 이와 관련해서는 다음을 참고하라. Suzanne L. Marchand, German Orientalism in the Age of Empire: Religion, Race, and Scholarship (Cambridge: Cambridge University Press, 2010). McGetchin, Indology, Indomania, and Orientalism. A. Leslie Willson, A Mythical Image: The Ideal of India in German Romanticism (Durham: Duke University Press, 1964). Walter Leifer, India and the Germans: 500 Years of Indo-

여행하면서 다양한 문화를 경험했던 포스터(Georg Forster: 1754~1794)는 존스가 영어로 번역 출간한 칼리다사의 『사쿤탈라』를 다시 독일어로 번역 출간했다. 쉴러(Johann Christoph Friedrich Schiller)는 1790년에 자신의 학술서 『탈리아Thalia』 제3권에 그 번역의 일부를 싣기도 했다.37 1791년에 전체 번역판이 출간되면서 그 저작은 선풍적인 인기를 끌었다.38 그것은 독일어로 출간된 최초의 인도 문학 전집이었다. 포스터의 번역판은 이후 독일의 철학, 문학, 언어학 분야의 신진학자들이 인도 문화를 연구하게 된 도화선이 되었다. 프리드리히 슐레겔(Friedrich von Schlegel), 아우구스트 빌헬름 슐레겔(August Wilhelm von Schlegel), 노발리스(Novalis), 폴(Jean Paul), 괴테(Johann Wolfgang von Goethe), 아르님(Bettina von Arnim), 하인리히 하이네(Heinrich Heine), 크리스티안 고트로프 하이네(Christian Gottlob Heyne), 호프만(E. T. A. Hoffmann)과 같은 작가들 사이에서 그의 번역은 유명세를 타기도 했

German Contacts (Bombay: Shakuntala Publishing House, 1971). Nicholas A. Germana, *The Orient of Europe: The Mythical Image of India and Competing Images of German National Identity* (Newcastle upon Tyne: Cambridge Scholars Publishing, 2009). Schwab, *The Oriental Renaissance*, 57-64. Helmuth von Glasenapp, *Das Indienbild deutscher Denker* (Stuttgart: K.F. Koehler, 1960). Bradley L. Herling, *The German Gita: Hermeneutics and Discipline in the German Reception of Indian Thought, 1778-1831* (New York: Routledge, 2006).

37 "Scenen aus dem Sacontala, oder dem unglucklichen Ring, einem indischen, 2000 Jahr alten Drama," *Thalia*, vol. 3, Zehntes Heft (1790), 72-88.

38 *Sakuntala oder der entscheidende Ring.* Ein indisches Schauspiel von Kalidas, Aus den Ursprachen Sanskrit und Prakrit ins Englische und aus diesem ins Deutsche ubersetzt mit Erlauterungen von Georg Forster (Mainz and Leipzig: Johann Peter Fischer, 1791). 이와 관련해서는 다음을 참고하라. McGetchin, *Indology, Indomania, and Orientalism*, 56-65. Germana, *The Orient of Europe*, 2-3. Willson, *A Mythical Image*, 72-79. Schwab, *The Oriental Renaissance*, 57-64. Leifer, *India and the Germans*, 75-90.

다.[39] 당시 교양 있는 독일인들이 대체로 공유하던 인도의 이미지는 그 변역서의 내용에 기초한 것이었다. 그 저작이 소개한 인도 문화의 다양한 이국적 측면들은 당시 독일 낭만주의자들을 매료시키기에 충분했다.[40] 1794년에 파리에서 포스터가 세상을 떠난 후에도 그의 번역판은 계속해서 인기를 끌었고, 1803년에는 헤르더가 편집한 그 전집의 제2판이 출간되기도 했다. 헤겔도 그 번역판을 소장하고 있었다.[41]

헤르더는 독일어권 철학자 가운데 인도에 관한 일반적인 설명을 시도한 최초의 인물로서 그 논의는 『인류의 역사철학에 대한 이념*Ideen zur Philosophie der Geschichte der Menschheit*』 제3권(1787년)에 실려 있다.[42] 인도에 대한 그의 평가가 간혹 엇갈리기도 하지만 전반적으로는 긍정적인 색채를 띠고 있다.[43] 인도에 관한 헤르더의 지식은 대부분 일차 문헌이

---

39 이와 관련해서는 McGetchin, *Indology, Indomania, and Orientalism*, 57f.를 참고하라.

40 이와 관련해서는 Schwab, *The Oriental Renaissance*, 203-221을 참고하라.

41 *Sakuntala oder der entscheidende Ring*. Ein indisches Schauspiel von Kalidas, Aus den Ursprachen Sanskrit und Prakrit ins Englische und aus diesem ins Deutsche ubersetzt mit Erlauterungen von Georg Forster, Zweite rechtmassige von I. G. v. Herder besorgte Ausgabe (Frankfurt am Main: August Hermann dem Jungern, 1803) (*Hegel's Library*, 788). 그는 여러 군데서 이 저작을 직접 언급하고 있다. *Phil. of Hist.*, 159; *Jub.*, vol. 11, 217. *Phil. of Hist.*, 164; *Jub.*, vol. 11, 223. *LPWH*, vol. 1, 272; *VPWG*, vol. 1, 192. *LPWH*, vol. 1, 293; *VPWG*, vol. 1, 220.) 이 저작의 영향력과 관련해서는 다음을 참고하라. Germana, *The Orient of Europe*, 50-57. Schwab, *The Oriental Renaissance*, 57-64. Glasenapp, *Das Indienbild deutscher Denker*, 14-24.

42 Johann Gottfried Herder, *Ideen zur Philosophie der Geschichte der Menschheit*, vols 1-4 (Riga and Leipzig: Johann Friedrich Hartknoch, 1784-1791), vol. 3, 35-45(영어 번역판: *Outlines of a Philosophy of the History of Man*, vols 1-2, trans. by T. Churchill, 2nd ed. [London: J. Johnson, 1803]; vol. 2, 30-39). 이와 관련해서는 Willson, *A Mythical Image*, 49-71 및 Germana, *The Orient of Europe*, 41-50을 참고하라.

43 이와 관련해서는 Herder, *Ideen zur Philosophie der Geschichte der Menschheit*, vol. 3, 40(영어 번역판: *Outlines of a Philosophy of the History of Man*, vol. 2, 34)을 참고하라.

아니라 여행 보고서에 기초한 것이었다. 하지만 이후에 그는 산스크리트어 문헌을 번역판으로나마 열심히 읽었다고 전한다. 그는 고대 인도를 순수한 인간의 목가적 상태 혹은 성서의 낙원과 같은 상태로 이상화하는 경향이 있다. 하지만 이슬람교인이나 유럽인들이 그러한 평화로운 상태를 완전히 타락시켰다는 것이 그의 견해다. 그러한 맥락에서 그는 인도에서 활동하는 그리스도교 선교사들을 비판하기도 한다. 그는 이질적인 인도 문화에 대해서는 놀랄 만큼 동정적인 성향을 보이면서도 정작 자신의 문화에 대해서는 예상외로 비판적인 태도를 취한다. 고대 인도에 대한 그의 이상화는 당시 독일 낭만주의자들을 매료시켰다. 1791년에 출간된 포스터의 『사쿤탈라』 독일어 번역판에 영감을 받은 헤르더는 1792년에 「흩어진 나뭇잎Zerstreute Blätter」이라는 학술지에 그 작품에 관한 논문 "동양극에 관하여Ueber ein morgenländisches Drama"를 발표하기도 했다.44 포스터의 『사쿤탈라』 독일어 번역 제2판의 "서문"을 쓰게 된 헤르더는 거기서도 그 저작에 대한 무한한 애정과 찬사를 쏟아낸 바 있다. 그는 『사쿤탈라』를 통해 고대 인도에 대한 자신의 이상화, 즉 순수한 인간들이 모인 낙원의 연상을 다시 한번 확신했다. 그는 「흩어진 나뭇잎」에 인도 문화의 다양한 측면을 밝히는 수많은 논문을 발표했는데, 1792년 논문 "고대 유적에 관하여 Ueber Denkmale der Vorwelt"도 그중 하나다.45 그는 힌두교를 "식물의 종교"

---

44 Johann Gottfried Herder, "Ueber ein morgenlandisches Drama. Einige Briefe," *Zerstreute Blätter*, vol. 4 (Gotha: Carl Wilhelm Ettinger, 1792), 263-312.

45 Johann Gottfried Herder, "Ueber Denkmale der Vorwelt," *Zerstreute Blätter*, vol. 4 (Gotha: Carl Wilhelm Ettinger, 1792), 185-262. 그중에도 특히 228의 "신들에 관한 그들의 이야기는 매우 상세하게 구성되어 있다. 그들의 신화는 전적으로 꽃과 식물의 생명에 관한 형이상학이므로 사람들은 그 신화에서 최고로 아름다운 예술적인 표현들을 만나게 될 것이다"

로 묘사했는데, 헤겔도 『정신현상학』에서 그 표현을 그대로 사용하고 있다. 헤르더는 30년 후 강의에서 힌두교의 삼주신인 브라만(Brahmā), 비슈누(Vishnu), 시바(Shiva)를 평가하기도 했는데, 헤겔은 그 내용도 그대로 인수하고 있다.

포스터의 『사쿤탈라』 독일어 번역판에 영감을 받은 또 다른 중요 인물은 프리드리히 슐레겔(Friedrich von Schlegel)이다.[46] 그가 맨 처음 관심을 가졌던 것은 인도 시였다. 그는 인도 시가 당대의 현대 시 창작에 천재적인 영감을 주리라고 믿었다. 인도 시에 완전히 매료되었던 그는 아예 산스크리트어부터 배워보기로 결심했다. 하지만 독일어권 세계에서는 마땅히 배울 곳이 없어 1802년에 그는 결국 파리로 떠났다. 당시만 해도 독일 학자들은 산스크리트어 문헌을 영어 번역판으로 읽는 수준에 그쳤다. 슐레겔은 그러한 언어적 한계를 극복하고자 앞서 언급한 드 셰지와 함께 페르시아어를 연구하기 시작했다. 그리고 1803년에는 인도의 캘커타에서 산스크리트어를 배운 뒤 아시아학회 회원이 된 해군 장교 해밀턴(Alexander Hamilton: 1762~1824)으로부터 산스크리트어를 본격적으로 배우기 시작했다.[47] 1803년 당시 파리

및 232의 "마지막으로 자연, 나무, 식물, 꽃, 계절 심지어 음악적 색채까지 가장 순수하고 아름다운 존재를 인격화한 인도의 뮤즈와 님프는 인간 시의 가장 감미로운 씨앗이라 해도 과언이 아니다" 및 248을 참고하라. 이와 관련해서는 Nicholas A. Germana, *The Orient of Europe*, 53-54를 참고하라.

46 인도에 관한 그의 관심과 그가 독일 이데올로기에 미친 영향과 관련해서는 다음을 참고하라. Willson, *A Mythical Image*, 199-220. Viyagappa, *G. W. F. Hegel's Concept of Indian Philosophy*, 43-45. Germana, *The Orient of Europe*, 98-130. Schwab, *The Oriental Renaissance*, 68ff. Christopher Ryan, *Schopenhauer's Philosophy of Religion: The Death of God and the Oriental Renaissance* (Leuven: Peeters, 2010), 33-38. Rene Gerard, *L'Orient et la pensée romantique allemande* (Nancy: Georges Thomas, 1963), 84-128.

국립도서관에서 산스크리트어 원고들을 조사하던 해밀턴48에게 수업을 받은 슐레겔은 머지않아 산스크리트어 문헌을 직접 읽을 수 있는 수준에 올랐다. 그러한 언어 능력은 고대 인도 문화에 대한 새롭고도 심오한 통찰을 견인하는 결정적인 열쇠가 되었다.

1808년에 슐레겔은 자신의 연구 성과를 모아 『인도의 언어와 지혜 *Ueber die Sprache und Weisheit der Indier*』라는 저작을 출간했다.49 그 저작은 언어학 분야의 영향력은 차치하고도 독일어권 세계에서 인도의 언어와 문화에 관한 학문적 연구의 시작을 알린 거대한 신호탄이 되었다. 헤겔도 그 저작을 소장하고 있었고, 실로 깊이 연구했다고 전한다.50 그 저작의 제1권 전체는 산스크리트어를 설명하고 있다. 산스크리트어와 유럽 언어의 연관성을 밝힌 존스의 논문을 바탕으로51 슐레겔은 인도와 산스크리트어에서 인류 최초의 문화와 언어의 형태를 발견했다. 그는 산스크리트어가 그리스어, 라틴어, 페르시아어 및 유럽 언어

---

47 이와 관련해서는 다음을 참고하라. Rosane Rocher, *Alexander Hamilton (1762-1824): A Chapter in the Early History of Sanskrit Philology* (New Haven: The American Oriental Society, 1968). Schwab, *The Oriental Renaissance*, 67-78.

48 해밀턴은 조사의 과정을 거쳐 다음의 공동 저작을 출간했다. Hamilton & Louis Mathieu Langles, *Catalogue des manuscrits samskrits de la Bibliothèque Impériale, Avec des notices du contenu de la plupart des ouvrages* (Paris: De l'Imprimerie bibliographique, 1807).

49 Friedrich von Schlegel, *Ueber die Sprache und Weisheit der Indier. Ein Beitrag zur Begründung der Alterthumskunde* (Heidelberg: Mohr und Zimmer, 1808)(*Hegel's Library*, 740). 이와 관련해서는 다음을 참고하라. Germana, *The Orient of Europe*, 122-130. Schwab, *The Oriental Renaissance*, 72ff.

50 이와 관련해서는 다음을 참고하라. *Hegel's Library*, 740. *LPR*, vol. 2, 360n; *VPR*, Part 2, 261n. *LPR*, vol. 2, 723; *VPR*, Part 2, 612. *LPWHI*, 178; *VGH*, 219.

51 이와 관련해서는 Irwin, *For Lust of Knowing*, 124를 참고하라. 헤겔은 슐레겔에 대한 직접적인 언급 없이 그 작품만을 언급한다. 이와 관련해서는 *LPWH*, vol. 1, 114; *VPWG*, vol. 1, 191을 참고하라.

전체를 파생시킨 근원이라고 (잘못) 주장했다. 헤겔은 그러한 주장에 반론을 제기했다.[52] 산스크리트어가 히브리어보다 시기적으로 앞선다는 주장이 당시로서는 이설이었을 뿐만 아니라 산스크리트어가 독일어와 연관이 있다는 주장은 독자들을 충격에 빠뜨리기도 했다. 제2권은 인도의 철학과 신앙을 다루고 있다. 슐레겔은 인도로부터 그리스 종교가 유래했다는 도발적인 주장을 펼치기도 했지만, 고대 힌두교의 미신적 요소에 대해서는 의외로 비판적이었다. 그는 고대 인도 문헌에서 그리스도교의 초기 형태를 발견하는 데 어려움을 겪었다. 제3권은 인도의 역사를 다루고 있으며, 제4권은 『바가바드기타 Bhagavad-Gita』, 『마누법전The Laws of Manu』, 『라마야나 Ramayana』, 『마하바라타Mahabharata』와 같은 고대 인도 문헌을 선별 발췌한 번역문을 실어 독자들의 상상력을 자극하기도 했다. 슐레겔의 『인도의 언어와 지혜에 관하여』는 독일어권 세계를 비롯한 유럽 전체에 고대 인도 문화에 대한 관심을 증폭시킨 결정적인 저작 중 하나였다. 그럼에도 불구하고 그는 이후 산스크리트어 연구를 접고 천주교로 개종했다.

셸링(Friedrich Wilhelm Joseph Schelling)은 자신의 논문 "인간 자유의 본질에 관한 철학적 탐구Philosophische Untersuchungen über das Wesen der menschlichen Freiheit"에서 슐레겔의 저작 『인도의 언어와 지혜』를 언급하고 있다. 거기서 핵심 쟁점은 힌두교의 범신론이다. 범신론 논쟁은 레싱(Gotthold Ephraim Lessing)이 스피노자(Baruch Spinoza)의 범신론에 동의한다는 고백으로 점화되었다. 슐레겔은 『인도의 언어와 지혜』에서 셸링의 동일철학을 동양의 범신론과 연관시켜 비판했고,[53] 이에 놀란

---

52 Hegel, *Phil. of Hist.*, 141f.; *Jub.*, vol. 11, 195.

젊은 셸링은 "인간 자유의 본질에 관한 철학적 탐구"의 도입부에서 그러한 슐레겔의 비판을 재반박하고 있다.[54]

　프리드리히 슐레겔의 저작은 본(Bonn)대학의 빈디슈만(Karl Joseph Windischmann)의 제자이자 문헌학자였던 보프(Franz Bopp: 1791~1867)에게 큰 영향을 미쳤다.[55] 보프는 빈디슈만의 권유로 파리대학으로 유학을 떠났고, 거기서 프랑스 아시아학회의 창립 회원이자 저명한 언어학자 겸 동양학자였던 사시(Silvestre de Sacy: 1758~1838) 교수의 제자가 되었다.[56] 슐레겔의 저작에서 영감을 받은 보프는 그의 주장을 보다 견고한 학문적 기반 위에 세우고자 했다. 1816년에 보프는 인도-유럽 언어학의 근대적 토대로 평가받는『그리스어, 라틴어, 페르시아어, 독일어와의 비교를 통해 본 산스크리트어의 용법 체계에 관하여 *Über das Conjugationssystem der Sanskritsprache in Vergleichung mit jenem der griechischen, lateinischen, persischen und germanischen Sprache*』라는 저작을 출간했다.[57] 거기에는 『베다*Vedas*』, 『라마야나*Ramayana*』, 『마하바라타*Mahabharata*』의 단편들을 포함한 산스크리트어 문헌의 독일어 번역이 길게 실려 있다. 1817년

---

53 Schlegel, *Ueber die Sprache und Weisheit der Indier*, 140-142.

54 "Philosophische Untersuchungen uber das Wesen der menschlichen Freyheit und die damit zusammenhangenden Gegenstande," in *F. W. J. Schelling's Schriften* (Erster Band, Landshut: Philipp Krull, 1809), 402n, 422n(영어 번역판: *Of Human Freedom*, trans. by James Gutmann [Chicago: Open Court. 1936], 10n, 26n).

55 이와 관련해서는 Gerard, *L'Orient et la pensée romantique allemande*, 154-160을 참고 하라.

56 이와 관련해서는 Irwin, *For Lust of Knowing*, 146. Schwab, *The Oriental Renaissance*, 65, 78, 177ff., 295-298을 참고하라.

57 Franz Bopp, *Über das Conjugationssystem der Sanskritsprache in Vergleichung mit jenem der griechischen, lateinischen, persischen und germanischen Sprache*, ed. by K. J. Windischmann (Frankfurt am Main: in der Andreaischen Buchhandlung, 1816).

에 보프는 파리에서 해밀턴(Alexander Hamilton)을 만나 큰 도움을 받기도 했고,[58] 1821년에는 헤겔의 도움으로 베를린대학의 산스크리트어 연구교수직에 오르기도 했다.[59] 헤겔은 보프의 저작을 잘 알고 있었을 뿐만 아니라 그의 다양한 저작도 소장하고 있었다.[60] 그는 한 구절에서 보프를 "동료 학자이자 친구"라고 부르기도 한다.[61]

프리드리히 슐레겔의 『인도의 언어와 지혜』에 매료된 또 다른 사람은 그의 친형인 아우구스트 빌헬름 슐레겔(August Wilhelm von Schlegel)이었다.[62] 그도 10년 전 파리에서 동생과 함께 산스크리트어를 배웠으며, 1813년에는 함께 보프를 만나기도 했다. A. W. 슐레겔은 1818년에 본(Bonn)대학의 교수가 되었다. 그는 산스크리트어 교수가 아니라 미술사, 고고학, 로마사 교수였지만 그럼에도 불구하고 인도

---

58 이와 관련해서는 Rocher, *Alexander Hamilton (1762-1824)*, 112-114를 참고하라.

59 이와 관련해서는 다음을 참고하라. Max Lenz, *Geschichte der Königlichen Friedrich-Wilhelms-Universität zu Berlin*, vols 1-4 (Halle: Verlag der Buchhandlung des Waisenshauses, 1910-1918), vol. 2.1, 281-286. Germana, *The Orient of Europe*, 181-186.

60 헤겔이 보유하고 있었던 보프의 저작은 다음과 같다. Franz Bopp, *Vergleichende Zergliederung des Sanskrits und der mit ihm verwandten Sprachen* (Berlin: Gedruckt in der Druckerei der Konigl. Akademie, 1824)(*Hegel's Library*, 610). Franz Bopp, *Ardschuna's Reise zu Indra's Himmel, nebst anderen Episoden des Maha-bharata* (Berlin: Konigliche Akademie der Wissenschaften, 1824)(*Hegel's Library*, 611). *Die Sündflut: nebst drei anderen der wichtigsten Episoden des Mahâ-Bhârata*, trans. by Franz Bopp (Berlin: Ferdinand Dummler, 1829)(*Hegel's Library*, 647). 이와 관련해서는 다음도 참고하라. Bopp's Sanskrit edition with his Latin translation, *Nalus, Carmen Sanscritum e Mahâbbârato* (London, Paris, Strasbourg: Treuttel et Wurtz, 1819). Viyagappa, *G. W. F. Hegel's Concept of Indian Philosophy*, 57-59. Hegel, *LPR*, vol. 2, 344; *VPR*, Part 2, 247.

61 Hegel, *Episode*, 83n; *Jub.*, vol. 20, 97n.

62 이와 관련해서는 다음을 참고하라. Gerard, *L'Orient et la pensée romantique allemande*, 129-148. Viyagappa, *G. W. F. Hegel's Concept of Indian Philosophy*, 51-54.

학이라는 새 분야의 부흥에 매우 적극적으로 동참했다.[63] 그는 1823
년부터 1830년까지 인도의 문학과 문화를 전파하려는 목적으로「인
도총서^{Indische Bibliothek}」라는 학술지를 간행하기도 했다. 헤겔도 그 학술
지를 소장하고 있었다.[64] A. W. 슐레겔은『바가바드기타』(1823)와
『라마야나』(1829)의 새 판본을 제작하기도 했다.[65] 앞서 언급한 프리
드리히 슐레겔의 판본이 산스크리트어로 된 원문을 제시한 후 라틴어
번역과 해설을 이어가는 방식이었다면,[66] 그의 판본은 아무런 번역과
해설 없이『라마야나』제1권과 제2권의 원문으로만 구성되어 있다.
Λ. W. 슐레겔과 보프가 각각 1818년과 1821년에 본대학의 교수가
되면서 독일어권 세계에서도 인도학이 본격적으로 연구되기 시작했
다. 반면 영국에서는 산스크리트어 교수직이 1833년에야 처음 생겼다.
  헤겔에 대한 격렬한 비판가였던 쇼펜하우어(Arthur Schopenhauer)
는 인도의 철학과 종교를 자신의 저작에 풍부하게 녹여냈다.[67] 1819

---

63 이와 관련해서는 Germana, *The Orient of Europe*, 182를 참고하라.

64 August Wilhelm Schlegel, *Indische Bibliothek*, vol. 2, 4tes Heft (Bonn: Weber, 1827,
   vol. 1, 1820-1803; vol. 2, 1824-1827; vol. 3, 1830)(*Hegel's Library*, 742).

65 August Wilhelm Schlegel, *Bhagavad-Gita, id est* ΘΕΣΠΕΣΙΟΝ ΜΕΛΟΣ, *sive Almi
   Krishnae et Arjunae Colloquium de rebus divinis Bharateae Episodium* (Bonn:
   Weber, 1823). August Wilhelm Schlegel, *Ramayana, id est Carmen epicum de Ramae
   rebus gestis poetae antiquissimi Valmicis Opus*, vol. 1, Part 1 (Bonn: Typis regis
   sumtibus editoris, 1829)(*Hegel's Library*, 741). Volume 1, Part 2 and Volume 2(이
   저작의 제1부는 1838년에 출간되었다). 이와 관련해서는 Herling, *The German Gita*, 157-
   201을 참고하라.

66 이와 관련해서는 다음을 참고하라. *Phil. of Mind*, § 573, 305f.; *Jub.*, vol. 10, 463. *Episode*,
   11; *Jub.*, vol. 20, 61. *Episode*, 17; *Jub.*, vol. 20, 64. *Episode*, 119f.; *Jub.*, vol. 20, 115f.

67 이와 관련해서는 다음을 참고하라. Schwab, *The Oriental Renaissance*, 427-434. Douglas
   L. Berger, "The Veil of Maya": *Schopenhauer's System and Early Indian Thought*
   (Binghamton, NY: Global Academic Publishing, 2004). Ryan, *Schopenhauer's Philo-
   sophy of Religion*. Heinz Bechert, "Flucht in den Orient?" *Schopenhauer Jahrbuch*,

년에 제1권이 출간된 『의지와 표상으로서의 세계*Die Welt als Wille und Vorstellung*』에서 그는 『바가바드기타*Bhagavad-Gita*』, 『우파니샤드*Upanishads*』, 『베다*Vedas*』, 『프라나*Puranas*』, 『마누법전*Laws of Manu*』를 비롯하여 당시의 인도 연구 학술지였던 「아시아연구*Asiatick Researches*」도 자주 언급하고 있다.68 그는 그러한 문헌들에 완전히 매료되었다. 그는 인도 사상 속에서 고통, 실존적 환상, 의지와 같은 핵심 주제들을 창조적으로 발굴하고, 힌두교의 핵심 교리로 유대–그리스도교 전통을 비판하기도 하면서 인도의 철학과 종교의 핵심 개념을 자신의 철학 체계로 적극 통합해 나갔다. 쇼펜하우어가 1820년에 헤겔이 재직하던 베를린대학의 동료 교수가 되었으니, 헤겔도 쇼펜하우어의 저작이나 그의 사상에 깃든 인도의 철학과 종교의 중요성을 몰랐을 리가 없다.69

학자이자 프로이센의 외교관이었던 훔볼트(Wilhelm von Humboldt: 1767~1835)는 1817년에 프로이센 대사로 영국에 파견되었을 때, 그곳에서 인도의 문화와 문학에 관한 영국의 연구 성과들을 탐독했고,

---

vol. 62 (1981): 55-65. Wilhelm Halbfass, "Schopenhauer im Gesprach mit der Indischen Tradition," in *Schopenhauer im Denken der Gegenwart*, ed. by Volker Spierling (Munich and Zurich: Piper Verlag, 1987), 55-71. Glasenapp, *Das Indienbild deutscher Denker*, 68-101. Arthur Hubscher, "Schopenhauer und die Religionen Asiens," *Schopenhauer Jahrbuch*, vol. 60 (1979), 1-16. Susanne Sommerfeld, *Indienschau und Indiendeutung romantischer Philosophen* (Zurich: Rascher Verlag, 1943), 91-106. Gerard, "Schopenhauer," in his *L'Orient et la pensée romantique allemande*, 215-251. *Schopenhauer and Indian Philosophy: A Dialogue Between India and Germany*, ed. by Arati Barua (New Delhi: Northern Book Centre, 2008).

68 Arthur Schopenhauer, *Die Welt als Wille und Vorstellung* (Leipzig: F. A. Brockhaus, 1819).

69 쇼펜하우어는 공식적으로는 1820년부터 1832년까지 베를린대학 교수로 재직했으나 학교에는 잘 나가지 않았다. 학생들이 그의 강의를 신청하지 않아 학기 중에 그는 주로 여행을 다녔다고 전한다. 이와 관련해서는 Lenz, *Geschichte der Königlichen Friedrich-Wilhelms-Universität zu Berlin*, vol. 2.1, 305를 참고하라.

런던에서는 같은 관심을 가진 보프도 만났으며, 앞서 언급한 영국의 동양학자 윌킨스와도 친분을 나누었다. 훔볼트는 1819년 말 프로이센 공직에서 은퇴한 후에도 인도 연구를 이어갔다. 처음에 그는 산스크리트어를 독학했지만 이후에는 베를린에서 보프와 함께 공부했다. 베를린대학에 신설된 산스크리트어 연구교수직에 보프가 임명된 데는 훔볼트의 정치적 영향력이 컸다는 후문도 있다.[70] 훔볼트는 언어 이론에서 산스크리트어가 갖는 역할과 비중에 관심을 가졌다. 특히 그는 다른 학자들과 마찬가지로 산스크리트어가 인도-유럽 언어 계열에 속한다는 사실에 매료되었다. 그 역시 산스크리트어가 그리스어나 라틴어 같은 후대 언어를 파생시킨 근원 언어라고 주장했다. 1823년에 그는 A. W. 슐레겔이 간행하던 학술지 「인도총서」에 산스크리트어에 관한 논문의 제1부를 싣기도 했다.[71]

훔볼트는 고대 인도의 종교와 철학에도 관심이 많아 『바가바드기타』도 깊이 탐독했다.[72] 그는 1823년에 A. W. 슐레겔이 산스크리트어 원문으로 출간한 『바가바드기타』를 직접 읽을 수 있게 된 데 크게 기뻐했다. 그 후 몇 년 동안 그는 『바가바드기타』에 대한 자신의 생각을 정리하여 1825년과 1826년에는 프로이센 과학아카데미에서 두 차례의 강연을 진행하기도 했고, 그 결과물을 묶어 『"바가바드기타"

---

70 이와 관련해서는 McGetchin, *Indology, Indomania, and Orientalism*, 87f., 92ff. Germana, *The Orient of Europe*, 2-3. Willson, *A Mythical Image*, 2-3, 173-186. Gerard, *L'Orient et la pensée romantique allemande*, 149-154를 참고하라.

71 Wilhelm von Humboldt, "Ueber die in der Sanskrit-Sprache durch die Suffixa vā und ja gebildeten Verbalformen," *Indische Bibliothek. Eine Zeitschrift*, ed. by August Wilhelm von Schlegel (Bonn: Eduard Weber, vol. 1, 1823), 433-467. 이 논문은 *Indische Bibliothek. Eine Zeitschrift*, vol. 2, 1827, 72-134에서 계속 이어진다.

72 이와 관련해서는 Germana, *The Orient of Europe*, 194-201을 참고하라.

로 알려진 마하바라타 이야기에 관하여 *Über die unter dem Namen Bhagavad-Gítá bekannte Episode des Mahá-Bhárata*』라는 저작을 출간하기도 했다.[73] 훔볼트는 『바가바드기타』의 탁월한 가치를 극찬하면서 그것을 하나의 철학 체계로 수용했다. 특히 그는 우리 삶에 곧장 적용될 수 있는 『바가바드 기타』의 윤리적 차원에 크게 매료되었다.

그 시기에 헤겔은 1827년에 출간된 『철학백과』 증보판 출간을 준비하고 있었다. 훔볼트의 연구에서 영감을 받은 그는 그 증보판의 마지막 장에서 서양 철학에 나타난 범신론의 문제와 힌두교에 관한 긴 논의를 더하기도 했고,[74] 이후 1827년에는 「학문비평연보 *Jahrbücher für wissenschaftliche Kritik*」에 훔볼트의 『바가바드기타』 관련 저작에 대한 서평으로 두 편의 논문을 발표하기도 했다.[75] 헤겔은 훔볼트가 『바가 바드기타』라는 중요한 문헌을 널리 알린 점에 감사를 표하면서도

---

73 Wilhelm von Humboldt, *Über die unter dem Namen Bhagavad-Gítá bekannte Episode des Mahá-Bhárata* (Berlin: Konigliche Akademie der Wissenschaften, 1826) (*Hegel's Library*, 614). 이와 관련해서는 Viyagappa, *G. W. F. Hegel's Concept of Indian Philosophy*, 45-50; Herling, *The German Gita*, 203-220을 참고하라.

74 Hegel, *Phil. of Mind*, § 573; *Jub.*, vol. 10, 458-474. 이와 관련해서는 Herbert Herring, "Introduction" in *On the Episode of the Mahabharata Known by the Name Bhagavad-Gita by Wilhelm von Humboldt*, trans. by Herbert Herring (New Delhi: Indian Council of Philosophical Research, 1995), xv를 참고하라.

75 Hegel, "Über die unter dem Namen Bhagavad-Gita bekannte Episode des Maha-bharata. Von Wilhelm von Humboldt. Berlin, 1826," *Jahrbücher für wissenschaftliche Kritik*, Erster Artikel (January 1827), nos. 7-8, 51-63; Zweiter Artikel (October 1827), nos. 181-188, 1441-1492(영어 번역판: *On the Episode of the Mahabharata Known by the Name Bhagavad-Gita by Wilhelm von Humboldt*, trans. by Herbert Herring [New Delhi: Indian Council of Philosophical Research, 1995]). *Jub.*, vol. 20, 57-131. 훔볼트의 저작에 관한 헤겔의 서평과 관련해서는 Michel Hulin, *Hegel et l'orient, suivi de la traduction annotée d'un essai de Hegel sur la Bhagavad-Gita* (Paris: J. Vrin, 1979), 207-216; Herling, *The German Gita*, 220-253을 참고하라.

인도의 종교나 문화를 그리스의 그것과 비교하는 것은 부적절하다고 비판했다. 그는 『바가바드기타』가 하나의 철학 체계라는 훔볼트의 주장에 이의를 제기했다. 진정한 의미의 철학은 그리스 세계에서 처음 시작되었다는 것이다. 이와 관련한 다양한 논쟁에서 헤겔은 분명 헬레니즘의 편에 섰을 것이다. 하지만 그것이 산스크리트어 연구를 금지하거나 대학에서 산스크리트어 학과를 폐지해야 한다는 뜻은 아니었다.

인도 문화의 중요성에 관한 논쟁은 당시에 민감한 사안이었다. 앞서 언급했듯이 인도에 관한 초기의 관심은 대부분 비교언어학 분야에서 시작되었다. 그리스어가 산스크리트어에서 파생되었다는 주장이 논란의 핵심이었다. 그러한 견해는 당시 그리스어와 라틴어를 연구하는 문헌학, 언어학, 고전학과 같은 전통적인 분야들을 위협했다.[76] 그러한 분야의 보수적인 지지자들은 자신들의 권위를 내세워 새롭게 등장한 인도학자들을 어설픈 식자들이라고 조롱하기도 했다. 헤겔의 동료 교수였던 보프가 베를린대학에 비교언어학 분야를 신설하고자 했을 때, 그는 저들의 공분을 사기도 했다.

1808년까지 하이델베르크 낭만주의 진영을 주도했던 중요한 인물은 괴레스(Joseph Görres)였다.[77] 그는 인도가 문화의 요람이라고 믿었다.[78] 그의 1810년 저작 『아시아 세계의 신화사*Mythengeschichte der*

---

76 이와 관련해서는 McGetchin, *Indology, Indomania, and Orientalism*, 96ff.를 참고하라.
77 이와 관련해서는 제1장의 "5. 크로이처의 『상징과 신화』" 부분을 참고하라.
78 이와 관련해서는 Willson, *A Mythical Image*, 106-110. Jon Vanden Heuvel, *A German Life in the Age of Revolution: Joseph Görres, 1778-1848* (Washington DC: Catholic University of America Press, 2001), 특히 133-149. Germana, *The Orient of Europe*, 147-159. Gerard, *L'Orient et la pensée romantique allemande*, 181-187을 참고하라.

asiatischen Welt』는 다양한 동양 신화들 가운데 바빌로니아인, 페르시아인, 이집트인의 신화를 상세히 분석하고 있다.[79] 그는 그 모든 신화적 전통의 뿌리가 인도라고 주장했다. 예컨대 고대 인도의 시바(Shiva) 숭배에서 유래하는 남근 숭배는 그리스의 디오니소스(Dionysius) 숭배와 같은 다양한 신화적 전통에서 다양하게 변형된 형태로 재발견된다는 것이다.[80] 괴레스는 고대 인도의 신화가 전 세계로 전파된 것은 인도 민족의 기나긴 이주 과정에서 비롯한 자연스런 결과라고 주장했다. 하지만 그러한 견해는 그리스와 로마의 문화를 부차적이거나 파생적인 것으로 격하시킴으로써 당시의 고전학자나 친불주의자(francophile)에게 모욕감을 줄 수밖에 없었다.

정치 운동가였던 괴레스의 주된 의제 중 하나는 프리드리히 슐레겔(Friedrich von Schlegel)과 그림(Jacon Grimm) 형제처럼 독일의 민담이나 민요에 대한 관심을 통해 독일 민족주의의 감정을 고조시키는 것이었다.[81] 그들은 그러한 국가의 문화유산이야말로 진정한 민족정신을 발견할 수 있는 숨겨진 요소라고 믿었다. 괴레스는 인도 문화의 중요성을 부각시킴으로써 프랑스의 고전주의보다 독일의 문화가 더 우수하다는 새로운 계보를 창조할 수 있었다. 이는 프랑스가 독일

---

79 Johann Joseph von Gorres, *Mythengeschichte der asiatischen Welt*, vols 1-2 (Heidelberg: Mohr und Zimmer, 1810).

80 이 문제와 관련해서 헤겔은 괴레스와 크로이처의 편을 든다. 이와 관련해서는 Hegel, *LPR*, vol. 2, 334; *VPR*, Part 2, 236f.를 참고하라. "대부분의 힌두교 사원에는 생명력을 상징하는 외설적인 남근 형상이 세워져 있다. [...] 생명력에 대한 숭배와 그것의 상징적 형상은 인도뿐만 아니라 이집트와 그리스에서도 남근 숭배의 형태로 계승되고 있다." 이와 관련해서는 *LPR*, vol. 2, 592; *VPR*, Part 2, 487도 참고하라.

81 Johann Joseph von Gorres, *Die teutschen Volksbücher* (Heidelberg: Mohr und Zimmer, 1807).

국가들을 점령하던 당시 독일 민족주의를 형성하는 데 중요한 역할을 했다. 이와 관련한 핵심 인물은 괴레스의 친구이자 하이델베르크대학의 문헌학 및 고대사 교수였던 크로이처다.[82] 그는 『상징과 신화 *Symbolik und Mythologie der alten Völker, besonders der Griechen*』[83]에서 프리드리히 슐레겔의 뒤를 이어 고대 인도 종교가 그리스 종교를 탄생시킨 근원 종교라고 주장했다. 보프가 서로 다른 언어의 관계를 규정하기 위해 그 둘을 비교했듯이, 크로이처는 서로 다른 종교의 관계를 규정하기 위해 그 둘을 비교했다. 그는 고대 인도의 신화에서 우리에게 잘 알려진 그리스 신화나 선설의 원형을 발견할 수 있다고 주장했다.

크로이처의 『상징과 신화』가 추구한 목적은 그리스 종교의 근원을 또 다른 고대 민족의 신화에서 찾아보려는 것이었다. 따라서 그의 주된 관심은 표면적으로는 그리스인들을 향하고 있지만, 실제로는 다양한 종교들에 대한 탐구로 이어지고 있다. 크로이처에 따르면, 그리스의 신들이 생동하는 인격을 지닌 명백한 인간의 특성을 띠고 있다면, 인도의 신들, 즉 브라만(Brahmā), 비슈누(Vishnu), 시바(Shiva)는 단지 자연력만을 상징할 뿐 그 어떤 인격성도 갖고 있지 않다는 것이다. 그러한 의미에서 그것은 가장 원시적인 종교 형태인 '상징주의' 단계에 해당한다. 크로이처는 시바 숭배가 그리스의 디오니소스

---

82 이와 관련해서는 이 책의 제1장 "5. 크로이처의 『상징과 신화』" 부분을 참고하라. 또한 괴레스와 크로이처의 관계와 관련해서는 Wolfgang Bopp, *Görres und der Mythos* (Tubingen: Dissertation, Eberhard-Karls-Universitat Tubingen, 1974), 176-192를 참고하라.

83 Friedrich Creuzer, *Symbolik und Mythologie der alten Völker, besonders der Griechen*, vols 1-4 (Leipzig and Darmstadt: Karl Wilhelm Leske, 1810-1812). Creuzer, *Symbolik und Mythologie der alten Völker, besonders der Griechen*, vols 1-4, 완전개정판 (Leipzig and Darmstadt: Heyer und Leske, 1819-1821).

숭배와 엘레우시스 신비 의식의 기원이라는 괴레스의 주장을 더 과감하게 밀고 나갔다. 전통적인 고전학자들은 인도 신화의 중심을 차지하는 육욕적이고 관능적인 측면을 도무지 용납할 수 없었다. 그래서 크로이처의 견해는 앞서도 언급했듯이 당시 수많은 비판가의 표적이 되고 말았다.

2. 헤겔이 활용한 자료들

헤겔은 당시 유럽이 이룬 인도학과 산스크리트어 연구 분야의 성과들에 정통해 있었다.[84] 그가 활용한 일차 문헌들을 살펴보면, 그는 힌두교의 경전인 『베다』와 신들의 기원이나 우주의 역사 그리고 수많은 발생 계보를 담고 있는 『푸라나』와 같은 경전들도 잘 알고 있었고,[85] 율법서인 『마누법전』은 존스의 번역판으로 연구했으며,[86]

---

84 헤겔이 힌두교 분석을 위해 활용한 문헌과 관련해서는 LPR, vol. 2의 "편집자 서문" 가운데 6-7, 15-17, 38-40, 62-63, 76-77; Rathore and Mohapatra, Hegel's India: A Reinterpretation, with Texts, 273-283에 실린 "참고문헌"를 참고하라.

85 『베다』와 관련해서는 다음을 참고하라. LPR, vol. 2, 329; VPR, Part 2, 232. LPR, vol. 2, 331; VPR, Part 2, 233. LPR, vol. 2, 334; VPR, Part 2, 236. LPR, vol. 2, 589; VPR, Part 2, 484. LPR, vol. 2, 592; VPR, Part 2, 488. LPR, vol. 2, 735; VPR, Part 2, 622. Phil. of Hist., 150; Jub., vol. 11, 206. Phil. of Hist., 151; Jub., vol. 11, 206. Phil. of Hist., 159; Jub., vol. 11, 217. LPWH, vol. 1, 273; VPWG, vol. 1, 193. LPWH, vol. 1, 285; VPWG, vol. 1, 209. LPWH, vol. 1, 293; VPWG, vol. 1, 220. 『푸라나』와 관련해서는 다음을 참고하라. Phil. of Religion, vol. 2, 17; Jub., vol. 15, 370. Phil. of Hist., 160; Jub., vol. 11, 218. LPWH, vol. 1, 290; VPWG, vol. 1, 216.

86 Institutes of Hindu Law; or The Ordinances of Menu, According to the Gloss of Cullúca, Comprising the Indian System of Duties Religious and Civil, trans. by William Jones (Calcutta: Printed by the Order of Government, 1794)(LPR, vol. 2, 333; VPR, Part 2, 236. LPR, vol. 2, 346; VPR, Part 2, 249. LPR, vol. 2, 589; VPR, Part

프리드리히 슐레겔의『인도의 언어와 지혜』에 실린『마누법전』중 "인도 우주론"의 발췌 번역도 읽었다.87 헤겔은『라마야나』와『마하바라타』와 같은 서사시도 잘 알고 있었다. 그중에 가장 유명한 것은『바가바드기타』다.88 그는 아우구스트 빌헬름 슐레겔의『라마야나 카르멘*Ramayana Carmen*』도 가지고 있었지만, 그 저작은 1829년에야 정식 출간되었으니,『종교철학』을 강의할 당시에는 다른 문헌을 활용했던 것 같다.89 또한 그는 프리드리히 슐레겔의『인도의 언어와 지혜』에 실린『라마야나』발췌 번역도 읽었다.90『마하바라타』와 관련해서는 보프의 빌췌 번역을 읽었다.91 헤겔은 홈볼트의 저작을 통해『바가바

2, 484. *Phil. of Hist.*, 151; *Jub.*, vol. 11, 206. *Phil. of Hist.*, 152; *Jub.*, vol. 11, 208. *Phil. of Hist.*, 153f.; *Jub.*, vol. 11, 210. *Phil. of Hist.*, 154f.; *Jub.*, vol. 11, 211. *Phil. of Hist.*, 160; *Jub.*, vol. 11, 218. *LPWH*, vol. 1, 262; *VPWG*, vol. 1, 180. *LPWH*, vol. 1, 263; *VPWG*, vol. 1, 181. *LPWH*, vol. 1, 263; *VPWG*, vol. 1, 182f. *LPWH*, vol. 1, 267; *VPWG*, vol. 1, 185f. *LPWH*, vol. 1, 273; *VPWG*, vol. 1, 193. *LPWH*, vol. 1, 278; *VPWG*, vol. 1, 200. *LPWH*, vol. 1, 282; *VPWG*, vol. 1, 206).

87 Schlegel, *Ueber die Sprache und Weisheit der Indier*, 272-283(*Hegel's Library*, 740).

88『라마야나』와 관련해서는 다음을 참고하라. *LPR*, vol. 2, 597; *VPR*, Part 2, 492. *LPWH*, vol. 1, 263; *VPWG*, vol. 1, 180. *LPWH*, vol. 1, 275; *VPWG*, vol. 1, 195. *LPWH*, vol. 1, 284; *VPWG*, vol. 1, 209.『마하바라타』와 관련해서는 다음을 참고하라. *LPR*, vol. 2, 603; *VPR*, Part 2, 498. *LPWH*, vol. 1, 270f.; *VPWG*, vol. 1, 190. 헤겔은『미학』에서도 그 두 저작을 자주 언급한다.

89 August Wilhelm von Schlegel, *Ramayana Carmen*, Erster Theil, Erste Abtheilung (Bonn: Typis regis sumtibus editoris, 1829)(*Hegel's Library*, 741). 이와 관련해서는 *Phil. of Hist.*, 160; *Jub.*, vol. 11, 217을 참고하라.

90 Schlegel, *Ueber die Sprache und Weisheit der Indier*, 231-271.

91 Franz Bopp, *Ardschuna's Reise zu Indra's Himmel: nebst anderen Episoden des Mahabharata* (Berlin: Konigliche Akademie der Wissenschaften, 1824)(*Hegel's Library*, 611). Franz Bopp, *Die Sündflut: nebst drei anderen der wichtigsten Episoden des Mahâ-Bhârata*, trans. by Franz Bopp (Berlin: Gedruckt in der Koniglichen Akademie der Wissenschaften […] Bei Ferdinand Dummler, 1829)(*Hegel's Library*, 647). 이와 관련해서는 다음을 참고하라. *LPR*, vol. 2, 344; *VPR*, Part 2, 247(여기서 헤겔은

드기타』의 전체 내용은 익히 알고 있었지만, 그것을 직접 읽은 것은 프리드리히 슐레겔의 『인도의 언어와 지혜』에 실린 발췌 번역을 통해서였다.[92] 또한 그는 윌킨스의 『바가바드기타』 영어 번역판을 언급하기도 한다.[93]

그는 인도의 문학, 역사, 산스크리트어에 관한 다양한 이차 문헌도 소장하고 있었다. 그는 스코틀랜드의 동양학자 도우(Alexander Dow: 1735~1779)의 두 권짜리 저작 『인도의 역사 *History of Hindostan*』를 잘 알고 있었다.[94] 그 저작은 인도의 광범위한 역사를 초기부터 상세하게 설명해준다. 헤겔은 또한 스코틀랜드의 역사가 로버트슨(William Robertson: 1721~1793)의 저작 『고대인들의 인도 인식에 관한 역사적 탐구 *An Historical Disquisition Concerning the Knowledge which the Ancients had of India*』도 소장하고 있었다.[95] 그 저작은 그리스인, 로마인 그리고 이후 이슬람교도들이 어떻

보프의 번역판을 언급하고 있다). *Phil. of Hist.*, 151; *Jub.*, vol. 11, 207. *Phil. of Hist.*, 160; *Jub.*, vol. 11, 217.

92 Schlegel, *Ueber die Sprache und Weisheit der Indier*, 284-307.

93 *The Bhagvat-Geeta, or Dialogues of Kreeshna and Arjoon; in Eighteen Lectures; with Notes. Translated from the Original, in the Sanskreet, or Ancient Language of the Brahmans*, by Charles Wilkins, Senior Merchant in the service of the Honorable The East India Company, on their Bengal Establishment (London: C. Nourse, 1785) (*Episode*, 9; *Jub.*, vol. 20, 60. *Episode*, 11; *Jub.*, vol. 20, 61).

94 Alexander Dow, *The History of Hindostan; From the Earliest Account of Time, to the Death of Akbar; Translated from the Persian of Mahummud Casim Ferishta of Delhi: Together with a Dissertation Concerning the Religion and Philosophy of the Brahmins*, vols 1-2 (London: T. Becket and P. A. De Hondt, 1768)(*LPR*, vol. 2, 331; *VPR*, Part 2, 233).

95 William Robertson, *An Historical Disquisition Concerning the Knowledge which the Ancients had of India; and the Progress of Trade with that Country prior to the Discovery of the Passage to it by the Cape of Good Hope* (Basil: J. J. Tourneisen, 1792) (*Hegel's Library*, 1107).

게 인도와 상업적-문화적으로 접촉하고 교류했는지를 개괄적으로 설명하고 있다. 거기서 로버트슨은 자신이 옹호하는 힌두교의 편에서 그리스도교 선교사들을 비판하고 있다.

헤겔은 프랑스 선교사 뒤부아(Jean Antoine Dubois: 1765~1848)의 1825년 저작 『인도인의 관습, 제도, 의식*Moeurs, institutions et cérémonies des peuples de l'Inde*』을 언급하기도 한다.96 뒤부아는 인도에서 수년간 살면서 가급적 힌두교인처럼 옷을 입고, 그들처럼 행동하려고 노력했다. 그 저작의 제1부는 인도 사회와 카스트 제도를 설명하고, 제2부는 브라민적인 삶의 네 가지 상태를 설명하며, 제3부는 힌두교의 신앙과 관습을 설명한다. 그중 『종교철학』과 가장 밀접하게 연관된 부분은 제3부다. 거기서 뒤부아는 헤겔의 힌두교 분석에서 중요한 역할을 하는 '삼신일체'(Trimurti) 교리와97 힌두교의 다양한 신들을 상세히 설명하고 있다.98 헤겔은 그 가운데 인도인들의 다양한 동물숭배에도 깊은 관심을 가졌다.99

헤겔은 마인츠 출신의 예술가이자 문필가인 뮐러(Nikolaus Müller: 1770~1851)의 저작 『고대 힌두교의 지식과 예술*Wissen und Kunst der alten Hindus*』도 언급한다.100 프랑스 혁명에 고무된 뮐러는 자코뱅당원이 되어

---

96 Abbe Jean Antoine Dubois, *Moeurs, institutions et cérémonies des peuples de l'Inde*, vols 1-2 (Paris: L'Imprimerie Royale, 1825).

97 Ibid., vol. 2, 289-308.

98 Ibid., vol. 2, 395-428.

99 Ibid., vol. 2, 429-445.

100 Niklas Muller, *Glauben, Wissen und Kunst der alten Hindus in ursprünglicher Gestalt und im Gewande der Symbolik mit vergleichenden Seitenblicken auf Symbolmythe der berühmteren Völker der alten Welt, mit hierher gehöriger Literatur und Linguistik*, Erster Band (Mainz: Florian Kupferberg, 1822)(Letters, 495; *Briefe*,

1793년에 파리로 갔고, 거기서 다비드(Jacques-Louis David)에게 미술을 배우기도 했지만 이후 공포 정치에 환멸을 느껴 그곳을 떠났다. 그는 헤르더와 크로이처의 저작을 읽으면서 인도의 시와 신화에 깊은 관심을 가졌는데, 그 결실로 탄생한 것이 『고대 힌두교의 지식과 예술』이다. 그 저작은 다양한 일차 문헌을 인용하는 고도의 학술서다. 거기서 그는 신-헬레니즘주의자들의 비판에 맞서 힌두교를 비롯한 동양 문화 전반을 옹호하고 있다.

헤겔은 당시 고대 인도에 대한 낭만주의자들의 관심과 열정을 충분히 이해하고 있었다. 그는 『역사철학』의 도입부에서 인도는 "언제나 상상력을 자극하는 열망의 땅이었고, 오늘날까지도 그곳은 요정이 사는 매혹적인 세계로 인식되고 있다"고 설명한다.[101] 그럼에도 불구하고 그는 인도를 매우 냉정하게 평가한다. 고대 인도의 문화에도 아름답고 흥미로운 면이 없지 않지만, 그렇게 과대평가할 필요는 없다는 것이다. 그는 프리드리히 슐레겔의 유명한 저작 『인도의 언어와 지혜』를 언급하면서 이렇게 설명한다.

인도의 지혜에 담긴 가치를 좀 더 정확히 알면, 그것에 대한 너른 명성도 물거품처럼 꺼져버릴 것이다. […] 새로운 발견의 기쁨에 도취된 나머지 사람들은 인도 문화를 지나치게 과대평가했다. 마치 새로운 아름다움이 발견되면, 기존의 아름다움이 경멸의 대상이 되는 것처럼, 인도의 시와 철학이 그리스의 그것보다 훨씬 우월하다는 듯 칭송하는 것도 그저 새로

---

vol. 4.2, *letter* 406a, 42. *LPWH*, vol. 1, 286; *VPWG*, vol. 1, 211f.).
101 Hegel, *Phil. of Hist.*, 139; *Jub.*, vol. 11, 191.

운 것에 대한 단순한 동경일 뿐이다.[102]

헤겔은 새로운 발견의 기쁨에 도취된 흥분도 이해하지만, 인도에 대한 가치가 지나치게 과대평가되었다고 비판한다. 발전 사관을 가진 헤겔의 입장에서는 고대 인도에 대한 낭만주의자들의 과도한 열광이 못마땅할 수밖에 없었다. 낭만주의자들이 인도 문화를 통해 이미 상실된 목가적이고 순박한 과거를 복원하고자 했다면, 헤겔은 인도 문화를 역사 발전의 궁극 목적을 향한 원초적인 단계로 인식할 뿐이었다. 과거의 역사적 시기도 나름의 가치와 정당성을 갖기는 하지만 중요한 것은 역사 발전의 시초가 아니라 목적이라는 것이다. 과거를 미화하려는 낭만주의자들의 열렬한 시도에도 불구하고 헤겔은 고대 인도 문화에 담긴 반인륜적인 측면들, 이를테면 카스트 제도와 같이 인간의 자유를 억압하는 불의한 측면들을 간과하지 말라고 당부한다. 낭만주의자들은 고대 인도에서 현대 세계가 상실한 자유와 진정성을 회복할 문화적 쇄신의 범형을 발견했지만, 헤겔은 그것을 인도 문화에 대한 피상적인 이해로 인한 순진한 오해에 불과하다고 비판했다. 자유의식의 진보는 오랜 역사적 발전 과정을 통해 점진적으로 완성되는 것이며, 따라서 그러한 원초적인 단계로 회귀하자는 주장은 어불성설이라는 것, 간단히 말해 고대 인도는 현대가 닮아야 할 대안적 모델이 아니라는 것이다.

힌두교에 관한 헤겔의 논의에는 그의 유럽중심적이고 인종차별적인 견해가 매우 적나라하게 드러나 있다. 그러한 편견의 원인은 그가

---

102 Hegel, *Phil. of Hist.*, 159; *Jub.*, vol. 11, 216f.

활용한 영국의 문헌들, 즉 인도 문화를 경멸적으로 묘사하면서 식민주의를 정당화하려 했던 그들의 숨은 야욕을 무비판적으로 수용한 탓일 것이다. 당시는 유럽의 아시아 식민지화가 한창일 때였으니, 인도인들에 대한 영국인들의 경멸적인 비난은 자신의 지배에 대한 우회적인 정당화로 읽힐 수 있다. 그래서 사람들은 헤겔도 그러한 식민주의를 옹호하는 친-식민지주의자로 매도하기도 하지만, 실로 독일과 프랑스에서는 인도의 편에서 영국의 침략 정복을 비판하는 분위기도 적지 않았다.[103] 단적으로 인도에 대한 쇼펜하우어의 긍정적인 평가만 보더라도 당시의 유럽인들이 모두 친-식민주의자는 아니었음을 쉽게 확인할 수 있다.

힌두교에 대한 헤겔의 견해를 단정하기란 쉽지 않다. 앞서도 언급했듯이 그는 힌두교를 부정적인 의미에서 "환상의 종교"나 "상상의 종교"로 규정한다. 힌두교인들은 모든 곳에서 신을 구하려는 무질서하고 비합리적인 환상에 빠져 살아갈 뿐만 아니라 그들의 "자의적인 환상의 객관화는 차별성과 다양성도 결여하고 있다"[104]는 것이다. 따라서 헤겔의 힌두교 해석을 제대로 분석하려면 그의 철학적 견해뿐만 아니라 그의 인종차별적이고 유럽중심적인 견해도 함께 고려해야 한다.

---

103 이와 관련해서는 Schulin, *"Indien" in his Die weltgeschichtliche Erfassung des Orients bei Hegel und Ranke*, 76f.를 참고하라.

104 Hegel, *LPR*, vol. 2, 580n; *VPR*, Part 2, 476n. 이와 관련해서는 *Aesthetics*, vol. 1, 334-355; *Jub.*, vol. 12, 449도 참고하라.

3. 보편자와 특수자: 브라만

헤겔에 따르면, 힌두교의 추상적인 신 개념에는 보편적인 측면과 특수한 측면이 모두 포함되어 있다. 그중 보편적인 측면은 힌두교의 가장 중요한 원리라 할 수 있는 만물을 포괄하는 우주의 창조력이다. 그것은 중국 종교의 '하늘'(天)에 비견될 수 있는 중성명사 '브라만' (Brāhma)이다. 그는 이렇게 설명한다.

> 힌두교의 신 개념에서 첫째 요소이자 진정한 요소는 앞서 살폈듯이 보편적인 실체, 즉 자기 완결적인 영원한 안식이자 그 자체로 존재하는 보편적 실체다. 그러한 실체는 그 자체로 존재하는 힘이기도 하다. 하지만 그것은 욕구처럼 어떤 다른 것과 대립하는 것이 아니라 평온하고도 비가시적인 자기 내적 존재다. 그러한 의미에서 그것은 단순한 힘으로 규정된다.[105]

브라만은 그 자체로 존재하는 힘이다. 그것은 자연의 총체 혹은 자연의 법칙이라 할 수 있다. 그러한 의미에서 힌두교의 신 개념은 범신론적인 특성을 띤다. 헤겔은 그러한 추상적인 신 개념은 자기의식적인 실체, 즉 주체가 아니라 '실체'라는 점을 명확히 한다.

브라만은 최고의 신이다. 하지만 그것은 어떠한 속성이나 규정도 갖지 못한 완전히 추상적인 신 개념이다. 헤겔은 『미학』에서 이렇게 설명한다. "인도 정신의 한 극단은 그 자체로 순수한 보편자, 즉 무차별

---

105 Hegel, *LPR*, vol. 2, 325; *VPR*, Part 2, 228. 이와 관련해서는 *LPR*, vol. 2, 732; *VPR*, Part 2, 620도 참고하라.

적이고 무규정적인 절대자에 대한 의식이다."106 브라만은 감각적인 대상이 아니다. 그것은 만물의 배후에서 비가시적으로 작용하는 무형의 실체다.107 헤겔은 그러한 힌두교의 신 개념을 '최고 존재'라는 규정 외에는 어떤 내용도 갖지 못한 근대 이신론의 신 개념과 연결하여 비판한다.108 헤겔은 구체적인 내용이 없는 힌두교나 근대 이신론의 신 개념을 비판한다. 힌두교 신 개념의 한 측면인 브라만(보편자)은 그러한 추상적인 신 개념에 불과하다.

하지만 힌두교의 신 개념에는 특수한 측면도 있다. 우주 만물의 근원이라 할 브라만은 추상적인 무형의 창조력이다. 이를 통해 분열되지 않은 단일 신 브라만과 그가 창조한 다양한 피조물 사이의 구별이 생겨난다. 브라만은 지각 불가능한 대상이지만 그가 창조한 개별적인 실체들은 그렇지 않다. 헤겔에 따르면, 그것이 문제의 근원이다. 브라만은 어떠한 규정이나 내용도 없는 순수한 사유의 대상이기 때문에 세상 만물이 모두 브라만의 화신으로 간주될 수 있다. 브라만이 모든 자연대상으로 육화될 수 있다는 말은 모든 자연대상이 잠재적으로 브라만의 화신이라는 뜻이기도 하다. 간단히 말해 브라만의 무규정적인 추상성으로 인해 모든 피조물이 브라만의 화신이라는 혼란스러운

---

106 Hegel, *Aesthetics*, vol. 1, 335; *Jub.*, vol. 12, 448. 이와 관련해서는 *Episode*, 117f.; *Jub.*, vol. 20, 114도 참고하라.

107 Hegel, *Aesthetics*, vol. 1, 335; *Jub.*, vol. 12, 448. "그렇듯 극단적으로 추상적인 신은 특정한 내용도 없고, 구체적인 인격으로 가시화되지도 않기 때문에 직관적으로 받아들일 그 어떤 질료도 없다."

108 Hegel, *Episode*, 119; *Jub.*, vol. 20, 114f. "우리 유럽인들이 신을 최고 존재라고 부를 때도, 그러한 규정 역시 (힌두교의 신 개념과 마찬가지로) 추상적이고 불충분하다. 신에 대한 인식, 즉 신의 속성에 대한 인식을 거부하는 이성 형이상학의 신 개념은 브라만에 대해 아무것도 알지 못하는 힌두교의 신 개념과 마찬가지로 추상적인 단계에 머물러 있다."

사상이 탄생하게 되었다는 것이다.

이는 『정신현상학』 "A. III. 힘과 오성"(Kraft und Verstand) 부분을 연상시킨다.[109] 거기서 헤겔은 경험 세계의 모든 현상을 가능케 하는 비가시적인 힘의 개념을 탐구하면서 그러한 힘의 모순을 지적하고 있다. 처음에 우리는 현상의 배후에서 작용하는 비가시적인 힘을 본질적인 것으로 생각하고, 그 힘이 구체적으로 드러난 현상을 비본질적인 것으로 생각한다. 하지만 다음에 우리는 그러한 비가시적인 힘을 인식할 수 있는 유일한 방법은 그 힘이 겉으로 드러난 현상을 통해시라고 생각함으로써 상황은 역전된다. 이제는 현상이 본질적인 것이 되고, 힘이 비본질적인 것이 되는 것이다. 한번은 힘을 진리로 간주하고, 한번은 현상을 진리로 간주하는 그러한 순환이 곧 힘을 사유하는 오성의 모순이다. 브라만에 대한 헤겔의 분석에서도 그와 동일한 운동이 일어난다. 처음에는 현상 세계 배후에 존재하는 힘의 진리와 통일성에 집중한다. 하지만 그러한 힘은 아무런 내용도 실재도 없는 완전히 추상적인 것이다. 다음으로는 실재 세계에 존재하는 브라만의 육화들에 집중한다. 브라만은 실재적인 현상을 통해 비로소 구체적인 내용을 획득하게 된다. 힘과 브라만의 분석에서는 공통적으로 한번은 다양한 현상의 배후에 존재하는 비가시적인 힘을 진리로 간주하고, 한번은 힘이 구체적으로 드러난 다양한 현상을 진리로 삼는 변증법적 운동이 일어나고 있다. 힌두교는 브라만의 육화인 다양한 현상들도 독립적인 실체로 간주한다. 하지만 여기서는 보편자인 브라만과 특수자인 다양한 육화들 사이에 필연적인 연관이 없기

---

109 Hegel, *PhS*, 79-103; *Jub.*, vol. 2, 108-138.

때문에 세상 만물이 잠재적인 브라만으로 간주될 우려가 있다. 그러한 무차별적인 혼동의 원인은 힌두교의 신 개념이 추상적이고 무규정적이기 때문이다. 정리하면 힌두교의 신 개념은 아무런 내용도 없기 때문에 실재하는 것들 가운데 구체적으로 무엇이 신의 육화인지를 규정하지 못하고 존재하는 모든 것을 신으로 여기는 원리에 이르게 된 것이다.

4. 삼주신: 브라만, 비슈누, 시바

브라만(Brāhma)의 삼주신은 브라만(Brahmā), 비슈누(Vishnu), 시바 (Shiva)다. 이들 세 신은 자신만의 고유한 활동 영역과 특성을 가지고 있다. 그러한 의미에서 그들은 각기 분리된 독립적인 신이다. 하지만 그들은 또한 하나로 결합된 신이기도 하다. 힌두교는 그 세 신을 아울러 삼주신(Trimurti)이라 부른다.[110] 헤겔은 그 개념을 이렇게 설명한다.

중성명사 브라만(Brāhma)은 힌두교의 최고신이다. 하지만 그 외에도 남성명사 브라만(Brahmā)과 무한히 다양한 형태로 육화되는 비슈누 (Vishnu) 혹은 크리슈나(Krishna) 그리고 시바(Shiva)도 있다. 그들은 서로 연관된 삼신일체를 이루고 있다. 그중 브라만이 최고의 신이다. 하지만 비슈누 혹은 크리슈나, 시바, 태양, 공기 등도 실제적인 통일체로서의 브라만(Brahm)이다. 브라만에게는 희생 제물을 바치지 않는다. 브라

---

110 Hegel, *LPR*, vol. 2, 327; *VPR*, Part 2, 230. *LPR*, vol. 2, 587; *VPR*, Part 2, 483. *LPR*, vol. 2, 734; *VPR*, Part 2, 622. *LPWH*, vol. 1, 278; *VPWG*, vol. 1, 199f.

만은 존경의 대상이 아니다. 대신 다른 모든 우상에게 기도한다. 브라만 자체는 모든 신들을 아우르는 실제적인 통일을 의미한다.[111]

따라서 브라만(Brāhma) 혹은 브람(Brahm)은 모든 신을 지배하는 궁극적인 힘이다. 브라만은 구체적으로 존재하지 않는 추상적인 신이다. 반대로 브라만의 육화인 삼주신 브라만, 비슈누, 시바는 각기 자신만의 특정한 존재 영역을 갖는 한정적인 신이다. 삼주신은 브라만과 같은 추상적인 신이 아니라 경험 세계에 존재하는 구체적인 신이다.

브라만, 비슈누, 시바는 모두 브라만(Brāhma)의 육화라는 점에서 단일한 실체로 존재한다. 그러한 삼신일체는 세 개의 머리와 네 개의 팔을 가진 사람의 모습으로 묘사되기도 한다. 헤겔도 그 그림을 언급한다.[112] 하지만 삼주신은 서로 분리되어 따로 존재하기도 한다. 그는 이렇게 설명한다.

"그러한 세 신은 결국 삼신일체와 같은 하나의 통일체로 파악된다. 브라만(Brahmā) 자체가 아니라 그러한 삼신일체가 최고의 신이다. 하지만 그러한 삼신일체의 세 위격은 또한 그 자체로 독립적인 것이기도 하다. 따라서 삼신일체 전체가 완전한 신이다."[113]

---

111 Hegel, *Phil. of Hist.*, 148; *Jub.*, vol. 11, 203. 이와 관련해서는 *Aesthetics*, vol. 1, 342; *Jub.*, vol. 12, 457.

112 Hegel, *LPR*, vol. 2, 734; *VPR*, Part 2, 622: "삼주신은 세 개의 머리를 가진 모습으로 그려져 있다." 이와 관련해서는 *LPR*, vol. 2, 592, note 222; *VPR*, Part 2, 487, note 671도 참고하라.

113 Hegel, *LPR*, vol. 2, 592; *VPR*, Part 2, 488.

[그림 5.1: Brahmā] William Jones, "On the Gods of Greece, Italy, and India," *Asiatick Researches*, vol. 1 (1788), 242.

신성의 통일성과 다양성 사이에는 그렇듯 변증법적 관계가 성립한다.

삼주신 중 첫째는 브라만(Brahmā)이다. 헤겔은 가장 높고도 가장 추상적인 형태의 신 브라만과 그것의 육화인 삼주신 중 브라만을 엄격하게 구별한다. 중성명사 브라만(Brāhma)은 첫째 모음에 강세가 있는 비인격적인 힘을 의미하고, 남성명사 브라만(Brahmā)은 마지막 모음에 강세가 있는 인격화된 실체를 의미한다.[114] 브라만은 네 개의

---

114 Hegel, *LPR*, vol. 2, 586; *VPR*, Part 2, 481. 이와 관련해서는 *Aesthetics*, vol. 1, 342; *Jub.*, vol. 12, 457도 참고하라.

『베다』를 읽는 네 개의 머리를 가진 사람으로 그려져 있다(이와 관련해서는 [그림 5.1]을 참고하라). 그는 창조의 원리를 상징한다. 헤겔은 브라만을 시각화한 그림도 알고 있었다.115

삼주신 중 둘째 신은 비슈누(Vishnu)다.116 앞선 브라만이 창조의 신이라면, 비슈누는 보존의 신이다. 우주가 창조된 이후에 "보존을 담당하는 존재"는 비슈누다.117 비슈누는 그 자체로도 숭배되지만, 열 개의 화신 중 하나로도 숭배된다. 그 화신 중 하나가 『바가바드기타 Bhagavad-Gita』에 나오는 어린 왕자 크리슈나(Krishna)다. 또 다른 화신은 『라마야나Ramayana』의 주제인 라마(Rama)다.

삼주신 중 셋째 신은 시바(Shiva)다(이와 관련해서는 [그림 5.2]를 참고하라).118 시바는 파괴의 신이다. 헤겔은 이렇게 설명한다. "모든 순간은 변화하고 있다. 한편에는 거대한 생명력이 존재하고, 다른 한편에는 파괴자, 즉 자연적인 파괴력이 존재한다."119 그러한 의미에서 시바는 황소나 남근의 형태로 표현되기도 한다.

헤겔은 힌두교의 전설을 통해 세 신이 어떻게 우주의 일부를 창조하는지 설명한다.120 그 전설은 세 신의 관계를 이해하는 데 도움을

---

115 Hegel, *Aesthetics*, vol. 1, 342; *Jub.*, vol. 12, 457. "그의 세부적인 모습은 매우 상징적이다. 동그란 방석에 앉은 그는 네 개의 머리와 네 개의 손을 가지고 있으며, 머리에는 원형의 아우라도 그려져 있다. 그는 태양을 상징하는 빨간 색으로 표현되어 있다. 인격화된 신들은 언제나 보편적인 자연을 상징하기 때문이다."

116 Hegel, *LPR*, vol. 2, 327f.; *VPR*, Part 2, 230. *LPR*, vol. 2, 589f.; *VPR*, Part 2, 486.

117 Hegel, *LPR*, vol. 2, 589; *VPR*, Part 2, 486. 이와 관련해서는 *Aesthetics*, vol. 1, 342; *Jub.*, vol. 12, 457도 참고하라.

118 Hegel, *LPR*, vol. 2, 328; *VPR*, Part 2, 230f. *LPR*, vol. 2, 591f.; *VPR*, Part 2, 487.

119 Hegel, *LPR*, vol. 2, 591; *VPR*, Part 2, 487. 이와 관련해서는 *Aesthetics*, vol. 1, 342; *Jub.*, vol. 12, 457도 참고하라.

120 Hegel, *LPR*, vol. 2, 331-333; *VPR*, Part 2, 233-236. 헤겔은 그 이야기를 도우(Alexander

[그림 5.2: Trimurti] *Abbildungen zu Friedrich Creuzers Symbolik und Mythologie der alten Völker. Auf sechzig Tafeln*, Leipzig and Darmstadt: Heyer und Leske 1819, Plate XXI.

준다. 세 신은 각자 자신만의 방식으로 세상을 창조하기 때문에 피조물들은 자신을 창조한 신의 일면적인 특성만을 반영하고 있다. 이를테면 브라만(Brahmā)은 우주를 창조했지만 그것을 보존할 수단이 없기 때문에 비슈누(Vishnu)를 필요로 한다. 비슈누는 인간을 창조하라는 명령을 받았지만 그가 창조한 인간들은 "들판의 짐승들처럼 배만 크고 지식이 없는 바보들이었다. 그들의 열정과 의지는 오로지 육체적인 욕구에만 매여 있었다."[121] 보존의 신 비슈누는 자신을 유지하거나 번식하는 능력만을 가진 인간을 창조했던 것이다. 따라서 그들은

Dow)가 자신의 저작 *The History of Hindostan; From the Earliest Account of Time, to the Death of Akbar; Translated from the Persian of Mahummud Casim Ferishta of Delhi: Together with a Dissertation Concerning the Religion and Philosophy of the Brahmins*, vols 1-2 (London: T. Becket and P. A. De Hondt, 1768)에 실은 『베다』의 부분 번역을 통해 읽었다고 기록하고 있다. 이와 관련해서는 vol. 1, xxxviii 이하를 참고하라.

121 Hegel, *LPR*, vol. 2, 332; *VPR*, Part 2, 235.

인간이라기보다 생존의 욕구만을 가진 한낱 동물에 불과했다. 그들은 비슈누의 원리와는 대립하는 "가변적이고 파괴적인 특성" 혹은 "일시적인 본성"을 결여하고 있었다.[122] 그래서 마침내 시바의 화신인 루드라(Rudra)에게 인간을 다시 창조하라는 명령이 내려졌다. 그는 파괴의 원리에 따라 인간을 창조했다. 그 결과 "단지 파괴적인 특성만을 가진 호랑이보다 더 사나운 인간들이 창조되었다."[123] 루드라가 창조한 인간은 비슈누의 원리(보존)를 결여하고 있었기 때문에 결국 서로를 파멸시키고 말았다. 그 이야기의 핵심은 힌두교의 삼주신이 모두 브라만(Brāhma)의 육화이긴 하지만 각기 자신만의 특성을 가진 개별적인 행동에 매여 있어서 불완전할 수밖에 없다는 것, 즉 삼주신의 분산된 활동이 하나로 통합되어야만 세 신의 특성이 균형 있게 조화된 온전한 인간이 창조될 수 있다는 것이다.

어떤 의미에서 삼주신 혹은 삼신일체는 힌두교의 삼위일체론이라고도 볼 수 있다. 하지만 삼위일체라는 용어를 사용하면, 헤겔이 그리스도교의 삼위일체에 절대적 가치를 부여하듯이 힌두교의 삼신일체도 똑같이 긍정하는 듯한 그릇된 인상을 주기도 한다. 다른 철학자들, 대표적으로 칸트도 자신의 『철학적 종교론lectures on the Philosophical Doctrine of Religion in Religion and Rational Theology』에서 힌두교의 삼신일체를 그리스도교의 삼위일체론에 비유한 바 있다.[124] 하지만 헤겔에 따르면, 그러한

---

122 Ibid.

123 Hegel, *LPR*, vol. 2, 332; *VPR*, Part 2, 236.

124 Kant, *Lectures on the Philosophical Doctrine of Religion in Religion and Rational Theology*, ed. and trans. by Allen W. Wood and George di Giovanni (Cambridge and New York: Cambridge University Press, 1996), 408f. "삼위일체의 관념은 고대로부터 이어져 오는 매우 근본적인 사유 방식으로 모든 종교의 토대를 이루고 있는 것처럼 보인

비유는 괜한 오해를 낳는다. 왜냐하면 힌두교의 삼신일체는 사변적이지도 변증법적이지도 않기 때문이다.[125] 힌두교의 삼주신은 그리스도교의 삼위일체처럼 서로 필연적으로 연관되어 있지 않다. 그는 이렇게 설명한다.

> 힌두교 삼신일체의 셋째 계기가 그리스도교 삼위일체의 셋째 계기처럼 성령이 되거나 그러한 지위를 가지려면, 그것은 자기 내부에서 전체로 복귀해야 한다. 달리 말해 첫째 계기인 추상적이고 암묵적으로 존재하는 브라만은 구체적으로 정립된 비슈누와 통일을 이루어야 한다. 하지만 힌두교의 셋째 계기는 단지 나타났다 사라지는 몰정신적인 규정에 불과하다.[126]

여기서 헤겔은 삼신일체의 첫 두 위격은 사변적 운동을 따른다고 보는 것 같다. 브라만은 보편자고, 비슈누는 특수자다. 문제가 되는 것은 삼신일체의 셋째 요소다. 그리스도교 삼위일체에서는 셋째 요소가 처음 두 요소를 매개하고 통일시키지만 힌두교의 삼신일체에서는 셋째 요소인 시바가 브라만(보편자)과 비슈누(특수자)를 매개하지 않

다. 인도인들은 브라만(Braham), 비슈누(Vishnu), 시바(Shiva)를, 페르시아인들은 오르무즈드(Ormuzd), 미트라(Mithra), 아리만(Ahriman)을, 이집트인들은 오시리스(Osiris), 이시스(Isis), 호루스(Horus)를, 고대 고트족과 독일인들은 오딘(Odin), 프레야(Freya), 토르(Thor)를 삼위일체적인 신으로 생각했다. 이들 중 첫째는 세계 입법, 둘째는 세계 통치, 셋째는 세계 심판의 역할을 한다."

125 Hegel, *Episode*, 139f.; *Jub.*, vol. 20, 125. "브라만의 특징은 비슈누나 시바와의 관계 속에서 명확히 드러난다. 그는 힌두교 삼주신의 하나로 등장한다. 인도의 세계관에서 절대자 개념을 발견하고자 했던 유럽인들은 힌두교의 삼신일체에 큰 관심을 가졌다."

126 Hegel, *LPR*, vol. 2, 734; *VPR*, Part 2, 622.

는다.

게다가 힌두교 삼신일체의 셋째 요소는 첫째 요소로 복귀하여 원환 운동을 매듭짓지 못하고 다만 끊임없이 반복되는 악무한(惡無限)에 머물러 있다. "셋째 요소는 화해를 이루지 못하고 단지 생성과 소멸의 놀이를 거듭할 뿐이다. 그러한 끊임없는 반복은 거친 광란의 소용돌이와도 같다."127 헤겔의 사변 논리에 따르면, 무한성은 상호 연관된 변증법적 요소들의 원환 구조를 따른다. 하지만 힌두교의 요소들은 그렇지 않다. 거기에서는 존재, 무, 생성과 같은 폐쇄적인 원환이 완성되지 못하고, 다만 생성과 소멸이라는 이원론적 순환만이 반복된다. 셋째 요소가 첫째 요소로 '복귀하지' 않는 그러한 삼신일체는 끊임없는 개방 구조에 머물러 있다. 거기서는 개별적인 요소들이 서로 변증법적인 관계를 맺지 못하고 각기 독립적으로만 존재한다. 그는 이렇게 설명한다.

> 삼신일체의 셋째 신은 결코 구체적인 총체성이 아니다. 그 신은 다른 두 신과 대등하게 존재하는 한 신에 불과하므로 여전히 추상적이다. 거기에 는 자신으로의 복귀가 없다. 전환, 변화, 생성, 소멸만 있을 뿐이다. 물론 그 운동에도 그리스도교의 근본 이념인 삼위일체의 원리가 깃들어 있기 는 하지만 그렇다고 거기서 절대적인 진리를 발견하거나 그리스도교의 삼위일체론을 인식하려는 어설픈 시도는 철저히 경계되어야 한다.128

---

127 Hegel, *LPR*, vol. 2, 592, note 223; *VPR*, Part 2, 487f., note 677.
128 Hegel, *Aesthetics*, vol. 1, 343; *Jub.*, vol. 12, 458.

그리스도교 삼위일체의 핵심은 '성자'인 그리스도가 '성령'을 통해 '성부'로 복귀하는 것이다. 그러한 신의 자기복귀를 통해 처음 두 요소인 성부와 성자가 통일되는 원환이 완성된다. 하지만 힌두교의 삼신일체에서는 셋째 신 시바가 첫째 신 브라만으로 복귀하지 못하고 창조와 파괴의 과정을 무한히 반복할 뿐이라는 점에서 그리스도교의 삼위일체와 엄격히 구분된다. 그러한 무한은 헤겔이 말하는 사변적인 진무한(眞無限)과 대비되는 악무한(惡無限)에 불과하다.

5. 다양한 예배 형식(1): 브라만과의 관계

헤겔은 예배의 형태를 통해 신과 인간의 관계를 이해한다. 다양한 종교들은 자신의 신 개념에 따라 예배의 형태, 즉 신과 인간의 관계도 달리 설정하기 때문이다. 그는 먼저 개인이 브라만(Brāhma)과 맺는 관계와 다른 신들과 맺는 관계를 구분한 후, 브라만에 대한 세 가지 예배 형식을 설명한다. 신과의 합일을 목표로 하는 예배는 다양한 방식으로 이루어진다. 첫째 방식은 사유와 기도를 통해 브라만과 합일하는 것이다. 인간은 사유하는 존재이므로 그러한 예배 형식은 모두에게 허용된다.[129] 카스트에 상관없이 모든 신자는 사유를 통해 신과 소통할 수 있다. "인간은 사유하고, 브라만은 사유된다는 점에서 브라만은 본질적으로 인간의 자기의식 속에 존재한다."[130] 신자들은

---

129 Hegel, *LPR*, vol. 2, 335f.; *VPR*, Part 2, 238f.
130 Hegel, *LPR*, vol. 2, 336, note 262; *VPR*, Part 2, 238, note 759. 이와 관련해서는 다음도 참고하라. *Phil. of Mind*, § 393, Addition; *Jub.*, vol. 10, 74. PR, § 5, Addition; *Jub.*, vol.

사유의 보편성을 통해 보편자인 브라만과 합일할 수 있다. 신자들은 오로지 사유와 기도를 통해서만 혼란스러운 욕망이나 덧없는 특수성의 세계에서 벗어날 수 있다. 그들은 "모든 감정과 의지가 소멸된 완전한 정신적 부동의 상태에 이른 것 같은 희미한 의식"의 상태를 바란다.[131]

하지만 그러한 예배 형식은 일시적이라는 한계를 갖는다.[132] 그러한 합일은 우리가 사유나 기도에 참여하는 동안만 지속될 수 있다. 주의가 산만해지거나 다른 일에 집중하는 순간 그러한 합일은 일시에 분열되고 만다. 사유는 인간을 인간답게 하는 측면이지만, 그런 다양한 측면 중 하나일 뿐이다. 첫째 예배 형식이 갖는 일시성의 한계를 극복하기 위해서는 더 나은 예배 형식이 필요하다.

브라만과 합일하는 둘째 예배 형식은 세상을 방기하고 자아를 제거하는 것이다. 그러한 예배의 목적은 고행과 자기부정을 통해 모든 유한한 욕망과 관심을 절멸함으로써 신과 합일하는 것이다.[133] 헤겔은 이렇게 설명한다. "인간이 도달할 수 있는 종교의 최고 단계는 브라만이 되는 것이다. 브라만에게 자신의 본질을 묻자 그는 이렇게 대답했다. '외부의 모든 감각들을 멀리하고, 오로지 자신 내면에 머물면서 옴(ôm)이라고 말하는 것, 그것이 브라만이다.' 그렇듯 인간성을 벗어던져야만 신과의 추상적인 합일에 이를 수 있다."[134] 이를 위해서

7, 55-56.

131 Hegel, *Phil. of Hist.*, 149; *Jub.*, vol. 11, 204.

132 Hegel, *LPR*, vol. 2, 341f.; *VPR*, Part 2, 244.

133 이와 관련해서는 다음을 참고하라. Hegel, *LPWH*, vol. 1, 280f.; *VPWG*, vol. 1, 203f. *LPR*, vol. 2, 342; *VPR*, Part 2, 245.

134 Hegel, *Phil. of Hist.*, 148; *Jub.*, vol. 11, 203.

는 자신을 부정하면서 신과 합일하는 데만 온 관심을 집중해야 한다. 그러한 예배는 "자기 고양을 위한 자기 비움, 즉 진정한 자기의식의 부정을 통해 이루어진다. 그러한 부정성은 한편으로는 고요한 무의식을 추구하면서, 다른 한편으로는 삶의 모든 것을 절멸하는 자살과 자해 고문으로 나아간다."135 이와 관련하여 헤겔은 『라마야나*Ramayana*』에서 혹독한 고행과 금욕을 통해 브라만의 힘을 얻고자 했던 비슈바미트라(Vishvamitra)의 이야기를 비롯한 몇 가지 사례를 제시하고 있다.136 또한 그는 런던의 학술지 「계간비평*The Quarterly Review*」의 한 논문에 실린 영국 탐험가들의 보고서를 언급하기도 한다.137 헤겔의 강의나 그가 활용한 자료들에 나오는 힌두교 순례자들의 산속 자살 이야기는 경악과 공포를 자아낼 만큼 끔찍하다.

헤겔은 이렇게 설명한다. "힌두교의 최고 단계는 감각적인 모든 것으로부터 해방되고, 자기의식조차 소멸된 상태다. 그것은 긍정적인 화해가 아니라 전적으로 부정적인 해방이자 완전한 탈속(脫俗)의 방식이다."138 헤겔은 그것이 힌두교의 전근대적 성격을 증명하는

---

135 Hegel, *Phil. of Hist.*, 157; *Jub.*, vol. 11, 214.

136 Hegel, *LPR*, vol. 2, 597; *VPR*, Part 2, 492.

137 Hegel, *LPR*, vol. 2, 121; *VPR*, Part 2, 27f.: "모든 것을 내려놓은 사람은 벌을 받지 않는다. 그들은 고행을 하고, 자신의 코끝까지만 볼 수 있도록 출가를 하며, 걸어서 순례를 하기도 하고, 먼 길을 무릎을 꿇고 걷기도 한다. 특히 수많은 아내들이 성전 근처에서 자살을 하거나 갠지스강에 몸을 던지는 것처럼 그들은 자살을 통해 자신을 희생하기는 하지만 인간 제물처럼 다른 사람을 희생시키지는 않는다. 그들은 특히 히말라야나 심연이나 눈 속에서 자살을 한다"(Webb, *Quart. Rev.*, no. xliv, 415ff.). 헤겔은 다음 논문도 언급하고 있다. "Sur l'Elevation des Montagnes de l'Inde, par Alexandre de Humboldt," *The Quarterly Review*, vol. 22, no. 44 (1820): 415-430. 이와 관련해서는 *LPR*, vol. 2, 602; *VPR*, Part 2, 497도 참고하라.

138 Hegel, *LPR*, vol. 2, 598, note 244; *VPR*, Part 2, 490f., note 722-744.

대목이라고 주장한다. 엄밀한 의미에서 근대성의 원리는 개인의 가치와 중요성을 인정하는 것이다. 하지만 힌두교의 원리는 그것과 완전히 대립한다. "힌두교의 관점에서는 자신의 의식을 고수하는 것이 불경한 것으로 여겨진다. 하지만 인간의 자유는 의지와 인식과 행위의 자유에 있다."139 힌두교의 원리는 개인의 가치를 공공연히 부정한다는 점에서 근대성과는 거리가 멀다. 이어 그는 "앞서 언급했듯이 고행을 통해 지속적으로 자신을 부정하는 개별적인 자기의식의 자기 고양이나 자기 비움이란 실로 마음과 정신 그리고 삶의 구체적인 현실로부터 도피하는 것"140에 불과하다고 말한다. 헤겔은 개인에 대한 힌두교의 관점과 근대 유럽인의 관점을 이렇게 비교한다. "힌두교에서는 자유롭고 절대적인 권리와 인격성에 근거한 시민적 삶의 원리가 발견되지 않는다. 그들의 야만적인 상상과 끔찍한 행위는 가족, 인간적인 자비, 무한한 인격성과 인간의 존엄성에 대한 인정과 같은 진정으로 인륜적인 관계들을 차단해 버렸다."141 간단히 말해 힌두교의 인간관은 주관적 자유의 발전 과정에서 볼 때, 아직 원초적인 단계에 불과하다.

브라만과 합일하는 셋째 예배 형식은 브라만 카스트와 관련되어 있다. 다른 카스트는 신과의 합일이나 성자의 지위를 얻기 위해 혹독한 수련 과정을 거쳐야 하지만, 브라만 카스트는 그것을 천부적인 권리로 부여받는다.142 이것이 셋째 예배 형식이다. 브라만 카스트는

---

139 Hegel, *LPR*, vol. 2, 598, note 244; *VPR*, Part 2, 491, note 722-744.

140 Hegel, *LPR*, vol. 2, 343, note 280; *VPR*, Part 2, 246, note 888.

141 Hegel, *LPR*, vol. 2, 121; *VPR*, Part 2, 28.

142 Hegel, *Phil. of Hist.*, 148; *Jub.*, vol. 11, 203. 이와 관련해서는 다음도 참고하라. *LPR*, vol. 2, 344f.; *VPR*, Part 2, 247. *LPR*, vol. 2, 599; *VPR*, Part 2, 493f.

다른 카스트의 고초를 면제받는다. "브라만들은 태어날 때부터 이미 신을 담지하고 있다. 그러므로 카스트의 구별은 현존하는 신과 유한한 인간 사이의 구별이기도 하다."[143] 헤겔은 이렇게 설명한다. "브라만 카스트는 브라만의 구체적인 현존이다."[144] 기도나 고요한 명상은 모든 신자에게 허락되는 개방적인 영역이지만, 그러한 예배 형식은 특정한 계층(브라만)에게만 허락되는 배타적인 영역이다.

힌두교의 추상적인 신의 본성은 구체적인 사유와 행위로 이루어진 풍부한 현실 영역과 단절되어 있다. 구체적인 특수자와 관계하지 않는 브라만의 행위는 자의적일 수밖에 없다. 브라만 카스트는 특별한 지위를 누리고 있지만 그렇다고 그가 실제로 경건하고 정직하게 산다는 보장은 없다. 그들의 구체적인 행위와 보편적인 원리는 완전히 분리되어 있기 때문이다. 따라서 브라만 카스트는 고귀한 종교적 이상에는 이르지도 못하면서 자신이 신적인 존재라는 오만과 교만에 빠져 있다. 헤겔에 따르면, 그러한 근본적인 결함의 원인은 그들이 특수성을 상실한 추상적인 보편성을 신으로 숭배한다는 데 있다.

6. 다양한 예배 형식(2): 다른 신들과의 관계

예배의 둘째 범주는 브라만(Brāhma)과 삼주신(Trimurti) 외의 다른 신들과의 관계다.[145] 브라만(Brāhma)의 개념은 지극히 추상적이므로

---

143 Hegel, *Phil. of Hist.*, 148; *Jub.*, vol. 11, 203.
144 Hegel, *LPR*, vol. 2, 598, note 244; *VPR*, Part 2, 494, note 762-763.
145 Hegel, *LPR*, vol. 2, 348; *VPR*, Part 2, 250. "둘째 요소는 수많은 신들과 […] 다양한 의식의

아무 내용이나 자의적으로 채워질 수 있다. 더욱이 브라만은 자연의 창조적인 힘을 의미하므로 모든 자연대상이 그 힘을 보유한 것으로도 인식될 수 있다. 힌두교인들은 동물과 식물 안에도 자연의 힘이 깃들어 있다고 여기고, 그것들을 신으로 숭배하기도 한다.

브라만의 첫째 측면은 보편성이고, 둘째 측면은 특수성이다. 헤겔은 그 가운데 둘째 측면에 우위를 둔다. 브라만(Brāhma)은 자기 내부에 삼주신인 브라만, 비슈누, 시바를 비롯한 다양한 하위의 신들을 포함하고 있다. "브라만은 정신의 힘이나 풍요로움의 위계에 따라 무수히 다양한 신들로 분화된다."146 "힌두교의 원리에 따르면, 다양한 '화신들'은 신의 현시다. 그러한 화신들은 사유라는 추상적 보편성을 탈피하여 감각적인 세계를 구성하는 다양한 신들로 등장한다."147 추상적인 신의 계시 혹은 화신은 수적으로 무한해 보인다. 무수히 다양한 화신은 인간이 감각적으로 지각할 수 있는 구체적인 대상들이다.148 "대기와 하늘을 관장하는 인드라(Indra)를 비롯한 하위의 신들은 별, 시내, 산 등에 깃든 자연의 보편적인 힘들, 이를테면 그것들이 지닌 힘이나 변화, 그것들이 주는 유익이나 해악, 보존이나 파괴의 영향들과 같은 다양한 특성에 따라 보다 구체적인 내용을 갖게 된다."149

헤겔은 비판적인 어조로 이렇게 설명한다. "인도인들의 상상력은

관계다."

146 Hegel, *PhS*, 420; *Jub.*, vol. 2, 530.

147 Hegel, *Phil. of Hist.*, 156; *Jub.*, vol. 11, 213.

148 Hegel, *PhS*, 420; *Jub.*, vol. 2, 530. "무형의 본질로부터 탈피한 혹은 자아 일반과의 직접적인 관계로부터 고양된 자기의식적인 정신은 자신의 단일한 본성을 다양한 대자존재로 드러낸다. 그것은 정신적인 지각의 종교다."

149 Hegel, *Aesthetics*, vol. 1, 343; *Jub.*, vol. 12, 458.

브라만(Brāhma)과 삼주신(Trimurti)에서 시작하여 무수히 다양한 형태의 신들에 이르기까지 거의 환상적으로 펼쳐지고 있다. 신성한 본질로 간주되는 보편적인 의미들은 인격화의 과정을 거쳐 수천 가지 현상으로 나타난다."150 헤겔은 다양한 식물과 동물, 이를테면 모든 자연대상과 관련된 수많은 신 개념에 주목한다. "그러므로 해, 달, 히말라야, 갠지스강과 같은 자연대상들뿐만 아니라 복수심과 같은 사악한 힘들, 즉 특수하고 주관적인 감정들조차 인격화된다. 혼란스럽기 짝이 없다. 설사 그것이 동물로 묘사되어 있다 하더라도 그것의 존재는 인격화되어 있다."151 모든 동물이 원칙적으로 신의 후보군이다. "앵무새, 소, 원숭이와 같은 동물도 신의 화신이지만 그것들의 본성은 그대로 유지되고 있다."152 힌두교는 자연 만물을 신으로 간주한다는 점에서 헤겔은 그것을 "보편적 범신론"153으로 특징짓는다. 앞서 언급했듯이 힌두교와 범신론의 연관을 그가 최초로 밝힌 것은 아니지만 당시 독일 철학계가 널리 받아들이던 그 연관의 핵심을 그는 매우 정확히 지적한 것이다.

브라만(Brāhma)은 추상적이기 때문에 브라만이 되고자 하는 욕망도 추상적일 수밖에 없다. 그래서 앞서는 감각적인 욕망이나 세속적인

---

150 Ibid.

151 Hegel, *LPR*, vol. 2, 593; *VPR*, Part 2, 489. 이와 관련해서는 다음도 참고하라. *Phil. of Mind*, § 393, Addition; *Jub.*, vol. 10, 75. *Phil. of Hist.*, 141; *Jub.*, vol. 11, 194. *Phil. of Hist.*, 156; *Jub.*, vol. 11, 213. *Phil. of Hist.*, 157; *Jub.*, vol. 11, 214.

152 Hegel, *Phil. of Hist.*, 141; *Jub.*, vol. 11, 194.

153 Hegel, *Phil. of Hist.*, 141; *Jub.*, vol. 11, 193. 이와 관련해서는 다음도 참고하라. *Phil. of Hist.*, 141; *Jub.*, vol. 11, 193f. "인도의 사물관은 보편적 범신론이다. 하지만 그것은 사유의 범신론이 아니라 상상의 범신론이다. 하나의 실체가 모든 사물에 분유되어 개별화된 모든 것이 생명력과 특수한 힘을 갖게 된다."

관심이 지배하는 세계로부터 벗어나고자 했다면, 이제는 정반대로 구체적이고 특수한 사물들에 집중하면서 육체적이고 감각적인 즐거움을 추구하고자 한다. 이 단계의 예배는 "지나치게 소란스럽다. 의식은 한낱 자연적인 것에 매몰되어 개별성의 의미를 모조리 상실해 버렸기 때문이다."[154] 이들은 자신을 부정하기는커녕 도리어 감각적인 만족에만 몰두한다.[155] 헤겔은 그러한 모순을 힌두교의 '이중적인 예배 형식'[156]으로 규정한다. 힌두교가 부도덕하다는 견해는 당시 잘 알려진 비판이었고, 그것은 그리스-로마 문화의 탁월함을 주장하는 근거로 활용되기도 했다.

헤겔에 따르면, 힌두교의 결정적인 한계는 브라만(Brāhma)이 추상적이어서 구체적인 내용을 결여하고 있다는 점이다. 그 결과 다양한 신들이 거주하는 특수성의 영역으로 관심이 옮겨가게 되었다. 브라만은 추상적이기 때문에 거기에는 무수한 개별적인 신들을 조화롭게 통합할 어떠한 범주나 질서도 존재하지 않는다. 따라서 그러한 개별적인 신들은 보편적인 신 브라만과 특별한 연관을 맺지 않는다. 그래서 다양한 곳에서 숭배되는 개별적인 신들이 서로 대적하는 부조리가 발생하게 된다. 개별적인 신들이 복잡하게 뒤얽혀 있으면 광폭한 혼란이 생겨날 수밖에 없다. 다양한 신들을 통합하는 질서의 원리가 존재하지 않으면 다양한 신들은 자신의 힘과 영향력을 과시하기 위해 서로 경쟁하기 때문이다. 그는 이렇게 말한다. "처음에는 평온하게 존재하던 정신의 원자들이 결국에는 서로 적대적인 운동을 펼치게

---

154 Hegel, *Phil. of Hist.*, 157; *Jub.*, vol. 11, 214.
155 Ibid.
156 Ibid.

된다."157 개별적인 신들은 특정한 지역의 특정한 집단에 의해 숭배되기 때문에 그러한 적대적인 경쟁은 지역적 혹은 국가적 분쟁으로도 확산된다. "힌두교는 다양한 신들 아래 수많은 종파로 분열되어 있다. 일부는 비슈누를 숭배하고, 일부는 시바를 숭배하기 때문에 피비린내 나는 전쟁이 끊이지 않는 것이다. 심지어 최근에도 그들은 수백만 명이 모인 대규모 연례 축제에서 신의 우선권을 두고 분쟁을 일으키기도 했다."158

추상적인 신 브라만은 구체적이고 다양한 하위의 신들과 조화를 이룰 수 없다. 그것은 보편자와 특수자, 일(一)과 다(多)의 명백한 모순이다. "한편으로는 완전히 비가시적인 절대자가 […] 참된 신으로 파악되기도 하고, 다른 한편으로 구체적으로 실재하고, 감각적으로 현존하는 개별적인 사물들이 그러한 절대자의 현시로 간주되기도 한다."159 하지만 그 경우 보편적인 신과 그것이 현시된 특수자들이 분리된 것처럼 보이기 때문에 보편자와 특수자의 관계는 불확실해지고 만다.160 개별적으로 육화된 신들은 추상적이고 보편적인 신성을 반영하고 있지 않다는 점에서 아무런 중요성도 갖지 않는다.

헤겔이 힌두교를 '환상의 종교'라 부르는 이유도 이 때문이다. 그것은 힌두교의 모든 개별적인 신들에 해당하는 표현이다. 수많은 신들이 자신만의 고유한 구체적 속성, 신화, 예배 형식을 갖고 있다는 것이 힌두교의 위대한 풍요로움으로 간주될 수도 있다. 하지만 그러한

---

157 Hegel, *PhS*, 420; *Jub.*, vol. 2, 530.

158 Hegel, *LPR*, vol. 2, 334; *VPR*, Part 2, 236.

159 Hegel, *Aesthetics*, vol. 1, 337-338; *Jub.*, vol. 12, 451.

160 Hegel, *Phil. of Hist.*, 157; *Jub.*, vol. 11, 215.

풍요로움을 통합할 단일한 질서의 원리가 존재하지 않으면, 그것은 무의미한 혼돈과 혼란에 빠져들고 만다. "그러한 의미에서 힌두교의 신화는 터무니없는 상상일 뿐이다. 거기에는 어떠한 정해진 형식도 없다."161 헤겔은 이렇게 설명한다. "힌두교의 정신은 몽상적이고 망각적인 정신적 혼란의 상태에 빠져 있기 때문에 대상들 또한 비현실적인 연상과 무한한 형태로 분열된다. 그것이야말로 지금까지 말한 모든 내용에서 추론할 수 있는 힌두교의 핵심적인 특성이다."162

7. 주관적인 자유의 결핍

헤겔은 힌두교의 신 개념이 갖는 한계를 이렇게 설명한다. "첫째 극단은 힌두교의 관능성이다. 힌두교는 자연대상 그 자체를 신으로 숭배한다. 그것은 인간이 자신의 본질적인 존재와 관계 맺는 것처럼 자연대상과 관계 맺는 자연종교다."163 앞서 언급했듯이 헤겔은 한 민족의 신 개념을 그 민족의 자기 개념으로 인식한다. 달리 말해 신 개념은 그 민족의 자기 본질을 반영하고 있다. 이에 따르면 힌두교인들이 동물을 비롯한 자연대상을 신으로 숭배했다는 것은 그들이 자신을 자연보다 더 우월한 존재로 사유하지 않았다는 것을 의미한다. 그들은 아직 자신을 정신으로 자각하지 못했던 것이다.

---

161 Hegel, *Phil. of Hist.*, 155; *Jub.*, vol. 11, 212. 이와 관련해서는 *LPWH*, vol. 1, 276; *VPWG*, vol. 1, 197도 참고하라. 힌두교는 "양극단을 오가는 현기증 나는 소용돌이다."

162 Hegel, *Phil. of Hist.*, 162; *Jub.*, vol. 11, 221.

163 Hegel, *LPWH*, vol. 1, 274; *VPWG*, vol. 1, 195.

그러한 견해에 따르면, 인간의 본질은 영원성을 결여한 한낱 시간성에 불과하다. 헤겔은 이렇게 설명한다. "자연에 매몰되어 있는 힌두교는 그러한 생성 과정을 단순한 생성이나 변화로만 파악한다. 그것이 힌두교의 전반적인 본질이다."[164] 보존의 신 시바는 사변적인 의미의 진무한이 아니라 끝없는 반복만을 거듭하는 악무한에 해당한다. 긍정적인 평가가 어려운 이유도 그것이다. 이어서 그는 이렇게 말한다. "의식 혹은 정신의 운동은 최초의 직접적인 통일에서 시작된다. 또 다른 요소는 타자를 정립하는 최초의 분열 혹은 판단이다. 나는 내 앞에 타자를 정립하고, 그 타자를 통해 나를 인식한다. 타자와의 관계는 자기 내적인 관계다."[165] 브라만과 브라만의 육화들 사이의 관계는 그러한 변증법적인 인식의 관계가 아니다. 브라만은 타자들, 즉 육화된 자연대상들 속에서 자신을 인식하지 못한다. 브라만은 따로 분리되어 있다. 헤겔에 따르면, 신을 자기 외부의 초월적인 존재로 규정하는 것은 신에게 아무런 내용도 부여하지 않는 것이다. 자기 외부의 어떤 것을 말하는 것은 일견 자기 아닌 것과의 관계를 말하는 것 같지만 그것 역시 자기 관계일 뿐이다. 왜냐하면 그것은 원래의 출발점인 자아로의 복귀를 의미하기 때문이다.

힌두교에는 인간이 자연보다 더 우월한 존재라는 인식이 없다. 다시 말하지만 신 개념은 그 민족의 자기 개념을 반영하고 있다. 그는 이렇게 설명한다.

---

164 Hegel, *LPR*, vol. 2, 592; *VPR*, Part 2, 487.
165 이와 관련해서는 Hegel, *LPR*, vol. 2, 592n; *VPR*, Part 2, 487n 이하를 참고하라.

우리는 [힌두교인들이] 그들의 존재 방식을 공유할 만큼 관대하다는 것을 잘 알고 있다. 하지만 그러한 관대함은 그들 자신에 대한 빈곤한 표상에 근거하고 있다. 정확히 말하면, 그들의 인간 개념에는 자유, 영원, 즉 자대자적으로 존재하는 현실적 존재와 같은 내용이 들어 있지도 않고, 자신이 봄, 나무 등과 같은 자연대상보다 고귀하다는 것도 모르고 있다. […] 힌두교인들에게는 자신이 자연대상보다 고귀하다는 감정이나 인식이 없다. 그들의 신 개념은 곧 그들의 자기 개념이다. 그들은 자신을 자연에 대한 표상과 동일한 지평에 두고 있다.166

힌두교인들에게는 아직 정신에 대한 인식이 없다. 그들의 자기 개념은 자연의 수준에 머물러 있다. 헤겔은 이 대목에서 브라만의 단계에 이르는 데 필요한 자기희생과 자기부정의 형태들을 언급하고 있다. 브라만이 되려는 사람들은 자신의 정신 능력을 긍정적으로 도야하기보다 극단적인 수련이나 고행을 통해 자신의 육체적-정신적 능력을 절멸한다. 그들은 자신의 진정한 인간적 능력을 통해 신과 합일하기보다 그러한 능력을 제거하고 자신을 인간보다 저급한 수준으로 퇴락시킴으로써 신과 합일하고자 한다. 힌두교인들은 "추상적인 것과 대비되는 구체적인 모든 것을 부정적인 것으로 간주한다. 자신이나 부모나 자녀를 희생 제물로 바치는 힌두교의 예배 형식은 모두 그런 관점에서 비롯한 것이다."167 헤겔에 따르면, 그러한 예배 형식은 힌두교인들이 개인이나 주관성을 전혀 존중하지 않는다는

---

166 Hegel, *LPR*, vol. 2, 601; *VPR*, Part 2, 496.
167 Hegel, *LPR*, vol. 2, 602; *VPR*, Part 2, 497.

사실을 입증한다. 힌두교의 성자가 되기 위해서는 자신의 주관성을 최대한 절멸해야 한다.

지나치게 추상적인 신 개념에는 인간에 대한 성찰이 결여되어 있다. 헤겔은 이렇게 설명한다.

> 절대자가 정신적으로 자유롭고 내적으로 구체적인 것으로 파악되어야
> 만 종교적 의식에서도 자기의식이 본질적인 것으로 등장하게 되고, 내적
> 으로 구체적인 방식으로 운동하게 되고, 구체적인 내용을 가진 것으로
> 표상되거나 경험될 수 있다. 절대자가 초월자나 최고 존재와 같은 추상
> 적인 수준에 머물러 있으면, 자기의식도 그 수준을 벗어날 수 없다.[168]

이 대목에서 헤겔은 계몽주의자들이 내세운 '최고 존재'라는 신 개념에 대한 자신의 비판을 끌어들인다. 근대 이신론자들의 신 개념처럼 브라만 개념도 추상적이고 공허하기는 마찬가지라는 것이 그 핵심이다. 힌두교에는 근대의 개인을 특징짓는 주관성이나 내면성의 원리가 존재하지 않으므로 자기의식도 중요한 지위를 차지하지 못한다.

인간을 단지 자연의 일부로 보는 관점은 인간의 가치와 존엄을 인정하지 않는 태도다. 헤겔은 이렇게 설명한다.

> 인간의 생명과 자연대상 혹은 자연존재의 생명은 대등한 가치를 갖는다.
> 인간성 자체가 내적으로 보다 고귀한 것으로 인식되어야만 인간의 생명
> 도 가치를 인정받을 수 있다. 하지만 힌두교인들은 인간의 생명을 저열

---

168 Hegel, *LPR*, vol. 2, 344n; *VPR*, Part 2, 246n.

하고 경멸스러운 것, 물 한 모금의 가치도 없는 것으로 여긴다. 그들은 자신에게 긍정적인 가치가 아니라 부정적인 가치만을 부여한다. 인간의 생명은 자아를 부정하는 한에서만 가치를 갖는다.[169]

힌두교인들은 인간 생명의 가치에 관심이 없다. 그 사례로 헤겔은 유아 살해라든가, 남편이 죽으면 아내도 함께 화장하거나 아내가 직접 불 속으로 투신 순사하는 과부 화형(Sati)과 같은 관습들 그리고 엄격한 금욕주의의 행태들을 언급하고 있다. 그가 보기에 그러한 모든 관습은 힌두교인들이 아직 개인을 소중히 여기거나 인간의 자유를 발전시킬 수 있는 단계에 이르지 못했음을 보여주는 결정적인 증거다.

힌두교인들은 카스트 제도를 당연한 것으로 받아들인다.[170] 헤겔에 따르면, 그 제도는 인간 자유의 발전을 가로막는다. 특정한 카스트에 속한 사람은 자신의 카스트에 해당하는 특정한 일만을 할 수 있다. 그들에게는 직업 선택권이 없다. "개인은 마땅히 자신의 직업 선택권을 가져야 하지만 동양은 내적인 주관성의 독립성을 인정하지 않는다. 카스트의 구별이 생겨나면서 개인은 자신의 특정한 지위는 스스로 선택하는 것이 아니라 자연적으로 부여된 것이라는 인식과 믿음을 갖게 되었다."[171] 카스트 제도의 가장 심각한 문제는 다양한 카스트들 사이에 존재하는 원천적인 불평등이다. 브라만 카스트는 특별한 노력

---

169 Hegel, *LPR*, vol. 2, 602; *VPR*, Part 2, 496f.

170 Hegel, *LPWH*, vol. 1, 257-264; *VPWG*, vol. 1, 174-182. 이와 관련해서는 *LPWH*, vol. 1, 285f.; *VPWG*, vol. 1, 210f.도 참고하라.

171 Hegel, *Phil. of Hist.*, 147; *Jub.*, vol. 11, 201.

없이 분에 넘치는 특권을 누리고, 하위의 카스트들은 특별한 이유 없이 가혹한 조건이나 수많은 사회적 불이익을 안고 살아간다. 그들은 그러한 불평등을 이미 결정된 본질로 생각하기 때문에 불만이나 자책도 없다. 카스트 제도는 자연을 정신 혹은 개인보다 우월하게 생각하는 힌두교의 특성을 그대로 반영하고 있다.

카스트 제도가 유지되기 위해서는 각각의 카스트가 준수해야 할 수많은 규칙과 법령이 필요하다. 그래서 각각의 카스트에게 허용되는 것과 허용되지 않는 것이 무엇인지를 매우 상세하게 규정한 규칙들이 인도 사회 전체를 지배하고 있다. 헤겔은 브라만 카스트가 준수해야 할 규칙을 다소 냉소적인 어조로 설명한다.

> 브라만 카스트에 속한 사람들은 하루 종일 특정한 의식을 수행해야 한다. 그들은 일어나자마자 특정한 규칙들을 따라야 한다. 그들은 일어나면 먼저 기도를 해야 하고, 특정한 발로 일어서야 하며, 특정한 식물의 잎으로 이를 닦아야 하고, 강에 가서 물을 입에 머금고 세 번에 걸쳐 뱉어야 하는 등의 규칙을 특정한 교리나 신조를 암송하면서 수행해야 한다.172

인도인들은 중국인들과 마찬가지로 외적인 세계에 매몰되어 있다. 그것은 내적인 영역이 결여되어 있다는 명백한 증거다. "그렇듯 힌두교인들은 외적인 것들에 의존해서 살아간다. 그들에게는 내면의 자유, 도덕성, 지성이 들어설 자리가 없다. 힌두교인들은 외면성의

---

172 Hegel, *LPWH*, vol. 1, 270; *VPWG*, vol. 1, 189.

지배 아래 살아간다. 그들은 내면성에 기초한 인륜적인 삶을 살지 않는다."173 그들에게는 양심이나 주관성과 같은 내적인 영역이 존재하지 않는다.

헤겔은 이와 관련하여 인도 여성의 열악한 처지도 설명한다. 여성은 기본적인 권리조차 누리지 못한다. 그들은 자신의 삶과 관련된 어떠한 근본 문제들에 대해서도 자기 결정권을 갖지 못한다. 간단히 말해 여성에게는 주관적인 자유가 없다. 헤겔은 상속권과 관련하여 그 점을 설명하고 있다. "여성은 한 줌의 정의나 개인적 자유도 누리지 못한다. 여성은 상속권에서도 완전히 배제되어 있고, 유언장을 쓰는 것조차 금지되어 있다. 남성 상속인이 없을 경우, 재산은 국왕인 라자(rajah)에게 이전된다."174 더욱이 여성은 "하위 카스트가 상위 카스트와 겸상할 수 없는 것처럼 남편과 겸상할 수 없다."175 또한 여성에게는 법정 증언도 허락되지 않는다. 결혼과 관련해서도 상황은 마찬가지다. 신랑이 아내를 구하는 일은 양가 부모의 상업적인 거래를 통해 성사된다. 여성은 남편을 스스로 선택하지 못하고, 아버지가 선택해준 남편과 결혼해야 한다.176 아버지가 딸의 남편을 구하지 못하면 그녀는 결국 부유한 남자의 여러 아내 중 한 명이 된다.177 간단히 말해 여성은 "일반적인 예속의 상태 혹은 심각하게 열악한 조건 속에 살아간다."178

---

173 Hegel, *LPWH*, vol. 1, 271; *VPWG*, vol. 1, 190.
174 Hegel, *LPWH*, vol. 1, 268; *VPWG*, vol. 1, 187.
175 Ibid.
176 Hegel, *LPWH*, vol. 1, 268; *VPWG*, vol. 1, 187.
177 Hegel, *LPWH*, vol. 1, 269; *VPWG*, vol. 1, 188.
178 Hegel, *LPWH*, vol. 1, 268; *VPWG*, vol. 1, 187.

헤겔은 이렇게 말한다. "역사적으로 볼 때 한 민족은 자신들의 객관적인 조건 속에서 자신에 대한 표상을 발견한다."[179] 그런 점에서 보면 힌두교에 반영된 인도인의 표상은 아직 자연에서 벗어나지 못한 형태를 띠고 있다. 그들은 여전히 자연 세계의 일부로 간주될 뿐이다. 그들의 종교나 문화에는 '정신'의 근본 요소들이 존재하지 않는다. 정신의 영역이 보다 뚜렷하게 인식되려면 역사적으로 오랜 진보의 과정이 필요하다. 헤겔에 따르면, 그러한 정신의 영역은 페르시아 종교와 이집트 종교의 단계에 이르러서야 비로소 등장한다.

---

179 Hegel, *LPWH*, vol. 1, 268; *VPWG*, vol. 1, 187.

| 6장 |

조로아스터교
: 선 혹은 빛의 종교

선 혹은 빛의 종교

헤겔은 조로아스터교, 시리아 종교, 이집트 종교를 자연종교에서 정신종교로 이행하는 "과도기의 종교"로 다룬다. 그 세 종교도 엄밀한 의미에서는 자연종교에 해당하지만, 인간 정신의 원리가 희미하게나마 처음으로 등장한다는 점에서 앞선 세 자연종교, 즉 중국 종교, 불교, 힌두교보다는 우월한 지위를 갖는다. 과도기의 종교들 가운데 첫째는 고대 페르시아 종교인 조로아스터교다.[1] 그는 『종교철학』뿐만 아니라 『역사철학』,[2] 『미학』,[3] 『정신현상학』(거기서는 "빛의 종교^{Das Lichtwesen}"라는 상징적인 제목 아래 다뤄지고 있다)[4]에서도 조로아스터교를 다루고 있으며, 『철학사』[5]에서도 간략히 다루고 있다.

조로아스터교는 고대의 예언자이자 종교 교사인 조로아스터 (Zoroaster: 차라두쉬트^{Zerdusht} 혹은 차라투스트라^{Zarathustra}라고도 불린다)에 의해 창시되었으나 그 연대는 아직 정확히 밝혀지지 않았다. 조로아스터는 조로아스터교의 경전인 『아베스타^{Avesta}』에 실린 『가타스^{Gathas}』라는 찬가를 쓴 사람이다. 조로아스터교는 불을 숭배한다. 그들의 불 숭배는 원시적인 인간 삶에서 불이 얼마나 중요한 역할을 했는지를 간접적

---

1 Hegel, *LPR*, vol. 2, 352-358; *VPR*, Part 2, 254-259. *LPR*, vol. 2, 609-625; *VPR*, Part 2, 504-518. *LPR*, vol. 2, 737-738; *VPR*, Part 2, 624-625. *NR*, 186-199. *Phil. of Religion*, vol. 2, 70-82; *Jub.*, vol. 15, 422-434.

2 Hegel, *Phil. of Hist.*, 173-181; *Jub.* vol. 11, 233-243. *LPWH*, vol. 1, 304-333; *VPWG*, vol. 1, 233-268; 특히 *LPWH*, vol. 1, 310-316; *VPWG*, vol. 1, 240-248; *OW*, 414-446을 참고하라.

3 Hegel, *Aesthetics*, vol. 1, 325-332; *Jub.*, vol. 12, 435-445.

4 Hegel, *PhS*, 418-420; *Jub.* vol. 2, 528-530.

5 Hegel, *Hist. of Phil.*, vol. 1, 83-85; *Jub.*, vol. 17, 116-118.

으로 보여준다. 불은 빛과 따뜻함 그리고 보호의 원천으로서 농업을
위한 정착 생활 이전부터도 인간 삶의 중심을 이루고 있었다. 불 숭배
는 카스피해 서해안에 위치한 나프타 유전들의 자연현상과 연관이
있다는 주장도 있다. 지표 근처의 그 유전들은 불을 피우는 데 필요한
나프타의 저장고다. 근대의 학문적 풍토에서는 과도기의 종교인 조로
아스터교를 인도인들이나 이란인들이 숭배하던 자연신들을 좀 더
인격화된 신들로 대체하려는 시도로 파악했는데, 헤겔도 그 노선을
그대로 따르고 있다.6 또한 조로아스터교의 경전인『아베스타』에서
『리그베다$^{Rig\ Veda}$』의 일부 요소들이 재발견된다는 점에서 고대 인도
와 페르시아의 연관에 주목하는 견해도 있다. 그것은 정신이 동양에서
서양으로 운동한다는 헤겔의 논쟁적인 주장을 뒷받침하는 근거이기
도 하다. 그러한 견해에 따르면, 인도와 페르시아의 종교적 출발점은
같지만 인도에서는 그것이 정체되었다가 페르시아에서 발전을 이룬
것으로도 볼 수 있다.

비교하자면, 헤겔은 앞선 중국 종교와 힌두교보다 조로아스터교
를 더 높게 평가한다.7 왜냐하면 조로아스터교는 순전히 자연적인
것을 극복하고 정신의 개념을 발견해 나가는 과도기의 종교 중 하나이
기 때문이다. 하지만 헤겔은 이후에 정신의 역사적 발전 과정에서

---

6 이와 관련해서는 다음을 참고하라. Mary Boyce, *Zoroastrians: Their Religious Beliefs and
Practices* (London et al: Routledge & Kegan Paul, 1979), 1-29. Maneckji Nusservanji
Dhalla, *History of Zoroastrianism* (New York: Oxford University Press, 1938), 39ff.
7 이와 관련해서는 대표적으로 *Phil. of Hist.*, 173; *Jub.* vol. 11, 233을 참고하라. "페르시아에서
인도로 건너간 유럽인들은 커다란 차이를 목격했다. 페르시아에서는 유럽인의 성향, 인간적인
덕목, 인간적인 열정을 볼 수 있었지만 인더스강을 건너자마자 전역에 만연한 혐오스러운 특성
들을 마주하게 되었다."

조로아스터교의 지위와 역할에 대한 관점을 변경했다는 점도 기억해야 한다. 1807년 저작『정신현상학』에서는 조로아스터교(a. 광원체)가 힌두교(b. 식물과 동물) 직전에 최초의 자연종교로 배열되어 있지만, 1820년대의『종교철학』에서는 거꾸로 힌두교가 조로아스터교 직전에 배열되어 있다.『역사철학』도 그 배열을 따라 인도 바로 다음에 페르시아를 다루고 있다. 그러한 논의 구조의 변화는 시간이 지나면서 조로아스터교에 대한 그의 인식이 긍정적으로 변화했음을 의미한다.

1. 헤겔 시대의 페르시아 연구 상황

조로아스터교는 페르시아 제국이 멸망한 후에도 그 명맥을 계속 이어갔으나 7세기경 등장한 이슬람교의 극심한 박해 속에서 점차 자취를 감추게 되었다.[8] 이후 조로아스터교 신자들은 페르시아를 떠나 사방으로 흩어졌는데, 그중 일부는 북부의 카스피해 연안에 정착했고, 나머지 일부는 인도 동부에서 서부로 이주했다. 헤겔 시대에 페르시아학은 이제 막 근대의 학문 분과로 자리 잡던 때라 그가 활용할 수 있는 자료는 비교적 제한적이었다.[9] 그가 조로아스터교를 연구하기 위해 굳이 고대 그리스의 헤르도토스(Herodotus), 스트라보(Strabo), 크세노폰(Xenophon)의 저작들을 활용했다는 것 자체가 이미

---

8 이와 관련해서는 다음을 참고하라. Dhalla, *History of Zoroastrianism*, 437ff. Boyce, *Zoroastrians: Their Religious Beliefs and Practices*, 145ff.

9 헤겔이 활용한 자료와 관련해서는 *LPR*, vol. 2의 "편집자 서문," 8, 15-17, 40-1, 63-64, 78-79를 참고하라.

그러한 당시의 열악한 학문 현실을 보여주고 있다.[10] 그는 라에르티오스(Diogenes Laertius)의 저작에 나오는 조로아스터교에 관한 간략한 설명을 언급하기도 하고,[11] 플루타르코스(Plutarch)의 저작 『이시스와 오시리스*Isis and Osiris*』에 나오는 조로아스터교에 관한 설명을 활용하기도 한다.[12] 고대 페르시아에 대한 집중적인 연구는 헤겔이 세상을 떠난 지 수십 년 후에야 본격화되었기 때문에 조로아스터교에 관한 정보의 부족을 그의 탓으로 돌릴 수는 없다.

영국의 동양학자 하이드(Thomas Hyde: 1636~1703)는 고대 페르시아 종교에 열렬한 관심을 가졌던 최초의 유럽학자 중 한 명이었다. 그의 대표 저작 『고대 페르시아인의 종교사*Historia religionis veterum Persarum*』는 조로아스터교에 관한 최초의 학술서로 평가된다.[13] 하이드는 조로아스터교 교리에 크게 공감하면서, 그것과 고대 유대교 및 그리스도교의 연관을 밝히고자 했다. 그는 고대 그리스와 로마의 저작들에서

---

10 이와 관련해서는 *LPR*, vol. 2, 616, note 284; *VPR*, Part 2, 510, note 149-183을 참고하라.

11 헤겔은 *Hist. of Phil.*, vol. 1, 83; *Jub.*, vol. 17, 116에서 라오르티오스(Diogenes Laertius)의 저작을 인용하고 있다. "라오르티오스에 따르면(1.8), 그러한 단순하고 영원한 존재는 '선과 악을 다스리는 오르무즈드(Ὠρομάσδης)와 아리만(Ἀρειμάνιος)이라는 두 통치자를 거느리고 있다." 이와 관련해서는 Diogenes Laertius, *Lives of Eminent Philosophers*, vols 1-2, trans. by R. D. Hicks (London: William Heinemann Ltd., Cambridge, MA: Harvard University Press, 1925)(Loeb Classical Library), vol. 1, 9ff.; Book I, 8 참조.

12 *Plutarchi Chaeronensis quae supersunt Omnia, cum adnotationibus variorum adjectaque lectionis diversitate Opera*, vols 1-14, ed. by J. G. Hutten (Tubingen: J. G. Cotta, 1791-1804)(*Hegel's Library*, 470-483). 이와 관련해서는 *Isis and Osiris* in *Plutarch's Moralia*, vols 1-16, trans. by Frank Cole Babbitt (London: William Heinemann Ltd., Cambridge, MA: Harvard University Press, 1936)(*Loeb Classical Library*), vol. 5, Chapters 46-47, 111-115(369d-370c)를 참고하라.

13 Thomas Hyde, *Historia religionis veterum Persarum, eorumque magorum* (Oxford: E Theatro Sheldoniano, 1700). *Veterum Persarum et Parthorum et Medorum religionis historia* (제2판, Oxford: Clarendon, 1760).

조로아스터교에 관한 정보를 수집했다. 안타깝게도 그는 조로아스터교의 경전인 『아베스타』를 몰랐다. 대신 그는 페르시아의 교리 모음집 『사드 다르Sad dar』를 통해 조로아스터교의 신앙과 관습에 관한 풍부한 정보를 얻었다.

옥스퍼드에 있는 보들리 도서관(the Bodleian Library)의 큐레이터였던 하이드는 조로아스터교 경전을 모집한다는 공고를 발표했다. 이에 인도에 거주하던 영국인 부셰(George Boucher)는 1718년에 수라트(Surat)의 파르시스(Parsis)에서 구한 『아베스타Avesta』의 일부인 『벤디다드Vendidad』 사본을 보내주어 1723년부터 그곳에 소장되었다.[14] 하지만 읽을 수 있는 사람이 없어 그것은 암호문처럼 방치되어 있었다. 이는 헤겔이 직접 언급하는[15] 프랑스의 동양학자 앙케틸-두페론(Abraham-Hyacinthe Anquetil-Duperron)이 그것을 해독하기로 마음먹은 결정적인 동기가 되었다. 그는 인도학과 페르시아 연구 분야의 선구자였다. 그는 하이드의 연구에 흥미를 느껴 1754년 파리의 옥스퍼드 박물관에서 발견한 원전 사본을 해독하기로 계획했다.[16] 그는 젊은 나이였지만 원어를 배우고자 유학을 결심하고, 즉시 프랑스 인도회사

---

14 이와 관련해서는 "Discours preliminaire ou Introduction au Zend-Avesta," in *Zend-Avesta, Ouvrage de Zoroastre, Contenant les Idées Théologiques, Physiques & Morales de ce Législateur, les Cérémonies du Culte Religieux qu'il a établi, & plusieurs traits importans relatifs à l'ancienne Histoire des Perses*, vols 1-2.2, trans. by Abraham Hyacinthe Anquetil du Perron (Paris: N. M. Tilliard, 1771), vol. 1, v; "Introduction," in The *Zend-Avesta*, vols 1-3, trans. by James Darmesteter and L. H. Mills (Oxford: Clarendon Press, 1880-1887)(*The Sacred Books of the East*), vol. 1, xiv를 참고하라.

15 Hegel, *LPR*, vol. 2, 616, note 284; *VPR*, Part 2, 510, note 149-183. *LPWH*, vol. 1, 307; *VPWG*, vol. 1, 237.

16 "Discours preliminaire ou Introduction au Zend-Avesta," in *Zend-Avesta, Ouvrage de Zoroastre*, vol. 1, vi.

에 군인으로 입대한 후, 1755년 가을 인도 유학을 떠났다. 그는 친구들의 도움으로 군대 의무도 면제받았고, 이후에는 정부 수당도 지원받았다. 1755년부터 1761년까지 그는 인도의 무굴(Mughal)에 머물면서 파르시 사제들로부터 조로아스터교에 관한 다양한 지식을 전수받았고,[17] 프랑스로 돌아오기 전까지 180여 권의 경전 사본을 수집하기도 했다. 10년간의 지난한 연구 끝에 그는 1771년에『아베스타』의 프랑스어 번역판을 출간했다.[18] 그것은 아베스타어로 된 원문을 번역한 것이 아니라 그것의 페르시아어 번역판을 재번역한 것이다. 앙케틸-두페론의 선생은 아베스타어를 제대로 알지 못했고, 앙케틸-두페론도 선생의 팔레비어를 제대로 이해하지 못해, 사실상 그 번역은 심각한 문제를 안고 있다. 그럼에도 그 번역판은 당시 유럽 세계에서 선풍적인 인기를 끌었다. 특히 "젠드아베스타에 관한 예비적 담론Discours préliminaire ou Introduction au Zend-Avesta"이라는 방대한 "서론"에서는 그가 인도에서 겪은 다채로운 고난과 모험의 순간들이 마치 무용담처럼 상세하고 거침없이 펼쳐지고 있는데, 그것만으로도 독자들의 환심을 사기에는 충분할 정도였다.

---

17 이와 관련해서는 다음을 참고하라. Urs App, *The Birth of Orientalism* (Philadelphia: University of Pennsylvania Press, 2010), 363-439. Raymond Schwab, *Vie d'Anquetil Duperron* (Paris: Ernest Leroux, 1934). Robert Irwin, *For Lust of Knowing: The Orientalists and Their Enemies* (Harmondsworth: Penguin, 2007), 125f. Nora Kathleen Firby, *European Travellers and their Perceptions of Zoroastrians in the 17th and 18th Centuries* (Berlin: Dietrich Reimer, 1988)(*Archaeologische Mitteilungen aus Iran, Supplement*, vol. 14), 155-171.

18 *Zend-Avesta, Ouvrage de Zoroastre, Contenant les Idées Théologiques, Physiques & Morales de ce Législateur, les Cérémonies du Culte Religieux qu'il a établi, & plusieurs traits importans relatifs à l'ancienne Histoire des Perses*, vols 1-2.2, trans by Abraham Hyacinthe Anquetil du Perron (Paris: N. M. Tilliard, 1771).

앙케틸-두페론의 번역판은 독일어권 학자들의 관심을 끌기도 했다. 킬(Kiel)대학의 신학 교수였던 크로이커(Johann Friedrich Kleuker: 1749~1827)[19]는 1776~1777년에 앙케틸-두페론의 저작을 독일어로 번역한 세 권짜리 『아베스타』를 출간했다.[20] 크로이커는 앙케틸-두페론이 쓴 방대한 "서론"은 간단히만 발췌 번역하고, 대신 『아베스타』의 원문 번역에 집중했다. 헤겔이 앙케틸-두페론의 프랑스어 번역판을 활용했는지, 크로이커의 독일어 번역판을 활용했는지는 확실치 않다. 하지만 그는 두 번역판 모두 잘 알고 있었다.[21] 존스와 같은 유럽의 동양학자들이 앙케틸-두페론의 『아베스타』 번역을 문제 삼았을 때,[22] 크로이커는 1781~1783년에 앙케틸-두페론의 연구와 번역을 옹호하는 긴 부록을 출간하기도 했고,[23] 1789년에는 『젠드아베스타 요약판: 오르무즈드가 조로아스터에게 전하는 빛의 법칙 혹은 생명의 말씀Zend-Avesta im Kleinen. Das ist Ormuzd's Lichtgesetz oder Wort des Lebens an Zoroastre』이라는 해설서를 출간하기도 했다.[24] 그 저작은 크게 3부로

---

19 Frank Aschoff, *Der theologische Weg Johann Friedrich Kleukers (1749-1827)* (Frankfurt am Main et al.: Peter Lang, 1991). Werner Schutz, *Johann Friedrich Kleuker. Seine Stellung in der Religionsgeschichte des ausgehenden 18. Jahrhunderts* (Bonn: Rohrscheid, 1927), 67ff.

20 *Zend-Avesta, Zoroasters lebendiges Wort, worin die Lehren und Meinungen dieses Gesetzgebers von Gott, Welt, Nature, Menschen; ingleichen die Ceremonien des heiligen Dienstes der Parsen* u. s. f. aufbehalten sind, vols 1-3, trans. by Johann Friedrich Kleuker (Riga: Johann Friedrich Hartknoch, 1776-1777).

21 이와 관련해서는 *LPR*, vol. 2, 617n; *VPR*, Part 2, 781, 각주 510을 참고하라.

22 존스는 프랑스어로 작성한 익명의 공개 서신을 통해 앙케틸-두페론을 비판했다. *Lettre à Monsieur A*** Du P***. Dans Laquelle est Compris L'Examen de sa Traduction des Livres Attribués à Zoroastre* (London: P. Elmsly, 1771).

23 Johann Friedrich Kleuker, *Anhang zum Zend-Avesta*, vols 1-2 (Leipzig and Riga: Johann Friedrich Hartknoch, 1781-1783).

구성되어 있다. 제1부는 조로아스터교의 등장에서 이슬람교인들의 박해에 이르는 역사 그리고 조로아스터의 생애와 그 시대적 상황을 설명하고, 제2부는 『아베스타』의 발췌문을 소개하며, 제3부는 오르무즈드(Ormuzd) 및 조로아스터교를 비판적으로 논의한다. 그 저작으로 크로이커는 독일어권 세계에서 조로아스터교의 최고 전문가라는 명성을 얻게 되었다.

크로이커의 친구였던 헤르더는 1787년 저작 『인류의 역사철학에 대한 이념*Ideen zur Philosophie der Geschichte der Menschheit*』 제3권에서 페르시아를 간략히 설명한다.[25] 그는 페르시아 국가의 제국주의적인 성격에 대해서는 헤겔보다 훨씬 비판적이지만, 조로아스터교가 고대 페르시아의 중요한 유산이라는 점은 동등하게 인정하고 있다.[26] 조로아스터교에 관한 그의 논의, 예를 들어 오르무즈드(Ormuzd)와 아리만(Ahriman)이 상징하는 빛과 어둠의 이원론이라든가, 아메샤 스펜타들(Amesha Spentas), 불 숭배, 윤리의 중요성 등에 관한 논의는 헤겔과 대부분 일치한다.[27] 헤겔은 페르시아인의 종교적 관습을 비교적 높게 평가하

---

24 Johann Friedrich Kleuker, *Zend-Avesta im Kleinen. Das ist Ormuzd's Lichtgesetz oder Wort des Lebens an Zoroaster dargestellt in einem wesentlichen Auszuge aus den Zendbüchern, als Urkunden des alten Magisch-Zoroastrischen Religionssystems; nebst ganz neuen Abhandlungen und vollständigen Erläuterungen aller hier vorkommenden Sachen und Begriffe* (Riga: Johann Friedrich Hartknoch, 1789).

25 Johann Gottfried Herder, *Ideen zur Philosophie der Geschichte der Menschheit*, vols 1-4 (Riga and Leipzig: Johann Friedrich Hartknoch, 1784-1791), vol. 3, 74-84(영어 번역판: *Outlines of a Philosophy of the History of Man*, vols 1-2, trans. by T. Churchill, 2nd ed. [London: J. Johnson, 1803], vol. 2, 63-72).

26 이와 관련해서는 Herder, *Ideen zur Philosophie der Geschichte der Menschheit*, vol. 3, 81n(*Outlines of a Philosophy of the History of Man*, vol. 2, 69n)를 참고하라.

27 이와 관련해서는 Herder, *Ideen zur Philosophie der Geschichte der Menschheit*, vol. 3, 80-84(*Outlines of a Philosophy of the History of Man*, vol. 2, 69-72)를 참고하라.

지만 헤르더는 그것을 '저급한 의식 수준'의 표현에 불과하다고 평가한다.[28] 정신의 발달단계에 관한 헤겔의 도식에서 페르시아는 상당히 낮은 단계에 속한다. 그럼에도 불구하고 그는 아프리카인, 중국인, 힌두교인에 비해 페르시아인을 비교적 관대하고 호의적으로 평가하는가 하면, 그들을 유럽인의 먼 친척으로 보기도 한다.

독일의 수학자이자 지도제작자인 니부어(Carsten Niebuhr: 1733~ 1815)는 앙케틸-두페론의 모험에 영감을 받아 덴마크 왕실의 후원 아래 아라비아반도 항해를 떠났다. 그 항해는 1761년에서 1768년까지 8년간 이어졌다. 1766년, 유럽으로 돌아오는 길에 원정대원들이 모두 사망했지만, 그는 홀로 페르세폴리스(Persepolis) 유적지를 탐험하면서 그곳에서 신비한 설형문자 비문을 본떠 오기도 했다. 유럽으로 돌아온 그는 1772년에 자신의 여행 기록을 담은 『아라비아에 대한 설명*Beschreibung von Arabien*』이라는 저작을 출간했으며,[29] 이후 1774~ 1778년에는 풍부한 삽화가 담긴 두 권짜리 여행기 『아라비아 및 기타 주변 국가로의 여행*Reisebeschreibung nach Arabien und andern umliegenden Ländern*』도 출간했다.[30] 그 여행기는 당시 유럽 사회에 큰 파장을 일으켰고 곧장 네덜란드어, 프랑스어, 스웨덴어, 영어로 번역되기도 했다. 헤겔은 스위스의 학자 비텐바흐(Jacob Samuel Wyttenbach: 1748~1830)의 저작 『박식한 여행자들의 위대한 저작들을 통한 이집트와 아라비아 여행

---

28 이와 관련해서는 Herder, *Ideen zur Philosophie der Geschichte der Menschheit*, vol. 3, 82(*Outlines of a Philosophy of the History of Man*, vol. 2, 70)를 참고하라.

29 Carsten Niebuhr, *Beschreibung von Arabien, Aus eigenen Beobachtungen und im Lande selbst gesammleten Nachrichten* (Copenhagen: Nicolaus Moller, 1772).

30 Carsten Niebuhr, *Reisebeschreibung nach Arabien und andern umliegenden Ländern*, vols 1-2 (Copenhagen: Nicolaus Moller, 1774-1778).

과 관찰*Reise und Beobachtungen durch Aegypten und Arabien aus den grossen Werken ver-schiedener gelehrten Reisenden*』에서 니부어의 항해를 처음 접하게 되었다.31

덴마크의 언어학자 라스크(Rasmus Rask: 1787~1832)는 1820년에 페르시아와 인도를 여행하면서 아베스타어와 팔레비어로 기록된 조로아스터교 경전 사본을 수집하여 1823년에 덴마크로 가져왔다.32 매우 오랜 시기에 걸쳐 다양한 문서들로 구성된 『아베스타』는 인도-이란어족에 해당하는 아베스타어군의 다양한 언어와 방언으로 기록되어 있다. 라스크는 『아베스타』를 연구하면서 그 언어가 『리그베다』의 산스크리트어와 연관이 있음을 발견하고 그 연구 성과를 1826년에 덴마크어로 출간했는데,33 같은 해 베를린에서는 그 저작의 독일어 번역판이 『젠드어와 "젠드-아베스타"의 연대와 진위에 관하여*Über das Alter und die Echtheit der Zend-Sprache und des Zend-vesta*』라는 제목으로 출간되기도 했다.34 헤겔도 『종교철학』에서 그 저작의 내용을 간접적으로 언급

---

31 Jacob Samuel Wyttenbach, *Reise und Beobachtungen durch Aegypten und Arabien aus den grossen Werken verschiedener gelehrten Reisenden*, vols 1-2 (Bern und Winterthur: bey der typographischen Gesellschaft & Heinrich Steiner, 1779-1781) (*Hegel's Library*, 716).

32 이와 관련해서는 Kirsten Rask, *Rasmus Rask. Store tanker i et lille land* (Copenhagen: Gad, 2002)를 참고하라.

33 Rasmus Rask, *Om Zendsprogets og Zendavestas Ælde og Ægthed* (Copenhagen: Andreas Seidelin, 1826). 당시에는 『아베스타』를 『젠드아베스타』(*Zend-vesta*)라고 불렀고, '젠드'(Zend)를 '언어'라는 뜻으로 이해했으나 나중에 그것은 번역의 오류로 밝혀졌다. 『젠드아베스타』는 『아베스타』에 관한 해석'이라는 뜻으로, 원래는 『아베스타』 팔라비어 번역판을 가리키는 용어였으나 이후에는 서양의 번역판을 가리키는 용어로 사용되었다.

34 Rasmus Rask, *Über das Alter und die Echtheit der Zend-Sprache und des Zend-Avesta, und Herstellung des Zend-Alphabets; nebst einer Übersicht des gesammten Sprachstammes*, trans. by Friedrich Heinrich von der Hagen (Berlin: Duncker und Humblot, 1826).

하고 있다.35

헤겔은『아베스타』외에도 간단히 '피르다우시'(Ferdowsī)라고도 불리는 하킴 아불-카심 피르다우시 투시(Hakīm Abu'l-Qāsim Ferdowsī Tūsī: AD 940~1020)의 서사시『샤나메*Shahnameh*』도 알고 있었다.36 피르다우시는 이슬람교인이었지만 아랍이 7세기에 페르시아를 침략하기 전까지 유지되었던 조로아스터교 및 페르시아의 문화적 전통을 노래한 페르시아 민족에 관한 서사시를 썼다. 신화적이면서도 역사적인 그 서사시는 페르시아 민족의 탄생에서 아랍의 침략 이전까지의 이야기를 담고 있다. 헤겔은 1820년에 출간된 괴레스(Joseph Görres)의 독일어 번역판『이란의 영웅서, 피르다우시의 샤나메*Das Heldenbuch von Iran aus dem Schah Nameh des Firdussi*』를 소장하고 있었다.37

헤겔은 개인 교사이자 다양한 학술지의 편집자 겸 브레슬라우 군사학교 교수였던 로데(Johann Gottlieb Rhode: 1762~1827)의 저작『종교, 역사 및 고대 유물 일반에 나타난 동양 문헌의 연대와 가치에 관하여*Ueber Alter und Werth einiger morgenländischen Urkunden, in Beziehung auf Religion, Geschichte und Alterthumskunde überhaupt*』도 소장하고 있었다.38 그 저작의 제1장은 존스의 비판에 맞서 앙케틸-두페론과 크로이커의 저작을 변호

---

35 이와 관련해서는 *LPR*, vol. 2, 616, note 284.; *VPR*, Part 2, 510, note 149-183을 참고하라. "그 문헌들은 산스크리트어의 자매 언어인 고대 젠드어로 작성되어 있다."

36 Hegel, *Phil. of Hist.*, 182f.; *Jub.*, vol. 11, 244f. *LPWH*, vol. 1, 321f.; *VPWG*, vol. 1, 253f. Aesthetics, vol. 2, 1097; *Jub.*, vol. 14, 402.

37 Joseph Gorres, *Das Heldenbuch von Iran aus dem Schah Nameh des Firdussi*, vols 1-2 (Berlin: G. Reimar, 1820)(*Hegel's Library*, 807).

38 Johann Gottlieb Rhode, *Ueber Alter und Werth einiger morgenländischen Urkunden, in Beziehung auf Religion, Geschichte und Alterthumskunde überhaupt* (Breslau: Wilibald August Holaufer, 1817)(*Hegel's Library*, 725).

하고 있으며, 제2장은『아베스타』를 비롯한 다양한 경전들을 광범위하게 인용하면서 조로아스터교의 신들을 설명하고 있고, 제3장은 미트라(Mithra) 신을 설명하고 있다. 크로이처는 미트라 신에 대한 신비 의식을 조로아스터교의 본래적인 숭배 의식이라고 주장했고, 로데는 그것을 추후에 이식된 외래적인 숭배 의식이라고 주장했는데, 헤겔은 그중 로데의 견해를 지지했다.39 로데는 1820년에 출간한 그의 대표작『고대 박트리아인, 메디아인, 페르시아인 또는 젠드족의 신화와 전체 종교체계Die heilige Sage und das gesammte Religionssystem der alten Baktrer, Meder und Perser oder des Zendvolks』로 예나대학의 명예 박사학위를 받기도 했다.40 로데는 크로이처의 방법론이 다양한 민족과 그들의 종교를 혼란스럽게 만든다고 비판하면서, 고대 페르시아인만의 역사적-지리적 상황에 초점을 맞추어 페르시아인과 그들의 종교를 보다 정확하게 인식하고자 했다.

헤겔은 산스크리트어 전문가로 잘 알려진 프랑크(Othmar Frank: 1770~1840)의 저작도 활용했다. 그는 파리와 런던에서 동양어를 공부한 후, 밤베르크대학의 철학 교수의 이력을 거쳐, 1821년에는 뷔르츠부르크대학의 인도어와 페르시아어 교수를, 1826년부터는 뮌헨대학의 철학 및 동양 언어학 교수를 지냈다. 그는 산스크리트어 문법과 독해 능력을 갖춘 보프의 스승으로 간주되기도 한다.41 그는 1808년

---

39 이와 관련해서는 Hegel, *LPR*, vol. 2, 620; *VPR*, Part 2, 513 및 Rhode, *Ueber Alter und Werth einiger morgenländischen Urkunden, in Beziehung auf Religion, Geschichte und Alterthumskunde überhaupt*, 122f.를 참고하라.

40 Johann Gottlieb Rhode, *Die heilige Sage und das gesammte Religionssystem der alten Baktrer, Meder und Perser oder des Zendvolks* (Frankfurt am Main: Verlag der Hermannschen Buchhandlung, 1820).

에 조로아스터교를 상징하는『동양의 빛*Das Licht vom Orient*』이라는 제목의 저작을 출간했다. 거기서 프랑크는 인류의 모든 문화는 페르시아에서 시작되어 이후 인도, 중국, 이집트, 그리스 등의 다른 지역으로 전파되었다고 주장하기도 하고,42 고대 페르시아 문화와 독일 문화의 연관을 밝히며 독일어가 페르시아어에서 유래했다는 언어적 근거를 제시하기도 한다.43 그 저작은 고대 페르시아를 집중 연구하는 학술계나 아카데미 창설을 목표로 하는 다소 이념적이고 민족주의적인 색채를 띠고 있다. 1년 후 그는 자신의 대표작『언어와 천재*Lingua et Genio. Commentationes Phaesophico-Persicae*』를 출간했는데,44 그 저작은『동양의 빛』과 달리 고대 페르시아 언어와 종교를 학문적으로 다루고 있다.

2. 빛과 선: 오르무즈드

헤겔은 순서상 조로아스터교의 신 개념을 특징짓는 것으로 분석을 시작한다. 그는 조로아스터교를 '빛의 종교'로 규정한다. 그는 도입부에서 이렇게 말한다. "빛의 종교 혹은 직접적인 선의 종교는 조로아스터가 창시한 고대 파르시들의 종교다."45 그러한 신 개념을 통해서

---

41 Othmar Frank, *Chrestomathia Sanskrita*, vols 1-2 (Munich: Typographice ac Litographice Opera et Sumtibus Propriis, 1820-1821). *Grammatica Sanskrita* (Wurzburg: Typographice ac Litographice Sumtibus Propriis, 1823).

42 Othmar Frank, *Das Licht vom Orient*, 1. Theil (Nurenberg: Lechner, Leipzig: Besson, 1808), 4, 8.

43 Ibid., 4, 15, 50ff.

44 Othmar Frank, *De Persidis. Lingua et Genio. Commentationes Phaesophico-Persicae* (Nuremburg: Bibliopolio Steinio, 1809)(*Hegel's Library*, 514).

도 알 수 있듯이, 조로아스터교인들은 실제로 불을 위한 신전과 제단을 쌓고 거기서 자신들의 신을 숭배했다. 헤겔의 도식에 따르면, 조로아스터교는 자기 외부에 있는 빛이라는 자연대상 혹은 자연물을 숭배한다는 점에서 '자연종교'에 속한다. 실제로 빛은 자연대상 가운데 가장 근원적인 것 중 하나다.

일반적인 빛의 개념은 순수 존재 개념에 대응하는 근원적인 것이다. "조로아스터의 빛은 의식의 단계, 즉 자신과 구별되는 것과 관계하는 정신에 해당한다."[46] 그래서 헤겔은 『정신현상학』에서 조로아스터교의 신 개념과 "A. 의식(Bewußtsein)" 장의 첫 단계인 "I. 감성적 확신Die sinnlich Gewißheit oder das Diese und das Meinen" 부분을 비교한다.[47] 조로아스터교의 빛의 신은 순수 존재 개념과 마찬가지로 불빛이나 별빛과 같이 감각적으로 직접 지각될 수 있는 모든 것을 의미할 수도 있고, 구체적인 모든 광원체가 보편적으로 가지고 있는 빛 자체의 개념을 의미할 수도 있다. 하지만 헤겔은 그 중 후자, 즉 순수한 빛이라는 '보편적인 대상'을 조로아스터교의 신으로 규정한다.[48] 파르시(조로아스터교인)들은 "절대적인 진리는 하나로 통일된 보편성의 형태를 갖추어야 한다는 의식에 도달했다. 그러한 보편적이고, 영원하고, 무한한 본질은 처음에는 어떠한 방식으로도 규정될 수 없는 것으로 인식된다. 그것은 무제약적 동일성이다."[49] 그 보편자는 순수 존재 개념과 마찬

45 Hegel, *LPR*, vol. 2, 616, note 284; *VPR*, Part 2, 510, note 149-183. Cf. *Phil. of Hist.*, 177; *Jub.* vol. 11, 239. Cf. *Aesthetics*, vol. 1, 325; *Jub.*, vol. 12, 435.

46 Hegel, *Phil. of Hist.*, 173; *Jub.* vol. 11, 234. 이와 관련해서는 *LPR*, vol. 2, 354; *VPR*, Part 2, 256을 참고하라.

47 Hegel, *PhS*, 419; *Jub.* vol. 2, 528.

48 Ibid.

가지로 특정한 형태가 없다.[50] 예를 들어 불은 한시도 멈추지 않고 끊임없이 운동하고 변화하지만, 사유의 영역은 한결같은 통일성과 영속성을 유지한다. 사유의 영역은 통일적이고 영속적이다.

헤겔에 따르면, 핵심은 빛이 보편적인 것, 즉 사유의 대상으로 이해되어야 한다는 것이다. 신성한 것은 보편적인 빛이지 그것의 개별적인 화신이 아니다. 그는 조로아스터교를 힌두교와 비교하면서 이렇게 설명한다. "하지만 빛은 라마나 브라만이나 산이나 동물과 같은 특수한 존재가 아니라 보편성 자체를 표현하는 것이다. 그러므로 페르시아 종교는 개별적인 자연물이 아니라 보편성 자체를 숭배한다는 점에서 우상 숭배가 아니다."[51] 조로아스터교도들이 빛의 신을 숭배하기는 하지만 그것은 태양이나 달과 같은 구체적인 광원체를 의미하지 않는다는 점에서 이집트의 태양신 라(Ra)나 그리스의 달의 여신 셀레네(Serene)과 같이 구체적으로 존재하는 신이 아니다. 중요한 것은 특수자가 아니라 보편자다. 보편적인 사유는 감각적인 대상보다 파악하기 어렵다. 조로아스터교의 신은 개별적인 피조물들의 근원이지만 그것들과 분리되어 있다. 신은 유한한 피조물의 영역을 초월해 있다.[52] 따라서 조로아스터교의 신은 특정한 자연적 형태나 구체적으로 계시된 빛으로 환원될 수 없다. 조로아스터교도들이 신을 숭배할

---

49 Hegel, *Phil. of Hist.*, 178; *Jub.* vol. 11, 239.

50 Hegel, *PhS*, 419; *Jub.* vol. 2, 528f. "정신 개념으로 충만한 이 존재는 정신의 단순한 자기 관계 혹은 '무형'의 '형태'다. 그 '형태'는 순수하고, 모든 것을 포괄하며, 모든 곳을 비추는 본질적인 태양 빛이다. 그것은 형태 없는 실체로 머물러 있다."

51 Hegel, *Phil. of Hist.*, 178; Jub. vol. 11, 239. 이와 관련해서는 *LPR*, vol. 2, 355; *VPR*, Part 2, 256도 참고하라.

52 Hegel, *Phil. of Hist.*, 173; *Jub.* vol. 11, 234. "우리는 페르시아 세계에서 자신에게 속하는 특수한 현존재들을 자유롭게 존재하도록 허락하는 순수하게 고양된 통일성(본질)을 본다."

때 제단에 불을 붙이는 것은 단순한 상징적 행위가 아니다. 그것은 신의 현존 그 자체다.[53] 그는 이렇게 설명한다.

> 조로아스터교는 빛을 단순한 표상이나 상징처럼 신과 외적으로 분리시키지 않고 태양, 별, 광원체, 불꽃과 같은 자연에 존재하는 빛들을 절대자 자체로 간주한다. 신(의미)은 자신의 현존재나 광원체와 분리되지 않는다.[54]

헤겔이 세계 종교들의 발전 과정에서 조로아스터교를 자연종교의 단계에 배열한 것은 그것이 자연대상인 빛에 직접적인 관심을 기울이기 때문이다. 그리스의 다신교와 같은 이후의 종교들에서 신은 그러한 자연적인 요소들에서 벗어나 보다 인간적인 형태를 취하고 있다. 거기서 자연적인 요소는 하나의 상징적인 요소로 격하되지만 조로아스터교에서는 아직 자연적인 요소 자체가 신으로 간주되고 있다.

자연종교에서 정신종교로 이행하는 과도기의 종교 형태인 조로아스터교는 자연종교의 요소를 가지고 있으면서도 동시에 더 상위의 신 개념으로 이행하고자 분투하고 있다. 특히 조로아스터교는 자연대상인 빛에 대한 숭배에서 시작하지만 시간이 흐르면서 그러한 순수한 자연적 요소가 인간적 요소(인간 영역과 관련된 측면들)를 갖추게 되면서 실체에서 주체로 이행하게 된다. 헤겔은 이렇게 설명한다. "따라서

---

53 Hegel, *LPR*, vol. 2, 356; *VPR*, Part 2, 258. "그들은 제단에 불을 피운다. 그 불은 상징이 아니라 탁월하고 선한 존재 자체다. 선하고 고귀하고 탁월한 모든 것은 그러한 방식으로 존경받고 사랑받고 숭배된다. 불은 오르무즈드의 아들로서 오르무즈드가 사랑하고 기뻐하는 대상이다."
54 Hegel, *Aesthetics*, vol. 1, 325; *Jub.*, vol. 12, 435f.

그 규정은 다양한 경험적 규정이 아니라 그 자체로 순수하고 보편적이고 자기 동일적인 규정이다. 그것은 더 이상 실체이기를 그치고 자신을 주체로 규정하는 통일성이다. 그러한 주체는 자신이 규정한 내용, 자신과 일치하는 내용을 갖게 되는데, [⋯] 그것이 소위 '선'(善) 혹은 '진리'라 불리는 것이다."[55] '선'이나 '진리'를 술어로 가진 신 개념은 단순한 자연대상을 초월한다. 선의 원리는 나무나 동물과 같은 유한한 자연적 존재들에 반영되어 있다.[56] 자연을 선으로 이해하는 것은 생명과 피조물 일반을 고양시키는 것이다. 자연에 대한 그러한 긍정적인 가치판단은 자연에서 직접적으로 발견되는 것이 아니라 정신의 영역에 해당하는 것이다. 자연적인 요소가 상징이 아니었던 것처럼 그러한 정신적인 요소도 상징이 아니다.[57]

이제는 신 개념에 도덕적인 차원이 도입된다. 왜냐하면 신을 순수한 빛으로 이해한다는 것은 신을 단순한 자연현상이 아니라 도덕적인 존재로 보는 것이기 때문이다. 빛은 선의 표상이며, 순수한 빛은 신만이 선한다는 은유적 표현이다. "페르시아의 원리에서 그러한 통일성은 빛으로 표현된다. 여기서 빛은 단순한 빛 그 자체, 즉 가장 보편적인 물리적 요소이면서 동시에 정신적인 순수함, 즉 선을 뜻하기도 한다."[58] 이 대목에서 헤겔은 순수함을 유지하고 불순함을 제거하는 수많은 규칙을 언급하고 있다. 『아베스타』의 대부분을 차지하는『벤디다드』

---

55 Hegel, *LPR*, vol. 2, 610; *VPR*, Part 2, 504f. 이와 관련해서는 *LPR*, vol. 2, 352ff.; *VPR*, Part 2, 254ff.를 참고하라.

56 Hegel, *Aesthetics*, vol. 1, 325; *Jub.*, vol. 12, 435. *Aesthetics*, vol. 1, 327; *Jub.*, vol. 12, 437. *LPR*, vol. 2, 612; *VPR*, Part 2, 506.

57 Hegel, *LPR*, vol. 2, 616, note 284; *VPR*, Part 2, 510f., note 149-183.

58 Hegel, *Phil. of Hist.*, 175; *Jub.* vol. 11, 235. Cf. *Aesthetics*, vol. 1, 325; *Jub.*, vol. 12, 436.

의 내용이 바로 그것이다. 거기서 신은 조로아스터에게 정신적인 순수함을 유지하는 방법을 매우 상세히 가르치고 있다. 그러한 도덕적 차원은 빛으로서의 신에 대한 순수한 자연적 표상을 완전히 초월해 있다. 빛과 선으로서의 신은 오르무즈드로 인격화되어 있다.

> 오르무즈드는 빛의 군주다. 그는 세상의 아름답고 고귀한 모든 것을 창조한다. 세상은 태양의 왕국이다. 그는 자연적이고 정신적인 모든 존재에 현존하는 선하고 탁월하고 긍정적인 분이다. 빛은 오르무즈드의 봄이다. 그는 모든 빛 속에 현존한다. 그래서 불에 대한 숭배가 생겨났다. 하지만 그가 태양 혹은 달 자체는 아니다. 페르시아인들은 오르무즈드라는 빛만을 숭배한다.[59]

빛의 신은 자연적인 원리와 도덕적인 원리를 결합하고 있다. 빛과 선은 하나다. 헤겔은 크로이커의 표기법을 따라 중세 페르시아어를 음역한 '오르무즈드'(Ormuzd)라는 이름을 그대로 사용하고 있다. 다른 철자법으로는 '호르마즈드'(Hormazd)와 '후르무즈'(Hurmuz)도 있다. 빛과 선의 신을 뜻하는 원래의 아베스탄어 이름은 아후라 마즈다(Ahura Mazda)다. 헤겔이 직접 언급하는[60] 『아베스타』의 『벤디다드』에서 조로아스터는 아후라 마즈다와 대화하면서 많은 질문을 하고 있다. 따라서 아후라 마즈다는 조로아스터교의 창시자이자 주요한 신, 즉 빛과 선의 신으로 소개된다.

---

59 Hegel, *Phil. of Hist.*, 179; *Jub.* vol. 11, 241. 이와 관련해서는 *LPR*, vol. 2, 355; *VPR*, Part 2, 257을 참고하라.

60 Hegel, *Phil. of Hist.*, 179f.; *Jub.* vol. 11, 241.

3. 어둠과 악: 아리만

헤겔의 형이상학에 따르면, 존재 개념은 그 자체로 존재할 수 없고, 필연적으로 그 반대인 무 개념을 포함하고 있다. 마찬가지로 순수한 빛이라는 추상적 개념도 그 자체로 존재할 수 없고, 필연적으로 그 반대인 어둠 개념을 포함하고 있다.[61] 빛에서 어둠으로의 형이상학적 전개는 그에 상응하는 선에서 악으로의 도덕적 전개를 수반한다. 선의 신이 정립되면 악의 원리도 마땅히 등장해야 한다. 그러한 방식으로 빛의 신이라는 근원적인 신 개념은 이제 경쟁적인 개념, 즉 대립하는 원리를 대변하는 두 신으로 분열된다. "오르무즈드(Ormuzd)가 빛과 선의 왕국을 관장하는 군주라면, 아리만(Ahriman)은 어둠과 악의 왕국을 관장하는 군주다."[62] 그러한 두 원리는 '무한한 전체' 혹은 '절대적인 보편자'를 의미하는 보다 높은 추상적인 신 '제루아네-아케레네'(Zeruane-Akerene)에서 파생된 것이다.[63] 헤겔은 오르무즈드와 끊임없이 싸우는 악한 정신을 '아리만'이라고 부르는데, 이 또한 크로이커의 용법을 그대로 따른 것이다. '아리만'은 아베스탄어 이름인 '앙그라 마이뉴'(Angra Mainyu)에 해당하는 중세 페르시아어다. 아리만은 기만, 죽음, 악과 관련된 파괴적인 힘을 뜻한다.[64]

---

61 이와 관련해서는 다음을 참고하라. *PbS*, 419; *Jub.* vol. 2, 529. *Phil. of Hist.*, 174; *Jub.* vol. 11, 234. Cf. *Aesthetics*, vol. 1, 325; *Jub.*, vol. 12, 436.

62 Hegel, *Phil. of Hist.*, 178; *Jub.* vol. 11, 240. 이와 관련해서는 다음도 참고하라. *LPR*, vol. 2, 612; *VPR*, Part 2, 507. *LPWH*, vol. 1, 311; *VPWG*, vol. 1, 241. *Aesthetics*, vol. 1, 325; *Jub.*, vol. 12, 436.

63 Hegel, *Phil. of Hist.*, 178; *Jub.* vol. 11, 240.

64 이와 관련하여 헤겔이 활용한 자료 중 하나는 이집트 종교에 대한 연구로 잘 알려진 플루타르코스(Plutarch)의 저작 『이시스와 오시리스』(*Isis and Osiris*)다. 이와 관련해서는 *Isis and*

헤겔에 따르면, 조로아스터교가 힌두교보다 우월한 이유는 그러한 이원론에 있다. 『대논리학*Wissenschaft der Logik*』에서 그는 모순의 법칙을 분석하면서, 서로 다른 부정 혹은 차이 개념을 설명한다.[65] 그중 하나는 '다양성'(Verschiedenheit), 즉 첫째 항과 둘째 항이 아무런 필연적 연관도 갖지 않는 차이 개념이다. 나무와 별이 다르고, 욕망이 그림과 다른 것처럼 모든 것은 다른 것과 다르다는 단순한 차이를 가리키는 개념이다. 그러한 개념에 따르면, 두 항 사이에는 어떠한 명백한 자연적 관계도 성립하지 않는다. 모든 사물은 사실상 다른 사물들과 그렇게 무관하게 존재할 수 있다. 이와는 반대로 헤겔이 옹호하는 사변적인 '부정 혹은 차이' 개념은 대립(Gegensatz) 혹은 반대를 나타내는 개념이다. 그것은 '북쪽'의 부정이 '남쪽'이고, '위'의 부정이 '아래'인 것처럼 한 사물은 언제나 자신과 대립하는 다른 한 사물을 통해서만 부정된다는 뜻을 담고 있다. 그것은 존재와 무가 생성에서 통일되듯이 개별적인 개념들을 지양하여 더 높은 차원에서 통일시키는 보다 우월한

Osiris in Plutarch's Moralia, vol. 5, Chapter 46, 111ff., 369를 참고하라. "최고의 현자들은 대개 다음과 같은 견해를 가지고 있다. 그들은 경쟁적인 두 신이 존재한다고 생각한다. 하나는 선의 신이고, 하나는 악의 신이다. 그중 전자를 신이라고 부르고, 후자를 악마라고 부르는 사람도 있다. 트로이전쟁이 일어나기 5,000년 전에 살았던 현자 조로아스터를 그 예로 들 수 있다. 그는 전자를 '오르무즈드'라고 불렀고, 후자를 '아리만'이라고 불렀다. 그는 감각적으로 지각할 수 있는 모든 것 가운데 오르무즈드를 비유하기에 가장 적합한 것은 빛이고, 아리만을 비유하기에 가장 적합한 것은 어둠과 무지이며, 그 둘의 중간은 '미트라'(Mithras)라고 선언했다. 그러한 의미에서 페르시아인들은 미트라를 '매개자'라고 불렀다." 이와 관련해서는 Ibid., vol. 5, Chapter 47, 113, 369f.도 참고하라. "가장 순수한 빛에서 태어난 오르무즈드와 어둠에서 태어난 아리만은 서로 끊임없는 전쟁을 벌이고 있다." 헤겔은 『역사철학』에서도 이 구절을 언급하고 있다. *Hist. of Phil.*, vol. 1, 83f.; *Jub.*, vol. 17, 116

65 이와 관련해서는 다음을 참고하라. Hegel, *SL*, 439-443; *Jub.*, vol. 4, 545-551. *SL*, 413-416; *Jub.*, vol. 4, 510-515. *SL*, 438-439; *Jub.*, vol. 4, 544-545. *EL*, § 119, Additions 1-2; *Jub.*, vol. 8, 276-280.

'부정' 혹은 '차이' 개념이다. 조로아스터교에 등장하는 악과 대립하는 선으로서의 신 개념 혹은 어둠에 대립하는 빛으로서의 신 개념은 그중 후자, 즉 개별적인 항들이 서로 반대되는 대립의 형식에 해당한다. 반대로 힌두교의 신 개념은 '다양성'의 형식에 해당한다. 힌두교의 삼주신 브라만, 비슈누, 시바 사이에는 어떠한 연관도 없다. 그들은 서로 다를 뿐 거기에는 필연적인 변증법적 연관이 없다. 그러한 점에서 조로아스터교의 신 개념은 힌두교의 신 개념보다 한 단계 더 진보한 형태라 할 수 있다.

하지만 그럼에도 불구하고 조로아스터교의 신 개념은 한 개념이 다른 개념 없이는 존재할 수 없는 대립의 차원에만 머물러 있을 뿐 아직 그 두 개념의 통일에는 이르지 못했다는 점에서 여전히 미숙한 단계라 할 수 있다. 그들은 대립하는 두 원리 사이의 필연적인 개념적 연관을 보지 못하고, 서로가 아무런 공통점 없이 절대적으로 대립한다고만 생각한다. "빛은 사유처럼 무한히 그리고 빠르게 확장될 수 있다. 하지만 그것이 실제로 존재하기 위해서는 어둠과 마주해야 한다. 순수한 빛만으로는 아무것도 드러낼 수 없다. 빛이 어둠 속에서만 드러날 수 있듯이, 선도 악과의 대립 속에서만 드러날 수 있다."[66] 선과 악, 빛과 어둠의 변증법적 관계를 보지 못하면 그 두 항이 서로 무관하게 독립적으로 존재한다고 생각하는 추상적인 일면성에 빠지고 만다.

보편적인 신을 빛과 어둠, 선과 악으로 분리시키는 것도 일종의 규정이라 생각할 수도 있다. 하지만 헤겔이 보기에 그것은 규정이 아니다. 페르시아인들은 대립 속의 개념적 연관을 파악하지 못했기

---

66 Hegel, *LPR*, vol. 2, 302, note 281; *VPR*, Part 2, 509, note 119-148.

때문에 그러한 대립을 지양하지도 못했다. 그는 이렇게 설명한다. "페르시아의 원리가 가진 유일한 결함은 대립의 통일을 인식하지 못했다는 점이다. 오르무즈드와 아리만을 창조한 제1원인으로서의 무규정적인 신은 절대적으로 근원적인 존재이기는 하지만 대립하는 두 요소를 조화롭게 통일시키지는 못한다."[67] 개념들의 변증법적 연관을 인식하지 못하면, 그러한 이원론도 영원히 해소될 수 없다. 달리 말해 그들은 대립하는 두 원리가 각각 독립적으로만 존재할 뿐 본질적으로 서로가 서로에게 속한다는 사실을 아직 인식하지 못하고 있다. 그것은 '존재와 무'가 서로 대립하고만 있을 뿐 그 둘이 매개된 '생성'으로 나아가지는 못하고 있는 상태다. 간단히 말해 조로아스터교는 단순한 이원론적 대립에 고착되어 있다.

헤겔은 그러한 이원론적 개념의 추상성을 부정적으로 평가한다. 각각의 요소가 풍부한 의미를 획득하기 위해서는 대립하는 타자를 필요로 하지만 또한 그 타자로 인해 각각의 요소는 추상화되기 때문이다. "그들은 그러한 추상적인 방식으로 선을 보유하고 있기 때문에 그것은 여전히 일면적일 수밖에 없고, 자신의 타자인 악과도 대립할 수밖에 없다."[68] 그러한 선은 특수하고 구체적인 의미를 갖고 있지 않다. 오르무즈드를 선이라고 말하는 것만으로는 구체적인 상황에서 무엇이 선한 것인지, 어떤 행동이 선한 것인지를 결정할 수 없다. 오르무즈드는 특정한 내용이 없는 추상적인 신 혹은 한낱 공허한 이름에 불과하다.[69] 헤겔은 이렇게 설명한다. "실체에 관한 그러한

---

67 Hegel, *Phil. of Hist.*, 179; *Jub.* vol. 11, 240.
68 Hegel, *LPR*, vol. 2, 612; *VPR*, Part 2, 507.
69 Hegel, *PhS*, 419; *Jub.* vol. 2, 529. "그러한 순수한 존재가 펼치는 내용이나 그것의 지각 활동

규정들은 자립성을 갖지 못한다. 그것은 일자를 부르는 다양한 이름 가운데 하나일 뿐이다. 그러한 일자는 자아를 결여한 채 단지 다양한 존재의 힘들과 실재의 '형태들'을 장식품처럼 걸치고 있는 것에 불과하다."[70] 빛은 무규정적이다. "빛은 차별을 두지 않는다. 태양은 의로운 사람에게나 불의한 사람에게나, 높은 사람에게나 낮은 사람에게나 차별 없이 빛을 비추며, 모두에게 똑같은 자비와 번영을 베푼다."[71] 얼핏 보면 그러한 선 개념이 완전히 추상적이고 무규정적이라는 헤겔의 주장은 『아베스타』의 내용과 어긋나는 것처럼 보인다. 예를 들어 『벤디다드』에서 오르무즈드는 조로아스터에게 무엇을 행하고, 무엇을 행하지 말아야 하는지 매우 구체적으로 명령하고 있다. 헤겔이 비판하는 핵심은 선과 악을 분리시키지 말고 함께 사유해야 한다는 것이다. 어떤 것을 완전히 선하거나 완전히 악하다고 생각하는 것은 불가능하다. 그것이 그가 말하는 추상적인 관점이다.

헤겔은 조로아스터교의 선 개념은 자신의 대립인 악을 지양하거나 극복하지 못하고, 늘 그것과 갈등하고 투쟁해야 하는 나약하고 무기력한 개념에 불과하다고 비판한다. "선은 실로 참되고 강력한 것이지만, 악과 대립하고 있다는 점에서 도리어 악이 선을 지배하는 절대적인 원리이기도 하다. 악은 극복되거나 최소한 선과 균형을 이루어야 하지만 실상은 그렇지 않다."[72] 악은 선과 변증법적으로

은 주체가 되기 위한 구체화의 과정도 없고, 스스로 자신의 특정한 계기들을 통합하지도 않은 채 오로지 추상적인 실체로만 머물러 있는 한낱 내용 없는 껍데기에 불과하다."

70 Hegel, *PhS*, 419; *Jub.* vol. 2, 529.

71 Hegel, *Phil. of Hist.*, 174; *Jub.* vol. 11, 234.

72 Hegel, *LPR*, vol. 2, 613; *VPR*, Part 2, 507.

연관되거나 선을 통해 극복되어야 하는 것이다. 하지만 조로아스터교는 선한 신과 악한 신이 공존하는 정적인 이원론에 고착되어 있다는 점에서 매우 낮은 의식의 단계에 속한다. 페르시아인들은 정신이 자연보다 우월하며, 정신이 자연을 극복할 수 있다는 사실을 아직 깨닫지 못하고 있다. 헤겔에 따르면, 선이 악을 극복할 수 있다는 인식이나 실제로 선이 악을 극복하고 그러한 이원론을 지양하는 종교적 발전단계는 이집트 종교에서 처음 나타난다.

인간이 자신의 자연적인 원리에 따라 행동하면 악을 저지르게 되고, 자신의 이성적인 원리, 즉 보편적인 원리에 따라 행동하면 선을 행하게 된다. 이는 동물적인 본능을 통제하거나 외면하고 이성적인 방식으로 행동하는 법을 가르치는 교육의 방식과도 일치한다. 그러한 교육을 통해 인간은 성인이 될 때쯤 (사람마다 다소 차이는 있겠지만) 이성적인 원리에 따라 사유하고 행동하게 되는 것이다. 하지만 조로아스터교는 인간이 선과 악의 투쟁에서 영원히 벗어날 수 없다는 완전히 다른 견해를 제시한다. 헤겔에 따르면, 페르시아인들은 인간에게는 자신의 욕망을 통제하고 악을 극복하는 능력이 있다는 사실을 아직 자각하지 못하고 있다. 그러한 무능의 구체적인 표상이 곧 이원론적인 신 개념이다. 선의 원리는 인간의 내부에 존재하는 것이 아니라 외부에서 주어지는 것이다. 간단히 말해 인간 스스로는 도덕적으로 올바르게 행동할 수 없다. 그들에게는 아직 주관적 자유에 대한 인식이 없기 때문에 외부에 존재하는 신의 위협과 처벌과 시정이 없으면, 그들 스스로는 선을 산출할 수도, 선을 행동할 수도 없다.

그러한 신 개념은 순수한 자연적 상태는 넘어섰지만 아직 완전한 정신적 상태에는 이르지 못했다. 주관적 자유에 대한 인식을 결여하고 있는 그러한 신 개념의 중요한 측면들은 아직도 추상적인 상태에 머물러 있다.[73] 빛과 어둠이라는 자연적인 요소들로 표현된 오르무즈드와 아리만은 여전히 자연에 결박된 신들에 불과하다. 그들은 아직 주관적인 자유의 원리를 깨닫지 못한 직접적인 욕구와 충동의 세계를 나타낸다. 그러한 한계로 인해 조로아스터교는 아직 완전한 정신의 단계에 이르지 못한 과도기의 종교에 속하는 것이다.

4. 하위의 신들: 아메샤 스펜타, 프라바시, 야자타

최고의 신 오르무즈드 아래에는 다양한 하위의 신들이 존재한다. 그중에서도 특별한 지위를 차지하는 여섯 신이 있다. 『아베스타*Avesta*』의 『야스나*Yasnas*』에서는 그들을 '아메샤 스펜타들'(Amesha Spentas) 혹은 '성스러운 불멸의 성자들'이라고 지칭하고 있다.[74] 헤겔을 비롯한 당대의 작가들은 그들을 '얌샤스팬드들'(Amshaspands)이라고 표기하기도 했다. 플루타르코스(Plutarch)와 스트라보(Strabo)와 같은 고대의 작가들도 그 여섯 신을 언급하고 있다.[75] 오르무즈드처럼 그 신들도

---

73 Hegel, *Aesthetics*, vol. 1, 325; *Jub.*, vol. 12, 436.

74 이와 관련해서는 다음을 참고하라. Boyce, *Zoroastrians: Their Religious Beliefs and Practices*, 21-25. Dhalla, *History of Zoroastrianism*, 162-172. A.V. Williams Jackson, *Zoroastrian Studies: The Iranian Religion and Various Monographs* (New York: Columbia University Press, 1928), 42-54.

75 Plutarch, *Isis and Osiris in Plutarch's Moralia*, vol. 5, Chapter 47, 113ff., 370a. "가장 순수한 빛에서 태어난 오르무즈드와 어둠에서 태어난 아리만은 서로 끝없는 전쟁을 벌이고 있다. 오르무즈드는 여섯 신을 창조했는데, 첫째는 훌륭한 생각의 신, 둘째는 진리의 신, 셋째는 질서의 신 그리고 나머지는 지혜의 신, 풍요의 신, 명예의 신이다." Strabo, *The Geography of Strabo*, vols 1-8, trans. by Horace Leonard Jones (Cambridge, MA: Harvard University

인간이 선을 추구하도록 돕는 역할을 한다. 그들은 오르무즈드와 함께 지상의 일곱 영역 중 하나인 행복의 영역을 관장한다. 그 여섯 아메샤 스펜타는 다음과 같다. 보후 마나(Vohu Manah)는 '지성' 혹은 '선한 목적'을 상징하는 남성 신이다. 선과 악을 분별하고, 선을 위해 행동하는 능력을 갖추고 있는 그는 '다양한 동물들'을 관장한다. 그리고 아샤 바히슈타(Asha Vahishta)는 '의로움' 혹은 '정의'를 상징하는 남성 신으로 '불'을 관장한다. 또한 크샤트라 바이리야(Khshathra Vairya)는 자신에 대한 통제와 규율이라는 '내적인 힘'과 세상의 지배라는 '외적인 힘'을 상징하는 남성 신으로 '하늘'이나 '금속들'을 관장한다. 스펜티 아르마이티(Spenti Armaiti)는 '거룩한 헌신'과 '순종' 및 '다산'을 상징하는 여신으로 '대지'를 관장한다. 하우르바타트(Haurvatat)는 육체적이고 정신적인 '건강'을 상징하는 여신으로 자신의 상징이기도 한 '물'을 관장한다. 마지막으로 아메레타트(Ameretat)는 '불멸'을 상징하는 여신으로 '식물'을 관장한다. 그 여섯 신은 오르무즈드의 뒤를 잇는 가장 높은 정신적 존재들이라는 점에서 '대천사'(大天使)라고 불리기도 한다. 헤겔은 그 각각의 신들을 상세히 분석하지는 않는다. 하지만 그 신들의 표상인 자연대상들(대지, 물, 동물, 식물 등)과 정신적인 영역의 원리들(지성, 정의, 헌신, 사랑 등)은 조로아스터교를 과도기의 종교로 규정하는 그의 견해를 뒷받침하고 있다.

헤겔에 따르면, 아메샤 스펜타들은 추상적인 신 오르무즈드의 구체적인 계기들이다. 앞서 언급했듯이 그는 아무런 세부적인 규정 없이 그저 빛이나 선 개념으로 일컬어지는 오르무즈드에 비판적이다.

Press and London: William Heinemann, 1954-1970)(*Loeb Classical Library*), vol. 7, 175-179(Book 15, 3, 13-16[732-733]).

헤겔의 형이상학에 따르면, 보편적이고 추상적인 실체는 특수한 존재자를 통해 자신을 구체적으로 계시해야 한다. 보편자로서의 오르무즈드는 아무런 규정이 없다. 헤겔은 이렇게 말한다. "그렇게 자유분방하고 무규정적인 생명은 자신을 구체적으로 드러내어 사라져가는 '형태들'에 항구적인 지속성을 부여해야 한다."[76] 선을 효과적으로 도모하기 위해서는 오르무즈드가 구체적인 실체로 세상 속에 등장해야 한다.

오르무즈드는 추상적인 빛이고, 아메샤 스펜타들은 그 빛의 구체적인 계기들이다. 그러한 의미에서 헤겔은 그 신들을 빛의 신 오르무즈드의 구체적인 화신들이라고 설명한다. "오르무즈드는 특정한 형태가 없다. 태양, 달, 행성을 가리키는 다섯 개의 별과 같은 광원체들은 오르무즈드의 주요한 상징들이다. 아메샤 스펜타들은 오르무즈드의 첫 자녀들이다."[77] 오르무즈드가 빛 일반의 개념, 즉 보편적인 빛을 상징한다면, 아메샤 스펜타들은 가시적인 천체와 같은 구체적인 광원체들을 상징한다. 그는 이렇게 설명한다. "오르무즈드의 영역에서는 무엇보다도 하늘에 있는 일곱 개의 주요한 광원체인 아메샤 스펜타들이 신으로 숭배된다(헤겔은 오르무즈드도 아메샤 스펜타에 포함시키고 있다). 왜냐하면 그들은 빛의 본질 혹은 신성 자체가 구체적으로 드러난 특수한 존재들, 즉 오르무즈드의 위대한 신하들이기 때문이다."[78] 헤겔은 아메샤 스펜타들이 순수한 빛의 표상들이라는 점에서 그들을 자연대상으로 생각했다. 하지만 이후의 연구에 따르면, (앞서 언급했듯이)

---

76 Hegel, *PhS*, 420; *Jub.*, vol. 2, 529.

77 Hegel, *Phil. of Hist.*, 180; *Jub.*, vol. 11, 242. 이와 관련해서는 다음도 참고하라. *LPWH*, vol. 1, 313; *VPWG*, vol. 1, 243f. *LPWH*, vol. 1, 327f.; *VPWG*, vol. 1, 261. *LPR*, vol. 2, 356; *VPR*, Part 2, 258. *LPR*, vol. 2, 617n; *VPR*, Part 2, 511n.

78 Hegel, *Aesthetics*, vol. 1, 326; *Jub.*, vol. 12, 436f.

그들은 대지, 물, 동물, 식물 등 훨씬 더 구체적인 자연대상을 상징한다. 이는 그들을 자연대상으로 간주한 헤겔의 견해를 뒷받침하는 강력한 근거라 할 수 있다.

오르무즈드는 자연의 원리를 상징하지만 조로아스터에게 가르침을 전수한 인격화된 실체이기도 하다. 자연대상인 아메샤 스펜타들도 그와 마찬가지로 인격화되어 있다.[79] 그들은 각자 자신의 영역에서 자신만의 방식으로 오르무즈드를 돕는다. 따라서 그들은 각각 따로 숭배된다. "오르무즈드를 비롯한 아메샤 스펜타들이 베푸는 축복과 자선의 날은 각각 따로 지정되어 있다."[80]

헤겔이 지적하듯이, 오르무즈드를 포함한 일곱의 아메샤 스펜타들은 인간사를 관장하는 자연신이다. 우리는 여기서도 헤겔이 왜 조로아스터교를 과도기의 종교로 규정했는지 다시 한번 확인할 수 있다. 조로아스터교는 자연종교와 정신종교의 특성을 둘 다 가지고 있다. 특히 페르시아의 왕은 세속적인 영역의 통치자지만 그의 통치는 하늘의 신들을 통해 이루어진다. 왕은 각기 다른 임무를 맡은 일곱 관리들(아메샤 스펜타들)의 보좌를 받는다. "왕은 자신의 의회를 구성하는 일곱 거물에 둘러싸여 있다. 왕은 오르무즈드의 대리인이자 아메샤 스펜타들의 대표자로 간주되었다."[81] 헤겔은 헤르더의 『인류의 역사철학에 대한 이념*Ideen zur Philosophie der Geschichte der Menschheit*』에서 이와 관련한 정보를 구했다.[82]

---

79 Hegel, *LPR*, vol. 2, 617, note 284; *VPR*, Part 2, 511, note 149-183.

80 Hegel, *Aesthetics*, vol. 1, 326; *Jub.*, vol. 12, 437.

81 Hegel, *LPR*, vol. 2, 617, note 284; *VPR*, Part 2, 511, note 149-183.

82 이와 관련해서는 Herder, *Ideen zur Philosophie der Geschichte der Menschheit*, vol.

헤겔은 프라바시(Fravashi)로 알려진 정령들도 다룬다.[83] 오르무즈드가 창조한 그 정령들은 아리만과의 전투에서 오르무즈드를 지원하는 역할을 한다. 그들은 창조 이전부터 오르무즈드와 함께 천상의 세계에서 축복을 누리며 살았다. 오르무즈드는 인간을 창조하면서 그들에게 계속 천상에 머물고 싶은지, 아니면 인간의 모습으로 지상에 내려가 악과 싸우고 싶은지 물었다. 정령들은 고귀한 임무를 다하기 위해 천상의 축복과 안식을 포기하고 험난한 지상의 삶을 택했고, 오르무즈드는 악과 싸우는 노고의 대가로 그들에게 훗날 천국에서의 영생을 약속했다. 지상에 내려온 정령들은 인간의 몸에 내주했는데, 인간은 그들을 자신의 수호천사로 여겼다. 그들은 인간 삶에 필수적인 생명의 숨결을 수호하는 역할을 했다. 사람들은 친인척이 죽으면 그의 정령을 기리는 프라바시 축제를 열어 며칠간 종교적 추모일을 보내기도 했다. 헤겔은 그러한 정령들을 불러내는 기도와 주문에 대해서도 설명하고 있다.[84]

프라바시 사상은 인간에게 중요한 것은 단순한 육체성이 아니라 도덕적 내면성이라는 것을 일깨워 주었다. 헤겔은 그 점을 페르시아 종교의 진보적 요소로 받아들인다. 그는 이렇게 설명한다. "인간도

3, 81(*Outlines of a Philosophy of the History of Man*, vol. 2, 69). "왕의 보좌 주위에 일곱 명의 왕자가 둘러서 있는 것처럼, 일곱 정신이 신 앞에 서서 온 천하에 그의 명령을 수행한다." *Ideen*, vol. 3, 84(*Outlines*, vol. 2, 71f.). "일곱의 아메샤 스펜타는 더 이상 봉사하지 않았고, 오르무즈드의 표상도 더 이상 페르시아의 왕좌를 지키지 못했다."

83 이와 관련해서는 다음을 참고하라. Boyce, *Zoroastrians: Their Religious Beliefs and Practices*, 15, 33-34, 71-73, 91-92, 104-105. Dhalla, *History of Zoroastrianism*, 375-378. Jackson, *Zoroastrian Studies: The Iranian Religion and Various Monographs*, 22, 59-60, 112-113, 123-128, 286.

84 Hegel, *LPR*, vol. 2, 356f.; *VPR*, Part 2, 258. 이와 관련해서는 다음도 참고하라. *LPWH*, vol. 1, 314; *VPWG*, vol. 1, 244. *LPR*, vol. 2, 620; *VPR*, Part 2, 513.

또다시 구분된다. 인간이 가진 직접적인 육체성, 자연성, 시간성, 즉 인간의 외면적 존재나 유한한 현존은 그것보다 더 고귀한 것, 즉 프라바시로 상징되는 정령과 구분된다."[85] 페르시아인들은 프라바시 교리를 통해 물리적인 신체를 넘어선 정신의 이념을 인식하기 시작했다. 모든 인간이 자신만의 고유한 프라바시를 가지고 있다는 사상에는 모든 인간이 자신만의 본래적인 가치를 갖는다는 개인에 대한 존중이 들어 있다. 그러나 프라바시가 인간의 몸에 내주하기는 하지만 여전히 그 사람 자체와는 구별된다는 점에서 아직 정신의 이념이 완전히 실현된 것은 아니다. 또한 프라바시가 원래는 천상에 살았으나 신성한 임무를 다하기 위해 지상에 내려왔다는 것은 그것이 인간 본연의 능력이 아니라 외부에서 주입된 기능이라는 것을 의미한다. 그것은 개인의 발달 과정이나 성격에서 유래하는 인간 본연의 능력이 아니다. 따라서 아직 개인은 그 자체로 절대적이거나 선한 존재로 간주되지 않는다. 절대적이고 선한 것, 즉 프라바시는 개인과 외적으로 분리되어 있으며, 외부에서 주입된 것이다.

헤겔은 또 다른 하위의 신들을 언급하면서 그것을 '이자드들'(Izads)이라고 부르는데, 이는 아베스탄어 '야자타들'(Yazatas)의 팔레비어 표현이다.[86] 야자타는 문자 그대로 '숭배할 만한 가치가 있는 존재', 즉 '신'을 가리키는 용어다. 야자타들 역시 오르무즈드 아래에서 활동하는 자비로운 신들이다. 그들은 '천사들'이라고 불리기도 한다. 조로

---

85 Hegel, *LPR*, vol. 2, 620, note 289; *VPR*, Part 2, 513, note 199-202.

86 이와 관련해서는 다음을 참고하라. Boyce, *Zoroastrians: Their Religious Beliefs and Practices*, 21-22, 28, 56, 72, 149, 185, 198. Dhalla, *History of Zoroastrianism*, 368-374. Jackson, *Zoroastrian Studies: The Iranian Religion and Various Monographs*, 55-66.

아스터교의 신들 가운데 야자타의 숫자가 가장 많다. 『아베스타』에 실린 『야슈츠*Yashts*』에는 야자타들에게 바치는 21개의 찬가가 실려 있다. 야자타들은 인간이 선을 추구할 수 있도록 돕는 역할을 한다. 인간은 그들의 도움 없이 스스로 도덕적 향상을 이룰 수 없다. 또한 그들은 인간에게 종교의 중요한 주제들을 가르치기도 한다. 인간은 야자타들에게 오르무즈드에 대해서도 배우고, 악마를 물리치는 방법도 배운다. 야자타들은 선한 사람들은 기꺼이 도와주고, 악한 사람들은 차갑게 외면한다. 사람들은 야자타들에게 고기를 제물로 바쳤다. 헤겔은 야자타들의 세부적인 역할이나 활동은 자세히 설명하지 않고 다만 전반적인 특징만을 간략히 논하고 있다.[87]

5. 예배

파르시(조로아스터교인)들은 아메샤 스펜타들을 위한 일곱 번의 연례 축제에 참여하는 것 외에도 매일 다섯 번의 기도를 해야 한다.[88] 헤겔은 오르무즈드를 시작으로 그 하위의 신들에게 차례로 바치는 기도의 중요성을 자세히 설명하고 있다.

파르시는 제일 먼저 오르무즈드를 큰 소리로 부르며 그에게 기도해야 한다. 세상의 근원인 오르무즈드를 찬양한 다음, 파르시는 위엄과 존엄과

---

87 Hegel, *Aesthetics*, vol. 1, 326; *Jub.*, vol. 12, 437.

88 이와 관련해서는 Boyce, *Zoroastrians: Their Religious Beliefs and Practices*, 30-38을 참고하라.

완전함의 순서에 따라 특수한 신들에게도 차례로 기도해야 한다. […] 그
래서 그들은 다음으로 오르무즈드와 가장 가까운 실체이자 그를 보좌하
는 아메샤 스펜타들에게 기도를 한다.[89]

헤겔의 설명에 따르면, 파르시들은 오르무즈드와 아메샤 스펜타
들에게 기도한 후에는 프라바시를 찬양하고,[90] 마지막으로는 오르무
즈드가 창조한 자연물들을 찬양한다.[91] 조로아스터교의 기도에 대한
헤겔의 분석은 앞서 언급한 『야슈츠*Yashts*』의 내용에 근거한 것이다.
거기에 나오는 첫째 찬가는 오르무즈드에게 드리는 기도고, 둘째 찬가
는 아메샤 스펜타들에게 개별적으로 혹은 집단적으로 하는 기도며,
셋째 찬가는 프라바시들과 달, 태양, 베가별, 시리우스별과 같은 자연
대상에 대한 기도다.

　헤겔은 조로아스터교 예배의 또 다른 측면인 지상에서의 윤리적
행위에 대해서도 설명한다. 조로아스터교는 삶에 대한 예찬을 설법한
다.[92] 자연의 즐거움과 아름다움 속에서 기쁨을 누리라는 것이다.
그리고 자유와 책임도 설법한다. 모든 개인은 오르무즈드가 다스리는
선의 영역의 일부로 태어났지만 선악을 선택할 자유의지를 가지고
있다. 조로아스터교의 예배는 오르무즈드와 그 하위의 신들을 찬양하
고 그들을 도와 악과 맞서 싸우는 행위로 이루어진다. 그것은 모든

---

89 Hegel, *Aesthetics*, vol. 1, 327; *Jub.*, vol. 12, 438f.

90 Hegel, *Aesthetics*, vol. 1, 328; *Jub.*, vol. 12, 439f.

91 Ibid.

92 이와 관련해서는 다음을 참고하라. Dhalla, *History of Zoroastrianism*, 75-80. Jackson,
　Zoroastrian Studies: The Iranian Religion and Various Monographs, 132-142.

인간에게 주어진 도덕적 의무다.

『젠드아베스타』는 선함과 순수함을 생각과 말과 행동으로 실천하기를 강조한다. 파르시는 내면과 외면이 모두 빛과 같아야 한다. 파르시는 오르무즈드, 아메샤 스펜타들, 야자타들, 조로아스터를 비롯한 모든 성자처럼 빛 가운데 살아가야 하고, 빛처럼 행동해야 한다. 모든 사람은 자신의 자리에서 도덕적으로 모범적인 삶을 살아야 한다.[93]

조로아스터교의 예배는 인간들의 도덕적 차원을 중요시한다. 헤겔은 개인이 도덕적으로 탁월한 삶을 살도록 도와주는 다양한 신들의 역할을 강조한다. 진리와 정의의 길로 인도하는 인격화된 신들이 긍정적인 역할 모델이라면, 부패와 거짓과 기만을 인격화한 아리만은 부정적인 역할 모델이다. 도덕적 명령은 "목숨을 걸고 아리만을 극복하라"고 가르친다.[94] 헤겔은 이렇게 설명한다.

모든 개인의 의무는 자신의 정신과 육체를 순수하게 정화하고, 그러한 축복을 전파하며, 자연적인 상황과 인간적인 활동을 통하여 아리만과 싸우는 것이다. 따라서 최고의 신성한 의무는 세상의 피조물들을 보며 그것을 창조한 오르무즈드를 찬양하고, 그러한 빛으로부터 나온 순수함 자체인 만물을 사랑하고 존경하면서 기쁘게 살아가는 것이다.[95]

---

93 Hegel, *Aesthetics*, vol. 1, 328; *Jub.*, vol. 12, 439f.
94 Hegel, *Aesthetics*, vol. 1, 327; *Jub.*, vol. 12, 438.
95 Ibid.

여기서 '순수한 정화'에 관한 내용은 『벤디다드*Vendidad*』에서 오르무즈드가 조로아스터에게 전하는 다양한 도덕 규칙들을 참고한 것이다. 조로아스터교는 단순한 이론적 믿음 체계가 아니라 현실 세계에서 실제로 행동하기를 명령하는 철저한 실천적 믿음 체계다. 기도의 역할도 중요하지만 실제적인 행동이 뒤따르지 않으면 아무런 의미가 없다.

예배의 도덕적 차원은 개인의 삶을 넘어 공동체와 국가적 삶으로까지 확장된다. 개인들은 삶의 다양한 활동들에 적극적으로 참여하고 불우한 사람들에게 자비를 베풀어야 한다. 헤겔은 파르시의 도덕적 의무를 이렇게 설명한다.

> 그러한 정신으로 그는 배고픈 사람에게 먹을 것을 주고, 병든 사람을 애써 보살피며, 목마른 사람에게 마실 것을 주고, 여행하는 사람에게 쉼터와 거처를 마련해 준다. 그리고 대지에는 순수한 씨앗을 주고, 수많은 운하를 건설하고, 사막에 나무들을 심는 등 만물의 성장을 촉진시킨다. 생명체들의 성장과 결실을 위한 순수한 불빛을 주는 것이다.[96]

헤겔에 따르면, 조로아스터교의 그러한 실천적이고 사회적인 차원은 세계와 자신을 절대적으로 분리시키고자 하는 힌두교나 불교의 개인적인 차원과 결정적으로 대비된다. 조로아스터교는 수도원주의나 세속적인 삶에서 도피하거나 은둔하는 모든 탈속적인 형태에 반대한다. 힌두교와 불교가 정적주의(Quietism)를 지향한다면, 조로아스

---

96 Hegel, *Aesthetics*, vol. 1, 328; *Jub.*, vol. 12, 440. 이와 관련해서는 다음도 참고하라. *LPR*, vol. 2, 358; *VPR*, Part 2, 259. *LPR*, vol. 2, 620f.; *VPR*, Part 2, 514.

터교는 행동주의를 지향한다. 선을 위한 투쟁은 세상 속에서 이루어져
야 한다. 모든 개인은 오르무즈드의 위대한 투쟁에 동참하도록 명령받
은 존재들이다.

6. 이집트 종교로의 이행

헤겔이 보기에 조로아스터교의 결정적인 한계는 신 개념이 여전
히 추상적이라는 점이다. 물론 선 개념이 빛이나 자연대상을 통해
구체적으로 계시되긴 하지만 그것은 외적인 관계일 뿐 변증법적인
관계가 아니다. 개별적인 빛들과 보편적인 빛 사이에 필연적인 연관이
존재하지 않는다. 헤겔은 이렇게 설명한다.

> 보편적인 것과 신적인 것은 특수한 세속적 현실에 다양하게 실현되어 있
> 지만 그렇게 특수화된 존재는 여전히 실체적이고 구별되지 않는 의미와
> 형태의 통일성을 유지하고 있다. 거기에는 의미 자체와 현상 사이에 어
> 떠한 차이와 구별도 없다. 존재하는 것은 단지 빛이나 어둠의 신이 계시
> 된 것으로 직관되는 별들, 유기체들, 인간의 성향 및 행동의 구별뿐이
> 다.[97]

선의 신 오르무즈드는 외부에 존재하는 신이다. 그는 세상 속에
자연대상으로 존재하지 않는다. 그러한 의미에서 세상에 계시된 그의

---

97 Hegel, *Aesthetics*, vol. 1, 329; *Jub.*, vol. 12, 440f.

현존(특수자)은 대립하는 원리(보편자)에 의해 부정될 수 있다. 그것은 아직 선이 인간 정신에 내재하지 못한 단계다.[98]

그럼에도 불구하고 헤겔은 조로아스터교를 자연종교에서 정신종교로의 이행을 예비하는 중요한 단계로 이해한다. 조로아스터교는 빛이나 불을 신으로 여긴다는 점에서 자연종교에 속한다. 하지만 거기에는 도덕적인 요소가 포함되어 있다는 점에서 그것은 자연대상으로 표현된 인간 정신이기도 하다. 그러한 의미에서 조로아스터교는 자연보다 정신을 우월하게 생각한 최초의 종교라 할 수 있다. 하지만 그 인식은 말 그대로 시작에 불과할 뿐 아직 제대로 전개된 것은 아니다. 오르무즈드와 아리만의 전투는 한편의 승리로 끝나지 않은 채 영원히 계속된다. 이는 고대 페르시아인들이 자연과 정신을 동등한 지위에 두었다는 것, 달리 말해 자연과 정신 중 어느 쪽에도 우위를 두지 않았음을 의미한다. 그들은 영원히 해소되지 않는 고착된 이원론에 머물러 있었다.

헤겔은 선과 악을 매개하는 제3의 요소인 미트라(Mithra)도 언급한다. 하지만 그의 분석에 따르면, 미트라는 이원론적 대립을 본질로 하는 조로아스터교의 본래적인 형태가 아니라 이후에 발전적으로 변형된 형태에 해당한다.

> 왕자의 신하들은 행성과 별의 대리인, 즉 오르무즈드의 장관이자 보좌관이다. 그중 하나가 헤로도토스도 알고 있던 미트라(μεσίτης)다. 조로아스터교에서는 매개나 화해의 규정이 중요하지 않았음에도 헤로도토스

---

98 Hegel, *LPR*, vol. 2, 622; *VPR*, Part 2, 515.

가 이미 미트라를 언급했었다는 것은 매우 놀라운 일이다. 미트라 숭배
는 인간의 정신이 화해의 필요성을 중요하고 결정적인 것으로 인식한 후
에야 비로소 생겨난 것이다.[99]

로마 세계에서 발견되는 미트라 숭배는 고대 페르시아 종교에
화해와 매개라는 완전히 새로운 개념이 더해진 훨씬 발전된 종교
형태다. 미트라는 원래 『아베스타』에 나오는 야자타 중 하나였지만,
이후의 미트라 개념은 그러한 원래 용법과는 완전히 다르게 사용되었
다. 미트라에 대한 헤겔의 해석은 미트라 숭배가 조로아스터교의
본래성을 훼손하는 것으로 보는 현대의 연구와도 정확히 일치한
다.[100]

조로아스터교는 언젠가는 오르무즈드가 아리만을 이길 것이라
고, 선이 악을 정복할 것이라고 주장한다. 하지만 신자들은 그러한
주장에 만족하지 못한다. 만일 그렇게 되면 신이 더 이상 그들이 사는
지금 여기에서 활동하지도, 힘을 발휘하지도 않을 것이기 때문이다.
하지만 그것은 영원한 미래의 약속에 불과하다.

오르무즈드는 항상 아리만과 대립해 있다. 언젠가는 오르무즈드가 아리
만을 정복하고 홀로 세상을 통치할 것이라는 표현도 있지만 그것은 현재
형이 아니라 미래형으로 표현되어 있다. 하지만 신(본질 혹은 정신)은 과
거나 미래와 같은 상상의 영역에 존재해서는 안 되고 언제나 지금 여기에

---

99 Hegel, *LPR*, vol. 2, 619f.; *VPR*, Part 2, 513. 이와 관련해서는 *Aesthetics*, vol. 1, 330; *Jub.*,
   vol. 12, 442도 참고하라.
100 이와 관련해서는 Dhalla, *History of Zoroastrianism*, 302-308을 참고하라.

존재해야 한다.101

　신을 불확실한 미래로 이전시키면, 신과 신자가 분리되는 종교적 소외가 발생한다. 그러면 신과 신자의 화해는 영원한 미래와 무한한 갈망의 상태에 머물고 만다.

　헤겔에 따르면, 정신이 자연보다 우월하며, 자연을 정복할 수 있다는 것을 처음 깨달은 것은 이집트 종교다. 그러한 깨달음이 있어야 신과 인간의 화해 개념이 생겨날 수 있다. 다음에 이어지는 제7장에서 살펴겠지만, 이집트 종교의 신 오시리스(Osiris)와 세트(Seth)도 처음에는 선과 악의 이원론적 대립에서 출발하지만 곧이어 그러한 대립을 지양하고 더 높은 통일의 상태로 고양된다.

---

101 Hegel, *LPR*, vol. 2, 622; *VPR*, Part 2, 515.

| 7장 |

이집트 종교
: 신비의 종교

신비의 종교

고대 이집트 종교에 대한 헤겔의 설명은『종교철학』에서 가장 흥미로운 부분 중 하나다.[1] 그는『역사철학』,[2]『미학』,[3]『정신현상학』[4] 에서도 이집트 종교를 분석하고 있다.『종교철학』에서 그는 이집트인 들의 믿음 체계를 "신비의 종교"[5] 혹은 "수수께끼의 종교"(Die Religion des Rätsels)[6]로 규정한다. 그것은 이집트 종교의 숨겨진 혹은 비밀스러 운 특성을 강조하는 그의 수사법이다(1831년『종교철학』에서는 그 명칭을 "흥분의 종교"[7]로 변경했다). 이는 오래전『정신현상학』에서 분석한 이집 트 종교의 특성과 관련이 있다. 거기서 그는 이집트 종교의 정신 단계 를 "공작인"(Der Werkmeister)으로 규정했다.[8] 그러한 맥락에서 헤겔은 『종교철학』뿐만 아니라『미학』에서도 고대 이집트 문화와 관련한 인상적인 건축물과 구조물을 집중적으로 분석하고 있다.

이집트 종교와 관련한 헤겔의 풍부한 논의에도 불구하고 헤겔

---

1 Hegel, *LPR*, vol. 2, 358-381; *VPR*, Part 2, 259-281. *LPR*, vol. 2, 625-639; *VPR*, Part 2, 518-532. *LPR*, vol. 2, 744-747; *VPR*, Part 2, 629-631. *NR*, 200-234. *Phil. of Religion*, vol. 2, 85-122; *Jub.*, vol. 15, 437-472.

2 Hegel, *Phil. of Hist.*, 198-222; *Jub.*, vol. 11, 264-290. *LPWH*, vol. 1, 334-370; *VPWG*, vol. 1, 268-314. *OW*, 460-514.

3 Hegel, *Aesthetics*, vol. 1, 347-361; *Jub.*, vol. 12, 463-481. *Aesthetics*, vol. 2, 640-659; *Jub.*, vol. 13, 279-302. *Aesthetics*, vol. 2, 779-784; *Jub.*, vol. 13, 451-457.

4 Hegel, *PhS*, 421-424; *Jub.*, vol. 2, 531-535.

5 Hegel, *Phil. of Religion*, vol. 2, 85; *Jub.*, vol. 15, 437.

6 Hegel, *LPR*, vol. 2, 358; *VPR*, Part 2, 259. *LPR*, vol. 2, 365; *VPR*, Part 2, 265.

7 Hegel, *LPR*, vol. 2, 744-747; *VPR*, Part 2, 629-631.

8 Hegel, *PhS*, 421; *Jub.*, vol. 2, 531. 이와 관련해서는 *LPWH*, vol. 1, 359; *VPWG*, vol. 1, 300을 참고하라. "이집트의 정신을 대변하는 것은 바로 그러한 노동자, 즉 공작인이다. 그것은 이집트만의 주요한 특징이다."

연구의 주류에서는 그 주제를 제대로 다루지 않았다. 이집트 종교에 관한 헤겔의 논의와 그의 핵심적인 철학 주제들이 다소 무관해 보였기 때문이다. 하지만 자세히 살펴보면 죽은 자에 대한 이집트인들의 숭배 의식에 관한 그의 설명은 1830~1840년대 헤겔학파를 탄생시킨 중요한 신학적 문제 중 하나였던 헤겔의 영혼불멸 개념 여부에 관한 물음에도 대답의 여지를 준다. 그는 영혼불멸에 대한 이집트인들의 믿음을 긍정적으로 평가했는데, 그것은 영혼불멸에 대한 헤겔 사상의 본성을 밝히는 데도 귀중한 통찰을 준다. 이 장에서는 그러한 분석을 매개하여 정통의 방식은 아니더라도 주관적 자유의 발전에 관한 그의 이론의 중심부에 영혼불멸 개념이 전제되어 있다는 점을 밝히고자 한다.

1. 이집트학의 탄생

헤겔이 『종교철학』을 강의하던 1820년대는 이집트학이 이제 막 발흥하던 초창기였다. 유럽의 동양학 열풍에 깊은 관심을 가졌던 그는 새롭게 발굴된 연구 성과들을 가급적 빠짐없이 수집했다. 이집트학은 프랑스의 제국주의적 야망으로 나폴레옹이 1798년부터 1801년까지 이어간 불명예스러운 이집트 원정과 더불어 시작되었다.9

---

9 이와 관련해서는 다음을 참고하라. *Napoleon in Egypt: Al-Jabartî'ʼs Chronicle of the First Seven Months of the French Occupation, 1798*, trans. by Shmuel Moreh, introduction by Robert L. Tignor (Princeton and New York: M. Wiener, 1993). J. Christopher Herold, *Bonaparte in Egypt* (London: Hamish Hamilton, 1962). Paul Strathern, *Napoleon in Egypt* (London: Jonathan Cape, 2007). Juan Cole, *Napoleon's Egypt: Invading the Middle*

프랑스혁명이 탄생시킨 나폴레옹은 과학에 대한 열렬한 신봉자이자 전통 종교에 대한 철저한 비판가였다. 그는 이집트 원정을 위해 저명한 중견 학자들과 과학자들을 모집하여 '이집트연구소'(Institut d'Égypte)를 설립했다.10 그들은 자신들이 본 웅장한 유적들에 매료되어 이집트의 신비로운 고대 건축물과 예술 작품 연구에 몰두했고, 그 유물 중 일부를 파리로 이송할 계획을 세우기도 했다. 나폴레옹은 1년 후인 1799년 8월 22일, 원정대를 남겨 둔 채 쿠데타를 일으키기 위해 프랑스로 밀입국했지만, 이집트연구소의 학자들은 그 후로도 2년 동안 원정대와 함께 이집트에 계속 머물면서 탐사와 연구를 이어갔다. 이집트연구소는 1798~1800년에 카이로에서 「10년간의 이집트 연구La Décade Égyptienne」라는 두 권의 학술지를 발간했다.11 프랑스군이 영국군에 패배한 후 프랑스로 돌아갈 때, 나폴레옹의 이집트학자들은 항복 조건의 일부로 자신들의 탁월한 연구 성과들을 영국에 모두 양도해야 했다.12

　　그들은 프랑스로 돌아온 후에도 정기적인 학술 교류를 이어갔다. 그러한 공동연구의 가시적인 성과가 바로 근대 이집트학의 토대로 평가받는 『이집트 연구Description de l'Égypte』(1809~1822)라는 37권짜리

East (New York: Palgrave Macmillan, 2007).

10 이와 관련해서는 다음을 참고하라. Paul Strathern, "The Institute of Egypt," in his *Napoleon in Egypt*, 191-203. Christopher Herold, "The Institute and El Azhar," in his *Bonaparte in Egypt*, 164-200. Nina Burleigh, *Mirage: Napoleon's Scientists and the Unveiling of Egypt* (New York: Harper-Collins, 2007).

11 *La Décade Égyptienne, journal littéraire et d'economie politique* (Cairo: De l'Imprimerie Nationale, 1798-1800)(vol. 1, 1798-1799; vol. 2, 1799-1800).

12 이와 관련해서는 Burleigh, *Mirage: Napoleon's Scientists and the Unveiling of Egypt*, 209ff., 215-218을 참고하라.

학술 총서다.[13] 과학자, 예술가, 역사가, 고고학자 등 다양한 분야의 학자들이 공동 집필한 그 방대한 총서는 이집트에 관한 모든 분야의 지식을 체계적으로 집대성했다. 거기에는 이집트의 예술과 자연을 상세히 묘사한 수많은 도판도 함께 실려 있다.

그 총서의 출간으로 이집트에 관한 유럽인들의 관심은 증폭되었고, 이로써 이집트 열풍의 시대가 본격적으로 시작되었다. 고대 이집트의 아름다움과 신비로움은 단기간에 유럽인들의 상상력을 사로잡았다. 탐험가들, 부유한 부동산 소유자들, 식민지 행정관들을 비롯한 수많은 사람들이 박물관 및 개인 소장을 위해 이집트의 유물들을 수집했고, 유럽의 가구, 보석, 건축은 이집트의 양식을 모방했으며,[14] 유럽의 문학은 이집트와 관련한 주제, 장소, 인물을 작품의 소재로 삼았다.

고대 이집트 종교에 관한 『정신현상학』의 설명은 나폴레옹의 이집트 원정이 시작된 지 불과 6년 만에 집필된 것이며, 베를린 시기의 강의는 『이집트에 관한 설명』 제2판이 한창 출간되던 때 진행되었다. 헤겔은 1822~1823년의 『역사철학』에서 이렇게 말한다. "최근 25년 동안 프랑스는 이집트 세계로의 길을 열어 세웠으며, 지금까지도 그 노력은 계속되고 있다."[15] 이는 그도 『이집트 연구』 총서를 읽었다

---

13 *Description de l'Égypte, ou Recueil des observations et des recherches qui ont été faites en Égypte pendant l'expédition de l'armée française*, Books 1-23 (Paris: L'Imprimerie Imperiale, 1809-1822). 이 총서에는 아름다운 삽화와 판화들도 여러 권 포함되어 있다. 37권으로 구성된 제2판은 1821~1829년에 출간되었다. 이와 관련해서는 Burleigh, *Mirage: Napoleon's Scientists and the Unveiling of Egypt*, 221-225.

14 이와 관련해서는 Burleigh, *Mirage: Napoleon's Scientists and the Unveiling of Egypt*, 242ff.를 참고하라.

15 Hegel, *LPWH*, vol. 1, 335; *VPWG*, vol. 1, 269. *LPWH*와 *VPWG*는 1809년부터 출간되기

는 뜻이기도 하다.

그 외에도 헤겔은 이집트와 관련한 방대한 자료들을 광범위하게 활용했다.[16] 그는 근대 이집트학의 초기 연구 성과들뿐만 아니라 헤로도토스(Herodotus), 디오도루스(Diodorus of Sicily), 플루타르코스(Plutarch), 대-플리니우스(Pliny the Elder), 스트라보(Strabo), 요세푸스(Josephus)와 같은 고대 작가들의 저작도 잘 알고 있었다.[17] 헤겔은 이집트를 직접 찾아가 연구한 헤로도토스를 언급하기도 한다. 이집트 문화와 종교에 관한 헤로도토스의 논의는 그의 저작 『역사』 제2권에 실려 있다.[18] 시칠리아의 디오도루스도 기원전 60년경에 이집트를 방문했던 직접적인 증인이다. 헤겔은 이집트 종교에 관한 고대 철학자들, 대표적으로 신플라톤주의자들의 견해를 다루면서[19] 이암블리코스(Iamblichus)도 언급하고 있다.[20]

근대의 연구 성과들과 관련해서 그는 『역사철학』에서 영(Thomas

시작한 『이집트에 관한 설명』을 샹폴리옹의 저작 『파라오 치하의 이집트』(*L'Égypte sous les Pharons*), vols 1-2 (Paris: De Bure freres, 1814)로 잘못 표기하고 있다. 이와 관련해서는 *Aesthetics*, vol. 2, 644; *Jub.*, vol. 13, 283도 참고하라. "이집트 신전(건축물)과 웅장한 특성을 우리에게 알려준 것은 프랑스 학자들이었다."

16 헤겔이 활용한 자료와 관련해서는 *LPR*, vol. 2의 "편집자 서론", 8-9, 15-17, 41-44, 65-68, 78을 참고하라.

17 Hegel, *Phil. of Hist.*, 200; *Jub.*, vol. 11, 266. "이집트와 관련해서 우리는 고대인들의 기록에 의존할 수밖에 없다. [···]"

18 Hegel, *Phil. of Hist.*, 199; *Jub.*, vol. 11, 265. "이집트는 언제나 경이로운 땅이었으며, 그 특성은 오늘날까지도 그대로 보존되어 있다. 우리는 그리스인들, 특히 헤로도토스의 저작에서 이집트에 관한 정보를 구할 수 있다."

19 Hegel, *Phil. of Hist*, 208; *Jub.*, vol. 11, 276.

20 Hegel, *Phil. of Hist.*, 210; *Jub.*, vol. 11, 279. 같은 구절에서 헤겔은 그리스의 천문학자 겸 수학자인 에라토스테네스(Eratosthenes)의 저작 『헤르메스』(*Hermes*)도 언급하고 있다. 신플라톤주의와 관련한 헤겔의 논의는 그 분야의 전문가였던 크로이처의 영향을 받은 것이다.

Young: 1773~1829)[21]과 샹폴리옹(Jean-François Champollion: 1790~1832)[22]
이 집필한 이집트 상형문자에 관한 저작을 언급하기도 한다. 그리고
같은 주제를 다루는 브라운(James Browne: 1793~1841)의 1827년 저작
『이집트 상형문자에 대한 개요 및 현재까지 이루어진 상형문자 해독
의 진전 상황*Aperçu sur les hiéroglyphes d'Égypte et les progrès faits jusqu'à present dans leurs*
déchiffrement』도 소장하고 있었고,[23] 베를린대학에 함께 재직하던 벨러
만(Johann Joachim Bellermann: 1754~1842)의 저작 『풍뎅이 모양의 보석
과 거기에 새겨진 상형문자에 관한 설명*Über die Scarabäen-Gemmen, nebst*
Versuchen, die darauf befindlichen Hieroglyphen zu erklären』도 잘 알고 있었다.[24]

하지만 헤겔에게 가장 큰 영감을 준 저작은 단연 크로이처의 『상징
과 신화』였다.[25] 그 저작은 이집트 종교에 대한 연구보다 그리스 신화
에 대한 해석에 집중하고 있지만, 그 과정에서 이집트 종교는 매우
중요한 역할을 하고 있다. 크로이처는 이집트의 종교와 문화를 상징적
인 것으로 이해하는데, 헤겔도 그 노선을 그대로 따르고 있다. 이집트
의 예술 작품이나 문화유산은 직접적으로 이해되지 않는 수수께끼와

---

21 Hegel, *Phil. of Hist.*, 200; *Jub.*, vol. 11, 266.

22 Hegel, *Phil. of Hist.*, 200; *Jub.*, vol. 11, 267.

23 [James] Brown[e], *Aperçu sur les hiéroglyphes d'Égypte et les progrès faits jusqu'à
présent dans leur déchiffrement, traduit de l'anglais* (Paris: Ponthieu et Compagnie,
1827)(*Hegel's Library*, 649).

24 Johann Joachim Bellermann, *Über die Scarabäen-Gemmen, nebst Versuchen, die
darauf befindlichen Hieroglyphen zu erklären*, vols 1-2 (Berlin: Nicholaische Bu-
chhandlung, 1820-1821)(*Hegel's Library*, 640-641).

25 Friedrich Creuzer, *Symbolik und Mythologie der alten Völker, besonders der Griechen*,
vols 1-4 (Leipzig and Darmstadt: Karl Wilhelm Leske, 1810-1812). 이와 관련해서는
제2판(완전개정판)도 참고하라. Friedrich Creuzer, *Symbolik und Mythologie der alten
Völker, besonders der Griechen*, vols 1-4 (Leipzig and Darmstadt: Heyer und Leske,
1819-1821).

같은 상징을 사용하여 표면적인 내용 자체를 초월한 심오한 의미를 표현한다.

헤겔은 베를린대학에 함께 재직하던 미술사학자이자 고고학자인 히르트(Aloys Hirt: 1759~1837)의 저작들도 활용했다. 이집트 문화의 열렬한 애호가였던 히르트는 다양한 민족의 문화가 모두 이집트에서 유래한 것이라는 파격적인 주장을 펼치기도 했다.[26] 헤겔은 그리스-로마의 건축을 분석한 히르트의 1809년 저작 『고대의 건축술*Die Baukunst nach den Grundsätzen der Alten*』도 소장하고 있었다.[27] 헤겔은 『미학』에서 건축의 교과서로 일컬어지는 히르트의 세 권짜리 저작 『고대 건축사*Geschichte der Baukunst bei den Alten*』[28]도 자주 언급한다.[29] 그중에도 제1권은 헤겔이 이집트 종교 이해에 필수적이라고 생각한 피라미드, 오벨리스크, 사원들을 비롯한 인상적인 구조물과 기념물을 분석하는 데 결정적인 도움을 주었다. 그는 또한 헤로도토스의 기록을 바탕으로 이집트의 주요 신들을 분석한 히르트의 저작 『이집트 신들의 형성에 관하여*Ueber die Bildung der Aegyptischen Gottheiten*』도 유익하게 활용했다.[30] 그 저작에는

---

26 이와 관련해서는 A[loys] Hirt, *Ueber die Bildung der Aegyptischen Gottheiten* (Berlin: G. Reimer, 1821), 4를 참고하라.

27 이와 관련해서는 A[loys] Hirt, *Die Baukunst nach den Grundsätzen der Alten* (Berlin: In der Realschulbuchhandlung, 1809)(*Hegel's Library*, 609)를 참고하라.

28 A[loys] Hirt, *Geschichte der Baukunst bei den Alten*, vols 1-3 (Berlin: G. Reimer, 1821-1827).

29 Hegel, *Aesthetics*, vol. 2, 631; *Jub.*, vol. 13, 267. *Aesthetics*, vol. 2, 643; *Jub.*, vol. 13, 282. *Aesthetics*, vol. 2, 647; *Jub.*, vol. 13, 287. *Aesthetics*, vol. 2, 653; *Jub.*, vol. 13, 294. *Aesthetics*, vol. 2, 663; *Jub.*, vol. 13, 307. *Aesthetics*, vol. 2, 671; *Jub.*, vol. 13, 316. *Aesthetics*, vol. 2, 675-681 passim; *Jub.*, vol. 13, 321-328 passim. 이와 관련해서는 *Aesthetics*, vol. 1, 17-20; *Jub.*, vol. 12, 40-43도 참고하라.

30 A[loys] Hirt, *Ueber die Bildung der Aegyptischen Gottheiten* (Berlin: G. Reimer, 1821).

현존하는 이집트 예술에 나타난 신들을 분석하는 데 필요한 11개의 도판도 실려 있다.[31] 헤겔의 독서 메모를 보면, 그가 그 저작에 얼마나 깊은 관심을 가졌었는지를 확인할 수 있다.[32]

헤겔이 이집트 예술을 분석하는 데 활용한 중요한 자료는 빙켈만 (Johann Joachim Winckelmann: 1717~1768)의 1764년 저작『고대 예술사 *Geschichte der Kunst des Alterthums*』다(그 저작의 제2판은 빙켈만의 사후인 1776년에 출간되었다).[33] 그 저작은 헤겔 시대에 이집트 예술 분야의 교과서로 칭송될 만큼 호평을 받기도 했다. 헤겔은『미학』에서 그 저작을 언급하고 있다.[34] 빙켈만은 그 저작의 제1권 제2장 1절에서 고대 이집트 예술을 다루고 있다.[35] 거기서 그는 고대 이집트의 문헌들과 이탈리아에서 본 이집트의 예술 작품들을 바탕으로 이시스(Isis)와 같은 신들과 조각품을 설명하고 있다.

헤겔은 헤르더의『인류의 역사철학에 대한 이념』에 나오는 이집트인들에 대한 간략한 설명, 예를 들어 이집트의 상형문자에 대한 헤르더의 이해를 수용하기도 했다.[36] 헤르더의 저작은 이집트 문화를

---

31 이와 관련해서는 Ibid., 6f.를 참고하라.

32 이와 관련해서는 See Helmut Schneider, "Hegel und die agyptischen Gotter. Ein Exzerpt," *Hegel-Studien*, vol. 16 (1981): 56-68. 호프마이스터는 그러한 독서 노트 중 일부를 헤겔의『베를린시기 저술들: 1818-1831』에 실어두었다. *Berliner Schriften: 1818-1831*, ed. by Johannes Hoffmeister (Hamburg: Meiner, 1956), 707-708.

33 Johann Joachim Winckelmann, *Geschichte der Kunst des Alterthums*, vols 1-2 (Dresden: In der Waltherischen Hof-Buchhandlung, 1764).

34 Hegel, *Aesthetics*, vol. 1, 63. *Aesthetics*, vol. 2, 781f.

35 Winckelmann, *Geschichte der Kunst des Alterthums*, vol. 1, 31-68.

36 Johann Gottfried Herder, *Ideen zur Philosophie der Geschichte der Menschheit*, vols 1-4 (Riga and Leipzig: Johann Friedrich Hartknoch, 1784-1791), vol. 3, 109-120(영어 번역판: *Outlines of a Philosophy of the History of Man*, vols 1-2, trans. by T. Churchill,

비밀스러움과 신비로움으로 규정한 헤겔의 분석을 선취하고 있다. 이집트인들은 직관적으로 이해되지 않는 애매한 표상들을 아무런 설명 없이 수수께끼처럼 표현한다. 또한 헤르더는 끊임없는 건설의 충동을 이집트인들이 가진 믿음 체계의 일부로 규정하면서 그들의 특성을 '공작인'으로 규정했는데, 헤겔은 그 규정도 그대로 수용하고 있다. 마지막으로 헤르더와 헤겔은 이집트 문화를 상징하는 스핑크스의 매력에도 공히 찬탄하고 있다.

하지만 그렇다고 해서 헤겔이 고대 이집트에 관한 정보를 다른 사람의 저작이나 그들의 설명에만 의존했던 것은 아니다. 1823년에 프로이센의 왕 빌헬름 III세(Friedrich Wilhelm III: 1770~1840)는 베를린에 대형 왕립박물관을 건설하라고 명령했다(오늘날 알테스박물관으로 알려진 그 박물관은 헤겔이 살던 쿠퍼그라벤 4a 맞은편에 있다). 그러한 계획을 염두에 두고 빌헬름 III세는 1820~1821년 이집트로 파견한 프로이센의 장군 미누톨리(Johann Heinrich Minutoli: 1772~1846)[37]를 통해 다량의 이집트 유물을 수집했다. 미누톨리는 수많은 이집트 유물을 수집하여 베를린으로 보냈지만 운송하던 선박이 침몰하여 모조리 유실되고 육로로 보낸 상자만이 1822년에 안전하게 도착했다. 1823년에 미술사학자 바아겐(Gustav Friedrich Waagen: 1794~1868)은 왕립 이집트학박물관(오늘날에는 '파피루스를 소장하고 있는 이집트박물관'으로 알려져 있다)을 건설하라는 명령을 받았다. 1823년 4월 2일, 헤겔은 바아겐에게

2nd ed. [London: J. Johnson, 1803], 96-106).

37 이와 관련해서는 Otto Poggeler, "Sehen und Begreifen: Agyptische Kunst in der Sammlung Minutoli," in *Hegel in Berlin*, ed. by Otto Poggeler et al. (Berlin: Staatsbibliothek Preußisher Kulturbesitz, 1981), 205-211을 참고하라.

서신을 보내 내일 박물관 건설 전의 임시보관소인 왕립 에스테이트 몽비주에서 이집트 유물들을 볼 수 있는 기회가 생겼다고 전했다.[38] 그는 고대 이집트 예술 분야의 전문가인 바아겐과 동행하여 그에게 한 수 배우기를 바랐다. 1823년 5월 6일에 크로이처에게 보낸 서신에서도 헤겔은 그날의 이집트 유물 관람의 흥분을 전하고 있다.

> 곧 대형박물관이 지어진다고 합니다. 올봄에 공사가 시작된다고 하더군요. 왕이 박물관 건설에 10만 달러를 내주었다고 합니다. 저는 최근 며칠 동안 미누톨리 장군이 수집한 이집트 유물들을 관람했습니다. 왕이 금화 2만 2천 달러에 그 유물들을 구입했다고 하더군요. 당신도 함께 갔으면 좋았을 텐데 아쉽습니다. 거기에는 가장 아름다운 미라와 1피트 반 높이의 신상 수십 개가 전시되어 있었습니다. 또한 손가락 크기의 신상 수백 개도 전시되어 있었는데, 그중 30개는 밀랍으로 제작돼 있었고, 나머지는 도자기, 점토, 나무, 청동 등으로 제작되어 있었습니다.[39]

이처럼 헤겔은 이집트 유물들을 직접 보면서 조사했고, 거기서 많은 영감을 얻기도 했다.

미누톨리 장군의 이집트 원정기는 1825년에 『1820~1821년에 하인리히 프라이가 집필한 리비시 암몬의 주피터 사원과 이집트 여행 *Reisen zum Tempel des Jupiter Ammon in der libyschen Wüste und nach Ober-Aegypten in den Jahren*

---

38 Hegel, *Letters*, 373; *Briefe*, vol. 3, *letter* 446, 5. "친애하는 친구여, 오늘 저녁 우리 집에서 만나지 못해 정말 미안하오. 하지만 내일 아침 미누톨리 장군이 보낸 이집트 유물을 볼 수 있는 기회가 약속되어 있다네. 자네도 같이 갔으면 하는데 어떤가? 같이 갈 수 있으면 내일 아침(토요일) 오전 11시까지 오시게. 자네의 안내를 받으며 유물들을 보고 배울 수 있으면 좋겠네."
39 Hegel, *Letters*, 370; *Briefe*, vol. 4.1, *letter* 450a, 48.

1820 und 1821 von Heinrich Freih. v. Minutoli』이라는 다소 긴 제목의 저작으로 출간되었다.40

그것은 베를린대학에 함께 재직하던 동료이자 미술사 교수였던 퇼켄(Ernst Heinrich Toelken: 1786~1869)이 미누톨리 장군의 여행기를 편집 출간한 저작이다. 헤겔은 그보다 2년 앞서 출간된 그 저작의 별책 『사와에 있는 주피터 암몬 신전의 조각상에 관한 설명*Erklärung der Bildwerke am Tempel des Jupiter Ammon zu Siwah*』을 소장하고 있었다.41 퇼켄이 편집 출간한 그 저작에는 미누톨리 장군이 이집트 원정에서 본 기념물과 예술품에 대한 자신의 설명도 덧붙어 있다. 헤겔이 소장했던 그러한 저작들은 이집트 종교에 관한 그의 관심을 우회적으로 확인시켜 준다.

2. 오시리스와 세트

헤겔은 이집트 신 중 오시리스(Osiris)를 가장 중요하게 여기고, 그것을 집중적으로 분석한다. 오시리스는 수세기 동안 숭배되었고, 그의 신화는 다양한 형태로 변화되었다. 헤로도토스(Herodotus)42와

40 *Reisen zum Tempel des Jupiter Ammon in der libyschen Wüste und nach Ober-Aegypten in den Jahren 1820 und 1821 von Heinrich Freih. v. Minutoli. Nach den Tagebüchern desselben herausgegeben von Dr. E.H. Toelken. Im Auszugemi- tgetheilt von August Rücker* (Berlin: Rucker, 1825).

41 Ernst Heinrich *Toelken, Erklärung der Bildwerke am Tempel des Jupiter Ammon zu Siwah* (Berlin: Rucker, 1823)(*Hegel's Library*, 622).

42 Herodotus, *The Histories*, trans. by Aubrey de Selincourt (Harmondsworth: Penguin, 1954), 187.

디오도루스(Diodorus of Sicily)43도 그 이야기를 간략히 전하고 있다. 하지만 오시리스와 관련한 가장 상세한 설명은 헤겔이 집중적으로 활용한 플루타르코스의 저작『모랄리아*Moralia*』의 일부인『이시스와 오시리스*Isis and Osiris*』에서 찾을 수 있다.44 히르트의 저작『이집트 신들의 형성에 관하여』45와 크로이처의 저작『상징과 신화』46도 오시리스 신화를 자세히 설명하고 있으며, 퇼켄의 저작『사와에 있는 주피터 암몬 신전의 조각상에 관한 설명』47은 그 주인공들을 상세히 분석하고 있다.

플루타르코스(Plutarch)에 따르면, 자비롭고 강력한 이집트의 초대

43 *The Historical Library of Didorus the Sicilian*, vols 1-2, trans. by G. Booth (London: J. Davis, 1814), vol. 1, 27(제2장).

44 *Plutarchi Chaeronensis quae supersunt Omnia, cum adnotationibus variorum adjectaque lectionis diversitate Opera*, vols 1-14, ed. by J.G. Hutten (Tubingen: J. G. Cotta, 1791-1804)(*Hegel's Library*, 470-483). 이와 관련해서는 *Isis and Osiris in Plutarch's Moralia*, vols 1-16, trans. by Frank Cole Babbitt (London: William Heinemann Ltd., Cambridge, MA: Harvard University Press, 1936)(*Loeb Classical Library*), vol. 5, 7-191을 참고하라. 세트가 오시리스를 살해한 이야기와 관련해서는 Chapter 13ff, 35ff., 356a, ff, 그 신화에 대한 근대적 설명과 관련해서는 Geraldine Pinch, "Plutarch's Osiris," in her *Egyptian Mythology: A Guide to the Gods and Goddesses, and Traditions of Ancient Egypt* (Oxford et al.: Oxford University Press, 2002), 41-42, 178-180; R. T. Rundle Clark, *Myth and Symbol in Ancient Egypt* (London: Thames and Hudson, 1959), 3-5장. J. Gwyn Griffiths, *The Origins of Osiris* (Berlin: Verlag Bruno Hessling, 1966). Eberhard Otto, *Osiris und Amun. Kult und heilige Stätten* (Munich: Hirmer Verlag, 1966)을 참고하라.

45 Hirt, *Ueber die Bildung der Aegyptischen Gottheiten*, 35-41(오시리스), 41-45(이시스), 51-55(세트).

46 Friedrich Creuzer, *Symbolik und Mythologie der alten Völker, besonders der Griechen*, vols 1-4 (제2판, 완전개정판, Leipzig and Darmstadt: Heyer und Leske, 1819-1821), vol. 1, 258-340.

47 Toelken, *Erklärung der Bildwerke am Tempel des Jupiter Ammon zu Siwah*, 108, 128ff., 140, 144, 149, 152f., 155.

왕 오시리스는 세상에 문명을 선사했을 뿐만 아니라[48] 그가 통치하던 이집트에 황금기를 선사한 신이다. 오시리스의 그러한 명예와 성공은 그의 왕위를 찬탈하고 싶어 했던 동생 세트(Seth)의 질투를 불러일으켰다(플루타르코스는 그리스 전통에 따라 세트를 '티폰Typhon'이라 부른다).[49] 인간의 모습으로 묘사된 오시리스와 달리 세트는 인간의 몸에 동물의 긴 주둥이와 뾰족한 귀를 가진 반인반수의 모습으로 묘사되어 있다.[50] 오시리스가 문명을 상징한다면, 세트는 혼돈, 폭력, 파괴, 특히 사막의 삶에서 인간의 생존을 위협하는 부정적인 요소와 관련된 악을 상징한다. 세트는 오시리스를 속여 자신이 만든 상자에 가둔 다음, 그것을 나일강에 던져버렸다. 이후 그 상자는 헤더 덤불이 우거진 어느 해안가로 떠내려왔다. 헤더를 좋아했던 그 지역의 왕은 그 상자가 묻혀 있던 헤더 덤불로 왕궁의 기둥을 만들었다.[51] 오랫동안 오시리스를 찾아 헤매던 그의 누이이자 아내인 이시스는 그곳에서 상자를 되찾아와 안전한 곳에 숨겨두었다. 그 소식을 들은 세트는 다시 그 상자를 찾아내 두 번 다시 찾지 못하도록 오시리스의 시신을 훼손하여 이집트 전역에 흩뿌렸다. 이시스는 또다시 오시리스의 조각난 시신을 찾아 헤맸고, 하나씩 찾을 때마다 그곳에 그를 위한 신전을 세웠다.[52] 그

---

48 *Isis and Osiris in Plutarch's Moralia*, vol. 5, Chapter 13, 35, 356a-.b.

49 헤로도토스와 플루타르코스는 세트를 그리스의 괴물 티폰(Typhon)과 연관시킨다. 이와 관련해서는 다음을 참고하라. Herodotus, *The Histories*, 147. *Isis and Osiris in Plutarch's Moralia*, vol. 5, 41장, 101, 367d, 49장, 121, 371b, 62장, 147, 376b.

50 이와 관련해서는 다음을 참고하라. Pinch, "Seth" in her *Egyptian Mythology*, 191-194. J. Gwyn Griffiths, *The Conflict of Horus and Seth from Egyptian and Classical Sources* (Liverpool: Liverpool University Press, 1960). H. te Velde, *Seth, God of Confusion: A Study of His Role in Egyptian Mythology and Religion* (Leiden: E. J. Brill, 1967).

51 *Isis and Osiris in Plutarch's Moralia*, vol. 5, 15장, 39ff., 357a, ff.

이야기는 오시리스와 이시스의 아들 호루스(Horus)가 훗날 세트를 찾아
가 처참하게 복수했다는 내용으로 끝난다.

헤겔은 오시리스의 뒷이야기에 관심이 많았다. 잘려진 몸의 조각
들이 다시 결합되어 부활한 오시리스는 이집트인들에게 아멘테스
(Amenthes)로 알려진 죽음의 왕국의 왕이 되었다.53 얼핏 보면 오시리
스와 세트는 조로아스터교의 오르무즈드와 아리만처럼 서로 대립하
는 신처럼 보인다. 오시리스는 사막의 삶에서 필수적인 물과 습기를
상징하고, 반대로 세트는 메마름과 건조함을 상징한다.54 따라서 오시
리스가 죽임을 당한 것은 가뭄이 일었음을 의미하고, 그가 부활한 것은
비가 와서 해갈되었음을 의미한다.55 오시리스와 세트는 오르무즈드
와 아리만처럼 정적인 이원론이나 단순한 대립에만 머물지 않는다.

헤겔은 오시리스가 자연의 본성인 죽음을 극복하는 이집트 종교
의 신화야말로 이전 종교와의 결정적인 차이라고 주장한다. 구체적으
로 힌두교에서 삼주신의 셋째 신 시바(Shiva)는 끊임없는 창조와 파괴
의 순환만을 영원히 거듭할 뿐이다. 이는 아무런 변증법적 발전도
이루지 못하는 악무한에 불과하다. 페르시아 종교(조로아스터교)에서
도 빛과 어둠, 선과 악, 오르무즈드와 아리만은 정적인 대립에 머물러
있다. 이들도 한편의 승리로 끝나지 않는 영원한 투쟁만을 거듭한다는
점에서 대립하는 두 항이 사변적인 발전을 이루지 못한 악무한에
해당한다. 플루타르코스 역시 오르무즈드와 아리만의 예를 들어 선과

---

52 Ibid., vol. 5, 18장, 45, 358a-b.

53 Hegel, *LPR*, vol. 2, 626f.; *VPR*, Part 2, 519.

54 *Isis and Osiris in Plutarch's Moralia*, vol. 5, 39장, 95, 366c-d.

55 Hegel, *LPWH*, vol. 1, 346; *VPWG*, vol. 1, 283.

악이라는 고착된 이원론의 기원을 설명한다.56 그는 선과 악은 서로 연관되어 있기 때문에 악을 완전히 제거하는 것이 불가능하다는 여러 철학적 견해를 살펴본 다음,57 오시리스와 세트의 관계를 논하기 시작한다. 그 둘의 관계에는 앞선 다른 종교의 이원론적 형태와는 다른 우월한 면모가 있다는 것이다.

오시리스에 와서야 비로소 진정한 변증법적 발전이 일어난다. 오시리스도 처음에는 오르무즈드와 아리만처럼 세트와 대립해 있다. 하지만 오시리스가 자연의 본성인 죽음을 극복하고 부활했다는 것은 그들보다 더 높은 단계로 발전했다는 것을 상징한다. 마침내 선이 승리함으로써 서로 대립하는 두 항 사이를 끝없이 오가던 비변증법적인 순환이 끝났다는 것이다. 헤겔은 자신만의 언어로 이렇게 설명한다. "오시리스는 자기 외부의 타자로 존재하는 세트를 부정으로 간주한다. 하지만 이제는 그것이 오르무즈드의 경우와 같은 외적인 대립이 아니라 주체 내적인 대립으로 전환된다."58 헤겔의 변증법은 긍정, 부정, 부정의 부정이라는 세 단계를 거친다. 힌두교와 조로아스터교는 그 가운데 둘째 단계, 즉 긍정과 부정의 순환이 영원히 지속되는 단계, 어느 쪽도 우위를 점할 수 없는 경쟁적인 두 원리가 끝없이 갈등하는 단계에 머물러 있다. 하지만 이집트 종교에서는 오시리스의 부활과 함께 비로소 셋째 단계(부정의 부정)로의 이행이 이루어진다.

---

56 Ibid., vol. 5, 46-47장, 111f., 369e-370b.

57 Ibid., vol. 5, 49장, 121, 371b. "사실 이 세계의 창조와 구성은 서로 대립하는 힘들에서 비롯한 복합적인 산물이다. 그 두 힘은 대등하지 않다. 선의 힘이 더 우세하다. 하지만 몸과 우주의 영혼에 다량으로 내재된 악의 힘은 완전히 근절되지 않고 선의 힘과 끊임없이 투쟁한다."

58 Hegel, *LPR*, vol. 2, 626; *VPR*, Part 2, 519.

부정의 부정, 즉 죽음의 죽음을 통해 악의 원리가 소멸된다. 페르시아 종교(조로아스터교)에서는 선이 악을 정복하지 못했다. 오르무즈드는 아리만과 대립하고 있을 뿐 이집트 종교처럼 자신으로 복귀하지 못했다. 악의 원리는 이집트 종교에 와서야 비로소 정복된다.[59]

'부정의 부정' 단계는 긍정과 부정이라는 앞선 두 단계보다 개념적으로 더 고차적인 셋째 단계로의 사변적인 발전을 의미한다.

조로아스터교에서는 선과 악의 세력이 서로 근본적으로 분리된 독립적인 실체로 이해되었다. 하지만 악과 죽음을 극복하는 오시리스의 이야기는 선과 악의 외적인 관계가 내적인 관계로 전환되었음을 상징적으로 보여준다. 이는 인간이 어린 시절에 자신의 자연적인 욕구와 충동을 극복하기 위한 훈련을 받는 단계에 비할 수 있다. 어린아이들은 직접적인 욕구를 가지고 있지만 부모나 교사를 비롯한 어른들은 그것에 따라 살아서는 안 된다고 가르친다. 초기 발달단계의 어린아이들이 자연적인 욕구와 충동을 '부정'하기 위해서는 그런 외적인 강제가 반드시 필요하다. 하지만 교육과정이 거듭되면서 어린아이들은 부모나 교사의 외적인 통제를 내면화함으로써 자신을 스스로 통제하는 성인의 단계에 이르게 된다. 정신분석학의 언어를 빌리자면, 그러한 교육과정을 통해 어린아이들은 비이성적인 욕구와 충동을 통제하는 '초자아'(Super-Ego), 즉 양심을 발달시키게 되는 것이다. 교육이란 어린아이들에게 자신의 욕구를 자율적으로 통제하는 법, 즉 '부정'을 내면화하는 법을 가르치는 것이다. 양심의 단계에서는

---

59 Hegel, *LPR*, vol. 2, 368; *VPR*, Part 2, 269.

선과 악, 정신과 자연이 더 이상 외적으로 대립하는 두 실체가 아니라 한 인간의 내면에서 갈등하는 두 요소로 전환된다. 교육을 받았다고 해서 자연적인 욕구와 충동이 사라지는 것은 아니지만 성숙한 인간은 더 이상 악과 자연에 지배되지 않고 선과 정신을 통해 악과 자연을 통제해 나간다. "독립적인 인간은 대립에 머물지 않고 그것을 극복한다. 그는 유한한 것(부정)을 자기 외부에 정립하는 것이 아니라 그것을 내면화하고 또한 그것을 극복한다."[60] 인간 정신의 성숙을 위해서는 그러한 부정의 내면화와 극복이 필수적이다. 인간은 더 이상 자신의 직접적인 욕구와 충동에 지배되지 않는다. 죽음을 극복한 오시리스는 자연을 극복한 인간을 상징한다. 첫째 단계에서는 도야되지 않은 욕구와 충동이 긍정된다. 하지만 둘째 단계에서 그것은 외부의 실체를 통해 부정된다. 그리고 셋째 단계에서는 그러한 부정을 내면화함으로써 자신의 욕구를 스스로 통제한다. 그것이 부정의 부정이다. 이 과정이 완수되어야 진정으로 성숙한 인간의 삶과 주관적인 자유가 실현될 수 있다.

오시리스는 자연과 대비되는 정신과 문명의 세계를 상징한다. 헤겔은 플루타르코스의 다음 구절을 인용한다. "오시리스가 통치 기간에 가장 먼저 한 일은 이집트인들을 가난하고 야만적인 삶의 방식에서 구원하는 것이었다. 이를 위해 그는 그들에게 경작할 열매를 보여주고, 법을 제정해주고, 신을 공경하도록 가르쳤다. 나중에 그는 온 세상을 문명화하기 위해 방방곡곡을 떠돌았다. […]"[61] 같은 구절

---

60 Hegel, *LPR*, vol. 2, 628; *VPR*, Part 2, 520.
61 *Isis and Osiris in Plutarch's Moralia*, vol. 5, 13장, 35, 356a-b.

에서 플루타르코스는 오시리스가 노래와 음악을 발명했다고도 전하는데, 헤겔도 그 내용을 그대로 활용하고 있다.[62] 인간 정신은 문명의 산물이라 할 법률, 혼인, 농업, 예술 등을 통해 자연적인 것을 자신만의 특별한 방식으로 가공하여 전유한다. 자연을 있는 그대로 놔두지 않고 인간 정신을 통해 그것을 재구성하는 것이다. 오시리스는 그러한 자연에서 문명으로의 진보, 즉 자연에서 문명을 산출하는 인간 정신의 힘을 상징한다.

헤겔에 따르면, 이집트인들이야말로 인간의 주체성 개념을 최초로 선취한 민족이다. 그러한 점에서 그는 이집트인들을 인도인들보다 더 호의적으로 평가한다. 오시리스는 단순한 육체성을 넘어 인간 주체에 내재하는 더 고귀한 것에 대한 인식을 상징한다. 인간의 운명은 자연상태를 극복하고, 자유롭고 이성적인 행위자로 거듭나는 것을 목적으로 한다. 그러한 새로운 개인 개념은 그들의 사회제도에도 그대로 반영되어 있다. 그는 이렇게 설명하기 시작한다. "이집트인들도 인도인들처럼 신분과 계급이 구별되어 있어서 자식들은 부모의 직업을 물려받아야 했다."[63] 헤겔에 따르면, 인도의 엄격한 카스트 제도는 개인에게 어떠한 자유도 허용하지 않았다. 하지만 이집트에서는 "직업이 세습되긴 했지만 그것이 개인의 자유를 완전히 박탈하지는 않았다."[64] 이집트에도 계급의 구분은 있었지만 신분 상승을 위한

---

62 Hegel, *Phil. of Hist.*, 208f.; *Jub.*, vol. 11, 277. *Aesthetics*, vol. 1, 359; *Jub.*, vol. 12, 478. *LPWH*, vol. 1, 348; *VPWG*, vol. 1, 285. 이와 관련해서는 Creuzer, *Symbolik und Mythologie der alten Völker, besonders der Griechen*, vol. 1, 259도 참고하라.

63 Hegel, *Phil. of Hist.*, 204; *Jub.*, vol. 11, 271. 이와 관련해서는 *LPWH*, vol. 1, 341; *VPWG*, vol. 1, 276f.도 참고하라.

64 *Hegel, Phil. of Hist.*, 204; *Jub.*, vol. 11, 271.

사회적 이동의 가능성과 개인의 자유로운 선택이 얼마간 허용되었기 때문이다. 이것이 이집트인들의 자기 개념이 인도인들보다 발전했다는 결정적인 증거다. 사회적 계급이 구분되긴 했지만 그것이 인간의 모든 삶과 행위를 결정하지는 않았던 것이다. 그러한 면모는 그리스인들에 이르러 더욱 발전된 형태를 갖추게 된다.[65]

자연보다 정신이 더 고귀하고 가치 있다는 인식이 생겨나야만 영혼불멸 개념도 생겨날 수 있다. 이집트 종교의 신화에는 그러한 영혼불멸 개념이 등장한다. 헤겔에 따르면, 영혼불멸 개념은 인간과 종교의 발전 과정상의 중요한 진전을 상징한다. 헤겔은 영혼불멸 개념을 다양한 세계 종교들의 위계를 결정하고 그 순서를 배열하는 중요한 기준으로 삼는다. 개인의 주관적 자유에 대한 개념이 발전할수록 영혼불멸 개념도 그만큼 발전하며, 종교적 의식의 수준도 그만큼 고양된다. 여기서 핵심은 한 민족의 신 개념은 그 민족의 집단적인 자기 개념에 따라 규정된다는 것이다.

3. 이집트의 영혼불멸 숭배

오시리스의 부활 이야기는 단지 특정한 개인에 대한 흥미로운 신화가 아니다. 그것은 왕이나 특별한 인간만이 아니라 모든 인간을 위한 영혼불멸 이론이다.[66] 헤겔이 이집트 종교를 이전 종교보다 우월

---

65 Hegel, *Hist. of Phil.*, vol. 1, 206; *Jub.*, vol. 17, 251. "이집트와 동양에서는 특정한 계급의 사람만이 힘을 소유했지만 자유로운 그리스에서는 더 이상 그러한 계급의 분리를 허용하지 않는다."

하게 본 것도 바로 그 때문이다. 그는 이집트인들이야말로 영혼불멸 이론을 최초로 발견한 민족이라는 헤로도토스의 주장을 거듭 언급한다.[67] 헤겔은 그것을 종교적 의식을 발전시킨 획기적인 계기로 본다. 영혼불멸 개념에는 개인의 가치와 존엄에 대한 한층 고양된 의미, 즉 삶이 죽음을 극복하고, 정신이 자연을 극복했다는 것, 간단히 말해 그 둘의 근원적인 대립이 지양되었다는 의미가 내포되어 있다. 앞선 종교들은 정신보다 자연을 최고의 것으로 인식했고, 그래서 자연대상을 신으로 숭배했다. 하지만 이집트 종교는 자연보다 정신을 더 우월하게 인식하기 시작한다. 죽음을 극복한 오시리스의 부활 이야기는 정신이 순수한 자연 영역보다 우월하다는 것을 상징적으로 보여준다. 헤겔에 따르면, 앞선 종교들도 나름의 불멸 개념을 가지고는 있었지만 이집트 종교처럼 개인을 실체로 인식한 적은 없었다. 그는 이 대목에서도 이집트 종교를 앞선 동양 종교보다 호의적으로 평가한다.

이집트인들이야말로 인간의 영혼불멸을 믿고 가르친 최초의 민족이라는 헤로도토스의 말에 주목할 필요가 있다. 물론 그가 중국인들의 조상숭배와 인도인들의 영혼윤회를 [⋯] 몰라서 그렇게 말했다고 생각할 수

---

66 R. T. Rundle Clark, *Myth and Symbol in Ancient Egypt*, 124. 처음에는 영혼불멸 개념이 왕들에게만 적용되었지만 시간이 지나면서 그것은 일반인들로까지 확장되었다.

67 Hegel, *Phil. of Hist.*, 215; *Jub.*, vol. 11, 285. *Aesthetics*, vol. 1, 355; *Jub.*, vol. 12, 474. *Aesthetics*, vol. 2, 650; *Jub.*, vol. 13, 291. *Hist. of Phil.*, vol. 1, 233; *Jub.*, vol. 17, 286. *LPWH*, vol. 1, 347; *VPWG*, vol. 1, 284. *LPR*, vol. 2, 627; *VPR*, Part 2, 520. 이와 관련해서는 Herodotus, *The Histories*, 178, Book II, 123을 참고하라. "이집트인들은 데메테르(Demeter)와 디오니소스(Dionysus)가 지하 세계의 핵심 권력이라고 말한다. 또한 그들은 영혼불멸 교리를 제시하면서, 한 생명체가 죽으면 그의 영혼이 같은 순간에 태어난 다른 피조물로 옮겨간다고 주장한 최초의 사람들이다."

도 있다. 하지만 그의 말뜻을 제대로 이해하려면, 영혼불멸에 대한 믿음의 의미를 분명히 알아야 한다. 영혼불멸에 대한 표상은 사람들마다 다다르다. 따라서 우리는 영혼불멸과 관련한 합의된 개념이 있는지부터 따져봐야 한다.[68]

힌두교는 신과 화해하기 위해서는 개인의 모든 욕망, 특성, 관심을 절멸해야 한다고 가르친다. 그것은 개인의 특성을 모조리 해체하는 방식이다. 따라서 힌두교의 불멸 개념은 개인의 불멸을 의미하는 것이 아니라 단지 추상적인 개념에 불과한 것이었다.[69] 하지만 이집트인들의 불멸 개념은 자기의식적 실체인 개인의 영혼이 존속한다는 '영혼의 불멸'을 의미한다. 그들은 인간의 영혼이 불멸한다고 믿었던 것이다.

이는 자연과는 다른 것, 즉 정신이 본질적으로 독립적이라는 것을 의미한다. 힌두교에서 지복은 추상적인 통일성, 즉 무(無)의 상태로 침잠하는 것이었다. 반면에 자유로운 주관성은 본질적으로 무한하다. 따라서 자유로운 정신의 왕국은 마치 그리스인들이 생각한 하데스(Hades)처럼 비가시적인 왕국이다. 그것이 처음에는(이집트인에게는) 죽음의 왕국,

---

68 Hegel, *LPWH*, vol. 1, 360f.; *VPWG*, vol. 1, 301.

69 Hegel, *Aesthetics*, vol. 1, 355; *Jub.*, vol. 12, 473. "인도인은 가장 공허한 추상, 즉 구체적인 모든 것에 대립하는 부정적인 추상만을 추구한다. 인도인이 브라만이 되는 그러한 과정이 이집트에서는 더 이상 나타나지 않는다. 반대로 이집트인들에게는 보이지 않는 것이 더 심오한 의미를 갖는다. 죽은 자도 산 자와 같은 내용을 갖는다. 비록 직접적인 현존을 박탈당하긴 했지만 죽은 자는 삶과 분리된 상태에서도 산 사람과의 관계를 이어 나가며, 그러한 구체적인 관계 속에서 독자적으로 살아간다."

즉 죽은 자의 영역으로 나타났다.[70]

힌두교인들은 자연보다 더 고귀한 것을 인식하지 못했지만 이집트인들은 그들을 둘러싼 지각의 세계를 추상하거나 비가시적인 세계, 즉 죽은 자의 영혼이 거주하는 영역을 상상하는 능력을 가지고 있었다. 그러한 상상력은 단순한 감각적 지각보다 고차적인 인식 능력을 필요로 한다.

헤겔에 따르면, 이집트인들은 이전의 동양 종교들에 비해 인간의 자유나 개인의 가치에 대한 더 발달된 감각을 가지고 있었다. 그는 이집트 종교를 다른 동양 종교와 비교하여 설명한다. "인도의 '스피노자주의'(범신론)는 주관성에 무한하고 자유로운 독립성을 부여하지 않았다. 실체가 한 지점(특정한 계층)에만 부여된 것은 피상적인 변화에 불과하다."[71] 헤겔이 세계 종교들의 발전 과정에서 이집트 종교보다 우위에 두었던 유대교에서조차 영혼불멸 개념은 제대로 다뤄진 바가 없다.[72] 그런 점에서 이집트 종교는 다른 동양 종교들보다 훨씬 발전된 형태라 할 수 있다.

이집트인들의 영혼불멸 개념은 자신의 행위에 따라 사후에 영혼이 심판을 받는다는 표상 속에 잘 나타나 있다. 『후네퍼의 사자의 서*The Book of the Dead of Hunefer*』라는 파피루스 문서에 그려진 심판의 장면을 보면 오시리스가 오른쪽에 앉아 있고, 개 혹은 자칼의 머리를 한 아누

---

70 Hegel, *Phil. of Hist.*, 215; *Jub.*, vol. 11, 285f. 이와 관련해서는 *LPWH*, vol. 1, 347; *VPWG*, vol. 1, 284도 참고하라.

71 Ibid.

72 Hegel, *LPWH*, vol. 1, 361; *VPWG*, vol. 1, 302.

[그림 7.1] Page from *The Book of the Dead of Hunefer* in The British Museum.
ART Collection / Alamy Stock Photo.

비스(Anubis)가 죽은 자의 영혼을 데려오고 있다(이와 관련해서는 [그림 7.1]을 참고하라). 그들은 저울의 한편에는 죽은 자의 심장을, 다른 한편에는 깃털을 달아 그가 생전에 도덕적으로 살았는지를 심판한다. 만일 그의 심장이 깃털보다 무거워 심판을 통과하지 못하면, 악어의 머리와 하마의 몸통 그리고 사자의 갈기를 한 암무트(Ammut)가 그의 영혼이 담긴 심장을 그 자리에서 먹어 치운다. 따오기의 머리를 한 서기관 토트(Thoth)는 그 심판의 결과들을 꼼꼼히 기록하고 있다. 반대로 죽은 자의 영혼이 심판을 통과하면, 매의 머리를 한 호루스(Horus)가 그를 왕좌에 앉아 있는 오시리스에게 데리고 간다. 헤겔은 그 장면을 이렇게 설명한다. "오시리스는 죽은 자의 영역을 다스리는 군주이자 그를 심사하는 재판관이다. 우리는 오시리스가 재판관의 모습을 하고 있고, 서기관이 영혼의 행위를 기록하고 있는 그림을 흔히 볼 수 있다."73 헤겔은 히르트(Hirt)의 저작 『이집트 신들의 형성에 관하여』

---

73 Hegel, *LPR*, vol. 2, 633n; *VPR*, Part 2, 526n. 이와 관련해서는 Hegel, *Phil. of Hist.*, 217; *Jub.*, vol. 11, 288도 참고하라. "석관에 새겨진 주요한 그림 중 하나는 죽은 자의 영역에서

에서 그 그림을 접했을 가능성이 크다.74

사람들을 도덕적 가치로 판단하거나 그들의 행동에 책임을 묻는다는 것은 개인에 대한 개념이 이전보다 더 발전했다는 의미다. 앞선 종교들은 개인과 그들의 도덕적 결정을 중요하거나 가치 있게 생각지 않았다. 하지만 이집트 종교에서는 개인의 도덕적 삶이 특수한 법적 절차를 마련할 만큼 중요한 위치에 올랐고, 개인의 도덕적 행동이 자신의 영혼불멸을 결정할 만큼 중대한 사안이 되었다. 정의와 도덕에 관한 이후의 모든 관념은 이집트 종교의 영혼불멸 개념에서 유래한 것이다.75 그것이 정신의 발전 과정에서 획기적인 역할을 했다는 것은 두말할 나위도 없다.

헤겔은 이집트인들이 시신을 정성 들여 모시는 사례도 언급하고 있다. 그는 영혼불멸을 믿는 사람들이 그렇지 않은 사람들보다 시신을 더 귀하게 모시는 경향이 있다는 역설적인 사실에 주목한다.76 인간의

진행되는 재판의 장면이다. 거기에는 죽은 자의 심장 무게를 달고 있는 오시리스가 있고, 그의 앞에는 죽은 자의 영혼이, 그의 뒤에는 이시스가 서 있다." 이와 관련해서는 *Aesthetics*, vol. 1, 359; *Jub.*, vol. 12, 478; Creuzer, *Symbolik und Mythologie der alten Völker, besonders der Griechen*(제2판, 완전개정판, 1819-1821), vol. 1, 426ff.의 그림도 참고하라.

74 Hirt, *Ueber die Bildung der Aegyptischen Gottheiten*, 34. "오시리스가 죽은 영혼을 심판할 때, 아누비스(Anubis)는 헬리오스(Helios)와 함께 항상 저울 위에 서 있다." 그 말 다음에 히르트는 도판 VII, 그림 24, 25를 언급한다. 또한 그는 도판 VII, 그림 24에 나오는 토트 신에 대해서도 언급한다. (Ibid., 35): "오시리스가 죽은 영혼을 심판할 때, 토트는 죽은 영혼의 행동을 기록하고 있다." 이와 관련해서는 *Phil. of Hist.*, 218; *Jub.*, vol. 11, 289. "아누비스(Anubis)와 헤르메스(Hermes) 신화에 따르면, 토트가 오시리스의 시신을 방부 처리했다고 전한다." 히르트의 저작에는 그 그림도 실려 있다. 이와 관련해서는 도판 VI, 그림 53을 참고하라.

75 이와 관련해서는 *Aesthetics*, vol. 1, 355f.; *Jub.*, vol. 12, 474를 참고하라. "그들의 통찰력은 직접적으로 실재하는 현존과 대립하는 죽은 자의 독립적인 영역에 대한 개념으로까지 확장된다. 그 비가시적인 왕국에서 아멘테스의 왕 오시리스는 죽은 자들을 심판한다. 그와 같은 법정은 직접적인 현실에도 존재했다. 예를 들어 왕이 죽으면 산 사람들도 그 법정에 불만을 제기할 수 있었다."

영혼은 자신이 죽은 후에 육체가 자연의 힘에 굴복되는 것을 원치 않는다는 관념이 바로 그것이다. 그들은 자연보다 영혼을 우월하게 생각했기 때문에 자연의 힘으로부터 인간의 육체를 지켜내고자 했다. 시체를 방부 처리하여 미라로 만드는 복잡한 관행이나 그것을 위해 이집트인들이 고안한 세세한 제의적 형식들이 그 점을 뒷받침한다.

다시 한번 강조하지만 헤겔에게 있어서 영혼불멸 개념은 이렇듯 인간 자유 개념과 밀접하게 연관되어 있다. 그는 『종교철학』뿐만 아니라 다른 모든 강의에서도 인간 자유의 발전 과정을 강조한다. 그리고 그것은 영혼불멸 개념과 직접적으로 연관되어 있다. 그는 이렇게 설명한다.

> 이집트인들은 죽은 자가 직접적이고 자연적으로뿐만 아니라 그들의 관념 속에서도 지속한다고 생각했다. […] 자연만을 독립적인 것으로 받아들이지 않았다는 점에서 그들은 자연과 정신을 보다 고차적인 방식으로 분리한 것이라 할 수 있다. 영혼불멸은 정신의 자유와 밀접한 연관이 있다. 영혼불멸 개념은 자아를 자연성에서 벗어나 그 자체로 안주하는 것으로 이해하기 때문이다. 그러한 자기인식이 곧 자유의 원리다.[77]

이 구절에서 헤겔은 인간의 자유란 개인적 권리의 일부인 '주관적 자유'를 의미한다고 설명한다. 가족, 씨족, 계급, 사회 또는 국가에 더 높은 권한을 부여했던 이전의 문화에서는 그러한 개인의 권리가

---

76 Hegel, *Phil. of Hist.*, 216; *Jub.*, vol. 11, 286f.
77 Hegel, *Aesthetics*, vol. 1, 355; *Jub.*, vol. 12, 473f.

존재하지 않았다. 하지만 영혼불멸 개념과 더불어 개인이 그 자체로 중요하고 가치 있다는 인식이 어렴풋이 생겨나기 시작했다.[78]

이집트인들은 다른 동양 종교들보다 고차적인 영혼불멸 개념에 도달했지만 그리스도교가 보여주는 완전한 근대적 개념에는 아직 이르지 못했다. 헤겔은 완전한 형태의 영혼불멸 개념을 설명한 다음, 그것과 이집트인들의 개념을 비교한다.

> 영혼불멸에 대한 우리의 견해는 본질적으로 개인을 영원성을 추구하는 존재로 특징짓는다. 성신 혹은 영혼은 세속적인 유한한 목적과 완전히 구별되는 영원한 목적을 가지고 있다는 것이다. 그러한 영혼의 깊이를 결여한 단순한 지속에는 아무런 관심도 없다. 신앙을 통해 인간 삶에 부여된 그러한 고차적인 운명이야말로 영혼의 지속에 관한 진정한 관심이라 할 수 있다. 하지만 이집트인들은 아직 그러한 고차적인 목적까지는 의식하지 못하고 있다.[79]

이집트인들의 불멸 개념은 사람이 죽어도 영혼은 죽은 자의 영역에서 지속한다는 단계에 머물러 있었을 뿐 그 자체로 보다 고차적인 목적이나 사명을 가진 단계로는 나아가지 못했다. 그런 점에서 이집트인들의 내세는 세속적인 현존과 큰 차이가 없다. 헤겔은 그 근거로

---

78 Hegel, *Phil. of Hist.*, 216; *Jub.*, vol. 11, 286. "영혼불멸 개념에는 개인이 본질적으로 무한한 가치를 갖고 있다는 생각이 전제되어 있다. 단순히 자연적인 것은 한정적인 것이고, 타자 의존적인 것이며, 타자 속에 존립하는 것이다. 하지만 영혼불멸 개념은 본질적으로 정신의 무한성을 함의하고 있다. 그러한 관념을 처음 발견한 것은 이집트인들이다."

79 Hegel, *LPWH*, vol. 1, 361; *VPWG*, vol. 1, 302. 이와 관련해서는 Hegel, *Phil. of Hist.*, 216f.; *Jub.*, vol. 11, 287도 참고하라.

죽은 자를 안장할 때 그의 직업과 관련된 도구나 그가 모았던 재산 그리고 그가 납부한 세금 정보가 담긴 파피루스 두루마리 등도 함께 묻어주는 이집트인들의 관습을 들고 있다.[80] 그들은 죽어서도 세속적인 삶의 근심에서 해방된 더 고차적인 단계로 고양되지 못했던 것이다.

이 역시 한 민족의 자기 개념이 그 민족의 종교 및 신 개념과 밀접하게 연관되어 있다는 헤겔의 해석을 뒷받침하는 대목이다. 그는 이집트인들의 죽음 이해를 이렇게 설명한다.

이 대목에서 우리는 이집트인들에게 죽은 자의 영역이 얼마나 중요했는지를 이해할 필요가 있다. 그래야만 그들의 인간 개념을 파악할 수 있다. 죽음에 이르면 인간은 모든 외적인 껍데기를 벗어던지고 자신의 본질적인 본성으로 돌아간다고 생각하기 때문이다. 사람들이 자신의 본질적인 특성으로 간주하는 것 자체가 그들의 본질이다.[81]

이집트인들의 죽음 이해는 그들의 인간 혹은 자기 개념을 이해하는 핵심적인 열쇠다. 종교는 한 민족의 자기 개념이 반영된 객관적인 문화 영역이므로 우리는 종교를 통해 그러한 개념을 관찰하거나 분석할 수 있다.

이집트인들은 영혼불멸 교리를 통해 앞선 종교들보다 발전된 종교 개념을 갖게 되었다. 이는 헤겔 사후에 발생한 영혼불멸 논쟁에도 중요한 실마리를 준다. 헤겔 사상에 대한 후대의 주된 비판은 그의

---

80 Hegel, *Phil. of Hist.*, 217; *Jub.*, vol. 11, 287f.
81 Hegel, *Phil. of Hist.*, 215; *Jub.*, vol. 11, 285.

체계에는 영혼불멸 교리에 대한 명확한 설명이 없다는 것이었다. 하지만 현재의 논의에서 볼 수 있듯이 정신의 발전 과정(인간 자유의 발전과정)에 관한 그의 설명에서 영혼불멸 개념은 그 중심축을 이루고 있다. 정리하면, 헤겔의 체계에는 영혼불멸 개념이 들어 있을 뿐만 아니라 심지어 그것을 최고의 정신 혹은 종교의 핵심 요소로 간주하고 있다.

4. 이집트의 상형문자와 상징

헤겔은 이집트 종교가 자연종교에서 정신종교로 이행하는 과도기의 종교 형태라고 반복해서 설명한다. 그는 그것을 다양한 방식으로 공식화한다. 예를 들어 "예술의 경우 이집트인의 정신은 여전히 중간 지점에 머물러 있다."[82] "모순되는 두 요소를 결합하고 있는 이집트 종교의 통일성은 중간 위치에 해당한다."[83] 헤겔에 따르면, 이집트 종교가 신비의 종교라면, 모든 것을 투명하게 공개하는 것은 그리스 종교다. 이집트인들은 내면과 외면의 문제를 최초로 제기하긴 했지만 그것을 해결하진 못했다는 점에서 과도기적 양상을 띤다. 그들은 자신들의 종교에 숨겨진 신비로운 측면을 개방하고자 했지만 그것을 완수하지는 못했던 것이다.

이집트 종교는 이전의 종교와도 이후의 종교와도 다르다. 그것은

---

82 Hegel, *LPR*, vol. 2, 378; *VPR*, Part 2, 279.
83 Hegel, *Phil. of Hist.*, 218; *Jub.*, vol. 11, 289.

그 둘의 혼합된 형태를 띠고 있는 과도기의 종교다. 그들의 건축물은 자연이라는 특수한 형태와 정신이라는 보편적 형태가 결합된 혼합물이다.[84] 가장 중요한 점은 이집트 정신의 과도기적 측면이 그들의 신들에도 반영되어 있다는 것이다. 이집트인들은 처음으로 신을 정신으로 인식하기 시작했다. 동양의 정신이 풀지 못한 문제를 처음으로 제기했던 것은 이집트인들이었으며, 그들의 해법은 이것이었다. "자연의 내면적 존재는 인간의 의식에만 존재하는 '사유'다."[85] 그러한 발상은 신 개념의 발전 과정에 새 길을 열어 세웠다.

이집트 종교의 과도기적 성격을 보여주는 또 다른 중요한 측면은 그들이 사용한 '상형문자'에 있다. 헤겔이 베를린대학에 입성한 시기는 상형문자 해독의 관심이 최고조에 달하던 때였고,[86] 그래서 그도 그 분야의 발전 과정을 면밀히 탐구했다. 1798년에 나폴레옹 군대는 알렉산드리아 근교의 라시드(Rashid)라는 마을에서 이집트의 상형문자와 민족 문자 그리고 그리스어가 나란히 새겨진 '로제타석'(Rosetta Stone)을 발견했다. 같은 내용을 세 다른 언어로 새겨 놓은 그 비석은 이집트 상형문자를 그리스어와 비교하여 해독할 수 있게 해 준 유익한 수단이었다.

런던 왕립학회의 외무장관이던 영(Thomas Young)은 로제타석을 통해 이집트의 상형문자가 사물이나 관념을 상징적으로 표현한 단순한 그림 문자가 아니라 소리를 표현한 음성 문자라는 사실을 발견했

84 이와 관련해서는 대표적으로 Hegel, *PhS*, 422; *Jub.*, vol. 2, 532를 참고하라.

85 Hegel, *Phil. of Hist.*, 220; *Jub.*, vol. 11, 292.

86 상형문자 해독 이야기의 전말과 관련해서는 Erik Iversen, *The Myth of Egypt and its Hieroglyphs in the European Tradition* (Copenhagen: G. E. C. Gad, 1961), 124-145를 참고하라.

다.[87] 프랑스인 샹폴리옹은 영의 저작을 바탕으로 "프톨레마이오스"(Ptolemaios)와 "클레오파트라"(Cleopatra) 문헌에 나오는 구체적인 이름들에 주목하여 일부 상형문자의 음성 값을 식별하고, 그것을 바탕으로 특정한 기호들에 음성 값을 부여한 상형문자 알파벳을 개발했다. 샹폴리옹은 파리의 비문과 미문 아카데미(Académie des Inscriptions et Belle-Lettres) 간사였던 대시어(Bon-Joseph Dacier: 1742~1833)에게 서신을 보내 자신이 발견한 새로운 체계를 설명했는데, 그것은 『음성 상형문자 알파벳과 관련하여 대시어 씨에게 보낸 서신*Lettre à M. Dacier, relative à l'alphabet des hiéroglyphes phonétiques*』이라는 제목으로 출간되기도 했다.[88] 영국과 프랑스는 이집트 상형문자 해독의 경쟁 관계에 있었기 때문에 영은 1823년에 『최근에 발견된 상형문자 문학과 이집트 고대 유물에 관한 설명*Account of Some Recent Discoveries in Hieroglyphical Literature and Egyptian Antiquities*』을 출간하여 샹폴리옹의 저작에 맞섰고,[89] 1824년에 샹폴리옹은 자신의 체계를 더 완벽히 정비하여 『고대 이집트인의 상형문자 체계에 관한 개요*Précis du Système Hiéroglyphique des Anciens Égyptiens*』라는 저작을 출간하기도 했다.[90]

---

87 이와 관련해서는 Andrew Robinson, *The Last Man Who Knew Everything: Thomas Young, The Anonymous Polymath Who Proved Newton Wrong, Explained How We See, Cured the Sick and Deciphered the Rosetta Stone, Among Other Feats of Genius* (New York: Pearson Education, 2006), 143-163을 참고하라.

88 Jean-Francois Champollion, *Lettre à M. Dacier, relative à l'alphabet des hiéroglyphes phonétiques* (Paris: Firmin Didot Pere et Fils, 1822). 샹폴리옹과 관련해서는 Raymond Schwab, *The Oriental Renaissance: Europe's Rediscovery of India and the East, 1680-1880*, trans. by Gene Patterson-Black and Victor Reinking (New York: Columbia University Press, 1984), 84-87을 참고하라.

89 Thomas Young, *Account of Some Recent Discoveries in Hieroglyphical Literature and Egyptian Antiquities* (London: John Murray, 1823).

헤겔은 『역사철학』에서도 상형문자 해독과 관련한 간략한 설명을 제공하는데, 그것은 그도 그 분야의 최신 연구 성과들을 알고 있었음을 방증하는 대목이다.[91] 그는 상형문자 연구에 참여한 주요 학자들뿐만 아니라 (샹폴리옹이 발견한) 이름을 사용하여 개별 상형문자의 음성 값을 해독하는 방법도 매우 자세히 알고 있었다.

헤겔은 이집트의 상형문자를 그리스어나 라틴어와 같은 추상적인 기호가 아니라 식물과 동물 그리고 자연대상을 묘사한 것이라고 설명한다. 그러한 특징은 이집트의 작법이 미완의 상태에 머물러 있었음을 증명한다. 이집트인들은 아직 순수한 상징의 단계에 이르지 못하고 사물의 소리를 표현하기 위해 새나 다른 동물들의 그림을 사용하는 데 그쳤다. 헤겔이 보기에 상형문자는 그림도 글도 아니었다. 그 역시 그 둘의 중간 단계에 속하는 혼합물이었다. "그들의 문자는 상형문자다. 상형문자의 기반은 문자 자체가 아니라 단순한 감각적 표상이다."[92]

하지만 상형문자는 이집트인들이 상징을 사용한 한 사례에 불과하다. 『미학』에서 헤겔은 이집트 예술 전반을 '상징적인 것'으로 규정한다. 이집트인들은 특수한 감각적 대상을 사용하여 추상적이고 보편적인 개념을 표현한다고 그는 설명한다.[93] 그들은 자신들을 둘러싼

---

90 Jean-Francois Champollion, *Précis du Système Hiéroglyphique des Anciens Égyptiens* (Paris: Treuttel et Wurtz, 1824). 이 저작에는 *Précis du Système Hiéroglyphique des Anciens Égyptiens, Planches et explication* (Paris: Treuttel et Wurtz, 1824)의 보충판도 함께 실려 있다. 헤겔은 상형문자 해독 분야의 발전 과정을 체계적으로 상술한 브라운 (James Browne) 저작의 프랑스어 번역판을 갖고 있었다. [James] Brown[e], *Aperçu sur les hiéroglyphes d'Égypte et les progrès faits jusqu'à présent dans leur déchiffrement, traduit de l'anglais* (Paris: Ponthieu et Compagnie, 1827)(*Hegel's Library*, 649).

91 Hegel, *Phil. of Hist.*, 200; *Jub.*, vol. 11, 266f.

92 Hegel, *Phil. of Hist.*, 199; *Jub.*, vol. 11, 265. 이와 관련해서는 다음도 참고하라. *Aesthetics*, vol. 1, 357; *Jub.*, vol. 12, 476. *PhS*, 423; *Jub.*, vol. 2, 533.

자연 세계에 매료되어 있었고, 자연대상을 통해 자신들의 사유를 확장해 나갔다. 자연 혹은 감각적 대상은 궁극적으로 일반적인 개념을 표현하는 상징으로 활용되었다. 헤겔은 이렇게 설명한다.

> 따라서 그들의 표상은 단순히 드러난 직접적인 의미보다 더 많은 것을 함축하고 있다. 그래서 상징이라고 부르는 것이다. 더욱이 상징적으로 표현된 동물 형상이 달리 배치될 경우, 예를 들어 황소나 숫양의 머리를 가진 뱀, 악어 꼬리와 숫양의 머리를 가진 사자처럼 서로 다른 동물들이 혼합될 경우, 그 상징적인 의미도 완전히 달라진다.[94]

이집트인들은 직접적인 자연대상 자체가 아니라 더 고차적인 것을 표현하기 위해 자연대상을 상징으로 활용했다. 하지만 여전히 자연이나 동물을 상징으로 활용했다는 점에서 그들은 아직 자연에서 완전히 해방된 단계는 아니다.

오시리스의 삶, 죽음, 부활은 우기와 건기가 번갈아 나타나는 나일 강 유역의 순환을 상징한다. 같은 맥락에서 헤겔은 자연대상이 상징으로 사용된 다른 사례들도 제시한다.

> 동물의 형상은 [⋯] 상징으로 사용되었다. [⋯] 이집트 유물들에 그려진 무수한 형상들, 이를테면 매나 독수리, 쇠똥구리, 풍뎅이 등이 그것이다. 그러한 형상들이 무엇을 상징하는지는 아직 알려지지 않았으며, 그렇게

---

93 Hegel, *LPWH*, vol. 1, 352f.; *VPWG*, vol. 1, 291.
94 Hegel, *LPWH*, vol. 1, 354; *VPWG*, vol. 1, 292f.

애매한 대상을 어떻게 해석해야 할지도 아직은 의문이다. 다만 풍뎅이는
태양의 생성과 그 과정을 상징하는 것으로 알려져 있다.[95]

이집트인들은 여러 이유에서 풍뎅이를 신성한 것으로 간주했다.
첫째로 풍뎅이는 똥 덩어리에 알을 낳고 그것을 밀어서 땅 구멍에
쌓아 둔다. 똥 덩어리를 미는 풍뎅이는 하늘의 태양을 밀어내는 '케프
리'(Khepri)를 상징한다. 케프리는 풍뎅이 모양을 한 태양신의 이름이
다. 이집트인들의 그림에서 풍뎅이는 태양을 상징하는 노란색 혹은
주황색 구체를 밀고 있는 모습으로 묘사되어 있다. 둘째로 풍뎅이의
알이 부화하면 유충은 땅 구멍을 벗어나 스스로 먹이를 구할 수 있을
때까지 자신이 묻혀 있던 똥 덩어리를 먹고 자란다. 구멍을 벗어나는
어린 풍뎅이의 모습을 보면서 이집트인들은 케프리가 물에서 저절로
생겨난 것처럼 풍뎅이도 무(無)에서 저절로 생겨났다고 믿었다. 그래
서 그들은 풍뎅이를 창조와 부활을 상징하는 성물로 여기고 풍뎅이
모양을 장식한 다양한 장신구, 보석, 부적 등을 만들기도 했다.
  헤겔은 풍뎅이를 "이집트의 상징들 가운데 최고의 것"으로 여겼던
크로이처의 분석을 그대로 따르고 있다.[96] 크로이처는 자신의 저작
『이집트에 관한 설명』에서 풍뎅이는 생식과 생명을 상징한다고 설명
한다.[97] 헤겔이 활용한 또 다른 자료는 벨러만의 저작『풍뎅이 형상의
보석과 거기에 새겨진 상형문자에 관한 설명*Über die Scarabäen-Gemmen, nebst*

---

95 Hegel, *Phil. of Hist.*, 213; *Jub.*, vol. 11, 282. 이와 관련해서는 Hegel, *LPWH*, vol. 1, 352f.;
  VPWG, vol. 1, 290f.도 참고하라.

96 Creuzer, *Symbolik und Mythologie der alten Völker, besonders der Griechen* (제2판:
  완전개정판, 1819-1821), vol. 1, 489.

97 Ibid., vol. 1, 490.

7장 _ 이집트 종교 | **351**

Versuchen, die darauf befindlichen Hieroglyphen zu erklären』이다.[98] 그 저작은 베를린의 왕실 골동품 상자에서 발견된 풍뎅이 모양의 보석을 설명하면서 거기에 새겨진 상형문자를 해독하고 있다.

동물들의 상징적 용법에 관한 그들의 분석은 이집트인들을 신비롭고 수수께끼 같은 민족으로 간주하는 헤겔의 이해와도 일맥상통한다. 상징으로 사용된 대상과 그 의미 사이에는 필연적인 연관이 없다. 따라서 비전문가들은 그 연관을 명확히 해독할 수 없다. "상징은 애매한 것이다. 언어는 명확하지만 상징은 애매하다. 이집트인들은 단지 그러한 상징만을 사용했다."[99] 따라서 의미 전달이 불명확할 수밖에 없었고, 그래서 자기 개념도 투명하게 해명하지 못했던 것이다.

5. 인간과 동물의 결합

이집트 신들의 중요한 특징 중 하나는 그들이 인간과 동물이 결합된 모습을 하고 있다는 것이다. 그들은 힌두교의 신성한 소나 조로아스터교의 빛과 같은 순수한 자연신이 아니다. 힌두교의 신들은 동물적인 요소만 가지고 있었지만 이집트 종교의 신들은 동물적인 요소와 인간적인 요소를 함께 가지고 있다. 미네르바(Minerva), 즉 네이트(Neith)는 사자 머리에 인간의 몸을 하고 있으며, 매의 머리를 가진

---

98 Johann Joachim Bellermann, *Über die Scarabäen-Gemmen, nebst Versuchen, die darauf befindlichen Hieroglyphen zu erklären*, vols 1-2 (Berlin: Nicholaische Buchhandlung, 1820-1821)(*Hegel's Library*, 640-641).

99 Hegel, *LPWH*, vol. 1, 353f.; *VPWG*, vol. 1, 292.

인간도 있고, 암몬(Ammon)의 머리에는 동물의 뿔이 나 있기도 하다.[100]

인간과 동물의 모습이 결합된 신들의 사례는 흔하다. 그중에서 헤겔이 가장 선호한 사례는 스핑크스(sphinx)다. 스핑크스는 인간의 머리에 동물의 몸을 가지고 있다. 하지만 다른 이집트 신들 대부분은 반대로 인간의 몸에 동물의 머리를 가지고 있다. 예를 들어 태양신 라(Ra)는 매의 머리, 소베크(Sobek)는 악어의 머리, 크눔(Khnum)은 숫양의 머리를 가지고 있다. 여신들의 경우도 마찬가지다. 세크메트(Sekhmet)는 사자의 머리, 바스테트(Bastet)는 고양이 머리, 타웨렛(Taweret)은 하마의 머리를 가지고 있다. 헤겔은 개 또는 자칼의 머리에 인간의 몸을 가지고 있는 이집트의 가장 유명한 신 중 하나인 아누비스(Anubis)를 자세히 설명한다.

아누비스는 오시리스의 친구이자 동료다. 아누비스는 작문 및 과학 일반, 즉 문법, 천문학, 구적법, 음악, 의학 등을 발명하고, 처음으로 하루를 12시간으로 나눈 신이다. 그는 최초의 입법자이자 최초의 종교적 의식 및 체육과 관현악 교사였으며, 최초로 올리브를 발견했던 것으로도 전해진다. 하지만 그런 모든 정신적인 속성들에도 불구하고 아누비스는 사유의 신과는 완전히 다르다. 그는 인간의 특수한 예술품이나 발명품과만 연관되어 있다. 그는 완전히 뒤로 물러나거나 […] 물리적인 상징들의 이면으로 사라진다. 그는 내재적인 신으로 개의 머리에 인간의 몸을 가진

---

100 Hegel, *Aesthetics*, vol. 1, 357; *Jub.*, vol. 12, 476. 이와 관련해서는 *PhS*, 423; *Jub.*, vol. 2, 533도 참고하라. "공작인이 그러한 형태만을 사용했던 것은 아니다. 그것은 사유의 형태, 즉 인간의 모습과도 결합되어 있다. 하지만 자아 그 자체를 나타내는 형태나 외적인 실재는 아직 존재하지 않는다."

모습으로 표현되어 있다. [⋯][101]

이 대목의 분석은 다소 부정확하다. 사실 아누비스는 주로 미라를 제작하고 무덤을 보호하는 일을 담당한 신이다. 그래도 그의 전체적인 핵심은 여전히 유효하다. 아누비스는 인간의 전유물인 학문(미라 제작)을 비롯하여 중요한 인간사를 관장하는 신이므로 인간의 모습으로 표현되어야 마땅하다. 하지만 그는 여전히 개의 머리를 가진 신으로 표현되어 있다. 이는 이집트인들의 정신이 아직 자연에서 완전히 벗어나지 못했다는 증거다. 따오기의 머리에 사람의 몸을 가진 토트(Thoth)도 마찬가지다. 토트는 상형문자를 창시한 작문과 지혜의 신이다. 그는 죽은 영혼의 운명을 심판할 때 마음의 무게를 기록하는 서기관으로 표현되기도 한다. 작문도 인간만의 능력이므로 그도 인간의 모습으로 표현되어야 마땅하다. 하지만 그 역시 따오기나 개코원숭이의 머리를 가진 신으로 표현되어 있다. 이집트인들은 특정한 인간 활동을 신적인 것으로 여기거나 신의 특정한 측면을 인간적인 것으로 간주하긴 했지만 그것을 완전한 인간 정신의 활동으로 인식하지는 못했다. 그러한 의미에서 그들은 자연적인 것을 아직 완전히 제거하지 못한 중간(과도기) 단계에 속한다고 할 수 있다.

헤겔의 독서 메모를 보면, 그는 이 분석을 위해 히르트의 저작 『이집트 신들의 형성에 관하여』의 이집트 신들에 관한 설명을 활용했던 것 같다.[102] 고대의 자료를 체계적으로 수집한 히르트는 이집트의

---

101 Hegel, *Phil. of Hist.*, 210; *Jub.*, vol. 11, 279.

102 이와 관련해서는 Helmut Schneider, "Hegel und die agyptischen Gotter. Ein Exzerpt," *Hegel-Studien*, vol. 16 (1981): 56-68을 참고하라.

다양한 신 중 특히 아누비스(Anubis), 토트(Thoth), 호루스(Horus), 세트 (Seth)를 자세히 설명하고 있다.[103] 그는 그 분석의 마지막 부분에서 이집트에는 동물과 인간의 모습이 결합된 신들도 있지만 오시리스와 같이 순수한 인간의 모습을 한 신들도 있다고 말한다.[104] 얼핏 보면 이는 헤겔의 분석과 상충하는 것처럼 보인다. 하지만 헤겔에 따르면, 그러한 모순은 이집트 종교가 수세기에 걸쳐 발전하는 과정에서 생겨 난 자연스런 결과라 할 수 있다. 동물의 머리에 인간의 몸을 한 신들도 초기에는 완전한 동물의 모습으로, 이를테면 소베크(Sobek)는 악어, 라(Ra)는 매, 아누비스(Anubis)는 개로 표현되었다. 하지만 이집트인 들이 정신의 원리를 깨닫게 되면서 신들의 모습에도 인간적인 요소가 가미되기 시작하여 결국 동물과 인간이 결합된 모습을 갖추게 되었던 것이다. 히르트가 말했듯이 간혹 순수한 인간의 모습을 한 신들도 있긴 했지만 대부분은 그렇지 않다. 이집트 종교의 그러한 발전 과정 을 이해하면 동물의 모습, 인간의 모습, 동물과 인간의 모습이 결합된 신들이 혼란스럽게 뒤섞여 있는 이유를 짐작할 수 있다.[105]

헤겔은 정신 개념의 신이 등장하기 위해서는 의식이 특정한 단계 에 도달해야 한다는 점을 재차 강조하면서 동물과 인간의 모습이 결합된 신들의 중요성을 설명한다. 이집트 종교의 신들이 인간적인 요소를 갖추었던 것은 이집트인들이 신을 자기의식적인 주체로 인식

---

103 Hirt, *Ueber die Bildung der Aegyptischen Gottheiten*: Anubis(32-34), Thoth(34-35), Horus(45-49), Seth(51-55).

104 Ibid., 56.

105 히르트가 직접 언급하지는 않았지만 이집트 종교에는 인간과 동물이 결합된 모습뿐만 아니라 다양한 동물이 결합된 모습의 신들도 있었다. 예를 들어 지하 세계의 여신 아무트(Ammut) 는 악어 머리와 표범의 상체, 하마의 뒷다리가 결합된 모습을 하고 있다.

하는 단계에 도달했기 때문이다. 그래서 그들의 신은 단순한 동물이나 자연대상의 모습을 넘어 인간적인 요소와 결합된 모습을 취하게 된 것이다.[106] 헤겔의 표현에 따르면, 그것은 '자연종교'에서 '정신적인 개별성의 종교'(Die Religion der geistigen Individualität)로의 이행, 즉 의식에서 자기의식으로의 이행을 의미한다. 여기까지가 빛, 식물, 동물 등 다양한 형태의 자연대상을 신으로 여기는 종교 형태들이다. 정신이 자연으로부터 완전히 해방되는 단계는 아직 멀었다.

개별성의 중요성과 가치를 인식한 그리스인들은 특정한 인간의 개성과 성격을 차별적으로 표현하기 시작했다. 하지만 이집트인들은 아직 그 단계에는 도달하지 못하고 다만 동물의 상징을 사용하여 모두를 엇비슷하게 표현하고 있다.

> 인간의 모습을 개별적인 성격에 따라 차별적으로 표현하기 위해서는 더 높은 수준의 예술이 필요하다. 이집트인들은 아직 그런 능력을 갖추지 못해 숫양, 매, 황소, 사자, 원숭이 등과 같은 동물의 모습으로 인간을 표현했다. 그리스 예술은 특수하고 정신적인 것을 아름답게 표현하는 방법을 알고, 그것을 인간의 모습으로 표현하는 단계에 도달했다. 하지만 이집트인들의 지성은 그것을 동물의 모습으로 표현하는 단계에 머물러 있었다.[107]

그리스인들은 주관적인 자유의 원리를 이해하고 있었기 때문에

---

106 Hegel, *LPWH*, vol. 1, 354; *VPWG*, vol. 1, 293.
107 Ibid.

제우스나 아폴론과 같은 신들을 자유로운 인격으로 표현했지만, 이집트인들은 모든 개인을 평등하게 존중하지 않았기 때문에 그들의 신들도 각자의 개성 없이 비슷하게 표현했던 것이다. 정리하면, 헤겔이 이집트 종교를 과도기의 종교로 규정한 데는 이집트 종교의 신들이 동물과 인간이 결합된 모습을 하고 있다는 것이 큰 몫을 차지했다.

6. 이집트의 네이트와 그리스의 아폴론

헤겔이 이집트 종교에서 그리스 종교로의 이행을 규정하는 결정적인 단서는 이집트 종교의 신 네이트(Neith)와 그리스 종교의 신 아폴론(Apollo)에 담긴 메시지의 차이다. 네이트는 이집트의 26대 왕조의 수도 사이스(Sais)의 수호신이었다(고대 그리스의 작가들은 네이트를 아테나 Athena와 동일시했다).[108] 정치적-종교적 중심지였던 사이스에는 오시리스의 무덤도 있었고, 네이트를 위한 거대한 사원도 있었다. 물론 지금은 그 도시도 사원도 다 사라지고 없다. 헤겔은 고대와 당시의 자료에 나타난 네이트에 관한 전통적인 해석을 그대로 따랐다. 하지만 네이트와 아폴론을 비교한 것은 그가 처음이었다. 『역사철학』에서 그는 이렇게 말한다.

이집트인들이 자신의 정신을 수수께끼의 형태로 제시했다는 근거는 사

---

108 이와 관련해서는 C. J. Bleeker, "The Egyptian Goddess Neith," in the author's *The Rainbow: A Collection of Studies in the Science of Religion* (Leiden: E. J. Brill, 1975) (*Studies in the History of Religions*, vol. 30), 128-142를 참고하라.

이스에 있는 네이트 여신의 성소에 새겨진 유명한 비문에서도 확인할 수 있다. "나는 과거에도 있었고, 현재에도 있고, 미래에도 있을 것이다. 아무도 나의 베일을 벗기지 못했다." 이 비문은 이집트 정신의 원리를 나타낸다.109

헤겔은 『종교철학』에서도 같은 내용을 논하지만 거기에는 비문의 내용이 추가되어 있다. "태양의 신 헬리오스는 내가 낳은 아들이다(헬리오스의 본질은 빛 혹은 태양으로 상징되어 있다). 그 자체로 빛나는 태양 혹은 정신적인 태양은 니의 아들이다."110 네이트는 우주의 창조자다. 네이트라는 그녀의 이름은 '물', 즉 태초의 근원적인 물을 의미한다. 우주의 창조자인 그녀는 만물의 본질과 운명, 즉 과거, 현재, 미래를 모두 알고 있다. 하지만 그녀는 자신이 아는 모든 진리를 인간들이 알 수 없도록 베일에 가려 두었다. 그녀는 비밀스러운 자연을 상징한다. 그녀는 이집트인들에게 진리 대신 태양을 선사했다. 헤겔에 따르면, 태양은 숨겨진 것을 밝히는 그리스의 정신을 상징한다.111 신비롭고 비밀스런 이집트의 세계관은 다음 단계인 그리스에 가서야 비로소 투명하게 드러난다.

그 비문과 관련해서는 플루타르코스(Plutarch)와 프로클로스(Proclus)의 저작이 중요하다. 플루타르코스의 저작에는 『종교철학』에서 언급한 "태양은 나의 아들이다"라는 문장이 빠져 있다.112 그 문장은 프로

---

109 Hegel, *Phil. of Hist.*, 220; *Jub.*, vol. 11, 291.

110 Hegel, *LPR*, vol. 2, 639; *VPR*, Part 2, 532. 이와 관련해서는 다음도 참고하라. *LPR*, vol. 2, 152; *VPR*, Part 2, 58. *LPR*, vol. 2, 746; *VPR*, Part 2, 631.

111 Hegel, *LPWH*, vol. 1, 367; *VPWG*, vol. 1, 310. "베일에 가려진 네이트가 낳은 태양 혹은 헬리오스는 그리스의 정신을 대표하는 빛의 신 포에부스 아폴론(Phoebus Apollo)이다."

클로스의 저작에만 나온다.113 헤겔은 『역사철학』에서 그 두 내용과 출처를 모두 언급하고 있다.

이와 관련하여 우리는 사이스에 있는 네이트 여신의 성소 비석에 새겨진 그리스어 비문을 기억해야 한다. "나는 현재도 있고, 과거에도 있었다. 나의 베일을 열어본 사람은 아무도 없다." 여기에는 아직 드러나지 않은 더 고귀한 것에 대한 가정과 그것을 향한 열망이 표현되어 있다. 그것은 플루타르코스가 기록한 방식이다. 그는 자신의 저작 『티마이오스에 관한 주석Commentary on the Timaeus』에서 추가로 이러한 비문도 소개한다. "태양은 나의 아들이다."114

플라톤의 『티마이오스Timaeus』와 헤로도토스의 『역사Histories』도 그 비문을 설명하고 있다.115 그러한 고대 자료 외에도 볼테르, 칸트,

---

112 이와 관련해서는 Isis and Osiris in Plutarch's Moralia, vol. 5, 제9장, 25를 참고하라. "그들이 이시스라고 믿는 아테나 동상에는 이러한 문구가 새겨져 있다. '나는 과거에도 있었 고, 현재에도 있으며, 미래에도 있을 것이다. 지금까지 누구도 나의 베일을 벗기지 못했다.'" 이와 관련해서는 Helmut Schneider, "Hegel und die agyptischen Gotter. Ein Exzerpt," Hegel-Studien, vol. 16 (1981), 65를 참고하라.

113 이와 관련해서는 다음을 참고하라. ΠΡΟΚΛΟΥΔΙΑΔΟΧΟΥΠΛΑΤΩΝΙΚΟΥΕΙΣΤΗΝΠΛΑΤ ΩΝΟΣΘΕΟΛΟΓΙΑΝ ΒΙΒΛΙΑΕΞ. *Procli successoris Platonici in Platonis Theologiam, Libri sex* (Hamburg: Apud Michaelem Heringivm, 1618)(Hegel's Library, 381). Proclus, *The Commentaries of Proclus on the Timaeus of Plato, in Five Books*, trans. by Thomas Taylor, vols 1-2 (London: Printed by the Author, 1820), Book I, 30, 82. "이집트인들은 여신의 성소 비석에 새겨진 '나는 현재에도 있고, 미래에도 있을 것이며, 과거 에도 있었다. 나를 가리고 있는 옷을 열어 본 사람은 아무도 없다. 태양은 내가 낳은 아들이다' 라는 문구를 알고 있었다." 이와 관련해서는 Helmut Schneider, "Hegel und die agypti-schen Gotter. Ein Exzerpt," *Hegel-Studien*, vol. 16 (1981), 65.

114 Hegel, *LPWH*, vol. 1, 367; *VPWG*, vol. 1, 310.

115 이와 관련해서는 다음을 참고하라. Plato, *Timeaus* 23d and ff. Herodotus, *Histories*,

쉴러, 노발리스와 같은 헤겔 시대 혹은 그 이전의 작가들도 그 주제를 다루었으며,116 헤겔도 자신의 초기 논문 "그리스도교의 정신과 그 운명Der Geist des Christentums und sein Schicksal"117에서 그 주제를 다루었다.118 네이트는 크게 두 가지로 해석된다. 첫째는 '베일'의 표상에 초점을 맞추어 그녀를 은폐된 진리를 발견하는 학문적 인식을 상징하는 것으로, 둘째는 "나는 현재에도 있고, 과거에도 있었고, 미래에도 있을 것이다"라는 문구에 초점을 맞추어 이집트 종교와 초기 유대교의 매개를 상징하는 것으로 해석하는 것이다. 헤겔은 이 중 첫째 해석을 따르고 있디. 하지만 그것을 통해 둘째 해석으로 나아간다는 점에서 둘 다 따른다고 볼 수도 있다.

헤겔은 이집트의 정신을 상징하는 네이트와 그리스의 정신을 상징하는 아폴론을 비교하는 자신만의 독특한 해석도 덧붙이고 있다. 네이트는 인간들이 진리를 보지 못하도록 그것을 베일로 가려 두었다는 점에서 신비 혹은 인식의 금지를 상징하지만, 아폴론은 도리어

Book II, 170ff.

116 그 비문을 다루는 근대의 자료와 관련해서는 Jan Assmann, *Das verschleierte Bild zu Sais. Schillers Ballade und ihre griechischen und ägyptischen Hintergründe* (Stuttgart and Leipzig: B. G. Teubner, 1999)를 참고하라. 이와 관련해서는 다음도 참고하라. Christine Harrauer, "'Ich bin, was da ist [⋯]' Die Gottin Sais und ihre Deutung von Plutarch bis in die Goethezeit," *Wiener Studien. Zeitschrift für Klassische Philologie und Patristik*, vols 107-108 (1994-1995)(ΣΦΑΙΡΟΣ, Festschrift for Hans Schwabl), 337-355. Pierre Hadot, *Le Voile d'Isis: Essai sur l'histore de l'idée de nature* (Paris: Gallimard, 2004).

117 Hegel, *TJ*, 250n; *ETW*, 191n.

118 불행하게도 이 주제에 관한 헤겔의 논의와 관련한 이차 문헌은 거의 없다. 이와 관련해서는 Udo Reinhold Jeck, "Die enigmatische Inschrift zu Sais. Hegels spekulative Deutung eines agyptischen Mythologems aus dem Geist des orientalisierenden Platonismus," *Jahrbuch für Hegelforschung*, vols 15-17 (2014): 159-275를 참고하라.

인간들에게 진리를 추구하고 인식하라고 명령한다. 헤겔은 이렇게
설명한다.

> 그리스의 신 아폴론은 이집트인들이 가진 문제의 해법을 제시한다. 그는
> 인간들에게 "너 자신을 알라"고 말한다. 이 격언은 개별적인 인간이 자
> 신만의 독특한 한계와 결함을 인식해야 한다는 뜻이 아니라 인간 일반,
> 즉 인류가 자신을 인식해야 한다고 명령하는 것이다. 그러한 명령은 그
> 리스인들에게 주어졌으며, 그들의 정신을 통해 인류는 자신의 본성을 훨
> 씬 더 명확하게 인식하게 되었다.[119]

이집트인들에게 진리는 신비롭게 은폐되어 있지만 그리스인들에
게 진리는 누구에게나 개방되어 있다. 헤겔에게 있어서 종교와 역사의
발전 과정은 세계의 다양한 민족들이 이루는 자기인식의 발전 과정이
기도 하다. 각 민족의 자기 개념과 신 개념에는 그 민족의 자기인식이
반영되어 있다. 헤겔에 따르면, 그리스의 정신 단계에 이르러서야
비로소 진리가 개인에게 속한다는 인식의 전환과 더불어 처음으로
개인의 중요성이 부각되기 시작했다.

한 민족의 신 개념에는 그 민족의 자기 개념이 반영되어 있다는
점을 고려할 때 중요한 것은 인간이 정신을 신으로 인식하기 위해서는
먼저 자신을 정신으로 인식해야 한다는 것이다. 헤겔은 이렇게 설명
한다.

---

119 Hegel, *Phil. of Hist.*, 220; *Jub.*, vol. 11, 291. 이와 관련해서는 *LPWH*, vol. 1, 367f.;
   VPWG, vol. 1, 310도 참고하라.

그럼에도 불구하고 델포이에 있는 아폴론 신전의 여사제 피티아(Pythia)는 소크라테스를 그리스에서 가장 현명한 사람이라고 선언했다는 점이 더 중요하다. 소크라테스는 인식의 신이 내린 "너 자신을 알라"는 명령을 단지 개별적인 인간이 자신의 특수한 본성을 아는 것이 아니라 그리스인 전체가 따라야 할 '마음의 법칙'으로 이해했다. 그래서 그는 델포이 신탁을 대신하여 인간이 진리를 인식하려면 자신의 내면을 이해해야 한다는 원칙을 확립한 영웅이 되었다. 피티아가 직접 그 말을 했다는 것은 그리스인의 정신에 일대 변혁이 일어났다는 것을, 즉 모든 개인이 신탁 대신에 사유하는 자기의식을 갖게 되었다는 것을 의미한다.[120]

소크라테스는 그리스인들에게 진리는 외부 세계에 확립된 관습이나 전통이 아니라 개인의 마음과 양심에 있다는 '주관적 자유의 원리'를 일깨워준 사람이다. 이로써 그리스인들은 전통과 관습에 대립하는 개인이 중요한 존재로 등극하는 단계, 이집트인들은 한 번도 밟아보지 못한 새 단계에 들어서게 된 것이다. 헤겔이 세계 종교나 인간 정신의 발전 과정을 통해 밝히고자 한 핵심은 그가 비교한 이집트의 네이트와 그리스의 아폴론의 차이에 그대로 반영되어 있다.

7. 오이디푸스 신화와 스핑크스

헤겔은 그리스 신화에 등장하는 오이디푸스(Oedipus)와 스핑크스

---

120 Hegel, *Hist. of Phil.*, vol. 1, 435; *Jub.*, vol. 18, 107.

역시 이집트 종교에서 그리스 종교로의 이행을 상징한다고 말한다.[121] 그리스 신화에 따르면, 이집트를 상징하는 스핑크스가 그리스의 도시 테베를 찾아와 수수께끼를 내고 그 답을 맞히지 못한 자들을 무자비하게 잡아먹었다. 그리스인들에게 스핑크스는 공포의 대상이었다. 그가 낸 수수께끼는 이것이다. "아침에는 네 발로, 낮에는 두 발로, 밤에는 세 발로 걷는 피조물은 무엇인가?" 테베인들 중 누구도 그 수수께끼를 풀지 못했다. 그들에게 스핑크스는 큰 골칫거리였다. 다만 오이디푸스는 지혜롭기로 유명했다. 그가 비극적으로 몰락한 이유도 자신의 지혜에 대한 확신과 행동에 대한 무지 때문이었다. 잘 알려져 있듯이 그는 혼돈 속에서 아버지를 죽이고 어머니와 결혼했다. 하지만 그 사건이 일어나기 전에 오이디푸스는 지혜를 발휘하여 그 수수께끼를 풀었다. 답은 어려서는 네 발로 기어다니고, 자라서는 두 발로 걸어 다니며, 늙어서는 지팡이를 짚고 다니는 '인간'이었다. 수수께끼에서 아침, 낮, 밤이라는 하루의 세 시기는 인생의 세 단계를 상징한다. 오이디푸스가 그 수수께끼를 풀자 스핑크스는 스스로 벼랑에 몸을 던졌고, 마침내 테베는 스핑크스의 공포에서 해방되었다.

헤겔은 그 신화에 숨겨진 위대한 상징적 의미를 발견했다. 수수께끼를 내는 이집트의 스핑크스는 신비에 매몰된 이집트의 정신을 상징한다는 것이다.

---

121 이 신화와 관련한 고대 자료는 셀 수 없이 많다. 이와 관련해서는 대표적으로 다음을 참고하라. Apollodorus, *Library*, Book 3, 5, 8; Pausanius, *Description of Greece*, Book 9, 26, 2; Diodorus Siculus, *Library of History*, Book 4, 64, 3-4. Pseudo-Hyginus, *Fabulae*, 67.

이집트는 정신을 스스로는 해독하지 못하고, 정신에게 그 해독의 임무를 부여하는 상징의 나라다. 문제는 아직 풀리지 않았다. 우리가 할 수 있는 유일한 것은 이집트의 예술과 그것의 상징적인 작품들이 내는 수수께끼를 이집트인 스스로는 해결하지 못했다고 해석하는 것이 전부다.[122]

이집트인들은 수수께끼를 내기만 할 뿐 자신들은 그 답을 알지 못했다. 수수께끼를 풀기 위해서는 새로운 사유의 원리가 필요하다. 헤겔은 이렇게 설명한다.

그리스 신화를 보면, 이집트의 위대한 상징인 스핑크스가 테베에 나타나 이런 말을 했다는 것은 참으로 놀랍다. "아침에는 네 발로, 낮에는 두 발로, 저녁에는 세 발로 걷는 피조물은 무엇인가?" 오이디푸스가 그 답을 맞히자 스핑크스는 스스로 벼랑에 몸을 던졌다. 이집트가 그 문제를 내기까지 이어져 온 동양의 정신을 일깨우는 해방의 길은 자연의 내적인 본질이 인간의 의식에만 존재하는 사유라는 깨달음이었다.[123]

그리스의 오이디푸스는 이집트인들조차 알지 못했던 그 수수께끼를 푼 인물이다. 오이디푸스는 육체적인 힘이 아니라 자신의 지성, 즉 인간의 정신으로 스핑크스를 물리쳤다. 진리를 향한 그의 한결같은 사랑은 서양의 학문과 이성을 상징한다. 하지만 이집트인들은 여전히

---

122 Hegel, *Aesthetics*, vol. 1, 354; *Jub.*, vol. 12, 472.
123 Hegel, *Phil. of Hist.*, 220; *Jub.*, vol. 11, 291f. 이와 관련해서는 다음도 참고하라. *Aesthetics*, vol. 1, 361; *Jub.*, vol. 12, 481. *LPR*, vol. 2, 639; *VPR*, Part 2, 532. *LPR*, vol. 2, 747; *VPR*, Part 2, 631.

자연에 매몰되어 있었기 때문에 그 수수께끼를 풀 수 없었다.

헤겔은 그 수수께끼의 답이 '인간'이라는 점을 매우 중요하게 생각한다. "그리스 종교에 이르러서야 이집트인들의 수수께끼가 풀리기 시작했다. 매우 중요하고 주목할 만한 신화에 따르면, 그리스인들은 그 수수께끼를 풂으로써 자연을 상징하는 스핑크스를 물리칠 수 있었다. 그 답은 인간, 즉 자기의식을 가진 자유로운 정신이다."[124] 이집트인들은 그것을 깨닫지 못했다. 그리스에 와서야 인간은 자연의 지배에서 벗어나 자신을 정신으로 인식하기 시작했다. 그러한 의미에서 이집트 종교의 신들은 동물과 인간이 결합된 모습을 하고 있지만 그리스 종교의 신들은 순수한 인간의 모습을 하고 있다. 정신이 자신을 인식하는 자기의식의 단계에 도달해야만 인간의 정신 일반은 자연에서 해방될 수 있다. 그것은 인간이 자신을 닮은 정신의 신들을 통해 자신을 인식할 때만 가능한 일이다.

이로써 자연종교에 관한 헤겔의 설명은 마무리된다. 인간의 정신이 자신을 자연의 일부로 인식하는 한 인간은 결코 진정한 자유에 이를 수 없다. 진정한 자유의 조건은 인간이 단순한 자연대상이 아니라 자기의식적인 존재를 통해 자신을 인식하는 것이다. 달리 말해 진정한 자유를 위해서는 인간의 정신이 자연에서 벗어나야 한다. 그는 이렇게 설명한다.

동양에서는 정신이 자기 내부에서가 아니라 자연 영역에서만 현실성을 획득한다. 그러한 자연과 정신의 동일성을 통해서는 진정한 자유를 실현

---

124 Hegel, *LPR*, vol. 2, 639; *VPR*, Part 2, 532.

할 수 없다. 그러한 단계에서는 힌두교나 중국 종교처럼 인간이 자신의 인격성을 인식할 수도 없고, 자신의 개별성에서 아무런 가치나 권리도 발견할 수 없다.[125]

세계 종교의 발전 과정은 인간의 정신이 자연에서 해방되어 자신을 정신으로 인식하게 되는 자기의식의 생성 과정이다. 헤겔은 이렇게도 설명한다.

> 동양에서도 정신은 이미 깨어나 자연의 생명과 분리되기 시작했시만 그러한 분리가 아직 명확하고 절대적이지는 않았다. 정신은 아직 자신의 절대적인 자유를 파악하지 못했고, 스스로를 구체적인 보편자로 인식하지도 못했으며, 자신의 개념을 사유의 대상으로 정립하지도 못했다. 그러한 의미에서 동양은 여전히 정신의 본성과 모순되는 직접적인 개별자의 형태로만 존재했다. 그들의 신은 절대적인 사유의 형식이 아니라 직접적으로 존재하는 유한한 정신의 형태로만 객관화되어 있었다.[126]

헤겔에 따르면, 이집트는 동양의 민족들 가운데 최고의 문화 수준에 도달한 민족이자 서양 사상의 여명을 밝혀준 민족이다. 이집트에서는 정신이 탄생하려고 꿈틀대긴 했지만 아직은 자연의 족쇄에 결박된 상태였다.[127] 그들은 자연 이상의 것이 존재한다는 것은 깨달았지만

---

125 Hegel, *Phil. of Mind*, § 393, Addition, 43f.; *Jub.*, vol. 10, 75.이와 관련해서는 *LPR*, vol. 2, 380; *VPR*, Part 2, 280f.도 참고하라.

126 Hegel, *Phil. of Mind*, § 393, Addition, 43; *Jub.*, vol. 10, 74f.

127 Hegel, *Phil. of Hist.*, 218; *Jub.*, vol. 11, 289.

자연의 상태에서 완전히 벗어나진 못했던 것이다. 앞서 살폈듯이 이집트인들의 영혼불멸 개념은 무엇으로도 환원할 수 없는 개인의 중요성에 대한 인식을 전제하고 있다.[128] 그러한 인식이 자기의식적인 존재를 신으로 간주하는 정신종교로의 길을 마련한 계기다.

---

128 Hegel, *Aesthetics*, vol. 2, 650; *Jub.*, vol. 13, 291.

| 8장 |

유대교
: 숭고함의 종교

숭고함의 종교

헤겔이 다음으로 다루는 종교는 "정신적인 개별성의 종교"(Die Religion der geistigen Individualität)다. 그 범주에는 유대교, 그리스의 다신교, 로마의 다신교가 속한다. 자연종교는 중국 종교의 '하늘'(天), 힌두교의 '신성한 동물', 조로아스터교의 '불'처럼 자연과 연관된 대상을 신으로 숭배했다. 하지만 새롭게 등장한 정신종교는 이제 더 이상 자연이 아니라 정신을 신으로 숭배한다.

헤겔은 평생 유대교에 깊은 관심을 갖고 지속적으로 연구했다. 슈투트가르트 김나지움을 다니던 무렵인 1785년에는 시편*Psalms*을 연구했고,[1] 튀빙겐 신학대학을 다니던 무렵에는 구약에 대한 성서 비평에 몰두하기도 했다. 1788~1789년 겨울 학기와 1789년 여름 학기에는 시편 강의를 들으며 그 관심을 이어가기도 했고,[2] 특히 1789~1790년 겨울 학기의 욥기 강의[3]에는 깊이 매료되었다고도 전한다.[4] 신학생이었던 헤겔은 몇 차례 설교 시연을 하기도 했는데, 1792년 1월 10일에 처음 시연한 성서 본문 내용은 이사야 61장 7-8절이었다.[5]

---

[1] 이와 관련해서는 Karl Rosenkranz, *Georg Wilhelm Friedrich Hegel's Leben* (Berlin: Duncker und Humblot, 1844), 11; H. S. Harris, *Hegel's Development: Toward the Sunlight 1770-1801* (Oxford: Clarendon Press, 1972), 47을 참고하라.

[2] Rosenkranz, *Georg Wilhelm Friedrich Hegel's Leben*, 25. Harris, *Hegel's Development: Toward the Sunlight 1770-1801*, 73.

[3] Harris, *Hegel's Development: Toward the Sunlight 1770-1801*, 74.

[4] 이와 관련해서는 *Hegel in Berichten seiner Zeitgenossen*, ed. by Gunther Nicolin (Hamburg: Felix Meiner, 1970), 12를 참고하라. "그가 특별히 욥기를 좋아한 이유는 그것이 정형화되지 않은 자연스러운 언어로 표현되어 있었기 때문이다."

베른과 프랑크푸르트에서 가정 교사를 하던 시절에도 유대교에 관한 관심은 계속되었다. 특히 그는 유대교와 그리스도교의 관계를 탐구하는 데 몰두했다. 그 결실은 헤르만 놀(Hermann Nohl)이 헤겔의 초기 저술들을 모아 1907년에 편집 출간한 이른바『청년 헤겔의 신학 론집*Hegels theologische Jugendschriften*』에 실려 있다.6 그중 현재의 맥락과 관련한 논문은 "예수의 생애*Das Leben Jesu*",7 "그리스도교의 실정성*Die Positivität der christlichen Religion*",8 "그리스도교의 정신과 그 운명*Der Geist des Christentums und sein Schicksal*"9이다. 이 세 논문은 유대교의 전통에 따라 예수의 삶과 기르침을 해석하고 있다. 특히 "그리스도교의 정신과 그 운명"의 도입부에서 그는 '유대교의 정신'을 핵심적으로 특징짓고 있다.10 그 외에도 그는 "역사적 성서비평 관련 단편들"에서 유대교를 다루고 있는데, 거기서는 유대 민족의 종교적 믿음보다 성서의 인물을 중심으로 분석하고 있다.11 하지만 유대교에 관한 초기 저술들의 내용과 후기의 강의, 즉『종교철학』내용은 상당히 다르다는 점을 기억해야 한다. 헤겔의 유대교 분석과 관련한 대부분의 이차 문헌은 그의 초기 저술만을 다룰 뿐『종교철학』의 분석은 거의 다루지 않고 있다.12

---

5 이와 관련해서는 다음을 참고하라. MW, 28-31; *Dokumente*, 175-179. Rosenkranz, *Georg Wilhelm Friedrich Hegel's Leben*, 26. Harris, *Hegel's Development: Toward the Sunlight 1770-1801*, 109.

6 이와 관련해서는 Rosenkranz, *Georg Wilhelm Friedrich Hegel's Leben*, 48-49를 참고하라.

7 *TJ*, 73-136; *TE*, 104-65.

8 *TJ*, 137-240; *ETW*, 67-181.

9 *TJ*, 241-342; *ETW*, 182-301.

10 *TJ*, 241-260; *ETW*, 182-205.

11 Hegel, "Fragments of Historical Studies," *MW*, 93, 97; *Dokumente*, 260-261, 265-266.

12 헤겔의 초기 저술들에 나타난 유대교 분석과 관련한 이차 문헌들로는 다음을 참고하라. Martin Arndt, "Hegel und das Judentum," *Hegel Jahrbuch*, vol. 19, no. 1 (2013): 28-35. Joseph

그가 예나 시기에 집필한 『정신현상학』의 "C.C. 종교$^{Der Religion}$" 장에는 유대교 부분이 따로 없다. 창조나 원죄 등 유대교의 몇몇 핵심 주제들은 그리스도교를 다루는 "C. 계시된 종교$^{Die offenbare Religion}$" 부분에 간단히 편입되어 있다.[13] 그의 후기 유대교 해석은 "B. 자기의식 ^{Selbstbewußtsein}" 장의 하위부인 "불행한 의식$^{das unglückliche Bewußtsein}$"에서 그 흔적을 찾을 수 있다.[14] 앞서 언급했듯이 예나 시기 이전에 유대교를 그렇게 깊이 연구했음에도 『정신현상학』에서 그것을 생략했다는 점은 참으로 의아한 일이다. 아마도 『정신현상학』의 구성이 중도에 의도치 않게 확장되고 절박한 상황에서 급히 마무리된 탓도 있었을 것이다. "B. 자기의식" 장의 "불행한 의식"과 "C.C. 종교" 장의 "계시된 종교"에서 유대교에 대한 단편적인 분석들이 이뤄지고는 있지만 그 둘의 구성은 후기의 『종교철학』처럼 체계적이지 않아 무척 혼란스럽다.

헤겔은 세상을 떠나기 전 10년 동안(1821~1831년) 다양한 맥락에서 유대교를 자세히 분석했다. 하지만 『법철학』에서는 유대인을 한 민족으로 언급하면서도 그들의 종교에 대해서는 일절 언급하지 않는다.[15] 오늘날의 이차 문헌들은 유대교에 대한 헤겔의 분석 자체보다는 유대인에 대한 그의 사회정치적인 경향(반-유대주의자였는지, 프로이센의 유대인 권리를 인정했는지 등의 문제)만을 주제로 삼고 있다.[16]

Cohen, *Le Spectre juif de Hegel* (Paris: Galilee, 2005). Bernard Bourgeois, "Judaisme" in *Hegel à Francfort ou Judaïsme, Christianisme, Hegelianisme* (Paris: Vrin, 1970), 35-55. Yirmiyahu Yovel, *Dark Riddle: Hegel, Nietzsche, and the Jews* (University Park: The Pennsylvania State University Press, 1998), 21-59.

13 Hegel, *PhS*, 466-470; *Jub.*, vol. 2, 586-590.

14 Hegel, *PhS*, 126-138; *Jub.*, vol. 2, 167-181.

15 Hegel, *PR*, § 102; *Jub.*, vol. 7, 160. *PR*, § 270n; *Jub.*, vol. 7, 354n. *PR*, § 358; *Jub.*, vol. 7, 455.

헤겔은 『역사철학』에서도 유대교를 간략히 분석하고 있다.[17] 『미학』에서는 유대교 부분을 따로 마련하진 않았지만 유대인들의 시에 대한 분석이나 유대교에 대한 평가를 산발적으로 논하고 있다.[18] 『철학사』에서는 제2부 "중세철학Philosophie des Mittelalters"의 제1장 "아랍철학 Arabische Philosophie" 하위에 "C. 유대철학Jüdische Philosophen. Moses Maimonides" 부분을 따로 마련하고 있지만 유대교나 구약의 내용에 대한 분석은 시도하지 않고 있다.[19]

유대교를 가장 상세히 분석하는 저작은 단연 『종교철학』이다. 거기서 그는 유대교를 "숭고함의 종교"(Die Religion der Erhabenheit)로 규정한다.[20] 하지만 『종교철학』에서 유대교에 대한 평가와 배열은

---

16 이와 관련해서는 다음을 참고하라. Emil L. Fackenheim, "Hegel and 'The Jewish Problem" in *The Philosopher as Witness: Fackenheim and Responses to the Holocaust*, ed. by Michael L. Morgan and Benjamin Pollock (Albany: State University of New York Press, 2008), 15-25. Michael Mack, "The Metaphysics of Eating: Jewish Dietary Laws and Hegel's Social Theory," in *German Idealism and the Jew: The Inner Anti-Semitism of Philosophy and German Jewish Responses* (Chicago: University of Chicago Press, 2003), 42-62. Ivan Kalmar, "The Sublime is not Enough: The Hard Orientalism of G. W. F. Hegel," in *Early Orientalism: Imagined Islam and the Notion of Sublime Power* (New York: Routledge, 2012), 76-87. Shlomo Avineri, "A Note of Hegel's Views on Jewish Emancipation," *Jewish Social Studies*, vol. 25, no. 2 (1963): 145-151. Steven B. Smith, "Hegel and the Jewish Question: In between Tradition and Modernity," *History of Political Thought*, vol. 12, no. 1 (1991): 87-106. Lawrence S. Stepelevich, "Hegel and Judaism," *Judaism*, vol. 24, no. 2 (1975): 215-224. Eric v. d. Luft, "Hegel and Judaism: A Reassessment," *Clio*, vol. 18, no. 4 (1989): 361-378. Shlomo Avineri, "The Fossil and the Phoenix: Hegel and Krochmal on the Jewish Volksgeist," in *History and System: Hegel's Philosophy of History*, ed. by Robert L. Perkins (Albany: State University of New York Press, 1984), 47-63.

17 Hegel, *Phil. of Hist.*, 195-198; *Jub.*, vol. 11, 260-264. *LPWH*, vol. 1, 332-333; *VPWG*, vol. 1, 267-268. *OW*, 453-459.

18 이와 관련해서는 대표적으로 *Aesthetics*, vol. 1, 478-479; *Jub.*, vol. 13, 69를 참고하라.

19 *Hegel, Hist. of Phil.*, vol. 3, 35-36; *Jub.*, vol. 19, 131-132.

강의마다 조금씩 달라지고 있다.[21] 1821년과 1824년『종교철학』에
서는 유대교가 그리스 종교 앞에 배열되어 있지만,[22] 1827년『종교철
학』에서는 거꾸로 그리스 종교가 유대교 앞에 배열되어 있다. 심지어
1831년『종교철학』에서는『역사철학』처럼 유대교가 조로아스터교
와 이집트 종교 사이에 배열되어 있다. 거기서도 유대교는 저 두 종교
보다는 우월하게 평가되고 있지만 전반적으로는 이전보다 낮은 단계
로 평가되고 있다.[23] 또한 헤겔이 세상을 떠난 직후에 출간된『종교철
학』(마라이네케 판본)에는 유대교가 그리스 종교 앞에 배열되어 있다.
거기서도 유대교는 그리스 종교에 비해 우월하게 평가되고 있지만
이상하게도 순서상으로는 그리스 종교보다 낮은 단계에 배열되어
있다.[24] 앞 장에서 살폈듯이 헤겔은 이집트 종교에서 정신종교로의
이행을 설명할 때 오이디푸스와 스핑크스의 신화를 그 근거로 활용하

---

20 Hegel, *LPR*, vol. 2, 152-160; *VPR*, Part 2, 58-66. *LPR*, vol. 2, 423-454; *VPR*, Part 2,
323-353. *LPR*, vol. 2, 669-687; *VPR*, Part 2, 561-579. *LPR*, vol. 2, 738-742; *VPR*, Part
2, 625-628. *Phil. of Religion*, vol. 2, 170-219; *Jub.*, vol. 16, 46-95. *RGI*, 55-110.

21 이와 관련해서는 Rosenkranz, *Georg Wilhelm Friedrich Hegel's Leben*, 49를 참고하라.
"유대 역사에 대한 헤겔의 견해는 강의가 거듭될 때마다 계속해서 달라진다. 그 문제는 그를
평생토록 괴롭혔던 풀리지 않는 수수께끼 중 하나였다.『정신현상학』에서는 유대 역사가 아
예 생략되어 있고,『법철학』에서는 게르만 정신과 유사하게 평가되고 있으며,『종교철학』에
서는 그리스-로마의 정신적인 개별성의 원리가 직접적으로 드러난 형태로 분석되고 있고,『역
사철학』에서는 유대 역사가 '페르시아 제국' 부분에 편입되어 있다. 이러한 다양한 해석들도
나름 타당하지만 모두를 포괄하는 하나의 통합적 해석이 부재하는 것은 헤겔 체계의 심각한
결함이 아닐 수 없다."

22 이와 관련해서는 *LPR*, vol. 2, "편집자 서론," 88-89를 참고하라.

23 Hegel, *Phil. of Hist.*, 195-198; *Jub.*, vol. 11, 260-264.

24 이와 관련해서는 대표적으로 다음을 참고하라. Hegel, *Phil. of Religion*, vol. 2, 170; *Jub.*,
vol. 16, 46. *Phil. of Religion*, vol. 2, 172; *Jub.*, vol. 16, 47. *Phil. of Religion*, vol. 2,
179; *Jub.*, vol. 16, 54. *Phil. of Religion*, vol. 2, 184; *Jub.*, vol. 16, 58. *Phil. of Religion*,
vol. 2, 187; *Jub.*, vol. 16, 61.

고 있지만, 사실 그 내용은 유대교와 아무런 상관이 없다. 그의 분석에 따르면, 그 신화는 이집트 종교에서 그리스 종교로의 이행을 상징한다. 따라서 유대교와 관련한 이상의 다양한 배열 실험들은 유대교의 신 개념에 대한 엄밀한 분석을 통해 재검토될 필요가 있다.

헤겔은 그리스 종교와 로마 종교를 논하면서 유대교의 배열에 문제가 있음을 깨달았을 것이다. 그는 그리스 종교에서 로마 종교로의 자연스러운 이행 사이에 유대교를 배열하여 매끄러운 논리에 균열을 일으키고 싶지는 않았을 것이다. 그러면 남은 선택지는 유대교를 그리스 종교 앞에 배열하거나 로마 종교 뒤에 배열하는 경우뿐이다. 하지만 로마 종교와 그리스도교의 역사적 연관성을 고려할 때 유대교를 로마 종교 뒤에 배열하는 것은 유대교에서 그리스도교로의 자연스러운 이행에 균열을 일으킨다. 그래서 그는 최종적으로 유대교를 그리스 종교 앞에 배열할 수밖에 없었을 것이다. 하지만 그러한 배열도 이집트 종교와 유대교 사이에 새로운 균열을 일으킨다. 1831년 『종교철학』은 이집트인들이 개인의 영혼불멸 개념을 가졌다는 이유로 이집트 종교를 유대교보다 높게 평가하기 때문이다. 이상의 복잡한 이유로 그는 사변적인 논리와 역사적인 순서가 완벽히 일치하는 유대교의 배열을 끝내 완성하지 못했던 것이다.

1. 헤겔이 활용한 자료들

헤겔은 평생에 걸쳐 유대교를 연구했기 때문에 그가 활용한 자료의 범위를 정확히 특정하기 어렵다. 튀빙겐 신학대학 시절, 그는 히브리어를 배워 구약의 주요 본문들을 면밀히 연구했다. 그는 여러 권의 히브리어 문법서와 사전들을 소유하고 있었고,[25] 구약 전반이나 특정 부분을 다루는 저작들도 다수 소유하고 있었다.[26] 하지만 유대교를 분석할 때 그는 구약 본문 외에 어떤 자료나 출처도 언급하지 않는다.

헤겔의 유대교 분석에 영감을 준 자료 중 하나는 헤르더의 저작 『히브리 시가의 정신*Vom Geist der Ebräischen Poesie*』이다.[27] 대화 형식으로 전개되는 그 저작은 제목의 느낌보다 훨씬 대담한 내용을 담고 있다. 구약에 관한 전문 학술서인 그 저작은 유대교를 "동양 종교"로 규정하고 그것을 다른 동양 종교들과 비교 분석한다. 거기서 헤르더는 구약의 전체 내용을 "숭고함"으로 특징짓고 있는데, 이는 헤겔이 유대교를 "숭고함의 종교"로 규정하는 데 결정적인 모티프가 되었다.[28] 『히브

---

25 대표적으로 다음을 참고하라. FriedrichUhlemann, *Hebräische Sprachlehre* (Berlin: T. H. Riemann, 1827)(*Hegel's Library*, 336). Johann Severin Vater, *Grammatik der hebräischen Sprache. ErsterKurs für denAnfang der Erlernung*, 3rd ed. (Leipzig: Friedrich Christian Wilhelm Vogel, 1816)(*Hegel's Library*, 334).

26 그가 활용한 자료와 관련해서는 LPR, vol. 2, "편집자 서론" 9, 19-21, 48-51, 69-71, 79-82를 참고하라. 헤겔은 거기에 언급된 저작들 외에도 유대교를 역사적 맥락에서 다루는 두 저작도 가지고 있었지만, 그 저작의 출판 일자는 1831년이라 그의 강의에 중요한 영향을 주지는 못했을 것이다. Carl Peter W. Gramberg, *Kritische Geschichte der Religionsideen des alten Testaments*, vols 1-2 (Berlin: Duncker und Humblot, 1829-1830)(*Hegel's Library*, 339-340). Ferdinand Heinrich Muller, *De rebus semitarum dissertatio historico-geographica* (Berlin: Enslin, 1831)(*Hegel's Library*, 1078).

27 Johann Gottfried Herder, *Vom Geist der Ebräischen Poesie. Eine Anleitung für die Liebhaber derselben und der ältesten Geschichte des menschlichen Geistes*, vols 1-2 (Leipzig: Johann Philipp Haugs Wittwe, 1787)(영어 번역판: *The Spirit of Hebrew Poetry*, vols 1-2, trans. by James Marsh [Burlington: Edward Smith 1833]).

28 이와 관련해서는 대표적으로 Herder, *Vom Geist der Ebräischen Poesie*, vol. 1, 55. *The Spirit of Hebrew Poetry*, vol. 1, 60을 참고하라.

리 시가의 정신』은 구약을 다른 근동 민족의 역사나 문화와 비교 분석한 최초의 저작이었다. 그런 점에서 헤겔도 그의 분석에 깊이 동조하고 있다. 헤겔은 헤르더의 저작『인류의 역사철학에 대한 이념』의 "유대교" 부분도 읽었다.29 헤르더는 거기서도 구약을 다른 동양 문화권의 경전들과 비교 분석하고 있다.30

헤겔은 독일의 성서학자이자 동양학자인 아이히혼(Johann Gottfried Eichhorn: 1752~1827)의 저작『구약 입문Einleitung ins Alte Testament』제2판도 소장하고 있었다.31 이는 그가 오경Pentateuch의 저자와 관련한 당시의 논쟁에 깊은 관심이 있었다는 뜻이기도 하다. 헤겔은『종교철학』에서 그런 문헌학적 문제를 직접 거론하진 않지만 그것이 유대 민족이나 유대교를 이해하는 결정적인 단서라는 점은 과감히 인정한다. 헤겔은 교리의 틀에 얽매이지 않고 유대 문화를 보다 폭넓게 이해하려 했던 아이히혼의 시도에 매력을 느꼈다. 그는 아이히혼이 1777~1786년에 출간한「성서 및 동양문헌 목록Repertorium für Biblische und Morgenländische Litteratur」이라는 학술지도 알고 있었다.32

헤겔은 독일의 동양학자이자 할레대학의 신학 교수였던 게제니우

---

29 Johann Gottfried Herder, *Ideen zur Philosophie der Geschichte der Menschheit*, vols 1-4 (Riga and Leipzig: Johann Friedrich Hartknoch, 1784-1791), vol. 3, 104-121(영어 번역판: *Outlines of a Philosophy of the History of Man*, vols 1-2, trans. by T. Churchill, 2nd ed. [London: J. Johnson, 1803], vol. 2, 73-86).

30 Herder, *Ideen zur Philosophie der Geschichte der Menschheit*, vol. 3, 113f.(*Outlines of a Philosophy of the History of Man*, vol. 2, 80).

31 Johann Gottfried Eichhorn, *Einleitung ins Alte Testament*, vols 1-3, 2nd ed.(Reutlingen: Grozinger, 1790)(*Hegel's Library*, 341-343).

32 *Repertorium für Biblische und Morgenländische Litteratur*, vols 1-18, ed. by Johann Gottfried Eichhorn (Leipzig: Weidmanns Erben und Reich, 1777-1786).

스(Heinrich Friedrich Wilhelm Gesenius: 1786~1842)가 편찬한 히브리어 사전과 문법서도 소유하고 있었고,[33] 그의 1815년 저작 『히브리 언어와 문자의 역사 *Geschichte der hebräischen Sprache und Schrift*』[34]와 1821년 저작 『“이사야*Isaiah*”에 관한 문헌학적-비평적-역사적 해설 *Philologisch-kritischer und historiker Commentar über den Jesaia*』도 알고 있었다.[35] 게제니우스는 구약을 신학적 교리의 관점이 아니라 순수한 학문적 관점에서 이해하려 했던 인물이다.

2. 일자로서의 신

헤겔에 따르면, 유대교의 신은 근본적으로 유일하고 무한한 힘을 가진 주체로 묘사되어 있다. 신이 유일하다는 주장은 유일하고 절대적인 진리의 필요성을 인정하는 것이고, 신이 다양하다는 주장은 다양하

---

33 Wilhelm Gesenius, *Neues hebräische-deutsches Handwörterbuch über das Alte Testament mit Einschluss des biblischen Chaldaismus* (Leipzig: Friedrich Christian Wilhelm Vogel, 1815)(*Hegel's Library*, 337). Wilhelm Gesenius, *Hebräisches Elementarbuch*, vols 1-2 (Halle: Renger, 1828, vol. 1: *Hebräische Grammatik, Neunte Auflage*. vol. 2: *Hebräisches Lesebuch, mit Anmerkungen und einem erklärenden Wortregister*, Funfte verbesserte Auflage)(*Hegel's Library*, 338). 이와 관련해서는 다음을 참고하라. John Rogerson, "Wilhelm Gesenius, 1786-1842," in his *Old Testament Criticism in the Nineteenth Century: England and Germany* (Philadelphia: Fortress Press, 1985), 50-57. Rudolf Haym, *Gesenius. Eine Erinnerung für seine Freunde* (Berlin: Rudolph Gaertner, 1842).

34 Wilhelm Gesenius, *Geschichte der hebräischen Sprache und Schrift. Eine philologischhistorische Einleitung in die Sprachlehren und Wörterbücher der hebräischen Sprache* (Leipzig: Friedrich Christian Wilhelm Vogel, 1815).

35 Wilhelm Gesenius, *Philologisch-kritischer und historischer Commentar über den Jesaia*, vols 1.1, 1.2, 2 (Leipzig: Friedrich Christian Wilhelm Vogel, 1821).

고 상대적인 진리를 인정하는 것이다. 참된 신이 유일하다는 주장은
절대적인 진리가 유일하다는 뜻이다.36 헤겔은 이렇게 설명한다. "여
기서 절대자는 보편적이고 순수한 주관성이다. 달리 말해 보편적인
내면성을 가진 주관성은 신과 내면적인 통일을 이룬 주관성이다."37
신을 유일무이한 존재로 사유하는 것은 신을 정신으로 이해하는 것이
다. 유일신은 다신교의 신들과 구별된다. 유일신은 특정한 자연력을
비롯한 모든 것을 홀로 책임진다는 점에서 무수한 신들의 신이라는
특별한 지위와 권능을 누린다.

힌두교나 조로아스터교에서도 유일신이 존재하긴 했지만 유대교
의 유일신 개념은 그것보다 더 높은 단계다. 유대교의 신은 조로아스
터교나 중국 종교에서와 같은 자연신이 아니라 인격신이며, 실체가
아니라 주체다. 힌두교의 브라만도 자연력을 상징하는 자연신일 뿐
자기의식적인 인격신은 아니다.38 그래서 헤겔은 브라만을 '실체'라
고 말한다. 그에 반해 유대인의 신 '야훼'(Yahweh) 혹은 '여호와'(Jehovah)
는 그러한 실체가 아니라 자기의식적인 주체다. 유대교는 신을 정신으

---

36 그러한 관점에서 헤겔은 "그리스도교의 정신과 그 운명"에서 유대교와 로마 종교를 비교하고
   있다. 로마인들은 "라레스(Lares)와 같은 다양한 신들을 모두 신으로 인식한다. 하지만 아브
   라함과 그의 후손인 유대 민족의 신 여호와는 자신만이 신이라고 또한 자신은 유대 민족만의
   신이라고 주장한다"(TJ, 248; ETW, 188).

37 Hegel, LPR, vol. 2, 670; VPR, Part 2, 562. 이와 관련해서는 다음도 참고하라. LPR, vol.
   2, 153; VPR, Part 2, 59. LPR, vol. 2, 425-426; VPR, Part 2, 325-326. LPR, vol. 2, 738f.;
   VPR, Part 2, 625. PhS, 466; Jub., vol. 2, 586. "정신은 본질적으로 단순한 일자다."

38 Hegel, Phil. of Hist., 195; Jub., vol. 11, 260. "우리가 이전 단계에서 살폈던 '브라만'이라는
   순수 개념은 보편적인 자연을 의미할 뿐이다. 따라서 브라만은 자신을 의식의 대상으로 삼는
   자기의식적인 존재는 아니다. 페르시아에서는 그러한 추상적인 존재를 의식의 대상으로 삼기
   는 했지만 그것은 빛과 같은 감각적 직관의 대상일 뿐이었다. 그러한 빛 개념이 유대교에서는
   '여호와'(Jehovah), 즉 순수한 일자 개념으로 발전했다."

로 인식한다는 점에서 자연대상을 신으로 인식하는 자연종교의 단계를 넘어선 정신종교의 단계에 속한다.

유대교의 핵심적인 특징 중 하나는 신을 감각의 대상이 아니라 사유의 대상으로 여긴다는 점이다. 힌두교와 조로아스터교에서 신은 구체적인 자연대상으로 계시되지만, 유대교의 신 여호와는 그러한 감각적인 형태로 계시되지 않는다.[39] 헤겔에 따르면, 그것은 신 개념이 자연에 대한 의존성에서 드디어 해방되기 시작했음을 의미한다. 그런 점에서 그는 (직접 거론한 적은 없지만) 유대교와 동일한 특성을 지닌 이슬람교도 호의적으로 평가했을 것이다.

그러한 정신종교로의 이행은 세계 종교의 발전단계에서 매우 중요한 대목이다. 앞선 동양 종교들은 방식은 다르지만 모두 감각적인 대상에만 집중했다. 하지만 유대교는 처음으로 사유의 대상인 신에게 집중하면서 자연대상의 형태를 띤 신 개념에 적대감을 갖기 시작했다. 헤겔에 따르면, 그것은 동양적인 종교 사유에서 서양적인 종교 사유로의 전환을 의미한다. "그것이 동양과 서양을 구분하는 지점이다. 정신은 외부의 자연대상에서 자기 자신으로 눈을 돌려 정신적인 것을 추상적인 근본 원리로 인식한다."[40] 자연종교에서 정신종교로의 전환에서 핵심적인 것은 신을 자연대상이 아니라 자기의식적인 인격으로 개념화한다는 점이다. "동양에서 가장 근원적인 존재였던 자연이 단순한 피조물로 전락하게 되고, 이제는 정신이 그 자리를 대체하게

---

39 Hegel, *LPR*, vol. 2, 426; *VPR*, Part 2, 325. *LPR*, vol. 2, 671; *VPR*, Part 2, 563. 이와 관련해서는 다음도 참고하라. *TJ*, 250; *ETW*, 192. *PhS*, 466; *Jub.*, vol. 2, 586. "영원한 존재가 자신의 대자존재와 맺는 관계는 순수한 사유 속에서 이루어지는 직접적이고 단순한 관계다."
40 Hegel, *Phil. of Hist.*, 195; *Jub.*, vol. 11, 260.

된다."[41] 우연하고 일시적인 피조물인 자연은 이제 보다 고차적인 정신에 종속된 것으로 설정된다. 자연은 그저 자연일 뿐 거기에는 어떠한 정신도 없다.[42]

3. 자연에 개입하는 신: 숭고함

유대교의 신은 만물을 창조한 우주의 절대적 통치자다. 그리스의 신들은 자연 필연성의 영역에 종속되어 있거나 특정한 자연력만을 소유하고 있었지만, 유대교의 신 여호와는 그러한 자연 영역을 완전히 초월해 있다. 그는 자연 영역에 개입하여 그것을 통제할 수 있다. 사람들은 그러한 신의 개입을 '기적'이라 부른다.[43] 헤겔에 따르면, 힌두교와 같은 여타의 종교들은 자연을 무질서한 혼돈의 영역으로 보기 때문에 거기에는 기적 개념이 존재하지 않는다. 자연이 안정적이고 예측 가능해야만 기적 개념도 존재할 수 있다. 기적은 자연의 안정성과 규칙성에 위배되는 신비한 현상을 의미한다. 헤겔은 이렇게 설명한다. "기적은 이해 가능한 자연 영역에서 일어나는 이해 불가능한 신의 사건이다. 그것은 사물의 특성이나 신 개념 자체에도 위배되는 완전히 독특한 사건이다."[44] 세계는 사물의 일반 조건인 인과관계

---

41 Ibid.

42 Hegel, *TJ*, 247; *ETW*, 187. "아브라함은 온 세상을 자신의 대립물로 여겼다. 만일 그가 자연을 무가치한 것으로 여기지 않았다면, 그는 신을 자연에 종속된 것으로 여겼을 것이다. 자연 자체에는 아무런 신성도 없다. 만물은 오로지 신의 지배 아래 있는 것이다."

43 Hegel, *LPR*, vol. 2, 431-432; *VPR*, Part 2, 331. *LPR*, vol. 2, 676f.; *VPR*, Part 2, 568f.

44 Hegel, *LPR*, vol. 2, 431-432; *VPR*, Part 2, 331.

의 지배를 받는다. 하지만 기적은 자연의 질서를 따르는 대상들의 특정한 본성과 모순된다. 사람들을 도피시키기 위해 홍해가 갈라지는 것은 홍해 자체의 본성이 아니다. 나무 지팡이가 뱀으로 변하거나 물을 내뿜는 바위로 변하는 것도 나무 지팡이 자체의 본성이 아니다. 그렇듯 기적은 자연계의 필연성 자체를 부정하는 행위다.

기적은 신과 세계의 관계에서 발생하는 특별하고 이례적인 사건이다. 그 외에 신과 세계의 일반적인 관계를 헤겔은 '숭고함'(Erhabenheit)으로 특징짓고,[45] 그것을 유대교의 일반적인 본성으로 규정한다. 그는 이렇게 설명한다.

> 숭고함은 유대교 자체를 나타내는 이념이지만 그것은 현실 영역에서도 현상과 실재를 초월한 숭고한 것으로 드러난다. 그때 현실은 부정적인 것으로 정립되고, 이념은 현실보다 고귀한 것으로 정립된다.[46]

유대교의 신은 자연의 힘을 상징하는 그리스 종교의 신들과는 다르다. 그리스 종교에서 신은 여전히 자연에 머물러 있지만 유대교의 신은 자연 영역 전체를 초월해 있다.

신이 자신을 자연으로 계시했음에도 자연을 초월해 있다는 주장은 모순처럼 보인다. 그리스의 신들도 자신을 자연으로 계시했는데, 그렇다면 그들과 여호와의 차이는 무엇인가? 헤겔에 따르면, 여호와의 계시는 언제나 모순적이다. 신은 자신의 목적을 위해 자연력을

---

45 Hegel, *LPR*, vol. 2, 677; *VPR*, Part 2, 569.
46 Hegel, *LPR*, vol. 2, 432; *VPR*, Part 2, 332.

사용하지만 신은 그러한 개별적인 자연력 자체보다 훨씬 큰 존재다. 신은 자신이 세계에 개입하는 개별적인 기적들 그 이상이다. 그것이 자연력과 직접적으로 연관된 그리스의 신들과 다른 점이다. 그리스의 신들은 헬리오스(Helios)가 태양이고, 포세이돈(Poseidon)이 바다인 것처럼 단지 자연력 자체를 상징할 뿐이다.

유대교의 신은 인과관계가 지배하는 자연 영역을 초월해 있다는 점에서 숭고하다. 신은 언제든 자연에 개입할 수도 있고, 자연력을 마음대로 사용할 수도 있다. 헤겔은 창세기에 나오는 창조 이야기를 그 사례로 든다. "그리스의 작가 롱기누스(Longinus)는 『오경*Pentateuch*』 가운데 첫째인 창세기의 첫 부분에서 '하나님이 이르시되 빛이 있으라 하시니 빛이 있었고'라는 구절을 인용하는데, 그것이야말로 숭고함의 극치를 보여주는 대목이다."[47] 신은 말씀으로 모든 것을 실현한다. 그리스 신들의 제한적인 힘들, 예를 들어 헤파이스토스(Hephaestus)가 망치와 모루와 집게를 사용하여 다른 신들을 위한 무기를 제작하는 것과 비교하면, 그토록 놀라운 일들을 그토록 쉽사리 실현하는 것이야 말로 신의 절대적인 숭고함을 입증한다. 이에 비하면 그리스의 신들은 숭고함과는 거리가 멀다.

헤겔은 유대교의 숭고 개념을 집중 분석한 헤르더의 저작 『히브리 시가의 정신』에서 그런 영감을 받았다. 헤르더는 그 저작에서 롱기누

---

[47] Hegel, *LPR*, vol. 2, 433; *VPR*, Part 2, 332. 헤겔은 위-디오니시우스(Pseudo-Dionysius) 로 불리기도 하는 익명의 저자가 쓴 『숭고함에 관하여』(*On the Sublime*)에 인용된 창세기의 그 구절을 언급한다. 로젠크란츠에 따르면, 헤겔은 청년기에 그 저작을 번역하기도 했다. 이와 관련해서는 Karl Rosenkranz, *Georg Wilhelm Friedrich Hegel's Leben*, 10. Dionysius Longinus, *De sublimitate*, ed. by Samuel Friedrich Nathanael Morus based on the text of Zachary Pearce (Leipzig: Weidmanns Erben und Reich, 1769), 50ff., 9장 9절 (*Hegel's Library*, 449).

스와 같은 구절을 언급하며 유대교의 신을 '동양의 왕'으로 표현하고
있다.

> 하늘에 좌정한 신은 말씀으로 천지를 창조한다. [⋯] "하나님이 빛이 있
> 으라 하시매 빛이 있었고." 히브리 시가는 그러한 신의 숭고한 언어를
> "그가 말씀하시매 이루어졌고, 명령하시매 굳게 섰느니라"와 같은 간단
> 명료한 방식으로 표현하고 있다.[48]

헤르더에 따르면, 히브리 시가는 구약의 지속적인 주제를 이루는
하늘과 땅의 대립을 활용하여 "유한성과 무한성을 비교하고, 무수함
과 무를 대비시킨다. 동양인들은 아름답고 웅장하고 숭고한 모든
것은 하늘에 속하는 것이고, 저속하고 나약하고 하찮은 모든 것은
땅의 먼지에 불과한 것으로 상상했다."[49] 신의 숭고함은 세속적인
존재의 빈곤하고 궁핍한 본성과는 대비되는 것이다.

뒤이어 헤겔은 유대교의 인격신과 조로아스터교의 빛의 신을 비
교한다. "말처럼 쉬운 것은 없다. 말은 내뱉자마자 공기 중에 사라져
버린다. 하지만 그러한 신의 숨결은 빛이자 빛의 세계이자 빛의 무한
한 방출이다. 말을 통해 드러나는 빛은 말처럼 일시적일 수밖에 없다."[50]
조로아스터교에서는 빛이 신이지만, 유대교에서 빛은 신이 절대적으

---

48 Herder, *Vom Geist der Ebräischen Poesie*, vol. 1, 56. *The Spirit of Hebrew Poetry*, vol.
  1, 61. 이와 관련해서는 Herder, *Vom Geist der Ebräischen Poesie*, vol. 1, 26. *The Spirit
  of Hebrew Poetry*, vol. 1, 42도 참고하라.
49 Herder, *Vom Geist der Ebräischen Poesie*, vol. 1, 54. *The Spirit of Hebrew Poetry*, vol.
  1, 59.
50 Hegel, *LPR*, vol. 2, 433; *VPR*, Part 2, 333.

로 통제하거나 말로 쉽게 창조할 수 있는 대상으로 격하된다. 헤겔은 시편*Psalm* 104장에 나오는 구절로 그러한 여호와의 숭고함을 예증한다.

> "당신은 바람을 당신의 천사로 만드셨습니다"와 같은 구절에서처럼 신은 바람과 번개를 자신의 신하들로 사용한다. 신은 필요한 것을 창조하지만 그러한 것들은 단지 도구일 뿐이다. [⋯] 그것이 숭고함의 본질이다. 자연은 완전히 부정적이고, 종속적이고, 일시적인 것으로 표현되어 있다.[51]

숭고함의 특성을 가진 유대교의 신은 자연과의 완전한 단절을 상징한다. 여호와는 자신이 원하는 모든 것을 아무 수고 없이 자연계에 실현할 수 있다.

유대교의 신은 숭고하다는 점에서 다른 신들과 구별된다. '숭고함'이라는 단어는 '장엄함', '고상함', '고귀함'과 같은 용어를 연상시킨다. 그러한 용어들은 모두 감각적 대상이 아니라 사유와 관련된 개념들이다. 따라서 어떤 것이 숭고하다고 말하는 것은 사유에 호소하는 것이다. 숭고한 신은 자연에 종속된 제한된 힘만을 가진 그리스의 신들과 대비된다. 예술 작품으로 표현된 그리스의 신들은 감각적인 지각의 대상이다. 그들은 사유가 아니라 감각에 호소한다. 유대교의 신은 사유의 신이기 때문에 아무런 형상도 없다. 구약은 황소나 금송아지를 신의 형상으로 숭배하던 유대인들의 행태를 그릇된 신앙으로 묘사하

---

51 Hegel, *LPR*, vol. 2, 433f.; *VPR*, Part 2, 333.

고 있다.[52] 그것은 황소를 신으로 숭배했던 근동 지역의 다른 종교들, 이를테면 이집트의 아피스 황소(apis Bull)와 같은 다양한 이교의 신과도 연관되어 있다. 금송아지의 형상은 감각적으로 지각되는 구체적인 표상이다. 유대인들은 그러한 표상 숭배를 신성모독으로 여겼다. 그래서 구약은 금송아지를 숭배하는 자들과 여호와를 숭배하는 자들의 갈등을 묘사하고 있다. 그것은 자연의 일부인 감각적인 지각과 표상으로서의 신 개념과 그것을 초월한 정신으로서의 신 개념의 대립을 상징한다. 여호와는 숭고함의 대상이지만 금송아지는 마치 힌두교의 소나 이집트 종교의 고양이나 황소처럼 한낱 자연대상일 뿐이기 때문이다.

4. 세계 속의 신의 목적

신은 지혜롭기 때문에 구체적인 계획으로 우주를 창조했다. 헤겔은 유대교의 '창조' 교리를 세 규정으로 나누어 분석한다.[53] 신의 첫째 목적은 선택된 민족에게 신으로 인정받는 것이고, 둘째 목적은 그 민족을 위한 법과 도덕을 마련하는 것이며, 셋째 목적은 인간을 다른 피조물보다 우월하게 창조하는 것이다(헤겔은 셋째 목적과 관련하여 구약의 창세기에 나오는 악의 근원과 원죄에 관한 이야기를 분석한다).

1) 인정

---

52 출애굽기(Exodus) 32:4, 『열왕기상』(1 Kings) 12:28-29.
53 Hegel, *LPR*, vol. 2, 434ff.; *VPR*, Part 2, 333ff.

첫째 부분에서 헤겔은 우주의 일반적인 목적을 설명한다. 신은 자연 영역에 기적을 일으키기도 하지만 그것이 그의 궁극 목적은 아니다. 신은 자연보다 고귀한 정신을 향한다. 신의 첫째 목적은 인간에게 자신을 계시하고 신으로 인정받는 것이다. 신이 자기의식적인 주체가 되기 위해서는 또 다른 자기의식적인 주체로부터 인정을 받아야 한다. 신은 자신을 신자들의 정신에 계시하고, 신자들의 정신은 그러한 계시를 통해 신을 인식한다.

> 신의 진정한 목적과 그것의 실현은 본질적으로 자연 자체가 아니라 의식 내부에서 이루어진다. 신의 목적은 자연에 계시되기도 하지만 그것의 본질은 자신의 본거지라 할 인간 의식 내에 계시된다. 신은 인간의 자기의식에 자신의 목적을 계시하고, 인간의 자기의식은 그렇게 계시된 신의 목적을 인식한다.[54]

신이 진정한 신이 되기 위해서는 그렇게 알려지고 인식되어야 한다. 유대교의 신은 자신이 창조한 피조물과 구별된다. 하지만 그것만으로 신이 자기의식적인 주체로 규정될 수는 없다. 이를 위해서는 신이 또 다른 자기의식적인 주체로부터 인정을 받아야 한다. 그것이 자기의식적인 신의 본질적인 모습이다. 한 사물은 언제나 다른 사물과의 관계 속에 존재한다. 보다 엄밀히 말해, 한 사물의 본질은 다른 사물과의 관계를 통해 규정된다. "한 인간이 다른 인간과 맺는 관계

---

54 Hegel, *LPR*, vol. 2, 679; *VPR*, Part 2, 570f. 이와 관련해서는 *LPR*, vol. 2, 435; *VPR*, Part 2, 334도 참고하라.

방식이 그 인간의 본질이자 본성이다."[55] 이어서 그는 이렇게 말한다. "산(acid)과 염기(base)가 맺는 특정한 관계가 산 자체의 본성이다."[56] 그러한 규정 이론은 인정 이론에도 그대로 적용된다. 신이 자기의식적인 실체가 되기 위해서는 반드시 다른 자기의식적인 주체들과 만나야 한다.

유대교에도 인정의 형식이 존재하긴 하지만 아직은 추상적이다. 헤겔은 이렇게 설명한다. "동양의 종교들과 유대교 그리고 성부만을 인식하는 계몽주의의 종교는 여전히 추상적인 신 개념에 머물러 있다. 성부 자체는 자기 안에 갇혀 있는 추상적인 신일 뿐 아직 참다운 정신적인 신이 아니기 때문이다."[57] 그러한 신은 감각적으로 지각되지 않는 사유나 의식의 대상이므로 구체적인 내용이 없다. 기적을 통해 드러나는 신의 내용은 부분적이고 불충분하다. 그것은 예수 그리스도라는 완전한 정신의 형태를 통해서만 온전히 계시될 수 있다. 유대교는 감각적으로 지각 가능한 자연적 요소를 거부한다는 점에서 자연종교의 단계를 넘어서긴 했지만 신이 구체적인 규정을 획득하기 위해서는 더 높은 수준의 감각적 형태가 필요하다.

2) 도덕성

첫째 부분이 신의 일반적인 목적에 대한 분석이라면, 둘째 부분은 신의 실제적인 목적에 관한 분석이다. 신의 실제적인 목적은 인간이

---

55 Hegel, *LPR*, vol. 2, 674; *VPR*, Part 2, 566.

56 Hegel, *LPR*, vol. 2, 674n; *VPR*, Part 2, 566n.

57 Hegel, *Phil. of Mind*, § 384, Addition; *Jub.*, vol. 10, 38.

따라야 할 도덕과 법을 확립하는 것이다. "신의 본질적인 목적은 인륜적인 삶을 확립하는 것, 즉 인간의 행위를 정초하는 합법성과 올바름의 토대를 마련하는 것이다. 인간의 모든 행위는 합법성과 올바름에 기초해야 한다."[58] 이와 관련하여 헤겔은 십계명을 비롯한 유대교의 다양한 율법과 법령을 언급한다. 유대교는 개인에게 자신의 도덕성에 대한 반성, 도덕성과 보편적인 법칙의 내면적인 일치를 명령한다. 그런 점에서 유대교는 내면적 차원을 결여한 앞선 종교들보다 더 고차적인 종교에 해당한다.

유대교에는 신의 명령과 율법에 따라 살아가는 사람은 신의 가호를 받고, 신은 그러한 의인에게 만사형통을 약속한다는 믿음이 있다. 헤겔은 욥가[Job]를 통해 그 내용을 검증한다.[59] 욥은 의로운 사람이었지만 숨 막히는 고통 속에 살았다. 결백했던 욥은 왜 자신이 죄인과 같은 고통 속에 살아야 하는지 신에게 한탄했다. 욥과 같은 의인이 고통을 당하고, 죄인이 형통을 누리는 것을 어떻게 이해해야 하는가? 자신의 불행한 처지를 친구들에게 탄식하던 욥에게 신은 비범한 삶이 무엇인지 설명하며, 그의 주제넘은 행동을 질책했다. 이후 욥은 유한한 인간은 신의 큰 계획을 차마 헤아릴 수 없다는 통회와 겸손의 삶으로 나아갔다. 자신의 유한함과 부정성을 깨달음으로써 욥은 다시 신의 은혜를 받게 되고, 탄식의 삶에서도 벗어나게 되었다. 이 대목은 유대교에서 도덕적 차원이 얼마나 중요한지를 단적으로 보여준다. 의인은

---

58 Hegel, *LPR*, vol. 2, 679; *VPR*, Part 2, 571.

59 Hegel, *LPR*, vol. 2, 446f.; *VPR*, Part 2, 346. *LPR*, vol. 2, 681f.; *VPR*, Part 2, 573. *LPR*, vol. 2, 741; *VPR*, Part 2, 627f. 헤르더도 자신의 저작 『히브리 시가의 정신』에서 욥기에 대한 풍부한 분석을 선보이고 있다. 이와 관련해서는 *Vom Geist der Ebräischen Poesie*, vol. 1, 89-149. *The Spirit of Hebrew Poetry*, vol. 1, 80-121을 참고하라.

신의 도움을 받고, 죄인은 신의 처벌을 받아야 한다는 욥의 바람 속에는 의인이 행복해야 한다는 믿음과 신의 지혜와 능력은 그 믿음을 이뤄준다는 신뢰가 담겨 있다.

신의 목적이 개인의 도덕성을 함양하는 것이라는 관념은 유대 민족 전체로 그 의미가 확장된다. 이 대목에서 헤겔은 우주를 창조한 신이 특정한 민족만을 보살핀다는 것은 모순적이라고 지적한다.[60] 그러한 도덕적 목적을 위해서는 특정한 관계 설정도 중요하겠지만 그것은 보편적인 신을 특수한 민족의 신으로 한정하는 내적 모순을 범하는 것이다.

> 한편으로 신은 우주적인 신이며, 하늘과 땅의 신이며, 모든 인류의 신이며, 절대적인 지혜와 보편적인 능력을 가진 신이면서, 다른 한편으로 정신세계에서 이루어지는 그의 목적과 활동은 오직 한 가족, 한 민족에 국한되어 있다. 모든 민족이 신을 알아보고, 신의 이름을 영광스럽게 하도록 부름을 받았다고 하면서도 실제로는 그 영역이 특정한 실존적 상황과 특정한 정치적 윤리적 규정을 지닌 유대 민족에 국한되어 있다.[61]

헤겔은 우주 전체를 창조한 전능한 신이 특정한 민족의 운명에만 관심을 갖는다는 것은 모순적이라고 말한다. 그러한 신의 목적은 너무 구체적이고 특수하기 때문이다. 우주의 한 모퉁이에 존재하는 특정한 민족에게만 유익을 줄 거라면 신은 왜 우주 전체를 창조했는가?

---

60 Hegel, *LPR*, vol. 2, 436; *VPR*, Part 2, 335.
61 Ibid.

의아한 점은 그뿐만이 아니다. 신이 선택된 민족만을 보호하고 양성한다는 것은 그 민족에게만 특정한 땅을 약속한 것이기도 하다.[62] 그 땅은 그들의 순종에 대한 약속된 보상이지만 그 목적 역시 지나치게 구체적이고 특수하다. 우주 전체를 창조한 신이 중동의 작은 땅에만 관심을 갖는다는 것 역시 모순적이다. 이후에 밝혀지겠지만 그러한 특정한 민족종교의 모순은 보편종교인 그리스도교의 등장으로 비로소 해소된다. 그리스도교는 유대 민족만을 위한 특정한 땅이 아니라 모든 인간을 위한 보편적인 천국을 약속한다.

3) 악과 원죄

셋째 부분은 신의 목적 중 '원죄'의 문제를 다룬다.[63] 헤겔은 『종교 철학』[64] 외에도 『정신현상학』의 "C.C. 종교"[65] 장과 『역사철학』[66]에서도 그 문제를 다루었으며,[67] 논리학과 정치철학 강의에서도 그 문제를 다루었는데, 전집 편집자들은 그 논의를 『철학백과 I*Enzyklopädie der philosophischen Wissenschaften I*』[68]과 『법철학*Grundlinien der Philosophie des Rechts*』의

---

62 Hegel, *LPR*, vol. 2, 437; *VPR*, Part 2, 337.

63 Hegel, *LPR*, vol. 2, 438-440; *VPR*, Part 2, 338-342. *LPR*, vol. 2, 740f.; *VPR*, Part 2, 626f. 헤르더도 자신의 저작 『히브리 시가의 정신』에서 '타락'에 관한 풍부한 논의를 선보이고 있다. 이와 관련해서는 *Vom Geist der Ebräischen Poesie*, vol. 1, 150-200. *The Spirit of Hebrew Poetry*, vol. 1, 122-159를 참고하라.

64 Hegel, *LPR*, vol. 2, 239-249; *VPR*, Part 3, 145-154. *LPR*, vol. 3, 101-108; *VPR*, Part 3, 38-44. *LPR*, vol. 3, 207-211; *VPR*, Part 3, 139-142. *LPR*, vol. 3, 300-304; *VPR*, Part 3, 224-228.

65 Hegel, *PhS*, 468-470; *Jub.*, vol. 2, 588-590.

66 Hegel, *Phil. of Hist.*, 321-323; *Jub.*, vol. 11, 412-415.

67 Hegel, *EL*, § 24, Addition 3; *Jub.*, vol. 8, 91-97.

68 Hegel, *PR*, § 18, Addition; *Jub.*, vol. 7, 70.

보론에 실어두었다. 그런 점들로 미루어 볼 때 그는 '원죄'를 『종교철학』 뿐만 아니라 다른 분야의 논의에서도 매우 중요한 주제로 여겼음에 틀림없다.

다신교(多神敎)나 이신교(二神敎)에서는 악의 존재나 악의 근원을 크게 문제 삼지 않는다. 조로아스터교처럼 선한 신에 대립하는 악한 신에게 그 책임을 돌려버리면 그만이기 때문이다.[69] 하지만 우주 전체를 창조한 유일신을 믿는 일신교에서는 악이 문젯거리가 된다. 유일신이 선하다면 그가 창조한 세계에 왜 악이 존재한단 말인가? 그가 전능하다면 악도 존재하지 않아야 마땅하지 않은가? 자비롭고 전능한 신 개념을 가진 일신교는 그러한 악의 존재를 어떻게 설명해야 하는가?

헤겔은 악의 기원을 설명하는 창세기의 타락 이야기를 해석한다. 타락 이전의 근원적인 상태에서 인간은 자연계와 완전한 조화를 이루고 있었다. 인간은 벌거벗은 모습으로 순진하게 살았다. 그들은 자신을 둘러싼 자연환경과 직접적으로 평화롭게 공존했다. 그때까지만 해도 그들은 원죄의 형벌로 부여받은 죽음과 해산의 고통을 알지 못했다. 그때의 인간은 자연 세계뿐만 아니라 신과도 직접적인 조화를 이루고 있었다. 원죄 이전에는 신과 인간의 분리와 그로 인한 소외의 고통도 없었다. "실천적인 의지와 관련하여, 정신은 행복한 믿음의 영역에, 순진한 무죄의 상태에, 절대적인 선의 단계에 머물러 있었다."[70] 아담과 하와는 신의 형상을 닮은 선한 상태로 창조되었다. 그들의 행동은

---

69 Hegel, *LPR*, vol. 2, 740; *VPR*, Part 2, 626.
70 Ibid.

자신의 본성에서 비롯한 직접적인 결과였다. 그들의 의지에는 행위의 선택과 관련한 어떠한 내적인 분열과 갈등도 없었다.

헤겔이 보기에 그러한 순수한 연상은 근본적인 진리를 포착하고 는 있지만 동시에 오해도 포함하고 있다. 첫째로 그 연상은 인간과 신의 통일 혹은 조화를 보여준다. 인간이 신의 형상으로 창조되었다는 것은 인간 안에 신적인 것이 존재한다는 것을 의미하고,[71] 신과 인간의 통일은 인간 안에 있는 신적인 요소, 즉 이성적 요소를 의미한다. 따라서 근원적인 조화의 이념에 담긴 인간 조건의 근본적인 진리는 다음과 같다.

> 인간에 관한 근본적인 규정은 자연적인 본질 자체인 동물이 아니라 정신 이라는 것이다. 인간이 정신이라는 것은 일반적인 의미에서 보편성 그 자체, 즉 이성의 보편성과 구체적인 사유와 이성의 활동성을 가지고 있 다는 뜻이다. 이성은 보편적이다. 따라서 자연에 깃든 이성을 인식하는 것은 부분적으로는 이성의 본능이자 부분적으로는 발달된 이성이다.[72]

인간은 보편자를 사유하고 판별하는 능력을 가지고 있다. 그것이 신적인 정신의 표식이자 인간과 신을 통일시키는 능력이다.

하지만 헤겔에 따르면, 성서의 설명에는 왜곡된 측면이 있다. 인간 이 신과 조화를 이루는 것은 사실이지만 그것은 이미 상실된 원래의 상태로 되돌아가는 것을 뜻하지 않는다. 도리어 인간은 소외와 화해의

---

71 Hegel, *LPR*, vol. 2, 522; *VPR*, Part 2, 419f.
72 Hegel, *LPR*, vol. 2, 524; *VPR*, Part 2, 421f.

과정을 매개하여 자유를 실현해야 한다. 신과 인간의 진정한 화해는 과거에 존재했던 직접적인 조화가 아니라 분열과 소외의 매개를 거친 새로운 차원의 조화다. 타락 이야기에 나타난 조화의 원형은 인간의 상태가 아니다. 인간이 진정한 인간으로 거듭나기 위해서는 그 단계를 극복해야 한다.

다음으로 헤겔은 타락 이야기로 넘어간다. 그는 창세기 2-3장을 이렇게 해석한다.

> 인간의 본성을 설명하는 이 이야기에는 인간 자체를 상징하는 아담이 등장한다. 신이 아담에게 내린 계명은 조야하고 형식적인 것이 아니다. 아담이 먹어서는 안 되는 나무는 단순한 외면적 형태를 넘어 선악에 대한 인식을 상징한다. 아담은 그 열매를 먹고 선악에 대한 인식을 갖게 된다. 하지만 의아한 점은 신이 인간에게 그러한 인식의 소유를 금했다는 것이다. 왜냐하면 그것이 정신의 본질을 이루기 때문이다. 정신은 오로지 의식을 통해서만 정신이 되는데, 그러한 인식이 곧 최고의 의식이기 때문이다. 그것은 자유의 긍정적인 측면에 대한 부정적인 대응이라 할 수 있다.[73]

헤겔은 신이 인간에게 선악의 인식을 금했다는 데 의문을 제기한다. 인간이 진정으로 자유롭기 위해서는, 즉 자신의 행위를 자유롭게 결정하기 위해서는 선악에 대한 인식이 반드시 필요하다. 따라서 선악의 인식에는 자유와 동시에 책임도 뒤따른다. 하지만 타락 이야기

---

73 Hegel, *LPR*, vol. 2, 439n; *VPR*, Part 2, 339n. 이와 관련해서는 Hegel, *EL*, § 24, Addition 3; *Jub.*, vol. 8, 93f.도 참고하라.

는 선악에 대한 인식이 주어지면 인간은 언제나 악을 선택할 것이기 때문에, 즉 자유는 악을 초래하기 때문에 위험하다고 설명한다. 그래서 신은 새로운 상황에 탄식했던 것이다. 하지만 헤겔은 선악의 인식이 없는 타락 이전의 순수한 인간이 어떻게 자유로울 수 있는지 반문한다. 진정한 의미의 자유는 선악의 인식에 근거하여 이성적으로 선을 선택하는 데 있다. 선악의 인식이 존재하지 않으면, 어떠한 선택도 불가능하고, 어떠한 자유도 불가능하다.[74]

헤르더도 『히브리 시가의 정신』에서 타락 이야기를 이와 동일하게 해서하고 있다. 그 서작에서 유대 시가에 관한 대화자 중 한 명은 이렇게 말한다. "선악의 인식은 동양의 언어로 [⋯] 신중함이나 분별력을 의미한다. 그것은 인간이 일반적인 지성(도덕적 판단력)과 그것을 수행할 수 있는 능력(실천적 지성)을 갖고 있다는 것이다."[75] 헤르더는 타락 이야기의 핵심을 인간과 동물의 차이를 밝히는 것이라고 주장한다. 동물은 자신의 본성에 따라 직접적으로 행동한다. 따라서 뱀이 자신의 욕구에 따라 나무의 열매를 따 먹는 것을 도덕적으로 비난할 수 없다. 하지만 인간은 동물과 다르다. 인간은 도덕에 따라 행동하기 때문에 같은 행동을 하더라도 자신의 행동에 책임을 져야 한다.[76] 헤겔과 마찬가지로 헤르더도 성서의 타락 이야기를 자유롭고 완전한

---

74 Hegel, *Phil. of Hist.*, 321; *Jub.*, vol. 11, 412f. "악은 의식 속에 존재한다는 심오한 진리가 있다. 왜냐하면 의식이 없는 동물은 선하지도 악하지도 않기 때문이다. 단순한 자연적 인간도 동물과 마찬가지다. 의식은 자의적으로 선택하는 무한히 자유로운 자아와 의지의 순수한 본질인 선을 분리시킨다."

75 Herder, *Vom Geist der Ebräischen Poesie*, vol. 1, 163. *The Spirit of Hebrew Poetry*, vol. 1, 132.

76 Herder, *Vom Geist der Ebräischen Poesie*, vol. 1, 165. *The Spirit of Hebrew Poetry*, vol. 1, 133.

인간으로 거듭나기 위한 인간 능력의 자연스러운 발전 과정으로 해석한다. 헤르더와의 대화에 등장하는 사람들은 마치 부모가 어린아이의 행동을 예측하듯이, 신도 아담과 하와가 금지령을 위반할 것임을 예측했다는 결론에 도달한다. 아버지의 훈계로 어린아이가 자신의 행동을 교정해 나가듯이, 신의 처벌로 아담과 하와도 그렇게 되리라는 것이다.[77] 헤겔과 헤르더는 둘 다 구약의 타락 이야기를 인간 본성에 관한 중요한 상징으로 해석한다. 악은 인간의 외부가 아니라 내부에 존재하는 것이다. "우리를 유혹하는 뱀은 언제나 우리의 감각적인 본성을 자극한다."[78] 뱀은 모든 인간의 자연적인 본성, 그러나 문명화된 삶에서는 지양되어야만 하는 욕구와 충동을 상징한다. 타락 이야기는 인간이 동물의 단계에서 어떻게 완전한 인간으로 성숙해 가는지를 설명하는 일종의 '인간 발달 과정'이다.[79]

헤겔은 악의 근원에 관한 유대인과 페르시아인의 관점을 비교한다. 조로아스터교는 오르무즈드와 아리만으로 상징되는 선과 악의 원리가 세상에 앞서 존재한다고 생각한다. 하지만 유대교에서는 그러한 외적인 이원론이 개인의 자기의식 내부에 존재하는 주관적인 것으로 전환된다. "빛과 어둠이라는 동양의 외면적인 대립이 유대교에서는 정신의 내면적인 대립으로 전환되고, 어둠이 악이 아닌 죄로 전환된다."[80] 선과 악의 원리는 모든 인간의 의지 자체에 존재하는 것이다.

---

77 Herder, *Vom Geist der Ebräischen Poesie*, vol. 1, 175. *The Spirit of Hebrew Poetry*, vol. 1, 140.

78 Herder, *Vom Geist der Ebräischen Poesie*, vol. 1, 176. *The Spirit of Hebrew Poetry*, vol. 1, 140.

79 Herder, *Vom Geist der Ebräischen Poesie*, vol. 1, 175. *The Spirit of Hebrew Poetry*, vol. 1, 140.

악은 세상에 앞서 존재하는 것이 아니라 인간의 의지가 만들어 낸 결과다. 선악의 나무는 선악의 대립이 인간의 외부에 존재한다는 것을 상징하고, 선악의 열매를 따 먹은 행위는 그것이 인간 내부의 대립으로 전환되었다는 것을 상징한다. 선과 악의 대립이 인간의 내면에 존재한다는 개념은 개인의 역할에 무한한 중요성을 부여함으로써 자유의 발전에도 큰 기여를 했다.

인간은 자연적 조건에서 벗어나 더 높은 단계로 고양되고자 하는 본성을 가지고 있다. 그러기 위해서 인간은 자연과 직접적으로 통일된 상태에서 벗어나 더 고귀한 것, 즉 자신에게 본성적으로 주어진 이성적인 요소를 인식해야 한다. 자연적인 조건에 종속된 인간은 자신의 목적과 운명을 완수하지 못한 채 잠재적인 단계에 머물러 있는 것이다.

최초의 자연적인 통일의 상태는 실제로 순진한 상태가 아니라 야만적인 상태, 동물의 상태, 자연적인 욕망의 상태 혹은 일반적인 야생의 상태에 불과하다. 그러한 상태의 동물은 선하지도 악하지도 않다. 그러한 상태에 머물러 있는 인간은 진정한 인간의 모습이 아니라 야만적이고 사악한 동물의 모습에 불과하다. 인간은 처음부터 완성된 존재가 아니다. 인간은 정신적인 모습으로 존재해야 한다. 이를 위해서는 무엇이 옳고 타당한 것인지를 알고 그것을 의욕하는 내면의 빛을 통해 자신을 단련해 나가야 한다.[81]

---

80 Hegel, *Phil. of Hist.*, 323; *Jub.*, vol. 11, 414f.

81 Hegel, *LPR*, vol. 2, 527; *VPR*, Part 2, 424.

애초에 인간은 이성적이고 자유로울 수 있는 잠재력만을 가지고 있다. 따라서 아직 그러한 잠재력을 현실화하지 못한 초기 단계의 인간은 야만적이고 사악한 존재로 간주되기도 한다. 하지만 그러한 잠재력을 아예 갖지 못한 동물에 대해서 우리는 어떠한 도덕적 범주도 적용할 수 없고, 어떠한 도덕적 판단도 내릴 수 없다.

타락 이야기에서 분열과 소외는 우연하고 불행한 사건으로 묘사되어 있다. 이에 따르면 아담과 하와가 선악의 열매를 먹은 것은 잘못한 것이며, 다른 누군가는 달리 행동했을 수도, 즉 원죄를 범하지 않을 수도 있었을 것이라고 생각할 수도 있다. 왜냐하면 원죄는 아담과 하와의 교만과 반항으로 온 인류가 저주를 받게 된 것이기 때문이다. 하지만 헤겔은 달리 해석한다.

> 우리는 원죄가 최초의 인간인 아담의 우발적인 행동 때문이라는 그런 피상적인 관념을 버려야 한다. 인간이 본성적으로 악하다는 것은 정신 개념의 일부다. 우리는 그가 그러지 않았을 수도 있다고 상상해서는 안 된다. 물론 인간도 자연적인 존재이지만 그렇게 자연적으로 행동해서는 안 된다. 정신은 자연의 유혹을 물리치고 정신적으로 존재할 때만 진정으로 자유로울 수 있다. 인간에게 자연은 극복해 나가야 할 출발점에 불과하다.[82]

타락 이야기는 우연적이거나 자의적인 사건이 아니다. 그 이야기에서 신화적인 요소들을 걷어내면 우리는 인간에 대한 보편적인 진리,

---

[82] Hegel, *EL*, § 24, Addition 3; *Jub.*, vol. 8, 95-96. 이와 관련해서는 *Phil. of Hist.*, 321-322; *Jub.*, vol. 11, 413도 참고하라. 타락은 "우연한 사건이 아니라 정신의 영원한 역사다. […] 그러므로 타락은 인간이 진정한 인간으로 이행하는 과정을 보여주는 영원한 신화다."

즉 인간은 자연상태에서 벗어나 정신이 되어야 한다는 진리를 통찰할 수 있다. 헤겔에 따르면, 인간 의식에 본성적으로 주어진 악의 가능 조건은 동시에 자유와 덕행의 가능 조건이기도 하다. 인간은 자연적인 욕구와 충동을 극복하고 더 높은 본성에 따라 행동하는 법을 배워야 한다.

신과 인간은 둘 다 정신이라는 점에서 자유롭다. 창세기의 타락 이야기는 인간이 그러한 정신의 자유를 깨닫게 되는 과정을 보여준다. 거기에는 뱀이 아담과 하와에게 "선악의 열매를 먹으면 너희도 신과 같이 되리라"고 유혹하는 장면이 나온다. 헤겔은 그것을 타락 이야기의 핵심으로 본다. 신은 자기의식을 가지고 있으며 선과 악의 차이를 알고 있지만, 최초의 인간은 어린아이나 동물처럼 단지 직접적인 본능에 따라서만 행동한다. 인간은 타락 이후에 자기의식을 갖게 되면서 비로소 신처럼 된다. 인간은 타인의 시선으로 자신을 보면서 벌거벗은 모습에 부끄러움을 느끼게 된다. 그것이 신의 단계다. 신과 인간은 둘 다 자기의식을 가진 행위자, 즉 정신이다. 아담과 하와는 타락을 통해 역설적으로 자신이 신적인 존재라는 사실을 깨닫게 된 것이다.[83]

사람들은 타락 이전의 근원적인 상태를 이상화하는 경향이 있다. 그들은 오늘날의 부도덕한 상황을 한탄하면서 한때 존재했던 낙원이

---

83 Hegel, *EL*, § 24, Addition 3; *Jub.*, vol. 8, 95. "그 신화는 낙원에서 추방되는 이야기로 끝나지 않는다. '하나님이 이르시되 보라 아담이 선악을 아는 일에 우리 중 하나 같이 되었느니'라는 내용으로 이어진다. 여기서 인식은 더 이상 악의 근원이 아니라 신적인 것으로 불린다. 그것은 철학이 유한한 정신의 활동에 불과하다는 한가로운 잡담을 반박하는 것이기도 하다. 철학은 인식이다. 신의 형상이 되어야 한다는 인간의 본래적인 소명은 오로지 인식을 통해서만 실현될 수 있다."

나 자연과의 직접적인 조화를 동경하기도 한다. 헤겔은 그러한 원초적인 상태와 원시적인 종교를 이상적인 낙원으로 묘사하는 경향을 비판한다. 그리스인들의 황금시대 개념이나 루소의 자연상태 개념, 즉 문명에 의해 타락하기 이전에 단순한 본능으로 살던 때를 이상화하는 경향이 바로 그것이다. 예를 들어 고대 인도 문화야말로 그러한 조화로운 자연상태를 대표한다고 생각한 근대 낭만주의자들도 그러한 부류에 속한다.

성서는 타락의 사건을 비극적으로 묘사하지만 인간에게 선악의 구별과 자유의 가능성을 일깨워준 그 사건은 인간 발달의 자연스러운 과정이다. 타락 이전에는 근원적인 조화가 있었고(정립), 그다음에는 타락, 즉 분열과 대립이 발생했다(반정립, 부정). 하지만 헤겔의 사변 논리에 따르면, 거기에는 셋째 단계인 화해가 없다(종합, 부정의 부정). 신이 유대인들과 맺은 언약에서 그러한 화해가 부분적으로 나타나긴 하지만 그것은 원죄나 처벌의 사건을 변화시키지 않는다. 그러한 근본적인 변화를 위해서는 그리스도교와 같은 보다 급진적인 화해가 필요하다.

헤겔은 인간과 신이 좀 더 가까웠던 '실낙원' 개념을 비판한다. 그는 그것이 인간 발달에 필연적인 과정이 아니라고 지적한다.[84] 인간과 자연의 통일이란 인간이 소처럼 살아야 한다는 뜻이 아니라 자신의 본성과 조화를 이뤄야 한다는 뜻이다. 이를 위해 인간은 도리어 자신의 직접적인 욕구와 충동에서 벗어나야 한다. 식물과 동물은 애초에 자연과 통일되어 있지만 인간은 자연과의 조화를 끝없이 추구해야

---

84 Hegel, *LPR*, vol. 2, 243; *VPR*, Part 2, 148.

하는 상황, 즉 이성을 통해 자연을 극복해야 하는 분열과 소외의 상황에 살고 있다. 인간만이 자연과의 궁극적인 화해에 이를 수 있다. 그러한 분열을 매개한 조화는 낙원에서의 직접적인 조화보다 고차적인 것이다.

헤겔은 창세기의 타락 이야기로 되돌아가 선악의 열매를 먹은 죗값으로 받은 신의 형벌을 분석한다. 흙으로 돌아갈 때까지 얼굴에 땀을 흘려 일해야 한다는 신의 형벌에도 약간의 결함이 있다. 신은 인간에게 고통을 주기 위해 노동이라는 형벌을 내렸지만 헤겔은 그러한 노동이야말로 인간과 자연을 구별하는 결정적이고도 긍정적인 계기라고 설명한다.

> 우리는 그것이 유한함의 결과라는 것을 인정해야 하지만 얼굴에 땀을 흘려 빵을 먹고 자신의 활동과 노동과 이해를 통해 생계를 유지하는 것은 인간의 고귀함이기도 하다. 동물은 생존에 필요한 모든 것을 자연에서 제공받지만 인간은 그것을 자유롭게 재배하거나 사육하기도 한다. 선을 인식하고 의지하는 가장 높은 단계의 자유는 아닐지라도 그 역시 인간 자유의 일부다.[85]

지성과 노동을 통해 자연적인 욕구를 충족시키는 능력이야말로 동물과 구별되는 인간 존엄성의 근거다. 동물과 달리 인간은 자신의 필요에 따라 환경을 변화시키거나 재구성할 수 있다. 엄밀히 말해 노동은 부정적인 형벌이 아니라 인간을 인간답게 만드는 긍정적인

---

85 Hegel, *LPR*, vol. 2, 440n; *VPR*, Part 2, 340n. 이와 관련해서는 *EL*, § 24, Addition 3; *Jub.*, vol. 8, 95도 참고하라.

보상이다.

성서의 관점에 따르면, 인간은 선악을 모르던 자연과의 직접적인 조화 속에서 더 행복했을는지 모른다. 하지만 그것은 인간을 동물로 취급하는 것이다. 진정한 인간이 되기 위해서는 에덴동산을 떠나 (악의 가능성을 감수하고서라도) 자유롭게 행동할 수 있는 가능성을 획득해야 한다. 그러한 결정적인 단계를 거치지 않으면 인간은 결코 자신의 인간성이나 자유의 개념을 완수할 수 없다. "순진한 낙원의 상태는 동물적인 삶의 조건이다. 그곳은 인간이 있어서는 안 될 한갓 동물의 우리에 불과하다."[86] 헤겔에 따르면, 타락 이야기는 유대인의 자기 개념과 그들의 우주 내 지위를 이해하는 데 큰 통찰을 준다. 시편의 후반부에는 죄에서 벗어날 수 없는 타락한 인간의 한탄이 나타나 있다.[87] 하지만 헤겔에 따르면, 그것은 유대교가 진정한 화해를 열망하고 있다는 반증이기도 하다.

4) 주인과 노예

헤겔이 보기에 유대교의 가장 큰 결함 중 하나는 신과 유대 민족 사이의 인정 형태가 자유로운 개인들 사이의 인정 형태(상호 인정)와 달리 주인과 노예의 양상을 띠고 있다는 점이다.[88] 유대인들은 "주인

---

86 Hegel, *Phil. of Hist.*, 321; *Jub.*, vol. 11, 413.

87 Hegel, *Phil. of Hist.*, 321; *Jub.*, vol. 11, 412. "그것이 유대 민족에게 세계사적인 중요성을 부여하는 이유다. 다윗의 시편과 예언서에서 신을 향한 영혼의 목마름, 죄에 대한 깊은 슬픔, 의로움과 거룩함에 대한 갈등 등으로 표현된 그러한 마음의 상태가 불화의 고통과 소외로부터 정신이 절대적인 자기의식이 되는 더 높은 단계로의 이행을 추동하기 때문이다."

88 헤겔은 자신의 초기 논문 "그리스도교의 정신과 그 운명"에서 그 점을 분석하고 있다. 이와 관

에 대한 노예의 자기의식"을 가지고 있다.[89] 헤겔은 시편 111장 10절에서 그러한 표현을 발견한다. "여호와를 경외하는 것이 지혜의 근본이라."[90] 유대인들에게 지혜는 신의 능력을 인식하고, 그의 율법과 계명을 지키며, 신이 진노하지 않도록 조심하는 것이다.

『정신현상학』 "B. 자기의식(Selbstbewußtsein)" 장의 도입부에 해당하는 유대교는 정신종교와 자기의식의 탄생을 상징한다. 『정신현상학』의 "지배와 예속"(Herrschaft und Knechtschaft)의 변증법에도 나오듯이, 비극적인 노예의 상황에도 긍정적인 측면이 있다. 노예는 공포, 규율, 자기부정, 자연적 욕구와 욕망의 추상화를 통해 자신의 자연적 요소를 지양하고 정신이 최고의 요소라는 것을 인식함으로써 자신을 더 높은 경지로 고양시킨다. 인간도 동물처럼 자연적인 욕구를 가지고 있지만 그것은 인간을 인간답게 만들어 주는 요소가 아니다. 진정한 인간으로 거듭나는 데 중요한 것은 동물적인 욕구에 종속되기보다 그것을 무시하고 억제할 수 있는 정신의 능력이다. 그러한 의미에서 노예가 느끼는 공포는 자연을 극복하기 위한 긍정적인 필요조건이다. 그것은 인간을 억압하는 부정적인 공포가 아니라 인간을 해방시키는 지혜로운 공포다. 헤겔은 이렇게 설명한다.

> 지혜로운 공포야말로 자유의 본질적인 계기다. 그것은 모든 특수한 것들로부터 우리를 해방시켜주고, 모든 우연적인 관심에서 벗어나게 해주

련해서는 *TJ*, 251ff.; *ETW*, 192ff.를 참고하라.

89 Hegel, *LPR*, vol. 2, 153f.; *VPR*, Part 2, 60.

90 이와 관련해서는 다음을 참고하라. *LPR*, vol. 2, 443; *VPR*, Part 2, 344. *PhS*, 117f.; *Jub.*, vol. 2, 156.

며, 모든 특수한 것들을 부정적으로 느끼게 해준다. 따라서 지혜로운 공포는 특정한 대상에 대한 특수한 공포가 아니라 더 이상 그러한 공포에 연연치 않게 함으로써 우리를 그 공포로부터 해방시켜주는 것이다.[91]

노예는 자신의 욕구를 자율적으로 통제하는 법을 배움으로써 최초의 공포에서 벗어나게 된다. 그러면 주인은 더 이상 노예를 위협할 필요가 없다. 노예는 자신의 욕구를 스스로 부정했기 때문에 신의 위협을 받을 필요가 없다. 노예는 자율을 통해 주인의 공포에서 해방된다. 이 대목에서 헤겔은 주인의 공포를 통해 '절대적인 의존의 감정'을 만들고, 그것을 종교의 근본적인 감정으로 환원하려 했던 슐라이어마허(Friedrich Schleiermacher)를 비판하는 듯하다. "결론적으로 말해서 주인에 대한 공포는 '의존의 감정'과는 아무런 상관이 없다. 반대로 그것은 모든 의존의 감정을 지양하는 것이다."[92] 헤겔은 주인에 대한 공포를 오히려 긍정적으로 해석한다. "주인에 대한 공포로부터 긍정적인 것이 생겨난다. 그러한 순수한 긍정이야말로 자신으로 되돌아가는 무한한 부정성이다."[93] 헤겔은 『정신현상학』에서 감각적인 것들로부터 해방된 노예의 의식이 스토아주의로 이행하는 과정을 분석하는데, 그 내용이 바로 이 부분에 해당한다.[94]

지배와 예속의 변증법에서 노예는 자신이 주인을 인정하는 것보

---

91 Hegel, *LPR*, vol. 2, 445n; *VPR*, Part 2, 343n.

92 Hegel, *LPR*, vol. 2, 443f.; *VPR*, Part 2, 344.

93 Hegel, *LPR*, vol. 2, 444; *VPR*, Part 2, 344.

94 Hegel, *LPR*, vol. 2, 445n; *VPR*, Part 2, 343n. "예를 들어 이것이 노예들의 금욕주의적 자유다." 이와 관련해서는 *LPR*, vol. 2, 444; *VPR*, Part 2, 345.

다 더 높은 차원의 인정을 주인으로부터 받는다. 주인의 욕구는 노예의 노동에 의존한다. 그런 점에서 주인은 노예의 가치를 암묵적으로 인정한다. 노예는 주인을 위한 노동 속에서 자신의 존재를 인정받는다. 유대교에서도 상황은 비슷하다. 주인인 신은 명령을 내리고, 노예인 유대 민족은 그것에 복종해야 한다. 그러한 복종이 가능하려면, 언약에 기초한 예속과 공포가 필요하다. "그러한 의미에서 유대 민족은 언약과 계약을 통해 고용된 신의 노예다."[95] 여호와와 유대 민족의 관계는 법적인 관계이지 개인의 인격에 기초한 사랑과 공감의 관계가 아니다. 헤겔은 이렇게 설명한다. "유대 민족의 복종은 정신에 의한 도덕적 복종이 아니라 규정된 율법에 대한 복종에 불과하다. 그것은 도덕적인 사람들의 자유로운 복종이 아니므로 형벌 또한 외부에서 강제적으로 주어지는 형태를 띠고 있다."[96] 신의 폭정을 설명하기 위해 헤겔은 레위기*Leviticus* 26장 14-33절에 나오는 일련의 위협과 저주를 인용한다. 거기서 신은 자신의 율법을 어기는 자들에게 혹독한 형벌을 내리겠다고 위협한다.

조로아스터교에서는 선의 신 오르무즈드와 악의 신 아리만이 공공연히 갈등한다. 하지만 유대교에서는 신이 악보다 훨씬 우월하기 때문에 선과 악 사이에 어떠한 갈등도 발생하지 않는다. 신은 단지 악을 처벌할 뿐이다. 유대인들은 아직 자유로운 정신 개념에 이르지 못한 채 스스로를 신의 노예로만 여긴다. 그래서 헤겔은 유대인들을 주인에 예속된 노예의 상태로 규정한다. "유대인들에게는 아직 자유

---

95 Hegel, *LPR*, vol. 2, 157; *VPR*, Part 2, 63. *LPR*, vol. 2, 449; *VPR*, Part 2, 348f.
96 Hegel, *LPR*, vol. 2, 450; *VPR*, Part 2, 350f.

가 없다. 심지어 신적이고 영원한 율법이 무엇인지 탐구할 자유조차 없다. 이성의 범주라 할 수 있는 선의 범주는 주인인 신이 미리 다 결정해 두었으며, 그것을 위반하면 신의 형벌을 받는다. 그것이 신의 진노다."[97] 진정한 율법은 자유로운 개인들의 인정에 기초하지만 당시의 유대인들은 아직 그러한 자유로운 자기 개념을 갖추지 못했다.

여호와는 앞선 신 개념들보다 고차적인 자기의식적인 신이지만 그렇다고 결함이 없지는 않다. 주인과 노예의 상호 인정에 관한 헤겔의 분석이 보여주듯이, 자유롭게 이루어진 인정만이 진정한 인정의 자격을 갖출 수 있다. 사람들은 다른 사람을 사랑하거나 존경하도록 강요받을 수 없다. 폭군이 제아무리 백성들을 위협한다 해도, 그는 결코 진정한 사랑과 존경을 받을 수는 없다. 백성들이 겉으로는 존경하는 척을 할 수 있지만, 속으로는 도리어 그를 원망하고 경멸할 것이다. 사랑과 존경은 자유롭게 이루어져야 한다. 그것이 진정한 인정의 조건이다. 하지만 유대인들은 아직 그 단계에 이르지 못했다. 여호와는 그들에게 주관적인 자유를 허락하지 않는 폭군과 같은 주인이기 때문이다.

헤겔에 따르면, 유대인들은 여전히 노예의 상태에 머물러 있다. 그러한 예속의 상태는 주관적인 자유 개념의 발전을 가로막는다. 헤겔은 입법자인 여호와에 초점을 맞춘다. 법에 대한 자유로운 복종은 개인이 이성적인 이해와 평가의 과정을 거쳐 그것에 동의할 때만 가능하다. 먼저는 국가가 공포한 법과 같은 보편적인 것이 존재하고, 다음으로 그것이 특수한 개인의 의지에 전해지며, 마지막으로 개인의

---

97 Hegel, *LPR*, vol. 2, 452n; *VPR*, Part 2, 352n.

동의에 의해 보편적인 법과 개인의 의지가 하나로 통합된다. 개인은 법의 진리와 보편성을 이성적으로 인정할 수 있을 때만 그 법에 동의한다. 그 경우 개인은 법 안에서 자신의 의지를 발견한다. 하지만 여호와는 자신이 제정한 율법을 유대 민족이 스스로 평가하거나 동의하도록 허락하지 않는다. 여호와의 율법은 유대 민족이 어떻게 생각하든 상관없이 무조건 복종해야 할 절대적인 명령이다. 거기서 개인은 아무런 역할도 하지 못한다. 헤겔은 이렇게 설명한다.

> 이것이 바로 주인으로서의 신이 자신의 백성들에게 십계명을 비롯한 모든 종류의 보편적 율법을 내리는 원리다. 그것은 도덕과 입법을 정초하는 보편적인 윤리와 법의 토대이며, 백성들의 이성에 근거한 것이 아니라 단지 주인이 규정해 놓은 정치적 조례나 규칙들이다.[98]

그러한 율법 개념은 개인의 자유를 인정하지 않는다. 율법은 단지 복종만을 명령한다. "모든 율법은 주인이 내린다. 그것은 형식적이고 절대적인 권위를 가진 실정적인 계명이다."[99] 그 율법에는 위반했을 때 당하게 될 형벌에 대한 위협도 포함되어 있다. 그래서 사람들은 율법이 자신이 양심과 내적 확신에 어긋나더라도 두려워서 복종하지 않을 수 없다.

원죄 이야기에도 나타나듯이, 악의 근원은 인간의 주관성이다. 달리 말해 인간이 자신의 의지에 따라 행동하면 악을 저지를 수밖에

---

98 Hegel, *LPR*, vol. 2, 684n; *VPR*, Part 2, 576n.
99 Hegel, *LPR*, vol. 2, 685n; *VPR*, Part 2, 576n. 이와 관련해서는 Hegel, *Phil. of Hist.*, 198; *Jub.*, vol. 11, 262도 참고하라.

없다는 것이다. 따라서 인간이 자연적 경향성에 따라 행동하지 않게 하려면 명확하고 강력한 명령들이 필요하다.[100] 하지만 그러한 관계는 인간을 사리분별력이 없는 어린아이로 취급하는 것이다. 인간은 스스로 선과 악을 판단하거나 선을 선택할 수 있는 능력이 없다고 여기기 때문이다. 그들을 도덕적으로 행동하게 하려면 그들의 동의 여부와 상관없이 명확하고 강력한 명령들이 필요하다는 생각은 원죄 교리의 자연스러운 귀결이다.

따라서 유대교에는 영혼불멸 교리도 없다. 신은 언약과 율법을 준수한 자들에게는 세상의 형통을 보장하고, 위반한 자들에게는 세상의 고난을 감당케 한다.[101] 신이 아브라함, 이사악, 야고보와 같이 훌륭한 삶을 살았던 이들에게 내린 보상은 천국에서의 영원한 행복이 아니라 지상에서의 세속적 번영이었다. 유대교의 보상과 처벌 체계는 철저히 세속적인 영역에 제한되어 있다.

5. 다음 단계로의 이행

헤겔은 유대교의 한계를 설명하면서 다음 단계로의 이행을 예고한다. 핵심은 인간 자유 개념의 발전이다. 유대교는 주관성의 자유로운 발전을 원천 봉쇄하고, 절대적인 복종을 최고의 신앙으로 가르치는 노예의 종교다. 신이 그러한 폭압적인 주인으로 군림하는 한 인간은

---

100 Hegel, *LPR*, vol. 2, 685n; *VPR*, Part 2, 576n-577n.
101 Hegel, *LPR*, vol. 2, 160; *VPR*, Part 2, 65. 이와 관련해서는 *LPR*, vol. 2, 685n; *VPR*, Part 2, 577n도 참고하라.

자신을 자유로운 존재로 인식할 수도 없고, 자신의 주관성을 자유롭게 발전시킬 수도 없다.

그러한 딜레마에서 벗어나는 길은 '상호 인정' 개념에 있다. 진정한 인정을 위해서는 신과 인간이 서로를 자유롭게 인정해야 한다. 진정한 신은 인간에게 자유를 허락한다. 신은 정신이다. 따라서 신도 자기의식을 가진 다른 행위자들처럼 인정의 변증법에 참여해야 한다. 신과 인간의 인정 관계나 관계 양상이 신과 인간의 관계를 결정한다. 그 관계는 종교마다 달리 설정되어 있다. 인간 자유의 발전을 위한 핵심 요소는 인간이 자신 안에 신성이 있음을 깨닫는 것이다. 인간을 신의 노예로 설정한 유대교에서는 인간이 무가치한 존재로 간주되지만, 신이 인간의 모습(예수 그리스도)으로 등장하는 그리스도교에서는 인간이 신적인 존재로 간주된다. 인간은 신을 통해 자신을 인식하고, 신도 인간을 통해 자신을 인식한다. 그러한 깨달음과 더불어 인간의 가치와 의미는 무한히 격상된다. 그리스도교는 자기 개념의 새로운 차원, 즉 개인은 무엇으로도 환원할 수 없는 절대적인 중요성과 가치를 갖는다는 인식을 확립한 일종의 해방 선언이다.

신과 인간을 매개하는 핵심적인 연결고리는 '성령'(聖靈) 개념이다. 신과 인간은 둘 다 정신(靈)이기 때문에 상호 인정의 관계를 맺을 수 있다. 신과 인간은 서로의 타자를 통해 자신을 인식한다. "인간은 신을 통해 자신을 인식한다. 신과 인간은 서로에게 말한다. 신과 인간의 관계는 정신과 정신의 만남이다. 신이 정신이듯이, 인간도 정신이다."[102] 이 대목에서 헤겔은 신이 아담의 갈비뼈로 첫 여자를 만든

---

102 Hegel, *LPR*, vol. 2, 457n; *VPR*, Part 2, 357n. 이와 관련해서는 *Hist. of Phil.*, vol. 1, 410; *Jub.*, vol. 18, 74도 참고하라.

창세기의 구절을 언급한다. 아담은 처음 그녀를 보고 이렇게 말한다. "너는 내 뼈 중의 뼈요, 살 중의 살이로다." 아담은 자신의 갈비뼈로 만들어진 하와를 자신의 일부로 인식한다. 여기서 핵심은 아담이 하와를 통해 자신과 같은 존재, 즉 공통의 인간을 본다는 점이다. 이것이 상호 인정을 위한 필요조건이다. 성서의 구절은 그것을 뼈와 살이라는 육체적인 차원으로 설명했지만, 헤겔은 그것을 "정신(靈)과 정신(靈)의 만남"이라는 정신적인 차원으로 각색했다. 아담이 육체적 유사성에 근거하여 하와를 공통의 인간으로 본 것처럼, 인간도 신을 통해 공통의 정신을 본다. 그러한 관계가 그리스도교의 궁극적인 이념이다. 유대인들은 신과 인간을 철저히 분리시키고, 신을 주인으로, 인간을 노예로 설정했다. 하지만 그러한 지배와 예속의 관계 속에서는 결코 신과 인간의 공통성을 깨달을 수 없다.

| 9장 |

그리스의 다신교
: 아름다움의 종교

아름다움의 종교

헤겔은 자신에게 매우 친숙했던 고대 그리스의 다신교를 "아름다움의 종교"(Die Religion der Schönheit)라는 제목 아래 다룬다. 그는 어릴 때부터 고전 교육을 받았고, 라틴어와 그리스어도 배웠다.[1] 그는 평생 그리스의 문학뿐만 아니라 그리스 문화 전반에 깊이 매료되어 있었다. 그는 학생 시절에 롱기누스(Lunginus), 소포클레스(Sophocles), 에픽테토스(Epictetus), 투키디데스(Thucydides)의 저작을 번역했을 뿐만 아니라[2] 수많은 고대 작가의 저작을 나중을 위해 꼼꼼히 발췌 요약하기도 했다.[3] 슈투트가르트 김나지움에 다니던 시절의 초기 저술 중 일부는 그리스의 종교와 시가의 특성을 분석하고 있다.[4] "고대 시인들의 몇 가지 특징들에 관하여"도 그중 하나다. 거기서 청년 헤겔은 디오니소스를 위한 종교의식에서 시작된 그리스 비극을 분석하고 있다. 튀빙겐 신학대학 시절에 쓴 "고대 그리스-로마 작가들의 저작이 우리에게 주는 몇 가지 혜택에 관하여"라는 제목의 저술도 남아 있다.[5] 베른에서

---

1 이와 관련해서는 다음을 참고하라. Karl Rosenkranz, *Georg Wilhelm Friedrich Hegel's Leben* (Berlin: Duncker und Humblot, 1844), 10ff. H. S. Harris, *Hegel's Development: Toward the Sunlight 1770-1801* (Oxford: Clarendon Press, 1972), 47-56.

2 Rosenkranz, *Georg Wilhelm Friedrich Hegel's Leben*, 10-12.

3 Ibid., 13.

4 Hegel, "On the Religion of the Greeks and Romans," MW, 8-13; *Dokumente*, 43-48. "On Some Characteristic Distinctions of the Ancient Poets," *MW*, 14-18; *Dokumente*, 48-51.

5 Hegel, "Uber einige Vorteile, welche uns die Lekture der alten klassischen griechischen und romischen Schriftsteller gewahrt," *Dokumente*, 169-172. 이와 관련해서는 다음도 참고하라. Rosenkranz, *Georg Wilhelm Friedrich Hegel's Leben*, 27. Harris, *Hegel's Development: Toward the Sunlight 1770-1801*, 75-77.

가정 교사를 하던 시절, 그는 유명한 고대 그리스 신전을 노래하는 〈엘레우시스Eleusis〉라는 시를 써서 오랜 친구인 휠덜린(Johann Christian Friedrich Hölderlin)에게 선사하기도 했다.6 거기서 그는 데메트르(Demeter), 즉 케레스(Certes) 여신을 그리워하면서 고대의 신들을 이해하고자 했던 당대인들의 허황된 시도들을 비판하고 있다. 뉘른베르크 김나지움의 교장으로 재직하던 시절, 그는 "고전학에 관하여"라는 제목의 연설에서 그리스어와 라틴어가 고대 문화를 이해하고 논리적 사고를 함양하는 데 얼마나 중요한지를 열변했다.7 이런 점들을 감안하면 그가 그리스 종교를 여러모로 긍정적으로 평가한 것도 그리 놀라운 일은 아니다. 『베른 시기 단편들』에서 그는 그리스 종교와 그리스도교를 두 가지 측면에서 호의적으로 비교하기도 한다.8

헤겔은 『종교철학』9 외에 『역사철학』,10 『미학』,11 『정신현상학』12에서도 그리스 종교를 분석하고 있다. 『철학사』에는 그리스

---

6 Hegel, "Eleusis," *MW*, 86-88; *Dokumente*, 380-383.

7 Hegel, "Am 29. September 1809," in *Vermischte Schriften*, vols 1-2, ed. by Friedrich Forster and Ludwig Boumann, vols 16-17 (1834-1835) in *Georg Wilhelm Friedrich Hegel's Werke. Vollständige Ausgabe*, vols 1-18, ed. by Ludwig Boumann, Friedrich Forster, Eduard Gans, Karl Hegel, Leopold von Henning, Heinrich Gustav Hotho, Philipp Marheineke, Karl Ludwig Michelet, Karl Rosenkranz, Johannes Schulze (Berlin: Duncker und Humblot, 1832-1845), vol. 16, 133-147; *MW*, 291-299.

8 이와 관련해서는 다음을 참고하라. Hegel, *TE*, 77f.; *TJ*, 47. *TE*, 85; *TJ*, 54f. 그리스 종교에 대한 청년 헤겔의 긍정적인 평가와 관련해서는 J. Glenn Gray, *Hegel and Greek Thought* (New York: Harper, 1968), 24를 참고하라.

9 Hegel, *LPR*, vol. 2, 160-189; *VPR*, Part 2, 66-95. *LPR*, vol. 2, 455-497; *VPR*, Part 2, 353-396. *LPR*, vol. 2, 642-669; *VPR*, Part 2, 534-560. *LPR*, vol. 2, 747-758; *VPR*, Part 2, 631-640. *Phil. of Religion*, vol. 2, 224-288; *Jub.*, vol. 16, 96-156. *RGI*, 111-191.

10 Hegel, *Phil. of Hist.*, 223-277; *Jub.*, vol. 11, 292-360. *LPWH*, vol. 1, 371-425; *VPWG*, vol. 1, 314-393. *GRW*, 527-558.

11 Hegel, *Aesthetics*, vol. 1, 427-516; *Jub.*, vol. 13, 3-119.

종교에 대한 그의 분석에 상응하는 "그리스 철학의 역사Geschichte der Griechischen Philosophie"라는 방대한 부분이 제1부에 배치되어 있다.13 헤겔이 그리스 종교를 이처럼 중요시했음에도 불구하고 이 주제와 관련한 이차 문헌은 거의 찾아보기 어렵다.

유대교와 마찬가지로 그리스 종교도 신을 자기의식적인 실체로 간주한다는 점에서 정신종교의 단계에 해당한다. 하지만 그 두 종교는 극명한 대조를 이룬다. 그중 가장 결정적인 차이는 유대교는 일신교이고, 그리스 종교는 다신교라는 점이다. 또한 유대교의 신은 감각의 대상이 아니라 사유의 대상이었기 때문에 신에 대한 어떠한 형상이나 표상도 없었지만, 그리스 종교의 신들은 근본적으로 예술, 즉 구체적인 형상을 가진 감각적 대상으로 표현되고 있다. 그래서 헤겔은 『정신현상학』에서는 그리스 종교 설명부에 "예술종교"(Die Kunstreligion)라는 제목을 붙였고, 『종교철학』에서는 "아름다움의 종교"(Die Religion der Schönheit)라는 제목을 붙였다. 이집트 종교의 예술 작품은 신을 자연과 정신이 혼합된 모습으로 표현하고 있지만 그리스 종교의 예술 작품은 신을 자연의 요소가 완전히 배제된 순수한 정신의 모습으로 표현하고 있다.14 그리스의 신들은 인간의 모습을 하고 있다. 따라서 그리스 종교와 더불어 자연으로부터의 해방은 또 한 번 새로운 국면을 맞는다.

---

12 Hegel, *PhS*, 424-453; *Jub.*, vol. 2, 535-569.

13 Hegel, *Hist. of Phil.*, vol. 1, 149-487; *Jub.*, vol. 17, 187-434. *Hist. of Phil.*, vol. 2, 1-453; *Jub.*, vol. 18, 3-586; vol. 19, 3-96.

14 Hegel, *PhS*, 424; *Jub.*, vol. 2, 534f. "자기의식적인 정신은 자신을 인식하는 과정에서 스스로를 구체적인 의식의 대상으로 표현하지만 그것은 무의식적인 형태들과 혼합되어 있지 않다. 정신의 형상에는 더 이상 괴물의 형상, 언행, 행동 등이 존재하지 않는다."

1. 헤겔 시대의 고전학

독일인들은 오랫동안 고대 그리스의 문화와 예술을 사랑해 왔다.[15] 쉴러(Johann Christoph Friedrich Schiller), 괴테(Johann Wolfgang von Goethe), 헤르더(Johann Gottfried Herder), 슐라이어마허(Friedrich D. E. Schleiermacher)와 같은 인물들은 모두 그리스의 작가들을 동경하며 그들을 연구했다. 그러한 분위기에서 탄생한 유명한 작품들로는 쉴러의 시 〈그리스의 신들The Gods of Greece〉과 그가 번역한 에우리피데스(Euripides)의 저작 『아울리스의 이피게네이아Iphigenia in Aulis』, 하만(Johann Georg Hamann)이 번역한 크세노폰(Xenophon)의 저작 『소크라테스의 회상Socratic Memorabilia』, 레싱(Gotthold Ephraim Lessing)의 논문 "라오콘Laocoon", 괴테의 저작 『타우리스의 이피게네이아Iphigenia in Tauris』와 『코린트의 신부The Bride of Corinth』, 프리드리히 슐레겔(Friedrich von Schlegel)의 저작 『그리스 시가 연구On the Study of Greek Poetry』와 『그리스와 로마 시가의 역사The History of Poetry from the Greeks and Roman』, 횔덜린이 번역한 소포클레스의 저작들, 셸링(Friedrich Wilhelm Joseph von Schelling)의 논문 "사모트라케의 신들The Deities of Samothrace", 슐라이어마허가 번역한 플라톤(Plato)의 저작들, 훔볼트(Wilhelm von Humboldt)가 번역한 핀다로스(Pindar)와 아이스킬로스(Aeschylus)의 저작들과 그리스에서 영감을 받은 그의 교육과 도야(Bildung) 개념 등을 꼽을 수 있다.[16]

---

15 이와 관련해서는 Suzanne Marchand, *Down from Olympus: Archeology and Philhellenism in Germany, 1750-1970* (Princeton: Princeton University Press, 1996)을 참고하라.

16 이와 관련해서는 다음을 참고하라. Humphry Trevelyan, *Goethe and the Greeks* (London et al.: Cambridge University Press, 1941). Ernst Grumach, *Goethe und die Antike.*

고대 그리스어와 라틴어에 대한 연구는 전통적으로 신학 교육과
연관되어 있었다. 이교의 저술들을 연구하는 고전학이 하나의 학문
분과로 자리 잡게 된 것은 헤겔 시대에 들어서였다. 18세기의 (특히
프랑스의) 고전학은 키케로(Marcus Tullius Cicero), 리비우스(Titus Livius),
베르길리우스(Publius Vergilius Maroirgil), 오비디우스(Publius Ovidius
Naso Ovid)와 같은 위대한 라틴어 작가들에 관심을 기울였지만, 19세
기의 (특히 독일어권 세계의) 고전학은 그리스어 작가들로 그 관심을 전환
했다. 그것이 독일의 신-그리스주의 운동이다. 그들은 보다 정통적이
고 독창적인 그리스 전통을 예찬하면서 라틴 전통을 저급하고 모방적
인 문화 형태로 폄하했다.

앞서 언급했던 빙켈만(Johann Joachim Winckelmann)은 이탈리아를
여행하면서 폼페이(Pompeii)와 헤르쿨라네움(Herculaneum) 유적지를
방문했다.[17] 그가 본 고대 유적들이 세상이 알려지자 유럽의 지성인들
은 그것을 직관하기 위해 몰려들었다. 헤겔도 그 유적들을 언급하고

Eine Sammlung, vols 1-2 (Berlin: Walter de Gruyter, 1949). Jean Quillien, G. de
Humboldt et la Grèce: modèle et histoire, Lille: Presses Universitaires du Lille 1983.
Walther Rehm, Griechenthum und Goethezeit. Geschichte eines Glaubens, 4th ed.
(Bern and Munich: Franke Verlag, 1968 [1936]). E. M. Butler, The Tyranny of Greece
over Germany: A Study of the Influence Exercised by Greek Art and Poetry over the
Great German Writers of the Eighteenth, Nineteenth and Twentieth Centuries
(Cambridge: At the University Press, 1935).

17 빙켈만과 관련해서는 다음을 참고하라. Rudolf Pfeiffer, History of Classical Scholarship
from 1300 to 1850 (Oxford: Clarendon Press, 1976), 167-172. Carl Justi, Winckelmann
und seine Zeitgenossen, vols 1-3, 2nd ed. (Leipzig: F. C. W. Vogel, 1898). Wolfgang
Leppmann, Winckelmann (New York: Alfred A. Knopf, 1970)(Winckelmann. Eine
Biographie [Frankfurt am Main: Propylaen Verlag, 1971]). John Edwin Sandys, A
History of Classical Scholarship, vols 1-3 (New York and London: Hafner Publishing
Company, 1967), vol. 3, 21-24.

있다.[18] 빙켈만의 1764년 저작 『고대예술사』$^{Geschichte\ der\ Kunst\ des\ Altertums}$
는 출간되자마자 선풍적인 인기를 끌면서 18세기 후반의 신고전주의
운동을 주도했다.[19] 그 저작은 다양한 민족 문화에 대한 풍부한 인식을
바탕으로 예술의 발전 과정을 역사적으로 추적한 최초의 시도로 평가
된다. 거기서 빙켈만은 그리스와 로마의 예술뿐만 아니라 페르시아와
이집트의 예술도 풍부하게 설명하고 있다. 예술을 비롯한 모든 정신
형태의 역사적 궤도를 추적하고자 했던 헤겔도 그의 접근법에 공감했
다. 괴테의 1805년 저작 『빙켈만과 그의 세기』$^{Winckelmann\ und\ sein\ Jahrhundert}$
는 빙켈만의 업적을 기념하고 이탈리아 유적을 세상에 알리는 데
큰 기여를 했다.[20] 빙켈만은 하이네(Christian Gottlob Heyne: 1729~1812),
에르네스티(Johann August Ernesti: 1707~81), 라이스케(Johann Jakob Reiske:
1716~1774)와 같은 차세대 독일 고전학자들의 우상이기도 했다. 헤겔
은 『미학』에서 고대 문화를 부활시키고 새로운 예술 분야를 창조한
빙켈만의 노력을 높게 평가하고 있다.[21]

빙켈만의 노력과 그리스-로마의 고대 유물에 대한 관심의 고조로
독일어권 대학에서는 고전 연구 분야의 교수를 선발하기도 했다.[22]
이와 관련한 핵심 인물은 볼프(Friedrich August Wolf: 1759~1824)다.[23]

---

18 Hegel, *Phil. of Hist.*, 217; *Jub.*, vol. 11, 288.

19 Johann Joachim Winckelmann, *Geschichte der Kunst des Alterthums*, vols 1-2
(Dresden: In der Waltherischen Hof-Buchhandlung, 1764). 그 저작의 개정증보판은
Anmerkungen zur Geschichte der Kunst des Alterthums, vols 1-2 (Dresden: In der
Waltherischen Hof-Buchhandlung, 1767)이다.

20 Goethe, *Winckelmann und sein Jahrhundert. In Briefen und Aufsätzen* (Tubingen:
J. G. Cotta, 1805).

21 Hegel, *Aesthetics*, vol. 1, 63; *Jub.*, vol. 12, 99.

22 이와 관련해서는 Sandys, *A History of Classical Scholarship*, vol. 3을 참고하라.

학문적 문헌학의 창시자로 알려진 그는 종교나 신학과는 별개로 고전 언어를 연구하는 대학의 제도적 정치를 마련하고자 노력했을 뿐만 아니라 광범위한 고전 연구 분야를 통칭하고자 "고전학"(Altertumswissenschaft)이라는 용어를 창안한 인물이기도 하다. 그는 독일어권 세계에서 처음으로 할레대학에 고전연구 학과를 창설하고, 거기서 1783~1807년까지 교수로 재직했다. 그의 주된 관심사는 플라톤과 호메로스였다. 볼프는 1795년에 출간된 그의 저작 『호메로스 서설*Prolegomena ad Homerum*』에서 호메로스 문헌들의 역사를 획기적으로 재구성하여 많은 이들의 관심을 끌기도 했다.[24] 헤겔도 『미학』에서 그 저작을 비판적으로 언급하고 있다.[25]

볼프의 제자였던 뵈크(August Boeckh: 1785~1867)[26]와 베커(August

23 이와 관련해서는 다음을 언급하라. Suzanne Marchand, *Down from Olympus: Archeology and Philhellenism in Germany, 1750-1970*, 16-24. Ulrich von Wilamowitz-Moellendorff, *History of Classical Scholarship*, trans. by Alan Harris, ed. by Hugh Lloyd-Jones (London: Duckworth, 1982), 108-109, 115. Rudolf Pfeiffer, *History of Classical Scholarship from 1300 to 1850* (Oxford: Clarendon Press, 1976), 173-177. J. F. J. Arnoldt, Fr. Aug. Wolf in seinem *Verhältnisse zum Schulwesen und zur Paedagogik*, vol. 1, *Biographischer Theil* (Braunschweig: C. A. Schwetscke und Sohn, 1861). Sandys, *A History of Classical Scholarship*, vol. 3, 51-61. Conrad Bursian, *Geschichte der classischen Philologie in Deutschland von den Anfängen bis zur Gegenwart*, vols 1-2 (Munich and Leipzig: R. Oldenbourg, 1883), vol. 1, 517-664.

24 Friedrich August Wolf, *Prolegomena ad Homerum sive De operum Homericorum prisca et genuina forma variisque mutationibus et probabili ratione emendandi*, vol. 1 (Halis Saxonum: e Libraria Orphanotrophei, 1795). 이 저작은 제1권만 출간되었다.

25 Hegel, *Aesthetics*, vol. 2, 1087; *Jub.*, vol. 14, 388.

26 이와 관련해서는 다음을 참고하라. Wilamowitz-Moellendorff, *History of Classical Scholarship*, 120-123. Pfeiffer, *History of Classical Scholarship from 1300 to 1850*, 181-182. Max Hoffmann, *August Boeckh. Lebensbeschreibung und Auswahl aus seinem wissenschaftlichem Briefwechsel* (Leipzig: B. G. Teubner, 1901). Sandys, *A History of Classical Scholarship*, vol. 3, 95-101. Max Lenz, *Geschichte der Königlichen Frie-*

Immanuel Bekker: 1785~1871)[27]는 베를린대학의 교수로 임명되었고, 그곳에 고전학과를 설립하여 학교의 명성을 드높이기도 했다. 헤겔도 1818년에 베를린대학의 교수로 임명되어 그들과 동료가 되었다. 1810년 베를린대학 설립 직후에 임명된 베커는 놀라운 학문적 성과들을 내놓았을 뿐만 아니라 파리에 소장된 권위 있는 필사본들에 기초하여 수많은 고전 작가의 저작들을 출간하기도 했다. 그중 가장 대표적인 것이 현재 표준판으로 활용되고 있는 아리스토텔레스의 저작들이다.[28]

뵈크는 1809년에 하이델베르크대학의 교수가 되었다. 그는 당시 같은 대학에 재직하던 헤겔과 크로이처와 개인적인 친분을 쌓았고, 크로이처의 『상징과 신화』에도 깊은 관심을 가졌다. 1811년에 그는 베를린대학에 임명되어 남은 생애를 거기서 보냈다. 뵈크는 슐라이어마허의 제자였지만 신학보다는 철학, 특히 관념론 철학에 깊은 관심을 갖고 연구하기도 했다. 그의 유작 『문헌학 백과와 방법*Encyclopädie und Methodologie der philologischen Wissenschaften*』은 헤겔에게 큰 영향을 받은 저작이지만 그에 대한 비판도 함께 다루고 있다.[29] 뵈크는 고전학의 목적을

---

drich-Wilhelms-Universität zu Berlin, vols 1-4 (Halle: Verlag der Buchhandlung des Waisenhauses, 1910-1918), vol. 1, 266f. 뵈크와 헤겔의 관계와 관련해서는 다음을 참고하라. Ibid., vol. 2, 286, 294, 393. Bursian, *Geschichte der classischen Philologie in Deutschland von den Anfängen bis zur Gegenwart*, vol. 2, 687-705.

27 이와 관련해서는 Wilamowitz-Moellendorff, *History of Classical Scholarship*, 116-117. Sandys, *A History of Classical Scholarship*, vol. 3, 85-87. Bursian, *Geschichte der classischen Philologie in Deutschland von den Anfängen bis zur Gegenwart*, vol. 1, 658-664.

28 *Aristoteles Graece ex recognitione Immanuelis Bekkeri*, vols 1-5 (Berlin: apud Georgium Reimerum, 1831-1870).

29 August Boeckh, *Encyclopädie und Methodologie der philologischen Wissenschaften*,

고대 문헌을 편집 출간하거나 새 판본을 내놓는 것에 한정하지 않고, 그 저작들을 통해 고대 세계 전체를 이해하는 것으로까지 그 범위를 넓혔다. 고대의 역사, 예술, 철학, 종교를 아우르는 그의 연구 방법은 헤겔의 체계적인 학문 방법을 연상시키기도 한다.

또 다른 주요 인물은 크로이처에 대한 비판가 중 한 명이었던 뮐러(Karl Otfried Müller)다.[30] 그는 1819년 괴팅겐대학의 고전학 교수로 임명되었다. 1825년에 출간된 그의 저작 『신화학 서설*Prolegomena zu einer wissenschaftlichen Mythologie*』은 그리스 신화의 올바른 해석을 둘러싼 논쟁의 한 축을 이루기도 했다.[31] 뮐러는 신화를 이해하는 열쇠는 그것을 역사적 맥락 속에서 보는 것이라고 주장했다. 모든 신화는 특정한 역사적 시기, 즉 특정한 환경과 특정한 문제 속에 살아가는 특정한 민족의 정신을 반영하고 있기 때문이다. 그리스의 문화와 종교는 특정한 시기의 특정한 민족정신(Volksgeist)을 반영하고 있다는 관점에서 그는 헬레니즘을 낭만주의적으로 수용하는 데 앞장섰다. 그러한 방법으로 그는 그리스 문화의 초기 발달단계에 속하는 그리스 부족에서부터 그들의 특정한 신들, 신화들, 종교적 전통들의 발전 과정을 체계적으로 분석해 나갔다. 뮐러가 제시한 그러한 역사적

---

ed. by Ernst Bratuscheck (Leipzig: B. G. Teubner, 1877). 뵈크와 헤겔의 관계와 관련해서는 Lenz, *Geschichte der Königlichen Friedrich-Wilhelms-Universität zu Berlin*, vol. 2, 286, 294, 393을 참고하라.

30 이와 관련해서는 다음을 참고하라. Wilamowitz-Moellendorff, *History of Classical Scholarship*, 127-130. Sandys, *A History of Classical Scholarship*, vol. 3, 213-216. Bursian, *Geschichte der classischen Philologie in Deutschland von den Anfängen bis zur Gegenwart*, vol. 2, 1007-1028.

31 Karl Otfried Muller, *Prolegomena zu einer wissenschaftlichen Mythologie* (Gottingen: Vandenhoeck und Ruprecht, 1825). 이와 관련해서는 그의 저작 *Geschichten hellenischer Stämme und Städte*, vols 1-2 (Breslau: Josef Max, 1820-1824)도 참고하라.

이해 방식은 당시 심각한 논란을 불러일으킨 크로이처의 상징적 이해 방식의 탁월한 대안이 되었다.

당시 독일어권 세계의 학문적 풍토에서 다소 의아한 특징 중 하나는 앞서 언급했던 인도학의 대표자 중 일부가 실은 고전학의 대표자들이었다는 점이다. 헤르더(Johann Gottfried Herder), 보프(Franz Bopp), 훔볼트(Wilhelm von Humboldt), 프리드리히 슐레겔(Friedrich Schlegel), 아우구스트 빌헬름 슐레겔(August Wilhelm von Schlegel)은 인도 문헌 연구자이기 이전에 그리스 고전학자였다. 그들은 어릴 때부터 배웠던 그리스-로마 문화를 바탕으로 인도 문화에 대한 이해를 넓혀나갔다.

2. 헤겔이 활용한 자료들

헤겔은 당시 고전학의 대표자들을 대다수 알고 있었고, 그들이 편집 출간한 고전 작가들의 저작도 대부분 소장하고 있었다. 그는 그리스 종교를 설명하기 위해 고대와 당대의 자료들을 두루 활용했다.[32] 그는 고대 그리스의 다양한 문학 작품을 폭넓게 활용했다. 그는 호메로스의 서사시, 특히 『일리아스*Iliad*』의 내용이나 핀다로스(Pindar)와 아나크레온(Anacreon)의 서정시를 자주 언급하곤 한다. 그리스 시인들의 저술 가운데 그리스 종교를 소개하는 대표 저작은 신들의 기원과 계통을 소개하는 헤시오도스(Hesiod)의 『신통기*Theogony*』다. 이에 더하여 헤겔은 소포클레스(Sophocles), 에우리피데스(Euripides), 아이스킬로스

---

32 헤겔이 활용한 자료와 관련해서는 *LPR*, vol. 2. "편집자 서론"의 9-11, 17-19, 51-55, 83-86을 참고하라.

(Aeschylus)와 같은 그리스 비극 작가들과 아리스토파네스(Aristophanes)
와 같은 희극 작가들의 저작도 두루 활용하고 있다. 그는『미학』에서도
그 저작들을 소개하고, 서기 2세기의 그리스 지리학자 파우사니아스
(Pausanias)와 그리스도교 작가 클레멘스(Clement of Alexandria)를 비롯
하여 플라톤(Plato)과 아리스토텔레스(Aristotle)의 저작들도 널리 분석
하고 있다.

헤겔은 헤르더의 저작『인류의 역사철학에 대한 이념』의 "고대
그리스"에 대한 설명도 잘 알고 있었다.33 헤르더도 헤겔처럼 그리스
인을 인류 발달단계의 유아기 단계인 동양과 성년기 단계인 근대
유럽 사이에 위치시키고 있다.34 그리스의 다양한 예술 형태들과 그리
스 종교의 관계에 관한 그의 분석 방식은 헤겔의『역사철학』방식과
매우 흡사하다.35 그들은 공통적으로 그리스 문화의 핵심적인 특성을
'예술에 대한 충동'으로 규정하고 있다. 헤르더도 헤겔처럼 "그리스
예술" 부분에서 조각이나 건축뿐만 아니라 올림픽과 정치제도까지
다루고 있다. "문명의 전체 흐름은 […] 동양에서 서양으로 흘러간다"36
는 헤르더의 설명은 "세계사는 동쪽에서 서쪽으로 흘러간다"37는 헤

33 Johann Gottfried Herder, *Ideen zur Philosophie der Geschichte der Menschheit*, vols
  1-4 (Riga and Leipzig: Johann Friedrich Hartknoch, 1784-1791), vol. 3, 135-220(영어
  번역판: *Outlines of a Philosophy of the History of Man*, vols 1-2, trans. by T.
  Churchill, 2nd ed. [London: J. Johnson, 1803], vol. 2, 116-194).

34 이와 관련해서는 대표적으로 Hegel, *Phil. of Hist.*, 17f.; *Jub.*, vol. 11, 45f.를 참고하라.

35 Herder, *Ideen zur Philosophie der Geschichte der Menschheit*, vol. 3, 155-167(*Outlines
  of a Philosophy of the History of Man*, vol. 2, 136-146).

36 Herder, *Ideen zur Philosophie der Geschichte der Menschheit*, vol. 3, 137(*Outlines
  of a Philosophy of the History of Man*, vol. 2, 119).

37 Hegel, *Phil. of Hist.*, 103; *Jub.*, vol. 11, 150.

겔의 유명한 주장을 선취한 것으로 볼 수 있다. 헤르더는 독일어권 세계의 독자들에게 동양 문화를 소개한 일등 공신이지만 그리스 문화를 동양 문화보다 우위에 두었던 열렬한 그리스 애호가였다.

헤겔은 당시 프로이센과 독일 국가들에서 일었던 그리스 종교에 관한 논쟁도 잘 알고 있었다. 그러한 논쟁을 점화한 저작은 크로이처의 『상징과 신화』였다.[38] 그 저작은 다양한 문화권의 방대한 자료들을 바탕으로 세계의 다양한 신화들을 비교하고 있지만 그 핵심 주제는 그리스 신화다. 크로이처는 아르테미스(Artemis), 헤라클레스(Hercules), 아폴론(Apollo), 포세이논(Poseidon)과 같은 그리스 종교의 주요 신들이 다른 초기 종교(힌두교)에서 유래했다는 논쟁적인 주장을 펼쳤다. 그는 힌두교 신화와 그리스 신화의 연관성뿐만 아니라 그리스 종교와 그리스도교의 유사성도 분석하고 있다. 크로이처의 분석은 이후 헤겔이 세계 종교들의 역사적 발전 과정에서 그리스 종교를 그리스도교에 버금가는 단계에 배열한 결정적인 단서가 되었다.

당시에는 그리스의 신비 의식에 관한 논쟁도 치열했다. 그 논쟁과 관련한 핵심 저작 중 하나는 로베크(Christian August Lobeck)의 『아그라오파무스, 그리스 신비주의 신학의 기원Aglaophamus: sive, De theologiae mysticae Graecorum causis』이었다.[39] 헤겔도 소장하고 있었던 그 저작은 그리스

---

38 Friedrich Creuzer, *Symbolik und Mythologie der alten Völker, besonders der Griechen*, vols 1-4, Leipzig and Darmstadt: Karl Wilhelm Leske 1810-12. Creuzer, *Symbolik und Mythologie der alten Völker, besonders der Griechen*, vols 1-4, 2nd fully revised edition (Leipzig and Darmstadt: Heyer und Leske, 1819-1821). 이와 관련해서는 다음도 참고하라. *Phil. of Religion*, vol. 2, 285; *Jub.*, vol. 16, 153. *LPR*, vol. 2, 493; *VPR*, Part 2, 392.

39 Christian Lobeck, *Aglaophamus sive De theologiae mysticae Graecorum causis libri tres*, vols 1-2 (Konigsberg: Borntraeger, 1829)(*Hegel's Library*, 695-696). 이와 관련해

종교에 관한 현존하는 자료들을 매우 체계적으로 정리하고 있다. 로베크는 그 저작에서 그리스 신비 의식의 기원, 그중에서도 오르페우스(Orpheus)가 창시한 엘레우시스와 디오니소스 신비 의식의 전통을 구체적으로 분석하고 있다. 그는 그러한 신비 의식이 동양에서 유래했다는 크로이처의 견해를 비판하면서, 그리스의 신비 의식은 그리스의 다른 종교 관습과 구별되는 특이한 종교의식이 아니라 그것이 그리스 종교의 지배적인 형태였다고 주장한다.

헤겔은 프랑스 역사가 클레르몽-로데브(Guilhem de Clermont-Lodève: 1746~1809)의 유작『이교도의 신비 의식에 대한 역사적-비판적 연구 *Recheches historiques et critiques sur les mystères du paganisme*』도 소장하고 있었다.[40] 그 저작은 그리스의 엘레우시스 신비 의식과 로마의 케레스(Ceres)와 프로세르피나(Proserpina) 숭배 의식을 집중적으로 분석하고 있다. 하지만 헤겔은 그러한 신비 의식은 자연 원리의 지배를 받던 그리스 종교의 초기 형태에 불과하다고 비판하면서,[41] 그러한 신비 의식은 동양 종교에서 유래한 것이라는 크로이처의 견해에 동조한다.[42]

그가 활용한 당대의 자료로는 1803년에 출간된 헤르만의 두 권짜

서는 Wilamowitz-Moellendorff, *History of Classical Scholarship*, 111-112를 참고하라.

40 Guilhem de Clermont-Lodeve, Baron de Sainte-Croix, *Recheches historiques et critiques sur les mystères du paganisme*, vols 1-2, 2nd ed. (Paris: Chez Bure Freres, 1817)(*Hegel's Library*, 657-658).

41 Hegel, *Phil. of Hist.*, 247; *Jub.*, vol. 11, 323f. "그러한 그리스인들의 신비 의식은 만대가 궁금해하지만 아직 알려지지 않은 심오한 지혜, 즉 다신론에 대립하는 유일신론을 가르치고자 한다. 하지만 그러한 태고의 원초적인 방식으로는 그 진리를 정교하게 드러내지 못한다. 그들이 신비의 방식에 의존하는 것은 진리에 대한 앎이 불투명하거나 부정확하기 때문이다. 그러한 신비 의식은 결국 그들의 열등함을 보여줄 뿐이다."

42 이와 관련해서는 Hegel, *LPR*, vol. 2, 492; *VPR*, Part 2, 392를 참고하라.

리 저작 『헬라스 축제의 의미와 목적에 관한 역사적-철학적 탐구*Die Feste von Hellas historisch-philosophisch bearbeitet und zum erstenmal nach ihrem Sinn und Zweck erläutert*』를 들 수 있다.[43] 헤겔도 소장하고 있었던 그 저작은 고대 그리스의 다양한 축제를 탐구하면 그리스인들이나 그들의 문화를 이해할 수 있다는 주장을 담고 있다. 헤겔은 고대 그리스의 신탁을 분석하기 위해 프랑스 고전학자 클라비에(Etienne Clavier: 1762~1817)의 저작 『고대인의 신탁에 관한 회고록*Mémoire sur les oracles des anciens*』을 활용하기도 했고,[44] 드퓌(Charles François Dupuis: 1742~1809)의 저작 『보편종교, 모든 종파의 기원*Origine de tous les cultes; ou, Religion universelle*』을 언급하기도 한다.[45]

헤겔은 1824년에 출간된 뮐러(Karl Otfried Müller)의 두 권짜리 저작 『도리안*Die Dorier*』도 활용했다.[46] 제목에서도 알 수 있듯이 그 저작은 고대 그리스에 현존했던 도리안 부족의 역사와 문화를 탐구하고 있다. 뮐러는 그 저작의 제2부 "도리안 부족의 종교와 신화*Religion und Mythus des Dorischen Stammes*"에서 고대 그리스의 아폴론(Apollo) 숭배 및 아르테미스(Artemis)와 헤라클레스(Heracles) 숭배를 집중적으로 분석하기도

---

43 Martin Gottfried Herrmann, *Die Feste von Hellas historisch-philosophisch bearbeitet und zum erstenmal nach ihrem Sinn und Zweck erläutert*, vols 1-2 (Berlin: Heinrich Frolich, 1803)(*Hegel's Library*, 673-674).

44 Etienne Clavier, *Mémoire sur les oracles des anciens* (Paris: Libraire Duponcet and Libraire Delaunay, 1818)(*Hegel's Library*, 656).

45 Charles Francois Dupuis, *Origine de tous les cultes; ou, Religion universelle*, vols 1-7 (Paris: Chez H. Agasse, 1794). 이와 관련해서는 *LPR*, vol. 2, 471; *VPR*, Part 2, 371을 참고하라. "드퓌는 그리스 신들로 달력을 구분하기도 했다." 이와 관련해서는 *LPR*, vol. 2, 654n; *VPR*, Part 2, 546n도 참고하라.

46 Karl Otfried Muller, *Die Dorier*, vols 1-2 (Breslau: Josef Max und Komp., 1824). 이와 관련해서는 다음을 참고하라. *Phil. of Hist.*, 245; *Jub.*, vol. 11, 321. *Phil. of Hist.*, 263n; *Jub.*, vol. 11, 343n. *LPR*, vol. 2, 648; *VPR*, Part 2, 540.

하고, 제우스(Zeus), 헤라(Hera), 아테나(Athena), 데메테르(Demeter), 포세이돈(Poseidon), 디오니소스(Dionysius), 아프로디테(Aphrodite)와 같은 다양한 신들도 상세히 분석하고 있다.

3. 자연에 대한 해석과 변형

헤겔은 그리스 정신의 특징을 자연에 대한 호기심과 경외심으로 규정한다.[47] 자연과 직접적인 관계에 머물러 있던 다른 민족들과 달리 그리스인들은 자연 속에 뭔가 중요한 메시지가 담겨 있다고 믿고 그것을 탐구하기 시작했다.[48] 그들은 자연과의 친밀한 관계 속에서 호기심과 경외심을 키워갔고, 그 속에 비밀스럽게 숨겨진 메시지를 인간이 사유할 수 있는 방식으로 변환하고자 했다. "자연과 그 변형된 형태들에 감춰진 의미와 중요성을 밝히는 해석과 설명은 주관적인 정신의 행위다. 그들은 인간과 자연의 관계를 구체적으로 밝혀주는 그러한 행위를 '만테이아'(μαντεία)라 불렀다."[49] 신탁이나 예언을 뜻하는 그리스어 '만테이아'는 보다 구체적으로 예언의 힘이나 점술의 방식을 뜻하기도 한다. 그리스인들은 인간 세계에 나타나는 자연현상을 다양한 방식으로 해석해 나갔다.

그중 하나가 판(Pan) 신이다. "그리스인들에게 '판'은 객관적인 세계 전체가 아니라 주관적인 요소를 포함하는 무한한 중립적 기반을

---

47 Hegel, *Phil. of Hist.*, 234; *Jub.*, vol. 11, 308f.
48 Hegel, *Phil. of Hist.*, 234; *Jub.*, vol. 11, 309.
49 Hegel, *Phil. of Hist.*, 235; *Jub.*, vol. 11, 310.

의미한다. 그것은 고요한 숲속에서 느껴지는 전율과 같은 것이다."[50] 여기서 헤겔은 주관적인 요소를 강조한다. 깊은 밤, 숲속을 홀로 걸을 때 느끼는 두려움이나 불안감이 바로 '판'이다. 자연은 침묵하지만 그렇다고 무의미하지는 않다. 거기에는 우리가 추론할 수 있는 의미가 담겨 있다. 인간만이 자연의 의미를 해독할 수 있다. '판'의 의미는 인간의 정신을 통해 생성되는 것이다.

헤겔은 자연의 의미에 대한 또 다른 사례로 물의 여신 '나이아드'(Naiad)에서 학예의 여신 '뮤즈'(Muse)로의 이행을 들고 있다. 그는 이렇게 설명한다.

> 같은 원리로 그리스인들은 졸졸 흐르는 샘물의 소리를 듣고, 그것의 의미를 캐묻기도 했다. 하지만 그들이 샘물에 부여한 의미는 샘물의 객관적인 의미가 아니라 주관적인 의미, 즉 나이아드를 뮤즈로 격상시키는 주체 자체의 의미였다. 나이아드, 즉 샘물은 뮤즈의 외부적이고 객관적인 기원이다. 뮤즈가 부르는 불멸의 노래는 샘물에서 직접적으로 들리는 소리가 아니다. 그것은 사려 깊게 경청하는 정신의 창조물, 즉 관찰하면서 창조하는 정신의 산물이다. 자연의 의미와 중요성을 밝혀내는 해석과 설명은 주관적인 정신의 행위다.[51]

나이아드는 샘물, 호수, 습지 등의 물을 상징하는 자연 신에 불과하다. 하지만 시간이 흐르면서 그 물소리는 그리스인들의 귀를 거쳐

---

50 Hegel, *Phil. of Hist.*, 235; *Jub.*, vol. 11, 309.

51 Hegel, *Phil. of Hist.*, 235; *Jub.*, vol. 11, 310. 이와 관련해서는 *LPR*, vol. 2, 649; *VPR*, Part 2, 541도 참고하라.

뮤즈로 상징되는 시가로 변형된다. 자연의 신들이 정신의 신들로 거듭나게 되는 것이다. 그러한 차이는 그리스인들의 그림에도 형상화되어 있다. 거기서 나이아드는 원시적인 자연상태에서 벌거벗은 모습을 하고 있지만, 뮤즈는 문명을 상징하는 옷을 입은 우아하고 교양 있는 모습을 하고 있다. 각각의 뮤즈는 인간이 창조한 학예의 영역들을 상징한다. 클리오(Clio)는 역사, 탈리아(Thalia)는 희극, 에라토(Erato)는 사랑의 시, 에우테르페(Euterpe)는 애가의 시, 폴리힘니아(Polyhymnia)는 찬양의 시, 칼리오페(Callipe)는 서사시, 테르프시코레(Terpsichore)는 무용, 우라니아(Urania)는 천문학, 멜포메네(Melpomene)는 비극의 뮤즈다. 그들은 희극 가면을 들고 있는 탈리아, 지구본을 들고 있는 우라니아처럼 자신의 해당 영역을 상징하는 기호들을 가지고 있을 뿐만 아니라 자신만의 이름, 구체적인 성격, 개별적인 이력도 가지고 있다. 이와는 반대로 나이아드들은 개별적인 주관성이나 구체적인 성격이 없이 모두 동일하게 표현되어 있다. 그들은 문명화된 삶에 얽매이지 않고 그저 샘물이나 강물에서 평온하게 유유자적할 뿐이다.

헤겔은 호메로스의 『오디세이아*Odyssey*』 제24권에서 죽은 왕 아가멤논(Agamemnon)의 영혼이 이전 전우였던 아킬레우스(Achilles)를 만나 그가 전사한 후에 있었던 일들을 들려주는 또 다른 사례를 든다.

우리는 그대를 전쟁터에서 멀리 떨어진 함선으로 데려와
침상 위에 누이고 따뜻한 물과 연고로 그대의 고운 살갗을 닦았고,
그대를 둘러싼 다나오스 백성들은 하염없는 눈물을 흘리며,
자신들의 머리카락을 잘라 그대에게 바쳤다오.
소식을 전해 들은 그대의 어머니는 불사의 처녀들을 데리고 바다에서 나

오셨고,

그리하여 불가사의한 울음소리가 바다를 뒤덮자

옛 아카이오이족들은 그 소리를 듣고 두려움에 부들부들 떨었지요.

그들은 벌떡 일어나 텅 빈 함선으로 도망치려 했으나

옛일들을 잘 알고 있는 네스토르가 그들을 만류했다오.

그의 조언은 예부터 가장 훌륭한 것으로 정평이 나 있었지요.

네스토르는 아카이오이족에게 좋은 뜻으로 열변을 토하며 말했소.

"멈추시오. 아르고스인들이여! 도망치지 마시오. 아카이오이족의 젊은
이들이여!

이 소리는 아킬레우스의 어머니가 죽은 아들을 만나보려고

불사의 처녀들을 데리고 바다에서 나오시는 것이오."52

아킬레우스의 어머니는 바다의 여신 테티스(Thetis)다. 테티스의
아들 아킬레우스가 전사하고 바다가 격렬히 요동쳤을 때, 사람들은
아들의 죽음을 전해 들은 테티스가 그 원인이라고 생각했다. 헤겔은
그 구절을 자연현상인 폭풍우와 격렬한 파도를 인간사의 관점에서
해석한 사례로 이해한다. 그는 이렇게 설명한다. "호메로스는 『오디
세이아』 마지막 권에서 그리스인들이 아킬레우스의 죽음을 애도하
고 있을 때, 바다가 격렬히 요동쳤다고 말한다. 그리스인들이 겁에
질려 도망치려던 찰나 경험이 풍부한 네스토르가 일어나 그것은 테티
스가 바다의 요정들을 데리고 아들의 죽음을 애도하러 오는 것이라고
그들에게 해석해 주었다."53

---

52 *The Odyssey of Homer*, trans. by Richmond Lattimore (New York et al.: Harper &
Row, 1965), Book 24, lines 43-56, 346.

헤겔은 『일리아스』 제1권에 나오는 비슷한 상황도 해석한다.[54] 트로이전쟁 9년째, 그리스 병사들은 끔찍한 역병으로 고통받고 있었다. "그때 사제 칼카스(Calchas)는 아폴론(Apollo)이 분노하여 그리스에 역병을 내렸다고 설명했다. 아폴론의 사제인 크리세스(Chryses)가 자신의 딸을 데려오기 위해 보상금을 들고 찾아갔지만 그리스의 총사령관인 아가멤논이 그에게 욕을 하며 내쫓아버렸기 때문이다."[55] 여기서도 역병이라는 자연현상은 인간의 정신 영역과 연관된 것으로 해석되고 있다. 빛과 열을 상징하는 태양신 아폴론의 분노가 그들에게 역병이라는 벌을 내렸다는 것이다.

헤겔에 따르면, 그 사례는 그리스인들이 자연종교의 단계에서 벗어났음을 상징적으로 보여준다. 자연종교는 자연 자체를 신으로 여겼지만, 그리스인들은 자연 자체를 진리로 여기지 않았다. 그들역시 자연에 고무되긴 했지만 자연 자체가 아니라 정신의 대상으로 변형된 자연만을 받아들였다. 그들은 자연에는 인간에게 메시지를 전하는 숨겨진 주체가 있다고 생각했다.[56] 그러한 의미에서 그리스인들은 자연종교의 단계를 넘어섰지만 아직 자연에서 완전히 해방된 단계는 아니라 할 수 있다.

---

53 Hegel, *Phil. of Hist.*, 235f.; *Jub.*, vol. 11, 310. 이와 관련해서는 *LPR*, vol. 2, 658n; *VPR*, Part 2, 550n도 참고하라.

54 이와 관련해서는 *The Iliad of Homer*, trans. by Richmond Lattimore (Chicago and London: University of Chicago Press, 1951), Book I, lines 7ff., 59ff.를 참고하라.

55 Hegel, *Phil. of Hist.*, 236; *Jub.*, vol. 11, 310f. 이와 관련해서는 다음도 참고하라. *LPR*, vol. 2, 658n; *VPR*, Part 2, 550n. *Aesthetics*, vol. 1, 473; *Jub.*, vol. 13, 63.

56 Hegel, *Phil. of Hist.*, 236f.; *Jub.*, vol. 11, 312.

그리스의 정신은 인간 개별성이 결여된 단계, 즉 정신적이고 신적인 것이 자연형태로 존재한다고 생각하는 동양 종교 단계에서 자신을 순수하게 확신하는 무한한 주관성 단계, 즉 자아가 실체적인 존재의 근거가 되는 그리스도교 단계 사이의 중간 단계라 할 수 있다. 그리스의 정신은 아직 자연에서 완전히 해방되지 못했다. 그들의 정신은 아직 모든 것을 스스로 산출하는 절대적인 자아가 아니다.[57]

그리스인들은 자연을 정신으로 가공하는 능력을 갖추고 있지만 그 출발점은 여전히 자연이다. 그리스 종교는 대체로 예술과 밀접한 연관을 맺고 있다. 그들에게는 자연대상을 정신으로 변형하는 조각, 회화, 음악, 건축 등의 예술 활동이 그들의 신을 숭배하는 일종의 예배였다.

4. 신들의 전쟁

그리스 종교는 수 세기에 걸쳐 발전했다. 그리스의 다양한 도시들은 자신만의 고유한 신과 신화를 가지고 있었고, 그로 인해 그리스 전체는 서로 이해되지 않는 신들과 신화들이 충돌하는 대규모의 집단적 혼란 상태를 빚고 있었다. 하지만 철학적으로 그 문제를 바라보면 거기에도 하나의 로고스가 있다. 그리스인들이 서로 접촉하게 되면서 신화는 그들의 다양한 신과 여신들 사이의 관계를 조정하기 위해

---

57 Hegel, *Phil. of Hist.*, 238; *Jub.*, vol. 11, 313f.

계속 수정되었다.[58] 그리스의 문화적 발전과 더불어 자연과 연관된 옛 신들이 더 이상 가치와 타당성을 누릴 수 없게 되자 새로운 역사적-문화적 상황에 어울리는 새 신들이 옛 신들의 자리를 대체하게 되었다. 하지만 오케아노스(Oceanus)와 포세이돈(Poseidon)과 같이 동일한 책임 영역을 공유하는 다른 신들이 있었기 때문에 당시에는 그러한 변화가 혼란을 가중시키는 것처럼 보이기도 했다. 그래서 옛 신들을 새 신들로 대체해야 하는 몇 가지 이유가 필요했다. 그리스 신화는 그러한 자연에서 정신으로의 전환을 보여준다. 신들의 전쟁에서 새 신들이 옛 신들을 물리쳤다는 내용이 바로 그것이다. 그 신화의 진리는 옛 신들은 시간에 흐름에 따라 발전하는 그리스인들의 자기 개념을 충분히 반영되지 못해 결국 도태되고 말았다는 것이다.

혜겔은 헤시오도스가 『신통기』에서 들려주는 신들의 이야기로 논의를 시작한다.[59] 헤시오도스에 따르면, 태초에는 우리가 잘 알고 있는 올림포스의 열두 신은 아직 없었고, 다만 혼돈과 불확정성을 상징하는 초월 신 카오스(Chaos)만 있었다. 그리고 그로부터 대지의

---

58 이와 관련해서는 Hegel, "On the Religion of the Greeks and Romans," *MW*, 10; *Dokumente*, 44를 참고하라. "여러 부족이 공동의 목적을 위해 서로 연합하거나 통합할 때도 각 부족은 자신의 신을 유지하고자 했다. 하지만 통합을 공고히 하기 위해 그들은 자신만의 고유한 신들을 사회에 편입시키거나 모든 사람이 공동으로 숭배할 수 있는 곳에 모아두었다. 모든 부족에는 그들만의 수호신이 있었지만 그리스와 로마에는 판테온이 있었다. 그리스에는 매우 다양한 부족들이 뒤섞여 있었기 때문에 다양한 신들과 신화들도 혼란스럽게 뒤섞여 있을 수밖에 없었다는 것이다."

59 Hegel, *LPR*, vol. 2, 463n-464n; *VPR*, Part 2, 362n-363n. 다양한 신들의 기원에 관한 헤시오도스의 설명은 116절부터 시작된다. 이와 관련해서는 *Theogony in Hesiod*, trans. by Richmond Lattimore (Ann Arbor: The University of Michigan Press, 1959), 130ff.; Creuzer, *Symbolik und Mythologie der alten Völker, besonders der Griechen* (완전개정판, 1819-1821), vol. 2, 418-442를 참고하라.

신 가이아(Gaia), 지하 세계의 신 타르타로스(Tartarus), 사랑의 신 에로스(Eros), 밤의 신 닉스(Nyx), 어둠의 신 에레보스(Erebos)라는 다섯 자연 신들이 생겨났다. 헤겔은 그러한 태초의 단계를 마치 창세기의 창조 이야기에서 자연의 여러 요소가 서로 분리되고 구별되는 것과 유사하게 불확실성(혼돈)에서 확실성으로의 이행으로 이해한다. 그는 이렇게 설명한다.

> 그러므로 카오스는 자신을 다른 어떤 것으로 정립한다. 우리는 혼돈 그 자체가 무엇인지는 알 수 없고, 그것이 정립한 것만을 알 수 있을 뿐이다. 왜냐하면 그 토대는 자아가 아니라 자아를 결여한 필연성, 즉 그것이 존재한다고밖에 말할 수 없는 필연성이기 때문이다. 카오스는 직접적인 것을 생성하는 통일체지만 그 자체는 아직 주체도 아니고 구체적인 특수성도 아니다. 따라서 그것은 창조가 아니다. '멀리 떨어진 대지', '타르타로스의 그늘', '에레부스와 밤', '모든 불멸의 존재 앞에 아름답게 치장하고 서 있는 에로스'와 같은 필연성들은 단지 카오스로부터 '생성된' 것일 뿐이다. 우리는 그렇게 생성된 특수성만을 볼 수 있다. 대지는 긍정적인 요소이자 보편적인 토대고, 어둠을 나타내는 타르타로스와 에레보스는 부정적인 요소며, 에로스는 그 둘을 통일시키는 역동적인 요소다.[60]

헤겔의 분석에 따르면, 그리스 신들의 핵심적인 특징은 개별적인 인격들이라는 것이다. 따라서 거기에는 특수화 혹은 개별화의 과정이 반드시 필요하다. 헤겔은 그러한 구체적인 규정의 과정을 대립의

---

60 Hegel, *LPR*, vol. 2, 463n; *VPR*, Part 2, 362n.

변증법으로 설명한다. 먼저 긍정적인 것(가이아)이 정립되고, 거기로 부터 부정적인 것(타르타로스, 에레보스)이 생겨나며, 마지막으로 긍정적 인 것과 부정적인 것이 셋째 요소(에로스)에서 지양되고 통일된다.

다음 세대의 신은 가이아와 우라노스 사이에서 태어나 인간 세계 와 신들(자연)의 세계를 매개하는 역할을 담당했던 티탄들(Titans)이 다. 땅의 신(가이아)과 하늘의 신(우라노스)의 결합으로 그 두 영역 사이 에 만물이 생겨난다. 그러한 티탄들에는 크로노스(Cronos), 오케아노 스(Oceanus), 테티스(Tethys), 코이오스(Coeus), 포이베(Phoebe), 히페리 온(Hyperion), 테이아(Theia), 크레이오스(Kreios), 이아페토스(Iapetos), 테미스(Themis), 므네모시네(Mnemosyne), 레아(Rhea) 등이 있다.[61] 우 라노스는 그러한 티탄들을 폭압적으로 통치했다. 이에 참다못한 크로 노스는 가이아의 도움을 받아 아버지에 대한 반란을 주도했다.[62] 그 반란으로 우라노스는 폐위당하고 크로노스가 티탄들의 새로운 왕으 로 즉위했다. 그 후 크로노스는 자신의 아들 제우스(Zeus)와 올림포스의 신들(Olympians)이 반란을 일으키기 전까지 티탄들을 통치했다.

티탄들은 인간계와 자연계를 매개하는 몇몇 특징들을 갖고는 있 지만 진정한 주관적 인격이 아니라 단순한 자연력에 불과하다고 헤겔 은 강조한다.

우주생성론 혹은 신통기를 통해 우리는 보편적인 자연력들을 상징하는 자연신들을 만날 수 있다. 우리는 그들을 티탄으로 분류한다. 그들은 다

---

61 이와 관련해서는 Creuzer, *Symbolik und Mythologie der alten Völker, besonders der Griechen* (완전개정판, 1819-1821), vol. 2, 427ff.를 참고하라.

62 Hegel, *LPR*, vol. 2, 463n-464n; *VPR*, Part 2, 363n.

만 피상적으로만 인격화되어 있다. 예를 들어 헬리오스의 내용은 자연적인 것이지 정신적인 것이 아니다. 거기에는 정신적인 힘이 존재하지 않는다. 헬리오스가 인간처럼 표현되고 인간처럼 활동하는 것은 공허한 인격화에 불과하다. 헬리오스는 태양신이 아니다. 그리스인들은 결코 그런 식으로 자신을 표현하지 않는다. […] 그런 것들은 자연력들이다.[63]

'헬리오스'(Helios)와 같이 자연력을 뜻하는 그리스어 단어는 자연력을 담당하는 신이나 여신을 의미하기도 한다. 그리스인들에게는 힘이 곧 신이었다. 따라서 그런 초기의 신들은 인격적 특성이 전혀 없는 자연력 자체였다. 문화가 발전하면서 그리스인들은 자연신들을 무가치하게 여기고, 사회적-정치적 삶을 다스리는 더 발전된 신을 요청하기 시작했다. 그래서 등장한 것이 올림포스 신들이다.

올림포스 신들은 자연이 아니라 정신을 상징한다. 그리스 신화는 티탄에서 올림포스로의 전환을 신들의 전쟁으로 묘사하고 있다.[64] 헤겔은 크로노스의 지배를 받는 티탄들이 제우스와 올림포스로 대체되는 신화를 언급한다.[65] 제우스는 아버지 크로노스를 물리치고 새로운 왕이 된다. 옛 자연신들이 보다 인간적인 올림포스 신들로 대체되는 과정은 자연에서 정신으로의 이행을 상징한다.[66]

---

63 Hegel, *LPR*, vol. 2, 644f.; *VPR*, Part 2, 536f. 이와 관련해서는 *Phil. of Hist.*, 245; *Jub.*, vol. 11, 321도 참고하라.

64 이와 관련해서는 Creuzer, *Symbolik und Mythologie der alten Völker, besonders der Griechen* (완전개정판 1819-1821), vol. 2, 439ff.를 참고하라.

65 Hegel, *LPR*, vol. 2, 464f.; *VPR*, Part 2, 365. 이와 관련해서는 *Aesthetics*, vol. 1, 458-475; *Jub.*, vol. 13, 44-65도 참고하라.

66 Hegel, *Phil. of Hist.*, 244f.; *Jub.*, vol. 11, 320. 이와 관련해서는 다음도 참고하라. *LPR*, vol. 2, 464ff.; *VPR*, Part 2, 364ff. *LPR*, vol. 2, 645-646; *VPR*, Part 2, 537-538.

올림포스 신들은 전쟁에서 승리했지만 티탄들을 제거하지는 않고 다만 세상의 변방으로 추방시켰다.[67] 티탄들은 새롭게 등장한 올림포스 신들처럼 문명화된 삶의 조건을 대변하지 못했기 때문이다.[68] 헤겔에 따르면, 신들의 역사 전체에서 그러한 신들의 전쟁은 오직 그리스 종교에서만 일어났다. 그러한 의미에서 신들의 전쟁은 그리스 종교의 신 개념을 규정하는 핵심 소재라 할 수 있다.

헤겔이 신들의 전쟁을 설명할 때 활용했던 자료는 모리츠(Karl Philipp Moritz: 1756~1793)의 저작『그리스 신론 혹은 고대인의 신화적 시가들』이다.[69] 그는 로마의 신들을 설명할 때도 모리츠의 저작『안투사 또는 로마의 고대 유물*ANΘOYΣA oder Roms Alterthümer*』[70]을 폭넓게 활용하고 있다.『그리스 신론 또는 고대인의 신화적 시가들』에는 "신들의 전쟁*Der Gotterkrieg*"이라는 장이 따로 마련되어 있는데, 그것은 모리츠의 신화 해석에서도 매우 중요한 역할을 한다.[71] 헤겔과 마찬가지로 모리츠도 헬리오스와 오케아노스가 올림포스의 신 아폴론과 포세이돈으로 대체되는 과정에 주목하면서, 그리스 초기의 신들은 자연을 상징하

---

67 Hegel, *Phil. of Hist.*, 245; *Jub.*, vol. 11, 320. "티탄들도 계속 숭배되긴 했지만 더 이상 통치력을 갖지는 못했다. 그들은 세상의 변방으로 추방되었기 때문이다. 이와 관련해서는 *PhS*, 428; *Jub.*, vol. 2, 539f.를 참고하라.

68 Hegel, *Phil. of Hist.*, 245; *Jub.*, vol. 11, 321.

69 Karl Philipp Moritz, *Götterlehre oder mythologische Dichtungen der Alten* (Berlin: Johann Friedrich Unger, 1791). 이 저작은 여러 권짜리 판본으로도 출간되었다. e.g., 6th ed. (Berlin: Friedrich August Herbig, 1825).

70 Karl Philipp Moritz, ANΘOYΣA *oder Roms Alterthümer. Ein Buch für die Menschheit. Die heiligen Gebräuche der Römer* (Berlin: Friedrich Maurer, 1791)(*Hegel's Library*, 708). 이와 관련해서는 *LPR*, vol. 2, 188; *VPR*, Part 2, 94를 참고하라.

71 Moritz, "Der Gotterkrieg," in *Götterlehre oder mythologische Dichtungen der Alten* (1791), 20-30; (1825), 13-21.

고, 후기의 신들은 문명을 상징한다고 주장하고 있다.72

5. 자연에서 정신으로의 전환

다음으로 헤겔은 자연에서 정신으로의 전환이 개별적인 신 개념
들에서 어떻게 일어나는지 구체적으로 분석한다. 그는 올림포스 신들
도 티탄들과 같은 자연력을 부분적으로 공유하고 있지만 그들에게는
정신의 발전을 보여주는 완전히 새로운 힘이 부여되어 있다고 지적한
다.73 올림포스의 신 제우스는 비나 번개와 같은 기상 현상을 관장한다
는 점에서 하늘의 신 우라노스와 같지만 그는 그것을 넘어 인간의
문화 영역(국가와 시민 생활)까지도 관장한다. 헤겔은 개인들의 양심과
법을 상징하는 에우메니데스(Eumenides)와 에리니에스(Erinyes)를 보
편적인 국가를 상징하는 제우스(Zeus)와 대비시킨다.74

티탄들은 단지 인격화된 자연력일 뿐 수준 높은 개별적 인격은
아니다. 바다의 힘을 상징하는 오케아노스(Oceanus)의 경우도 마찬가
지다. 하지만 그와 유사한 올림포스의 신 포세이돈은 그러한 자연력을
능가하는 다른 특징도 갖고 있다.75 그는 옛 신 오케아노스처럼 바다의

---

72 Moritz, "Der Gotterkrieg," in *Götterlehre oder mythologische Dichtungen der Alten*
   (1791), 24; (1825), 17. "티탄에 해당하는 태양신 헬리오스 대신 활과 화살을 들고 있는 영원
   한 젊은이 아폴론이 서 있다. 헬리오스의 형상은 모호했기 때문에 시에서는 그의 옆에 오케아
   노스 대신 바다의 물을 지배하는 삼지창을 든 넵튠(Neptune)을 세워두기도 했다."

73 Hegel, *Phil. of Hist.*, 245; *Jub.*, vol. 11, 321. *LPR*, vol. 2, 647; *VPR*, Part 2, 539. 이와
   관련해서는 *LPR*, vol. 2, 466; *VPR*, Part 2, 366도 참고하라.

74 Hegel, *LPR*, vol. 2, 646; *VPR*, Part 2, 538.

75 Hegel, *LPR*, vol. 2, 466; *VPR*, Part 2, 366.

[그림 9.1] Detail from a depiction of Oceanus in the Wedding of Peleus and Thetis in the British Museum. ART Collection / Alamy Stock Photo.

거친 힘도 가지고 있지만 건축이나 건설, 말의 사육과 같은 문명적인 삶의 특성도 함께 가지고 있다. 옛 신 오케아노스와 새 신 포세이돈의 그러한 차이는 자연종교에서 정신종교로의 이행을 보여주는 단적인 상징이다. 헤겔은 이렇게 설명한다. "오케아노스는 그 이름처럼 단순한 자연적 요소에 불과하다. 하지만 포세이돈은 그러한 야생적인 자연적 요소와 더불어 성벽을 쌓거나 말을 생산하는 것과 같은 윤리적인 책임도 함께 가지고 있다."76 우리는 헤겔이 말하는 핵심을 고대의 회화 속에서도 확인할 수 있다. 이와 관련해서는 [그림 9.1]을 참고하라.

고대의 회화에서 포세이돈은 인간 문화와 발전을 상징하는 마차를 타고 파도를 헤쳐 나가는 강인한 전사로 묘사되어 있지만, 오케아노스는 그저 바다에 사는 자연물처럼 묘사되어 있다. 물고기의 하체를 가지고, 머리에는 바닷게나 바닷가재의 집게를 달고, 손에는 물고기와 장어를 든 그의 모습은 정신보다는 자연을 상징한다고 볼 수 있다.

---

76 Hegel, *Phil. of Hist.*, 245; *Jub.*, vol. 11, 321. 이와 관련해서는 *LPR*, vol. 2, 466; *VPR*, Part 2, 366도 참고하라.

헤겔은 더 오래된 신 헬리오스(태양)와 올림포스의 신 아폴론의 사례도 든다. 그는 이렇게 설명한다. "헬리오스는 자연의 요소인 태양이다. 아폴론은 헬리오스보다 발전된 형태다. 정신에 비유하자면, 그것은 자연에서 자기의식으로의 전환이라 할 수 있다."[77] 거기서 헤겔은 빛의 중요성과 관련해서 그리스 종교와 동양 종교, 특히 조로아스터교를 비교한다. 리키아의 아폴론은 "빛과 직접적인 관계를 맺고 있다. 그것은 소아시아에서 유래한 전통이다. 빛의 자연적인 측면은 동양에서 더 강조된다."[78] 여기서도 헤겔은 크로이처의 견해에 암묵적으로 동조하고 있다.[79] 헤겔에 따르면, 아폴론 역시 빛과 연관되기는 하지만 그것이 그의 주된 특성은 아니다. 따라서 이제 빛은 아폴론의 머리를 비추는 후광으로 축소되어 있다.[80] 헤겔은 『미학』에서도 그러한 연관을 다루면서 크로이처를 둘러싼 논쟁을 언급하고 있다. "아폴론이 태양의 상징인지 아닌지를 두고 포스(Johann Heinrich Voss)와 크로이처는 논쟁을 벌이기도 했다. 하지만 아폴론은 자연적인 내용뿐만 아니라 정신적인 의미도 함께 갖고 있다는 점에서 그것은 태양이기도 하고 아니기도 하다."[81] 아폴론은 올림포스의 신

---

77 Hegel, *Phil. of Hist.*, 245; *Jub.*, vol. 11, 321. 이와 관련해서는 *LPR*, vol. 2, 647-648; *VPR*, Part 2, 539-540도 참고하라.

78 Hegel, *LPR*, vol. 2, 648; *VPR*, Part 2, 540.

79 이와 관련해서는 *LPR*, vol. 2, 648n; *VPR*, Part 2, 789-795를 참고하라.

80 Hegel, *LPR*, vol. 2, 648n; *VPR*, Part 2, 540n. 이와 관련해서는 *Aesthetics*, vol. 1, 473; *Jub.*, vol. 13, 62도 참고하라.

81 Hegel, *Aesthetics*, vol. 1, 473; *Jub.*, vol. 13, 62. 이와 관련해서는 다음을 참고하라. Johann Heinrich Voss, *Antisymbolik* (Stuttgart: Metzler, 1824), 17, 54, 149, 323. Johann Heinrich Voss, *Antisymbolik*, vol. 2 (Stuttgart: Metzler, 1826), 9, 38f. Creuzer, *Symbolik und Mythologie der alten Völker, besonders der Griechen*, 완전개정판, vol. 2, 139f.

이지만 초기 자연신들의 흔적도 어느 정도 공유하고 있다. 그는 자연을 대표하는 태양을 상징하기도 하지만 그것을 넘어 정신을 대표하는 인식을 상징하기도 한다.

헤겔은 그리스 초기의 여신 네메시스(Nemesis)와 후기의 여신 디케(Dike)도 비교한다. 초기의 여신 네메시스의 임무는 각자가 자신의 분수를 지키도록 그들을 절제시키는 것이었다. 헤로도토스는 네메시스를 분수에 넘치는 성공에 도취된 왕이나 지도자를 몰락시키는 여신으로 묘사하고 있다. 네메시스는 누군가의 성공이 분수에 맞는지를 알아보기 위해 자로 길이를 재는 모습으로 그려져 있는데, 그것은 매우 기계적인 행위에 불과하다. 하지만 후기의 여신 디케는 그러한 절제의 역할 이상을 수행한다. 디케는 도덕적으로 잘못된 행위를 응징하는 윤리의 여신이다. 헤겔에 따르면, 이는 이전보다 훨씬 발전된 정의 개념이다.[82] 초기의 여신 네메시스가 추상적인 '원리'를 상징한다면, 후기의 여신 디케는 고도의 인간적인 특성들을 지니고 있다.

6. 동물 역할의 축소

그리스인들이 순수한 자연 영역에서 벗어났음을 보여주는 또 다른 사례는 동물을 단지 상징으로만 사용한다는 점이다. 힌두교나 이집트 종교와 같은 앞선 종교 형태들은 동물 자체를 신으로 여겼다.

---

82 Hegel, *LPR*, vol. 2, 647; *VPR*, Part 2, 539. 이와 관련해서는 Hesiod, *Theogony*, 223-226을 참고하라(영어 번역판: trans. by Richmond Lattimore [Ann Arbor: The University of Michigan Press, 1959], 136).

그들에게는 동물이 그 자체로 신이었다. 하지만 그리스인들은 더이상 동물 자체를 신격화하지 않는다. 이제 동물은 부차적이거나 종속적인 지위로 물러난다. 헤겔은 사냥의 여신이자 어린 소녀들의 수호신인 그리스의 아르테미스(Artemis)의 모습과 동양 종교의 신들을 비교한다. 아르테미스 숭배는 소아시아의 에페수스(Ephesus)에서 시작되었다. 모든 고대인은 거기 있는 그녀의 신전에서 찬양 예배를 드렸다. 이후 그것이 그리스로 전파되면서 아르테미스의 신 개념도 재고되기 시작했다. 헤겔은 이렇게 설명한다.

> 여전히 아시아적인 특성을 띠고 있는 에페수스의 디아나(아르테미스)는 많은 가슴을 가진 동물의 모습으로 표현되어 있다. 그녀는 자연적인 생명 일반, 즉 자연의 생식력과 보존력을 상징한다. 반면에 그리스의 디아나는 동물을 죽이는 사냥꾼이다. 그녀는 일반 사냥보다는 야생동물 사냥만을 상징한다. 초기의 종교에서는 그러한 야생동물들이 침해될 수 없는 절대적인 신으로 여겼지만 그리스의 용기 있는 정신적 주관성은 그것들을 한낱 정복하고 죽여야 할 대상으로 삼았다.[83]

[그림 9.2]의 아르테미스 조각상은 그러한 동양의 영향을 명확히 보여준다. 동양에서는 아르테미스를 자연, 즉 동물의 가죽을 입고 있는 모습으로 묘사했다. 그녀는 자연의 연장이다. 그녀가 가진 여러 개의 가슴은 인간의 모습이라기보다 괴물에 가깝지만 그것이 상징하는 바는 분명하다. 그녀는 자연 세계의 어머니다. 그녀의 많은 가슴

---

83 Hegel, *LPR*, vol. 2, 649n; *VPR*, Part 2, 541n. *VPR*, Part 2, 361. 이와 관련해서는 다음도 참고하라. *Phil. of Hist.*, 234; *Jub.*, vol. 11, 308. *Aesthetics*, vol. 1, 474; *Jub.*, vol. 13, 63f.

[그림 9.2] 에페수스의 아르테미스(디아나). 출처: *Abbildungen zu Friedrich Creuzers Symbolik und Mythologie der alten Völker. Auf sechzig Tafeln* (Leipzig and Darmstadt: Heyer und Leske, 1819), Tabula III, figure 4.

아래에는 다양한 동물의 머리가 그려져 있는데, 그것은 그녀가 동물들에게 영양을 공급한다는 의미다. 이와는 대조적으로 그리스의 아르테미스는 완전한 인간의 모습을 하고 있다. 그리스 조각에서 그녀는 사슴의 귀를 잡고 죽이러 가는 모습으로 표현되어 있다. 그리스의 아르테미스는 자연의 연장도 아니고, 자연에 영양을 공급하지도 않는다. 포획한 동물의 주인으로 표현된 그녀는 자연보다 우월한 존재다. 아르테미스 분석과 관련하여 헤겔은 크로이처의 『상징과 신화』도 활용했는데, 거기에는 아르테미스에 관한 매우 폭넓은 설명과 더불어 고대 동전에 새겨신 아르테미스의 형상이나 그녀를 표현한 다양한 예술 작품의 도판도 실려 있다.[84]

그러한 동물의 역할 변화는 동물을 산 제물로 바치는 종교 관습에도 나타난다. 동물을 신성하게 여기는 동양 종교에서는 동물을 살해하는 행위가 금지되어 있다. 호메로스의 서사시에서도 그 흔적을 찾아볼 수 있다. 그는 결코 해쳐서는 안 되는 태양의 신성한 소를 언급한다. 동물을 산 제물로 바치는 법을 맨 처음 가르친 것은 프로메테우스(Prometheus)였다. 헤겔은 이렇게 설명한다.

프로메테우스는 인류에게 불을 주고, 그들에게 신에게 동물을 제물로 바치는 법을 가르쳤다. 그것은 동물이 인간의 소유물이 아니라 정신적인 힘의 소유물이라는 것을 의미한다. 인간은 [이전에는] 고기를 먹지 않았

---

84 Creuzer, *Symbolik und Mythologie der alten Völker, besonders der Griechen* (완전개정판, 1819-1821), vol. 2, 176-192, 특히 178. 이와 관련해서는 *Abbildungen zu Friedrich Creuzers Symbolik und Mythologie der alten Völker* (Leipzig and Darmstadt: Heyer und Leske, 1819), Tabula III, figure 4도 참고하라.

다. 프로메테우스는 제우스에게 제사를 지내기 위해 황소를 잡아 제물로 바쳤다. 하지만 그는 인간에게 더 좋은 것을 주기 위해 계략을 꾸몄다. 한편에는 먹지 못하는 동물의 뼈와 내장을 놓고 그 위에 마블링이 잘 된 지방 덩어리를 덮어 먹음직스럽게 꾸며놓았고, 다른 한편에는 맛있는 고기를 놓고 그 위에 소의 가죽을 덮어 맛없게 보이도록 꾸며 놓았다. 제우스는 그중 첫째 것을 골랐다.[85]

숭배자들은 제물로 바친 동물을 창조한 신의 권능을 인정하면서도 제의의 일부로 그 고기를 먹는 혜택도 누렸다. 그것은 동물을 창조한 신에게 감사를 표하기만 하면 그 고기를 먹어도 된다는 것을 의미한다. 그리스의 신 개념은 동물 세계마저도 낮은 단계로 격하시켰다. 그리스의 신들에도 동물적인 요소가 남아 있긴 하지만 이제 그것은 인간에 종속된 형태를 띠고 있다. "그리스인들은 인간과 동물이 혼합된 형상에서 동물의 형상을 제거한다. 신이 지닌 동물의 형상은 우연한 외형에 불과하다. 동물의 형상 자체는 이제 아무런 가치가 없고, 다른 것을 의미하는 상징으로 전락한다."[86] 헤겔이 추적한 세계 종교들의 신들을 비교해 보면, 그러한 자연에서 정신으로의 전환이 분명하게 이해될 수 있다. 힌두교에서 동물은 그 자체가 신적인 존재였고, 이집트 종교에서 호루스 신은 동물(매)의 머리에 인간의 몸을 가진 반인반수의 모습을 하고 있었지만, 그리스 종교에서 제우스는 완전한 인간의 모습을 하고 있다. 하지만 그렇다고 해서 동물의 모습이 완전

---

85 Hegel, *LPR*, vol. 2, 650; *VPR*, Part 2, 541. 이와 관련해서는 *LPR*, vol. 2, 466-467; *VPR*, Part 2, 366-367도 참고하라.

86 Hegel, *PhS*, 428; *Jub.*, vol. 2, 539.

히 사라진 것은 아니다. 제우스는 독수리와 함께 있는 모습으로 묘사되어 있다. 하지만 독수리는 제우스의 특성을 보여주는 단순한 상징일 뿐이다. 이제는 인간의 모습이 신의 모습으로 격상되고, 동물의 모습은 한낱 상징으로 격하된 것이다. "사유는 자연을 가공하여 자기의식적인 삶에 통합시킨다. 따라서 제우스의 모습에 깃든 자연적인 요소는 단지 기억에서 사라진 지양된 계기에 불과하다."[87] 제우스 외에도 포세이돈은 말, 아테나는 부엉이, 아프로디테는 비둘기와 같이 그리스의 모든 신은 자신이 가장 좋아하는 동물을 자신의 상징물로 쉽고 있다.

7. 운명, 숙명, 필연성

헤겔에 따르면, 종교적 경험은 우리가 알지 못하는 신의 섭리가 존재한다거나 우리의 삶은 그러한 거대한 섭리 안에서 더 고귀한 의미를 가질 수 있다는 믿음의 욕망에 근거하고 있다. 그리스인들의 운명(Μοῖρα 또는 Αἶσα) 개념도 그 일면이다. 그들에게 운명은 인간뿐만 아니라 신들까지도 초월해 있으면서, 그 모두를 지배하고 통솔하는 최고 존재였다. 그에 비하면 다른 모든 신은 피상적이고 유한한 신에 불과하다. 그리스 종교에는 모든 신들의 연관을 구성하거나 그들을 통합하는 전능한 유일신이 존재하지 않는다. 모든 신을 포괄하는

---

87 Hegel, *PhS*, 428; *Jub.*, vol. 2, 539. 이와 관련해서는 *Phil. of Hist.*, 248; *Jub.*, vol. 11, 325 도 참고하라. "이집트인이 신으로 믿던 짐승들도 이제는 정신적인 신을 나타내는 외적인 상징들로 전락했다."

운명이나 필연성이 보편적인 것이다. 제우스는 유대교의 신처럼 전능하지 않다. 제우스는 하늘만을, 포세이돈은 바다만을, 플루톤은 지하 세계만을 통치한다. 따라서 그리스의 신들은 유일신의 거대한 섭리나 지혜와는 감히 견줄 수 없는 일종의 정치적 수단이나 장치에 불과하다.

곧 다루겠지만 유대교의 신 야훼는 자연 세계의 외부에 존재하는 전적으로 초월적인 존재지만, 그리스의 신들은 여전히 자연 세계의 일부로 존재한다. 하지만 운명 혹은 필연성은 그리스의 모든 신, 심지어 제우스까지도 군림하는 더 큰 힘을 가지고 있다.[88] 비인격적이고 추상적인 운명과 그리스인들의 구체적이고 개별적인 신들은 서로 대립한다. 헤겔은 운명과 필연성의 본질을 이렇게 설명한다.

> 그것은 내용이 없는 공허한 필연성, 즉 개념이 없는 공허하고 이해할 수 없는 힘이다. 그것은 신들의 영역에 국한된 지혜일 뿐 특수자의 영역이나 단일한 신들의 구체적인 특성들을 포함하는 지혜가 아니다. 운명에는 목적이나 지혜가 없다. 운명은 모든 것, 심지어 신들까지도 초월해 있는 이해할 수 없는 공허한 필연성이다. 추상적인 것은 이해될 수 없다. 이해한다는 것은 그 대상의 진리를 인식하는 것이다. 저급하고 추상적인 것은 이해될 수 없다. 구체적인 내용을 갖춘 이성적인 것만이 이해될 수 있다.[89]

---

88 Hegel, *LPR*, vol. 2, 651; *VPR*, Part 2, 543. 이와 관련해서는 *PhS*, 443; *Jub.*, vol. 2, 557도 참고하라. "공허하고 비이성적인 필연성으로서의 보편적 자아는 [⋯] 구체적인 신들이라든가 표상적인 사유의 세계 전체를 초월해 있다." *Phil. of Mind*, § 384, Addition; *Jub.*, vol. 10, 38. "하지만 감각의 매개는 정신의 총체성을 분리된 형태나 독립적이고 정신적인 형태들을 포괄하는 원으로 표현할 수밖에 없다. 따라서 모든 형태를 포괄하는 통일성은 구체적인 신들과는 대립하는 아무런 규정도 없는 외적인 힘들에 불과하다."

운명이나 필연성의 힘은 명확하게 설명할 수도 없고, 특정한 의미를 부여할 수도 없는 신비로운 것이다. 거기에는 명확한 인식을 위한 규칙성이 없다. 간단한 예로 누군가가 갑작스런 사고로 죽게 되면, 우리는 소중한 생명이 한순간에 사라졌다는 사실을 있는 그대로 받아들이기 어렵다. 그의 죽음에서 보다 심오한 진리나 의미를 찾고 싶지만 사건 자체에서는 그런 것을 구할 수 없다. 그 사건은 아무런 의미 없는 단순한 사고일 뿐이다. 그러한 황망한 감정에서 운명 개념이 생겨난다. 인간은 운명을 알 수 없어 두렵고, 그래서 소외감을 느낀다.[90] 그리스 종교에서는 인간만이 아니라 신들도 그러한 필연성의 지배에 종속되어 있었다. 아테나가 아무리 발버둥을 쳐도 아킬레우스의 죽음을 막을 수 없었던 것처럼 말이다.

운명이나 필연성은 신들처럼 인격화되지 않는다.[91] 그리스의 신들과 여신들은 자신들의 본질과 행위를 나타내는 나름의 특성들을 지니고 있다. 우리는 그것들로 그들의 본질과 행위를 이해하고 예상할 수 있다. 하지만 운명은 특정한 인격성이 없기 때문에 이성적인 이해나 설명이 불가능하다. 그래서 우리는 그것을 미지의 운명 내지 미지의 필연성이라 부른다.

그러한 견해는 인간들에게 자신의 운명을 바꿀 수 없다면, 그것과 화해하라고 가르친다. 그리스인들에게 필연성은 "자유가 없는 맹목적인 복종"[92]을 의미했다. 우리는 운명을 있는 그대로 받아들여야

---

89 Hegel, *LPR*, vol. 2, 651; *VPR*, Part 2, 543. 이와 관련해서는 *LPR*, vol. 2, 162-163; *VPR*, Part 2, 68-69; *LPR*, vol. 2, 469-470; *VPR*, Part 2, 369도 참고하라.

90 Hegel, *PhS*, 449; *Jub.*, vol. 2, 565. *Phil. of Hist.*, 246; *Jub.*, vol. 11, 322f.

91 Hegel, *Aesthetics*, vol. 1, 503; *Jub.*, vol. 13, 101f.

할 뿐 우리의 의지대로 바꿀 수 없다. 운명은 곧 자유의 한계다. 하지만 우리는 운명과 대립하는 자신의 욕망을 포기함으로써 그 관계의 조건을 바꿀 수도 있고, 그렇게 함으로써 일종의 자유와 만족에 이를 수도 있다. 헤겔은 이렇게 말한다.

> 그러나 운명과 화해하면 모든 불만과 고통은 사라진다. 왜냐하면 인간은 그러한 순수한 안식, 순수한 존재, "있는 그대로"로 물러났기 때문이다. 하지만 그러한 추상적인 자유는 사실 아무런 위안도 줄 수 없다. 우리는 자신의 욕망을 포기한 대가로 위안을 요구한다. 하지만 거기서는 욕망의 뿌리 자체가 뽑혔기 때문에 위안이라는 보상도 필요치 않다. 포기해야 할 것을 이미 다 포기했기 때문이다. 그것은 구체적인 자유가 아니라 추상적인 자유일 뿐이다.[93]

우리는 그러한 체념을 통해서도 일종의 자유를 누릴 수 있다. 하지만 그것은 세상의 목적과 자신의 목적이 일치하는 완전한 자유가 아니다.

헤겔은 그리스의 운명 개념과 그에 대한 체념적 대응은 우리 시대의 사고방식과는 완전히 다르다고 지적한다. 현대인의 근본적인 감정은 괴로움이나 좌절감이다. 우리는 자신의 목적을 설정하고, 그것을 위해 많은 시간과 열정을 쏟는다. 하지만 세상이 우리의 목적을 허락하지 않거나 가로막으면 우리는 괴로움과 좌절감에 빠진다. 그럼에도

---

92 Hegel, *LPR*, vol. 2, 652; *VPR*, Part 2, 543.

93 Hegel, *LPR*, vol. 2, 652; *VPR*, Part 2, 543f. 이와 관련해서는 *TE*, 51f.; *TJ*, 23도 참고하라.

불구하고 우리는 자신의 이익을 포기하면서 운명에 몸을 내맡기지는 않는다.[94] 우리 삶의 중심은 자신이 설정한 특정한 목적과 관심이며, 그것을 달성하지 못하면 세상과 화해할 수도 없다. 하지만 고대에는 세상에 비해 인간 행위의 역할을 하찮게 여겼다. 세상은 주어진 그대로이고, 인간은 그것을 군말 없이 따라야 했다. 하지만 현대는 '당위'의 관점에서 '있는 그대로'의 세상을 타당한 것으로 받아들이지 않는다. 세계가 어떠해야 하는지, 즉 세상이 '나의 바람대로' 되어야 하는지 아니면 '있는 그대로' 존재해야 하는지를 결정하는 막강한 권한이 오늘날에는 개인에게 넘어간 것이다.

헤겔은 '운명'이라는 용어의 그리스적 용법과 현대적 용법을 구별하기도 한다. 현대에는 운명이라는 용어가 설명 원리로 사용된다. 한 사건이 다른 사건과 일치할 경우, 그것을 공정하거나 정의로운 운명이라고 말한다. 운명을 자연적인 인과관계의 일부로 보는 것이다. 예를 들어 나쁜 사람에게 안 좋은 일이 생기면, 우리는 그것이 그의 운명이라고 말한다. 반면 그리스인은 어떤 일이 그렇게 되거나 될 수밖에 없을 때만 운명이라는 용어를 사용한다. 운명의 배후에는 어떠한 이유나 인과관계도 존재하지 않는다. 헤겔은 이렇게 말한다. "필연성에 대한 직관과 숭배는 도리어 정반대다. 거기에는 매개나 인과관계에 관한 어떠한 논증도 허용되지 않는다."[95]

헤겔은 운명과 인간 의지의 긴장과 불화를 강조하는 그리스의 세계관과 화해와 신정론을 강조하는 그리스도교의 세계관을 대비시

---

94 Hegel, *LPR*, vol. 2, 481; *VPR*, Part 2, 381f. 이와 관련해서는 *LPR*, vol. 2, 652; *VPR*, Part 2, 543-544도 참고하라.

95 Hegel, *LPR*, vol. 2, 163n; *VPR*, Part 2, 68n.

킨다. "이와는 대조적으로 더 높은 종교 형태(그리스도교)에서는 그러한 불행에도 불구하고 절대적이고 궁극적인 목적이 이뤄질 수 있다는, 즉 부정이 긍정으로 전환될 수 있다는 위로가 있다."[96] 헤겔은 신과의 화해 속에서 영원한 지복을 누리고자 하는 그리스도교야말로 자유의 완전한 표현이자 그것이 실현되는 장소라고 생각한다. 그리스도교에서는 인간의 목적과 신의 목적이 완벽한 조화를 이룬다. 반면 외적인 권력이나 필연성에 복종해야 하는 그리스인들은 포기와 체념 속에 살아갈 수밖에 없다.[97]

8. 감정과 정서의 신

우리는 흔히 신을 외적인 것, 즉 우리의 외부에 독립적으로 존재하는 실체로 생각한다. 하지만 그리스인들에게 그러한 초월성은 신의 한 측면일 뿐이다. 그리스의 신들은 개인의 정신적이고 정서적인 삶의 다양한 요소들 혹은 그러한 내적인 성향들도 표현하고 있다. 헤겔은 신들의 외적인 모습뿐만 아니라 그것을 통해 드러나는 내적인 성향도 분석한다.[98] 그것은 신성을 주관적인 어떤 것으로 이해하는 방식이다. 신들이 인간의 정신적이고 정서적인 삶을 관장한다는 것은 신들이 더 이상 인간들에게 낯설고 이질적인 존재가 아니라 그들의 일부라는 것을 의미하기 때문이다.[99] 개별적인 신들은 인간과 유사하

---

96 Hegel, *LPR*, vol. 2, 653n; *VPR*, Part 2, 544n.

97 Hegel, *Phil. of Hist.*, 15; *Jub.*, vol. 11, 42.

98 Hegel, *LPR*, vol. 2, 662f.; *VPR*, Part 2, 554f.

다. 그들은 인간과 같은 감정이나 내적인 성향을 갖고 있기 때문에, 인간들은 그들의 본질과 행위를 쉽게 이해하거나 예상할 수 있다. 신의 특정한 측면들이 신비롭게 은폐되어 있던 이전의 종교들과 달리 그리스인들에게는 "더 이상 이해되지 않는 것도 신비로운 것도 없다. 신에게는 낯선 내용도 인식하지 못할 내용도 없다."[100]

헤겔은 신들이 개인의 감정과 행동에 개입하는 다양한 사례들을 제시한다. 그는 『일리아스』의 도입부에 나오는 아킬레스와 아가멤논의 갈등 장면을 언급한다. 아가멤논에게 자신의 명예를 모욕당한 아킬레우스가 분노를 참지 못하고 칼을 뽑아 그를 죽이려 했을 때, 아테나는 그를 진정시켰다.

> 아가멤논이 이렇게 말하자 펠레우스의 아들(아킬레우스)은 분노했고,
> 털이 수북한 그의 가슴 속에는 두 마음이 갈등하기 시작했다.
> 여기 있는 사람들을 멀리 내보내고,
> 허리춤에 찬 날카로운 칼로 아트레우스의 아들(아가멤논)을 죽일 것인가,
> 아니면 분노한 마음을 삭일 것인가?
> 그 둘을 저울질하다 칼을 뽑으려던 순간,
> 하늘에서 아테나가 내려왔다.
> […] 그녀는 아킬레우스의 뒤에서 그의 고운 머릿결을 붙잡았다.
> 하지만 다른 사람들에게는 보이지 않고 오직 그에게만 보였다.[101]

---

99 Hegel, *LPR*, vol. 2, 460; *VPR*, Part 2, 359-360. *LPR*, vol. 2, 642; *VPR*, Part 2, 534-535.

100 Hegel, *LPR*, vol. 2, 460; *VPR*, Part 2, 360. 이와 관련해서는 *LPR*, vol. 2, 164; *VPR*, Part 2, 70도 참고하라.

101 이와 관련해서는 *The Iliad of Homer*, trans. by Lattimore, Book I, lines 188-198, 64.

헤겔은 그 구절을 이렇게 해석한다. "호메로스에 따르면, 아킬레우스는 허리춤의 칼을 뽑아 들고 싶었지만 결국 참았다. 그의 분노를 다스린 신중한 내면이 곧 아테나 여신이다."[102] 또 다른 사례로는 그리스 군대를 휩쓸었던 전염병이나 아킬레우스가 전사한 후 바다에서 일어난 폭풍우와 같은 자연현상에 대한 해석을 들 수 있다. 거기서도 신은 다른 사람에게는 보이지 않는 인간의 내적인 감정에 작용한다. 신들은 그렇듯 외적인 자연뿐만 아니라 인간의 행동이나 의지도 통제한다.

오늘날에는 분노를 다스리는 행위를 개인의 자제력으로 간주한다. 그의 신중함이 직접적인 공격적 충동을 이겨낸 것이다. 하지만 그리스인들은 그것을 아테나가 내려와 아킬레우스의 칼을 거두게 한 것과 같은 외적인 행위로 표현했다. "아킬레우스는 분노를 삭였다. 호메로스는 분노를 억제하는 아킬레우스의 내면적인 침착함을 아테나의 외적인 개입으로 표현하고 있다."[103] 달리 말해 그러한 훌륭한 의지의 주체는 아킬레우스가 아니라 아테나의 외적인 힘이다. 아킬레우스는 성급하고, 아테나는 침착하다. 여기서도 개인이나 주관적인 자유의 역할은 인정되지 않는다. 하지만 시간이 흘러 주관적 자유의 원리가 더 발전하게 되면, 개인의 감정과 의지가 그러한 외적인 개입의 역할을 대신하게 된다.

헤겔은 아이스킬로스(Aeschylus)의 저작 『오레스테이아*Oresteia*』의 사례도 든다. 거기서 저주와 복수의 세 여신 에리니에스(Erinyes), 즉

---

102 Hegel, *LPR*, vol. 2, 478; *VPR*, Part 2, 378. 이와 관련해서는 *Phil. of Hist.*, 236; *Jub.*, vol. 11, 311도 참고하라.

103 Hegel, *LPR*, vol. 2, 658n; *VPR*, Part 2, 550n.

살인을 복수하는 여신 티시포네(Tisiphone), 죄인을 처벌하는 여신 알렉토(Alecto), 질투와 분노의 여신 메가이라(Megaera)는 아버지의 복수를 위해 어머니를 살해한 오레스테스(Orestes)를 뒤쫓는다. 그 여신들은 혈연관계를 져버리고 존속살해를 저지른 그에게 그 어떤 안식과 평화도 허락하지 않는다. 헤겔은 이렇게 주장한다. "에리니에스는 외부에 존재하는 객관적인 신들이 아니라 자신의 행위에 책임을 지는 양심을 의미한다."[104] 그리스인들은 에리니에스가 오레스테스를 외부에서 뒤쫓는 것으로 생각했다. 내적인 삶의 요소인 양심의 주체를 오레스테스가 아니라 그의 외부에 존재하는 에리니에스라고 생각했던 것이다. 그리스인들이 양심을 신적인 것으로 여긴 이유는 그것이 외부의 신들과 연관되어 있었기 때문이다. 신중함이나 양심이 개인이 아니라 신에게 귀속되어 있으면, 인간은 자신을 신성한 존재로 인식할 수도 없고, 내적 본성의 절대적인 가치를 인정받을 수도 없다. 그리스 문화에서는 인간의 고유한 가치가 그렇듯 비하되었기 때문에 노예 제도도 별다른 저항 없이 널리 행해질 수 있었다. 양심을 개인의 내적인 요소로 인식하기 위해서는 주관적인 자유가 더 발전해야 한다.

헤겔은 그리스의 위대한 서정시인 아나크레온(Anacreon)의 〈사랑의 신 에로스에게To Eros〉에서도 그 사례를 발견한다. 거기서 그는 사랑의 신 에로스와의 투쟁을 처음에는 외적인 힘으로 인식하다가 나중에는 자신의 감정에서 일어나는 내적인 갈등임을 깨닫게 된다. 헤겔은 그 시를 이렇게 해석한다.

---

104 Hegel, *LPR*, vol. 2, 479; *VPR*, Part 2, 379. 이와 관련해서는 *LPR*, vol. 2, 646; *VPR*, Part 2, 538도 참고하라.

아나크레온은 사랑의 신 에로스와의 갈등을 이렇게 설명한다. "나도 이제 사랑할 것입니다. 에로스는 오래전부터 사랑하라고 권했지만 나는 그 권유를 계속 거부했습니다. 그러자 에로스는 나를 공격했습니다. 나는 흉갑과 창으로 무장하고 끝까지 버텼습니다. 에로스가 처음에는 나에게 화살을 마구 쏘아댔지만 나중에는 내 마음속으로 들어와 버렸습니다." 그리고 그는 이렇게 결론짓는다. "그 전투는 내 안에서 일어나고 있었는데 활과 화살이 무슨 소용이 있었겠습니까?" 그러한 인식을 통해 주체는 자유로워진다. 신들은 다름 아닌 주체의 감정, 즉 **파토스**(πάθος)다.[105]

여기서 중요한 것은 아나크레온의 뒤늦은 깨달음, 즉 신들은 자신의 외부에 존재하는 것이 아니라 자신의 감정이라는 것, 다시 말해 사랑은 외부에서 주어지는 것이 아니라 내부에서 생겨나는 것이라는 깨달음이다. 이로써 인간의 감정이 신적인 중요성을 갖는다는 인식이 생겨나게 되었다. 개인을 자연과 연속된 비본질적인 존재로 여겼던 이전 시대의 관점에서 보면, 그러한 개인의 놀랄 만한 급부상은 종교와 인간 자유의 발전에 기념비적인 사건이다. "신들은 현실을 초월한 추상적인 존재들이 아니라 자신의 구체적이고 객관적인 주관성이다. 신들은 우리 안에 있기 때문이다."[106] 이것이 종교적 소외의 극복 과정이다. "신적인 힘들은 이제 인간에게 친숙한 탁월한 성향으로 그들의 내면에 자리 잡게 된다. 인간은 신들을 현실화하고, 그러한

---

105 Hegel, *LPR*, vol. 2, 480n; *VPR*, Part 2, 380n. 이와 관련해서는 *VPR*, Part 2, 735f.를 참고하라. *LPR*의 편집자는 헤겔이 다음 번역판을 활용했다고 전한다. *Anakreon und Sappho Lieder nebenst andern lyrischen Gedichten*, ed. and trans. by Johann Friedrich Degen, 2nd ed. (Leipzig: Aug. Gottl. Liebeskind, 1821), "Auf den Eros," 36-39.
106 Hegel, *LPR*, vol. 2, 480n; *VPR*, Part 2, 380n.

신의 현실성을 자신의 현실성으로 인식한다."[107] 신들은 더 이상 인간을 군림하는 외적인 존재가 아니라 인간의 감정과 태도를 결정하는 내적인 근원으로 인식된다. 인간의 감정과 욕구가 신적인 것이라는 이러한 개념은 헤겔이 정신종교의 다음 단계로 규정한 로마 종교의 특성을 암시한다.

개인의 내면적인 삶이 신적인 것이라는 인식을 통해 영혼불멸이론의 토대가 마련된다. 헤겔이 그리스 종교를 유대교보다 우위에 두는 핵심적인 이유도 바로 그 때문이다. 이와 관련하여 헤겔은 그리스인과 유대인의 신 개념을 이렇게 비교한다.

> 우리가 앞서 다룬 자연종교나 유일신교(유대교)의 단계에서는 영혼불멸 개념이 요청될 수 없다. 자연종교에서는 자연적인 것과 정신적인 것이 무매개적으로 통일되어 있다. 그것이 자연종교의 근본 특징이다. 따라서 거기에는 정신 자체가 아예 존재하지 않는다. 또한 일자의 종교(유대교)에서는 정신이 그 자체로 존재하기는 하지만 그 자유는 추상적이고, 그 존재는 자연적(특정한 영토의 소유나 번영)이라는 점에서 아직은 불충분하다. 그것은 자기 내적으로 규정된 존재도 아니고 정신적인 것에 만족하는 존재도 아니다. 그것은 여전히 부족이나 가족과 같은 자연적인 보편성 일반에 머물러 있다.[108]

유대인들과 달리 그리스인들은 처음으로 주관성을 절대적인 것으

---

107 Ibid.
108 Hegel, *LPR*, vol. 2, 166n; *VPR*, Part 2, 72n.

로 인식하기 시작했다.

> 주체가 윤리적인 삶에서 무한한 가치를 획득하거나 개별성 전체가 보편
> 적인 실체로 받아들여져야만 비로소 주관적인 개인의 영원성에 대한 표
> 상, 즉 영혼불멸 개념이 생겨날 수 있다.[109]

이것이 주관적인 자유의 원리다. 개인은 자신이 동의하지 않는 규칙, 원칙, 습관, 관습 등을 따라야 할 의무가 없다. 개인은 자신의 의지를 표현하고 그것에 동의할 권리를 가지고 있다. 헤겔에 따르면, 그러한 권리는 전통문화에는 없던 새로운 경향이다. 주관적인 요소를 진리로 간주한다는 것은 결국 주체를 절대적이고 불멸적인 존재로 간주한다는 뜻이다. 여기서 우리는 헤겔이 극찬하는 그리스인들의 영혼불멸 개념의 근거를 볼 수 있다.

9. 로마 종교로의 이행

그리스 종교의 신들은 다양한 목적을 가지고 있다. 이를테면 아테나(Athena)는 아킬레우스(Achilles)를 도와주고, 아폴로(Apollo)는 헥토르(Hector)를 지원하며, 제우스는 끊임없는 사랑을 추구한다. 하지만 그러한 목적들과 신들의 일반적인 개념 사이에는 어떠한 필연적인 연관도 없다. 거기에는 우리가 인식할 수 있는 이성(Logos)이나 합리성

---

109 Hegel, *LPR*, vol. 2, 166; *VPR*, Part 2, 71f.

이 존재하지 않는다.110 여느 인간들처럼 신들도 자신만의 관심과 목적으로 살아가며, 그것이 각 신들의 특정한 개별성과 인격성을 이루고 있다. 따라서 특정한 신의 일반적인 개념과 그가 추구하는 목적, 예컨대 시민적인 삶과 정의라는 제우스의 일반적인 신 개념과 여신이나 여인을 유혹하는 그의 목적 사이에는 간극과 모순이 존재한다. 그러한 모순은 다음 단계인 로마 종교에서 해소된다.

헤겔에 따르면, 로마의 신들도 그리스의 신들처럼 특정한 목적을 추구하지만 그들의 목적은 보다 구체적이다. 로마인들에게 신을 비롯한 모든 목적은 유용성, 실용성, 효용성이다. 그리스 종교에서는 신들이 자신의 목적을 자유롭게 결정했지만 로마 종교에서는 인간의 목적이 신들의 목적을 결정한다.111 그리스의 신들은 마치 포세이돈이 바다를 지배하고, 제우스가 국가를 지배하듯이 각기 자신만의 광범위하고 일반적인 영역을 다스렸지만, 로마의 신들은 그러한 일반적인 목적에서 벗어나 보다 구체적인 일상적인 목적들로 분산된다.

---

110 Hegel, *LPR*, vol. 2, 189; *VPR*, Part 2, 95.
111 Ibid.

| 10장 |

로마의 다신교
: 효용의 종교

효용의 종교

로마의 다신교에 관한 헤겔의 분석에는 로마의 역사와 문화에 대한 그의 오랜 관심이 반영되어 있다. 그는 어린 시절에 라틴어를 배웠고, 로마 문학에도 친숙했다.[1] 슈투트가르트 김나지움에 다닐 무렵에는 키케로(Marcus Tullius Cicero)의 서신들을 읽고, 타키투스 (Tacitus)의 저작 『아그리콜라*Agricola*』[2]를 번역하기도 했다. 또한 청년 기에는 라틴어로 일기를 쓰기도 했고,[3] 로마 문화에 대한 관심을 담은 문학 작품을 쓰기도 했다. 거기서 그는 셰익스피어(William Shakespeare) 의 희곡 『율리우스 카이사르*Julius Caesar*』의 내용을 바탕으로 제2차 삼두정치의 주인공 레피두스(Marcus Aemilius Lepidus), 안토니우스 (Mark Antony), 옥타비안(Octavian)의 대화를 구성하고 있다.[4] 이 책의 제9장에서도 언급했듯이 그의 초기 저술 중에는 고대 종교의 본질을 다루는 "그리스인과 로마인의 종교에 관하여*Über die Religion der Griechen und Römer*"라는 논문도 있고,[5] "고대 시인들의 몇 가지 특징들에 관하여" 라는 논문에서는 로마의 시인 티불루스(Tibullus)와 호라티우스(Horace) 를 언급하기도 한다.[6] 튀빙겐 신학대학에 다닐 무렵 그는 키케로

---

1 이와 관련해서는 Karl Rosenkranz, *Georg Wilhelm Friedrich Hegel's Leben* (Berlin: Duncker und Humblot, 1844), 10ff.를 참고하라.

2 Ibid., 11-12.

3 Hegel, "Tagebuch" in *Dokumente*, 6-41.

4 Hegel, "A Conversation of Three: A Scene from Julius Caesar," *MW*, 3-7; *Dokumente*, 3-6.

5 Hegel, "On the Religion of the Greeks and Romans," *MW*, 8-13; *Dokumente*, 43-48.

6 Hegel, "On Some Characteristic Distinctions of the Ancient Poets," *MW*, 14-18; *Dokumente*, 48-51.

(Marcus Tullius Cicero)의 저작『신들의 본성에 관하여*On the Nature of the Gods*』를 공부하기도 했다.7 예나대학에 제출한 교수 자격 논문 "행성궤도론*Dissertatio Philosophica de Orbitis Planetarum*"도 라틴어로 작성되어 있다.8 이후 베를린대학 교수 시절에도 그는 특별한 경우에는 라틴어로 공식 연설을 하기도 했다.9 헤겔은 로마 문화보다 그리스 문화를 더 선호했지만, 평생 로마 문화를 깊이 연구했을 뿐만 아니라 그것에 관한 풍부한 지식도 갖고 있었다.

다양한 문화 영역을 일괄하는 그의 거대 서사에서도 로마 세계는 여러모로 중요한 역할을 담당하고 있다.『종교철학』은 로마 종교만을 다루지만10『역사철학』은 로마 문화 전체를 매우 광범위하게 다루고 있다.11 이는 오래전『정신현상학』12에서 처음 선보인 간략한 분석을 집중적으로 확장한 논의라 할 수 있다. 그는『미학』에서도 고대 로마의 예술과 문화의 다양한 측면들을 여러 곳에서 분석하고 있다.13 그럼에도 불구하고 그리스 종교의 경우와 마찬가지로 로마 종교에 관한 그의 분석과 관련한 이차 문헌 역시 전무하다는 점은 참으로

---

7 이와 관련해서는 Rosenkranz, *Georg Wilhelm Friedrich Hegel's Leben*, 25. 또한 H.S. Harris, *Hegel's Development: Toward the Sunlight 1770-1801* (Oxford: Clarendon Press, 1972), 73도 참고하라.

8 Hegel, *MW*, 163-206; *Jub.*, vol. 1, 1-29.

9 Hegel, *Jub.*, vol. 20, 521-544.

10 Hegel, *LPR*, vol. 2, 190-231; *VPR*, Part 2, 96-137. *LPR*, vol. 2, 498-512; *VPR*, Part 2, 397-410. *LPR*, vol. 2, 687-699; *VPR*, Part 2, 579-591. *LPR*, vol. 2, 758-760; *VPR*, Part 2, 639-642. *Phil. of Religion*, vol. 2, 288-323; *Jub.*, vol. 16, 156-188. *RGI*, 192-242.

11 Hegel, *Phil. of Hist.*, 278-318; *Jub.*, vol. 11, 361-409. *LPWH*, vol. 1, 426-460, 특히 433-436; *VPWG*, vol. 1, 393-438, 특히 402-406. *GRW*, 661-719.

12 Hegel, *PhS*, 290-294; *Jub.*, vol. 2, 367-372.

13 대표적으로 *Aesthetics*, vol. 1, 512-516; *Jub.*, vol. 13, 113-119를 참고하라.

의아한 일이다.

1. 헤겔이 활용한 자료들

로마 종교와 관련하여 헤겔은 로마의 고전을 거의 다 활용했다.[14] 『종교철학』에서 그는 키케로의『신들의 본성에 관하여*On the Nature of the Gods*』, 마르켈리누스(Ammianus Marcellinus)와 디오니시우스(Dionysius of Halicarnassus)의 역사서들, 베르길리우스(Virgil)와 호라티우스(Horace)의 시가들, 세네카(Lucius Annaeus Seneca)의 비극 등을 언급하고 있으며, 역사가 디오(Cassius Dio)와 수에토니우스(Suetonius)를 직접 언급하지는 않지만 그들의 설명을 인용하고 있다. 『역사철학』에서 로마사를 설명할 때는 역사가 아피아누스(Appian), 리비우스(Livy), 플루타르코스(Plutarch), 폴리비우스(Polybius), 타키투스(Tacitus)를 언급하기도 한다. 로마 문학이나 로마 역사에 관한 그의 방대한 지식을 고려하면 이 외에도 그는 수많은 고대 문헌을 꿰뚫고 있었던 것 같다.

그는 고전학 분야뿐만 아니라 당시 로마 문명에 관한 다양한 분야의 연구 성과들도 잘 알고 있었다. 그는 다양한 역사학자, 문헌학자, 법학자가 쓴 익명의 저작들도 자세히 언급하고 있다.[15] 빙켈만의 저작에 고무되어 로마에 새로운 관심을 가졌던 당시 독일어권 세계의 많은 학자들은 고고학적인 유적지와 새로운 유물들을 보기 위해 이탈리아를 직접 방문하기도 했다.

---

14 헤겔이 활용한 자료와 관련해서는 *LPR*, vol. 2, "편집자 서론," 11-12, 25-30, 55-56, 71-72, 86을 참고하라.

15 Hegel, *Phil. of Hist.*, 279; *Jub.*, vol. 11, 363.

헤겔 시대에 라틴어 연구 분야를 대표하는 인물은 게오르크 니부어(Dane Barthold Georg Niebuhr: 1776~1831)였다. 그의 아버지는 아라비아반도 항해로 유명한 카르스텐 니부어(Carsten Niebuhr)였다. 베를린대학의 교수였던 게오르크 니부어는 1811~1812년에 진행한 강의를 묶어 출간했는데, 그것이 바로 로마사에 관한 비판적-학문적 접근법의 시작을 알린 두 권짜리 명작 『로마사』*Römische Geschichte*다.16 특히로마 공화정과 교황청의 갈등에 관한 그의 분석은 당시 큰 파장을일으키기도 했다. 헤겔은 『역사철학』의 "로마사" 부분에서 그 저작을논쟁적으로 인급하고 있다.17 니부어는 1816~1823년까지 로마에서프로이센 대사를 지냈고, 이후 여생은 본에서 보냈다. 따라서 헤겔이베를린대학 교수로 재직할 당시에는 그와 직접적으로 교류할 기회가없었다. 게오르크 니부어는 이탈리아에서 발견한 고대 라틴어 문헌들을 이후 차례로 출간하기도 했다.

헤겔은 『역사철학』에서 킬(Kiel)대학의 역사학 교수였던 헤게비슈(Dietrich Hermann Hegewisch: 1746~1812)가 1800년에 출간한 저작『로마사에서 가장 행복했던 시대에 관하여』*Über die für die Menschheit glück-lichste Epoche in der römischen Geschichte*를 언급하기도 한다.18 거기서 헤게비

---

16 Barthold Georg Niebuhr, *Römische Geschichte*, vols 1-2 (Berlin: Realschulbuchha-
   ndlung, 1811-1812). 제2판은 1827~1830년에 출간되었고(Berlin: G. Reimer), 제1권, 제
   3판은 1828년에 출간되었다(Berlin: G. Reimer). 제3권은 그의 사후인 1832년에 출간되었
   다(Berlin: G. Reimer). 이와 관련해서는 Ulrich von Wilamowitz-Moellendorff, *History
   of Classical Scholarship*, trans. by Alan Harris, ed. by Hugh Lloyd-Jones (London:
   Duckworth, 1982), 117-120; John Edwin Sandys, *A History of Classical Scholarship*,
   vols 1-3 (New York and London: Hafner Publishing Company, 1967), vol. 3, 77-82
   를 참고하라.

17 Hegel, *Phil. of Hist.*, 280f.; *Jub.*, vol. 11, 364. *Phil. of Hist.*, 297; *Jub.*, vol. 11, 384.
   Phil. of Hist., 302; *Jub.*, vol. 11, 390. *Phil. of Hist.*, 303; *Jub.*, vol. 11, 391.

슈는 기본(Edward Gibbon)의 대표작 『로마제국의 쇠망사』*History of the*
Decline and Fall of the Roman Empire』(헤겔도 1821년부터 그 저작을 소장하고 있었다)의
내용도 다룬다.[19] 기번은 네르바(Nerva) 황제 집권기부터 아우렐리우
스(Marcus Aurelius) 통치 말기까지가 로마제국의 역사상 가장 행복한
시기였다고 주장하고 있다. 헤게비슈는 거기에 더하여 로마제국이야
말로 최고의 사회 조화 모델을 선보인 국가라고 칭송하기도 했다.
헤겔의 경우, 로마 공화국이 도입한 농업법에 관한 헤게비슈의 설명에
는 동의하지만 그 저작의 공로에 대한 니부어의 평가에는 반대했다.[20]
니부어와 헤게비슈의 저작은 헤겔이 로마의 역사나 정체를 이해하는
데는 중요한 역할을 했지만 로마 종교의 분석과 관련한 내용은 담고
있지 않다.

헤겔은 로마 신들을 설명하기 위해 모리츠의 저작 『안투사 또는
로마의 고대 유물』*ANΘOYΣA oder Roms Alterthümer*』을 활용하기도 했다.[21] 그
저작은 로마의 수많은 연례 축제와 그때마다 거행된 종교적 관습을
한 달 단위로 나누어 상세히 설명하고 있다. 각각의 축제는 특정한

---

18 D. H. Hegewisch, *Über die für die Menschheit glücklichste Epoche in der römischen Geschichte* (Hamburg: F. Perthes, 1800).

19 Edward Gibbon, *The History of the Decline and Fall of the Roman Empire*. A New Edition, vols 1-12 (Leipzig: Gerhard Fleischer, 1821). 이와 관련해서는 *Hegel's Library*, 1016-1027 및 *Jub.*, vol. 1, 497을 참고하라.

20 Hegel, *Phil. of Hist.*, 302; *Jub.*, vol. 11, 391.

21 Karl Philipp Moritz, *ANΘOYΣA oder Roms Alterthümer. Ein Buch für die Menschheit. Die heiligen Gebräuche der Römer* (Berlin: Friedrich Maurer, 1791) (이와 관련해서는 *LPR*, vol. 2, 188; *VPR*, Part 2, 94; *Hegel's Library*, 708을 참고하라). 앞서 언급했듯이 헤 겔은 모리츠가 그리스의 신들을 설명하는 『신들의 교리 또는 고대의 신화적 시가』(*Götterlehre oder mythologische Dichtungen der Alten*)도 활용했다. Karl Philipp Moritz, *Götterlehre oder mythologische Dichtungen der Alten* (Berlin: Johann Friedrich Unger, 1791).

신이나 여신을 숭배하는 기념일이다. 따라서 그 논의는 자연스럽게 로마의 다양한 신들에 관한 분석으로 이어진다. 모리츠는 로마 축제들의 기원과 전통을 설명하면서 로마 신들의 성격과 특징도 함께 분석하고 있다. 헤겔의 독서 메모들을 보면, 그가 모리츠의 저작에서 어떤 내용을 활용했는지 확인할 수 있다.[22] 헤겔은 로마 종교를 분석할 때 모리츠의 저작을 교과서처럼 널리 활용했다. 하지만 『종교철학』의 편집자들이 지적하듯이,[23] 그렇다고 해서 헤겔이 모리츠의 주장까지 전적으로 받아들인 것은 아니었다. 도리어 그는 로마 종교와 그리스 종교를 연관시키는 모리츠의 관점을 비판하면서, (앞으로 살펴보겠지만) 그 두 종교의 신 개념은 완전히 다른 부류라고 주장했다. 헤겔이 모리츠의 저작에 관심을 가졌던 것은 그의 관점이나 주장 때문이 아니라 그가 제공하는 로마의 종교 관습에 관한 풍부한 경험적 정보 때문이었다.

헤겔은 로마 종교를 다루는 대목에서도 베를린대학의 동료 교수였던 크로이처의 저작 『상징과 신화』를 인용하고 있다.[24] 하지만 다른 종교들을 분석할 때와 달리 로마 종교 부분에서는 그 저작을 단 한 번만 인용하고 있다.[25] 1824년 『종교철학』에서 헤겔은 로마 종교와 그리스 종교는 근본적으로 구별되어야 한다는 크로이처의 주장을 언급한다.[26] 그것은 다음 절에서 살필 헤겔의 로마 종교 분석에

---

22 Hegel, *LPR*, vol. 2, 765-766; *VPR*, Part 2, 646-647. 이와 관련해서는 *LPR*, vol. 2, 206-219; *VPR*, Part 2, 112-124도 참고하라.

23 이와 관련해서는 *LPR*, vol. 2, "편집자 서론," 11, 26을 참고하라.

24 Friedrich Creuzer, *Symbolik und Mythologie der alten Völker, besonders der Griechen*, vols 1-4 (Leipzig and Darmstadt: Karl Wilhelm Leske, 1810-1812)(Friedrich Creuzer, *Symbolik und Mythologie der alten Völker, besonders der Griechen*, vols 1-4, 완전개정판 [Leipzig and Darmstadt: Heyer und Leske, 1819-1821]).

25 Hegel, *LPR*, vol. 2, 501; *VPR*, Part 2, 400.

서도 매우 중요한 점이다.27 헤겔은 로마에 헌정된 크로이처의 1824
년 저작 『로마 유물에 관한 개요*Abriss der Römischen Antiquitäten*』도 소장하고
있었다.28

2. 진지함: 그리스 종교와 로마 종교의 차이

헤겔은 먼저 그리스 종교와 로마 종교가 전반적으로 동일하다는
전제하에 그 둘을 한몸처럼 다뤄왔던 전통을 지적한다. 예를 들어
주피터(Jupiter)와 제우스(Zeus), 넵튠(Neptune)과 포세이돈(Poseidon)
을 동일시하는 것이 그런 전통이다. 하지만 헤겔은 그 두 신의 개념이
완전히 다르다고 주장한다.29 정신 개념에 따르면, 종교는 예술이나
정치 등과 같은 다양한 인간 문화와도 밀접하게 연관되어 있으며,
로마인과 그리스인은 서로 다른 정치적 발전 과정을 거쳐 왔기 때문에
그들의 문화나 종교도 근본적으로 다를 수밖에 없다. 그리스의 역사에
서 아테네나 스파르타와 같은 작은 개별 도시국가들이 주변의 약한

---

26 헤겔은 크로이처의 『상징과 신화』 제2판(완전개정판)을 활용했다. Creuzer, *Symbolik und
   Mythologie der alten Völker, besonders der Griechen*, vol. 2 (1820), 992. 크로이처는
   그 저작의 2.18ff.에서 디오니시우스(Dionysius of Halicarnassus)의 저작 『로마사』(*Roman
   Antiquities*)를 언급하고 있다.

27 이와 관련해서는 *Phil. of Hist.*, 289f.; *Jub.*, vol. 11, 374f. *LPWH*, vol. 1, 433; *VPWG*, vol.
   1, 402도 참고하라.

28 Friedrich Creuzer, *Abriss der Römischen Antiquitäten zum Gebrauch bei Vorlesungen*
   (Leipzig and Darmstadt: Karl Wilhelm Leske, 1824)(*Hegel's Library*, 683).

29 Hegel, *LPR*, vol. 2, 207; *VPR*, Part 2, 113. *LPR*, vol. 2, 691; *VPR*, Part 2, 582-583. *Phil.
   of Hist.*, 289f.; *Jub.*, vol. 11, 374f. *LPWH*, vol. 1, 433; *VPWG*, vol. 1, 402.

제국들을 잠시 통합한 적은 있었지만 알렉산더 대왕의 짧은 집권기를 제외하고는 로마처럼 유럽 전역을 비롯해 북아프리카와 소아시아까지 통째로 지배했던 적은 단 한 번도 없었다. 그리스 종교와 로마 종교가 피상적으로는 동일해 보이지만 로마제국만의 고유하고 특정한 정치적 상황은 로마 종교를 그리스 종교와는 완전히 다른 형태로 발전시켜 나갔다. 그런 점에서 우리는 그 두 종교의 개념을 엄밀히 구분하고, 그 차이에 주목할 필요가 있다.

헤겔은 로마인들의 핵심적인 특징 중 하나가 그들이 가진 진지한 감정, 즉 '위엄'이라고 주장한다.[30] 그러한 특징은 근본적으로 세상에 대한 실천적인 관심에서 비롯한 것이다. 광대한 제국을 운영하려면, 군대의 유지, 식량의 확보, 복잡한 법체계의 운영과 같은 실천적인 목적들에 주의를 기울여야 하고, 그러한 목적들을 효율적으로 달성하려면 한결같은 진지함을 견지해야 한다. 헤겔은 그것이 그리스 종교와는 다른 로마 종교만의 고유한 특징이라고 말한다. 그리스 종교의 개별적인 신들은 자신만의 힘과 특성을 가지고 있지만 자신들의 목표와 목적에 그다지 집착하지 않는다. 도리어 그들은 자신들의 목적과 일종의 모순적인 거리를 유지했다. "그리스의 신들은 단일한 존재 방식을 고수하지 않는다. 그들은 자신만의 본질적인 힘을 가지고는 있지만 그것은 자신들이 추구하는 구체적인 목적들과 배치된다. 그들은 단일한 경험적 결과를 중요하게 여기지 않기 때문이다."[31] 그리스 인들은 신들보다 운명을 더 우월한 것으로 여겼다. 운명은 개인들의

---

30 Hegel, *LPR*, vol. 2, 501; *VPR*, Part 2, 400. *LPR*, vol. 2, 691; *VPR*, Part 2, 583.

31 Hegel, *LPR*, vol. 2, 501; *VPR*, Part 2, 400.

목표와 목적을 수정하도록 강요했기 때문에 그들은 자신들이 선택한 목적에 그다지 집착하지 않았다. 운명과 자신의 목적이 충돌할 때, 그들은 운명을 거역하기보다 자신의 목적을 수정했다.

주어진 목적과의 관계를 고려하면, 그리스의 신들은 로마의 신들에 비해 훨씬 인간적인 면모를 보이고 있다. 그리스의 신들이 개별적인 형태와 목적을 초월한 어떤 이념을 상징한다면, 로마의 신들은 경험적이고 실제적인 목적을 초월하기는커녕 도리어 거기에만 매달린다. 그것이 그리스 종교와 로마 종교의 결정적인 차이다. 로마의 신들이 진지한 이유는 하나의 명확한 목적, 즉 '최고 원리'[32]에 온전히 집중하면서 그것에 모순되는 행위를 범하지 않기 때문이다. 그리스의 신들은 서로 모순되는 다양한 특성과 성격을 내포하고 있기 때문에 로마의 신들보다 훨씬 인간적이고 개별적인 특성을 띤다. 그들은 표면적으로 부여된 특성과 모순되는 행동들도 서슴지 않는 우연적인 존재들이기 때문이다. 그리스의 신들은 마치 인간들처럼 변덕스럽고 경솔하다. 반면 로마의 신들은 오로지 하나의 목적만을 고수한다는 점에서 일차원적이다.

그리스 종교와 로마 종교의 그러한 결정적인 차이를 밝혀준 것은 그리스의 역사가 디오니시우스(Dionysius Halicarnassus)다.[33] 그는 로마의 전설적인 건국자 로물루스(Romulus)가 보여준 고대 로마인의 기질을 찬양하면서, 그가 종교에 공헌한 많은 업적, 이를테면 신전이나 종교 축제 그리고 신들의 조각상을 만든 위업들을 기록하고 있다.

---

32 이와 관련해서는 *LPR*, vol. 2, 692; *VPR*, Part 2, 584를 참고하라.

33 Hegel, *LPR*, vol. 2, 501-502; *VPR*, Part 2, 400.

그는 신들을 모욕하거나 비방하는 전통적인 신화를 모두 거부했으며, 그러한 중상모략은 신들뿐만 아니라 선한 사람들에게도 사악하고, 무익하고, 음란하고, 부당한 것으로 여겼다. 또한 그는 신들의 좋은 점만을 생각하고 말하며, 자신의 축복받은 본성에 어긋나는 행동을 신들의 탓으로 돌려서는 안 된다고 가르쳤다. 실제로 로마 종교에는 카엘루스(Caelus)가 자신의 아들에게 거세를 당했다거나, 사투르누스(Saturn)가 자신이 살고자 자손들을 죽였다거나, 주피터(Jupiter)가 자신이 아버지 사트르누스를 폐위시키고 타르타로스(Tartarus)라는 지하 감옥에 가뒀다거나, 신들이 서로 전쟁을 하고 상처를 입히고 연합을 했다거나, 신들이 인간들의 노예가 되었다는 식의 신성모독적인 전통이 더 이상 존재하지 않는다.34

이 대목이 로마 종교와 관련하여 크로이처의 저작을 인용한 유일한 부분이다. 헤겔은 그만큼 이 부분을 중요하게 생각했다.35 로마 종교도 그리스 종교와 마찬가지로 "신전, 제단, 예배, 희생 제물, 엄숙한 종교 모임, 축제"와 같은 종교적 관습들을 그대로 유지했다.36

---

34 Dionysius of Halicarnassus, *The Roman Antiquities*, vols 1-7, trans. by Earnest Cary (Cambridge, MA: Harvard University Press and London: William Heinemann Ltd., 1961-1971)(*Loeb Classical Library*), vol. 1, 363(Book II, Chapters 18-19).

35 Hegel, *LPR*, vol. 2, 501-502; *VPR*, Part 2, 400. Creuzer, *Symbolik und Mythologie der alten Völker, besonders der Griechen*(완전개정판, 1819-1821), vol. 2, 992. "디오니시우스는 로물루스가 만든 종교적 제도들에 담긴 지혜를 떠올리며, 로마 종교는 그리스 종교보다 위대한 점들, 이를테면 신전, 예배당, 제단, 신상, 상징물 등을 가지고 있으며, 인간들에게 신들의 권능과 자비도 가르쳤다고 말한다. 로마인들도 그리스인들처럼 종교 축제를 거행하고, 희생 제물을 바치고, 예배 모임이나 인식일 그리고 신의 평화를 기원하기도 했지만, 그들은 신들을 모독하는 신화들, 이를테면 신들의 전쟁, 살해, 투옥, 신들의 노예화와 같은 불경한 내용을 담고 있는 신화들은 완전히 몰아냈다."

36 Hegel, *LPR*, vol. 2, 502; *VPR*, Part 2, 400.

하지만 거기에는 "신성을 모독하는 신화들, 이를테면 신들의 전쟁, 살해, 투옥, 협상 등"[37]과 같은 그리스의 조야한 신 개념이 더 이상 존재하지 않는다(이 대목에서 헤겔은 크로이처의 설명을 직접 인용하고 있다). 로마 종교는 제우스의 불법적인 사랑 이야기, 질투심에 눈먼 헤라의 복수 이야기, 자신의 아들 크로노스에게 거세 당한 우라노스의 이야기를 비롯해 조금이라도 신성을 모독하는 신화들은 모조리 폐기했다.

헤겔의 해석에 따르면, 로마의 신들은 정해진 목적만을 추구하기 때문에 그리스의 신들이 가진 조야하고 우연적인 특성들에서 벗어나게 된다. 달리 말해 로마의 신들은 수행해야 할 중요한 임무가 있기 때문에 성적인 접촉과 같은 어리석은 일들에 휘말리지도 않고, 그리스의 신들에 나타나는 일반적인 목적과 구체적인 행동 사이의 모순도 일으키지 않는다. 그러한 목적과 행동의 일치야말로 로마의 신들이 보여주는 진지함의 핵심이다. 대조적으로 그리스의 신들은 정해진 목적이나 원리에 얽매이지 않는다. 그리스인들의 조야한 상상력은 논리적 일관성을 고려하지 않고 다양한 신화들을 제멋대로 만들어 냈던 것이다.

3. 유피테르: 로마 종교의 최고 목적

유피테르(Jupiter Publica)는 로마의 신들 가운데 최고의 신이지만 그를 제우스와 동일시하는 것은 착오다. 유피테르는 로마의 신 중

---

37 Ibid.

최고의 신, 목적 중 최고의 목적을 상징한다. 헤겔은 로마인들 혹은 로마 신들의 궁극적인 목적은 세계의 정복이나 지배였다고 말한다.[38] 로마인들은 지중해와 유럽 전역을 모조리 정복할 때까지 계속해서 자신의 영역을 확장해 나갔다. 그것이 최고의 신으로 표현된 그들의 최고 목적이었다.

로마라는 도시 자체가 지배 혹은 지배권을 상징한다. 그것은 필연이나 행운에 좌우된다. 로마에는 행운의 여신 포르투나 퍼블리카(Fortuna Publica)를 위한 신전이 있었다. 포르투나의 화신이 유피테르지만 그것은 제우스와는 다른 신이다. 그의 본래 이름은 유피테르 카피톨리누스(Jupiter Capitolinus)다.[39]

그 세 신은 최고 목적의 다양한 측면들을 상징한다. 포르투나는 행운 혹은 번영의 여신이다. 헤겔이 지적한 바와 같이, 그것은 국가와 같은 공적 영역의 원리를 상징하는 **포르투나 푸블리카**(Fortuna publica)로 이해되기도 하고, 가족이나 친구와 같은 사적 영역의 원리를 상징하는 **포르투나 프리바타**(Fortuna privata)로 이해되기도 한다.[40] 헤겔은

---

38 Hegel, *LPR*, vol. 2, 211f.; *VPR*, Part 2, 117f. *LPR*, vol. 2, 500; *VPR*, Part 2, 398-399. *LPR*, vol. 2, 503; *VPR*, Part 2, 401.

39 Hegel, *LPR*, vol. 2, 503; *VPR*, Part 2, 402. 이와 관련해서는 다음을 참고하라. *Phil. of Hist.*, 292; *Jub.*, vol. 11, 378. *LPR*, vol. 2, 212f.; *VPR*, Part 2, 116f. LPR, vol. 2, 692; *VPR*, Part 2, 584. Moritz, *ΑΝΘΟΥΣΑ oder Roms Alterthümer*, 126-127.

40 그 두 의미 외에도 포르투나 여신에게는 행운이나 번영을 기원하는 다른 영역, 즉 여성에게 행운을 주는 포르투나 뮬리에브리스(Fortuna Muliebris), 신혼의 여성에게 행운을 주는 포르투나 버지넨시스(Fortuna Virginensis), 젊은 남성에게 행운을 주는 포르투나 비릴리스(Fortuna Virilis) 등의 의미도 있다.

로마인들이 자신들의 제국을 건설하려는 목적을 추구한다는 점에서 포르투나 퍼블리카를 숭배한다고 보았다. 여신 로마(Roma)는 그 도시 자체, 즉 로마라는 도시의 신(Dea Roma)이다. 로마제국 전체에 로마 여신의 신전들이 건설되어 있기는 했지만 그녀는 로마제국 전체나 로마제국의 모든 재산을 상징하는 것이 아니라 단지 로마라는 그 제국의 수도만을 상징한다. 그녀의 모습은 그리스의 여신 아테나와 매우 닮았다. 유피테르는 다른 모든 신들과 세계를 통치하는 최고의 신이다. 그래서 최선(最善)이자 최대(最大)의 유피테르라는 뜻에서 유피테르 옵티무스 막시무스(Jupiter Optimus Maximus)라 부르기도 한다. 유피테르 카피톨리누스(Jupiter Capitolinus)는 유피테르라는 이름에 그의 신전이 있는 '카피톨리누스'라는 지명을 덧붙여 '카피톨리누스의 유피테르'라는 뜻으로 지어진 이름이다.

헤겔은 유피테르 카피톨리누스를 그리스 종교의 최고 신 제우스와 유대교의 최고 신 여호와와 비교한다.[41] 호메로스의 서사시를 보면, 그리스인들에게는 그들이 위기에 처할 때마다 보살피고 도와주는 특정한 신들이 있다. 특정한 신은 특정한 개인이나 민족만을 보살피기 때문에 개인이나 민족 간의 갈등은 신들의 전쟁으로 표현되기도 한다. 이를테면 그리스와 트로이의 전쟁은 각각의 국가를 보살피는 신들의 전쟁이기도 하다. 유대교에서도 여호와는 한 민족만을 보살피겠다고 약속한다. 그는 아브라함과 이사악의 신이다. 그리스 종교와 유대교의 신은 특정한 민족만을 보살피고 외부의 사람들을 외면하는 지나치게 배타적인 신이다. 그러한 신 개념은 이웃들과의 끊임없는 전쟁을

---

41 Hegel, *LPR*, vol. 2, 503; *VPR*, Part 2, 402.

통해 자기 민족의 정체성을 마련하고자 했던 사람들이 만든 것이다. 헤겔에 따르면, 그러한 배타성과 특수성은 로마 종교에 와서야 비로소 해소된다. 로마인들은 다양한 민족들을 통합하여 다국적인 제국을 건설했으며, 로마의 최고 신 유피테르는 그들 모두를 차별 없이 보살피고 지켜주었다. 유대 민족만을 보살피던 여호와라는 신 개념이 로마제국에서는 모든 민족을 보살피는 보편적인 신 개념으로 확장된 것이다.

하지만 로마인들은 세계의 통치권을 상징하는 최고 신 개념을 유대교처럼 추상적인 힘이 아니라 구체적인 인격을 가진 특정한 개인으로 이해했다. 그는 개인이지만 자신만의 개별적인 목적을 추구하지 않는다. 그것이 그리스의 신과 로마의 신을 구별하는 또 다른 핵심이다. 로마의 신은 진지하다. 그는 명랑한 인격과 개성에 따라 살아가는 그리스의 신들과 다르다. 유피테르는 한낱 개인이 아니라 헤게모니나 통치권을 상징하는 추상적인 권력이다. 그는 제우스처럼 인격적인 특성을 가지고 있지 않다. 그는 훨씬 덜 인간적이다.

통치권은 외적이고 실천적인 목적을 나타낸다. 로마제국의 성패는 외부 세계의 일이다. 그것은 그리스도교가 추구하는 내면적이고 정신적인 목적이 아니다. 헤겔은 로마 종교와 그리스도교를 이렇게 비교한다.

> 그리스도교에서 신은 모든 사람이 진리를 인식해야 한다고 말한다. 이슬람교 역시 정신적 본성의 보편적인 현실화를 목표로 삼고 있으며, 모든 개인을 사유하는 존재, 정신적이고 자유로운 존재로 간주한다. 달리 말해 그들의 모든 목적은 내적인 것이다. 하지만 현 단계의 목적은 여전히

외적이고 경험적인 것, 즉 경험적인 현실의 지평에서 모든 것을 포괄하려는 목적, 세계를 지배하려는 목적이다. 그것은 개인의 외부에 존재하는 목적이다. 그러한 목적이 실현되면 될수록 그것은 더욱 외적인 것이 되어서 개인은 그 목적에 종속되어 봉사할 수밖에 없다.[42]

이 대목은 사유 속에 존재하는 추상적인 것을 거부하고 오로지 경험적인 것만을 중시하는 로마 종교의 특성을 제대로 보여준다. 그리스도교의 목적은 개인의 정신적이고 내면적인 회심이다. 그것은 인간의 내면적인 주관성과 관련된 것이지 외부 세계에서 볼 수 있는 것이 아니다. 반대로 로마 종교의 목적은 외부 세계에서 직접적으로 볼 수 있는 제국의 성공이다.

4. 유한한 목적들의 신

로마의 최고 신 유피테르가 인격이나 개성을 결여하고 있듯이, 다른 신들 역시 생명력과 정신성을 결여하고 있다. 로마의 신들은 "그리스의 신들과 같은 자유로운 개별성을 가지고 있지 않다. 말하자면 그들은 다채로운 생명력을 결여한 무덤덤한 회색처럼 보인다."[43] 헤겔에 따르면, 로마의 신들은 참다운 정신적 요소를 결여하고 있다. "로마의 신들은 신과 인간의 본질적 요소인 감정, 인격성, 주관성을

---

42 Hegel, *LPR*, vol. 2, 500; *VPR*, Part 2, 399.

43 Hegel, *LPR*, vol. 2, 693; *VPR*, Part 2, 584f. 이와 관련해서는 *LPR*, vol. 2, 503; *VPR*, Part 2, 402도 참고하라.

자각하지 못하고 있다. 그들에게는 그러한 요소들이 없다. 그들은 감정이 없는 기계처럼 보인다."[44] 베르길리우스나 호라티우스와 같은 로마 후기의 시인들은 시를 통해 그리스의 신들을 묘사했지만 그렇게 복제된 신들은 원래의 신들에 비하면 한없이 초라한 수준이었다.[45] 그들이 묘사한 신들은 그리스의 신들이 가진 생명력과 명랑함을 결여하고 있다. 그 신들은 베르길리우스나 호라티우스가 살던 기원전 1세기 로마인들의 바람을 담은 인위적인 가공물에 불과하다.

헤겔에 따르면, 그러한 로마의 신 개념은 통치권이라는 절대적인 목적과 개별적인 로마 시민 사이의 단절과 소외를 보여준다. "통치는 시민을 위한 것이다. 하지만 개인은 그러한 목적에 전적으로 동의하지 않는다. 개인은 추상적인 목적과 무관한 자신만의 실천적인 목적도 가지고 있기 때문이다."[46] 로마 시민들은 일반적인 목적 외에도 자신만의 사적인 이익을 추구하며 살아간다. 따라서 그들에게 그러한 최고 목적은 자신과는 무관한 추상적인 목적일 수 있다. 로마 시민들의 그러한 유한한 목적들이 그것을 담당하는 다양한 하위의 신들을 탄생시킨 모체다.[47]

이제 인간의 욕구가 신의 본성을 결정한다. 그것은 매우 의미심장한 변화다. 이제 신들은 인간의 구체적인 목적과 욕구를 위해 초월적인 영역에서 현실 세계로 내려온다. 로마의 유한한 신들은 개인의

---

44 Hegel, *LPR*, vol. 2, 693; *VPR*, Part 2, 585.

45 Hegel, *LPR*, vol. 2, 503; *VPR*, Part 2, 402. *LPR*, vol. 2, 693; *VPR*, Part 2, 585. *Phil. of Hist.*, 293; *Jub.*, vol. 11, 379. 이와 관련해서는 *Aesthetics*, vol. 2, 1073-1075; *Jub.*, vol. 14, 369-372; *Difference*, 89; *Jub.*, vol. 1, 44도 참고하라.

46 Hegel, *LPR*, vol. 2, 693f.; *VPR*, Part 2, 585.

47 Hegel, *LPR*, vol. 2, 694; *VPR*, Part 2, 586.

다양한 욕구를 반영하고 있다. 이와는 대조적으로 그리스인들은 자신들의 사적인 목적을 완고하게 고수하지 않았다. 왜냐하면 그러한 목적은 운명에 의해 좌절될 수도 있는 유한한 목적이기 때문이다. 하지만 로마인들은 그러한 자신의 목적을 가장 중요하게 여긴다. 로마의 신들은 개인의 목적을 위해 존재한다. 로마인들은 주관성의 원리를 처음으로 인식한 민족이다. 개인의 특수한 바람과 욕구와 목적이 이제는 가장 중요한 것으로 등장한다. 로마인들은 그러한 주관적인 요소를 최고의 가치로 여기고 그것을 신격화했다.

로마인들은 국가의 통치권을 상징하는 유피테르라는 최고의 신 아래에 자신만의 특정한 영역을 담당하는 수많은 신들을 두었다. 그들 중에는 지나치게 구체적인 욕구를 담당하는 어이없는 신들도 있었다. 로마인들은 모든 일상사를 신격화했고, 그것을 신으로 객관화했다. 헤겔은 이렇게 설명한다.

> 로마 종교의 주된 특징은 무미건조한 개인들의 자의적인 목적만을 추구하는 것이다. 그들은 신들이 그러한 목적을 이뤄주는 절대적인 힘을 가지고 있다고 생각하고, 오로지 신들에게 자신의 소원을 간청한다. 로마인들은 개인적인 목적을 위해 신을 숭배하고, 그런 한에서만 신들에게 복종한다. 따라서 로마 종교는 개인들의 편협한 열망과 효용과 편익을 위한 완전히 산문적인 종교다.[48]

로마 종교는 숭고한 원리나 이념보다 세속적인 목적들에 근거하

---

48 Hegel, *Phil. of Hist.*, 291f.; *Jub.*, vol. 11, 377.

고 있다. 헤겔은 로마인들의 평범한 일상사에 관여하는 다양한 신들을 열거한다.[49]

만신전의 우두머리인 유피테르는 개인들의 특정한 목적 영역을 담당하는 다양한 이름의 신들로 분화된다. 유피테르 쿠스토스(Jupiter Custos), 유피테르 다팔리스(Jupiter Dapalis), 유피테르 돌리케누스(Jupiter Dolichenus), 유피테르 엘리키우스(Jupiter Elicius), 유피테르 페레트리우스(Jupiter Feretrius), 유피테르 풀고르(Jupiter Fulgor), 유피테르 헬리오폴리타누스(Jupiter Heliopolitanus), 유피테르 인빅투스(Jupiter Invictus), 유피테르 라피스(Jupiter Lapis), 유피테르 리베르(Jupiter Liber), 유피테르 리베르타스(Jupiter Libertas), 유피테르 루케티우스(Jupiter Lucetius), 유피테르 플루비우스(Jupiter Pluvius), 유피테르 푸로쿠그나토르(Jupiter Propugnator), 유피테르 스타토르(Jupiter Stator), 유피테르 토난스(Jupiter Tonans), 유피테르 빅토르(Jupiter Victor) 등이 그것이다.[50] 로마인들은 다양한 민족들을 정복한 후 그들의 신을 로마의 판테온으로 모아들였지만 거기서도 문제가 발생했다. 거기에 모인 다양한 신들은 로마의 신 유피테르가 최고의 신이라는 데 반감을 품고 있었기 때문이다. 그러한 갈등을 해소하기 위해 로마는 다양한 지역의 신들이 이름은 다르지만 다들 유피테르와 동등하다고 주장했다. 그래서 그 신들의 이름 앞에 모두 유피테르라는 성을 붙여주었던 것이다. 이를테면 유피테르 돌리케누스(Jupiter Dolichenus)는 바알 신을 숭배하는 소아시아의 돌리케라는 마을의 유피테르였고, 유피테르 헬리오폴리타누스

---

49 Hegel, *LPWH*, vol. 1, 434; *VPWG*, vol. 1, 404. *Phil. of Hist.*, 292; *Jub.*, vol. 11, 377.
50 이와 관련해서는 Hegel, *LPR*, vol. 2, 216; *VPR*, Part 2, 121을 참고하라.

(Jupiter Heliopolitanus)는 소아시아의 헬리오폴리스라는 마을의 유피테르였으며, 유피테르 라티알리스(Jupiter Latialis)는 로마의 주변 지역인 라티움의 유피테르였다. 그러한 방식으로 로마는 다양한 지역민들이 그들만의 신을 계속 숭배하면서도 로마의 유피테르에게도 경의를 표할 수 있게 만들었다.

그러한 지리적인 명칭 외에도 다양한 행동과 활동에 따른 명칭도 있다. 군사 문제와 관련한 명칭으로는 적 앞에서도 도망치지 않는 용기를 주는 유피테르 사타토르(Jupiter Stator),[51] '정복되지 않는 자'를 뜻하는 유피테르 인빅투스(Jupiter Invictus), 로마인들을 승리로 이끄는 유피테르 빅토르(Jupiter Victor) 등이 있고, 기상 현상과 관련된 명칭으로는 번개를 일으키는 유피테르 풀고르(Jupiter Fulgor), 천둥을 치게 하는 유피테르 토난스(Jupiter Tonans), 비를 내리게 하는 유피테르 플루비우스(Jupiter Pluvius) 등이 있다.

헤겔은 제빵의 신 유피테르 피스토르(Jupiter Pistor)도 언급한다. "유피테르 피스토르는 제빵의 신이다. 제빵의 기술은 신의 선물이었기 때문이다."[52] 이와 관련해서는 다양한 해석이 분분하다. 유피테르가 제빵사 길드의 수호자라는 해석도 있고, 갈리아인들이 로마를 포위했을 때 생겨난 로마의 수호신이라는 해석도 있다. 갈리아인들과의 전투 중에 식량이 떨어진 로마인들은 그 사실을 숨기려고 식량이

---

51 Hegel, *LPR*, vol. 2, 215f.; *VPR*, Part 2, 121. *LPR*, vol. 2, 505; *VPR*, Part 2, 403.

52 Hegel, *LPR*, vol. 2, 505; *VPR*, Part 2, 403. *LPR*, vol. 2, 217; *VPR*, Part 2, 122. *LPR*, vol. 2, 695; *VPR*, Part 2, 586. 이와 관련해서는 Moritz, *ΑΝΘΟΥΣΑ oder Roms Alterthümer*, 147을 참고하라. "카피톨리누스 언덕에 유피테르 피스토르(Jupiter Pistor)를 위한 제단을 쌓고, 그에게 제물을 바쳤다는 것은 로마인들이 육체의 영양과 생명의 보존을 얼마나 신성한 것으로 여겼는지를 간접적으로 보여준다."

넘쳐난다는 인상을 풍기려고 빵 덩어리를 던지며 싸웠다고 한다. 어쨌든 헤겔이 말하는 핵심은 어떻게 제빵과 같은 사소한 일상사가 최고의 신들과 결부될 수 있었는가 하는 것이다. 그것은 오늘날의 관점에서는 도무지 이해되지 않는 조합이다.

이어서 헤겔은 일상사의 허드렛일을 담당하는 포르낙스(Fornax) 여신도 언급한다.53 'Fornax'라는 단어는 문자 그대로 '화덕'을 의미한다. 헤겔은 그 내용을 모리츠의 『안투사 또는 로마의 고대 유물*ANΘOYΣA oder Roms Alterthümer*』에서 확인했다. 거기에는 로마인들이 오븐으로 곡물을 건조하는 동안 포르낙스를 찬양했다는 내용이 나온다.54 그러한 관습은 화재에 취약한 곡물을 안전하게 공급하기 위한 중요한 의식이었다. 화덕으로 건조한 곡물을 으깨어 물과 섞어 만든 반죽이 로마인들의 주식이었기 때문에 그들은 포르니칼리아 축제 때 포르낙스 여신을 숭배하기도 했다. 그러한 의식을 통해 곡식과 빵은 신성한 것으로 숭배되었다. 화덕의 여신 또한 오늘날의 관점에서는 매우 낯선 신 개념이다. 그러한 사소한 일상사와 신들을 결부시키는 것은 신의 숭고함과 존엄함을 훼손하는 것처럼 보이기도 한다.

다음으로 헤겔은 베스타(Vesta) 여신도 설명한다. 베스타는 16명의 베스타 처녀가 숭배하는 여신이다.55 베스타는 화로와 불의 여신으로 제단의 불뿐만 아니라 개인용 화로의 불도 보호했다. 후자의 맥락에서 불의 여신은 "빵을 만드는 데 사용되었다"는 뜻으로 해석되기도

---

53 Hegel, *LPR*, vol. 2, 505; *VPR*, Part 2, 403. *LPWH*, vol. 1, 434f.; *VPWG*, vol. 1, 404. *LPR*, vol. 2, 217; *VPR*, Part 2, 122. *LPR*, vol. 2, 695; *VPR*, Part 2, 586-587.

54 이와 관련해서는 Moritz, *ANΘOYΣA oder Roms Alterthümer*, 44f., 146.

55 Hegel, *LPR*, vol. 2, 505; *VPR*, Part 2, 403. 이와 관련해서는 *LPR*, vol. 2, 217; *VPR*, Part 2, 122. *LPR*, vol. 2, 695; *VPR*, Part 2, 587도 참고하라.

한다. 베스티아(Vestia)의 어원은 경건한 가족을 위한 윤리적 원칙을 의미하는 그리스어 '헤스티아'(Ἑστία)다.[56] 그것은 단순히 빵을 굽는 데 사용되는 불보다 더 고귀한 의미의 불을 상징한다. 그러한 의미에서 그리스의 헤스티아와 로마의 베스타는 화로와 밀접하게 연관된 기능을 수행했던 것으로 볼 수 있다. 불의 여신과 화덕의 여신은 일맥상통한다. 빵을 만들려면 불과 화덕이 필요하다. 그러한 불의 신격화는 오래전 빛과 선을 보편적 원리로 삼았던 조로아스터교에서 유래한 전통이다. 하지만 이제 불은 자연적이거나 도덕적인 개념에서 단순한 실용적인 개념으로 바뀌었다.

또한 헤겔은 팔레스(Pales) 여신도 언급한다. "로마인들은 돼지, 양, 소를 위한 축제뿐만 아니라 가축 사료의 여신 팔레스를 찬양하는 팔릴리아(Palilia) 축제를 열기도 했다."[57] 팔레스는 목자들을 도와주고 그들의 양 떼를 보살펴주는 여신이었다. 바꿔 말하면, 팔레스 여신은 로마인들의 삶에서 목축이나 가축이 얼마나 중요하고 신성했는지를 간접적으로 보여준다.

헤겔은 하수구나 하수도를 담당하는 클로아키나(Dea Cloacina) 여신도 언급한다.[58] 클로아키나 여신은 처음에는 에트루리아(Etruscan)

---

56 이와 관련해서는 대표적으로 Cicero, De natura deorum, Book II. 67(영어 번역판: Cicero, *The Nature of the Gods*, trans. by Horace C. P. McGregor [Harmondsworth: Penguin, 1972], 150)을 참고하라.

57 Hegel, *LPR*, vol. 2, 505; *VPR*, Part 2, 403. 이와 관련해서는 다음도 참고하라. *LPR*, vol. 2, 217; *VPR*, Part 2, 122. *LPR*, vol. 2, 695; *VPR*, Part 2, 587. Moritz, *ΑΝΘΟΥΣΑ oder Roms Alterthümer*, 103. "가장 오래되고 가장 순수한 농촌 축제 중 하나는 팔릴리아 축제였다. 그때가 되면 사람들은 동물의 사료에 기도를 하기도 하고, 목자들은 자신의 양 떼를 지키기 위해 양 떼를 돌보는 여신 팔레스에게 제사를 지내기도 했다."

58 Hegel, *Phil. of Hist.*, 292; *Jub.*, vol. 11, 377.

여신과 동일시되었지만 이후에는 베누스(Venus) 여신과 동일시되어 베누스 클로아키나(Venus Cloacina)로 불리기도 했다. 로마의 포룸 평원에는 그녀를 숭배하는 신전도 있었다. 로마인들은 로마의 하수도 체계를 클로아카(cloaca)라고 불렀고, 큰 하수도를 클로아카 막시마(cloaca maxima)라고 불렀다. 클로아키나는 깨끗함과 더러움의 여신이었다. 로마인들은 도시가 번영하기 위해서는 무엇보다 위생이 중요하다는 것을 알고 있었다. 따라서 하수구 또는 하수도의 신이라는 이상한 신 개념도 로마의 일상사에서는 매우 실용적인 역할을 했다.

광내한 로마제국에서는 원활한 무역을 위해 공통 화폐를 사용하는 것도 무엇보다 중요했다. 그래서 로마의 동전에는 동전의 여신 주노(Juno)의 형상이 새겨져 있었다고 헤겔은 설명한다. "로마제국에서는 동전을 주조하는 기술이 필수적인 것으로 숭배되었기 때문에 주노 모네타(Juno Moneta)도 없어서는 안 될 여신이었다."[59] 그러한 의미에서 주노 여신은 로마 화폐의 후원자였다. 로마의 주요한 조폐국은 사원과 성소와 신들의 제단이 모여 있는 카피톨리누스 언덕에 위치해 있었다. 로마인들은 매년 주노 모네타 여신을 위한 축제를 열기도 했고, 금전적인 어려움에 처하면 그녀에게 청원 기도를 드리기도 했다.

유피테르와 마찬가지로 주노 역시 다양한 이름을 가지고 있었다. 헤겔은 그러한 신 개념들을 비판적으로 설명한다.

---

59 Hegel, *LPR*, vol. 2, 505; *VPR*, Part 2, 403. 이와 관련해서는 다음도 참고하라. Hegel, *LPWH*, vol. 1, 435; *VPWG*, vol. 1, 404. *LPR*, vol. 2, 216; *VPR*, Part 2, 121. *LPR*, vol. 2, 695; *VPR*, Part 2, 587. Moritz, *ANΘΟΥΣΑ oder Roms Alterthümer*, 128-129.

주노 여신은 로마인들 사이에서 출산의 여신인 '루키나'(Lucina), 아이의 뼈를 형성하는 신 '주노 오시파기나'(Juno Ossipagina), 결혼식 때문 경첩에 기름을 바르는 신 '주노 운시아'(Juno Unxia)로도 등장한다. 그러한 산문적인 신 개념은 그리스 신들의 정신적인 힘이나 아름다움과는 한참 거리가 멀다.[60]

주노 루키나는 임신 중이거나 분만하는 여성들을 보호해주는 출산의 여신이고, 주노 오시파기나는 유아의 뼈를 튼튼하게 해주는 여신이며,[61] 주노 운시아는 신혼부부에게 길운이 들도록 그들이 살 집의 문에 기름을 발라주는 결혼의 여신이다.[62]

이상의 사례들을 통해 헤겔이 말하고자 하는 핵심은 그런 사소한 일상사의 목적들을 위해 수많은 신과 여신을 만든 로마 종교는 신은 숭고하고, 비범하고, 전능하다는 오늘날 우리들의 직관에는 전혀 와 닿지 않는다는 것이다. 그나마 바다의 신이나 태양의 신 정도는 이해할 수 있지만, 상대적으로 지극히 사소하고 일상적인 하수구의 신이나 화덕의 신 등은 도무지 이해되지 않는다. 로마의 신들은 그렇듯 일상사의 사소한 목적들을 위한 실용적인 용도나 기능과 연관되어 있었다.

로마의 신들은 특정한 욕구나 필요를 충족시켜주는 기능을 한다는 점에서 모두 긍정적이다. 하지만 그렇다면 그것과 대립하는 신들도 있어야 한다.[63] 인간이 자신의 욕구와 욕망을 인식하고 그것을 충족시

---

60 Hegel, *Phil. of Hist.*, 292; *Jub.*, vol. 11, 377f.

61 이와 관련해서는 Creuzer, *Symbolik und Mythologie der alten Völker, besonders der Griechen*, 완전개정판, vol. 2, 560을 참고하라.

62 Ibid., vol. 2, 559.

키고자 한다는 것은 그것이 충족되지 않을 수도 있음을 인식하고 있다는 뜻이기도 하다. 그로 인해 부정적인 신들도 등장하게 되었다. 헤겔은 이렇게 설명한다. "하지만 그러한 우화적이고 산문적인 본질들은 근본적으로 결함, 해악, 손상으로 특징지어진다. 예를 들어 로마인들은 전염병 혹은 열병의 여신 페브리스(Febris)와 근심과 비애의 여신 안게로나(Angerona)에게도 제단을 바쳤고, 기아의 여신 파메스(Fames)와 녹병의 여신 로비고(Robigo)도 숭배했다."[64] 그러한 신들은 한편으로는 인간을 괴롭히거나 삶을 피폐하게 만드는 부정적인 요소지만, 다른 한편으로는 그러한 부정적인 요소를 완화하면 인간을 구제할 수도 있다는 이중적인 의미를 갖고 있다. 열병의 여신 페브리스는 사람을 열병에 걸리게 하는 능력을 가지고 있었다. 그래서 열병에 걸린 사람은 그녀에게 기도했다. 그녀의 마음이 누그러지면 열병에서 벗어날 수도 있었기 때문이다. 안게로나는 불안과 공포의 여신이다. 페브리스와 마찬가지로 그녀 역시 사람들에게 불안을 주기도 하고, 불안을 제거하여 마음의 평화를 주기도 하는 이중적인 능력을 가지고 있었다. 사람들은 안게로나 여신을 위한 **안게로날리아**(Angeronalia)라는 특별한 연례 축제를 열기도 했다.[65] 파메스(Fames)는 사람

---

63 Hegel, *LPR*, vol. 2, 214; *VPR*, Part 2, 119f. *LPR*, vol. 2, 218; *VPR*, Part 2, 123.

64 Hegel, *LPR*, vol. 2, 219; *VPR*, Part 2, 124. 이와 관련해서는 다음도 참고하라. *LPR*, vol. 2, 506; *VPR*, Part 2, 404. *Phil. of Hist.*, 292; *Jub.*, vol. 11, 377. *LPR*, vol. 2, 695; *VPR*, Part 2, 587. "마음을 두렵게 하는 걱정과 불안은 안게로나(Angerona)라는 여신으로 인격화되었다. 사람들은 그녀가 불안을 야기하기도 하고 불안으로부터 벗어나게도 하는 능력이 있다고 믿었다. 그래서 정신적인 고통을 당하던 사람들이나 한때 유행했던 협심증이라는 육체적 고통을 당하던 사람들은 그러한 고통에서 은혜롭게 벗어나기 위해 그녀에게 기도도 하고 제물도 바쳤다."

65 이와 관련해서는 Moritz, *ΑΝΘΟΥΣΑ oder Roms Alterthümer*, 253-254를 참고하라.

들에게 배고픔이나 배부름을 느끼게 하는 능력을 가진 여신이다. 그녀는 그리스의 배고픔과 굶주림의 여신 리모스(Limos)와 유사하다. 마지막으로 헤겔은 농부들이 숭배했던 로비고(Robigo) 여신도 언급한다. 로마인들은 녹병이나 화재로부터 농작물을 지켜달라고 로비고 여신에게 빌었다. 그녀는 녹병을 일으킬 수도 있고, 녹병으로부터 작물을 보호할 수도 있는 이중적인 능력을 가지고 있었다.[66] 헤겔은 그런 사소한 일상사조차 신으로 숭배되는 것을 도무지 이해할 수 없다고, 그러한 신들은 너무 구체적이라 인간 이성으로는 이해하기 어렵다고 주장한다. "그러한 것들이 신성한 것으로 숭배되었다는 것은 도무지 이해되지 않는다. 그러한 표상들에는 어떠한 신성도 존재하지 않는다. 인간의 의존감과 불안감이 그런 것들을 신으로 객관화한 근원이다."[67] 그러한 신들은 단지 일상적인 삶을 위한 실용적인 목적들만을 반영하고 있다.[68]

헤겔에 따르면, 로마의 신들은 특정한 위기 상황마다 즉흥적으로 만들어졌기 때문에 신들의 성향 자체도 즉흥적일 수밖에 없었다. 이는 로마 신들에 대한 매우 적절한 분석이다. 로마인들은 고난의 순간마다 특정한 신에게 그 고난의 책임을 묻고, 그에게 고난을 완화해 달라고 기도를 하거나, 만일 도움을 준다면 그 신에게 제단과 신전을 바치겠다는 약속도 서슴지 않았다.[69] 그러한 신과의 거래 방식은

---

66 이와 관련해서는 Ibid., 109를 참고하라. "녹병이나 화재가 자주 발생할 때, 로마인들은 해를 입힐 수도 있고 막아줄 수도 있는 로비고 여신을 달래기 위해 그녀에게 기도도 하고 제물도 바쳤다."

67 Hegel, *LPR*, vol. 2, 219; *VPR*, Part 2, 124.

68 Hegel, *LPR*, vol. 2, 219f.; *VPR*, Part 2, 124.

69 Hegel, *LPR*, vol. 2, 215f.; *VPR*, Part 2, 121. *LPR*, vol. 2, 509; *VPR*, Part 2, 407.

긴박함과 실용성을 중시하는 로마인들의 성향과도 잘 어울린다. "따라서 신들을 옹립하거나 신전을 건립하는 것은 로마인들의 이익과 필요에 따른 것, 즉 신들의 호의를 요청하거나 그들의 호의에 보답하는 일종의 거래와 같은 것이었다. 그들과 반대로 그리스인들은 아름다움이나 신성 그 자체에 대한 순수한 사랑으로 아름다운 신전과 조각상을 건립하고 신들에게 예배를 드렸다."[70] 하지만 로마인들에게 '그 자체를 위한' 것은 아무것도 없었다. 그들의 모든 종교 행위는 자신의 목적과 필요에 따른 도구적 행위였다. 그들이 신들에게 원했던 것은 추상적인 이념이 아니라 구체적인 용도였던 것이다.

5. 로마의 예배와 축제

종교의 역사에서 로마 종교가 일으킨 혁신적인 변화는 인간의 필요에 따라 신 개념을 자유롭게 창조했다는 것이다. 개인의 가치를 하찮게 여겼던 이전 종교들과 반대로 로마 종교는 개인의 욕구를 종교의 발생 근거로 삼고 있다. 헤겔은 이렇게 말한다. "신은 오로지 하나의 목적을 위해 존재한다. 그것은 곧 인간의 목적이다. 달리 말해 신의 내용과 본성을 결정하는 것은 신 자신이 아니라 인간의 목적이다."[71] 이것이야말로 이전 종교에서는 볼 수 없던 로마 종교만의 급진적인 특징이다. 예를 들어 자연종교에서 신은 인간의 목적들과는

---

70 Hegel, *Phil. of Hist.*, 292; *Jub.*, vol. 11, 378.
71 Hegel, *LPR*, vol. 2, 696; *VPR*, Part 2, 588.

무관하게 그들의 외부에 존재하는 자연대상이었고, 거기서 인간은 아무런 중요성도 갖지 못했다. 유대교에서 신은 모든 우주의 운행을 계획하고 관장하는 주인이었고, 인간은 다만 그런 신을 존경하고 경외하는 노예였다. 하지만 로마 종교에서는 아무리 사소한 것일지라도 인간의 목적과 욕망이 최고의 가치로 부상하고, 신들은 그러한 인간의 목적을 위한 수단으로 전락했다. 하지만 그러한 신들의 몰락에도 불구하고 구체적인 목적을 위해 살아가는 개인의 중요성을 인식했다는 점에서 그것은 긍정적인 발전으로 볼 수 있다. 로마 종교에서야 비로소 개인이 중요한 존재로 부각되었다. 그러한 신 개념의 변화는 예배 방식에도 결정적인 변화를 일으켰다.

로마의 신들은 인간들의 목적과 밀접하게 결부되어 있었기 때문에 인간들의 목적이 곧 예배의 목적이었다. 달리 말해 로마인들은 자신의 목적을 신격화했던 것이다. 로마의 신들은 구체적이고 실용적인 용도 외에 그 어떤 추상적이고 이론적인 요소도 갖지 않았다. 따라서 예배의 궁극 목적 또한 개인의 욕구 충족이 전부였다. 로마의 신들은 인간의 욕망과 목적을 객관화한 것에 불과하다. 그런 점에서 신들의 고향은 인간의 마음이었다.

헤겔은 로마인들의 심오한 종교성을 찬양하는 키케로(Marcus Tullius Cicero)의 웅변을 이렇게 평가한다. "키케로는 로마인들이야말로 모든 것을 종교와 연관시키는 최고로 경건한 민족이라고 칭송했다. 그 말은 틀림없는 사실이다."[72] 헤겔은 그 이유를 로마 종교를 지배하

---

72 Hegel, *LPR*, vol. 2, 696; *VPR*, Part 2, 588. 이와 관련해서는 *LPR*, vol. 2, 508-509; *VPR*, Part 2, 406; *LPR*, vol. 2, 696; *VPR*, Part 2, 588도 참고하라. 키케로가 어디서 그러한 주장을 했는지는 확실치 않다. 이와 관련해서는 Cicero, *The Nature of the Gods*, 126, Book II,

는 특수성의 요소에서 찾는다. 로마의 신들은 일상사의 다양하고 특수한 욕구와 욕망을 상징하기 때문에 로마인들은 구체적인 삶의 현장에서 언제나 신에게 간구하고 간청했던 것이다. 사회구조가 복잡해짐에 따라 로마는 한 사회를 수많은 전문 영역으로 분화시켜 나갔으며, 그렇게 분화된 영역들은 자신만의 영역을 책임지고 담당하는 수많은 신들을 요청하게 되었다. 헤겔은 이렇게 말한다. "키케로는 종교가 신과 인간을 하나로 묶어 준다고 생각했다. 그것은 로마의 정신을 정확히 대변한다. 왜냐하면 로마인들의 모든 삶의 영역은 종교와 밀집하게 연관되어 있었고, 철저하게 종교적 명령에 따라 운영되었기 때문이다."73 종교(Religion)라는 말은 어원적으로 '다시 묶어주다'라는 뜻의 동사 'religare'에서 유래했다. 그렇듯 종교는 인간 삶의 한가운데서 신과 인간을 지속적으로 결합시켜 주는 역할을 한다.

모리츠의 영향 때문인지 헤겔은 로마 종교에서 종교 축제의 중요성을 특별히 강조한다. 그러한 종교 축제들은 사람들의 종교적 믿음에

8을 참고하라. "우리 자신을 다른 민족과 비교해 보면, 다른 면에서는 다소 열등한 측면도 없지 않지만 종교와 신에 대한 숭배에서만큼은 우리가 그들보다 탁월하다." 또한 Cicero, *Respecting the Answers of the Soothsayers*도 참고하라. "오, 징집된 아버지들이여, 우리를 최대한 높게 평가합시다. 우리는 스페인인들보다 수적으로도 우월하지 않고, 갈리아인들보다 개인적인 힘도 우월하지 않고, 카르타고인들보다 지혜도 우월하지 않고, 그리스인들보다 예술적으로도 우월하지 않고, 이 땅의 사람들, 즉 이탈리아와 라틴 부족들이 가진 본연의 예리함도 우월하지 않습니다. 하지만 경건과 종교 그리고 모든 것이 불멸하는 신들의 신성한 힘에 의해 지배되고 관리된다는 것을 인식하는 그 특별한 지혜에 있어서만큼은 예로부터 우리가 그 어떤 나라와 민족보다 우월했습니다." *The Orations of Marcus Tullius Cicero*, vol. 3, trans. by C. D. Yonge (London: George Bell and Sons, 1875), 79(Section 9)에서 재인용.

73 Hegel, *LPR*, vol. 2, 697n; *VPR*, Part 2, 588n. 이와 관련해서는 Cicero, *The Nature of the Gods*, 152f., Book II, 72를 참고하라. 여기서 헤겔의 어원 분석은 다소 부정확해 보인다. 원래 'religare'는 '반복해서 읽기' 혹은 '반복해서 읽고, 말하고, 생각하기'라는 뜻이다. 또한 *LPWH*, vol. 1, 433; *VPWG*, vol. 1, 402도 참고하라.

생동감을 불어넣었다. "종교적인 교리가 없을 때는 신을 찬양하는 축제나 신을 표현하는 구경거리가 신의 본질을 공동체에 가시화하는 유일한 수단이었다. 그중에서 가장 중요한 것은 무대극이었다."[74] 오늘날에는 연극을 순전히 세속적인 문화로 생각하지만 고대 그리스와 로마에서는 그것이 종교 축제의 중심축이었다. 연극의 서사는 신들의 본질을 표현하는 강력한 수단이었다. 하지만 헤겔이 보기에 그리스의 연극은 신들의 본질을 자연스럽고도 아름답게 표현했지만 그것을 이어받은 로마의 연극은 그리스 연극의 형편없는 모방에 불과했다. 헤겔은 신을 공허하고 생명력 없는 한갓 인공 구조물로 만들어버린 연극의 사례로 세네카의 비극을 들고 있다. 로마인들은 근시안적으로 유한한 목적들에만 사로잡혀 있었기 때문에 그리스인들과 같은 고귀한 원리를 발전시킬 수 없었던 것이다.

6. 로마의 게임

헤겔은 로마의 종교 축제와 연극에 관한 논의를 살인 게임에 관한 논의로 이어 나간다. 그는 로마인들이 즐겼던 비극과 희극의 서사는 그 수준이 매우 저급하다고 지적한다. 로마인들은 "비극에서는 윤리적이거나 경건한 사상이 전혀 없는 공허하고 추악하고 잔혹한 이야기만을 다루었고, 희극에서는 지나치게 사적인 이야기, 즉 아버지와 아들이 싸우는 이야기나 매춘부, 노예, 노예 소녀 등에 관한 이야기만

---

74 Hegel, *LPR*, vol. 2, 510; *VPR*, Part 2, 407.

을 다루었다."75 이 대목에서 헤겔은 로마 초기의 극작가 플라우투스(Plautus)와 테렌스(Terence)를 염두에 둔 것 같다. 그들의 극작에는 고귀한 윤리적 차원이 존재하지 않는다. 헤겔은 그러한 저속한 구경거리 문화로부터 개인의 잔혹한 죽음에 열광하는 살인 게임이 생겨났다고 본다. "로마인들은 그리스로부터 신들뿐만 아니라 구경거리와 게임 문화도 물려받았다. 하지만 로마인들은 오로지 동물과 인간의 학살, 피의 강, 목숨을 건 검투와 같은 잔혹한 게임에 열광했다. 그들에게는 그것이 가장 재미있는 구경거리였다."76

현실적이고 경험적인 영역에서 자신의 특정한 과업과 목적을 살아가는 로마인들에게는 세속 세계의 신이라 할 수 있는 로마 황제의 통치권보다 더 고귀한 가치는 없었다. 그들은 그리스 비극에 나올법한 심오한 윤리적 딜레마를 표현하는 극작이나 연극에는 아무런 관심이 없었다. 그들의 유일한 관심은 실재하는 삶의 현장이었다. 그들은 추상적이고 이론적인 요소가 전혀 없는 실재하는 개인들의 딜레마에 더 매료되었다. 생사를 건 게임에 매료된 것도 그 때문이었다.

> 로마인들은 윤리적인 것에 관심이 없었다. 윤리적인 관심이나 내용을 담은 비극적인 반전이나 격동에도 관심이 없었다. 그들의 관심은 잔인무도한 죽음으로 돌아섰다. 수십만 명이 서로를 죽이는 냉혈한 전투나 살인은 그들의 눈을 즐겁게 했다. 거기서 그들은 개인의 무가치함을 목도했

---

75 Hegel, *LPR*, vol. 2, 221; *VPR*, Part 2, 126.

76 Hegel, *LPR*, vol. 2, 510; *VPR*, Part 2, 408. 이와 관련해서는 다음도 참고하라. *LPR*, vol. 2, 221f.; *VPR*, Part 2, 126f. *LPR*, vol. 2, 697; *VPR*, Part 2, 589. *LPWH*, vol. 1, 435; *VPWG*, vol. 1, 404f.

다. 왜냐하면 그들에게는 한줌의 윤리도 존재하지 않았기 때문이다.[77]

로마인들은 잔인하고 야만적인 쾌락에 도취되어 있었다. 그들은 자신들이 정신적인 원리를 결여하고 있다는 것도 몰랐고, 그런 것에 관심도 없었다.

그런 잔인한 게임은 로마인들의 모순을 보여준다. 검투에서 싸우다 죽도록 강요받은 사람들은 개인으로서의 가치를 인정받지 못했다. 그들은 최고 원리, 즉 황제나 통치권자의 최고 의지의 하수인일 뿐이었다. 하지만 그 최고 원리는 절대적이고 구체적인 내용이 없었기 때문에 그 집행도 자의적일 수밖에 없었다.

여기서 구경꾼들의 눈앞에 펼쳐지는 것은 단지 눈의 즐거움만 주는 영혼 없는 육체의 죽음, 비이성적인 변덕이 자행한 살인 게임일 뿐이다. 그것은 황제의 단순한 변덕, 내용 없는 살인, 살인을 위한 살인일 뿐이다. 황제의 공허한 변덕에 따라 군말 없이 죽어가는 것을 보는 것이야말로 그 게임이 주는 최고의 즐거움이다.[78]

로마법이 있었음에도 불구하고 범죄자, 전쟁 포로, 노예와 같은 특정한 집단은 법의 보호를 받지 못했다. 살인 게임에 동원된 사람들도 바로 그들이었다. 헤겔이 보기에 그것은 명백한 자기모순이었다. 로마는 법치국가를 자처하고, 로마법이라는 거대 기구를 자부했지

---

77 Hegel, *LPR*, vol. 2, 697f.; *VPR*, Part 2, 589.

78 Hegel, *LPR*, vol. 2, 510; *VPR*, Part 2, 408. 이와 관련해서는 *LPR*, vol. 2, 222; *VPR*, Part 2, 127 및 *LPR*, vol. 2, 698; *VPR*, Part 2, 589-590도 참고하라.

만, 실로 그 법은 보편적으로 적용되지도 않았고, 전체 법체계의 정당성을 훼손하는 예외들도 너무 많았다.

살인 게임에 동원된 개인들은 아무런 가치나 중요성도 인정받지 못하고 있었지만, 다른 한편에서는 주관성이나 주관적 관심을 인정받는 삶이 버젓이 공존하고 있었다. 황제는 특수자를 배제하거나 절멸시키는 보편자였다. 헤겔이 보기에 그것은 보편자와 특수자가 화해하지 못하고 서로 분리되어 있는 한낱 소외의 상태에 불과했다. 세계의 보편적인 목적(통치와 지배)은 모든 개인을 포괄한다고 주장하면서도 현실에서는 특수한 개인들을 완전히 배제하는 자기모순을 범하고 있었던 것이다.

7. 추상적인 시민권

헤겔에 따르면, 로마 문명의 중요한 특징 중 하나는 로마법의 발전이다. 개인의 권리를 인정하는 로마법의 등장은 인간 자유의 발전에 중요한 전환점을 마련했다. 로마인들은 권리와 의무를 법적으로 보호받는 '인격'[79]이라는 법적 개념을 발전시켰다. 그것이 바로 헤겔이 『정신현상학』에서 '법적 상태'(Der Rechtszustand)로 규정한 시민권 개념이다.[80] 달리 말해 시민권을 가진 개인만이 법적 보호와 로마 사회의

---

79 Hegel, *Phil. of Hist.*, 317; *Jub.*, vol. 11, 407f. *PR*, § 36; *Jub.*, vol. 7, 90f. *LPR*, vol. 2, 511-512; *VPR*, Part 2, 409. *LPR*, vol. 2, 698f.; *VPR*, Part 2, 590.

80 Hegel, *PhS*, 290-294; *Jub.*, vol. 2, 367-372. 이와 관련해서는 *LPR*, vol. 2, 229; *VPR*, Part 2, 134도 참고하라.

혜택을 누릴 수 있었다. 그중에도 헤겔은 시민의 재산권 보장을 개인의 자유에 있어서 무엇보다 중요한 요소로 보았다.[81] 그래서 로마인들은 시민권을 효과적인 정치적 도구로 활용하기도 했다. 로마인들은 다른 민족을 정복한 후에 그들을 굴욕적인 예속 상태에 방치하지 않고, 일정한 시간이 경과하거나 적절한 조건이 마련되면, 그들에게도 로마의 시민권을 부여하고, 그들의 영토도 로마에 편입시켜주었다. 그것은 패망한 민족들이 로마의 통치하에서 도리어 더 나은 삶을 제공받고 있다는 인식을 갖게 하는 효과적인 외교 정책이었다.

하지만 그것은 불행한 축복이었다. 로마는 거대한 제국을 운영하기에 걸맞은 시민적 법체계를 마련했지만 또한 그러한 거대한 규모로 인해 그리스 시대의 인륜성(Sittlichkeit), 즉 문화와 윤리와 전통의 공통성은 완전히 상실되고 말았다.[82] 로마는 다양한 언어, 관습, 종교적 전통이 혼재하는 다국적 제국이었기 때문에 그리스 도시국가에서 볼 수 있던 인륜적인 공동체 감각과 같은 통합성을 유지할 수 없었다. 로마의 시민권 혹은 법적 상태 개념은 특정한 개인을 구체적인 맥락으로부터 추상화해야만 비로소 성립할 수 있다. 로마제국으로 통합된 영국인, 소아시아인, 북아프리카인도 모두 로마 시민이므로 로마법은 그들의 시민권도 차별 없이 보장해야 했기 때문이다. 따라서 그들의 시민 개념은 그렇듯 추상적일 수밖에 없었다.

그러한 무한한 주관성은 인간이 한 인격체로서 자신의 권리를 보장받는

---

81 Hegel, *Phil. of Hist.*, 316-317; *Jub.*, vol. 11, 407. *Phil. of Hist.*, 279; *Jub.*, vol. 11, 362. *PhS*, p. 292; *Jub.*, vol. 2, 370

82 Hegel, *Phil. of Hist.*, 295; *Jub.*, vol. 11, 381.

상태를 뜻하는 '인격성'을 뜻한다. 인격을 보장받은 인간은 재산의 소유권을 가질 수 있다. 하지만 그러한 권리를 누리는 인격은 다만 추상적인 인격, 즉 소유권을 가질 수 있는 추상적인 법적 인격 이상은 아니다.[83]

하지만 헤겔은 그러한 추상적인 법적 인격 개념으로는 인간의 자아나 그가 맺고 있는 사회적, 윤리적 관계를 포괄적으로 규정할 수 없다고 비판한다. 그러한 개인은 결국 '공허한 단자'[84] 혹은 '자립적 원자'[85]로 환원되고 만다. 시민권의 법적 보호 아래 재산권을 갖는 것이 인간 자유의 필수적인 첫 단계이긴 하지만 그것이 다는 아니다. 시민의 보호를 위한 최소한의 법적 체계만으로는 동료 시민에 대한 윤리적 의무감을 고취시킬 수 없다. 그래서 헤겔은 로마제국의 시민들은 서로를 결합시켜주는 인륜적 통일성을 상실한 한낱 고립된 점이나 원자에 불과하다고 말한다.[86]

하지만 법적 권리보다 더 높은 권리는 양심의 권리, 즉 윤리 혹은 도덕의 권리다. 하지만 여기서는 오로지 재산 규정들로만 이루어진 추상적인 권리만 존재할 뿐 그 이상의 고차적인 권리는 보장되지 않는다. 그러한 법적 인격은 추상적인 인격, 추상적인 의미의 주관성일 뿐이다.[87]

---

83 Hegel, *LPR*, vol. 2, 511f.; *VPR*, Part 2, 410.

84 Hegel, *PhS*, 291; *Jub.*, vol. 2, 369. *Phil. of Hist.*, 281, 288; *Jub.*, vol. 11, 365, 373.

85 Hegel, *LPR*, vol. 2, 512; *VPR*, Part 2, 410.

86 Hegel, *PhS*, p. 289; *Jub.*, vol. 2, 367. 이와 관련해서는 *Phil. of Hist.*, 317; *Jub.*, vol. 11, 407도 참고하라.

87 Hegel, *LPR*, vol. 2, 699; *VPR*, Part 2, 590.

헤겔은 개인이 가진 양심의 중요성을 제대로 인식하지 못했다거나 그것을 절대적인 법적 상태로 용해시켜 버렸다는 비판을 받곤 한다. 하지만 이 대목은 그가 개인이나 양심을 어떤 의미에서는 법보다 더 높게 평가하고 있음을 분명히 보여준다. 헤겔이 말하는 진정한 양심 개념은 보편자와의 모순 속에서 자신의 개별 의지만을 고수하는 이기적인 개인을 뜻하지 않는다. 도리어 그것은 자신의 주관적인 욕구와 충동을 지양하고 보편자에 부합하게 행동하려는 도덕적 의지를 가리킨다.

로마의 시민권 혹은 법적 상태 개념은 로마인들의 일상생활에는 중요한 역할을 했지만 초법적 권력을 가진 황제의 범죄와 횡포로부터 그들을 보호해 주지는 못했다. 로마 황제는 어떠한 범죄를 저질러도 아무런 처벌도 받지 않았다.[88] 그러한 황제의 폭정은 결국 로마법의 전체 체계를 약화시키고, 로마 시민을 황제나 국가로부터 소외시켰다. 로마인들은 법적 영역에서는 괄목할 만한 업적을 이루었지만 아직 절대적이고, 무한하고, 무엇으로도 환원할 수 없는 자아 개념에는 이르지 못했던 것이다.

8. 그리스도교로의 이행

헤겔은 그리스도교의 등장을 예비한 로마 종교의 중요성을 강조한다.[89] 앞서 언급했듯이 헤겔의 사변 논리에 따르면, 종교 개념의

---

88 이와 관련해서는 *LPR*, vol. 2, 224; *VPR*, Part 2, 129를 참고하라.

운동은 보편성에서 시작하여(정립), 보편성과 특수성의 대립을 거쳐 (반정립), 보편성과 특수성을 재통일(부정의 부정)하는 세 단계로 진행된다. 헤겔은 그러한 운동을 가장 잘 구현한 것이 그리스도교의 삼위일체라 보고, 그것을 기준으로 앞선 종교들을 평가하고 있다.

로마 종교의 괄목할 만한 중요성은 개별자나 특수자의 가치를 부각시켰다는 데 있다. 로마인들은 신이 추상적이고 초월적인 영역이 아니라 개인의 일상생활 속에 존재해야 한다고 믿었다. 그것은 종교 발전의 둘째 단계, 즉 보편적인 신이 초월적 영역에서 내려와 특수화되는 단계를 의미한다. 따라서 이제 필요한 것은 셋째 단계, 즉 그러한 특수자가 다시 보편자로 복귀하는 화해의 과정이다. 로마의 개인들은 보편자(통치권이나 황제)와 근원적으로 분리되어 있었기 때문에 보편자와 특수자의 모순과 그로 인한 소외감을 피할 수 없었다. 진정한 사변적 개념은 첫째 단계와 둘째 단계가 재통일될 때, 즉 특수자가 보편자로 복귀하거나 보편자를 자신 안에 반영할 때 비로소 완성된다. 따라서 이제 필요한 것은 셋째 단계로 나아가기 위한 부정의 부정이다.

로마 종교가 종교 개념의 발전에 결정적으로 기여한 것은 개인의 주관성을 최고의 가치로 인정했다는 점이다. 현실 영역에 구체적으로 나타난 신은 인간 주관성의 특정한 요소를 반영하고 있다. 따라서 개인과 그들의 욕구나 목적이 무한한 가치를 갖게 되었다. 로마인들은 개별적인 주관성의 무한한 가치를 최초로 인식한 민족이다. 물론 이전 종교에도 주관성의 개념이 있기는 했지만 그것은 제한적이었다. 유대교에서 절대적인 목적은 신의 계획이지 개인의 욕구나 목적이

---

89 이와 관련해서는 다음을 참고하라. *LPR*, vol. 2, 226-231; *VPR*, Part 2, 130-137. *LPR*, vol. 2, 511f.; *VPR*, Part 2, 408-410. *LPR*, vol. 2, 699; *VPR*, Part 2, 591.

아니었다. 그리스 종교의 신들도 로마 종교처럼 다양한 계획과 목적을 가지고 있었지만 그들은 개인의 욕구나 목적의 신격화는 아니었다. 하지만 실용성을 강조했던 로마 종교는 개인의 목적에 무한한 신적 가치를 부여했다. 먼저 신을 자연의 사물이나 대상(실체의 신)으로 이해한 자연종교는 주체의 중요성과 가치를 인정하지 않았다. 다음으로 정신종교(유대교와 그리스의 다신교)는 인간의 가치에 대한 감각은 있었지만 신의 목적이 언제나 특정한 영역들에 제한되어 있었다. 그로 인해 로마 세계에는 이제 새로운 종교가 등장하게 되었다. 그것이 바로 그리스도교다. 그리스도교는 모든 인간 존재가 무엇으로도 환원할 수 없는 무한한 가치를 갖는다고 인식한 최초의 종교다. 모든 인간은 존엄하기 때문에 그 자체가 목적이다. 그리스도교는 각 개인의 내면성과 주관성을 신적인 것으로 본다. 모든 인간에게 신이 내주하고 있다는 것이다.

로마 종교에 그러한 신 개념이 없었던 이유는 황제의 특권성 때문이다. 황제는 보편적인 통치권을 상징하지만 그것은 황제라는 특정한 개인으로 육화되어 있다. 추상적이고 공허한 보편자가 현실 세계에서 작용하려면 구체적인 내용이 있어야 한다. 로마 종교에서는 그것을 특정한 개인인 황제가 결정했으며, 따라서 자의적일 수밖에 없었다. 황제는 위대한 선행을 베풀 수도 있고, 최악의 범죄도 저지를 수 있다. 로마에는 자의적인 권력을 제한하는 보편적인 이념이 없었기 때문에 황제가 어떤 결정을 내릴는지는 아무도 모른다. 또한 보편적인 윤리나 법률이 존재한다 해도 황제의 권력은 절대적이고 초법적이었기 때문에 그의 자의적인 횡포를 통제할 어떠한 방도도 없었다. 모든 것은 황제의 직접적인 욕망과 자의적인 변덕에 따라 결정되었다. "아름답고 인륜적인 유기체적인 삶은 모조리 사라지고, 아름답고 고귀한 삶의 요소들은 즉흥적인 쾌락과 향락만을 추구하는 동물의 왕국으로 분열되고 말았다."[90] 황제는 모든 시민의 생사 결정권을 쥐고 있었다. 그는 자신의 욕망을 충족시키기 위해 수백 명의 사람들을 죽음의 게임으로 내몰 수도 있었다. 그러한 절대적인 권력을 가진 황제가 곧 신이었다. 황제의 자의적인 행위(특수자)는 보편자와 분리되어 있거나 그것을 결여하고 있었다.

로마 세계는 보편자와 특수자의 심각한 모순으로 마무리된다. 금욕주의는 그러한 모순을 해소하기 위해 사유의 영역으로 도피하고자 했다.[91] 현실 세계에서는 황제의 독재적이고 자의적인 권력으로 인해 자유가 억압될 수밖에 없지만 사유 속에서는 무한히 자유로울 수 있었기 때문이다. 하지만 금욕주의는 현실적인 자유가 아니라 추상적인 자유일 뿐이다. 그것은 주체의 내면에만 존재할 뿐 현실화될 수 없는 자유다. 진정한 자유를 위해서는 그러한 특수자와 보편자가 현실에서 통일을 이루어야 한다. 보편자는 현실 세계에 특수자로 존재해야 하고, 그러한 특수자는 추상적인 보편자와 통일되어야 한다.

정치적으로는 로마인들이 그리스인들보다 한층 발전된 상태에 있었다. 그리스인들은 개별적인 국가에 몰두하는 민족적인 사유에 머물러 있었기 때문에 그들의 주체 개념 또한 제한적일 수밖에 없었다. 하지만 로마인들은 광대한 다국적 제국을 건설했다. 그 제국에는 서로 다른 관습과 언어를 가진 다양한 민족이 혼재하고 있었다. 로마

---

90 Hegel, *LPR*, vol. 2, 229; *VPR*, Part 2, 133f.
91 Hegel, PhS, 119-122; *Jub.*, vol. 2, 160-162.

는 그 모든 구성원에게 시민권을 부여함으로써 보편적인 인간 개념을 실현했다. 하지만 그럼에도 로마의 보편적인 시민권 개념은 시민들의 완전한 자유를 보장하지는 못했다. 로마제국은 개별 국가와 개별 지역의 신들을 절멸시키는 보편적 권력이었기 때문이다.

진정으로 필요한 것은 특수자가 보편자로 복귀하는 것, 즉 보편자와 특수자의 재통일이다. 하지만 헤겔에 따르면, 로마 세계에서는 그러한 화해가 일어날 수 없다. 특수성에만 집중하는 로마의 원리와 추상적인 일자(보편자)에만 집중하는 유대교의 원리는 그리스도교에서 비로소 통일된다. 역사적으로 로마가 유대를 정복하고 유대를 로마의 속국으로 만들었을 때, 그러한 특수자와 보편자의 통일이 이루어졌다. 로마의 신 개념과 유대교의 신 개념이 만나 새로운 그리스도교의 신 개념을 탄생시켰던 것이다.

순수한 추상이라는 동양의 원리(유대교)는 서양의 유한성(로마 종교)과 결합되어야 했다. 그러한 통일은 지리학적으로 동양과 서양 사이에 있는 이스라엘에서 이루어졌다. 앞서 언급했듯이 신은 그러한 [동양의] 원리에 따라 살아가는 유대 민족을 오랫동안 슬픈 눈으로 바라보았다. 왜냐하면 유대 민족의 종교는 추상적인 고통의 종교, 유일한 주인을 섬기는 종교였기 때문이다. 하지만 그런 신을 섬기고 있음에도 불구하고 삶의 현실은 철저히 자기의식의 무한한 의지에 따라 움직일 뿐 추상적인 모든 것은 아무런 힘도 발휘하지 못했다.[92]

---

92 Hegel, *LPR*, vol. 2, 231; *VPR*, Part 2, 136f.

여기서 헤겔이 말하는 '추상적 고통'은 그가 『정신현상학』에서 말한 '불행한 의식'(unglückliche Bewußtsein)과 같은 것이다.[93] 그것은 신과 분리된 세계에서 개인이 느끼는 소외의 고통을 의미한다. 유대교와 로마 종교라는 두 세계관이 결합하여 이제 다음 단계이자 최고의 단계, 즉 새로운 자유 개념을 통해 신으로부터의 소외를 극복하고 인간을 완전한 자유의 이념으로 인도하는 그리스도교가 등장한다. 그리스도교가 보여주는 정신으로서의 신 개념이야말로 가장 완전한 신 개념이다.

헤겔은 이렇게 설명한다. "이로써 오랜 저주가 풀린다. 유한자가 실정성의 근원이자 무한한 유한자라는 것이 부분적으로 증명됨으로써 그러한 구원이 이루어진다."[94] 원죄의 저주는 신과 인간을 분리시켰다. 모든 진리와 타당성은 신과 무한자의 편에 놓이게 되었다. 반면 원죄를 가진 유한한 인간의 세계는 아무런 가치도 없었다. 그러한 분리로 인해 그리스도교가 등장할 당시의 로마 세계는 극심한 소외감으로 고통받고 있었다. 그러나 로마인들은 인간의 행위나 목적의 중요성을 보여줌으로써 원죄를 극복할 수 있는 새길을 예비하기도 했다. 그들은 특수한 것도 나름의 가치가 있음을, 특수한 것이 언제나 자의적이고 실체가 없는 것은 아님을 보여주었다. 그것이 신과 인간의 연결고리가 되었다. 따라서 개인들은 "그저 직접적으로 존재하는 인격이 아니라 더 높은 이념을 함유하고 있는 존재로 간주되어야 한다."[95] 인간이 보편자에 부합하는 방식으로 행동하면, 그의 유한한

---

93 Hegel, *PhS*, 126-138; *Jub.*, vol. 2, 167-181.

94 Hegel, *LPR*, vol. 2, 231; *VPR*, Part 2, 137. 이와 관련해서는 *LPR*, vol. 2, 512; *VPR*, Part 2, 409f.도 참고하라.

행동은 신성과 무한자를 보여주는 일종의 기호가 될 수 있다. 특수자는 단순히 자의적인 특수자가 아니라 보편자를 계시하는 특수자일 수도 있다. 그리스도교는 그러한 사유를 통해 로마 세계의 소외를 극복해 나갔다.

---

95 Hegel, *LPR*, vol. 2, 512; *VPR*, Part 2, 409.

| 11장 |

그리스도교
: 절대종교 혹은 계시종교

절대종교 혹은 계시종교

헤겔은 『종교철학』의 도입부에서 자신의 접근법(논의 순서)과 방법론(논의 구조)을 소개한다. 앞서 언급했듯이[1] 그는 먼저 『종교철학』의 대전제에 해당하는 "제1부 종교의 개념"을 다루고(보편성), 다음으로 소전제에 해당하는 "제2부 유한한 종교"에서는 고대의 마법 종교에서 로마 종교에 이르는 다양한 세계 종교의 신 개념들을 분석하며(특수성), 삼단논법의 결론에 해당하는 "제3부 완성된 종교"에서는 보편성(대전제)과 특수성(소전제)이 결합된 개별성의 단계(결론), 즉 종교의 개념이 현실적으로 완성된 가장 참되고 올바른 종교인 그리스도교를 분석한다. 그러한 의미에서 그는 그리스도교를 "절대종교"(Die absolute Religion) 혹은 "계시종교"(Die offenbare Religion)로 규정한다.[2]

헤겔은 어린 시절부터 신학 교육을 받았고, 『히브리 성서』도 깊이 연구했다. 그는 자신의 청년기 논문인 "예수의 생애Das Leben Jesu", "그리스도교의 실정성Die Positivität der christlichen Religion", "그리스도교의 정신과 그 운명Der Geist des Christentums und sein Schicksal"에서 초기 그리스도교의 다양한 측면들을 분석하기도 했다.[3] 그는 『정신현상학』"VII. 종교Die Religion" 장의 "C. 계시종교Die offenbare Religion" 부분에서도 그리스도교를 다루고 있다.[4] 그 논의는 다소 형식적이지만 이후 『종교철학』을 위한

---

1 이와 관련해서는 이 책의 제1장의 "2. 『종교철학』의 구성"을 참고하라.

2 Hegel, *LPR*, vol. 3, 61-347; *VPR*, Part 3, 1-270. *Phil. of Religion*, vol. 2, 327-358, vol. 3, 1-151; *Jub.*, vol. 16, 191-356. *AR*, 3-232.

3 "The Life of Jesus"(*TJ*, 73-136; *TE*, 104-165), "The Positivity of the Christian Religion"(*TJ*, 137-240; *ETW*, 67-181), "The Spirit of Christianity and its Fate"(*TJ*, 241-342; *ETW*, 182-301).

예비적인 밑그림의 역할을 한다. 또한 그는 『철학백과 III』 "제3부 절대정신Der ansolute Geist"의 "B. 계시된 종교Die geoffenbarte Religion"에서도 그리스도교를 다룬다. 그 저작에서 종교 관련 논의는 그 부분이 유일하며, 거기서는 다른 종교들을 제외하고 그리스도교만 분석하고 있다.5 그리고 『역사철학』의 제3부의 제3편 "제2장 그리스도교Das Christentum"에서도 그리스도교를 다루고 있고,6 『미학』에서는 그리스도교 부분이 따로 마련되어 있지는 않지만 그리스도교가 예술의 발전에 미친 영향을 여러 곳에서 논의하고 있다. 『철학사 III』 "서론"에서도 사상사적 맥락에서 그리스도교를 분석하고 있으며,7 『신 존재 증명 강의Vorlesungen über die Beweise für die Existenz Gottes』에서도 그리스도교의 다양한 측면을 언급하고 있다.8

헤겔은 자신의 전 저작에서 그리스도교를 다양한 방식으로 다루고 있기 때문에 그 출처를 일일이 열거하는 것 자체가 불필요해 보이기도 한다. 튀빙겐대학에서 신학을 공부했던 그는 성서 연구 분야에도 익숙했고, 교부 철학자들의 저작은 물론 필로(Philo of Alexandria), 안셀무스(Anselmus Cantuariensis), 데카르트(René Descartes), 라이프니츠

---

4 Hegel, *PhS*, 453-478; *Jub.*, vol. 2, 569-601.

5 Hegel, *Phil. of Mind*, §§ 564-571; *Jub.*, vol. 10, 453-458.

6 Hegel, *Phil. of Hist.*, 318-336; *Jub.*, vol. 11, 409-430. *LPWH*, vol. 1, 447-460; *VPWG*, vol. 1, 419-438. *GRW*, 720-748.

7 Hegel, *Hist. of Phil.*, vol. 3, 1-25; *Jub.*, vol. 19, 99-120. *LHP*, vol. 3, 17-35; *VGP*, vol. 3, 1-16.

8 이와 관련해서는 "Vorlesungen über die Beweise Daseyn Gottes and Zum kosmologischen Gottesbeweis," ed. by Walter Jaeschke, in Gesammelte Werke, vol. 18, *Vorlesungsmanuskripte II (1816-1831)* (Hamburg: Felix Meiner, 1995). *Lectures on the Proofs of the Existence of God*, ed. and trans. by Peter C. Hodgson (Oxford: Clarendon Press, 2007)을 참고하라.

(Gottfried Wilhelm Leibniz), 스피노자(Baruch Spinoza), 칸트(Immanuel Kant), 피히테(Johann Gottlieb Fichte)와 같은 종교철학자들의 저작에도 매우 친숙했으며, 그리스도교를 비롯한 종교 전반을 비판했던 계몽주의자들의 저작들도 비판적으로 연구했다. 이처럼 그리스도교는 그의 사상이 탄생하고 성장한 토양이자 뿌리였다. 그러한 의미에서 그의 전체 철학 체계는 하나의 거대한 종교철학 체계라 해도 과언이 아니다.

1. 그리스도교에 관한 헤겔의 다양한 구상들

헤겔은『종교철학』제3부에서 "마침내 완성된 종교 개념에 도달했다"고 선언한다.[9] 그는『종교철학』도입부에서 종교철학을 다양한 신들의 발전 과정에 대한 탐구로 규정한 바 있다. 그 과정은 참다운 신 개념, 즉 자기의식을 가진 정신으로서의 신 개념에서 비로소 완성된다. 그러한 신 개념에 도달한 종교가 곧 그리스도교다. 자기의식은 또 다른 자기의식을 통해 자신을 인식하는 능력을 가지고 있다. 그리스도교에서 "신은 곧 자기의식이며, 자신과 구별되는 또 다른 자기의식을 통해 자신을 인식한다."[10] 그 원리의 핵심은 그리스도교의 계시 교리에 있다. 보편적이고 무한한 신은 유한한 인간의 모습(특수자)으로 자신을 계시한다. "신은 자신을 자신의 대상으로 분리시키지만 그렇게 분리된 대상도 자신과 완전히 동일한 신이다. 그런 한에서 신은

---

9 Hegel, *LPR*, vol. 3, 249n; *VPR*, Part 3, 177n.
10 Hegel, *LPR*, vol. 3, 250n; *VPR*, Part 3, 177n.

곧 정신이다."11 인간도 자기의식을 가진 정신적 존재라는 점에서 그러한 자기의식적인 신과 관계 맺을 수 있다. 신의 자기의식과 인간의 자기의식은 서로가 서로를 규정한다. 헤겔은 이렇게 설명한다. "신은 유한한 의식(인간)을 통해 자신을 인식하고, 유한한 의식(인간)은 신을 통해 자신을 인식한다. 신은 정신, 즉 자신을 숭배하는 공동체의 정신이자 그 공동체에 거하는 정신이다.12 우리는 그것을 삼위일체의 셋째 위격인 '성령'이라 부른다. 이와 관련하여 헤겔은 그리스도교의 본질을 이루는 두 핵심 교리, 즉 계시 교리와 삼위일체 교리를 집중적으로 분석한다. 그 두 교리는 그리스도교의 신 개념과 종교적 사유가 왜 '정점' 혹은 '완성'으로 간주되는지를 알려주는 결정적인 열쇠다.

헤겔은 그리스도교의 전반적인 세 특징(계시종교, 실정종교, 진리와 자유의 종교)에 대한 설명으로 논의를 시작한다. 첫째로 그리스도교는 '계시종교'다. 이신론자들은 신을 인간이 인식할 수 없는 초월적인 영역에 고립된 추상적인 존재로 생각했다. 하지만 그리스도교의 계시 교리는 그러한 신 개념과 완전히 상반된다. 그리스도교의 신은 인간들이 인식할 수 있도록 자신을 계시한다. 그는 초월적인 존재가 아니라 인간과 관계 맺는 신이다. 그는 인간의 영역으로 내려온다. 그것이 그리스도교가 계시종교라는 주장의 핵심이다. 물론 신의 계시가 그리스도교에서만 처음 일어난 특별한 사건은 아니다. 다른 종교들에서도 형태나 방법은 다르지만 나름의 계시들이 존재했다. 하지만 헤겔에 따르면, 그 종교들의 신 개념은 아직 충분히 발전하지 않은 단계였다.

---

11 Ibid.

12 Hegel, *LPR*, vol. 3, 250n; *VPR*, Part 3, 178n.

종교적 신자들은 모두 절대적인 본질(神)과 관계하지만 종교에 따라 그것을 인식하는 방식은 서로 다르다. 신을 자연대상이나 동물로 인식하는 단계는 신을 자기의식으로 인식하는 절대적인 단계에 비해 상대적으로 미흡한 단계이며, 정신종교에 속하는 유대교, 그리스 종교, 로마 종교는 신을 자기의식적인 실체로 인식하긴 했지만 그것도 아직은 미흡한 단계라 할 수 있다. 정신종교의 완성된 형태인 그리스도교에 이르러서야 비로소 정신은 완전히 계시된다.

헤겔은 당시를 지배하던 낭만주의의 관점, 즉 "우리는 신을 객관적으로 인식할 수 없다. 따라서 중요한 것은 우리의 주관적인 태도다"13라는 관점을 비판하면서도 그것을 종교의 발전 과정에 있어서 "매우 중요한 진전"으로 간주한다.14 근대의 낭만주의는 "무한한 요소가 무엇인지를 밝혀주었다. 그들은 주관적인 의식을 절대적인 요소로 인식했기 때문이다."15 이전의 모든 종교 형태는 개인의 가치를 무시하거나 폄하했다. 개인의 가치가 절대적인 것으로 인식되기 시작한 것은 그리스도교에 이르러서다.

근대의 낭만주의는 외면적인 현실 세계가 아니라 내면적인 주관성에서 신과의 화해를 추구했다. 그리스도교는 신이 초월적인 영역에 고립된 소원하고 이질적인 존재가 아니라는 것을 깨달음으로써 그러한 분리와 소외를 극복했다.16 낭만주의의 화해가 순전히 주관적인 화해라면, 그리스도교의 화해는 현실적이고도 절대적인 화해다. 헤

---

13 Hegel, *LPR*, vol. 3, 166; *VPR*, Part 3, 101.

14 Ibid.

15 Ibid.

16 Hegel, *LPR*, vol. 3, 167; *VPR*, Part 3, 102f.

겔은『정신현상학』에서 낭만주의를 로마 세계의 '불행한 의식'이나 '금욕주의'에 빗대어 설명한다.[17] 앞선 제10장에서 살폈듯이 그것은 부패하고 죄로 물든 세계에서 느끼는 소외의 감정이다. 신적인 이성은 진리를 갈구했지만 현실 세계에서는 결코 진리를 발견할 수 없었다. 그래서 개인은 자신의 평화로운 내면으로 물러나 거기서 진리를 구했다. 하지만 그러한 금욕주의적인 방식은 현실 세계로부터의 소외를 극복하지 못하는 불완전한 화해에 불과하다. 순수한 사유만으로는 현실의 소외를 극복할 수 없다. 불행한 의식은 신과의 영원한 화해를 갈구하지만 부패하고 죄로 물든 유한한 세속 세계에 발 딛고 살아가는 한 그러한 화해는 결코 실현될 수 없다.

진정한 신은 자신을 완전히 계시하여 인간과 관계 맺는 신이다. "계시되지 않는 정신은 정신이 아니다."[18] 이는 헤겔이『정신현상학』에서 "자기의식은 또 다른 자기의식에 대해 존재한다"라는 주장과 일치한다.[19] 신이 진정한 신이 되려면, 자기의식을 가진 행위자의 인정을 받아야 한다. 따라서 계시는 일어났을 수도 있고, 아닐 수도 있는 우연하고 개연적인 사건이 아니다. 계시는 신의 개념 자체에 속하는 사건이다. 정신은 타자에게 자신을 계시한다.[20] 헤겔이 그리스도교를 계시종교로 규정한 것도 바로 이 때문이다. 신이 자기의식이라는 것은 신이 인간에게 자신을 계시한다는 것과 같은 뜻이다.

둘째로 헤겔은 그리스도교를 '실정종교'로 규정한다.[21] 그것은

---

17 Hegel, PhS, 126-138; Jub., vol. 2, 167-181.

18 Hegel, LPR, vol. 3, 170; VPR, Part 3, 105.

19 Hegel, PhS, p. 110; Jub., vol. 2, 147.

20 Hegel, LPR, vol. 3, 170; VPR, Part 3, 105.

그리스도교가 "외부에서 주어진 것"이라는 의미다.[22] 그리스도교는 과거의 역사와 주어진 교리를 통해 배운 것이지 우리가 스스로 창작한 것이 아니다. 그러한 의미에서 그것은 우리의 외부에 존재하는 우리와는 다른 것이다. 헤겔은 정치철학 영역의 사례를 든다.

> 시민법이나 국가법과 같은 법 역시 실정적인 것이다. 그것은 옳은 것으로 우리에게 주어진 것이다. 그것은 감각적인 대상들처럼 간단히 무시할 수 있는 대상이 아니다. 그것은 외적인 것이지만 우리에게 주관적으로도 본질적인 구속력을 가져야 한다.[23]

만일 실정법이 폭군의 자의에 따라 강제적으로 부과된 것이라면, 그것은 이성적이지도 않고 정의롭지도 않다. 실정적인 것이라고 해서 모두 옳은 것은 아니다. 현대에는 개인의 동의도 실정법의 본질적인 요소로 인정되고 있다. 법이나 종교적 교리가 이성적일 때만 우리는 자유의지에 따라 그것에 자발적으로 동의한다. 헤겔은 다음과 같은 사례로 설명한다.

> 우리가 법을 파악하거나 인식한다는 것은, 달리 말해 범죄를 법으로 처벌하는 것이 합리적이라고 생각하는 것은 그 법이 실정적인 것이라서가 아니라 우리가 그것을 본질적인 것으로 인정하기 때문이다. 그 경우 법은 외적으로만 타당한 것이 아니라 내적으로도, 즉 이성적으로도 타당한

---

21 Hegel, *LPR*, vol. 3, 251-262; *VPR*, Part 3, 179-189.

22 Hegel, *LPR*, vol. 3, 252; *VPR*, Part 3, 179.

23 Hegel, *LPR*, vol. 3, 252f.; *VPR*, Part 3, 180.

것이다. 왜냐하면 그 법은 단지 외적으로 주어진 것이 아니라 내적으로도 이성적인 동의와 합의를 획득한 것이기 때문이다.[24]

어린 시절에 우리는 자신의 뜻과 무관하게 외부에서 실정적으로 주어진 법이나 종교적 교리를 배워야 하지만 이후에는 자신의 이성 능력으로 거기에 담긴 진리를 인식하고 자발적으로 동의하게 된다. 그러한 의미에서 법이나 종교적 교리에는 외적인 요소뿐만 아니라 내적인 요소도 함께 포함되어 있다.

왕이나 정부가 법을 제정했다고 해서 그것이 언제나 옳은 것은 아니다. 현실에는 불합리한 법도 얼마든지 있다. 반대로 외부에서 주어진 법이라고 해서 언제나 비합리적이거나 폭압적인 것도 아니다. 외부에서 주어진 것에 담긴 합리성을 인식하고 그것에 동의하는 것이 인간 자유의 핵심 요소다. 주관적인 자유의 조건은 정의로운 법에는 동의하고, 불의한 법에는 반대하는 이성의 능력이다. 종교의 경우에도 우리는 실정적인 교리에 담긴 합리성을 인식하고 그것에 동의해야 한다. "종교는 자신의 실정적인 교리를 충분한 설명과 함께 제시해야지 그러한 표상과 기억의 문제로만 강요해서는 안 된다."[25] 율법이나 교리에 대한 절대적이고, 맹목적이고, 강제적인 복종을 강요하는 종교는 개인의 주관적인 자유를 억압할 수밖에 없다.

마지막으로 헤겔은 그리스도교를 '진리와 자유의 종교'로 규정한다.[26] 그에게 있어서 진리와 자유는 같은 의미다. 세계 종교들의 지난

---

24 Hegel, *LPR*, vol. 3, 253; *VPR*, Part 3, 180.
25 Hegel, *LPR*, vol. 3, 254; *VPR*, Part 3, 181.
26 Hegel, *LPR*, vol. 3, 171f.; *VPR*, Part 3, 106f.

한 역사는 인간을 다양한 방식으로 규정해 왔다. 그 과정에서 인간은 자연의 힘, 운명, 폭압적인 황제의 지배 아래 완전한 자유를 누리지 못했다. 인간이 완전한 자유의 상태에 도달할 때, 종교의 역사적 발전도 완성된다. 자기의식적인 인간이 완전한 자유에 이르기 위해서는 신이 그들을 자유로운 존재로 인정해야 한다. 이전의 다른 종교들과 달리 그리스도교는 개인의 무한하고 절대적인 가치를 처음으로 인정했고, 이로써 모든 인간은 신성을 가진 특별하고 고귀한 존재가 되었다. 오로지 그리스도교의 신만이 인간의 신성을 인정한다. 그러한 의미에서 그리스도교는 '자유의 종교'다.[27] 그리스도교에서 처음으로 신과 인간의 상호 인정이 일어난다. 신도 인간을 자유로운 정신으로 인정하고, 인간도 신을 자유로운 정신으로 인정한다.

그러한 상호 인정을 위해서는 앞선 단계, 즉 자연과 세계로부터의 소외가 극복되어야 한다. 헤겔은 이렇게 설명한다.

> 화해는 서로 대립하는 구별된 존재들, 즉 자신에게 소원한 세계와 마주한 신 그리고 자신의 존재와 소원해진 자연에서 시작된다. 그 둘은 외적으로 서로 대립한다. 화해는 그러한 분리와 분열을 부정하는 것이며, 서로가 타자 속에서 자신을 인식하고 자신의 본질 속에서 스스로를 발견하는 것이다.[28]

그러한 신과 인간의 완전한 화해야말로 헤겔이 세계 종교들의

---

27 Hegel, *LPR*, vol. 3, 171; *VPR*, Part 3, 106.
28 Hegel, *LPR*, vol. 3, 171f.; *VPR*, Part 3, 107.

역사적 발전 과정에서 발견한 '전체 목적'이다.[29] 앞선 종교들에서 인간은 언제나 신과 분리되어 있었고, 세상으로부터 소외되어 있었다. 신은 언제나 인간과는 다른 존재였고, 자연은 언제나 두렵고 무서운 존재였다. 신이 인간의 모습으로 나타나는 그리스도교에서야 비로소 신과 인간은 영원한 화해를 이룬다.

헤겔은 신과 인간의 화해 혹은 타자와 조화를 이룬 관계를 '진리'라고 부른다. 그는 이렇게 설명한다. "왜냐하면 '진리'란 객관적인 것에서도 아무런 소원함을 느끼지 않는 관계를 의미하기 때문이다. 부정이라는 논리적 과정을 거쳐 이루어진 그러한 자유가 곧 진리다."[30] 그러한 의미에서 '진리', '자유', '화해'라는 세 용어는 서로 밀접하게 연관되어 있다. 인간의 진리는 자유이며, 그것은 앞선 소외의 상태에서 벗어난 화해의 상태를 의미한다.

헤겔은 그러한 관점으로 『종교철학』의 전체 구조를 설명한다. 먼저 그는 자연종교를 '의식'(Bewußtsein)의 단계로 규정한다.[31] 『정신현상학』에서 설명하듯이, 의식은 인간 정신과 대상의 관계, 즉 대상의식이다. 자연대상을 신으로 여기는 자연종교가 그 단계에 해당한다. 다음으로 그는 정신종교를 '자기의식'(Selbstbewußtsein)의 단계로 규정한다.[32] 하지만 정신종교에 속하는 유대교, 그리스 종교, 로마 종교에서 인간은 스스로도 그리고 신에 의해서도 유한한 존재로

---

29 Hegel, *LPR*, vol. 3, 172; *VPR*, Part 3, 107.

30 Hegel, *LPR*, vol. 3, 171; *VPR*, Part 3, 106.

31 Hegel, *LPR*, vol. 3, 173; *VPR*, Part 3, 108: "첫째로 우리는 자연종교, 즉 의식의 관점에 기초한 종교를 살폈다."

32 Ibid. "둘째 형태는 정신종교다. 하지만 그것은 아직 유한한 형태의 정신종교다. 거기까지가 자기의식의 종교다."

인식되고 있다는 점에서 아직 완전한 자유의 단계는 아니다. 그러한 완전한 자유는 다음 단계인 그리스도교에서 실현된다.[33] 그리스도교는 앞선 모든 종교 형태의 한계를 변증법적으로 지양한 통합적인 종교다. 거기서 우리는 세계 종교들의 발전 과정에 관한 헤겔의 지난한 분석이 그저 형식적인 작업이 아니었음을 확인할 수 있다. 그것은 세계 종교들의 발전 과정에 나타나는 다양한 신 개념과 인간 자유의 개념이 병행한다는 것을 증명하는 과정이다. 따라서 그리스도교가 완성된 종교라는 것, 즉 진리와 자유의 종교라는 것을 이해하기 위해서는 반드시 그 과정을 거쳐야 한다. 다른 종교들에 대한 분석 없이는 그리스도교의 중요성이나 그 핵심도 제대로 파악할 수 없다. 나아가 그리스도교의 중요성은 다른 종교들과 구분되는 그리스도교만의 내용에 있다. 따라서 헤겔은 그리스도교에 대한 실제적인 분석에 앞서 그리스도교의 일반적인 특성부터 논하기 시작한다.

2. 분석의 구조

헤겔은 먼저 그리스도교 분석의 구조를 설명한다.[34] 명시적으로 언급하지는 않았지만 특히 중요한 것은 삼위일체에 관한 그의 설명이다. 그는 삼위일체 교리에서 사변적인 사유의 진리를 발견할 수 있다고 주장한다. 삼위일체는 종교 개념일 뿐만 아니라 철학 개념이기도

---

33 Hegel, *LPR*, vol. 3, 173; *VPR*, Part 3, 108.
34 Hegel, *LPR*, vol. 3, 271-274; *VPR*, Part 3, 196-169.

하다. 헤겔은 삼위일체를 그리스도교의 핵심 교리로 본다.[35]

종교도 일종의 인식이다. 따라서 종교도 다른 분야의 인식과 동일한 구조적 형태를 띤다. 헤겔의 형이상학에서 볼 수 있듯이, 개념(Begriff)은 세계나 인간 정신의 근본 구조다. 개념은 보편성(Allgemeinheit)에서 출발하여 특수성(Besonderheit)을 거쳐 그 둘의 통일인 개별성(Einzelheit)으로 나아가는 변증법적 운동의 형태를 따른다.[36] 그것은 인간 사유의 근본 구조일 뿐만 아니라 신 개념의 근본 구조이기도 하다. 다른 종교들은 그 진리를 부분적으로만 파악했지만 그리스도교는 그것을 완전히 파악하고 또한 실현했다. 그리스도교와 사변철학 혹은 철학적 인식을 연결시켜주는 그러한 형이상학적 개념은 삼위일체 교리에 가장 완벽하게 구현되어 있다. 헤겔은 『철학백과』에서 이렇게 말한다.

> 절대정신은 (α) 자신을 계시하면서도 자기중심을 유지하는 영원한 내용으로, (β) 현상계의 내용을 구성하는 영원한 본질과 그것이 계시된 세계와의 구별로, (γ) 영원한 내용이 계시된 세계와 영원한 존재와의 화해, 즉 현상계로부터 영원한 내용과의 충만한 통일로 나아가는 무한한 복귀로 나타난다.[37]

보편적인 측면은 초월적인 영역에 머물러 있는 성부(聖父)를 상징한다. 그러한 보편성은 그리스도라는 특수자, 즉 성자(聖者)의 모습으

---

35 Hegel, *LPR*, vol. 1, 126f.; *VPR*, Part 1, 43.

36 Hegel, *EL*, § 163; *Jub.*, vol. 8, 358-361.

37 Hegel, *Phil. of Mind*, § 566; *Jub.*, vol. 10, 455. 이와 관련해서는 *LPR*, vol. 3, 186; VPR, Part 3, 120; *LPR*, vol. 3, 271-274; *VPR*, Part 3, 196-199를 참고하라.

로 현실 세계에 나타난다. 마지막으로 특수자의 죽음을 통해 성자는 성부와 재통일된 성령(聖靈)이 된다. 그리스도교의 핵심 교리인 삼위일체를 개념적으로 이해하면, 우리는 거기서 형이상학적인 개념의 핵심적인 특성을 발견할 수 있다.

헤겔은 『종교철학』에서 그것을 이렇게 규정한다. "세상의 창조 이전에 그리고 세상의 외부에 존재하는 영원한 신."[38] 그것은 자기 구별 이전에 그 자체로 존재하는 직접적인 통일의 단계다. 다음은 신이 자신과 구별되는 세상을 창조하는 분리와 소외의 단계다.[39] 마지막은 그러한 분리를 극복하는 화해의 단계다. "그러한 화해의 과정을 통해 정신은 최초의 구별을 통해 분리된 자기 자신과의 재통일에 이른다. 그것이 교회 공동체에 현존하는 정신, 즉 성령이다."[40] 여기서 우리는 헤겔이 삼위일체 교리를 중시한 이유를 발견할 수 있다. 그의 분석 구조는 삼위일체의 세 위격, 즉 성부, 성자, 성령의 순서를 따른다.

그는 『역사철학』에서도 삼위일체의 중요성을 지적하고 있다. 거기서 그는 자신의 핵심 개념인 '정신'을 삼위일체의 구조에 따라 규정한다.

정신이란 무엇인가? 첫째 단계에서 정신은 불변하는 동질적인 무한성, 즉 순수한 동일성에 머물러 있다. 둘째 단계에서 정신은 스스로를 분리시키고, 그렇게 분리된 측면, 즉 보편자와 대립하는 즉자대자적인 현존을 자신에게 대립시킨다. 하지만 그렇게 분리된 개별적인 주관성은 보편

---

38 Hegel, *LPR*, vol. 3, 273; *VPR*, Part 3, 198.
39 Hegel, *LPR*, vol. 3, 273f.; *VPR*, Part 3, 198f.
40 Hegel, *LPR*, vol. 3, 274; *VPR*, Part 3, 199.

자의 자기 관계라는 사실을 통해 무화된다. [⋯] 정신은 삼위일체적이다. '성부'와 '성자'는 본질적으로 '정신'의 이중적인 측면이다.41

그리스도교의 신 개념, 즉 삼위일체의 운동은 정신의 본성을 보여 준다. 인간은 자신의 내부에 보편적인 측면과 특수한 측면을 둘 다 가지고 있다.

3. 보편성: '성부'의 영역

헤겔은 먼저 보편성으로서의 신, 즉 삼위일체의 첫째 위격인 성부 개념을 분석한다.42 처음에 신은 추상적인 이념이나 초월적인 타자로 간주된다. 인간의 정신은 자신을 추상화한 신을 자신과 대립하는 타자로 인식한다. 헤겔은 『철학백과』에서 이렇게 설명한다.

순수한 사유 혹은 추상적 본질의 영역에 머물러 있는 보편성의 계기에서 절대정신은 대전제이지만 그것은 고립된 채 부동하는 단순한 실체가 아 니라 (인과성이라는 반성 범주에 속하는 본질적인 힘) 천지의 창조자 다.43

---

41 Hegel, *Phil. of Hist.*, 323f.; *Jub.*, vol. 11, 415f. 이와 관련해서는 *Phil. of Hist.*, 319; *Jub.*, vol. 11, 410도 참고하라. "삼위일체로 인식된 신이 곧 정신이다."

42 Hegel, *LPR*, vol. 3, 189-198; *VPR*, Part 3, 122-131. *LPR*, vol. 3, 275-290; *VPR*, Part 3, 199-215. *LPR*, vol. 3, 363-364; *VPR*, Part 3, 281-282. *PhS*, 466-469; *Jub.*, vol. 2, 586-590.

43 Hegel, *Phil. of Mind*, § 567; *Jub.*, vol. 10, 455.

이는 완전히 추상적인 신 개념이다. 신은 초월적인 영역에 머무는 자기의식적인 타자로 간주된다. 『종교철학』에서는 이렇게 말한다. "첫째 요소에 따르면, 신은 세상의 창조 이전부터 혹은 그것과는 무관하게 즉자대자적으로 존재하는 영원한 이념이다. 신이 그렇듯 자신 안에 머물러 있다는 점에서 그것은 아직 현실에 정립되지 않은 추상적인 이념이다."44 어떤 것이 현실에 정립되기 위해서는 단순한 사유를 넘어 감각적인 대상으로 현상해야 한다. 하지만 창조 이전의 신은 사유의 대상일 뿐 지각의 대상이 아니다. 그것은 아직 어떠한 방식으로도 계시되거나 구체화되지 않은 신이다. 역사적으로 볼 때 이 단계는 유대교에 해당한다.45

하지만 헤겔의 견해에 따르면, 그러한 순수하게 보편적인 신 개념은 계속해서 추상적이고 고정적인 상태에만 머물지는 않는다. 역동적인 과정을 통해 자신의 본질을 전개하는 것이 개념의 본성이다. "정신은 […] 신과 인간 본성의 암묵적 통일을 객관적으로 드러내거나 전개하는 생동적인 과정이다."46 보편자는 특수자를 통해 자신을 구체적으로 규정한다. 최초의 신 개념, 즉 "세상의 창조 이전부터 혹은 그것과는 무관하게 존재하는"47 정신은 자신을 구별할 수단이 없기 때문에 무규정적일 수밖에 없다. 말하자면 그는 우주의 유일한 대상이다. 그러한 신은 추상적일 수밖에 없다. 보편적 이념으로 존재하는

---

44 Hegel, *LPR*, vol. 3, 275; *VPR*, Part 3, 199f.

45 하지만 구약의 신도 때로 특정한 민족과 특수하게 혹은 인격적으로 상호작용한다는 점에서 이러한 주장은 논란의 여지가 있다.

46 Hegel, *LPR*, vol. 3, 67; *VPR*, Part 3, 6.

47 Hegel, *LPR*, vol. 3, 275; *VPR*, Part 3, 199f.

추상적인 신이 자신을 구체적으로 외화하거나 특수화하는 첫째 시도는 창조 행위다. 신은 세상을 창조함으로써 자신과 대립하는 타자를 정립한다. 하지만 창조된 세상은 신의 본성을 온전히 반영하지 못한다.[48] 왜냐하면 신은 정신인데, 그가 창조한 사물 세계는 정신을 보유하고 있지 않기 때문이다. 인정 혹은 상호 규정의 변증법에 따르면, 창조자로서의 신은 단지 사물 세계와만 대립해 있을 뿐이다. 신이 정신으로 규정되려면, 그는 사물 세계와는 다른 형태로 자신을 계시해야 한다.

어떤 것이 규정되려면 다른 것과 구별되어야 한다. 신도 규정되려면 대립자가 필요하다. 그러한 의미에서 신의 첫째 행위가 세상의 창조라는 것은 우연이 아니다. 세상의 창조와 더불어 신과 구별되는 대립이 정립된다. 달리 말해 신은 세상과의 대립을 통해 규정된다. 창세기에는 신이 세상과 그 안에 거주하는 다양한 것들을 어떻게 창조했는지에 관한 이야기가 나온다. 그것은 일반 신자가 창조를 이해하는 표상적인 사유 방식이다. 그것은 보편자는 구체적으로 규정되어야 한다는 철학적 이념을 표현하는 또 다른 방식이다.[49] 이 단계에서는 보편적인 신 개념과 신이 창조한 특수자들의 세계가 대립해 있다.

하지만 단순한 사물이나 세상과의 대립으로는 신을 정신으로 규정할 수 없다. 앞서 말했듯이 자기의식적인 존재(정신)는 또 다른 자기의식적인 존재(정신)와 관계해야 한다. 헤겔은 이렇게 말한다. "정신은 외화된 대상을 통해 자신을 인식하는 존재이자 타자화된 자신과 자기

---

48 Hegel, *LPR*, vol. 3, 279; *VPR*, Part 3, 204.
49 Hegel, *PhS*, 467; *Jub.*, vol. 2, 587.

동일성을 유지하는 운동이다."⁵⁰ 신이 정신이 되려면, 또 다른 자기의 식적인 행위자가 타자로 정립되어야 한다. 따라서 인간의 창조는 신의 자기규정을 위한 필요조건이다. 하지만 신과 인간의 최초의 관계로는 부족하다. 최초의 인간인 아담과 하와는 자연과 직접적인 조화를 이루고 있다. 그들은 완전한 자기의식적인 행위자가 아니다. 그래서 그들은 자신들이 동물처럼 벌거벗은 줄도 모른다. 그들은 죄를 짓고 선악의 차이를 인식하고서야 비로소 온전한 인간, 신과 같은 정신적 존재가 된다. 결국 신과 대립하는 것은 죄지은 개인으로서의 인간이다.

하지만 그러한 인간 개념도 신의 타자가 되기에는 여전히 부족하다. 신의 진정한 타자는 그 또한 신적이어야 한다. 인간은 개선이 불가능한 절망적인 죄인이 아니라 암묵적으로 신적인 본성을 소유한 존재로 인식되어야 한다. 계시 혹은 그리스도의 성육신 교리에 따르면, 신은 자신을 육화한다. 이로써 추상적인 신(성부)과 구체적인 신(성자)의 대립이 생겨난다. 구체적인 신(성자)은 정신이라는 신의 규정을 반영하고 있다.⁵¹ 헤겔이 말하는 요점은 성육신은 자의적이거나 우연적인 사건이 아니라는 것이다. 신은 자신의 본성인 정신이 되어야 한다. 신이 또 다른 정신과 관계 맺지 않으면 그는 정신이 될 수 없다. 세상을 감각적으로 이해하는 일반 신자들은 신이 인간이 된다는 성육신 개념을 이해 불가능한 신비로 남겨 두지만,⁵² 철학 혹은 사변적인

---

50 Hegel, *PhS*, 459; *Jub.*, vol. 2, 577. 이와 관련해서는 *PhS*, 463; *Jub.*, vol. 2, 582도 참고하라.
51 Hegel, *PhS*, 470; *Jub.*, vol. 2, 590. "순수하게 사유된 정신 속에서는 신적 본질 일반의 타자화 정도로만 암시되었던 것이 이제는 표상적인 사유의 형태로 자신을 실현한다."
52 Hegel, *LPR*, vol. 3, 282f.; *VPR*, Part 3, 207f.

사유를 이해하는 철학자들은 그러한 개념의 배후에 놓인 필연적인 논리를 명확하게 이해할 수 있다. 또한 아버지(성부)와 아들(성자)이라는 명칭 자체는 일상에서 사용하는 용어지만 거기에도 보다 심오한 철학적 의미가 담겨 있다.[53] 이제 헤겔은 삼위일체의 둘째 위격인 성자에 대한 분석으로 나아간다.

4. 특수성: '성자'의 영역

다음으로 헤겔은 특수성으로서의 신, 즉 삼위일체의 둘째 위격인 성자 개념을 분석한다.[54] 그 논의는 크게 두 부분으로 나뉜다. 첫째는 신의 구별과 분리에 관한 논의고,[55] 둘째는 화해에 관한 논의다.[56]

1) 구별: 창조

성부로서의 신 혹은 추상적인 이념으로서의 신이 삼위일체의 첫째 단계라면, 성자로서의 신 혹은 구체적인 특수자로서의 신은 둘째 단계다. 그것은 주체의 측면과 이념의 측면에서 각각 검토될 수 있다.

---

53 Hegel, *LPR*, vol. 3, 194; *VPR*, Part 3, 127f.

54 Hegel, *LPR*, vol. 3, 198-223; *VPR*, Part 3, 131-154. *LPR*, vol. 3, 290-328; *VPR*, Part 3, 215-251. *LPR*, vol. 3, 365-371; *VPR*, Part 3, 282-287. *PhS*, 469-471; *Jub.*, vol. 2, 590-592.

55 Hegel, *LPR*, vol. 3, 198-211; *VPR*, Part 3, 131-142. *LPR*, vol. 3, 290-310; *VPR*, Part 3, 215-233.

56 Hegel, *LPR*, vol. 3, 211-223; *VPR*, Part 3, 143-154. *LPR*, vol. 3, 310-328; *VPR*, Part 3, 233-251.

주체의 측면과 관련하여 헤겔은 이렇게 설명한다. "주체는 일반적으로 그러한 이념을 사유하는 주체로서 행동하지만 그는 또한 구체적인 의식이기도 하다. 따라서 이념은 그러한 주체에게 구체적인 자기의식으로, 즉 현실적인 주체로 현존해야 한다."57 신적인 이념이 순수한 이념에만 머문다면 그것은 가능성의 영역에서 현실성의 영역으로 이행할 수 없다. 주체가 신적인 이념을 진리로 확신하기 위해서는 그것이 현실적인 영역에 지각 가능한 형태로 존재해야 한다.58 종교적 신자들은 그러한 진리를 신이 육체를 가지고 경험적인 현실 세계로 내려왔다는 이야기로 전수받는다. 그러한 표상은 감각적인 지각의 영역에 살아가는 신자들에게 필요한 믿음을 제공한다.

둘째는 이념 자체의 관점이다. 헤겔에 따르면, 이념은 추상적인 이념(보편자)에서 구체적인 표상(특수자)으로 나아가는 필연적인 내적 논리를 가지고 있다. 추상적인 이념은 구체적으로 현실화되어야 한다는 것, 즉 순수한 이념에만 머물러서는 안 된다는 것은 이념 자체의 본성이다. 하지만 그러한 구별은 현실화된 이념이 근원적인 이념에 부합하거나 그것을 완전하게 구현할 때, 달리 말해 근원적인 이념과 일치할 때 비로소 극복된다. 헤겔은 그것을 자신의 언어로 이렇게 설명한다. "즉자대자적인 영원한 존재는 자신을 계시하고, 규정하고, 구별하고, 분리시키지만 동시에 그 차이는 끊임없이 지양된다. 그러한 지양을 통해 즉자대자적인 현실적 존재는 끊임없이 자신으로 복귀한다. 그러한 자기외화와 자기복귀의 운동이 곧 정신이다."59 그러한

57 Hegel, *LPR*, vol. 3, 291; *VPR*, Part 3, 216.

58 Ibid.

59 Ibid.

구체적인 실체는 보편적인 이념을 정확히 보여주어야 한다.

신은 자유로운 자기의식적인 존재라야 한다. 하지만 인정의 변증법에 따르면, 자신이 자유로운 존재로 인정받기 위해서는 자신도 타인을 자유로운 존재로 인정해야 한다. 이는 신의 경우에도 마찬가지다. 진정한 신은 신자들을 강압적으로 지배해야 할 노예나 교정해야 할 어린아이처럼 대하는 폭군이 아니라 그들의 자유를 인정하고 허용하는 자유로운 실체다. "자유로운 존재만이 타인의 자유도 인정할 수 있고, 타인의 자유를 인정하는 존재만이 자신의 자유도 인정받을 수 있다."[60] 헤겔이 추적한 이전의 세계 종교들에서 인간은 언제나 자연이나 운명 그리고 변덕스러운 신들에 종속된 부자유한 존재였다. 그러한 다양한 예속적 관계들을 거쳐 도달한 궁극적인 지점이 곧 만인을 자유롭고 이성적인 행위자로 인정하는 그리스도교다. 그리스도교는 세계 종교들의 역사 전체에 내재하는 궁극적인 목적이자 현실적인 완성이다.

위에서 살폈듯이 구별의 첫째 형태는 신이 세상을 자신의 타자로 창조하는 것이다. 세상은 현실화된 이념이다. 그것은 근원적인 구별 혹은 분리다. 세계 혹은 우주는 신의 타자다. "그러한 관점에서 보면, 첫째 타자는 성자가 아니라 외부 세계, 즉 진리의 외부에 존재하는 유한한 세계다. 거기서 타자는 존재의 형태를 띠고는 있지만 그 본성은 여전히 유한한 것(ἕτερον), 즉 제한적이고 부정적인 것이다."[61] 정신으로서의 신은 자연의 영역인 현상계 전체와 대립해 있으면서

---

60 Hegel, *LPR*, vol. 3, 292; *VPR*, Part 3, 217.
61 Hegel, *LPR*, vol. 3, 293; *VPR*, Part 3, 218.

동시에 그러한 대립을 지양한다. 그렇듯 대립을 정립하고(부정), 그 대립을 지양하는 것(부정의 부정), 즉 자신으로부터 나와서(외화/육화) 자신으로 되돌아가는 것(복귀/성화)이 바로 정신의 개념이다. 인간은 자연적 충동이나 욕구와 같은 자연적 요소들을 가지고 있지만, 정신으로서의 인간은 그러한 자연적 요소에 지배되지 않고 그것을 정신적 요소에 부합하도록 지양하거나 도야시켜 나갈 수 있다.

헤겔은 초기의 종교들이 어떻게 자연 영역을 신의 계시로 받아들였는지를 다시 언급한다.[62] 신은 자연대상이나 생명을 가진 피조물로 계시되었다. 하지만 정신적 존재인 인간에게 그러한 자연대상으로서의 신 개념은 어울리지 않는다.[63] 신의 진정한 타자는 자연대상이 아니라 또 다른 자기의식적인 실체다. 자연은 극복되어야 한다. 헤겔은 유대교를 언급하는 대목에서 이렇게 말한다. "자연종교는 자연 영역에 속하는 특수한 현상들을 신으로 간주한다."[64] 하지만 이어서 이렇게 말한다.

> 하지만 신은 정신으로 이해되어야 한다. 그리고 우리가 신을 인식하는 요소도 정신적인 것이어야 한다. 유대교는 이렇게 말한다. "신은 우렛소리로 천둥을 치지만" "그것만으로는 신을 인식할 수 없다." 정신적인 인간은 단지 자연적인 것보다 더 높은 것을 요구한다. 신이 정신으로 인식되려면 천둥 그 이상을 행해야 한다.[65]

---

62 Hegel, *LPR*, vol. 3, 294n; *VPR*, Part 3, 219n. "우리는 앞서 정신과 자연의 관계가 다양한 민족의 종교들에서 어떻게 나타나는지, 즉 자연을 우연한 것으로 받아들이는 직접성의 형태에서 필연성과 목적에 따라 행동하는 정신으로 발전해 나가는 다양한 형태들을 살펴보았다."
63 Hegel, *LPR*, vol. 3, 294n; *VPR*, Part 3, 219n.
64 Ibid.

헤겔이 말하고자 하는 핵심은 분명하다. 정신으로서의 신은 단순한 자연력의 계시 그 이상이어야 한다는 것이다.

2) 인간의 분열과 타락

자연과 정신의 복합적인 관계는 한 인간 안에서도 발견된다. 인간은 자연적인 요소와 정신적인 요소를 둘 다 가지고 있다. 그 두 요소는 인간이 본질적으로 선한지, 악한지와 관련한 오랜 논쟁에서도 확인된다. 헤겔은 두 관점을 모두 탐구한다. 인간이 본성적으로 선하다는 사람들은 인간을 오로지 정신적인 존재로만 보는 것이다. 그들은 인간이 선을 행할 잠재력을 가지고 있다고 생각한다.[66] 그러한 견해도 일면 타당하다. 하지만 그것은 인간이 세상 속에서 욕구와 충동을 가지고 살아간다는 사실을 간과한 편협한 관점에 불과하다. "인간이 '암묵적으로' 선하다는 말은 내적으로나 개념적으로 선하다는 것이지 현실적으로 선하다는 것이 아니다."[67] 인간이 본질적으로 선하다고 말하는 사람들은 그런 현실적인 측면을 전혀 고려하지 않고 있다.

인간이 본성적으로 악하다는 관점도 일면적이기는 마찬가지다. 그들은 인간을 자연적인 존재로만 보는 것이다. 그러한 자연적인

---

65 Hegel, *LPR*, vol. 3, 294n-295n; *VPR*, Part 3, 219n. 여기서 헤겔은 사무엘상 7:10을 언급한 것으로 보인다. "사무엘이 번제를 드릴 때에 블레셋 사람이 이스라엘과 싸우려고 가까이 오매 그 날에 여호와께서 블레셋 사람에게 큰 우레를 발하여 그들을 어지럽게 하시니 그들이 이스라엘 앞에 패한지라." 『종교철학』의 편집자들은 욥기 37:5를 언급하고 있다. "하나님은 놀라운 음성을 내시며 우리가 헤아릴 수 없는 큰일을 행하시느니라."

66 Hegel, *LPR*, vol. 3, 202; *VPR*, Part 3, 134f. *LPR*, vol. 3, 296; *VPR*, Part 3, 221.

67 Hegel, *LPR*, vol. 3, 297; *VPR*, Part 3, 221.

측면을 극복해야만 온전한 인간이 된다는 것을 그들은 인정하지 않는다. 물론 인간은 직접적인 욕구와 충동에 따라 살아가는 순전히 자연적인 측면도 가지고 있다. 하지만 그것은 온전한 인간의 모습이 아니다. 왜냐하면 "정신으로서의 인간은 자연적인 삶에서 벗어나 자신의 개념과 직접적인 현존의 대립으로 나아가야 하기 때문이다."[68] 인간이 자신의 행동에 죄책감과 후회를 느낀다는 것은 그가 순수하게 자연적인 존재가 아니라는 증거다. 인간은 아직은 아니지만 언젠가 실현될 수 있는 정신적인 요소도 함께 가지고 있다. 인간은 자연적인 충동에 따라 직접적으로 행동하지는 않는다. 그러한 측면을 극복하게 하는 것이 인간의 발달과 교육의 목적이다.[69] 우리가 누군가에게 행위의 책임을 묻는다는 것은 그들이 직접적인 자연적 충동과 이성 사이에서 스스로 의지하고 결단할 수 있는 능력이 있음을 인정하는 것이다. 마치 동물처럼 자신의 충동에 따라 직접적으로 행동하는 무죄 상태의 사람에게는 자유의지가 없기 때문에 행위의 도덕적 책임도 물을 수 없다. 따라서 참다운 인간 개념은 자신 안에 그러한 이중적인 측면을 모두 가지고 있으면서도 이성이나 정신으로 자연적인 측면을 극복할 수 있는 능력을 가진 인간을 의미한다. 인간 본성의 한 측면만을 강조하는 것은 인간이 가진 현실적인 측면(직접적인 자연적 측면)과 이념적인 측면(개념적인 측면) 사이의 해소되지 않는 모순만 낳을 뿐이다. 헤겔이 볼 때 인간 본성을 둘러싼 그러한 논쟁은 그릇된 이분법적 사유에서 비롯한 것이다.

---

68 Ibid.
69 Hegel, *LPR*, vol. 3, 299; *VPR*, Part 3, 223.

이와 관련하여 헤겔은 다시 한번 창세기의 타락 이야기를 분석한다.[70] 하지만 그 내용은 앞선 제8장 "유대교" 부분에서 이미 다뤘으므로 여기서는 생략하기로 한다.[71] 헤겔이 분석한 타락 이야기의 핵심은 자연과 정신으로 분열되어 있는 인간은 자유의지를 통해 자신의 자연적 요소를 극복하고, 정신적 존재로 거듭날 수 있다는 것이다. 자연과 정신의 분열과 대립은 자유의 인식 근거다. 그것은 인류 문화와 종교 발전을 위한 필수 요소다.[72] 앞선 종교들에서는 인간이 신으로부터 소외되어 있었지만 그리스도교에서는 신과 인간이 진정한 화해에 이르게 된다. 인간은 자신의 자유와 이성에서 신적인 요소를 발견한다. "그러한 발견과 더불어 인간의 존엄성은 극적으로 고양된다. 이제 주체는 절대적인 중요성을 갖게 되고, 신의 본질적인 관심의 대상이 된다. 왜냐하면 인간 자체가 자기의식을 가진 존재이기 때문이다."[73] 이는 헤겔이 세계 종교들을 분석한 지난한 과정이 결코 무의미하지 않다는 것을, 달리 말해 그 모든 과정이 그리스도교의 진리를 도출하는 필연적인 논리라는 것을 재차 입증해 준다.

인간의 분열과 소외는 다음 두 관계에서 나타난다. 첫째는 인간과 신과의 관계다. 헤겔은 신과 분열된 인간이 느끼는 슬픔이나 고통과 같은 소외의 감정을 '불행한 의식'으로 규정한 바 있다.[74] 불행한 의식

---

70 Hegel, *LPR*, vol. 3, 101-108; *VPR*, Part 3, 38-44. *LPR*, vol. 3, 207-211; *VPR*, Part 3, 139-142. *LPR*, vol. 3, 300-304; *VPR*, Part 3, 224-228.

71 이와 관련해서는 이 책의 제8장 "4. 세계 속의 신의 목적"의 "3) 악과 원죄" 부분을 참고하라.

72 Hegel, *LPR*, vol. 3, 208; *VPR*, Part 3, 140.

73 Ibid.

74 Hegel, *PhS*, 126-138; *Jub.*, vol. 2, 167-181. 이와 관련해서는 *LPR*, vol. 3, 307f.; *VPR*, Part 3, 231도 참고하라.

이란 종교적 신자들이 느끼는 소외와 절망의 감정, 즉 자신이 지닌 죄의 본성과 신의 온전함이 무한히 분리되어 있다는 인식이다. 세속적인 영역은 인간이 지닌 죄성에 따라 운행되기 때문이다. 따라서 인간은 죄를 지어서는 안 된다는 인식과 죄를 지을 수밖에 없는 현실의 모순으로 괴로워한다. 그것은 역사적으로 유대교의 정신에 해당한다.75

둘째는 인간과 세상의 관계다. 인간은 이 세상을 부패하고 타락한 죄의 온상으로 간주하고 그러한 세상에 살도록 버림받은 자신의 삶 자체를 비참함으로 인식한다. 따라서 그들은 진리나 자유를 구할 수 없는 비참한 현실로부터 자신의 내면으로 도피한다. 그것은 역사적으로 로마 세계의 정신, 그중에도 헤겔이 『정신현상학』에서 논의한 '금욕주의'와 '회의주의'의 정신에 해당한다.76 그러한 두 정신의 운동이 그리스도교가 탄생한 역사적-사회적 조건이다. 첫째 관계와 둘째 관계에 나타난 분열과 분리 그리고 소외의 고통으로부터 화해를 향한 강렬한 욕구가 생겨난다. 그러한 욕구에 응답하기 위해, 즉 신과 세계의 화해를 위해 등장한 것이 그리스도교다. 물론 금욕주의도 나름의 화해의 길을 제시하긴 했지만 그것은 순전히 추상적인 사유의 자유일 뿐이다. 인간이 진정으로 원하는 것은 그러한 사유 속의 화해가 아니라 세계 속의 화해다.77

---

75 Hegel, *LPR*, vol. 3, 108; *VPR*, Part 3, 44. *LPR*, vol. 3, 308; *VPR*, Part 3, 231.

76 Hegel, *LPR*, vol. 3, 210f.; *VPR*, Part 3, 142. *LPR*, vol. 3, 308; *VPR*, Part 3, 231. Hegel, *PbS*, 119-138; *Jub.*, vol. 2, 158-181.

77 Hegel, *LPR*, vol. 3, 309; *VPR*, Part 3, 232f.

3) 화해

이제 헤겔은 신과의 화해에 관한 논의로 넘어간다.[78] 그에 따르면, 앞선 두 관계에 나타난 소외, 즉 신으로부터의 소외와 세상으로부터의 소외를 극복하는 것이야말로 인간의 최고 욕구다.[79] 이는 원죄로 인한 신과 인간의 무한한 분리를 주장한 유대교의 원리를 상기시킨다. 하지만 헤겔은 로마 세계의 소외까지 함께 다룬다. 유대교와 로마 세계에서 인간은 신으로부터의 소외, 즉 인간의 죄성과 신의 거룩함 사이의 무한한 거리를 느꼈다. 하지만 진리는 그러한 고착된 대립이나 분열을 지양한 더 높은 단계의 통일이다. 그리스도교는 인간의 기본적인 욕구, 즉 화해의 열망을 이뤄주기 위해 구체적인 역사적 시공간에 등장한 종교다.

헤겔은 화해를 주관적인 측면과 객관적인 측면으로 나누어 설명한다.[80] 그는 개인이 자신의 행동을 통해 신과의 화해에 이를 수 있는가에 대한 물음으로 주관적인 화해에 관한 논의를 시작한다. 경건한 신자들은 기도나 겸손이나 순결을 통해 자신의 죄성을 극복하고 신과의 영원한 통일을 이룰 수 있다고 믿는다.[81] 하지만 헤겔이 보기에 그것은 일방적인 주관적 화해에 불과하다. 칸트의 이론처럼, 우리는 신이 경건한 사람에게 내세와 천국의 보상을 약속하는지 그리고 우주

---

78 Hegel, *LPR*, vol. 3, 109-133; *VPR*, Part 3, 45-69. *LPR*, vol. 3, 211-223; *VPR*, Part 3, 143-163. *LPR*, vol. 3, 310-328; *VPR*, Part 3, 233-251.

79 Hegel, *LPR*, vol. 3, 310; *VPR*, Part 3, 233.

80 Hegel, *LPR*, vol. 3, 310; *VPR*, Part 3, 233.

81 Hegel, *LPR*, vol. 3, 212f.; *VPR*, Part 3, 143f.

가 그렇게 구성되어 있는지 알 수 없다. 다만 윤리적 세계관을 의미 있게 유지하기 위해 그러한 실천이성의 전제를 요청할 뿐이다.[82] 그러한 의미에서 윤리적 행위는 인식이 아니라 믿음에 근거하고 있다. 하지만 그러한 믿음으로 사는 개인은 그 약속이 내세에 이루어지길 바라면서 현실을 슬픔과 갈망으로 살아가야 한다. 그것은 화해의 진리를 주관적이거나 잠재적이거나 암묵적으로만 제시할 뿐이다. 완전한 화해를 위해서는 객관적인 측면도 반드시 필요하다.

화해가 객관적으로 실현되기 위해서는 신이 신적인 이념을 반영하고 있어야 한다.[83] 달리 말해 신은 자신을 대상이 아니라 정신으로 드러내야 한다. 따라서 둘째 단계에서 신은 자신의 아들, 즉 성자라는 특수자의 형태로 자신을 계시한다. 예수는 신과 인간의 화해를 위한 중보자다. 신은 성자를 통해 자신의 본성에 어울리는 정신의 형태로 현실 세계에 등장한다. 이로써 서로가 서로를 반영하고 규정하는 성부와 성자의 대립이 생겨난다. 헤겔은 이렇게 설명한다. "사실상 신은 그 자체로 부정적인 것이다. 신은 사유의 부정성 혹은 부정성 그 자체다. 신의 단순한 본질은 절대적인 자기 구별 혹은 순수한 자기 타자화다."[84] 이 단계에서 신은 그리스도를 통해 "자신과 대립하는 '타자'가 된다."[85] 보편성은 특수성에 대립하고, 추상성은 구체성에 대립한다. "현실성 혹은 자기의식으로서의 성자와 즉자적인 실체로서의 성부는 각각 상호 외화를 통해 서로가 서로의 타자가 된다. 그리고

---

82 Hegel, *LPR*, vol. 3, 212; *VPR*, Part 3, 144.
83 Hegel, *LPR*, vol. 3, 213; *VPR*, Part 3, 144.
84 Hegel, *PhS*, 465; *Jub.*, vol. 2, 584.
85 Hegel, *PhS*, 467; *Jub.*, vol. 2, 587.

그러한 대립하는 두 계기의 통일이 곧 성령이다."[86]

그리스도는 신이 곧 인간이고, 인간(혹은 인간의 한 측면)이 곧 신이라는 것을 상징적으로 보여준다. 그러한 인식에서 신과 인간의 암묵적인 화해가 시작된다. 왜냐하면 그것은 개별 신자의 주관적인 믿음을 넘어 그 자체가 신 자체의 개념이기 때문이다. 헤겔은 신과 인간의 통일을 이렇게 설명한다.

> 신의 본성과 인간 본성이 암묵적으로 통일되어 있다는 인식에서 화해의 가능성이 생겨난다. 그러한 인식이 화해의 필요조건이다. 신이 자신에게 이질적인 존재가 아니고, 신과의 관계가 단순한 우연적 사건이 아님을 깨달아야만, 즉 자신의 본질, 자유, 주관성이 신적인 것임을 깨달아야만 인간은 자신을 신으로 인식할 수 있다. 하지만 그러한 인식은 신 자체에 인간 본성의 주관성이 내재한다는 사실에서 비롯하는 것이다.[87]

이 대목에서 우리는 헤겔이 추적한 종교의 역사 전체의 궁극 목적을 발견할 수 있다. 앞선 종교들은 인간의 주관성과 주관적인 자유의 중요성을 완전히 인식하지 못했다. 그러한 인식은 그리스도교에 와서야 비로소 완수된다. 인간의 모습으로 육화한 그리스도는 최고의 것 혹은 신적인 것은 한낱 자연대상이나 순수한 추상이 아니라 인간이라는 진리를 보여준다.

그리스도교의 등장과 더불어 인간은 처음으로 자신의 참된 본성

---

86 Hegel, *PhS*, 457; *Jub.*, vol. 2, 575.
87 Hegel, *LPR*, vol. 3, 314n; *VPR*, Part 3, 236n.

인 자유와 주관성이 신의 참된 본성이라는 것을 깨닫게 된다. 헤겔은 이렇게 설명한다. "신의 본성과 인간 본성의 통일, 즉 자신의 보편성을 실현한 인간이야말로 즉자대자적으로 존재하는 절대정신의 이념이 다."[88] 인간의 자유와 주관성이야말로 인간을 자연과 구별시켜주는 신적인 요소다. 그리스도교는 내면성과 주관성을 지닌 자유로운 인간 을 신으로 인식한다. 창세기의 창조 이야기는 신이 자신의 형상대로 인간을 창조하고, 그 코에 생명의 정신을 불어넣었다고 전한다.[89] 그것은 모든 인간이 정신을 보유하고 있다는 의미다.

하지만 신의 본성과 인간 본성의 통일은 사변철학의 관점을 통해 서만 인식될 수 있는 추상적인 차원이다. 따라서 일반 신자들에게는 그러한 진리를 확신시켜줄 감각적인 형태가 필요하다. 그래서 등장한 것이 신이 구체적인 인간의 모습으로 계시되었다는 '성육신' 개념이 다. 헤겔은 그러한 그리스도를 통한 신의 계시를 그리스도교의 핵심적 인 특징으로 간주한다. 그래서 그는 『종교철학』뿐만 아니라 『정신현 상학』에서도 그리스도교를 '계시종교'(Die offenbare Religion)로 규정 하고 있다. 계시는 인간이 신을 인식할 수 있도록 신이 자신을 드러낸 중요한 사건이다. 헤겔이 추적한 신 개념의 발전 과정은 결국 신으로 부터 소외된 인간이 신과의 화해로 나아가는 과정이다. 앞선 종교들에 서 신은 인간에게 낯설고 소원한 존재, 인간과 근본적으로 다른 존재, 자연이나 세계와 분리된 존재였다. 하지만 그리스도교에서는 신이 자신을 계시함으로써 인간과 화해를 이룬다. 헤겔은 또한 그리스도교

---

88 Hegel, *LPR*, vol. 3, 313n; *VPR*, Part 3, 238n.
89 여기서 헤겔은 '숨결'(breath)이라는 용어 대신 히브리어로 'ruach', 라틴어로 '*spiritus*'에 해 당하는 '정신'(spirit)이라는 용어를 사용하고 있다.

는 구체적인 내용을 가지고 있다는 점도 강조한다. 앞서 살폈듯이 그는 고대의 유대교나 근대의 이신론처럼 신에 대한 구체적인 내용이 없는 단순하고 형식적인 믿음 개념에 비판적이었다. 하지만 그리스도교에서는 신의 내용이 구체적으로 계시되고 인식된다. 그리스도교는 인간이 신을 인식할 수 없다는 견해를 불식시킨다. 신은 인간이 인식할 수 있도록 자신을 계시했다. 계시는 신에 대한 인식이 진정한 믿음이라는 사실을 증명한다. 신이 자신을 계시했음에도 불구하고 신은 인간과 분리된 초월적 존재이며, 따라서 인간은 신을 인식할 수 없다고 주장하는 것은 어불성설이다. 신의 계시에는 특정한 내용이 담겨있게 마련이다. 종교적 신자들은 그리스도를 감각적으로 지각하고 그러한 확신을 통해 신적인 이념과 화해를 이룬다. 인간은 인간의 모습으로 나타난 신과 직접적으로 관계 맺을 수 있다. 헤겔은 청년기 논문 "그리스도교의 정신과 그 운명"에서 이렇게 말한다. "예수에 대한 믿음은 그의 실재적인 인격성을 아는 것이다. 그것은 예수에 비해 자신의 인격성은 한없이 열등하다고 느끼고 그의 노예로 머무는 것 이상을 의미한다. 그리스도교의 믿음은 정신을 통해 정신을 인식하는 것이다. 오로지 정신(靈)만이 또 다른 정신(靈)을 인식할 수 있다. 그렇지 않다면, 우리는 자신이 그리스도와 다르다는 것밖에 인식할 수 없다."90 그리스도교에 이르러 앞선 종교적 소외의 모든 형태는 극복된다. 예컨대 힌두교의 신은 다양한 동물의 형태로 자신을 계시했지만 인간은 그러한 형태를 통해서는 자신을 인식할 수 없다. 다양한 계시 형태들에 관한 역사적 서사는 신이 인간의 모습으로 나타난

---

90 Hegel, *ETW*, 239; *TJ*, 289.

그리스도교에서 마무리된다. 그러한 계시를 통해서만 인간은 신으로 부터의 소외를 극복할 수 있다. "자기의식으로서의 정신은 또 다른 자기의식에게 자기의식 자체(인간)가 정신(신)이라는 것을, 즉 신의 본성과 인간의 본성은 동일하며 하나라는 것을 직접적으로 계시했 다."91

그리스도교 이전의 종교들도 나름의 계시 개념을 가지고 있었는 데 굳이 그리스도교만을 '계시종교'로 규정하는 특별한 이유는 무엇인 가? 헤겔에 따르면, 그 핵심은 계시의 본성에 있다. 계시는 신의 참된 본성과 인간의 (잠재적인) 참된 본성을 정확히 보여주어야 한다. 신을 다양한 동물이나 자연대상으로 계시하는 앞선 종교 형태들은 신의 참된 본성을 온전히 보여주지 못한다. 오로지 인간의 모습으로 계시된 신만이 신의 참된 본성, 즉 자유로운 정신의 주관성을 보여줄 수 있다. "신은 직접적인 형태로 계시되어야 한다. 그러한 직접적인 현존은 인간의 모습을 한 정신이다. 예컨대 출애굽기에 나오는 불타는 떨기나 무 가운데 계시되는 신 등은 진정한 신의 계시라 할 수 없다."92

헤겔에 따르면, 유대교의 신 개념은 순수한 사유의 대상일 뿐 구체 적인 지각의 대상이 아니라는 한계가 있다. 예수가 살던 당시 인간이 육화된 신이라는 성육신 사상은 많은 바리새인과 유대 지도자의 공분 을 샀다. 유대교의 신은 추상적으로만 머물러 있을 뿐 자유와 주관성 의 영역에 나타나지 않기 때문이다. 반대로 그리스 종교의 신 개념은 유대교와 정반대의 한계가 있다. 그리스의 신들은 감각의 영역에

---

91 Hegel, *PhS*, 460; *Jub.*, vol. 2, 578.
92 Hegel, *LPR*, vol. 3, 315n; *VPR*, Part 3, 237n.

나타나긴 하지만 보편적인 요소를 결여하고 있다. 그리스도교는 유대교의 추상성과 그리스 종교의 구체성을 조화롭게 결합한 보다 고차적인 종교라 할 수 있다.

이어서 헤겔은 그리스도의 죽음에 대한 사변적 해석을 시도한다. 그리스도교 신 개념의 핵심은 신이 인간이라는 것이다. 그리스도도 모든 인간과 마찬가지로 죽음을 맞는다.[93] 게다가 수치와 치욕 속에서 십자가형을 당했다는 사실은 그의 인간적인 요소를 더욱 부각시킨다.[94] 하지만 그의 죽음은 인간적인 가치들에 대한 거대한 변화를 일으켰다. 세속적으로 추앙되던 가치들을 전복하는 새로운 가치 체계가 등장하게 된 것이다. 이는 로마의 전통적인 가치 체계를 전복시키는 일대 변혁이었다. 그리스도교의 새로운 가치 체계는 황제의 자의적인 권력에 의해 모든 가치가 왜곡되어 버린 부패한 로마 세계를 몰락시켰다.

헤겔은 초기 로마제국의 그러한 정신 상태를 '신의 죽음'으로 규정한 바 있다. 세상은 부패했지만 그것을 구제할 사람은 아무도 없었다. 신은 세상을 버렸다. 그것이 종교적으로 소외된 불행한 의식의 세계다. 그리스도의 부활 사상은 그러한 부패한 세상에 대한 극복과 승리를 상징한다. 자연적인 죽음은 부패의 종식을 상징하고, 죽음의 죽음인 부활은 신적인 가치의 재탄생을 상징한다. 헤겔의 형이상학에서 창조와 육화는 첫째 단계에 속하고, 그리스도의 십자가형은 부정이라는 둘째 단계에 속하며, 부활은 부정의 부정이라는 셋째 단계에 속한

---

93 Hegel, *LPR*, vol. 3, 323n; *VPR*, Part 3, 246n-247n.
94 Hegel, *LPR*, vol. 3, 323n; *VPR*, Part 3, 247n.

다.95 따라서 그러한 그리스도교의 삼위일체 운동은 사변철학의 삼중 구조와도 그대로 일치한다.

부활은 부패한 세상의 극복을 상징한다. 그것은 인간 본성에는 자연적인 것보다 더 고귀한 것, 즉 세속적인 영역을 초월할 수 있는 정신이 존재한다는 것을 의미한다. 인간은 잠재적으로 정신이다. 인간은 자신에게 속한 자연적인 본성을 극복하고 정신적인 존재로 거듭날 수 있는 잠재력을 가지고 있다. 부활 교리는 바로 그러한 가능성을 나타낸다. 그리스도의 죽음은 부패한 세상과 소외된 상태의 죽음을 상징하고, 부활은 우리가 가진 자연적인 한계들의 극복을 상징한다. 인간은 정신을 통해 자연에 결박된 유한성을 극복할 수 있다. 진정으로 가치 있는 것은 인간의 최고 능력이라 할 수 있는 정신이다.

그리스도의 죽음과 부활은 모든 인간의 내부에서 일어나는 과정을 상징하기도 한다. 모든 인간은 욕구와 충동과 같은 비이성적인 자연적 측면, 종교적으로 말하면 '죄성'을 가지고 있다. 그리스도는 인간이 그러한 측면을 극복할 수 있다는 가능성을 보여주었다. 인간은 자신 안에 동물과 같은 자연적인 측면과 신과 같은 정신적인 측면을 동시에 가지고 있다. 그리스도의 가르침은 정신적인 측면을 특징짓는 중요한 요소로 사랑의 윤리를 강조한다. 모든 인간은 자연적인 측면을 극복하고 정신적인 측면에서 서로 사랑하며 살아갈 수 있는 가능성과 잠재력을 가지고 있다.96

---

95 Hegel, *LPR*, vol. 3, 324n; *VPR*, Part 3, 247n.

96 이와 관련해서는 *PhS*, 475: *Jub.*, vol. 2, 597을 참고하라. "신적인 인간의 죽음은 추상적인 부정성, 즉 자연적인 보편성에서 종결되는 운동의 직접적인 결말에 불과하다. 하지만 정신적인 자기의식에게 죽음은 그러한 자연적인 의미를 넘어, 방금 제시한 그러한 개념으로 이해된다. 죽음은 그것이 직접적으로 의미하는 특수한 개인의 비존재를 넘어 자신의 신앙 공동체에

그리스도의 죽음과 부활은 자연스럽게 화해의 개념으로 이어진다. 인간은 자연적인 측면을 제거함으로써 정신이라는 자신의 참된 본성과 화해하게 된다. 그러한 정신적인 존재, 즉 성령 충만한 존재가 곧 신이다. 따라서 자신의 참된 본성과의 화해는 동시에 신과의 화해이기도 하다. 인간이 증오심을 버리고 서로를 사랑으로 대할 때, 인간은 신이 된다. 신은 인간과 무한히 분리된 미지의 초월적 존재가 아니다. 사랑의 삶 자체가 세속적인 세상에 거주하는 신이다. 인간은 신성을 가지고 있으므로 신을 인식할 수 있다. 그리스도의 죽음과 부활은 인간 내면에서 일어나는 그러한 신과의 화해를 상징한다.

그리스도교가 선포하는 사랑의 메시지는 인간과 종교의 발전 과정에 있어서 '인정'의 중요성을 밝혀주는 열쇠다. 헤겔은 이렇게 설명한다.

> 우리가 "신은 사랑이다"라고 말할 때, 우리는 매우 위대한 진리를 선언하는 것이다. […] 사랑은 전혀 구별되지 않는 두 사람을 구별하는 것이면서 동시에 나 자신을 벗어나 타자와 함께 머무르는 것, 즉 그러한 구별 속에서도 나와 타자가 하나라는 의식이나 느낌을 갖는 것이다. 사랑 안에서 나는 내가 아닌 타자를 통해 나의 자기의식을 가지며, 타자와 함께 있으면서도 나와 함께 있는 것 같은 만족과 평화를 느낀다. […] 타자 또한 자신의 외부에 있는 나를 통해 자신의 자기의식을 갖는다. 나와 타자는 자신의 외부에 있는 상대를 통해 서로의 동일성을 발견한다. 사랑이란 서로가 하나라는 그러한 직관, 감정, 인식이다. 우리는 사랑이 구별이자 동시에 구별의 지양이라는 것을 의식하지 못한 채 다만 "신은 사랑이다"라고 공허

서 날마다 죽고 부활하는 그러한 정신의 보편성으로 거룩하게 변형된다."

하게 말하지만 그 안에는 이처럼 심오한 의미가 담겨 있다.[97]

인간은 필연적으로 타인과 관계 맺고 살아간다. 사랑의 관계 안에서 우리는 타자를 통해 진정한 자신을 발견할 수 있다. 그리스도교가 전하는 사랑의 진리는 인간의 완성과 자유를 이해하는 결정적인 열쇠다. 우리가 진정으로 자유롭기 위해서는 우리를 존중해주는 사람들과의 사랑의 관계가 필요하다. 헤겔에 따르면, 인간의 자유와 개별성에 대한 그러한 이해는 그리스도교에서 처음 등장했다. 사랑의 이념이 곧 신이다. 그것은 인간의 자연적인 측면을 극복하게 도와주는 정신의 중요한 요소다.

헤겔은 예수 그리스도의 등장을 종교 개념의 완성으로 평가한다. 그리스도교는 인간이 직접적으로 현존하는 신이라고 선포한다. 그리스도교의 신은 자연종교에서처럼 인간과 근본적으로 다른 존재도 아니고, 유대교에서처럼 인간과 초월적으로 분리된 존재도 아니다. 그리스도교에서는 인간이 곧 신이다. 신은 모든 인간에 내재한다. "신은 세상과 화해하기 위해 자신을 계시했다. […] 신은 인간에게 소원한 존재가 아니다. […] 계시된 신의 타자, 자기 구별, 유한성은 신 자체의 한 계기이면서 동시에 곧 사라질 계기다."[98] 그리스도의 죽음과 더불어 신의 타자는 사라진다. 우리는 그저 그리스도의 모범적인 삶을 따르며 우리의 사악한 죄성을 극복하면 된다. 그러한 신적인 주관성은 삼위일체의 셋째 위격인 성령의 이념, 즉 그리스도교 공동체

---

97 Hegel, *LPR*, vol. 3, 276; *VPR*, Part 3, 201f.
98 Hegel, *LPR*, vol. 3, 327; *VPR*, Part 3, 250.

(교회)에서 완성된다.

개념의 전개 과정에 따르면, 그리스도는 보편자의 자기 계시, 즉 보편자에서 비롯한 특수자다. 특수자인 그리스도를 통해 앞선 단계의 초월적인 신의 추상성은 극복된다. 개념의 전개 과정에서 특수자는 보편자보다 발전된 단계이긴 하지만 그것이 끝은 아니다. 특수자는 경험적이고 일시적이다. 특수자인 그리스도는 인간 곁에 영원히 머물지 않는다. 따라서 특수자 자체에 대한 숭배는 참다운 믿음이 아니다. 그것은 구체적이고 경험적인 것을 신으로 여기는 일종의 물신 숭배다. 어떤 이들은 예수의 뼈나 십자가의 파편을 수집하기도 하고, 성배나 예수의 장례 수의를 신격화하기도 한다. 하지만 그리스도의 삶과 가르침이 보여준 신적인 이념은 보지 못하고 단지 그러한 특수자에만 집착하는 것은 진정한 믿음이 아니다. 그래서 그리스도도 기적을 믿는 신자들을 꾸짖었던 것이다. 특수자는 그 자체를 넘어선 보편적인 이념을 상징하는 표상이다. 특수자를 매개하여 보편자로 나아가기 위해서는 특수자가 사라져야만 한다(예수의 죽음). 특수자인 그리스도가 사라져야만 새로운 원리, 즉 보편성과 특수성이 통일된 '성령'이 등장할 수 있다.

5. 개별성: '성령'의 영역

그리스도교 신 개념의 셋째 단계는 초월적인 영역의 보편적인 신과 특수자로 계시된 신이 통일된 성령이다.[99] 성령은 종교적 신자들의 공동체에 거주하는 신의 정신이다. 헤겔은 이렇게 말한다. "이제 정신은 셋째 요소인 보편적인 자기의식, 즉 성령 공동체에 정립된다."[100] 추상적인 보편성과 구체적인 특수성의 한계는 성령 공동체라는 셋째이자 마지막 요소에서 극복된다. 인간이 역사의 전 과정을 통해 추구해 왔던 자유의 발전은 이 단계에서 완성된다. "그 영역은 정신의 왕국이다. 이는 자신이 무한한 가치, 절대적 자유 그리고 순수하고 단순한 타자 속에서도 자신을 유지할 수 있는 무한한 힘을 가지고 있다고 인식하는 단계다."[101]

그리스도교는 신자들에게 서로 사랑하고, 신을 사랑하라고 가르친다. 그것은 특정한 누군가를 사랑하는 것이 신을 사랑하는 것이라는 뜻이다. 인간이 인간에게 신이다. 그러한 원리를 통해 주관적인 자유는 타자로까지 확장된다. 타자도 절대적인 존재이기 때문이다. 타자는 구체적인 특수자이자 감각적인 지각의 대상이지만 그럼에도 그는 절대적인 가치를 가진 존재다. 그러한 일시적인 감각적 요소는 보다 영속적인 정신적 영역으로 고양되어야 한다. 성자에서 성령으로의 이행이 그것을 상징한다. 그리스도의 죽음과 더불어 특수자에 대한 집착은 사라진다. 이로써 인간은 경험적인 특수자에 대한 숭배에서 벗어나 그리스도교의 이념적 본성을 묵상하게 된다. 성령 단계의 이념은 성부 단계의 이념처럼 공허하거나 추상적이지 않다. 신의 자기 계시인 그리스도의 삶과 가르침은 그러한 추상적인 보편성에 구체적인 내용을 각인시켰다. 그러한 과정을 매개한 구체적인 보편성

---

99 Hegel, *LPR*, vol. 3, 133-162; *VPR*, Part 3, 69-97. *LPR*, vol. 3, 223-247; *VPR*, Part 3, 153-176. *LPR*, vol. 3, 328-347; *VPR*, Part 3, 251-270. *LPR*, vol. 3, 371-373; *VPR*, Part 3, 287-289. *PhS*, 471-478; *Jub.*, vol. 2, 592-601.

100 Hegel, *PhS*, 473; *Jub.*, vol. 2, 594.

101 Hegel, *LPR*, vol. 3, 135; *VPR*, Part 3, 71.

(이념)이 그리스도교 공동체의 정신, 즉 성령이다. 그리스도교 공동체는 구체적인 삶의 맥락에서 성령의 의미를 끊임없이 묵상하면서 그 적용의 길을 모색한다.

따라서 그리스도교 공동체의 영원한 진리(성령)가 정립되기 위해서는 특수자인 그리스도가 죽어야만 한다. 그리스도의 죽음을 통해 신의 계시는 자연적인 측면을 넘어 구체적인 이념으로 나아간다. 그리스도에 내재한 신의 이념은 그의 죽음을 통해 완성된다. "자신의 표상과 구별되는 자기의식으로서의 그리스도교 공동체는 잠재적으로 존재하던 것을 현실적으로 드러낸다. 신이면서 동시에 인간인 그리스도의 죽음은 그 자체로 보편적인 자기의식의 실현을 상징한다."102 초월적인 영역의 추상적인 신과 특수하게 육화된 구체적인 신은 성령의 단계에서 이원론적 분열과 대립을 지양하고 하나로 통일된다. 개별적인 신자는 자기 내면의 보편자와 특수자의 대립을 지양함으로써 성령으로 거듭나게 된다. 성령은 앞선 종교들에 나타난 수많은 이원론과 그로 인한 다양한 소외의 양상들을 화해시킨다. 그리스도교에서야 비로소 인간은 세상과 진리로부터의 소외를 극복하고 진정한 자유를 회복하게 되는 것이다.

헤겔이 천주교를 비판하는 이유는 그것이 지나치게 특수하고 감각적인 영역에만 몰두하기 때문이다.103 그러한 경향은 성물이나

---

102 Hegel, *PhS*, 473; *Jub.*, vol. 2, 594f.

103 이와 관련해서는 다음을 참고하라. Peter Jonkers, "Hegel on Catholic Religion," in *Hegel's Philosophy of the Historical Religions*, ed. by Bart Labuschagne and Timo Slootweg (Leiden and Boston: Brill, 2012), 177-205. Peter Jonkers, "Eine ungeistige Religion. Hegel uber den Katholizismus," *Hegel-Jahrbuch*, vol. 12 (2010): 400-405.

성자에 대한 숭배로 이어진다. 그리스도교와 달리 천주교는 그러한 특수자를 통해 그 안에 담긴 보다 고귀하고 심오한 철학적 진리를 이해해야 한다는 인식에 이르지 못했다. 그들은 그리스도에 내재한 보다 심오한 보편적 의미는 보지 못하고 단지 그를 자의적인 개인으로만 본다. 부활 교리의 핵심은 감각적인 영역에 존재하는 개별적인 사물들을 넘어서라는 것, 즉 직접적인 감각적 지각의 영역을 넘어 보다 고차적인 정신의 영역으로 이행하라는 것이다.

성물이나 그리스도의 역사는 모두 외적인 것이다. 성자에서 성령으로의 이행은 그리스도교의 본질이 외적인 특수자가 아니라 내적인 보편자, 즉 신자들의 정신과 마음에 있다는 점을 강조한다. 그것은 주관적인 자유나 개인의 가치를 이해하기 위한 핵심 요소다. 성령은 객관적인 외부 세계를 경시하고, 개인의 내면적인 본성을 중시한다. 성령은 자신의 내면에서 진리를 구하라는 소크라테스의 가르침을 그리스도교의 방식으로 계승하고 있는 것이다.

그리스도교는 정치적 질서의 전복이나 법에 대한 인식의 변화에도 결정적인 역할을 했다. 로마 세계는 혈통이나 재산과 같은 기준에 따라 권리와 권력을 부여했다. 개인은 그 자체로 가치를 인정받지 못하고 특정한 혈통이나 재산에 따라 평가되었고, 인정을 받을 만한 행운을 누리지 못한 사람들은 무가치한 존재들로 여겨졌다. 그러한 세계에서 노예 제도는 자연스러운 것이었다. 하지만 그리스도교는 모든 사람을 신적인 존재로 인정함으로써 그 모든 차별을 철폐했다. 신 앞에서 모든 사람은 존귀하고 평등하다. 그러한 만민평등 사상은 정치적 영역에서 모든 사람에게 차별 없이 적용되는 보편적인 권리와 자유의 개념을 탄생시켰다.

헤겔은 그리스도교 공동체의 본성과 역할도 자세히 분석한다. 성령은 신자들의 공동체에 그리스도의 정신으로 현존한다. 신자들은 교회를 통해 정신의 진리를 깨닫고, 자신의 삶을 통해 그것을 구체화한다. 성령은 흠결과 죄성을 가진 인간은 초월적인 영역에 존재하는 진리를 결코 알 수 없다고 가르치지 않는다. 반대로 진리는 바로 지금 여기에 존재한다고 가르친다. 신자들은 신은 곧 인간이라는 진리, 즉 인간이 신성을 공유하고 있다는 진리를 인식할 수도 있고, 자신의 주관적인 자유에 따라 사랑을 실천함으로써 그러한 진리를 실천할 수도 있다. 그리스도교에서 신과의 화해는 불확실한 미래의 약속이 아니라 이미 일어난 사건이다.

6. 헤겔『종교철학』의 목적

이로써 헤겔의『종교철학』은 마무리된다. 그는 세계 종교들에 대한 분석을 통해 그리스도교의 진리를 입증하겠다는 자신의 목적을 완수했다. 우리는 그 과정을 통해 그가 왜 그리스도교를 '완성된 종교'로 규정했는지를 이해할 수 있다. 첫째로 헤겔의 분석에서 각각의 종교가 순차적으로 진행될수록 신에 대한 개념과 표상은 점점 더 명확해진다. 최초의 자연종교에서 신은 달, 태양, 강, 산, 식물, 동물, 빛, 불 등과 같은 자연대상으로 나타난다. 다음으로 이집트 종교에서 신은 인간과 동물의 형태가 혼합된 모습으로 나타난다. 이어서 그리스 종교에서는 그리스의 영웅들이 인간의 모습을 한 신으로 등장하고, 로마 종교에서는 인간인 황제가 살아있는 신으로 추앙된다. 이처럼 신은 갈수록 인간의 본성을 띠게 된다. 그리고 마지막으로 그리스도교에서 신은 살과 피를 가진 완전한 인간의 모습으로 등장한다. 헤겔은 그러한 그리스도교의 신 이해야말로 앞선 종교들에서는 볼 수 없던 가장 완전한 신 개념이라고 주장한다. 신이 점차 구체적으로 계시되는 이상의 과정은 동시에 신이 점차 정신으로 이해되는 과정이기도 하다.[104] 앞선 종교들의 신 개념은 정신의 측면을 간과하거나 단지 모호하게만 드러냈다면, 그리스도교는 그것 자체를 남김없이 계시한다. 그러한 의미에서 헤겔은 그리스도교를 종교의 발전 과정을 매듭짓는 '완성된 종교'(vollendete Religion)로 규정한다.

둘째로 신이 점차 정신으로 이해되는 과정은 동시에 인간이 점차 신으로부터의 소외를 극복하는 과정이기도 하다. 신 개념이 정신에 가까워질수록 신에 대한 인간의 소원함도 그만큼 줄어든다.[105] 그리스도교 이전의 다양한 신 개념들은 정도의 차이는 있지만 신이 곧 인간이라는 진리를 제대로 보여주지 못했다. 우리는 자연대상이나 동물을 인간처럼 대할 수 없다. 모든 인간이 서로를 자유로운 존재로 인정하는 그리스도교에서만 인정의 변증법은 완성될 수 있다. 역사 전반에 걸쳐 인간을 괴롭혀 왔던 종교적 소외가 극복되기 위해서는 그리스도교가 선포한 '신(神)=인(人)'의 이념이 필요하다. 이를 통해 인간은 비로소 자연으로부터의 완전한 해방을 맞이할 수 있다.[106]

---

104 Hegel, *Phil. of Hist.*, 324; Jub., vol. 11, 416. "그러므로 인간 자체가 신의 이념이라 할 수 있다. 그리스도교는 그것을 신과 인간의 통일로 표현한다. 하지만 우리는 인간이 아무런 조건 없이 그 자체로 신이라고 생각해서는 안 된다. 반대로 인간은 자연적이고 제한적인 정신을 지양하여 자신을 신으로 고양시킬 때만 신이 되는 것이다."

105 이와 관련해서는 *PhS*, 417; *Jub.*, vol. 2, 527을 참고하라.

106 Hegel, *Phil. of Hist.*, 319; *Jub.*, vol. 11, 410.

그리스도교의 새로운 신 개념은 인간에게 자신의 결정에 따라 행동할 수 있는 자유가 있음을 일깨워주었고, 이로써 인간은 더 이상 신탁이나 자연의 상징에 의존하지 않는 완전한 자율성을 획득하게 되었다.[107]

마지막으로 신 개념의 점진적인 발전 과정은 동시에 인간 개념의 발전 과정이기도 하다. 역사적 과정을 거치면서 인간은 모든 개인이 무한하고 절대적인 가치를 갖는다는 진리를 인식하게 된다. 모든 개인은 무엇으로도 환원할 수 없는 자신만의 고귀한 가치, 즉 신의 본성을 가지고 있다. 헤겔은 이렇게 설명한다. "자신을 유한하다고 생각히는 사람들조차도 신의 형상과 무한한 가능성을 가지고 있다. 인간은 그 자체로 무한한 가치와 영원한 존엄을 지닌 존재다."[108] 그러한 인식은 윤리, 법, 정치, 의학 등과 같은 인간의 다양한 활동 영역에도 큰 영향을 미쳤다. 인간의 세계 내 지위에 대한 이해를 근본적으로 변화시킨 것이다. 그리스도교가 등장하면서 노예 제도는 더 이상 존속할 수 없게 되었다. 왜냐하면 모든 개인, 심지어 노예마저도 그 자체로 신성을 보유하고 있으며, 그러한 의미에서 그들 모두는 신 앞에 평등하기 때문이다.[109]

헤겔이 그리스도교를 종교 발전의 완성 단계로 보는 것은 세계사의 발전에 관한 그의 견해와도 밀접하게 연관되어 있다. 헤겔은 세계사의 시기를 자유의식의 발전단계에 따라 구분하고 있다.[110] 그는 『역사철학』에서 그것을 크게 네 시기, 즉 동양 세계, 그리스 세계,

---

107 Hegel, *Phil. of Hist.*, 334f.; *Jub.*, vol. 11, 428.

108 Hegel, *Phil. of Hist.*, 333; *Jub.*, vol. 11, 427.

109 Hegel, *Phil. of Hist.*, 334; *Jub.*, vol. 11, 427f.

110 Hegel, *Phil. of Hist.*, 18; *Jub.*, vol. 11, 45.

548 | 헤겔의 종교현상학

로마 세계, 게르만 세계로 구분하는데, 그 각각의 단계는 인간 정신의 점진적인 해방의 단계를 나타낸다.[111] 그는 다소 도식적으로 이렇게 말한다. 동양 세계는 오직 한 사람, 즉 황제만이 자유로운 역사의 유년기에 해당한다. 다음으로 그리스 세계는 다양한 계층의 자유인과 노예들이 공존한다는 점에서 소수만이 자유로운 역사의 청년기에 해당한다. 그리고 로마 세계는 그리스도교의 등장과 노예 제도의 폐지와 같은 새로운 원리의 등장으로 다수가 자유로워진 역사의 성년기에 해당한다. 마지막으로 게르만 세계는 억압적인 제도들이 대부분 사라지고 만인이 자유로워진 역사의 노년기에 해당한다. 그는 게르만 세계를 이렇게 설명한다.

> 그리스도교 영향권에 있는 게르만 국가들은 처음으로 인간이 그 자체로 자유롭다는 의식, 즉 정신의 자유가 자신의 본질이라는 의식을 획득했다. 그러한 의식은 정신의 가장 심오한 영역인 종교에서 맨 처음 생겨났다. 하지만 그 원리를 현실 세계의 다양한 관계에 도입하는 데는 단순한 이식의 문제 이상의 훨씬 광범위한 문제, 즉 지난한 문화의 발전 과정이 요구된다.[112]

자유의 이념이 역사적으로 발전함에 따라 개인은 자율적인 존재로, 평등한 권리를 소유한 존재로 인정받게 되었다. 모든 개인은 본질적인 가치를 지닌 평등한 존재로 창조되었다. 헤겔의 역사관은 그렇듯

---

111 Hegel, *Phil. of Hist.*, 18; *Jub.*, vol. 11, 45.
112 Hegel, *Phil. of Hist.*, 18; *Jub.*, vol. 11, 45f.

인간의 완전한 해방과 자유를 향한 목적론적 구조를 띠고 있다. 그러한 자유와 평등의 이념은 계몽주의 시대 이후로도 계속해서 정교하게 발전하고 있다. 그럼에도 불구하고 헤겔의 역사관은 만인이 자유롭다는 것을 깨달은 근대의 시기에 멈춰 있다.

7. 헤겔과 오늘날의 세계 종교

오늘날 우리는 다양한 종교적 전통의 사람들과 자유롭게 교류하는 세계화된 세상에 살고 있다. 헤겔 이전의 종교철학은 그리스도교만을 배타적으로 연구해 왔다. 헤겔은 세계 종교들에 관한 연구의 필요성과 중요성을 인식하고 그것을 종교철학에 도입한 최초의 인물이다. 그러한 의미에서 그는 그리스도교를 넘어 종교 간 대화의 필요성을 강조하는 현대의 관점을 선취했다고 볼 수 있다. 종교철학 분야의 그러한 관점 변화는 광범위한 변화를 이끌었다. 전통적으로 성직자 훈련을 담당했던 신학교나 신학과가 종교학이나 종교 연구로 그 명칭을 변경하는 등의 변화는 지금도 계속되고 있다. 오늘날 유행하는 다양한 밀교의 형태들은 동양 종교와 밀접한 연관이 있다. 1960년대 이후 서양에서는 불교, 힌두교, 고대 중국 철학에 지대한 관심을 가졌을 뿐만 아니라 이미 사멸한 고대 이집트 종교나 다양한 이교의 부활을 시도하기도 했다. 오늘날의 동양학은 사이드(Edward W. Said)가 시작한 아시아 연구의 학술적 성격과 지위를 둘러싼 학문적 논쟁이나 블룸(Allan Bloom) 부류의 학자들이 주장한 서구식 교육의 표준화에 대한 비판적 논쟁에 그치지 않고, 현대의 서구 문화와 일상적인 종교 영역으로까지 그 관심을 확장하고 있다. 헤겔의『종교철학』은 그러한 다양한 운동의 배후에 있는 현대적 직관들에 비판적인 대답을 제공할 뿐만 아니라 세계 종교들에 대한 그의 다양한 통찰은 현대의 종교 관련 논의에도 풍부한 잠재적 가치를 갖고 있다. 긍정적인 관점과 부정적인 관점을 동시에 견지하는 헤겔의 변증법적 사유는 다양한 종교적 전통과 종교적 사유에 담긴 진리의 요소를 발견하면서 동시에 허위의 요소도 비판하는 이중의 판단 작업을 이어간다.

헤겔은 동양의 종교와 믿음 체계에 대한 연구와 이해의 중요성을 보여주었다. 그는 근대의 서구 문화가 다양한 종교적 전통의 혼종적인 결합물이라는 점을 기꺼이 인정한다. 따라서 그의『종교철학』은 현대의 다문화 세계가 요구하는 상호적 이해와 관용의 논리에도 다양한 통찰을 줄 수 있다. 모든 종교에는 나름의 진리가 반영되어 있다는 그의 주장은 오늘날 공존하고 있는 다양한 종교적 전통과 믿음을 진지하게 수용하고 존중하기를 명령한다.

헤겔은 종교도 다른 학문의 대상들과 동일한 방식으로 다룬다. 우리가 신 개념을 가지고 있다는 것은 종교의 대상 또한 이성적으로 인식하고 평가할 수 있다는 것을 의미하기 때문이다. 그에 따르면, 종교의 대상들도 이성적인 근거를 갖고 있다는 점에서 다른 학문의 대상들과 마찬가지로 객관적인 것이다. 나아가 그는 다양한 종교들의 상호 비교와 배움을 추구하는 비교종교학이나 종교적 믿음에도 합리성이 존재한다고 전제하는 현대 종교학의 창시자로도 평가될 수 있다.

더욱이 헤겔의 분석은 현대의 다양한 밀교의 형태들을 분석하고 평가하는 데도 유익한 통찰을 준다. 다양한 종교적 사유의 특성을 그것이 속한 구체적인 역사적 상황 속에서 분석하는 그의 역사적 맥락화의 방식은 오늘날 다양한 밀교들이 어떠한 문화적 조건에서 탄생한 종교적 열망인지를 이해하는 데도 도움을 준다. 물론 헤겔은 동양학에 대한 당시 유럽인들의 열광을 비판하기도 했고, 이국적인 감각에 매료된 당시의 유럽인들에게 주의를 당부하기도 했다. 동양 문화의 새로움과 생소함에 매료되어 그들의 태도와 신념까지 무비판적으로 수용하는 것은 위험하다는 것이다. 왜냐하면 그러한 맹목적인 열광과 추종은 개인의 권리나 존엄을 훼손하는 억압적인 관습이나 실천까지도 옹호하고 수용하는 부조리한 결과를 낳을 수 있기 때문이다.

세계 종교들에 관한 헤겔의 분석에서 가장 가치 있는 것은 주관적 자유와 인간의 발달에 관한 그의 근본 이론일 것이다. 헤겔 비판가들은 그의 이론을 유럽중심주의나 자민족중심주의 그리고 인종차별주의로 일축하곤 하지만, 그러한 비판 역시 헤겔이 핵심적으로 강조하는 개별성, 주체성, 즉 무엇으로도 환원할 수 없고, 누구에게도 양도할 수 없는 개인의 권리 개념에 근거하고 있다. 그들의 혹독한 비판에도 불구하고 헤겔의 철학적 인간학은 오늘날에도 여전히 비판적으로 논의해 볼 만한 가치가 있다.

세계 종교들에 관한 헤겔의 분석은 오늘날의 화두인 역사, 문화, 인간 발달 일반에 관한 중요한 문제들을 선취하고 있다. 그런 점에서 헤겔의 견해는 오늘날 우리들이 가진 다양한 종교적 직관들을 위협하는 심각한 도전이 될 수도 있지만, 반대로 다문화-다인종-다민족 상황에서 발생하는 현대의 다양한 종교적 난제를 해결하는 다양하고 유익한 통찰을 줄 수도 있다.

헤겔 『종교철학』 전반에 관한 문헌들

Bourgeois, Bernard. *Hegel à Francfort ou Judaïsme, Christianisme, Hégélia-nisme*. Paris: Vrin, 1970.

Chapelle. *Albert, Hegel et la religion*. vols 1-3. Paris: Éditions Universitaires, 1964-1971.

Christensen, Darrell E., ed. *Hegel and the Philosophy of Religion*. The Hague: Martinus Nijhoff, 1970.

Fackenheim, Emil L. *The Religious Dimension in Hegel's Thought*. Bloomington: Indiana University Press, 1967.

Jaeschke, Walter. *Die Religionsphilosophie Hegels*. Darmstadt: Wissenschaftliche Buchgesellschaft, 1983.

_____. *Die Vernunft in der Religion: Studien zur Grundlegung der Religi-onsphilosophie Hegels*. Stuttgart-Bad Cannstatt: Frommann- Holzboog, 1986.

Kolb, David, ed. *New Perspectives on Hegel's Philosophy of Religion*. Albany: State University of New York Press, 1992.

Reardon, Bernard M. G. *Hegel's Philosophy of Religion*. London: Macmillan, 1977.

Williamson, Raymond Keith. *Introduction to Hegel's Philosophy of Religion*. Albany: State University of New York Press, 1984.

2장 ㅣ 직접적 종교: 마법의 종교

Bernasconi, Robert. "Hegel at the Court of the Ashanti." in *Hegel after Derrida*. ed. by Stuart Barnett. New York: Routledge, 1998.

Kimmerle, Heinz. "Religion of Nature." in *Hegel's Philosophy of the Historical Religions*. ed. by Bart Labuschagne and Timo Slootweg. Leiden and

Boston: Brill, 2012.

Tibebu, Teshale. "African Religion." in his *Hegel and the Third World: The Making of Eurocentrism in World History.* Syracuse: Syracuse University Press, 2011.

3장 ㅣ 중국 종교: 도량의 종교

App, Urs. "The Tibet of the Philosophers: Kant, Hegel, and Schopenhauer." in *Images of Tibet in the 19th and 20th Centuries.* vols 1-2. ed. by Monica Esposito. Paris: École française d'Extrême-Orient, 2008.

Chen, Derong. "Di(帝) and Tian(天) in Ancient Chinese Thought: A Critical Analysis of Hegel's Views." *Dao.* vol. 8, no. 1, 2009.

Griffoen, Sander. "Hegel on Chinese Religion." in *Hegel's Philosophy of the Historical Religions.* ed. by Bart Labuschagne and Timo Slootweg. Leiden and Boston: Brill, 2012.

Hulin, Michel. "Le monde chinois." in his *Hegel et l'orient, suivi de la traduction annotée d'un essai de Hegel sur la Bhagavad-Gita.* Paris: J. Vrin, 1979.

Kim, Young Kun. "Hegel's Criticism of Chinese Philosophy." *Philosophy East and West.* vol. 28, no. 2, 1978.

Leuze, Reinhard. *Die außerchristlichen Religionen bei Hegel.* Göttingen: Vandenhoeck & Rupprecht, 1975 (*Studien zur Theologie und Geistesgeschichte des Neunzehnten Jahrhunderts.* vol. 14), 9-60.

Merkel, R. F. "Herder und Hegel über China." *Sinica.* vol. 17 (1942): 5-26.

Müller, Martin. "Chinas Hegel und Hegels China: Überlegungen zu 'Rezeption' als Interpretationskonstellation am Beispiel der chinesischen Beschäftigung mit Hegels China-Sicht." *Jahrbuch für Hegelforschung.* vols 10-11 (2004): 139-207.

Schickel, Joachim. "Hegels China — Chinas Hegel." in *Aktualität und Folgen der Philosophie Hegels.* ed. by Oskar Negt. Frankfurt am Main: Suhrkamp, 1970.

Schulin, Ernst. *Die weltgeschichtliche Erfassung des Orients bei Hegel und Ranke.* Göttingen: Vandenhoeck und Ruprecht, 1958, 67-76.

Witte, D. "Hegels religions-philosophische Urteile über Ostasien, beleuchtet durch die Ergebnisse der neueren China-Forschung." *Zeitschrift für Missionskunde und Religionswissenschaft.* vol. 37, no. 5 (1922): 129-151.

4장 | 불교와 라마교: 자기-내-존재의 종교

App, Urs. "The Tibet of the Philosophers: Kant, Hegel, and Schopenhauer." in *Images of Tibet in the 19th and 20th Centuries.* vols 1-2, ed. by Monica Esposito. Paris: École française d'Extrême-Orient, 2008.

Droit, Roger-Pol. *The Cult of Nothingness: The Philosophers and the Buddha.* trans. by David Streight and Pamela Vohnson. Chapel Hill and London: The University of North Carolina Press 2003, 58-72.

Dumoulin, Heinrich. "Buddhism and Nineteenth-Century German Philosophy." *Journal of the History of Ideas.* vol. 42, no. 3 (1981): 457-470, 460-463.

Han, Byung-chul. "Hegels Buddhismus." *Hegel-Jahrbuch.* vol. 6 (2004): 298-302.

Hulin, Michel. *Hegel et l'orient, suivi de la traduction annotée d'un essai de Hegel sur la Bhagavad-Gita.* Paris: J. Vrin, 1979, 122-124.

Leuze, Reinhard. *Die außerchristlichen Religionen bei Hegel.* Göttingen: Vandenhoeck & Rupprecht, 1975(*Studien zur Theologie und Geistesgeschichte des Neunzehnten Jahrhunderts.* vol. 14), 61-75.

Oosterling, Henk. "Avoiding Nihilism by Affirming Nothing: Hegel on Buddhism." in *Hegel's Philosophy of the Historical Religions.* ed. by Bart Labuschagne and Timo Slootweg. Leiden and Boston: Brill, 2012.

Takeuchi, Yoshinori. "Hegel and Buddhism." *Il Pensiero.* vol. 7, nos. 1-2 (1962): 5-46.

5장 | 힌두교: 상상의 종교

App, Urs. "The Tibet of the Philosophers: Kant, Hegel, and Schopenhauer." in *Images of Tibet in the 19th and 20th Centuries.* vols 1-2. ed. by Monica Esposito. Paris: École française d'Extrême-Orient, 2008.

Cruysberghs, Paul. "Hinduism: A Religion of Fantasy." in *Hegel's Philosophy of the Historical Religions.* ed. by Bart Labuschagne and Timo Slootweg. Leiden and Boston: Brill, 2012.

Figueira, Dorothy M. *The Exotic: A Decadent Quest.* Albany: State University of New York Press, 1994, 72-80.

Germana, Nicholas A. *The Orient of Europe: The Mythical Image of India and Competing Images of German National Identity.* Newcastle upon Tyne: Cambridge Scholars Publishing, 2009, 206-242.

Glasenapp, Helmuth von. *Das Indienbild deutscher Denker.* Stuttgart: K. F. Koehler, 1960, 39-60.

Halbfass, Wilhelm. "Hegel, Schelling, Schopenhauer und Indien." *Zeitschrift für Kulturaustausch.* vol. 37, no. 3 (1987): 424-433.

＿＿＿＿. *India and Europe: An Essay in Understanding.* Albany: State University of New York Press 1988, 84-99.

Herling, Bradley L. *The German Gita: Hermeneutics and Discipline in the German Reception of Indian Thought, 1778-1831.* New York: Routledge, 2006, 203-253.

Hulin, Michel. "Le monde indien." in his *Hegel et l'orient, suivi de la traduction annotée d'un essai de Hegel sur la Bhagavad-Gita.* Paris: J. Vrin, 1979, 99-124.

Kreis, Friedrich. "Hegels Interpretation der indischen Geisteswelt." *Zeitschrift für Deutsche Kulturphilosophie.* vol. 7 (1941): 133-145.

Leuze, Reinhard. *Die außerchristlichen Religionen bei Hegel.* Göttingen: Vandenhoeck & Rupprecht, 1975(*Studien zur Theologie und Geistesgeschichte des Neunzehnten Jahrhunderts.* vol. 14), 61-114.

Magnus, Kathleen Dow. *Hegel and the Symbolic Mediation of Spirit.* Albany: State University of New York Press, 2001, 183-190.

Mandair, Arvind. "Hegel's Excess: Indology, Historical Difference and the Post-Secular Turn of Theory." *Postcolonial Studies.* vol. 9, no. 1 (2006): 15-34.

Menze, Clemens. "Das indische Altertum in der Sicht Wilhelm von Humboldts und Hegels." in *Werk und Wirkung von Hegels Ästhetik.* ed. by Annemarie Gethmann-Siefert and Otto Pöggeler. Bonn: Bouvier, 1986(*Hegel-Studien*, Beiheft 27), 245-294.

Mitter, Partha. *Much Maligned Monsters: History of European Reactions of Indian Art.* Oxford: Clarendon Press, 1977, 208-220.

Nanajivako, Bhikkhu. "Hegel and Indian Philosophy." *Indian Philosophical*

Quarterly. vol. 3, no. 3 (1976): 295-324.

Rathore, Aakash Singh and Rimina Mohapatra. *Hegel's India: A Reinterpretation, with Texts.* New Delhi: Oxford University Press, 2017.

Ruben, Walter. "Hegel über die Philosophie der Inder." *Asiatica.* Festschrift Friedrich Weller. Leipzig: Otto Harrassowitz, 1954.

Ryan, Christopher. *Schopenhauer's Philosophy of Religion: The Death of God and the Oriental Renaissance.* Leuven: Peeters, 2010, 38-42.

Schulin, Ernst. *Die weltgeschichtliche Erfassung des Orients bei Hegel und Ranke.* Göttingen: Vandenhoeck und Ruprecht, 1958, 76-88.

Sommerfeld, Susanne. *Indienschau und Indiendeutung romantischer Philosophen.* Zürich: Rascher Verlag, 1943, 69-87.

Staiano-Daniels, Lucia. "Illuminated Darkness: Hegel's Brief and Unexpected Elevation of Indian Thought in On the Episode of the Mahabharata Known by the Name Bhagavad-Gita by Wilhelm von Humboldt." *The Owl of Minerva.* vol. 43, nos. 1-2 (2011-2012): 75-99.

Viyagappa, Ignatius. *G. W. F. Hegel's Concept of Indian Philosophy.* Rome: Gregorian University Press, 1980.

Westphal, Merold. "Hegel, Hinduism, and Freedom." *The Owl of Minerva.* vol. 20 (1989): 193-204.

Willson, A. Leslie. *A Mythical Image: The Ideal of India in German Romanticism.* Durham: Duke University Press, 1964, 117-121.

6장 | 조로아스터교: 선 혹은 빛의 종교

Hulin, Michel. "La religion de Zoroastre et l'Empire perse." in his *Hegel et l'orient, suivi de la traduction annotée d'un essai de Hegel sur la Bhagavad-Gita.* Paris: J. Vrin, 1979.

Leuze, Reinhard. *Die außerchristlichen Religionen bei Hegel.* Göttingen: Vandenhoeck & Rupprecht, 1975(*Studien zur Theologie und Geistesgeschichte des Neunzehnten Jahrhunderts.* vol. 14), 115-125.

Pöggeler, Otto. "Altpersische Lichtreligion und neupersische Poesie." in *Hegel in Berlin.* ed. by Otto Pöggeler et al. Berlin: Staatsbibliothek Preußisher Kulturbesitz, 1981.

Schulin, Ernst. "Vom Zendvolk bis zur Bildung Persiens." in *his Die weltge-schichtliche Erfassung des Orients bei Hegel und Ranke*. Göttingen: Vandenhoeck und Ruprecht, 1958.

van Erp, Herman. "The Religions of Persia, Syria and Egypt: The Transition from the Natural to the Spiritual." in *Hegel's Philosophy of the Historical Religions*. ed. by Bart Labuschagne and Timo Slootweg. Leiden and Boston: Brill, 2012.

Vieillard-Baron, Jean-Louis. "La 'religion de la nature'. Étude de quelques pagés de la Phénoménologie de l'esprit de Hegel." *Revue de Métaphysique et de morale*. vol. 76 (1971): 323-343.

7장 | 이집트 종교: 신비의 종교

Hulin, Michel. "L'Égypte ou le pays de l'énigme." in his *Hegel et l'orient, suivi de la traduction annotée d'un essai de Hegel sur la Bhagavad-Gita*. Paris: J. Vrin, 1979.

Lampert, Jay. "Hegel and Ancient Egypt: History and Becoming." *International Philosophical Quarterly*. vol. 35, no. 1 (1995): 43-58.

Leuze, Reinhard. *Die außerchristlichen Religionen bei Hegel*. Göttingen: Vandenhoeck & Rupprecht, 1975(*Studien zur Theologie und Geistesgeschichte des Neunzehnten Jahrhunderts*. vol. 14), 127-144.

McCance, Dawne. *Medusa's Ear: University Foundings from Kant to Chora L*. Albany: State University of New York Press, 2004, 47-62.

Pope, Jeremy W. "Ägypten und Aufhebung: G. W. F. Hegel, W. E. B. Du Bois, and the African Orient." *The New Centennial Review*. vol. 6, no. 3 (2006): 142-192.

Schulin, Ernst. *Die weltgeschichtliche Erfassung des Orients bei Hegel und Ranke*. Göttingen: Vandenhoeck und Ruprecht, 1958, 100-107.

van Erp, Herman. "The Religions of Persia, Syria and Egypt: The Transition from the Natural to the Spiritual." in *Hegel's Philosophy of the Historical Religions*. ed. by Bart Labuschagne and Timo Slootweg. Leiden and Boston: Brill, 2012, 79-97.

8장 | 유대교: 숭고함의 종교

Fackenheim, Emil L. *Encounters Between Judaism and Modern Philosophy: A Preface to Future Jewish Thought*. New York: Basic Books, 1973, 81-126.

_____. "Hegel and Judaism: A Flaw in the Hegelian Mediation." in *The Legacy of Hegel: Proceedings of the Marquette Symposium 1970*. ed. by J. J. O'Malley et al. The Hague: Martinus Nijhoff, 1973.

Hodgson, Peter C. "The Metamorphosis of Judaism in Hegel's Philosophy of Religion." *The Owl of Minerva*. vol. 19, no. 1 (1987): 41-52.

Hulin, Michel. "Israël et les origins du Christianisme." in his *Hegel et l'orient, suivi de la traduction annotée d'un essai de Hegel sur la Bhagavad-Gita*. Paris: J. Vrin, 1979.

Leuze, Reinhard. *Die außerchristlichen Religionen bei Hegel*. Göttingen: Vandenhoeck & Rupprecht, 1975(*Studien zur Theologie und Geistesgeschichte des Neunzehnten Jahrhunderts*. vol. 14), 145-180.

Magnus, Kathleen Dow. *Hegel and the Symbolic Mediation of Spirit*. Albany: State University of New York Press, 2001, 193-200.

O'Regan, Cyril. "Hegel and Anti-Judaism: Narrative and the Inner Circulation of the Kabbalah." *The Owl of Minerva*. vol. 28, no. 2 (1997): 141-182.

Rotenstreich, Nathan. "Hegel's Image of Judaism." *Jewish Social Studies*. vol. 15, no. 1 (1953): 33-52.

Schulin, Ernst. "Phönizien und Israel." in his *Die weltgeschichtliche Erfassung des Orients bei Hegel und Ranke*. Göttingen: Vandenhoeck und Ruprecht, 1958.

Slootweg, Timo. "Hegel's Philosophy of Judaism." in *Hegel's Philosophy of the Historical Religions*. ed. by Bart Labuschagne and Timo Slootweg. Leiden and Boston: Brill, 2012.

Yovel, Yirmiahu. *The Dark Riddle: Hegel, Nietzsche and the Jews*. Princeton: Princeton University Press, 1998, 60-101.

9장 | 그리스의 다신교: 아름다움의 종교

Cobben, Paul. "Religion in the Form of Art." in *Hegel's Philosophy of the Historical*

Religions. ed. by Bart Labuschagne and Timo Slootweg. Leiden and Boston: Brill, 2012.

Gray, J. Glenn. *Hegel and Greek Thought*. New York: Harper, 1968, 35-52.

Leuze, Reinhard. *Die außerchristlichen Religionen bei Hegel*. Göttingen: Vandenhoeck & Rupprecht, 1975(*Studien zur Theologie und Geistesgeschichte des Neunzehnten Jahrhunderts*. vol. 14), 181-221.

Magnus, Kathleen Dow. *Hegel and the Symbolic Mediation of Spirit*. Albany: State University of New York Press, 2001, 190-194.

Wolff, Emil. "Hegel und die griechische Welt." *Antike und Abendland*. vol. 1 (1944): 163-181.

10장 | 로마의 다신교: 효용의 종교

Labuschagne, Bart. "Hegel and the Roman Religion: The Religion of Expediency and Purposiveness." in *Hegel's Philosophy of the Historical Religions*. ed. by Bart Labuschagne and Timo Slootweg. Leiden and Boston: Brill, 2012.

Leuze, Reinhard. *Die außerchristlichen Religionen bei Hegel*. Göttingen: Vandenhoeck & Rupprecht, 1975(*Studien zur Theologie und Geistesgeschichte des Neunzehnten Jahrhunderts*. vol. 14), 223-235.

Pinkard, Terry. *Hegel: A Biography*. Cambridge et al.: Cambridge University Press, 2000, 587-589.

11장 | 그리스도교: 절대종교 혹은 계시종교

Adams, George Plimpton. *The Mystical Element in Hegel's Early Theological Writings*. Berkeley: The University Press, 1910.

Adams, Nicholas. *The Eclipse of Grace, Divine and Human Action in Hegel*. Hoboken: Wiley, 2013.

Asendorf, Ulrich. *Luther und Hegel. Untersuchungen zur Grundlegung einer neuen systematischen Theologie*. Wiesbaden: Franz Steiner Verlag, 1982.

Brito, Emilio. *La Christologie de Hegel: Verbum Crucis*. Paris: Beauchesne, 1983.

Bruaire, Claude. *Logique et religion chrétienne dans la philosophie de Hegel.* Paris: Éditions du Seuil, 1964.

Burbidge, John W. *Hegel on Logic and Religion: The Reasonableness of Christianity.* Albany: State University of New York Press, 1992.

Calton, Patricia Marie. *Hegel's Metaphysics of God: The Ontological Proof as the Development of a Trinitarian Divine Ontology.* Aldershot: Ashgate, 2001.

Cornehl, Peter. *Die Zukunft der Versöhnung. Eschatologie und Emanzipation in der Aufklärung, bei Hegel und in der Hegelschen Schule.* Göttingen: Vandenhoeck & Ruprecht, 1971.

Crites, Stephen. *Dialectic and Gospel in the Development of Hegel's Thinking.* University Park: Pennsylvania State University Press, 1998.

De Nys, Martin J. *Hegel and Theology.* London and New York: T. & T. Clark, 2009.

Desmond, William. *Hegel's God: A Counterfeit Double?* Aldershot: Ashgate, 2003.

Garaudy, Roger. *Dieu est mort. Étude sur Hegel.* Paris: Presses Universitaires de France, 1962.

Guerenu, Ernesto de. *Das Gottesbild des jungen Hegel.* Munich: Karl Alber, 1969.

Guibal, Francis. *Dieu selon Hegel. Essai sur la problématique de la "Phéno-ménologie de l'Espirt".* Paris: Aubier, 1975.

Hodgson, Peter C. *Hegel and Christian Theology: A Reading of the Lectures on the Philosophy of Religion.* Oxford: Oxford University Press, 2005.

Huber, Herbert. *Idealismus und Trinität, Pantheon und Götterdämerung. Grundlagen und Grundzüge der Lehre von Gott nach dem Manuskript Hegel zur Religionsphilosophie.* Weinheim: Acta humaniora, 1984.

Iljin, Iwan. *Die Philosophie Hegels als kontemplative Gotteslehre.* Bern: Francke, 1946.

Jamros, Daniel P. *The Human Shape of God: Religion in Hegel's Phenomenology of Spirit.* New York: Paragon House, 1994.

Koch, Traugott. *Differenz und Versöhnung. Eine Interpretation der Theologie G. W. F. Hegels nach seiner "Wissenschaft der Logik".* Gütersloh: Gütersloher Verlagshaus G. Mohn, 1967(*Studien zu Religion, Geschichte und Geisteswissenschaft.* vol. 5).

Kruger, Hans-Joachim. *Theologie und Aufklärung: Untersuchungen zu ihrer Vermittelung beim jungen Hegel.* Stuttgart: J. B. Metzlersche, 1966.

Küng, Hans. *Menschwerdung Gottes. Eine Einführung in Hegels theologischen Denken als Prolegomena zu einer künftigen Christologie.* Freiburg, Basel, Vienna: Herder, 1970.

Lauer, Quentin. *Hegel's Concept of God.* Albany: State University of New York Press, 1982.

Leonard, André. *La foi chez Hegel.* Paris: Desclée de Brouwer, 1970.

Link, Christian. *Hegels Wort 'Gott selbst ist tot'.* Zürich: Theologischer Verlag, 1974.

Magnus, Kathleen Dow. *Hegel and the Symbolic Mediation of Spirit.* Albany: State University of New York Press, 2001.

Merklinger, Philip M. *Philosophy, Theology, and Hegel's Berlin Philosophy of Religion, 1821-1827.* Albany: State University of New York Press, 1993.

Olson, Alan M. *Hegel and the Spirit: Philosophy as Pneumatology.* Princeton: Princeton University Press, 1992.

O'Regan, Cyril. *The Heterodox Hegel.* Albany: State University of New York Press, 1994.

Ringleben, Joachim. *Hegels Theorie der Sünde.* Berlin and New York: Walter de Gruyter, 1977.

Rondet, Henri. *Hégélianisme et Christianisme. Introduction théologique à l'étude du système hégélien.* Paris: Lethielleux, 1965.

Schlitt, Dale M. *Hegel's Trinitarian Claim: A Critical Reflection.* Leiden: E. J. Brill, 1984.

_____. *Divine Subjectivity: Understanding Hegel's Philosophy of Religion.* London and Toronto: Associated University Presses, 1990.

Schmidt, Erik. *Hegels Lehre von Gott.* Gütersloh: Gütersloher Verlagshaus Gerd Mohn, 1952.

Sölle, Dorothee. *Stellvertretung. Ein Kapitel Theologie nach dem Tode Gottes.* Stuttgart and Berlin: Kreuz-Verlag, 1965.

Splett, Jörg. *Die Trinitatslehre G. W. F. Hegels.* Munich: Alber, 1965.

Vancourt, Raymond. *La pensée religieuse de Hégel.* Paris: Presses Universitaires de France, 1965.

Wagner, Falk. *Der Gedanke der Persönlichkeit Gottes bei Fichte und Hegel.*

Gütersloh: Gütersloher Verlagshaus Gerd Mohn, 1971.

Walker, John, ed. *Thought and Faith in the Philosophy of Hegel.* Dordrecht: Kluwer Academic Publishers, 1991.

Welker, Michael. *Das Verfahren von Hegels Phänomenologie des Geistes und die Funktion des Abschnitts: 'Die offenbare Religion'.* Heidelberg: Ruprecht-Karls-Universität, 1978.

Wendte, Martin. *Gottmenschliche Einheit bei Hegel. Eine logische und theologische Untersuchung.* Berlin and New York: Walter de Gruyter, 2007.

Yerkes, James. *The Christology of Hegel.* Missoula, Montana: Scholars Press, 1978; 2nd ed. Albany: State University of New York Press, 1983.

찾 아 보 기